本教材获海南热带海洋学院教材基金资助
海南社科联项目HNSK（zc）18-24

Introduction to Cruise Ships

邮轮概论

主　编　黄丽华

副主编　邢淑慧　魏亚平

中国海洋大学出版社
·青岛·

图书在版编目（CIP）数据

邮轮概论/黄丽华主编. —青岛：中国海洋大学出版社，2017.12（2021.2重印）

ISBN 978-7-5670-1659-0

Ⅰ.①邮… Ⅱ.①黄… Ⅲ.①旅游船—高等学校—教材 Ⅳ.①U674.11

中国版本图书馆CIP数据核字（2017）第327110号

邮轮概论

出版发行 中国海洋大学出版社
社　　址 青岛市香港东路23号 **邮政编码** 266071
网　　址 http://www.ouc-press.com
出 版 人 杨立敏
责任编辑 郑雪姣
电　　话 0532-85901092
电子信箱 zhengxuejiao@ouc-press.com
订购电话 0532-82032573（传真）
印　　制 日照报业印刷有限公司
版　　次 2018年6月第1版
印　　次 2021年2月第2次印刷
成品尺寸 185 mm × 260 mm
印　　张 25. 5
字　　数 580千
印　　数 1001-2000
定　　价 62.00元

出版说明

邮轮概论课程是旅游管理专业（海洋旅游方向）的一门专业课，是学生掌握现代海洋旅游必须具备的专业基础知识的重要课程。本课程的任务是使学生了解船舶及其邮轮的基本类型；了解邮轮旅行的起源；熟悉邮轮旅游的历程；掌握世界主要邮轮（集团）公司及其船队和邮轮；熟悉世界主要邮轮港口码头和港城；掌握邮轮旅游主要航线及其行程安排；掌握邮轮旅游经典登岸观光线路等。培养学生对邮轮常见问题的分析和求解能力，掌握一定的服务技能，为今后学习相关专业课程，从事相关的邮轮旅游工作打下坚实基础。

一、教材编写指导思想

旅游管理专业（海洋旅游方向）培养拥护中国共产党的基本路线，德、智、体、美全面发展，具备健康人格和良好职业素养，掌握海洋旅游、酒店和邮轮管理方面的知识和操作技能，为海南建设国际旅游岛提供所需的高素质技术技能人才。

二、教材特色及创新

本部教材是按照简明易读和突出专业性、实用性的原则编写的。在编写过程中，教材内容方面围绕“邮轮”的主题，依照“船舶”“邮轮”“邮轮旅行”“邮轮旅游”“邮轮船队”“邮轮港城”“航线行程”“登岸观光”的基本顺序，各个章节大致按照主题的时间顺序排列，采用递进的写法，由浅入深、循序渐进、由简到繁地论述邮轮，既注重基本概念、基本理论的描述，结合邮轮专业术语，通过关键词的中文与英文（或中文与其他外文）对照，为使后续专业课与教学内容更好地衔接，又增加了基础理论在邮轮旅游相关专业的应用实例，以加深学生对基础理论在实际中应用的理解，达到相应的深度水平。本部教材结合旅游管理专业（海洋旅游方向）等专业人才培养方案的课程设置与课程内容，注重与相近课程的联系与区别，强调本部教材相同或相似内容的统一，使整合后的教材形成和谐的、内在联系紧密的新体系，适应专业与课程的改革。

本部教材编著者注重结合嘉年华邮轮集团公司（Carnival Corporation & PLC）、皇家加勒比邮轮有限公司（Royal Caribbean Cruises Ltd.）、云顶香港有限公司（Genting Hong Kong Limited）丽星邮轮（Star Cruises），连同挪威邮轮（Norwegian Cruise Line）及其旗下邮轮品牌企业的相关资讯来编写教材。

由于笔者水平有限，书中难免有不足之处，敬请广大读者批评指正。

编者

2017年11月18日

作者简介

黄丽华：海南热带海洋学院旅游管理专业副教授，2007年9月至2008年9月在北京大学秦其明教授的指导下做国内访问学者，进行了“旅游可持续发展”的课题研究工作。2008年8月至2008年9月参加省党校的社会科学骨干培训班学习一个月，2010年参加井冈山党校的政工干部培训班学习一周。双师型教师，是海南省旅游发改委聘任的导游考评员，多次讲授《海南导游基础知识》《导游业务》《社交礼仪》《旅行社经营管理》等课程。全国优秀导游员，海南省人劳厅职业技能考评员。承担省级课题结题三项、三亚市院地科学合作项目三项、三亚社科联课题一项，先后发表论文20余篇，其中三篇是中文核心刊物，《发展生态文化，建设生态文明对于国际旅游岛建设的重要性》被评为第四届中国（海南）生态文化论坛优秀论文。出版《社交礼仪》教材一部，著有《海南岛旅游景区导游词》一部，参编《三亚景区导游词》，其中《海南岛旅游景区导游词》获得三亚社科联优秀成果三等奖。连续几年被评为暑期大学生社会实践活动“优秀指导老师”“暑期社会实践先进教师”；在由共青团海南省委、省文明办、省教育厅主办的国际旅游岛大学生礼仪形象大赛中，获“优秀指导老师”称号。积极推荐大学生就业，鼓励大学生创业，获得全球职业规划师GCDF证书，获得高校创业指导师证。

邢淑慧：美国管理学博士，研究方向为旅游可持续发展，美国玛赫西管理大学（Maharishi University of Management）财务管理硕士学位，澳门科技大学（Macau University of Science and Technology）国际旅游管理及会展管理专业，学士学位。曾作为美国佛罗里达州立大学（Florida State University）交换留学生，美国奥兰多华特迪士尼世界乐园大学生实习计划学习了美国邮轮旅游，在美国硕士学习期间获得美国世界管理大赛“CAPSIM世界商业模拟比赛”第一名。2014年获澳门科技大学院长荣誉列表优秀生奖，2013年获文隽社和精武协会联合举办的“话剧比赛”最佳人气奖以及优秀奖（作为导演，编剧，演员），2011年获“03澳门科技大学科大风采摄影比赛”优秀奖，被评为澳门科技大学义工团“2010年十佳义工”，曾发表《三亚发展热带海洋滨海旅游可持续发展研究》《三亚海上丝绸之路作用研究》《迪士尼员工多元文化研究》等多篇文章。

魏亚平：海南多家高等院校旅游/外语学院的客座教授或外聘教师，讲授《邮轮概论》《西沙邮轮助理实务》《邮轮三亚登岸观光导游》《旅游区规划与管理》《出境旅游领队》《境外旅游市场开拓》《全国导游基础知识（中级）》《饭店客房餐饮实训》等课程。1995年由海南旅游行政管理部门颁发证书聘请，在三亚丽星邮轮登陆团队的接待人员培训班中担任培训教师及考官。1998年海南省首届导游员风采大赛评委；2001年编著《我的海南岛》，2010年海南省导游风采电视大赛评委。2013年合著《海南岛旅游景区导游词》，编写《三亚旅游解说词》《三亚市旅游团队导游接待服务规范手册》，2016年编写《邮轮西沙群岛登岸观光导游词》《海南东山岭文化旅游区导游词规范》《定安母瑞山红色旅游经典景区导游词》等。2016—2018年担任“南海之梦”邮轮旅游顾问。

目 录

第一章　船舶的分类

邮轮或称游轮、游船、远洋邮轮、远洋客轮、远洋客船、远洋班船、远洋定期船、巡航船、巡航定期船，是一种用于娱乐航海的客轮。

邮轮是船舶的一种。为了更好地认知“邮轮”，本章分节详细地先介绍“船舶”及其类型。

船舶是指船体利用水的浮力，依靠人力或畜力、风帆（风力），利用蒸汽机动力、汽轮机动力、柴油机动力、燃气轮机动力、电力和核动力等动力装置在水上移动的各种船只的总称。

船舶是一种主要在水中航行或停泊于水域进行运输或作业的人造交通工具。“船舶”一词，指用作或者能够用作水上运输工具的各类水上船筏，广义的“船舶”还包括“非排水船筏”和“水上飞机”。“水上飞机”包括为能在水面操纵而设计的任何航空器。

第一节　船舶类型

船舶的种类繁多，按不同的使用要求而具有不同的技术性能、装备和结构类型。有各种各样的船舶分类方法，因分类方式的不同，同一条船舶可有不同的称呼。船舶可按照船舶用途、船舶材料（造船材料）、船舶推进动力（装置）、（使用权船舶的）航行区域、推进方式、航行方式、航行状态、船舶客货等进行粗略的分类，有时也根据需要按不同的要求进行区分。

一、船舶用途类型

多数船舶是按船舶的用途分类称呼。按照船舶用途，船舶可划分为军用船舶和民用船舶两大类。

1. 军用船舶

军用船舶总称为（军用）舰船、舰艇、战舰、战船或船艇。大型军用船称为“舰”，小型军用船称为“艇”或“舟”。

2. 民用船舶

民用船舶一般称为“船”。民用（运输）船舶种类很多，大体可分为：客船、货船、客货船、普通货船、多用途货船、杂货船、渡船、（载）驳船/子母船、渔（业）船舶、运输船、特种货物运输船、木材（运输）船、冷藏货物运输船、集装箱船、滚装船、固体散货船、散粮船，煤船、矿石船、液体散货船、油船、兼用船、工程船、港务船、（海洋）科考船等类型。

（1）货船。

船舶的分类是按用途及承运的货物的种类进行区分的。货船一般称为“运输船舶”。例如，普通货船、客货船、渡船、多用途货船、杂货船、固体散货船、散粮船，煤船、矿石船、液体散货船、油船、集装箱船、滚装船等。例如，世界最大散货船的“博格斯坦号”、世界最大集装箱船的“中远广州”“中远宁波”。

◆博格斯坦号——世界最大散货船

博格斯坦号为运铁矿石船，由韩国现代重工在1986年建成。船舶总长（LOA）343米，船宽（BM）65米，载重量为36.500 0万吨，（满载）吃水23米，航速13.5节。长年航行于荷兰鹿特丹与巴西之间。

◆中远广州——世界最大集装箱船

“中远广州”集装箱船的最大载箱量达9 500标准箱，载重10.727 7万吨，船舶总长（LOA）350.57米，船宽（BM）42.80米，吃水14.52米，是目前全球最大、设备最先进的集装箱船之一。

◆中远宁波——中远广州姊妹船

“中远宁波”集装箱船的最大载箱量达9 499标准箱，载重10.914 9万吨，船舶总长（LOA）351米，船宽（BM）42.80米，吃水14.52米。中远广州姊妹船，由韩国现代重工建造。

（2）特种船舶。

海洋特种船舶是指为海上运输、海洋勘探、海上钻井及海上采油等海上作业提供服务和安全保障的工程船和工作船（辅助船）。例如，滑行艇、水翼船、气垫船等。

（3）工程船。

工程船是指专门从事某种水面或水下作业的船舶。例如，起重船、挖泥船、布缆船、打桩船、航标船、浮油回收船、救捞船、深潜器等。

（4）辅助船。

辅助船是在海上或港内对大型船舶或其他船舶提供支援的船舶。例如，拖船、油/水供给船、消防船、海难救助船、交通船、破冰船等。

（5）科学考察船。

科学考察船是指用于调查研究海洋水文、地质、气象、生物等特殊任务的船舶。例如，美国“ATLANTIS（亚特兰蒂斯）”号、英国“JAMES COOK（詹姆斯·库克）”号、挪威“G.O.SARS”号（海底机器人潜艇）、中国“科学”号海洋科学综合考察船和日本“CHIKYU”号等科学考察船。

（6）渔业船舶。

渔业船舶是指从事渔业生产的船舶，以及属于水产系统为渔业生产服务的船舶。狭义的渔业船舶，是指传统意义上的捕捞渔船，仅指利用渔具捕捞鱼类或其他水生动植物的船舶。例如，捕捞船、拖网渔船、围网渔船、流网渔船、延绳钓渔船、竿钓渔船、捕鲸船。

随着渔业生产的不断发展，渔业船舶分工的不断细化，其内涵也在不断发展。广义的渔业船舶是指从事渔业生产以及为渔业生产、科研、管理和服务的船舶的总称。例如，养殖船、水产运销船、冷藏加工船、油船、供应船、渔业指导船、科研调查船、教学实习船、渔港工程船、拖轮、交通船、驳船、渔政船和渔监船。

二、船舶材料类型

船舶外形材料一般是选择有利于克服流体阻力的流线性包络的材料。船舶外形材料，随着科技进步不断更新，早期为木、竹、麻等自然材料，近代多是钢材以及铝、玻璃纤维、亚克力和各种复合材料。

船舶内部材料主要包括容纳空间、支撑结构和排水结构，具有利用外在或自带能源的推进系统等使用的各种材质的材料。

船舶按照船体结构材料划分，通常可将船舶分为钢（质）船、铝合金船、木（质）船、水泥船、玻璃钢船、橡皮艇、混合结构船等。

（1）木（质）船。

船舶从史前刳木为舟起，经历了独木舟、木板船、木（质）船和木（质）帆船时代。

（2）钢（质）船。

1879年，世界上第一艘钢船问世后，开始了以钢船为主的时代。船舶的推进也由19世纪的依靠人力即撑篙、划桨、摇橹、拉纤，畜力和风力（风帆）发展到使用机器驱动。

当然，自19世纪蒸汽机钢质船问世之后，船舶碰撞更加引起人们的注意。

◆“自由轮”的钢铁货船

第二次世界大战期间，数百艘由美国制造——名为“自由轮”的钢铁货船在冰冷的北方水域中破裂或从中断开。

新公约中将（货）货轮/货船及客船的破损稳性（破舱稳性）要求协调起来，统一为概率论的方法进行校核。

3. 水泥船

水泥船即以水泥与钢丝（钢筋）为主要材质的船舶，包括钢丝网水泥船和钢筋混凝土船。水泥船具有抗腐蚀性和耐久性。水泥船造价低廉，材料容易获得，建造设备和施工工艺简单，维修保养费用低，且能节约木材和钢材。主要缺点是自重大，抗冲击性能差，只能在一定范围内使用。钢丝网水泥船与钢筋混凝土船相比，船壳薄，自重轻，容易成型，且因配筋分散，具有较大的抗裂性和延伸性。钢丝网水泥船可作农船、渔船和运输船舶。钢筋混凝土船可作对自重要求不高，泊位固定或较少移动的工程船舶和趸船。随着预应力技术的提高，预应力钢筋混凝土船有良好的发展前景。

三、船舶推进动力（装置）类型

船舶是航运的主体，穿梭于港口之间，船舶进退转向及其操纵的能力来自其推进装置。船舶的推进（方式）也由19世纪的依靠人力、畜力和风力，发展到使用机器驱动。船舶按推进方式可分为原始的撑篙、拉纤、划桨、摇橹等人力推进的船舶和风力推进的帆船；机械推进的明轮船，喷水船、螺旋桨船以及空气推进船等。

船舶按照推进动力（方式）划分，总体可将船舶分为机动船和非机动船两大类。

1. 机动船

机动船是指用机器推进即由原动机带动的任何船舶。现在，绝大多数船舶、舰艇、游艇等都是机动船。

机动船按推进主机的类型（动力装置的种类），又可分为蒸汽机船（现已淘汰）、汽轮机船、柴油机船、燃气轮机船、电动（推进）船、联合动力装置船、特种动力装置船、核动力船等。

其中，早期使用的“蒸汽机船”（蒸汽往复机）——目前已被淘汰。“汽轮机船”——汽轮机（有蒸汽轮机和燃气轮机）在一些高速客船和军舰上使用。“柴油机船”——现在各类船舶应用最广的是柴油机动力装置。小艇上也有用汽油机作为动力的。“电动推进船”——是以内燃机或蒸汽机驱动发电机（或直接用蓄电池）发电，再带动与螺旋桨联成一体的电动机来推进船舶。这种动力装置的螺旋桨转速可任意调节，且操作简单、操纵方便，为有特殊要求的船舶采用，如潜艇、破冰船、科学考察船、火车渡船等。“联合动力装置船”——包括柴燃联合动力装置船、燃蒸联合动力装置船、电力推进船等。“特种动力装置船”——包括闭式循环热能动力船（热气机船、柴油机船、燃气轮机船、蒸汽轮机船）、燃料电池船、蓄热式非传统能源船、采用空间传输机构的特种发动机船等。“核动力船”——核动力装置是当前世界上较先进的动力装置，它以核反应堆通过原子核的反应，产生蒸汽热能来驱动汽轮机运转。

2. 非机动船

非机动船是指本船无主机，依靠人力、风力、水力或其他船只带动的船，如桨船、桨轮船和帆船。

（1）桨船。

桨船亦称“划桨船”，是用桨来推进船舶，是一种历史悠久、应用广泛的船舶。利用划桨作为推进工具，最初的划桨船很小，只有1～2把划桨。为了提高船舶速度，划桨制作得非常轻巧。桨船有多种类型，按照桨的多少，有单桨船、双桨船、多桨船。按照桨的长短，有短桨桨船、长桨桨船；在距今5000多年前的埃及法老齐阿普斯的金字塔墓里，有作为法老殉墓品的墓葬船（一种配置长桨的划桨船）。按照桨配置有单层桨船、双层桨船和多层桨船。装在船上的划桨数量也逐渐增加，不仅在两舷配上划桨，还在船的高度方向配上划桨，出现了多层桨船。古代桨船上的划桨手都是遭受奴隶主残酷剥削的奴隶，他们被锁在船舷处，像牛马一样不停地划桨，推进船舶。

（2）桨轮船。

桨轮船也叫“车船”“明（轮）船”是在船的舷侧或尾部装上带有桨叶的桨轮，靠人力踩动桨轮轴，使轮周上的桨叶拨水而推动船体前进。因为这种船的桨轮下半部浸埋水中，上半部露出水面，故又称“明（轮）船”，以便和人工划桨的木船以及风力推动的帆船相区别。古代的轮船像车一样，有两个车轮似的轮子，装在船的两侧或尾部，在轮子周围装有若干桨板，用人力转动轮子，桨板不断向后拨水使船前进。所以轮船也称“车船”或“明（轮）船”。

（3）帆船。

帆船是利用风力前进的船，是继舟、筏之后的一种古老的水上交通工具，已有5000多年的历史。中国宋、元、明、清时代使用过的帆船有适于（中国北方海区）水浅多沙滩的航道上航行的“（防沙平底）沙船”、（福建、浙江一带）沿海尖底海船“福船”、（广东）远航的“广船”和快速小型海船“鸟船”（绿眉毛），以及大型战船“楼船”和运粮的“漕船”。

三桅小帆船是尼罗河地区的传统帆船，自法老时代起就没有变过。据说当时有成千上万的帆船在尼罗河上航行，而如今这种帆船已经非常罕见，因为越来越多的游客选择了速度更快、装饰更豪华的游船。

1838年，第一艘铁制帆船横渡了大西洋。人们使用帆船的时代已成为历史，从那时起到现在，帆船的用途就仅限于娱乐和体育用船了。

四、船舶推进器类型

船舶推进器已经被研究了很长时间，船用螺旋桨是船舶最重要的推进器。但是，直到现在，船用螺旋桨的设计和绘制仍然是很困难的。

船舶按照推进器形式划分，可分为明轮船、喷水船、螺旋桨船、平旋推进器船（平旋轮船）、喷气推进船、空气推进船和风力推进帆船（风帆助航船）等。

高速船舶的船体通常用轻型铝合金或其他轻型非金属材料，发动机采用高速汽油机或轻柴油机，推进方式采用螺旋桨或喷水推进器等。例如，水翼船、高速双体船、气垫船、快艇等。

1. 水动力船舶

水动力船舶亦称水体船舶、水面船舶，可分为明轮船、喷水船、螺旋桨船、平旋推进器船（平旋轮船）。

19世纪以前，船舶主要靠人工摇橹和风帆推进。明（轮）船亦称“车船”“桨轮船”，是船舶以机器作为动力以来，最古老的一种螺旋桨推进器。以后又出现把推进器装在船的艉部水面以下部分的螺旋桨推进器，后来，对少数特殊要求的船舶有的在艉部螺旋桨上加上导管，也有的在艏部加装辅助的螺旋桨。大多数船舶螺旋桨的叶片是固定的，对经常按要求改变工况的船，采用可调螺距的螺旋桨。浅水航道中的船舶还有喷水推进的。

桨轮船的出现，是船舶推进技术的一个重大进步，也是对船行动力的一次重大改革。桨轮船其实就是原始形态的轮船。桨轮船在出现后的1 000多年中，发挥过巨大作用，直到20世纪初，我国南方地区还有少量的桨轮船。

自世界上第一艘以蒸汽机为动力的船舶问世以来，以热机为动力直接驱动螺旋桨的机械船舶推进系统在船舶动力装置中占据着主导地位。

相比于传统的船舶推进系统，船舶电力推进系统在很多方面具有明显的优势，因此国内外的船舶行业都纷纷将其作为研究热点。船舶燃油系统作为船舶动力装置的核心部分相当于人的心脏。

2. 空气推进船舶

空气推进船舶可分为喷气推进船、空气推进船和风力推进帆船（风帆助航船）等。

气垫船又叫“腾空船”，是一种靠风机气压所形成的气垫把船体垫离水面，从而达到减少水阻力的目的，以空气在船只底部衬垫承托的气垫交通工具，是战后发展起来的最有意义的交通工具之一。气垫通常是由持续不断供应的高压气体形成。气垫船主要用于水上航行和冰上行驶，还可以在某些比较平滑的陆上地形和浮码头登陆。气垫船的优点是可以像直升机一样垂直上升。气垫船动力系统增加了为气垫供气用的垫升风机，同时采用航空螺旋桨（空气螺旋桨）推进，整个动力系统设计复杂。

空气螺旋桨包括螺旋桨、风扇、风车和直升机叶片等。空气螺旋桨只用于少数气垫船。全浮式气垫船和腾空艇上则采用航空螺旋桨即空气螺旋桨推进。气垫船是高速船的一种，行走时因为船身升离水面，船体水阻得到减少，以致航行速度比同样功率的船只快。很多气垫船的速度都可以超过50节。气垫船亦可用非常缓慢速度行驶，在水面上悬停。

五、船舶机舱位置

船舶按照机舱位置划分，可将船舶分为舯机型船、中艉机型船和艉机型船。

“舯（zhōng）”，解释为船体长度的中点、中腰或中部。民用船常指“垂线线长”的中点，军用船常指“载重水线长”中点。“艉（wěi）”，基本释义为船体的尾部。

1. 舯机型船

舯机型船即中机型船是指主机舱位于船体长度中部的船舶。

舯机型船通常为客船和小船采用，即机舱靠近船的中部（位置）。英语中的“amidships”表示“在船中部”“在船的中央部分”“在船的中腰”或“在船腹”。

19世纪后期，（船舶）发动机可以放置在船的前部、中部和后部。

2. 中艉机型船。

中艉机型船是指主机舱位于船体长度中后部的船舶。集装箱船一般为艉机型或中艉机型船舶。

3. 艉机型船

艉机型船是指主机舱位于船尾部的船（机舱在船尾部的船）。过去为油船所采用，现已广泛用于大型散货船、中小型集装箱船、干货船和渔业船舶。其优点是不需设中间轴和轴隧结构，货舱容积比中机型略大，且中部货舱方整，有利于装货，但满载时易产生首倾，空载时易产生尾倾，故在设计时须注意留有足够的压载舱，以便调整纵倾。其上层建筑多集中在艉部，整个甲板面积宽敞，尤其对于油船，便于设置油管系统。对于大型艉机型船，如驾驶室布置在艉部上层建筑，距首部过远，盲区增大，常需在中部或中前另设甲板室或驾驶室。

现代船舶尤其是旅游船和游艇的设计，已不能仅仅满足于使用功能的设计方式，还须讲究造型和重视舱室设计。

六、船舶甲板层数类型

船舶按照甲板层数划分，可将船舶分为单甲板船和多层甲板船。

七、船舶航行方式类型

船舶按照航行方式划分，可将船舶分为自航船和非自航船。

1. 自航船

自航船是指驳船、囤船自身有航行动力系统的，不需要借助外力推动的船舶。

2. 非自航船

非自航船是指驳船、囤船等本身没有动力推动的船舶。

帆船与人力船虽然不用机器推进，但仍有自航能力，只能称为非机动船，不能称为非自航船。

八、船舶航行状态类型

船舶按照航行状态划分，可将船舶分为浮行船即排水型船/排水量船和“非排水型船”动力支撑型船。例如滑行船（艇）、腾空航行船（腾空船）、气垫船、冲翼艇等。

1. 排水型船舶

排水型船舶包括浮行船和潜水船。排水型船比较瘦长，中部横剖面形状近似半圆形，其具有平稳、经济等优点，但航速难以突破40节。

高速排水型船，常见的有巡逻艇、高速护卫舰艇等。

（1）浮行船。

浮行船是指船舶在航行时，船体的重量和排水量相等而漂浮在水面航行的船舶，又称“排水量船”“排水型船”。排水型船是航行于水面或水中，其重量全部靠水的浮力支承的船，也称“浮行船”。水下潜航的船舶（如潜水艇）也属于浮行船。

（2）滑行船舶。

滑行船舶是指高速状态下航行时，船体的大部分被水的动力作用抬起（船的重量主要靠滑行时所产生的托力来支持），在水面滑行。滑行时船的排水量小于静止时的排水量，同时减小了湿表面积，水阻力大大减小，使船的速度加快。如快艇、水翼船/艇。

水翼船船底前、后部设有水翼板，随着航速的增加，水翼产生升力将艇托出水面。

（3）潜水船。

潜水船亦称“潜舰”，是能够在水下航行的舰艇。潜艇的种类繁多，形制各异。按体积可分为大型（主要为军用）、中型或小型（袖珍潜艇、潜水器）和水下自动机械装置等。

2.“非排水型船”

“非排水型船”是指在航行于水面或水中，船舶重量不是完全依靠水的浮力支撑而是利用空气支承力航行的船。“非排水型船”亦称“动力支撑型船”。例如腾空航行船（腾空船）、气垫船、冲翼艇等。

腾空（航行）船舶简称“腾空船”，是一种利用空气的支承力来离升水面即船身在完全脱离水面的状态下航行的船，如气垫船和冲翼艇。

气垫船又叫“腾空船”，气垫船是一种靠风机气压所形成的气垫把船体垫离水面，以空气在船只底部衬垫承托的气垫交通工具。腾空船一出现，立即受到世界各国造船界的关注。

冲翼艇亦称气翼艇，是一种依靠艇与水面之间压缩“气垫”离开水面而又贴近水面飞行的水上交通工具。

九、船舶航行区域类型

船舶按照承载船体的水体或航行区域即航区划分，可将船舶大体分为内河船和海船两大类，又可细分为海（洋）船即远洋船、沿海船即港湾船舶、极区船和内河船舶四种。航行内湖泊上的船舶一般也归入内河船舶类。

内河船是指航行于内陆江、（江）河、湖泊、水库的船。内河船一般不在海上行驶。内河船与海船相比，船体尺度小、吃水浅、设备简单。海船是指从事海上航行的船舶。海船是相对于在内河航行的内河船而言的。由于海上环境与内河环境相比更加恶劣，危险更大，因此在建造规范和适航标准上，海船都比内河船更严格。

十、船舶客货类型

船舶按照载客与载货的数量关系划分，可将船舶分为客货轮（船）、货客轮（船）

和客轮（船）。

1. 客货轮（船）

客货轮（船）以载客为主、载货为辅，也即兼运相当数量的货物的客船称之为“客货轮”；除了载运旅客及其旅客随身携带的行李之外，还装载有部分货物（水线以下的船舱尽可能用来装货）。客货船在要求上与客船相同。客货轮一般有2～3个货舱，通常设计为“两舱不沉制”，并为定期定线航行，其结构与安全设备均应按客船标准要求配。

2. 货客轮（船）

以载货为主、载客为辅，也即兼运少量旅客的是“货客轮”。货客船在抗沉性方面一般以“一舱不沉制”为最低设计要求，数量相对较少，其结构与安全设备均应按客船标准要求配备。

3. 客轮（船）

客轮又称“载客船”，是指专门用于运送旅客及其可携带行李和邮件，也装运少量货物的船舶。

第二节　客船类型

客轮或客船多为在航线上有固定的停靠港口、定期定线航行的船舶即用于运送旅客及其携带行李的船舶，因此又称为“定期船”“（客）班轮”或“邮轮”。对兼运少量货物的客船也称客货船。

根据《国际海上人命安全公约》（International Convention for Safety of Life at Sea，简称SOLAS公约），各缔约国政府，愿共同制订统一原则和有关规则，以增进海上人命安全，本公约于1974年11月1日订于伦敦。无论是否同时载有货物，凡载客12人以上的船舶均视为客轮（客船）。

客轮（客船）一般具有完善多层甲板的上层建筑，用以布置各种类别的客舱及一些服务舱室；设有完善的餐厅、卫生和娱乐设施，另配有足够的救生设备、消防设备和通信设备。有较好的抗沉性，一般为“两舱不沉制”。对救生、防火、抗沉等安全要求严格；有较高的舒适性，具有良好的隔声、避震性能；有较高的航速和功率储备。有些客船还设置减摇装置以改善航行环境。客船的航速较高，一般为16～20节，大型高速客船可达24节左右。

由于航空运输的发展，海上客船已转向沿海和近海短程运输，并多从事旅游业务，而内陆水域的客船仍是许多国家的一种重要的客运工具。

客轮（客船）通常又可细分为6种类型：海洋客船（海轮、海船）、旅游船（游船）、汽车客船、滚装客货船、高速客船和内河客船（江轮）。

一、海洋客船

海洋客船通常是指可航行于海上的轮船。海洋客船又可细分为远洋客船和沿海客船。

1. 远洋客船

远洋客船又称越洋客船、远洋定期客轮或（远洋）邮船，通常是指在大洋中定线、定期航行的大型客运船舶（班轮）。由于过去跨洋邮件一般经这种大型客轮运载，故又称（远洋）邮船。

◆ “五月花”号——远洋客运

1620年9月6日，英国“五月花”号三桅杆帆船载运102名移居美洲的英国清教徒及其行李，据估计，机组人员大约有30人。由英国英格兰西南区域德文郡的南安普敦港出发，横渡大西洋到达美洲科德角（又称鳕鱼角）——美国马萨诸塞州南部巴恩斯特布尔县的钩状半岛。

英国清教徒忍受了许多艰难，在北美的第一个登陆点——普罗温斯敦港，单独完成了为期66天的航程（只有一人失去生命），在北美建立了第一块殖民地——“普利茅斯殖民地”。这次“五月花朝圣者的航程”，以死亡和生存的航海经历，已经成为一个标志性的事件，可算是近代著名的一次远洋客运。

2. 沿海客船

沿海客船又称“近海客船”，通常是指在近海和沿海航行的客运船舶，近海客船通常是客货混装，故又称沿海客货船。

沿海客运在波罗的海和北海沿岸国家、澳大利亚、新西兰和日本等国一向很发达，包括短程国际海上客运。

◆ “喜鹊”号——沿海客货轮

我国沿海城市有许多沿海客货船在航运。如新港船厂1983年建造的“喜鹊”号沿海客货轮，以载客为主，可兼运杂货。“喜鹊”号的姐妹船是“百灵”号。“喜鹊”号沿海客货轮船长120米，型宽18.8米，型深12米，吃水5.0米/5.2米，航速16.3节，载重量1 334吨。该船为钢质、双机、双桨、倾料船首、方尾、有2层纵通甲板和4层甲板室，是机舱位于中部的柴油机驱动客货船，能运行在我国南北各条航线。

二、旅游船

旅游船又称“游轮”或“游船”，用于搭载乘客从事旅行、参观、游览活动的各类客运机动船只的统称。游轮（游船）是一种提供享乐巡航旅程的客轮。

游轮船上的服务设施与娱乐设施及奢华服务，被视为旅程中不可缺少的重要部分，现代旅游船已向豪华型发展。但是在国际惯例上，邮轮通常指的是在海洋上的大型豪华船舶，而游轮（游船）则一般是指在江河中的观光游船。

三、汽车客船

汽车客船是20世纪60年代初发展起来的一种沿海客船，以运输旅客及其携带自备轿车为主的汽车客船。现今海上运输发达国家的重要中短程定期航线和列车渡船航线基本上已采用汽车客船。汽车客船多在4 000总吨以下，可载客700～1 000人，载客部分为卧舱和部分为娱乐散座舱，兼有旅游功能。车客比（汽车数与旅客数之比）即所载汽车数约为旅客数的10%～20%，航速多为每小时16～18海里。

汽车客船在港时间极短，效率高；吃水较浅，可广泛停靠各港口；采用双桨单舵；设防摇鳍和侧推装置，以改善船舶摇摆性能和操纵性。主机为中速柴油机，机舱各出入口置于舷侧以利上甲板下的车辆甲板（一层或二层）前后贯通。船宽较大，可增大甲板面积。汽车多由首尾大开门经过码头的活动桥上下船。

近年来，随着旅游业的发展，汽车客船船舶吨位、车客比值、航速，在外形上进一步利用空间都有所增大，船内设备亦更加豪华。在欧洲国际航线上出现了总吨超过万吨、车客比达33%、航速超过每小时20海里的高速大型汽车客船。

四、滚装客货船

滚装客（货）船或称“客滚船”，是20世纪70年代初在集装箱运输和汽车客船大型化的基础上发展的高效、新型客货船，多用于沿海中程定期航线。

滚装客（货）船的船型与汽车客船相似，车辆甲板有时须多加一层并自带斜跳板，借高效率的滚装工艺缩短船舶在港时间，加快船舶周转。在波罗的海，滚装客货船以载运旅客、轿车和带轮滚装货为主。

显然，如何加强滚装客船运输生产的安全管理，预防或减少安全事故的发生，确保滚装客船运输市场健康发展，是当前亟待解决的问题。

五、高速客船

高速客船是高速航行的客船，其中包括短途客船采用的水翼船和气垫船，具有速度快（可达24节～40节）、适航性好的特点，多用于短途运输。

六、内河客船

内河客船又称“内河客轮”或“江轮”，航行于江河湖泊等内陆水域上的传统客船，载客量大，停靠频繁，多在浮码头通过舷门装卸小量件杂货和邮件，是重要的水上交通工具。

内河客船历史悠久，在中国古代出现的客船就是内河客船。现在，内河客船载客量大且停靠频繁，还活跃在航运舞台，在中国各地的江河湖泊中都可以看见内河客船的身影。中国长江干线上的内河客船主要为“东方红”型（客船），总注册吨位5 050吨，船舶总长113米，可载客1 250人，上下水平均航速约为每小时25海里。

如今浅水江河湖泊的大型船，航速一般为每小时12～16海里。内河客船（客轮）主要用来运送旅客，也装运少量货物的运输船舶。内河客船（客轮）按照用途不同又可细分为游轮、客货轮、货客轮。

1. 游轮

内河游轮是指以游览江河湖泊沿岸景点为旅游项目的内河客轮。如长江游轮在著名的长江三峡游览，它是最理想的载体。

2. 客货轮

内河客货轮又称“内河客货船舶”，是指以载客为主，兼运部分货物的内河客轮。

3. 货客轮

内河货客轮是指以载货为主，兼运少量旅客的内河客轮。

第三节　邮轮类型

1516年，英国皇家邮政在开展洲际邮递服务的初期，主要依靠“邮务轮船”将信件和包裹即邮包由此岸送到彼岸，这些英国轮船往往需悬挂英国皇家邮政的（商船用）信号旗。

1850年以后，英国皇家邮政允许私营船务公司以合约形式，帮助他们运载信件和包裹。这个转变，令一些原本只是载客船务公司旗下的载客远洋轮船，摇身一变，成为悬挂信号旗的载客远洋邮务轮船。

由于邮务轮船是邮政部门专门用来运输洲际间远距离邮件的重要交通工具之一，所以也可以称之为“远洋邮轮”。

当时，许多人开始登上邮轮漂洋过海，邮轮旅行开始发展；但是邮务轮船最重要的功能还是运载移民、货物及邮件。

后来，由于喷气式民航客机投入航空客运，“邮务轮船”或称“远洋邮轮”作为长距离运输的载客、载货的功能渐渐削弱，远洋邮轮的角色也从运输演变为供游乐的邮轮。

1985年，法国的“法兰西”号邮轮退出大西洋航线，远洋邮轮退出历史舞台，标志着一个伟大的航海时代的结束。

可喜的是，近十多年来，新造了许多大型豪华邮轮投放世界各地市场，催生了新一代的邮轮旅行爱好者。因此，无论您是偏爱邮轮船上豪华设施，还是喜欢停靠美丽的海湾港口城市，还是喜欢航线沿途迷人的风景……总能从中选取您最心仪的邮轮。

邮轮的基本类型可分为邮轮船体类型和邮轮旅行（旅游）类型两大类型。

一、邮轮船体类型

“国际航行”是指由适用本公约的国家驶往该国以外的港口，或与此相反的航行。为此，凡由缔约国政府对其国际关系负责的每一领土，或由联合国管理的每一领土，都被视为单独的国家。

邮轮船体类型可以依照邮轮的船龄（新旧）、总注册吨位、（最大）载客量、空间比例（吨数/乘客数）、船舶吃水、船舶总长、船舶宽度即船宽、舱房类型等进行大致的分类。

（一）新旧类型（船龄类型）

船龄是指船舶自建造完工之日起计算的船舶使用年限。船龄在某种程度上表明船舶的现有状况，有些船舶在不同的船龄阶段，在船体结构上出现疲劳裂纹，特别是在船底、舷侧纵骨中较为突出。因此在有关船舶和海上运输的交易中，船龄是一个重要因素。在租船交易中，船龄是租船人决定是否接受船舶，租借双方如何确定租船运费或租金的重要依据。

海船使用年限和（强制）船舶报废年限各国的规定不一样。一般大型船舶的正常使用年限是15年左右，如在15年以上则为超龄船舶。目前的科技水平和技术造出的船舶的寿命可以延长至20年左右。

在我国，海船船龄标准分为：一类（海船）船舶、二类（海船）船舶、三类（海船）船舶、四类（海船）船舶、五类（海船）船舶。

海船船龄标准

船舶类别	购置、光租外国籍船船龄	特别定期检验船龄	强制报废船龄
一类船舶	10年以下	18年以上	25年以上
二类船舶	10年以下	24年以上	30年以上
三类船舶	12年以下	26年以上	31年以上
四类船舶	18年以下	28年以上	33年以上
五类船舶	20年以下	29年以上	34年以上

邮轮船龄的标准各国不一样，国际邮轮船龄可参照《1969年国际船舶吨位丈量公约》。世界大多数国家的现有邮轮船龄明显偏老，几乎都超过20年。我国的邮轮船龄参照（海船的）“旅游船”船龄。

邮轮按照船龄、（是否）建造及使用（改建或改装），大体可分为“老船邮轮”“新船邮轮”和“现有邮轮”。

1. 老船邮轮（旧船邮轮）

在我国，老船邮轮分为：一类老旧海船、二类老旧海船、三类老旧海船、四类老旧海船、五类老旧海船。类型如下：

① 船龄在10年以上的高速客船，为一类老旧海船；

② 船龄在10年以上的客滚船、客货船、客渡船、客货渡船（包括旅客列车轮渡）、旅游船、客船，为二类老旧海船；

③ 船龄在12年以上的油船（包括沥青船）、散装化学品船、液化气船，为三类老旧海船；

④ 船龄在18年以上的散货船、矿砂船，为四类老旧海船；

⑤ 船龄在20年以上的货滚船、散装水泥船、冷藏船、杂货船、多用途船、集装箱船、木材船、拖轮、推轮、驳船等，为五类老旧海船。

2. 新船邮轮

参照《1969年国际船舶吨位丈量公约》，“新船”是指在本公约生效之日起安放龙骨，或处于相应（类似）建造阶段的船舶。

通常，邮轮旧船和新船在造船技术、仪器设备、国际标准、空间规划、娱乐设施和安全设备等方面差别很大，总体来说新船占据优势。例如，在造船技术方面，旧船是使用较密实较重的金属制造，与同样大小的新船相比，旧船的吨数较大，吃水深度较深，可以进出的深水港口有限。在仪器设备方面，旧船使用蒸气涡轮推动，其设备极占空间、运作成本高，不如新船使用柴油引擎来的有效率，而且在航行时船体较平稳，不容易振动。当然，旧船也可以更新仪器设备；新船上的设备也可能因使用不当或是缺乏维护而失去效能。在国际标准方面，旧船在设备及各项安全措施的设计规划上，难以符合最新的国际邮轮标准，而新船则多依照国际邮轮标准来建造。在空间规划方面，早期的邮轮航行时间较长，多是为满足富商贵客的需求而设计，船舱空间采取较为宽敞的设计，并以许多高级艺术品为装饰，凸显与众不同的贵气；而近几年来邮轮为了使消费平民化，船舱显得较为简单、空间狭窄。在安全设备方面，旧船和新船所配置的救生艇数量及功能都有差异。

3. 现有邮轮

参照《1969年国际船舶吨位丈量公约》，“现有船舶”是指“非新船”。

（二）邮轮吨数容量类型

现代邮轮的规模大小（等级），通常以总注册吨位（GRT）与（最大）载客量或者标准床位两个指标来衡量，其中以载客量为主。其中又以载客量（载客人数）为主。

15世纪在英法之间有很多商船从事酒的贸易。英国人为便于课税，曾以一定规格的装酒桶桶数表示船舶吨位数。

19世纪40年代提出了总吨位和净吨位概念。1854年英国商船法采用摩逊提出的按辛普森积分法则计算船舶容积的丈量方法。摩逊用他的方法丈量了当时英国拥有的商船，得到以立方英尺表示的船舶总吨位，再从总吨位中减去不赢利的空间得到有效的载货容积，并将其与这些船舶按旧的丈量方法得到的净吨位相比较，得到98.22立方英尺相当于一吨位。为便于计算，取100立方英尺为一吨位。

从此世界各个国家和地区都以英国的方法为基础，制订或修订各自的“船舶吨位丈量规则”。

1. 丈量计算方法

由于各国所订“船舶吨位丈量规则”不同，同一艘船按不同的规则丈量，结果就不相同。

政府间海事协商组织（现国际海事组织，IMO）1969年举行的大会制定了《1969年国际船舶吨位丈量公约》。公约附则规定了船舶总吨位和净吨位计算公式，改革了原来繁复的丈量方法。未参加公约的国家和地区，仍用与公约不同的规则丈量船舶吨位。

中华人民共和国船舶检验局于1959年1月1日颁布了《船舶吨位丈量规范》。以后，按照《1969年国际船舶吨位丈量公约》，又颁布了新的《船舶吨位丈量规范》。

2. 船舶吨位

吨位属于船舶工程中船舶丈量，核定船舶容积的单位。吨位国际度量标准包括：英国长吨2 240磅（1 016千克）、美国短吨2 000磅（907.2千克）、公吨2 204.6磅（1 000千克）。

吨——（原本意义上的吨）是英制单位，英文中是ton（吨）。英国和美国对ton（吨）的定义不同。

长吨——在英国，1ton等于1 016千克，即1吨=1 016千克（英制单位），因此英国的吨又成为long ton（长吨）；

短吨——在美国，1ton等于907.2千克，即1吨=907.2千克（美制单位），因此美国的吨又成为short ton（短吨）。

公吨——是公制的单位，在英文中原本的表达法为tonne或metric ton，缩写为mts（经常在邮件往来中使用）。简单地说，1公吨=1 000千克，1吨=1 016千克（英制单位）或907.2千克（美制单位）。

由于使用公吨的人太多，习惯把全称的“公吨”缩略为“吨”。国外客户说ton（吨）的时候，有可能是指“公吨”。公吨是中国普遍采用的“吨”，使用的英文名称为tonne或metric ton。中国人说“吨”，其实指的都是“公吨”，因为中国采用公制。

邮轮吨位所代表的意义，包括了邮轮的重量、（客轮）载客量（客运量/客运能力Passenger capacity of passenger liner，简称Passenger capacity）与吃水深度，是否能平稳航行；另外还得根据航行海域与航行季节而定。

船舶吨位分为总吨位和净吨位。

（1）总吨位（GT）。

参照《1969年国际船舶吨位丈量公约》，“总吨位”是指根据本公约各项规定丈量确定的船舶总容积。

总吨位亦称容积总吨（位）是指按照吨位丈量，确定的船舶内部总容积。换言之，是通过对船舶所有围蔽处进行丈量计算后确定的吨位，即船舱内及甲板上所有关闭的场所的内部空间（或体积）的总和。船体在甲板上（或者船舱所谓围蔽空间）的实际载货容积，按每100立方英尺（约2.83立方米）为一吨折合所得的商数。吨位本身不是涉及重量的术语。总吨位是计算港口费、系缆费、码头停泊费等的依据。

容积总吨（位）又称注册/登记吨位或注册/登记总吨（位）是指在船舶登记证书上输入的总吨位或净吨位。船舶登记吨位是指按船舶吨位丈量规范的有关规定进行丈量所得到的内部容积。这是为船舶注册登记而规定的一种以容积折算的专门吨位，与以重量单位“吨”表示的船舶排水量和载重量不同，主要用于船舶登记。

容积总吨（位）的用途很广，根据《国际船舶吨位丈量公约》的有关规定，丈量后确定的船舶总容积，又称总吨，以吨位表示。一般用于：在有关国际公约和船舶规范中作为划分船舶的大小（等级）以确定技术管理和设备要求的标准；作为船舶登记、检验和丈量的收费标准，由于船舶吨位用于船舶登记，所以又称（船舶）登记吨位；可以用于国家对商船队的统计即国家统计船舶数量的单位（一国或一个公司的拥有船舶数量）；作为计算造船费用、买卖船舶费用、租船费用、船舶保险费用的依据；计算海损事故赔偿的基准以及计算净吨位的依据等。例如，通常港口税是以船只的注册吨位计算的。按照行业一般惯例，邮轮大小排序以容积总吨为准。

（2）总注册吨位。

总注册/登记吨位或注册/登记总吨位是指船舶按照其登记证书所能载货的容积。

排水量吨位常用于军舰中的术语，用于衡量船舶在装载满船员、燃料、货物及设备、武器后船舶排出水的重量。

容积总吨（位）（GT）与总注册吨位（GRT）

容积总吨（位）（GT）其实一般是民船用来计算船舶容积（内部空间大小），不代表排水量。包括所有的空间，如锅炉、水手舱等不用来盈利的空间即计算纯载货或载客的空间，是净吨位。容积总吨比较适用于货轮，用在邮轮上就会有很多争议。如烟囱内部空间，也算在容积总吨内。而较新颖的邮轮，如果有众多阳台舱，乘客实际可以享受的阳台面积却又不能算在容积总吨内（因为伸出船舷外，不在邮轮内部）。虽然吨位较大的邮轮，并不代表就一定有完美的航程；较小型邮轮的活动设施亦不会因吨位较小而缩水。但是，总注册吨位（GRT）就是用来划分船只大小的一个重要依据。除了专业设计施工单位要这样用到它以外，不少（邮轮）旅游公司也以标榜自己拥有大吨位的邮轮为资本，来吸引更多的游客。

（3）净载重吨。

净载重吨是指船舶实际运载货物的容量，如果船舶装满货物，船体陷入水中会使水淹到船体的吃水标。净载重吨等于船舶满载时的排水量吨位减去在空船时的排水量吨位的吨数。

（4）净吨位（NT）。

参照《1969年国际船舶吨位丈量公约》，“净吨位”是指根据本公约各项规定丈量确定的船舶有效容积。

现代邮轮的规模大小（等级），通常以总注册吨位（GRT）与（最大）载客量或者标准床位两个指标来衡量，其中以载客量为主。其中又以载客量（载客人数）为主。

现代邮轮可以大致分为：迷你邮轮、小型邮轮、中型邮轮、大型邮轮、巨型邮轮等。

（1）迷你邮轮。

迷你邮轮——通常是指总注册吨位（GRT）0.100 0万～0.500 0万吨或1.000 0万吨以

下；（最大）载客量200人以下的邮轮。例如，世朋邮轮的“世朋精神”号。

◆“世朋精神”号

世朋精神号亦称世邦海上精神号，是当时世朋邮轮的第二艘全套房邮轮。世朋精神号邮轮建造于德国席肖塞贝克船厂—不莱梅船厂，于1989年11月正式下水。

世朋邮轮精神号邮轮的总注册吨位（GRT）为0.975 0万吨，载客量208人。共计104套的海景套房，获得了游客极大的赞美。2010年，邮轮将房间进行了广泛的改造翻新，一艘现代风格的豪华邮轮又重新亮相，彰显其全套房邮轮的亮点。

按照现在非船舶专业的眼光，像世朋精神号这类的邮轮——俗称“迷你邮轮”。按照传统的船舶标准，像世朋精神号这类总注册吨位（GRT）0.975 0万吨位（近万吨位）的船舶——级别会提升一些，甚至可视为“大型船舶”。作为邮轮载客量208人的角度，又可视为“小型邮轮”。总体来说，视之为“迷你邮轮”似乎有点委屈。显然，综合多项变量进行分类所得到的分类结果或许不尽人意。

（2）小型邮轮。

小型邮轮——通常是指总注册吨位（GRT）0.500 0万～2.500 0万吨或1.000 0万～2.000 0万吨；（最大）载客量200～500人的邮轮。例如，银海邮轮的银云号邮轮、渤海邮轮有限公司的中华泰山号邮轮。

◆“银云”号

1994年，“银云”号邮轮作为银海邮轮的首舰推出。总注册吨位（GRT）1.692 7万吨，船舶总长（LOA）156.70米，船宽21.50米，有六层游客甲板在银海邮轮中排行第二大的邮轮。作为6星级奢华邮轮，全部舱房都是套房，共计148间（套房），载客296人，船员222人。

2012年11月，“银云”号豪华邮轮在意大利芬坎蒂尼造船厂完成了为期三周的全面翻新工程。邮轮的室内装潢焕然一新，范围包括套房、公共空间及餐饮场所，力求为宾客呈现清新、现代而典雅的全新面貌。

◆“中华泰山”号

“中华泰山”号邮轮是渤海邮轮有限公司购买的意大利歌诗达邮轮公司的二手邮轮，是我国第一艘全资、自主管理、自主经营的国际豪华邮轮。邮轮悬挂巴拿马旗。

“中华泰山”号邮轮由德国制造，总注册吨位（GRT）2.450 0万吨，船舶总长（LOA）180.45米、船宽（BM）25.50米，载客量1 000个客位（人）。邮轮的各种配套设施完善，剧院、画廊、图书馆、免税店、小教堂等一应俱全，可满足乘客多种生活和娱乐需求。

2014年8月16日，“中华泰山”号从烟台起航，首航韩国首尔、济州岛，开启“烟台—仁川（首尔）—济州—烟台”经典海上假期航线。主要立足于中国周边的亚洲国家开展邮轮业务，航线为5至7天，其中夏季将航行于“中国—韩国—日本”之间，冬季将航行于我国台湾地区以及东南亚国家海域。

（3）中型邮轮。

中型邮轮——通常是指总注册吨位（GRT）2.500 0万～5.000 0万吨或2.000 0万～5.000

0万吨；（最大）载客量500～1 000人或500～1 200人的邮轮。例如，“歌诗达·爱兰歌娜”号邮轮。

◆ **“歌诗达·爱兰歌娜”号**

1992年，“歌诗达·爱兰歌娜”号邮轮投入运营。邮轮总注册吨位（GRT）2.850 0万吨，船舶总长（LOA）187.25米，船宽（BM）25.75米。航行速度（航速）20.5节，最大航速22节。邮轮设计轻快时尚，每个角落都充满了艺术品和艺术气息，共有399间船舱客房，其中8间为残疾游客提供，3间套房，10间带有大露台。载客数量984人（总床位）。

（4）大型邮轮。

大型邮轮——通常是指总注册吨位（GRT）5.000 0万～7.000 0万吨或5.000 0万～10.000 0万吨；（最大）载客量1 000～2 000人，或1 200～2 000人，或1 200～2 400人的邮轮。

邮轮的规模大小（等级）是相对而言的，过去认为总注册吨位（GRT）至少1.000 0万（吨）的邮轮就可视为“大型邮轮”。如今，总注册吨位（GRT）5.000 0万～7.0 00 0万吨或5.000 0万～10.000 0万吨——“现有船舶”中的邮轮规模大小（等级）提升了许多。例如，世界著名的“泰坦尼克”号邮轮。

◆ **“泰坦尼克”号**

“泰坦尼克”号共耗资7 500万英镑，总注册吨位（GRT）4.632 8万吨，船舶总长（LOA）882.9英尺，船宽92.5英尺，可以运载2 200名以上乘客和至少891名船员。从龙骨到四个大烟囱的顶端有175英尺，高度相当于11层楼，是当时一流的超级豪华巨轮。

尽管1912年处女航沉没的“泰坦尼克”号是当时世界上最大的一艘豪华客轮，如果按照总注册吨位的角度来看，“泰坦尼克”号比很多现有船舶中的豪华邮轮都显得小；如果按照（最大）载客量1 000～2 000人（或1 200～2 000人，1 200～2 400人）的说法，“泰坦尼克”号仍然算是大型邮轮。

大型邮轮和近海客船等船型体积庞大，内部结构复杂，甲板层数众多，被喻为海上的移动城市。例如，“维多利亚女王”号邮轮。

◆ **“维多利亚女王”号**

“维多利亚女王”号超级邮轮由英国冠达邮轮公司建造，造价约6亿美元，2007年12月下水出航。总注册吨位（GRT）9万吨，船舶总长（LOA）294米，有16层甲板，拥有1 000个客舱，其中4个是面积近200平方米的超豪华船舱，房间四面都可通过窗户观赏到“无敌海景”。可以容纳2014名乘客和1 001名船员。

除了圆形剧场外，邮轮上还具有购物中心、大型赌场、游泳池、健身沙龙、博物馆和一个藏有至少6 000册书本的图书馆，冠达邮轮公司将尺寸和豪华结合在一起，吸引富裕的消费者。仿照19世纪的邮轮设计，堪称是一艘极尽奢华的“海上城堡”和“海上宫殿”。

（5）巨型邮轮。

巨型邮轮——亦称“超大型邮轮”“超级（型）邮轮”，通常是指总注册吨位

（GRT）在7.000 0万吨（或以上）或10.000 0～15.000 0万吨的超级邮轮；（最大）载客量2 000人（或以上）或2 400～4 000人的邮轮。

例如，2008年世界十五大豪华邮轮排行榜，按（总注册）吨位（GRT）的大小顺序排列，（NO.15）“嘉年华成功”号10.200 0万吨，（NO.14）“嘉年华胜利”号总注册吨位（GRT）10.200 0万吨，（NO.13）“歌诗达命运女神”号10.500 0万吨，（NO.12）“星光公主”号10.900 0万吨，（NO.11）“金公主”号10.900 0万吨，（NO.10）“豪华公主”号10.900 0万吨，（NO.09）“嘉年华光荣”号11.000 0万吨，（NO.08）“嘉年华征服”号11.000 0万吨，（NO.07）“钻石公主”号11.600 0万吨，（NO.06）“海上水手”号13.800 0万吨，（NO.05）“海上领航员”号13.800 0万吨，（NO.04）“海上冒险家”号13.800 0万吨，（NO.03）“海上探测者”号13.800 0万吨，（NO.02）“海上航行者”号13.800 0万吨，（NO.01）“玛丽女王二”号15.000 0万吨。

随着邮轮不断的大型化发展趋势，总注册吨位（GRT）10万～15万吨的邮轮陆续出现，今后10万GRT以上的船型将被划归为巨型邮轮。截止到2010年年底，超级豪华邮轮已经超过15艘，其中最大的邮轮要数2010年12月进行处女航的皇家加勒比邮轮公司的“海洋绿洲”号邮轮。

◆“海洋绿洲”号

“海洋绿洲”号邮轮是美国皇家加勒比国际邮轮公司目前最大的邮轮，也是世界上最大的邮轮，造价也达到了惊人的15亿美元，号称“吉尼斯级的超级邮轮”。邮轮总注册吨位（GRT）22.5万吨，船舶总长（LOA）约360米，船宽约47米，吃水线也有9米之多，船高约65米，共16层甲板，设有2 700间客舱，能搭载6 360名乘客及2 160名船员。船上还拥有一座大型购物商场、众多酒吧饭店，一座足球场大小的户外圆形剧场以及攀岩墙等体育设施。室内设计极尽奢华，设计精良足以让人惊叹。

从任何角度来看，“海洋绿洲”号的下水都会引起邮轮粉丝们的极大兴趣。“海洋绿洲”号经历了大量的实际测量，并在设计工艺上进行了提升，同时，能提供高质服务和舒适的环境。邮轮本身甚至比想象的更加美丽、更加奢华。在船上，游客能够享用7个不同的主题馆和众多的大型娱乐设施。“海洋绿洲”号邮轮被誉为“活动城市”。

（三）邮轮载客类型

通常吨数大的船载客量也大，吨数小的船载客数则较少。载客量的多寡并没有绝对的优缺点，必须视船上的设施及空间来评估；乘客多会让邮轮假期显得热闹，但也可能会造成拥挤、需要排队的情况，尤其是用餐时间或邮轮靠岸乘客上下船时。

（四）邮轮空间类型

吨数大表示船较大，其设施多、空间大，自然各种活动也多，各种不同设施可以满足所有的乘客的娱乐需求，但是这些条件在吨数小的船上却不一定会较差。

大船有时可能因为空间太大，各娱乐设施及各种活动散布在各楼层，若船上标示不明确或动线规划过于复杂，就容易迷路，而将许多时间耗费在寻找目的地上，这一点在小船上就可能比较不易发生。

邮轮的空间有限，若载客数量过多，会造成拥挤的状况，不论是在舱房或公共空间中都会令人感到不舒服，极可能因此而影响到假期的质量。因此在邮轮的评比中，每位乘客平均所能使用的空间多寡就显得重要。

船只的空间比率是用总注册吨位（GRT）除以载客人数（PAX）。例如：一艘邮轮的GRT为50 000吨，能承载2 500名游客，那么他的空间比率就是20。

一般来说，载客的平均空间比例=总注册吨位数（GRT）/人数（PAX），评比如下：

载客的平均空间比率＝总注册吨位数（GRT）/ 人数（PAX）					
空间比例	<10	10 ~ 20	20 ~ 30	30 ~ 50	>50
评 价	十分拥挤	密度略高	合理	宽敞舒适	宽敞自在

邮轮的空间比率表示人均拥有的自由伸展空间，空间比率越高，乘客越能体验到邮轮的宽敞舒适，反之则感到狭窄（拥挤）。

大多数邮轮载客的空间比率为20 ~ 35，最低值为8，最高值为60。但是，空间比率不一定与邮轮的大小互为正关联，空间比率并非唯一表示邮轮宽敞度的指数；邮轮的日平均价格越高，空间比率值可能越大，高档邮轮其中一个特点就是宽敞。

（五）邮轮船宽总长类型

海洋客船、客货船及工作船，由于载运旅客的要求以及在恶劣海况下仍须保持良好工作条件的要求，应当有良好的耐波性，要求横摇尽量和缓。因此对这一类船舶就应在保证稳性下限值的前提下，尽可能减少船宽，以增大横摇周期，使横摇尽量和缓。船宽的改变使得船舶的性能发生许多变化。

船宽应满足浮力的要求，船宽对于调整重力与浮力平衡也有作用。由于船宽对船体钢料重量和舾装重量的影响低于船长（尤其对大型船舶），故为保证浮力和增加船的有效重量（载重量），以减小船长，增大船宽有利。船舶舾装是指船体主要结构，舰船下水后的机械、电器、电子设备的安装。船舶的舾装就是除船体和船舶动力装置以外的所有船上的东西。按照舾装部位，船舶舾装分为外舾装和内舾装两部分，外舾装包括舵设备、锚设备、系泊设备、救生设备、关闭设备、拖带和顶推设备，还有气动撇缆枪、梯子、栏杆、桅杆等；内舾装又称居装。

1. 船宽（beam，BM）

船舶宽度即船宽——在或低于最深分舱载重线处，由一舷肋骨外缘至另一舷肋骨缘间的最大宽度。船宽（BM）是指在最深分舱吃水或以下的船舶最大型宽。船宽（BM）是指刚性水密船体的最大型宽，不包括设计水线处及以下的附体。船宽（BM）是除另有明文规定外，系指船舶的型宽，即在船中处船壳板内表面的最大水平距离（不包括舷伸部分）；非金属船舶包括船壳板厚度。在船舶的最宽处，由一舷的肋骨外缘量至另一舷的肋骨外缘之间的水平距离称为船宽。即为船体型线图上的型宽。

船宽的大小受到航道、闸门、桥孔、船坞、船台等宽度的限制，通航巴拿马运河的船舶，船宽不大于32.30米，通航经过圣劳伦斯（河）航道的船舶，限宽为22.86米。

2. 船舶总长（LOA）

船舶总长——是指船舶最前端至最后端之间包括外板和两端永久性固定突出物在内的水平距离，即由船首最前端量到船尾最后端的水平距离。船舶总长是船舶最尾端到最首端的总长度。这个尺度主要在船舶进船坞时选择使用，另外港口泊位费一般也是按照LOA来收取。如：1.5元/（米·小时）。

“船舶型长”——简称“船长（chang）”或船舶“长度”，指的是长度单位，即是指船舶首柱和尾柱之间的两柱间长度。船舶“长度”是指水线总长度的96%，该水线位于自龙骨上面量得的最小型深的85%处；或者是指该水线从首柱前面量到上舵杆中心的长度，两者取其较大者。如船舶设计具有倾斜龙骨，作为测量本长度的水线应平行于设计水线。船舶首柱是船舶首部最前端的构件，也是船体最重要的构件之一，船舶首部的外板、甲板、平台和舷侧的纵桁都是在首柱处结束。尾柱是船舶尾部最后端的构件，设在尾端下部，是船体重要的构件。尾柱的主要作用是保证螺旋桨和船舵的正常工作，它要承受螺旋桨的重量和螺旋桨工作时产生的振动，还要承受转舵时产生的力矩。所以，尾柱要有足够的强度和刚度。

沿夏季载重水线，由首柱前缘量至舵杆中心线的水平距离称为船长。对于某些有尾柱的船舶，则量至尾柱中用于支持舵的舵柱的后缘。由夏季载重线与首柱前缘和舵杆中心线的交点作首垂线和尾垂线，则首垂和尾垂线之间的水平距离即为船长。船长常称为垂线间长，有些资料中又称为两柱间长。通常将夏季载重水线作为设计满载水线。

“船舶总长”比“船长”数值更大。换言之，“船舶型长”是指的船舶首柱和尾柱（舵杆中心线）之间的水平长度，要比“船舶总长”短一些。

◆“海洋独立”号

“海洋独立”号邮轮是美国皇家加勒比国际邮轮自由系列中的一艘超级邮轮，由芬兰阿克尔造船厂历时2年才建造完成。总注册吨位（GRT）为16万吨，船舶总长（LOA）339米，船宽（BM）56米，船体高度72米，有18层楼，舱房近2 000个，可搭载乘客4 375名，船员1 000名，航行时速为22节（约44千米/小时）。2008年4月25日，刚刚竣工的“海洋独立”号邮轮首次抵达英国南安普敦港口，立即引起轰动。

（六）邮轮舱房类型

邮轮舱房类型主要分为：内舱房、海景房、阳台房、套房等四类。邮轮舱房一般以“人数+类型”（或“类型+人数”）的形式命名，如单人内舱房（内舱单人房）、双人内舱房（内舱双人房）、三人海景房（海景三人房）等。

例如挪威邮轮公司旗下的“挪威翡翠”号邮轮的船舱房间包括：花园别墅房、豪华欧文式套房、欧文式套房、庭院别墅房、阁楼套房、浪漫套房、迷你套房、阳台房、海景房、内舱房及船中内舱房等。

邮轮按照舱房类型及其数量，可将邮轮大体分为“多种舱房邮轮”“海景舱房邮轮”“阳台舱房邮轮”和“套房舱房邮轮”。

1. 多种舱房邮轮

通常，多种舱房邮轮拥有：内舱房、海景房、阳台房、套房等多种舱房。例如，歌诗达邮轮船队的大部分邮轮就拥有多种舱房。

◆“歌诗达维多利亚”号

1996年，“歌诗达维多利亚”号邮轮投入运营。“歌诗达维多利亚”号是一艘体现意大利温暖与精神的邮轮，其意义在于成为本时代最精美绝伦的船只之一。邮轮将欧式风格的典雅高贵与美式风格的舒适、精巧合为一体，可说是现代杰出风格邮轮的典范，前卫的设计与细节的品位，引领卓越新标准。邮轮从非凡的全景式购物广场到熠熠生辉的室内游泳池，从超现代的庞贝斯巴到令人瞠目的横跨七个甲板的天文主题正厅，Capriccio酒吧壮观的马赛克装饰艺术等，再次呈现出欧洲式的高贵典雅与舒适精致。“歌诗达维多利亚”号邮轮专门为游客提供舒适愉快及方便的娱乐服务，让旅客愉悦地融入意大利热情好客的气氛中，难怪搭乘过“歌诗达维多利亚号”邮轮的贵宾们，总会深深赞赏这趟与众不同的邮轮假期。

2007年，“维多利亚”号邮轮最新装修。歌诗达维多利亚号邮轮总注册吨位（GRT）7.516 6万吨，船舶总长（LOA）252.00米，船宽（BM）32.20米，吃水8.00米，客房总数964间，载客人数1 928人。平均航速23节。电源电压110V。

（1）内舱房——“歌诗达维多利亚”号邮轮。

内舱房——两个可转换为一张大床的单人床，壁橱空间相当大，一个带淋浴和浴缸的私人浴室，以及一个书桌，抽屉空间的梳妆台。每间客房还有恒温控制的空调，直拨电话，迷你酒吧，私人保险箱，吹风机，交互式电视，免费欧式早餐，以及24小时客房服务。有些房间配备有一张沙发床或上拉式的双层床，以容纳第3第4名客人。

面积：12平方米。

可容纳：2人（有些可以容纳3～4人）。

内舱房共计391间。

（2）海景房——“歌诗达维多利亚”号邮轮。

海景房——有一个可看到海景的窗口，两个可转换为一张大床的单人床，一个带淋浴和浴缸的私人浴室，宽敞的衣柜空间，以及一个书桌，抽屉空间的梳妆台，沙发区。每间客房还有恒温控制的空调，冰箱，沙发休闲区，直拨电话，迷你酒吧，私人保险箱，交互式电视，免费欧式早餐，以及24小时客房服务。有些房间配备有一张沙发床或上啦式的双层床，以容纳第3第4名客人。

面积：15平方米。

可容纳：2人（有些可以容纳3～4人）。

（3）阳台房——“歌诗达维多利亚”号邮轮。

阳台房——即（一个）带阳台的房间。有一个玻璃门，直达您的私人阳台，两个可转换为一张大床的单人床，空间相当大的衣柜，一个带浴缸和淋浴的私人浴室，一个客厅和配置沙发的办公区，恒温控制的空调，直拨电话，吹风机，迷你酒吧，私人保险箱，交互式电视，免费欧式早餐，以及24小时客房服务。有些房间配备有一张沙发床或上拉式的双层床，以容纳第3第4名客人。

面积：20平方米（包含阳台面积）。

可容纳：2人。

（4）套房——“歌诗达维多利亚”号邮轮。

阳台套房有一个玻璃门，直达您的（一个）“私人阳台”，全景窗，两张单人床，其中大部分可以转换为一张大床，壁橱空间，一个带浴缸和淋浴的私人浴室，包括浴衣/浴袍。一个客厅和配置沙发的办公区，设备诸如恒温控制的空调，电话，（吹干头发的）吹风机，迷你酒吧，私人保险箱，交互式（卫星）电视，免费欧式早餐，私人管家，以及24小时客房服务。套房还包括沐浴/洗浴产品和浴衣/浴袍。

面积：35平方米（包含阳台面积）。

可容纳：4人。

2. 海景舱房邮轮

海景（舱）房的窗户通常是密封的，住客通过“观景舷窗”往外观望海景等。海景舱房邮轮是指拥有大部分或全部海景舱房的邮轮。

海景（舱）房——这类海景（舱）房包括两张标准床，图案式舷窗等。这类（客舱）可以保证在客舱可能处在（景观）视野受阻或部分视野受阻情况下，设置头等舱舷窗或图片窗口。

3. 阳台舱房邮轮

阳台（舱）房的阳台门户窗口是开放式的。阳台舱房邮轮是指拥有大部分或全部（所有客房）阳台舱房的邮轮。每艘邮轮几乎拥有700间左右的阳台舱房。

（1）海景阳台舱——“歌诗达维多利亚”号邮轮。

面积：162～212平方英尺，另有217～248平方英尺。

数目：157间。

设施：两张单人床可合并为一张大号双人床。舱内备有电视、冰箱、衣橱、写字桌及附有淋浴设备的浴室。

（2）迷你套房阳台舱/迷你阳台套房。

◆NCL“挪威翡翠”号

挪威邮轮公司旗下的“挪威翡翠”号邮轮总注册吨位（GRT）9.355 8万吨，船舶总长（LOA）

294.00米，船宽（BM）32.00米，甲板楼层15层。船舱总数2 296间，载客量（下层舱位/上层舱位）：2 466/2 890；其中，客房数量1 233间，可容纳2 402名乘客。例如，“挪威翡翠”号邮轮的迷你阳台套房。

迷你阳台套房客房面积为26平方米，容纳人数为4人，所属楼层为11楼。客房简介：客舱内有落地式玻璃门直达您的私人阳台，有两个单人床可转换成一张大床，有些客舱备有上拉式双层床，以容纳第三或第四位宾客入住。一个休息区，带豪华浴缸/沐浴私人浴室、洗手间、冰箱、迷你保险箱、电视、电话、吹风机，24小时客房服务。

（3）内舱客房——“歌诗达维多利亚”号邮轮。

面积：II–N156 ~ 166平方英尺。

数目：108间。

设施：两张单人床可合并为一张大号双人床。舱内备有冰箱、电视、衣橱及附有淋浴设备的浴室。

4. 套房舱房邮轮

套房舱房邮轮是指拥有大部分或全部套房舱房的邮轮。例如，银海邮轮的全海景套房。

银海邮轮拥有的6艘奢华船舰“银云”号（1994年推出的首舰）、“银风”号（1995年）、“银影”号（2000年）、“银啸”号（2001年）、“银海探索”号和“银神”号（2009年），每一艘都雅致、宽敞，其五星级酒店的客房给人的感觉就和温暖的家一样，友好而又亲切。银海邮轮提供大多数带有私人阳台以及露天餐台的全海景套房给客人选择。

◆“银风”号

1995年1月29日，“银风”号邮轮推出的第二艘游船。全部舱房都是套房，可容纳296人。2008年底，经过长达一个月的装修，“银风”号兴建了一个新的海景水疗中心，增添了新的观光层和8间套房。

可折叠的双人床（在较大套房中配备），衣柜、写字桌，梳妆台、吹风机，帕尔马洗涤用品、意大利大理石洗浴间，冰箱和鸡尾酒冷藏柜，卫星电视和DVD播放机，DID电话，室温调控设备，一个人保险箱，每日更换新鲜水果，110/220电压。

（1）海景套房——“银风”号邮轮。

面积：22平方米。

设施：部分海景套房可住3人。超大全海景窗。休憩区：双床或双人大床，大理石浴室及全尺寸浴缸，步人式衣橱及保险柜，梳妆台及吹风机，写字台，遥控电视带DVD及卫星接收，直拨电话。

（2）阳台套房——“银风”号邮轮。

面积：精选阳台套房　27平方米+4.5平方米阳台。

设施：部分阳台套房可住3人，精选阳台套房位于船中部得最佳位置。内部设施同阳台套房，柚木阳台及阳台桌椅、落地玻璃门。休憩区：双床或双人大床，大理石浴室及全尺寸浴缸，步入式衣橱及保险柜，梳妆台及吹风机，写字台，遥控电视带DVD及卫星接收，直拨电话。

（3）银海套房——“银风”号邮轮。

面积：50平方米+阳台8平方米。

设施：柚木阳台及阳台桌椅、落地玻璃门，客厅带有沙发床、休憩区及餐桌，双床或双人大床，大理石浴室及全尺寸浴缸，步入式衣橱及保险柜，梳妆台及吹风机，写字台，CD机，遥控电视带DVD及卫星接收，直拨电话，免费洗衣服务。

（4）皇家套房——“银风”号邮轮。

面积：单卧69平方米+阳台12平方米，双卧96平方米+阳台16.5平方米。

设施：可设置成单卧或与阳台套房连体开放为双卧，柚木阳台及阳台桌椅，落地玻璃门，双卧带有双独立阳台。

客厅及休憩区：双卧各带独立休憩区，独立餐厅，双人大床、双卧带额外双床或双人大床，大理石浴室及全尺寸按摩浴缸、双卧带额外独立大理石浴室，步入式衣橱及保险柜、梳妆台及吹风机，写字，CD机、遥控电视带DVD及卫星接收、直拨电话，免费洗衣服务，每日免费定制报纸读物。

（5）豪华套房及罗西里尼套房——“银风”号邮轮。

面积：单卧95平方米+阳台14平方米，双卧122平方米+阳台22.5平方米。

设施：可设置成单卧或与阳台套房连体开放为双卧，罗西里尼套房为按照伊莎贝拉·罗西里尼个人风格定制，双柚木阳台及阳台桌椅、落地玻璃门、双卧带有额外独立阳台。

客厅及休憩区：双卧各带独立休憩区，独立餐厅，双人大床、双卧带额外双人大床，大理石浴室及全尺寸按摩浴缸，双卧带额外独立大理石浴室，步入式衣橱及保险柜、梳妆台及吹风机、写字台、CD机、遥控电视带DVD及卫星接收、直拨电话，免费洗衣服务，每日免费定制报纸读物。

二、邮轮旅行（旅游）类型

传统客货运输的远洋客轮和现代的邮轮在航线途径的港口乘客登船下船方面是有些区别的。相比之下，面向运输的远洋客轮通常将乘客从一个港口运送到另一个港口，而不是像现代的邮轮那样进行航线的往返旅行或（邮轮）旅游。

（一）邮轮航线类型

航线邮轮是指按照相关规定维护海上交通秩序，保证航行安全，在航海交通线（许可海域、通行航道、经停航点等）上，执行航海客运任务的邮轮。

邮轮公司根据自己的船队邮轮类型、许可海域、航季、（有效潜在）客源等要素，策划和推广不同的旅游产品即邮轮线路，分别安排适合各条邮轮航线的邮轮来执行航海客运任务。

游客考虑选择邮轮航线时，一般会考虑邮轮的大小、船舱的等级、航行天数的长短、靠岸港口多少、岸上观光接待、抵离邮轮前后的安排等，但不同的时间段却有着不小的价差。其实，对初次体验邮轮旅行或旅游的游客来说，以下的选择要素显得更为重要。

本书所表述的“邮轮旅行航线”是指邮轮将一个或多个泊靠的港口联系起来的邮轮（航行）行程，通常很少安排乘客下船“登岸观光”——“邮轮风景航线”。而“邮轮旅游航线”是邮轮将两个或多个泊靠的港口及其岸上旅游目的地（步行或使用其他交通工具）“登岸观光”联系起来的邮轮旅游行程——“邮轮游埠航线”。

换言之，从邮轮旅行或旅游航线来划分，一般可将邮轮分为风景航线邮轮和游埠航线邮轮。

1. 风景航线邮轮

通常，风景航线邮轮所营运航线的两岸风光奇特，以邮轮巡航时间较长、乘客在船上观光为主、登岸观光机会较少、有一定风险为主要特点，邮轮船体本身具有探险适航性，在开展极地旅游时不同抗冰级的邮轮有着自己的航行线路范围以保证航程安全，如（旅游）极地抗冰船邮轮。

例如，“海洋诺娃”号邮轮——“南极探险之旅”、（美国）“夸克海钻石”号邮轮——南极风景航线邮轮。

◆“海洋诺娃”号邮轮

搭乘“海洋诺娃”号邮轮开始“南极探险之旅”。“海洋诺娃”号邮轮是最典型的旅游抗冰船。属“芬兰—瑞典冰级规范”中的1A级抗冰船——要求该级别的船舶能在布满浮冰（浮冰最大厚度为1米，没有密集碎冰）的河道上以不少于5节的速度前行。

这种类型（旅游抗冰船）的邮轮是在海上的薄冰块之间航行，有一定的破冰能力。邮轮可以航行至非常偏远的地区，进入南极的部分海域。邮轮上提供以自然文化教育为导向的讲座和活动。主甲板设有接待处、登陆区、艺术廊、医务室、餐厅、讲座室、充气艇登录区；高层甲板处有宽敞的设有大窗户的观景大厅、酒吧、图书馆、讲座室；在房间方面有高级单人间、双人间和3人间，所有房间都有私人卫浴。

◆“夸克海钻石”号邮轮

“夸克海钻石”号邮轮是全球最具南极探险传统、先进的（旅游）极地抗冰船，也是前往南极旅游的邮轮，1986年首航。属1D抗冰级，是在南极运营船只的“入门抗冰级”（勉强符合在南极运营的技术参数最低要求）。

船体结合了独特的设计和无畏的旅游探险适航性、环保性、舒适性，邮轮将带您体验独一无二的极区探险之旅。邮轮总注册吨位（GRT）8 300吨，船舶总长（LOA）124米，船宽（BM）16米，甲板楼层7层，容纳旅客189人。

邮轮动力为双维希曼发动机，可达7 375匹马力，航速约15.5节（29千米/小时），能大幅缩短穿越南极西风带德雷克海峡的航行时间，降低旅客晕船的可能性，并让旅客有更多的时间在南极海域登陆游览。与大多数其他的船相比，将可缩短约12小时的航程（单程6小时），这代表着我们的每个南极航次，将增加一到两个额外的登陆点。船上配备登陆用的Zodiac充气橡皮艇，船舶的第二座起重机很容易拉起充气橡皮艇，并且从两个独立的舷梯旁放下水面，如此灵活的操作大大改善旅客上岸登陆的时间。船上携带18艘橡皮艇，这样会有足够的空间在旅客需要时很快地离开船。橡皮艇上的支撑架可以确保快速且方便旅客上下船。配备最新的卫星导航、数字式自动操控系统、新式的测冰测深雷达和海水淡化系统等设施。

船上有专业欧洲厨师、工作人员、工程师和专业极地探险家为您服务。有20位探险队工作人员，另外有2位是滑雪与登山向导，以及1位专业摄影指导。工作人员与旅客的绝佳比例，让每一位在船上的客人，可以充分享受船方所提供的许多服务与信息。

客舱面积很宽敞，为17～21平方米，并配有私人卫浴设备，所有的客舱都是观景客舱，其中10间是有独立阳台的套间。客舱内有双人的大床或一般单人床，并有电视机、影碟机、小冰箱、室内空调及充分的储存空间，卫浴间内有吹风机和浴袍。位于顶层甲板有一个绝妙的全景观景厅，其他的设施包括美食餐厅、健身房、图书馆、电子邮件接收、室外游泳池、桑拿、沙龙。另有一个阶梯式的演讲厅，能在专题演讲和简报时容纳所有参加的旅客。

“南极摄影巡游之旅”。

从阿根廷的乌斯怀亚小镇登上船，傍晚时分迎着夕阳，“夸克海钻石”号邮轮缓缓航经美丽壮观的比格尔水道展开南极摄影巡游之旅。通过位于南美洲大陆及南极半岛间著名水道德雷克海峡。南航约六百海里，逐渐发现浮冰、冰山及海鸟、鲸鱼。巡航南设得兰群岛——南极半岛，在冰雪之下的一片荒地，到处有大群海豹、企鹅、海燕、蓝眼海鸭、海鸥等。造访乔治王岛的中国长城南极科考站——“长城站”和智利、阿根廷、韩国、俄罗斯、乌拉圭等国的考察站。南极行的必经之地——艾秋岛观看帽带企鹅、巴布亚企鹅、威德尔海豹。巡游库佛维尔岛的巴布亚企鹅领地，观望洁白的冰山、黑色的岩石岛、礁石。入港登岸号称“阿根廷难民的避难所”的纳克港——是登上南极大陆的仅有的几个地点之一。阿根廷的南极工作站艾米兰特布朗，天堂岛、“南极洲的活火山岛”的奇幻岛、南极的最后一站——鲸鱼湾。

2. 游埠航线邮轮

地中海海域宽广，以意大利半岛为中心的西地中海、东地中海、环地中海的邮轮航线的行程，多半停靠大城市或大港口。具有航程时间短，停靠城市或港口数量较多的特点。

例如“东地中海邮轮航线”的行程——由于这片海域可供选择邮轮泊靠的港口及其岸上景区（点）很多，结合古埃及、爱琴海、希腊、罗马的古文明精华元素，各家邮轮公司推出一周到两周时间的邮轮航程，可以根据航季推出多元组合的邮轮航线。

目前，针对中国市场的邮轮航线，为迎合中国乘客的爱好，在产品设计时“歌诗达新经典”号、“歌诗达新浪漫”号等邮轮在营运“中日韩航线”中就增加了不少港口城市，如日本的福冈、长崎、熊本、冲绳、鹿儿岛，韩国的济州岛、釜山等。通常，岸上游览需在邮轮船上就提前购买登岸游览（观光）团体票才能下船登陆（登岸）。

◆日韩“浪漫之旅”——上海+釜山+福冈+鹿儿岛+上海7日6晚

指定时间在上海港国际客运中心集合，随领队办理登船手续，开始“浪漫之旅”的海上邮轮生活。

D1：上海—（邮轮）—（韩国）釜山

D2：海上巡游

D3：（韩国）釜山港，停靠时间（08：00～19：00）釜山岸上观光一日游

D4：（日本）福冈港，停靠时间（08：00～19：00）福冈岸上观光一日游（约7小时）

D5：（日本）鹿儿岛，停靠时间（13：00～20：00）鹿儿岛岸上观光半日游（约5小时）

D6：海上巡游

D7：上海，早上08：00停靠于上海港国际客运中心。圆满结束难忘的“浪漫之旅”

3. 注重登岸观光邮轮

从航线来划分，邮轮旅行一般分为风景航线和游埠航线。中国游客更倾向于选择游埠航线，精彩的国际港口“岸上观光”行程对其十分重要。有业内人士说，中国邮轮客和西方邮轮客最大区别是：船靠岸，中国客都集体下船玩去了，留在泳池和甲板上的永远是外国游客。这和旅行观有关。但其实，若做好港口的功课，岸上游也能很精彩。但目前针对中国市场的邮轮航线，通常需购买岸上观光票才能下船。为迎合中国客的爱好，“歌诗达经典”号、“浪漫”号就在2010年夏季日韩航线中增加了不少港口城市，如日本福冈、长崎、熊本、冲绳、鹿儿岛，韩国济州岛、釜山等。最值得下船游览的是冲绳、鹿儿岛。

◆“歌诗达经典”号

歌诗达邮轮“经典”号排水量约52 926吨，楼高13层，船舱654间。载客量1 680人。一连串浓厚意大利色彩的服务和安排，乘客可充分享用多项休闲、娱乐、餐饮的设施和服务。邮轮为乘客提供两间免费餐厅（蒂沃利餐厅8楼、自助餐厅10楼）和收费酒廊，多元化的国际及意大利特色美食。2009年“经典号”邮轮分别以上海和天津为母港，运营多条航次，覆盖亚洲东北多个目的地城市。

岸上观光日程与邮轮航行日程一致。观光票可在出发前预定，并在船上购买。一些旅游席位有限，因此应尽早购买心仪的观光票。岸上观光活动设有最少人数限制。如果人数少于最少人数，则可能需要拼团。观光票一经预订，概不予退款。在观光活动开始前，组织者可能在来不及通知的情况下调整旅行安排和价格。一些岸上观光活动可能不适于活动困难的游客。请注意一些港口的独立旅行可能需要签证，请在旅行前垂询。请注意尽管岸上观光活动是通过Costa进行预定，但游客是与当地的岸上观光经营者发生合同、票价包括运输和导游以及签证费用，以及一些在相关介绍中特别申明的费用。仅在票上有特别注明时票价才包括膳食和饮料费用。4～14岁儿童参与地中海以及北欧观光时，享受岸上观光

成人票价30%的折扣优惠，参与远东、迪拜、阿联酋、南美以及南美的大西洋彼岸观光时享受25%的折扣优惠，参与加勒比海以及大西洋彼岸观光时享受10%的折扣优惠。3岁以下儿童随家长参加岸上观光票价全免（不占座位）。

需要指出的是，通常邮轮公司售卖的岸上游价格较贵。船票降价促销，邮轮公司可得利润已十分微薄，还要和旅行社、代理商分成，岸上游则是重要的利润来源之一，且还存在一定程度的扎店现象。有些航线途径港口城市较多，岸上游项目加起来，差不多和船费相同了。例如，挪威邮轮的南美航线，就曾有一项直升机登陆南极的岸上游，票价高达2 000美元/人，几乎等于15天全程邮轮的票价了。

（二）邮轮人员服务类型

邮轮旅游的所有活动均在船上，因此，船上服务的优劣对于整个假期有极大的影响。在邮轮日益平民化的现代，邮轮上的乘客一律被奉为上宾，没有差别。邮轮的服务质量可以从服务人员/乘客比例、服务人员的素质、宣传手册是否翔实及其他细节来评估。

1. 服务人员/乘客比例

邮轮上的服务没有等级之分，每位乘客在船上都可以平等地使用所有的设施，都能平等地享受到相同的服务，比如餐食、饮料、娱乐。服务品质绝对不会视舱房的价格而有所区别。

由于一般邮轮讲究高质量的服务，服务人员与乘客比例将是一个很重要的参考依据，有些特别讲究精致取向的邮轮，服务人员与乘客比例通常的情况是1：3到1：5，可达1：2之数，亦即1位工作人员平均可以服务2位旅客。

◆银海邮轮

意大利人喜欢追求生活的品质，对每样东西都有抱有极大的兴趣以及浓厚的热情。在这种传统的影响下，罗马Lefebvre家族成立了一个具有创新性意义的公司——银海邮轮。银海邮轮为世界唯一六星级全套房邮轮公司，现有6艘顶级邮轮——“银云”号、“银风”号、“银影”号、“银啸”号、“银海探索”号和“银神”号服务于地中海、北欧、东南亚、非洲、阿拉斯加、加勒比及南美洲。银海邮轮一贯坚持“服务人员与乘客比例1：1.4”，从而创造出最私密奢华的旅行享受，备受世界豪门、皇室及明星推崇。

精致的邮轮专为较少乘客量设计，给客人更多的空间和提供最高品质的服务。邮轮上意大利和其他欧洲国家的员工将带给您不一样的邮轮旅行。

客人登上邮轮时，立刻就会感觉到船员全身心的为客人服务。从戴白手套的员工对人恭敬地行礼，到庆祝客人到来的盛有冰镇香槟酒的长笛形酒杯，以礼相待深入到游客在邮轮上生活细节的方方面面。这种服务理念是基于银海邮轮的本质精神，使客人感觉到自己身处在一个独有的私密空间及其亲密的“度假胜地”。

2. 服务人员素质

邮轮的载客量大、航行时间长，故而对于航行时安全问题的掌握一点也不能马虎，一艘船的关键人物——船长及其他船员的航行经验及应变能力很重要，必须能够应付各种航行中的突发状况。一般服务人员的服务态度和专业素养也是评估服务质量的项目之一。

3. 多种语言广播和多种文字资讯

参加邮轮行程的旅客可能来自世界各地，注意邮轮上的广播及倡导手册或其他提供给乘客的数据，是否备有各种语文的版本，内容是否详尽、简单易懂以方便所有乘客了解，这一点对于旅程也有一定程度的影响。

歌诗达邮轮坚持船上告示均使用7种官方语言文字（意大利语、英语、中文、日语、韩语、西班牙语、法语），如舱房内的安全须知、求生指南、电视菜单等，并且还都很贴心地将中文放在了第一栏。

（三）邮轮服务设施类型

邮轮行程中，待在船上的时间较长，因此邮轮上必须能提供充足的食物、足够的活动空间及娱乐设备，并满足不同层次及族群的娱乐喜好，适时安排一些特别活动，让乘客能度过一个充满欢乐气氛的假期，邮轮上良好休闲空间的必要性不言而喻，所以邮轮评比时便不能忽略掉邮轮上的公共活动空间及娱乐设施，能满足乘客需求的邮轮，才是好邮轮。

1. 餐饮供应

邮轮上提供的餐饮是否精致美味？餐饮的供应量及供应时间限制为何？是否提供多样化的餐饮选择？对于有特殊需求之人，如茹素者、患有高血压等疾病者能否供应符合其需求的食物？

◆NCL“挪威翡翠”号餐饮设施

西式餐（免费）餐厅：位于6楼，能容纳558人，一流的餐厅，为您带来创意无限的美食。欧陆西餐厅（免费）餐厅：位于6楼，能容纳304人，每天都会为您提供健康美食。法国（收费）餐厅：位于6楼，能容纳129人，提供像艺术品一样的法国美食。亚洲（收费）餐厅：位于7楼，能容纳108人，提供亚洲包括中式、泰式、日式等各国美食，铁板烧餐厅及寿司吧也在此。铁板烧（收费）餐厅：位于7楼，能容纳34人，保证您的选择不会有错。寿司（收费）餐厅：位于7楼，既可品尝到新鲜美味的刺身及寿司，还能欣赏到厨师的精湛技艺。牛排屋（收费）餐厅：位于13楼，能容纳176人，为您提供传统美味的牛排。拉丁及西班牙（收费）餐厅：位于8楼，能容纳96人，提供热辣新鲜的拉丁及西班牙式食物。花园餐厅及户外（免费）餐厅：位于12楼，提供西式自助餐，而且有特别为小朋友准备的区域并备有迷你桌凳。意大利餐厅（收费）餐厅：位于12楼，能容纳96人，休闲式意大利餐厅能让您享受到传统意式美食。东南亚美食（免费）餐厅：位于8楼，能容纳94人，24小时开放的餐厅能随时满足您的好胃口。露天烧烤（免费）餐厅：位于12楼，位于泳池畔，可在此尽情享用各类烧烤。客房服务：24小时提供客房点餐服务（合理收费）。酒廊：位于13楼，能容纳360人，白天您可透过落地窗欣赏海景，到了晚上，这里有能让您热舞一翻。两个可连通房可举办派对。池畔吧：位于12楼，能容纳328人，可在此享受充足的日光浴及两个暖水对流池。鸡尾酒吧：位于6楼，能容纳42人。

2. 娱乐设施

在邮轮上的娱乐设施必须多元化，才能同时满足各种乘客的喜爱，游泳池、桑拿、健身房、电影院、图书馆、表演秀场、购物精品店、美容沙龙、礼服出租等，皆一应俱全并符合现代人的需要。以挪威邮轮公司旗下的NCL“挪威珠宝”号邮轮的娱乐设施为例。

◆NCL“挪威珠宝”号

2007年10月09日，挪威邮轮珠宝号首航。2014年，邮轮翻修。这艘新潮的大型邮轮，宛如一座海上主题乐园，留给游客与以往的邮轮截然不同的印象。NCL“挪威珠宝”号邮轮因其独一无二的花园别墅及庭院别墅而熠熠生辉，这个巨大的超豪华移动度假村带有泳池、暖水对流池、水疗中心、娱乐场等各类休闲活动任您选择。NCL珠宝号邮轮上更有12个不同类型的国际餐厅，24小时的客房服务，11个酒吧及酒廊为您旅途增光添彩。

甲板第6层：商务中心及会议室、科罗纳雪茄俱乐部、宝石俱乐部赌场。主要餐厅12间，有（免费）主餐厅、（$20/位）法式餐厅、酒吧、星尘剧院（1楼）。

甲板第7层：艺术画廊、夜总会、咖啡网吧、（$15/位）亚洲餐厅、照相馆、酒吧、（2楼）星尘剧院、（$15/位）日本寿司餐厅（Sushi）、（$25/位）日本铁板烧。

甲板第12层：健身中心、棋牌室、（免费）花园自助餐厅、户外活动、热水澡、儿童游泳池、（$10/位）意大利餐厅、水疗中心、游泳池、休息室、图书馆、酒吧、电子游戏房。

甲板第13层：酒吧、篮球/排球/网球场、（$25/位）牛排馆、慢跑/步行道、酒吧、星光酒吧。

甲板第 14、15层：阳光甲板。

“挪威珠宝”号邮轮集锦：有专为小朋友和青少年准备的泳池及俱乐部。绝无仅有的庭院别墅位于10楼，有私家泳池、健身室、日光甲板、小凉亭等。在水疗中心享受一下暖石按摩给您带来的惬意，各式酒吧一定会让您流连忘返，套房及别墅级房间提供奢华体验。

第二章　邮轮旅行的起源

中国古代的“轮船”历史可以追溯到唐代的明轮船和宋代的“车船”。

1405年7月11日，明朝正使郑和率2.7万多人，乘大船62艘，第一次出使西洋。2005年4月，为纪念这位伟大的航海家——郑和，国务院批准7月11日为“中国航海节”。“中国航海节”作为国家的重要节日固定下来，同时也作为“世界海事日”在我国的实施日期。以后每逢7月11日（中国航海日），从政府到民间，都要予以庆祝。

西方近代的“轮船”及“邮轮”的起源大体可追溯到19世纪初期，因为当时出现了“蒸汽机螺旋桨轮船”“蒸汽机帆船的邮船”“蒸汽机明轮船的邮轮”等。

有组织的商业性“邮轮旅游”活动应该是从“轮船旅游”开始的；而有组织的商业性“轮船旅游”活动当初是由有组织的商业性“火车旅行”引起，后来由有组织的商业性“火车旅游”带动的。

第一节　邮轮旅行

1516年是英国皇家邮政开展洲际邮递服务的初期，主要依靠邮务轮船/邮政轮船将信件和包裹由此岸送到彼岸，这些英国轮船往往须要悬挂英国皇家邮政的（商船用）信号旗。

1837年，英国的铁行公司P&O从英国海军部获得许可，以商务合约形式在英国与伊比利亚半岛之间进行海上邮件运输的业务，标志着海上客运兼邮件运输的开始。

1850年以后，英国皇家邮政允许私营船务公司以合约形式，帮助他们运载信件和包裹。这个转变，令一些原本只是载客船务公司旗下的载客远洋轮船摇身一变成为悬挂信号旗的载客远洋邮务轮船。

1858年，“大东方”号船上装有当时“世界上最大的螺旋桨”，螺旋桨转速每分钟50转，营运航速14节，有三套推进装置：二具船边明轮，一个艉螺旋桨，六根张帆的桅杆。由于螺旋桨的推进具有许多庞大的明轮无法竞争的优点，使用螺旋桨作推进器的轮船逐步将“明轮蒸汽船”淘汰，明轮（船）逐步在海船上消失。

但“轮船”这个名字因为称呼上的通俗和习惯，即使是使用螺旋桨推进的船舶仍称之为“轮船”，并沿袭至今。

一、国家邮政邮务轮船（邮轮）运输

（国家）邮政是指国家经营的以传递信函为主的通信事业，是国民经济的一个生产部门，属于交通业范畴。邮政对社会政治、经济、文化的发展均起重要的作用。

（一）欧美国家邮政邮务轮船（邮轮）运输

皇家邮轮/皇家邮船这个名称可追溯到1840年。通常，皇家邮船的英文缩写形式为“R.M.S.（RMS）”。

◆“菲尼克斯”号——螺旋桨轮船（沿岸航海）

1804年，美国的约翰·史蒂芬森建成“世界上最早有螺旋桨的轮船”。由于推动螺旋桨的蒸汽机转速太低，所以他当时认为推进器还是轮桨较好。

1807年，约翰·史蒂芬森建成带轮桨的“菲尼克斯”号——意译“凤凰（长生鸟）”轮船从美国纽约沿海岸驶向费城进行试航，途中遇到风暴。但经过13天的航行还是平安地到达宾夕法尼亚州东南部港市——费城。

这是世界上螺旋桨的“轮船”首次在海上航行。因此，见识过风暴和海浪的“菲尼克斯”号轮船亦可称之为“航海的轮船”。

◆明轮船——人力踩踏木轮驱动

782～785年，时任杭州知府李皋（733～792年）曾设计制造战舰，在船体的舷侧或艉部装上带有桨叶的桨轮，靠人力踩动桨轮轴（用肢踏木桦为推进机），使轮轴上的桨叶拨水推动船体前进。因为这种船的桨轮下半部浸入水中，上半部露出水面，所以称之为——人力踩踏木轮驱动的“明轮船”或“轮船”，宋代称为“车船”。

◆蒸汽机带动桨划水

1790年，美国发明家约翰·菲奇（John Fitch，1743～1798年）的第四艘——也是自己最好的一艘汽船从费城到伦敦，并按预定的时刻表返回，然而，乘客很少，汽船操作又失灵。约翰·菲奇用蒸汽机带动桨划水，桨划水效率极低，菲奇的发明没有受到人们的重视。

1792年，约翰·菲奇的这艘船在一场暴风中毁掉。1793年，他试图重整旗鼓，但没有得到资金支持。

1. 蒸汽动力明轮船（运河试航）——“夏洛蒂·邓达斯”号

1802年，英国人威廉·西明顿（William Symington，1764～1831年）建造了“世界上第一艘蒸汽动力的明轮船”——“夏洛蒂·邓达斯”号轮船。

◆ “夏洛蒂·邓达斯”号——蒸汽动力明轮船（运河试航）

“夏洛蒂·邓达斯”号是一艘30英尺长的木壳船，船中央装上詹姆斯·瓦特改进的蒸汽机，推动一个尾部明轮。这艘蒸汽动力明轮船（木壳船）在苏格兰的福斯—克莱德运河下水，试航获得成功。因遭到拖船业主们的强烈反对，不得不在一个月后停止航行，第一艘汽轮船被扼杀在摇篮里。如此“世界上第一艘蒸汽动力的明轮船”只能称之为“运河的轮船”。

2. 蒸汽机明轮营运定期航班（内河航运）——“克莱蒙特”号

◆富尔顿——“轮船之父”

罗伯特·富尔顿（Robert Fulton，1765～1815年）出生于美国宾夕法尼亚州兰斯卡特。17岁时，离家来到宾夕法尼亚州的东南部港市——费城，一面学习绘画，一面在一家机器工厂做机械制图工作。在21岁时，前往英国伦敦绘画谋生。

1793年，富尔顿对一个想法产生了兴趣，立志要在自己的手里制造成功一艘蒸汽动力船；之后，在法国和英国工作了许多年，他的想法逐渐完善。

1802年春天，富尔顿在法国建造世界上第一艘蒸汽机轮船，停泊在塞纳河上，一场风暴就把它折断。

1803年，由富尔顿自己设计的第一艘以蒸汽机作为动力的蒸汽机船，在法国的塞纳河上进行试航，终于获得成功。

1805年，得到英国人詹姆斯·瓦特的支持，富尔顿在英国瓦特·博尔顿工厂购买了瓦特新设计的大功率蒸汽机。

◆ “克莱蒙特”号——明轮式蒸汽机船

1806年，罗伯特·富尔顿返回美国开始建造“克莱蒙特”号蒸汽机船。

1807年，富尔顿在美国设计建造了一艘“克莱蒙特”号。“克莱蒙特”号轮船是世界上最早出现的蒸汽机轮船（明轮船）——船舶使用蒸汽机是船舶动力发展史上的一次革命性演变。这是一艘在河流上使用的轮船，船舶总长45.72米，船宽9.14米，吃水深度6.096米，排水量为100吨，带有风帆的（铁壳）木板船，船上安装上了那台从英国带回瓦特蒸汽机，船的动力是由72马力的瓦特蒸汽机带动车轮拨水，时速约为8千米/小时，最高速度是4.5节（8.300千米/小时）。8月9日，“克莱蒙特”号蒸汽机船在纽约港哈得逊河下水。

8月17日，正式试航获得成功。“克莱蒙特”号搭载40名乘客从纽约港沿着哈得逊河驶往奥尔巴尼航行完成距离为240千米的路程，经过32小时的逆水航行，顺水回航时仅用了30个小时；如此，以往返480千米的路程及其经过62小时的记录，获得试航成功。

◆轮船定期航班（内陆河流轮船）

蒸汽机带动车轮拨水的“克莱蒙特”号轮船性能可靠，开始执行哈得逊河的轮船定期航班，运送货物和乘客，标志了蒸汽机轮船正式投入使用，开辟了美国第一艘经营成功的商业蒸汽轮船服务。

哈德逊河谷分上、下两个地段，上、下之间的拐点在西点，乘船（逆水航行）由此上溯奥尔巴尼地区，顺水航行下至纽约港。

1807年10月的哈德逊河畔秋高气爽，水草丰盛，红枫斗艳，湖光山色秀丽。哈德逊河谷沿线有着许多历史遗迹和名人庄园。

出身纽约豪门政客家族的利文斯顿获得在纽约州水域上行使蒸汽船的垄断权，1812年他们共有6艘船往返于纽约水域。垄断很快被打破，在两年内往返于纽约水域上的蒸汽机船舶由6艘增至43艘，由于竞争的引入，船票价格很快跌落。

美国和欧洲的内陆河流中已经有50多艘蒸汽轮船投入了营业性航运，奠定了轮船的地位，因此这位美国机械工程师富尔顿被称为"轮船之父"。这种蒸汽轮船历时半个世纪成了水上交通的主要工具。

◆"德莫洛戈斯"号——明轮蒸汽风帆战船

1814～1815年，富尔顿建造了第一艘战船——"德莫洛戈斯"号，后改称"富尔顿"号，这艘蒸汽军舰排水量达2 745吨，航速不到6节，装有14.5千克的火炮32门。这是世界第一艘明轮蒸汽舰（风帆战船），也是世界上第一艘正式服役的蒸汽军舰。

1815年2月24日，罗伯特·富尔顿在纽约逝世。富尔顿的众多巧妙、有影响力的发明包括一艘原型潜艇——"鹦鹉螺"号，水陆两用船和第一艘商业成功的汽船"克莱蒙特"蒸汽机船等。在其一生中，不仅发明制造了蒸汽动力轮船，而且亲自参加制造了17艘轮船，终于在人类水运史上揭开了新的一页。人们为了纪念它，把他的故乡兰卡斯特改名叫富尔顿。

（二）蒸汽机明轮帆船运输

19世纪初，虽然蒸汽引擎已经出现，但由于传动方法是依靠明轮，缺乏效率，速度跟不上帆船。

班轮运输是指轮船公司将船舶按事先制定的船期表，在特定海上航线的若干个固定挂靠的港口之间，定期为非特定的众多货主提供货物运输服务，并按事先公布的费率或协议费率收取运费的一种船舶经营方式。

1. 美国班轮运输

1818年，美国黑球轮船公司首先采用班轮运输。利用自己的帆船队进行班轮运输，首次开辟了"美国—英国的定期客船航线"，即"纽约—利物浦"定期航线，使用帆船运送海外移民、邮件和货物等。这些为运送海外移民、邮件和货物，使用风力和蒸汽动力的（混合动力式）帆船，可称之为"蒸气机帆船的邮船"。

◆沙瓦纳——越洋蒸气机帆船

1818年，美国制造的沙瓦纳号是一艘带外轮使用风力和蒸汽动力的（混合动力式）帆船。

1819午5月22日，第一艘美国蒸汽机船"萨瓦那"号从美国佐治亚州的萨瓦那港出发，成功地横渡大西洋，抵达英国的利物浦港；1819年6月，沙瓦纳号帆船率先完成横渡北大西洋壮举，成为世界第一艘越洋（借助风力的）蒸汽机船。但从欧洲返回后不久，被改装成一艘帆船。

◆美国国家航海节

1933年5月20日，美国国会通过联合决议，规定每年5月22日这一天为“美国国家航海节”，以纪念1819年5月22日，第一艘美国蒸汽机船“萨瓦那”号从美国佐治亚州的萨瓦那港出发，成功地横渡大西洋，抵达英国的利物浦港，为美国远洋海运事业做出重大的贡献。

该决议授权和要求美国总统在每年的5月20日发表文告，号召美国人民积极参加5月22日的美国国家航海节的重大庆典活动。

2. 英国班轮运输

1822年，英国伦敦一位经营船舶贸易的代理人——布罗迪·威尔科克斯（Brodie McGhie Willcox，1786～1862年）和英国苏格兰东北部“设得兰群岛”的亚瑟·安德森（Arthur Anderson，1792～1868年）创办了一家海运合营公司，这家海运公司开始经营来往于英国和西班牙、葡萄牙之间的海运航线。

1824年，英国跟随美国之后，使用蒸汽机船进行运输，开辟并经营班轮运输的“伦敦—汉堡—鹿特丹”之间的班轮航线。19世纪40年代又扩展到中亚、东亚和澳大利亚。

◆“贝格尔”号探测船——环球航行

1820年，“贝格尔”号（HMS Beagle，1820～1870）由伍尔维奇船坞制造。英国航海家罗伯特·菲兹罗伊（Robert Fitzroy，1805～1865）是英国著名的“皇家海军小猎犬”——贝格尔号探测船的船长，曾经驾船进行了历时5年的环球航行。

1831年12月，“贝格尔”号从英国西南部的普里茅斯启航。

1832年2月，“贝格尔”号穿过赤道，抵达巴西的圣萨尔瓦多城，沿大西洋海岸航行，经里约热内卢到达阿根廷的布兰卡港；1834年6月，穿越南美洲最南端的火地岛，通过狭小的航道进入太平洋，花了1年的时间测量智利海岸；1835年，到达隶属厄瓜多尔的加拉帕戈斯群岛即科隆群岛；最后横渡太平洋，经过澳大利亚，绕过好望角进入大西洋；1836年回到英国（英格兰西南角）的费尔茅斯港。5年的远航回国以后，意料之外的事情发生了，菲兹罗伊雇用的一位名字叫达尔文的“水手”闻名于世了。英国皇家地理学会将1837年的学会奖章，颁发给罗伯特·菲兹罗伊船长，表彰他曾载着达尔文出海考察，直接促成了达尔文进化论的提出。如今在澳大利亚，有许多纪念费茨罗伊船长的地名，还有山脉、河流、公园、岛屿以“菲兹罗伊”命名。

◆“大西方”号

1837年英国大西方铁道公司设计建造了木壳明轮蒸汽机帆船——“大西方”号（SS Great Western，1837～1856）。1838年，大西方号成为第一艘横渡大西洋的汽船。在15天内，航行了从布列斯托到纽约的全程。

3. 爱尔兰班轮运输

1835年，爱尔兰首都——都柏林船东的船长李察伯恩等，三人联手开始使用蒸汽轮船开通来往于“伦敦—西班牙—葡萄牙”之间的定期班轮，经营海运航线遍及伊比利亚半岛上的（西班牙西北部海港城市）比戈、（葡萄牙海港城市）波尔图和（葡萄牙首都）里斯本，还有（西班牙南部主要海港城市）加的斯。

（四）螺旋桨式蒸汽轮船运输

船舶螺旋桨是一种水螺旋桨，其原理是螺旋桨旋转时，桨叶不断把大量水向后推去，在桨叶上产生一向前的力即推进力。螺旋桨桨叶像一小段机翼，桨叶上的水动力在前进方向的分力构成拉力即船舶推进力。

1829年，奥地利人约瑟夫·莱塞尔发明了可实用于船舶的螺旋桨。

1838年，由瑞典的前任军官约翰·爱立信（John Ericsson，1803～1889）和英国工程师弗兰西斯·佩蒂特·史密斯（Francis Petit Smith，1808～1874）等人进行了改进，建造了一艘“阿基米德”号螺旋桨推进的船。克服了明轮推进效率低、易受风浪损坏、船体宽大航行时阻力大、船只相遇容易擦伤、水草等缠绕物容易绞缠明轮叶片或轴等致命的弱点，使得蒸汽机能够装置于舰船吃水以下的舱室。

◆“阿基米德”号——螺旋桨蒸汽机船

1838年，第一艘装有螺旋桨推进器的“阿基米德”号蒸汽机船问世，主机功率为58.8千瓦。这种船用螺旋桨推进器充分显示出它的优越性，因而被迅速推广。

在美国，约翰·爱立信（John Ericsson，1803～1889）设计了美国海军第一螺旋推进的蒸汽护卫舰——“普林斯顿”号。

◆“大不列颠”号——螺旋桨风帆铁壳蒸汽船

1840年5月，一件事情使设计师伊萨姆巴德·金德姆·布鲁内尔（Sir Marc Isambard Kingdom Brunel，1769～1849）改变了计划。那时，装备了螺旋桨这一创新推进系统的“阿基米德”号抵达（英格兰西南区域的）布里斯托尔进行示范航行，布鲁内尔马上被螺旋桨的优越性吸引，并立即改变建造计划，为新船装备螺旋桨。

布鲁内尔工程师受到启发，在他设计、建造的“大不列颠”号上使用了螺旋桨推进器。除了螺旋桨外，科技的进步还为“大不列颠”号带来更多好处。作为一艘铁壳船，设计了六个防水隔仓，让“大不列颠”号成为当时最安全的船只。动力方面，装备的蒸汽机能够提供1 500匹马力，并推动一个六叶的螺旋桨。同时，虽然当时蒸汽机发展已经相当先进，船上依然有六根桅杆，用于在机器故障时挂上风帆提供动力。

1843年7月19日，“大不列颠”号在英国英格兰西南部第一大城市——布里斯托尔下水。这是当时第一艘世界上最大的使用螺旋桨驱动和风帆推进的铁壳蒸汽船。

1845年，这艘螺旋桨推进的“大不列颠”号轮船第一次横渡了大西洋。换言之，“大不列颠”号轮船是穿过大西洋的第一条轮船。随之而来的是螺旋桨推进器在船舶上广泛采用。

在几十年后，人们建造“泰坦尼克”号轮船时还参考了“大不列颠”号轮船的设计观念。“大不列颠”号见证了克里米亚战争（Crimean War，1853年7月～1855年12月），然而在战争之后，这艘船就神秘消失了。

1970年，人们在一个位于南大西洋巴塔哥尼亚大陆架上的马尔维纳斯群岛发现了锈迹斑斑、伤痕累累的“大不列颠”号。杰克海沃德先生捐赠现金支付之后，船只被拖回英国布里斯托尔干船坞。英国政府耗资1130万英镑进行一系列的修复工作：开辟出专用码头进行修复，请专业人员对船体除湿除锈，列入“国家历史船队”文物保护名册，“大不列颠”号终于在今天重现当年的风采，吸引众多游客到访。

◆轮速竞赛——蒸汽机客轮速度竞赛

1830年开始，大西洋航线上的远洋邮轮，开始了非正式地在速度上互相竞争。这个竞赛后来演变成一个名为“蓝色飘带（奖）”的象征性荣衔。

尽管“蓝色飘带（奖）”这个惯例从19世纪60年代开始命名，但是国际邮船界公认的起始时间却是19世纪30年代。因为从那时起，如“大西方”号（SS Great Western，1837～1856）、“天狼星”号（S.S. Sirius，1837～1847）、“大不列颠”号（S.S. Great Britain，1843～1855）和“大东方”号（SS Great Eastern，1860～1889）等蒸汽机客轮，就为争夺“速度最快”的桂冠展开了竞赛。蓝飘带奖分东行和西行两种：受大西洋洋流的影响，东行的速度要高于西行。

这个奖项是非官方性质的，但是在19世纪30年代之后的近160多年中，在大西洋邮船界一直享有极高的知名度和诱惑力。其评选方法是计算邮船的平均时速，包括德国（远洋邮轮营运）的“汉堡—纽约航线”，英国的“南安普敦—纽约航线”，法国的“勒阿弗尔—纽约航线”，意大利的“热那亚—纽约航线”等。

此后，螺旋桨式蒸汽轮船改变了对风速、风向和潮流的依赖，逐步取代了富尔顿蒸汽机带动车轮拨水的“明轮”船。

明轮推进器要比篙、桨、橹等推进工具前进一步，其主要特点是可以连续运转，把人力或机械力转化为船舶推进力，使船舶前进。但是，明轮结构笨重、效率低，特别是遇到风浪，明轮叶片部分或全部露出水面，使船舶不能稳定航行。明轮的叶片使用时，也容易损坏。明轮转动时有一半叶在空中转动，不仅增加了船的宽度和航行时的阻力，而且当明轮船在码头上停靠时，与两旁的轮船很容易发生碰撞。另外，如果水草一类的缠绕物绞住明轮的叶片或轴，明轮就有失去转动的可能。

正是明轮推进器的缺点，到了19世纪60年代，明轮船被装着螺旋桨的先进蒸汽船淘汰，即用螺旋桨作推进器的轮船已经将装着明轮的蒸汽船淘汰掉。但“轮船”这个名字却一直保留至今。

1. 多国班轮运输

日本、德国、法国等轮船公司都相继经营班轮运输，开设横渡大西洋、太平洋的环球运输航线，接受承运，开展国际贸易。

2. 中国班轮运输

19世纪70年代，中国开始沿海和长江的班轮运输。

1872年，创办招商局（China Merchants Group，CMG）。招商局是中国近代民族商业现代化进程中最早的企业之一。

1880年，由招商局（CMG）开辟了“上海—旧金山”定期航线。20世纪初，在长江和其他内河开展班轮运输。

新中国成立后，开辟了“大连—上海”定期定港的班轮货运航线。1961年中国远洋运输总公司成立，开始建立中国远洋运输船队和国际班轮航线。

第二节　轮船旅游

托马斯·库克成功地把铁路、水路和公路交通设施紧紧联系在一起，托马斯·库克旅行社的旅游业务得到较大发展。

一、火车轮船旅游

1. 火车轮船——周游苏格兰

1846年，托马斯·库克组织并亲自带领一个350人的旅行团队，乘火车和轮船（包租了一艘轮船）到苏格兰集体旅游，为每个成员发了一份活动日程表，还为旅行团配置了向导。

这是世界上公认的“首次商业轮船旅游活动”，标志着以轮船作为旅游载体的开始。

2. 火车轮船——周游“英伦三岛”

1846年，托马斯·库克编写了《苏格兰之行手册》后，每年都组织了大约5 000人在英伦三岛之间旅行。每次他本人都亲自陪同，编印旅行手册。

旅游团所到之处受到热烈欢迎，从此，托马斯·库克旅行社的名字开始蜚声于英伦三岛。

3. 火车——伦敦世博会

1851年，英国的火车和汽船已经代替了马车和帆船，当时的英国已经拥有22个铁路网络，铁路总长度约13 000千米。

1851年5月，英国在伦敦建造了水晶宫，第一届世界博览会（伦敦万国工业产品大博览会），展示了英国工业革命的成绩，以及各国先进的工业展品，例如630吨大功率蒸汽机、火车头、高速汽轮船、汽压机、起重机等。托马斯·库克决心抓住这个机会扩大旅行业务。在展览开幕前，他遍访英格兰中部和北部主要城市，组织各地旅客赴伦敦参观展览。为此，他还创办名为《观光者》的月刊杂志，专门介绍各地风光和旅游者的见闻。这一年，他组织了16.5万多人到伦敦水晶宫参观展览。

另外，托马斯·库克还成功地组织了旅客参观“1853年的都柏林展览”和“1857年的曼彻斯特展览”。

4. 火车轮船——巴黎世博会

1855年5月15日，法国巴黎举办“世界工农业和艺术博览会”。托马斯·库克组织了从英国英格兰中部的莱斯特前往法国巴黎参观世界博览会的团体旅游，这次旅游活动在巴黎停留游览4天，全程采用一次性包价，其中包括在巴黎的住宿和往返旅费，总计36先令。当时（1855年8月6日）的《曼彻斯特卫报》称此举是“铁路旅游史上的创举”。事实上，这也是世界上组织出国包价旅游的开端。

托马斯·库克先后组织50余万人前往参观，使旅游业第一次“打破国界，走向世界”。

二、邮务轮船旅行

1850年以后，英国皇家邮政允许私营船务公司以合约形式，帮助他们运载信件和包裹。这个转变，令一些原本只是载客船务公司旗下的载客远洋轮船，摇身一变，成为悬挂信号旗的载客远洋邮务轮船。

由于邮务轮船是邮政部门专门用来运输洲际间远距离邮件的重要交通工具之一，所以也可以称之为“远洋邮轮”。

后来，由于喷气式民航客机的出现，远洋邮轮作为长距离运输的载客、载货的功能渐渐削弱，远洋邮轮的角色，也从运输演变为供游乐的邮轮。

◆“S.S.大东方”号——“燃煤蒸汽机帆船（铁壳）客轮”

“S.S.大东方”号（SS Great Eastern，1857～1889）是在19世纪建造的一艘巨型燃煤蒸汽机帆船客轮，是伊桑巴德·金德姆·布鲁内尔设计的第三艘燃煤蒸汽机帆船客轮。“S.S.大东方”号被设计为用螺旋桨和风帆推进的铁壳船，是一艘燃煤蒸汽机帆船（铁壳）客轮。能够装5.000 0万吨煤，需要200多名烧煤工人夜以继日地工作以提供动力，四个蒸汽引擎共产生超过8 000匹马力。

“S.S.大东方”号——“世界上最长的船”

这艘巨型客轮的船宽（BM）25米，船体长度为211米，是当时“世界上最长的船”。最大吃水9.20米，排水量3.216 0万吨，这艘被誉为“海上浮城”的大船可载客4 000人，载货6 000吨，这在当时超出了人类造船工程的极限。1851年，“S.S.大东方”号巨型客轮，终于在伦敦的泰晤士河米尔沃尔开始建造。1857年11月7日，新船从船坞下水；下水典礼那天，“S.S.大东方”号巨型客轮只侧滑行3英尺距离，再也不肯继续滑行下水。1858年1月30日，终于把这艘巨无霸硬是推下水浮起来，推水作业成功。

“S.S.大东方”号——装有当时“世界上最大的螺旋桨”

大致到19世纪60年代，使用螺旋桨作推进器的轮船逐步将明轮蒸汽船淘汰。随着技术的进步，螺旋桨的缺陷一个一个地克服，以及蒸汽机转速的提高，愈来愈多螺旋桨在船上取代明轮。

1858年，“S.S.大东方”号船上装有当时“世界上最大的螺旋桨”，螺旋桨的直径有7.30米，重量达36吨，转速每分钟50转。营运航速14节，有三套推进装置：二具船边明轮，一个艉螺旋桨，六根张帆的桅杆，风帆总面积有6 500平方码。

当时，推进器标准不再具有权威性，由于螺旋桨的推进效率接近明轮，而且它却具有许多明轮无法竞争的优点，明轮逐步在海船上消失。但“轮船”这个名字因为称呼上的通俗和习惯，即使是使用螺旋桨推进的船舶仍称之为“轮船”，并沿袭至今。

“S.S.大东方”号——直航澳洲

公司原本计划将“S.S.大东方”号客轮投入（经过苏伊士运河）直航澳洲的客运航线，但是由于大东方号船体太大，不能通过苏伊士运河。而且公司财务亏空，再也承担不起绕道航行澳洲的费用。加上"S.S.大东方"号这个名字也失去了公司原本直航澳洲的意图。因此，决定改转营运美洲客运航线。

"S.S.大东方"号——首航纽约

1860年6月17日，"S.S.大东方"号终于首航纽约，乘客只有43人。6月28日，当邮轮抵达纽约港时，受到14响礼炮的欢迎——这是商船从来没有过的荣耀。邮轮在码头售票开放大众参观，吸引了15万人上船参观。邮轮还有安排两航次的两天海上游览，每人收费10美元。

三、火车轮船环球旅游

1. 托马斯父子公司（通济隆旅游公司）

到1864年，经托马斯·库克组织的旅游人数已累计100多万。1864年，托马斯·库克成立了托马斯·库克父子公司，全面开展旅游行业，为走向世界做了一系列的准备工作。

1865年，开办了一家旅游用品商店。同年，为了进一步扩展旅行社业务，托马斯·库克与儿子约翰·梅森·库克成立托马斯父子公司（通济隆旅游公司），迁址于伦敦，并在美洲、亚洲、非洲设立分公司。此后，托马斯·库克又组织了到法国等地的旅游活动。

◆托马斯·库克组团——第一次环球旅行

1872年，托马斯·库克组织了9位不同国籍的旅行者进行为期222天的第一次环球旅行，访问纽约、华盛顿、南北战争战场、尼亚加拉大瀑布、多伦多等地，把旅游业务扩展到了北美洲。这次环球旅行声名远播，环球旅行的成功产生了极大的影响，受到世人的称颂，使人们"想到旅游，就想到库克"。接着，托马斯·库克又在欧洲、美洲、澳大利亚与中东建立起自己的系统。

◆托马斯·库克退休

1878年，托马斯·库克退休，业务由其子约翰·梅森·库克主持。

1939年，通济隆旅行社在世界各地设立了350余处分社。到了20世纪初，英国托马斯库克旅游公司、美国运通公司、比利时铁路卧车公司，被称为世界旅行代理业的三大公司。

2. 白星航运公司

1871年，英国著名的"白星航运公司"恢复运营，第一艘船是仅3 700吨左右的皇家海洋号的远洋邮轮。

不过随着时间的推移，白星航运公司在北大西洋航线上的船越来越大。

1874年，白星航运公司有了第一艘以"不列颠尼克"号命名的船，一年后又添了姐妹船——"日耳曼"号。这两艘船拥有足够的速度，从英曼航运公司的柏林城号那里把蓝飘带夺了过来。

"不列颠尼克"号保持着东向的纪录——东行记录，直到1879年被帕奎奥航运公司的"亚利桑纳"号（战列舰）打破；"日耳曼"号则是西向纪录的保持者，最后于1882年输给了帕奎奥航运公司的另一艘船"阿拉斯加"号。至于白星航运公司再次获得蓝飘带就是好几年以后的事了。

四、世界环球航运

大西洋在世界航运中处于极为重要的地位，它西通巴拿马运河连太平洋，东穿直布罗陀海峡、经地中海、苏伊士运河通向印度洋，北连北冰洋，南接南极海域，航路四通八达、十分便利。同时大西洋沿岸几乎都是各大洲最发达的地区、经济水平较高的资本主义国家，贸易、经济交往频繁，是世界环球航运体系中的重要环节和枢纽。在全世界2 000多个港口中，大西洋沿岸占有3/5，其中不少是世界知名港口。每天在北大西洋航线上的船只平均有4 000多艘，拥有世界2/3的货物周转量和3/5的货物吞吐量，是世界航运最发达的大洋。

（一）海运航线

世界航运有5条主要航线：

（1）北大西洋航线——欧洲与北美间的北大西洋航线。

（2）远东航线——欧洲与亚洲、大洋洲间的远东航线。

（3）中大西洋航线——欧洲与墨西哥湾和加勒比海间的中大西洋航线。

（4）南大西洋航线——欧洲与南美间的南大西洋航线。

（5）开普敦航线——从欧洲沿非洲大西洋岸到开普敦的航线。

其中，北大西洋航线最繁忙，世界商船的1/3以上航行在这条航线上。

（二）海运货物

海运的主要货物是石油和石油制品，其次是铁矿石、谷物、煤炭、铝土及氧化铝等。

其中“南美东海—好望角—远东航线”是一条以石油、矿石为主的运输线。该航线处在西风漂流海域，风浪较大。一般西航偏北行，东航偏南行。

印度洋航线中的“波斯湾—好望角—西欧—北美航线”以石油运输线为主，此外有不少是大宗货物的过境运输。该航线主要由超级油轮经营，是世界上最主要的海上石油运输线。

（三）海运港口

世界各大洲沿岸主要港口有：欧洲的港口、亚洲的港口、北美洲的港口、南美洲的港口、非洲的港口等。

1. 欧洲的港口

波兰港口格但斯克，德国最大的港口——汉堡，荷兰的“欧洲最大的海港”——鹿特丹，比利时最大的海港——安特卫普，英国的港口——伦敦、利物浦，法国两大港口——勒阿弗尔、马赛，意大利最大海港之一的热那亚、意大利东北部边境港口——的里雅斯特，罗马尼亚最大港口——康斯坦察，乌克兰的最大港口——敖德萨等。

其中，荷兰的鹿特丹位于欧洲莱茵河与马斯河汇合处，是连接欧、美、亚、非、澳五大洲的重要港口，素有“欧洲门户”之称，是欧洲第一大港口、世界最大海港之一，最高年吞吐量达3亿吨。

2. 亚洲的港口

中国的上海港、连云港港、宁波港、大连港、青岛港、广州港、香港港口、高雄港、花莲港、基隆港等。

印度的加尔各答港、贾瓦哈拉港、孟买港，巴基斯坦的卡拉奇港，阿联酋的迪拜港，科威特的科威特港，以色列的以色列港等。

菲律宾的马尼拉港，印度尼西亚的丹绒布绿港，新加坡的新加坡港，马来西亚的民都鲁港、古晋港、昆坦港、柔佛港、马六甲港等。

日本的神户港、名古屋港、横滨港、川崎港、梗津港、北九州港、酒田港、千叶港等。

韩国的釜山港、仁川港、木蒲港、南浦港等。

3. 北美洲的港口

美国的纽约、费城，美国大西洋沿岸重要海港——巴尔的摩，美国东南部港口——诺福克，美国东南部佛罗里达半岛西岸海港——坦帕，美国第二大港——新奥尔良，美国第二国际商港——休斯敦等。

4. 南美洲的港口

委内瑞拉的“世界著名的石油输出港”——马拉开波、图巴兰，巴西的“世界三大天然良港之一”——里约热内卢，阿根廷的最大海港——布宜诺斯艾利斯等。

5. 非洲的港口

埃及最重要的海港——亚历山大、摩洛哥最大的港口——达尔贝达/卡萨布兰卡、利比里亚最大的港口——蒙罗维亚、尼日利亚第二大港口——哈科特港、南非共和国西南海岸的开普敦等。

◆开普敦

开普敦港位于南非共和国西南沿海桌湾的南岸入口处，南距好望角52千米，濒临大西洋的东南侧，是南非的主要港口之一。开普敦港始建于1652年，是南非第二大城市。开普敦港港地理位置重要，是欧洲沿非洲西海岸通往印度洋及太平洋的必经之路。

开普敦是南非最古老的城市，最初环绕码头发展，因为由荷兰开往东非、印度和亚洲的商船都会路经此地作补给，久而久之便成为欧洲人在撒哈拉以南非洲地区的第一个长期聚居点。开普敦市是南非的立法首都，也是南非人口排名第二大城市，亦为非洲的一颗海上明珠。

第三章　邮轮旅游的历程

邮轮或称游轮、游船、远洋邮轮、远洋客轮、远洋客船、远洋班船、远洋定期船、巡航船、巡航定期船，是一种用于娱乐航海的客轮。

远洋邮轮（游轮）是从早期的邮轮发展而来的。19世纪30年代末，蒸汽机船在大西洋上首次用于客运，从此远洋客轮也成为海上运送邮件的工具，因而又被称为"邮轮"。邮轮不仅极大地促进了当时的远洋客运，而且推动了当时的远洋旅行风潮。

通常，邮轮旅行或旅游由邮轮航程及沿途的目的地、船上的设施及其服务等要素构成。

邮轮或邮船最初被称之为"班轮"或"邮船客船"，即航行于大洋的定期班轮。当中有个关键词"Liner"，而英语"Liner"的含义很多，包括"画线者；衬垫，衬套；衬里；内衬；〈定期〉班轮；客轮；班机"等，本义是在裁缝手工业中指"画线者；衬垫，衬套；衬里；内衬"等，引申"（定期）班轮；客轮；班机"等。似乎在相关的裁缝和航运之间打了一个比喻，在水上运输（尤其海或洋上）航线上留下轨迹的"班轮"与在布料上画线条的"画线者"产生了联想，换言之，"班轮"就是从（始发）港口到（终点）港口的"画线者"；同样的道理，后来在航空时代又引申"班机"——空港到空港的"画线者"。

◆豪华邮轮

一些邮轮专门承揽了这方面的业务，这些邮轮同时也成为"游轮"。随着造船技术的进步，远洋邮轮越造越大，现在的大型邮轮（游轮）可达7~8万吨级。内部的设施也越来越讲究，出现大型豪华邮轮。

往日的"大西方"号（S.S. Great Western，1837~1856）、（德国）"威廉大帝"号（Kaiser Wilhelm der Gross，1897~1914）、"奥林匹克"号（R.M.S. Olympic，1911~1934）、"泰坦尼克"号（R.M.S. Titanic，1912年）、"不列颠尼克"号（R.M.S. Britannic，1914~1919）、（英国）"卡龙尼亚"号（RMS Caronia，1904~1932）、"皇帝"号（S.S. Imperator，1912~1919~1938）、（英国）"皇家毛里塔尼亚"号、（英国）阿奎坦尼亚（R.M.S.Aquitania，1914~1950）、伯伦加利亚（Berengaria，1919~1938）、法国的"法兰西"号（S.S. France）、"伊丽莎白王后"号（R.M.S. Queen Elizabeth，1939~1967）、"伊丽莎白王后2"号（R.M.S.Queen Elizabeth 2，1968~2008）、

“玛丽王后”号（R.M.S. Queen Mary，1936～1967）等都是历史上有名的豪华邮轮。不同时期的豪华邮轮就如同那个时期一座繁华的海上城市。

大致从1985年开始，“远洋邮轮”的角色，亦由当初的“邮轮”（邮务轮船）演变为只供游乐的游轮。所以严格上来说，现在一些旅程或长或短的玩乐式邮轮，由于丧失了运载信件和包裹的功能，按理应称之为“游轮”，而不是“邮轮”（邮务轮船）。但是，或许人们无法割断“邮务轮船时代”的情结；至此，人们还是习惯称之为“邮轮”，即使是逐步形成的邮轮专业术语也是如此；当然，也有许多人改叫“游轮”。

◆“邮轮旅行”与“邮轮旅游”

本教材以“邮轮”相称，涉及传统的邮务轮船的“邮轮”时，依照传统邮轮的旅行性质，强调“邮轮旅行”，例如本章的第一节“邮务客轮旅行”；涉及如今的“邮轮”时，根据现代邮轮的旅游性质，关注“邮轮旅行”的同时更注重“邮轮旅游”。

第一节 邮务客轮旅行

1818年，美国黑球轮船公司，利用自己的帆船队进行班轮运输，开创“纽约—利物浦”的定期客船航线，用以运送海外移民、邮件和货物。

1824年，英国跟随美国之后，开辟了“伦敦—汉堡—鹿特丹”之间以蒸汽机船经营的班轮航线，19世纪40年代又扩展到中东、远东和澳大利亚等地区的海运航线。

1829年，奥地利人约瑟夫·莱塞尔发明了可实用的船舶螺旋桨，克服了明轮推进效率低、易受风浪损坏的缺点。此后，螺旋桨（式）蒸汽轮船/螺旋桨蒸汽机船逐步取代了富尔顿蒸汽机带动车轮拨水的“明轮”船。

1830年，马恩岛邮船公司开始运营。马恩岛邮船公司是世界上最古老的持续经营的客运公司。似乎也垄断了来往马恩岛与英格兰、爱尔兰岛的摆渡生意。

◆“皇家威廉”号——明轮蒸汽船

1833年，“皇家威廉”号是第一艘不依靠自然力量横渡大西洋的英国蒸汽船。航运人的意图是显而易见的，主要是为了解决英国三大港口——伦敦、利物浦和布里斯托尔与加拿大哈密尔顿港的远洋航运海问题。尽管这艘今天看来小得可怜的小船是明轮驱动，平均速度只有4.5节，但是“皇家威廉”号预示着人类完全征服海洋时代的到来。之后，大西洋上开始了速度竞争的时代。

1868年，中国第一艘载重600吨、功率为288千瓦的蒸汽机兵船“惠吉”号建造成功。

1894年，英国的帕森斯用他发明的反动式汽轮机作为主机，安装在快艇“透平尼亚”号上，在泰晤士河上试航成功，航速超过了60千米/小时。

19世纪初，虽然蒸气引擎已经出现，但由于蒸汽机轮船的传动方法是依靠“明轮”（明轮推进器），缺乏效率，速度跟不上利用风力前进的（无风时靠桨、橹和篙等推进）帆船。

这里简述的“邮务客轮旅行”（1837～1985年）可分为四个时期：邮务客轮旅行起步时期（1837～1849年）、邮务客轮旅行兴起时期（1850～1900年）、邮务客轮旅行发展时期（1901～1949年）、邮务客轮旅行衰退时期（1950～1985年）。

一、邮务客轮旅行起步时期（1837—1849年）

提起“邮轮”的起源，许多人自然会从英国的铁行公司（P&O）及其邮务轮船说起，以及涉及后来英荷合资的铁行渣华公司的联合创始人。

（一）铁行渣华——海上客运兼邮件运输

1. 铁行公司（P&O）

1837年，英国的铁行公司（P&O）从英国海军部获得许可，以商务合约形式在英国与伊比利亚半岛之间进行海上邮件运输的业务，标志着海上客运兼邮件运输的开始。

船队使用铁行公司的公司信号旗。该公司旗下的颜色与半岛旗帜直接相连：白色和蓝色代表葡萄牙国旗，黄色和红色代表西班牙国旗。

这家公司一跃成为联合王国（英国）最大的海运企业之一。

1840年，铁行公司（P&O）又获得许可，在来往于英国与埃及北部海港城市——亚历山大港之间，开展海上客运兼邮件运输。

2. 铁行渣华——海上客运兼邮件运输

英荷合资的“铁行渣华货柜航运有限公司”简称“铁行渣华”，是一家英荷全球远洋集装箱航运公司，在伦敦和鹿特丹设有两个总部。

直至19世纪60年代，“铁行渣华”这家海运公司的首任董事、总经理布罗迪·威尔科克斯一直是当时世界上最大的轮船船队的主人，因开展海上客运兼邮件运输而闻名于世——这便是“邮轮”称谓由来的一种说法。

◆铁行渣华——世界上第三大集装箱运输公司

铁行渣华是一家英荷合资的集装箱运输公司，由英国铁行（P&O）与荷兰渣华在2004年合资组建，营运总部位于伦敦，名义上的总部则在荷兰鹿特丹，是世界上第三大集装箱运输公司，秉承欧洲工艺一贯的稳健作风。铁行渣华在中国深圳、上海、青岛、香港都有办公室，员工人数为700余人。

◆马士基航运

如今，铁行渣华公司被丹麦的马士基收购。2005年8月13日，马士基成功完全收购铁行渣华。2005年9月5日，铁行渣华股票停止交易。2006年2月，马士基集团旗下的航运企业——马士基海陆和铁行渣华整合为马士基航运，铁行渣华物流并入马士基物流，铁行渣华港口业务并入马士基旗下的码头公司

APM Terminals。整合后，公司名称全部统一称为马士基航运。马士基航运最核心的集装箱运输业务约占全球市场份额的17%。

（二）大西方轮船公司

“大西方”号（S.S. Great Western，1837～1856）客轮是一艘橡木壳明轮（蒸气机帆船）蒸汽（动力）轮船，这是英国大西方轮船公司专门为穿越大西洋建造的第一艘蒸汽船。

◆“大西方”号——木制壳体明轮蒸气机帆船（客轮）

1837年，“大西方”号（S.S. Great Western，1837～1856）首航横渡大西洋获得成功，以15天破纪录完成了横渡大西洋航程，比帆船的2个月航程缩短了很多。尽管如此，早期的蒸汽船仍然安装有多个风帆，以减低燃料的消耗。

1837～1839年，“大西方”号是当时世界上最大的客轮。“大西方”号是由英国著名工程师伊萨姆巴德·金德姆·布鲁内尔（Isambard Kingdom Brunel，1806～1859）设计，英国大西方铁道公司建造的。

1838年，两家英国舷侧明轮轮船——布鲁内尔大尺寸的“大西方”号和孟席斯的“天狼星”号相继抵达美国纽约，这两次航行都是应用蒸汽动力装置推动轮船完成独自的航程。试航成功后，这两艘客轮都成为大西洋上连接“（英国）布里斯托—（美国）纽约”的定期班轮。

由于“大西方”号的建造、首航和运营成功，以及与其他公司竞争的压力越来越大，英国大西方轮船公司决定为“大西方”号建造一艘姐妹船，而工程师布鲁内尔则建议公司建立一艘更大的船只，这艘船将使用铁来作为船壳材料。如此革命性的设计最终被通过了，在1839年7月，新船的第一根龙骨在（英格兰西南部的）布里斯托尔的威廉帕特森造船厂铺设。

“大西方”号客轮的服务被证明是令人满意的；“大西方”号客轮成为当时所有成功的木制大西洋桨轮船的模型，并获得皇家授予最高荣誉（标志）的蓝飘带，蓝飘带航程纪录保持直到1843年。

“大西方”号客轮作为在大西洋上连接“（英国）布里斯托—（美国）纽约”，定期航班连续往返长达8年时间，直到其主人离开企业，卖给了皇家邮政邮船公司。

在英、法、土耳其等联盟抗俄的“克里米亚战争”期间，即1856年，“SS大西方”号客轮作为部队的船只在战争中服役，之后被废弃。克里米亚战争是近代科技战争的开端，本次海战也作为帆船舰队时代的最后一次大规模的交战而载入史册，蒸汽动力战舰被英法广泛使用，技术兵器的优势大大体现出来。新式线膛步枪、蒸汽动力战舰、铁路、无线电通信等科技发明在战争中扮演了重要角色。英法首脑和军事部门利用无线电从千里之外指挥战争，这是历史上的第一次。

◆“大不列颠”号（S.S. Great Britain，1843～1855）——螺旋桨风帆铁壳蒸汽船

1843年7月19日，“大不列颠”号在英国英格兰西南部第一大城市——布里斯托下水。“大不列颠”号是当时第一艘世界上最大的使用螺旋桨驱动和风帆推进的铁壳蒸汽船。早期的蒸汽船仍然安装有多个风帆，以减低燃料的消耗。

“大不列颠”号是伊萨姆巴德·金德姆·布鲁内尔的又一杰作，如“大西方”号一样，这条新船原本计划使用明轮作为推动器。

“大不列颠”号蒸汽客轮是第一艘使用螺旋桨推进器和铁甲壳的大型蒸汽船，吨位为3 270吨，船舶长度98米，船宽15.20米，吃水10米，是第一艘使用铁板建造的最长、最大的蒸汽客轮，又是当时速度最快的载客蒸汽轮船，被誉为英国航海史上的一个奇迹。7年后，第一首以螺旋桨驱动的蒸汽船即“大不列颠”号（蒸汽船）——成功首航横渡大西洋。

“大不列颠”号为大西方轮船公司横跨大西洋客轮服务，同时圆了无数欧洲人的移民梦，曾经仅用14天的时间从布里斯托尔港到达（美国）纽约，仅用6周的时间从英国到达澳洲。

（三）英国和美国蒸汽导航公司

1839 ~ 1841年，英国和美国蒸汽导航公司是一家营运定期的跨大西洋服务的蒸汽导航公司。

◆ “天狼星”号（S.S. Sirius，1837 ~ 1847）

1837年，“天狼星”号侧轮木壳蒸汽（动力）轮船建成。

1838年，英国和美国蒸汽导航公司经英国和美国特许，由“天狼星”号开通了跨大西洋客运服务的航线。

1847年1月16日，“天狼星”号客轮从（英格兰）格拉斯哥前往科克途经（爱尔兰岛东岸的）都柏林补充货物和乘客之后，在爱尔兰的巴利科顿海湾水域失事。在浓雾中航行时撞到了岩石上，船体发生严重漏水，唯一的救生艇由于严重超载被大浪淹没，12名乘客加上8名船员共计20人失去了生命，但有91人在船上使用绳子传递到岸边被救出。

（四）圣·乔治邮船公司

1837年8月，圣·乔治邮船公司开始经营往返于“伦敦—科克”航线。

科克港位于爱尔兰南部的科克湾西北端的利河河口，是仅次于都柏林的全国第二大城。科克港是欧洲天然深水良港之一，是一个繁忙的海港，也是横渡大西洋的航运中心。

在18世纪末至19世纪初时期，几乎所有前往美国的主要远洋客轮都要在科克港抛锚暂留，“泰坦尼克”号的“不归之旅”也是从这里起锚的。

科克的任何角落都能嗅到海的味道，这里河道密布，也是出诗人、艺术家、水手的地方，科克市被命名为“2005年欧洲文化首都”的称号。

（五）英国皇家邮政邮船公司

1839年，英国皇家邮政邮船公司是苏格兰人杰姆斯·麦奎因在伦敦创建的一家英国航运公司。

1927年，英国皇家邮政邮船公司接管了白星邮轮，成为最大的航运集团。

（六）英国北美皇家邮件船务公司——冠达邮轮（Cunard Line，1840）

加拿大商人塞缪尔·肯纳德先生（Sir Samuel Cunard，1787 ~ 1865年）是一位英国的航运巨头，出生于加拿大新斯科舍省会和最大港口城市哈利法克斯——世界上第二大的自然深水港。

1839年5月，塞缪尔·肯纳德创办的肯纳德公司在英国维多利亚女王的支持下取得了英国与北美洲之间运送邮件的承包权。

1840年，塞缪尔·肯纳德在英国创办了“冠达邮轮”公司。冠达邮轮是第一个开通定期航线搭载客人横跨大西洋的公司，开创了世界海运史新篇章。

◆艾伦英国皇家邮政轮船

1819年，艾伦航运公司成立。英国苏格兰的艾尔郡索尔特科茨的亚历山大·艾伦船长在苏格兰和蒙特利尔之间进行贸易与运输活动。这一条海运航线很快成为艾伦航运公司的代名词。

1830年，艾伦航运公司在格拉斯哥、利物浦和蒙特利尔设有办事处，亚历山大·艾伦船长的五个儿子都在积极地参与这一贸易与运输业务。

1854年，艾伦英国皇家邮政轮船成立。该公司后来被称为“艾伦航运公司”，其创始人之一是休·艾伦（亚历山大·艾伦船长的第二个儿子）。

二、邮务客轮旅行兴起阶段（1850～1900年）

在邮务客轮旅行兴起阶段（1850～1900年），许多私营造船公司及其造船厂都做出了重大贡献。例如，德国下萨克森州西部帕彭堡的迈尔造船厂（Meyer Werft GmbH，1795年至今）、（英国）维克斯造船厂（Vickers Shipbuilding and Engineering，Ltd，VSEL，1871年）、法国卢瓦尔工程公司（Ateliers et Chantiers de la Loire，1881年至今）和圣纳泽尔·卢瓦尔·彭霍特工场与船坞于1955年合并成立法国大西洋造船厂（Chantiers de l’Atlantique，1955年至今）、阿姆斯特朗公司（Armstrongy，1884年）下属的埃尔斯维克造船厂（Elswick shipyard，1881年）和亚罗造船厂（Yarrow shipyard），（比德）穆尔干船坞公司（The Moore Dry Dock Company，1900年）和卡梅尔·莱德、约翰·布朗等。在此，先简介一家世界著名的造船企业——约翰·布朗公司。

◆约翰·布朗公司——造船企业

约翰·布朗公司（John Brown and Company，John Brown & Co.，1851～1986）是在苏格兰克莱德班克的一家海洋工程与造船企业。制造了许多著名的船只，其中包括“卢西塔尼亚”号、（英国战列巡洋舰）胡德号（H.M.S. Hood，1920～1941）、（英国战舰）击退号、“玛丽王后”号（R.M.S. Queen Mary，1936～1967）、“伊丽莎白王后”号（R.M.S. Queen Elizabeth，1934～1967）和“伊丽莎白王后2”号（R.M.S. Queen Elizabeth 2，1968～2008）。

在1850年以后，英国皇家邮政允许私营船务公司以合约形式，帮助他们运载信件和包裹。这个转变，令一些原本只是载客船务公司旗下的载客远洋轮船，摇身一变成为悬挂信号旗的载客远洋邮务轮船。

由于邮务轮船是邮政部门专门用来运输洲际间远距离邮件的重要交通工具之一，所以也可以称之为“远洋邮轮”。

当时的定期远洋船是指在指定的港口间，做横越大西洋的航行，按规定的时间表航行的商船。定期远洋船亦称“远洋邮轮”一词，便因此诞生。

后来，由于喷气式民航客机的出现，远洋邮轮作为长距离运输的载客、载货的功能渐渐削弱，远洋邮轮的角色，也从运输演变为供游乐的邮轮。

◆远洋船队基地——（美国纽约州）哈德逊河下游

哈德逊河是美国纽约州的一条河流，长507千米。哈德逊河下游各主要城镇早期靠捕鲸业繁荣起来。19世纪，哈德逊河下游成为远洋船队基地。海船全年可通航至奥尔班尼，驳船每年有8个月可通航至大湖区。货运包括沙、砾、碎石、石油、煤及褐煤等。客运已被铁道和公路所取代。河上建有许多桥梁。

原先，在哈德逊河（炮台公园河畔）有一个重要的移民登陆码头，据说有800万移民是从这儿上岸登陆的。

（一）白星邮轮公司

1870年，白星航运公司旗下的皇家邮政轮船“大洋”号和“亚里亚德海”号，这两艘船首创的圆形船窗安置在船中央的头等舱，亦有水和电力供应。

1880年后，由于有大量移民移居美国，远洋邮轮体积逐渐变大。

（二）托马斯·库克邮轮旅游

1880年，托马斯·库克又打开印度大门，拓展了埃及市场，成立世界上第一个旅游代理商，被誉为世界旅游业的创始人。

这次旅游活动也让船务公司发现，通过招揽旅客乘坐商船旅游比单纯运送乘客更能增加盈利，因而开始设计建造专门用于客运的邮轮。

◆“翁布里亚”号和“伊特鲁里亚”号——最后两艘配备辅助风帆的邮轮

1884年，由苏格兰格拉斯哥John Elder船厂建造的皇家邮政轮船“翁布里亚”号和姊妹船“伊特鲁里亚”号，成为最后两艘配备有辅助风帆的邮轮。这两艘姊妹船员负责行走利物浦至纽约航线，是当时最大的远洋邮轮，其先进程度可以说是一时无两。

◆“大东方”号（Big Oriental maru，1884年）——燃油汽轮机轮船

1884年，英国发明家帕森斯（C. Parsons，1854～1931年）设计出了以燃油为燃料的汽轮机的“大东方”号轮船。此后，汽轮机成为轮船的主要动力装置。

（三）东方蒸汽导航公司

东方蒸汽导航公司简称东方公司，成立于1851年1月。

◆“S.S.大东方”号——燃煤蒸汽机帆船客轮

“S.S.大东方”号（S.S.Great Eastern，1857～1889年）是一艘在19世纪所建造的巨型邮轮。与当时的木壳蒸汽机帆船客轮不同，“S.S.大东方”号被设计为用螺旋桨和风帆推进的铁壳船，这艘被誉为

"海上浮城"的大船。最大吃水9.20米，总吨位1.891 5万吨（GRT），排水量3.216 0万吨，船宽82英尺，约合25米；船舶总长692英尺，约合211米，是当时世界上最长的船。甲板层4层，载客量4 000人，载货6 000吨，能够装5万吨煤，需要200多名烧煤工人夜以继日地工作以提供动力，四个蒸汽引擎共产生超过8 000匹马力。营运航速14节，有三套推进装置：二具船边明轮，一个艉螺旋桨，六根张帆的桅杆，帆总面积有6 500平方码。这在当时超出了人类造船工程的极限。

"S.S.大东方"号是伊桑巴德·金德姆·布鲁内尔设计的第三艘燃煤蒸汽机帆船客轮。1851年，燃煤蒸汽机帆船客轮"S.S.大东方"号终于在伦敦泰晤士河畔的米尔沃尔的史葛罗素造船厂即史葛罗素公司开始建造。由于"大东方"号的船舶长度为当时一般船的六倍，没有纵深那么长的船台来建造，所以采用侧面下水的横向船台建造。

1858年投入使用时它是当时建造的最大的船。

1858年9月9日，海上试航时，突然发生爆炸，上甲板被掀开，前烟囱像火箭一样飞出去，爆炸原因是通风孔堵死所引起的。舱里的船员纷纷仓皇逃出，其中一人往船边跳下水，被明轮打死。由于公司亏空，承担不起直航澳洲的费用，所以决定改转营运美洲航线。

1859年，终于由大东方航运有限公司买下未完工的"S.S.大东方"号，同年8月继续完工。

经过一连串的不幸之后，1860年6月17日终于首航纽约了，当它抵达纽约港时，受到十四响礼炮的欢迎，这是商船从来没有过的荣耀。但这一趟几乎空船来，只好在码头售票开放大众参观，吸引了15万人上船参观，赚了一点钱。还有安排两航次的两天海上游览，每人10美元。第一个航次就吸引2 000多人参加，由于床位和食物没有充分的准备，加上船上到处脏乱，没有一位游客能享受到想象中的乐趣。

至今，在伦敦米尔沃尔还有"S.S.大东方"号邮轮码头——史葛罗素造船厂的遗址。英国广播公司（BBC）在一部于2003年开播的纪录片中把"S.S.大东方"号客轮列为"工业世界的七大奇迹"之一。

（四）英国白星航运公司

英国白星航运公司（White Star Line，1845 ~ 1934）是一家总部位于英国利物浦的航运公司。

自1871年起，英国白星航运公司恢复运营，第一艘船是仅3700吨左右的"海洋"号。不过随着时间的推移，白星航运公司在北大西洋航线上的船越来越大。1874年，白星航运公司有了第一艘以"不列颠尼克"号（S.S. Britannic，1874年）命名的船，一年后又添了姐妹船"日耳曼"号（SS Germanic，1874 ~ 1950）。这两艘船拥有足够的速度，从英曼航运公司的"柏林城"号（S.S.City of Berlin，1874 ~ 1898）那里把蓝飘带夺了过来。"不列颠尼克"号保持着东向的纪录，直到1879年被奎奥航运公司的"亚利桑那"号（S.S. Arizona，1879 ~ 1926）打破；日耳曼号（S.S. Germanic，1874 ~ 1950）则是西向纪录的保持者，最后于1882年输给了奎奥航运公司的另一艘船"阿拉斯加"号（S.S.Alaska，1881 ~ 1893）。至于白星航运公司再次获得蓝飘带就是好几年以后的事了。

白星航运公司于1935年倒闭，卖给了它的竞争对手——当时同样总部位于利物浦的卡纳德公司。在此之前，白星航运公司也曾经几次易手，但是公司的名称一直没变，只是换了老板。白星航运公司曾经建造了许多著名的巨轮："泰坦尼克"号（R.M.S. Titanic，1912年），1912年4月15日，处女航中因撞上冰山而沉没；"奥林匹克"号（R.M.S. Olympic，1911～1934），1935年10月11日被拆毁；"不列颠尼克"号，1916年11月26日，遭到U-76潜艇袭击，在55分钟内进水沉没。

◆ "条顿"号（R.M.S Teutonic，1889～1921）

1887年，在仍然想赢回蓝飘带的愿望驱使下，白星航运公司订购了两艘新船，每艘的吨位都接近1.0000万吨。为了创造新纪录，它们将被设计为拥有20节的额定航速。第一艘船被命名为"条顿"号。

1889年，"条顿"号首航。"条顿"号没能打破当时由"巴黎城"号创下的纪录。此后，所有的希望都被寄托在"条顿"号那艘不久即将开始服役的姐妹船"庄严"号（R.M.S. Majestic，1890—1914）身上。

◆ "庄严"号（R.M.S. Majestic，1890～1914）

1889年6月29日，"条顿"号的姐妹船——"庄严"号下水，然后立即开始进行舾装，1890年3月底完工后交付英国白星航运公司。"庄严"号的前身为"俾斯麦"号邮轮。

1890年4月2日，"庄严"号从利物浦首航，6天10小时之后抵达纽约。然而这次航行仍未能获得蓝飘带，纪录由"巴黎城"号继续保持。1891年7月"庄严"号终于打破纪录，航行时间大幅缩短，用了5天18小时8分钟从昆斯敦抵达桑迪胡克，平均航速为20.1节。

"庄严"号邮轮在"利物浦—纽约"航线上服役至1899年12月，随后在布尔战争中被征召为运兵船。在该月执行了从利物浦到开普敦的首次运兵任务，并在次年2月执行了第二次也是最后一次任务。在1902年和1903年，"庄严"号邮轮进行了改造，吨位达到10 147吨，有一根桅杆被削减，两根烟囱得以加高，并安装了新的锅炉。此后除1905年的一次因煤舱失火造成的损坏以外，在原先的航线上平安服役直到1907年而未发生重大事故，在这一年白星航运公司将主航线的起点从利物浦移到了南安普敦。6月26日，"庄严"号邮轮完成了其首次往返于"南安普敦—纽约"的航行。

1911年，英国白星航运公司建成了全世界最大的轮船，那就是达到惊人的4.500 0万吨级的"奥林匹克"号。

随着"奥林匹克"号轮船的投入使用，"庄严"号邮轮降格为储备船，在伯肯海德的比兹顿码头闲置多时。1912年4月前，"庄严"号被移到南安普敦港码头最里面的角落，不过这个位置对于观察船只出航却是最佳的，4月10日"庄严"号在那里目睹了"奥林匹克"级的第二艘邮轮——"泰坦尼克"号首航驶离港口。最不幸的事发生了，仅仅五天后"泰坦尼克"号沉没并造成大量人员死难。

事实证明保留储备船的做法是明智的，"庄严"号邮轮随即接管了"泰坦尼克"号邮轮在"南安普敦—纽约"这条重要的主航线上的营运任务。遗憾的是，"庄严"号邮轮的日子已经不多了。

1913年10月17日，"庄严"号救起了失事的法国纵帆船"加隆"号上的乘员。这一年是"庄严"号邮轮所度过的最后一个完整的年头。

1914年1月14日，"庄严"号邮轮进行了最后一次驶往纽约的航行。经过24年的服役，"庄严"号邮轮以25 000英镑的价格被出售给Thos. W. Ward拆船厂。

（五）北德意志—劳埃德公司

19世纪90年代，德皇威廉二世狂妄地宣布，要让德国成为公海上的霸主。不光是帝国海军要称雄七大洲，德国的商船队也要如此。如同英国的两家大轮船公司——白星航运公司和肯纳德邮轮公司不断竞争一样，德国的北德意志—劳埃德公司和汉堡—美洲公司加入这个雄心勃勃的计划中，互相展开了热火朝天的造船竞赛。

◆“威廉大帝”号

1896年，“威廉大帝”号邮轮由德国的北德意志—劳埃德公司开始建造。1897年，造出了第一艘四个烟囱的“威廉大帝”号邮轮——是自1860年英国“大东方”号之后世界上最大的客船，当时人们普遍认为烟囱多意味着锅炉多，速度快，更安全。

1897年，“威廉大帝”号投入服务。“威廉大帝”号亦称德皇威廉一世号，是一艘以（德国皇帝）德皇威廉一世命名的德国跨大西洋邮轮。

“威廉大帝”号邮轮总注册吨位（GRT）为1.434 9万吨，船舶总长（LOA）200.00米（655ft），船宽（BM）20.056米（65ft），载员1 506人，工作人员488人。邮轮航速22.50～25.9节。

1897年开始，德国以包括“威廉大帝”号蒸汽轮在内的一系列新建造的远洋邮轮，连续6次囊括蓝色飘带这个象征性荣衔。

“威廉大帝”号和在1903～1907年期间的“SS王储威廉”号、“威廉二世”号、“SS Kronprinzessin塞西莉”号邮轮一起为首先建造的“四姐妹船”。

1913年，由于英国和德国其他新的大型豪华邮船的竞争，“威廉大帝”号改为美洲移民船，只搭载三等舱旅客。

第一次世界大战爆发后，“威廉大帝”号被改装为辅助巡洋舰，在大西洋上击沉了三艘协约国商船。1914年底，“威廉大帝”号前往非洲的西班牙殖民地里奥德奥罗（今天的西撒哈拉）港口加煤，在港内被英国的“抱负”号巡洋舰堵了个正着。8月26日，雷曼船长不想让“威廉大帝”号被英国人俘获，于是引爆船上的炸药而自沉。

◆“透平尼亚”号——汽轮机船

1897年，帕森斯（C.Parsons，1854～1931年）首次将2 000马力（1.5兆瓦）多级反动式汽轮机装于44.5吨的小艇“透平尼亚”号上，蒸汽初压为1.4兆帕。这台汽轮机有高、中、低压3个汽缸，分别直接带动螺旋桨。小艇试航航速达34.5节（1节=1 852/3 600米/秒），超过了当时采用蒸汽机推进的驱逐舰航速，显示了汽轮机在舰船上应用的优越性，此后船用汽轮机就得到了较快的发展。

◆“厄恩斯劳”号——汽轮机船

“厄恩斯劳”号（T.S.S. Earnslaw，1912年至今）汽轮机船是一艘双推进器蒸汽轮船。

1912年，双推进蒸汽轮船“厄恩斯劳”号是与“泰坦尼克”号同时建造、同年下水的汽轮机船，使用的技术也大致相同，只不过尺寸缩小而已，同属于蒸汽轮船称霸全球的黄金时代。

“厄恩斯劳”号与“泰坦尼克”号壮丽而短暂的一生不同，一直在波涛汹涌的瓦卡蒂普湖中航行，作为往返皇后镇到Walter峰之间的日常交通，运输旅客、牛羊牲口、车辆及其他生活日用品用品。已经持续航行了103年，至今仍是南半球唯一运行的燃煤的蒸汽船，比1914年在北美下水的美国“美女路易斯维尔”号还年长2岁。饱经风霜，风貌依旧，一百多年的历史让这位“水上贵妇”更加具有贵族气质。

◆柴油机船

柴油发动机（柴油机）是燃烧柴油来获取能量释放的发动机。柴油机是由德国发明家鲁道夫·狄塞尔于1892年发明的，为了纪念这位发明家，柴油就是用他的姓Diesel来表示，而柴油发动机也称为“狄塞尔发动机”。

鲁道夫·狄塞尔——“柴油之父”

1893年，德国发明家鲁道夫·狄塞尔（Rudolf Diesel，1858～1913）制造了一台实用的柴油动力压燃式发动机——“柴油机”。这种柴油机功率大，油耗低，可使用劣质燃油，显示出辉煌的发展前景。柴油机问世后，为船舶提供了新的动力。船舶普遍采用柴油机推进，柴油机船逐渐取代了蒸汽机船。

柴油机的热效率高、经济性好、起动容易，对各类船舶有很大适应性，问世以后很快就被用作船舶推进动力。至20世纪50年代，在新建造的船舶中，柴油机几乎完全取代了蒸汽机。

三、邮务客轮旅行发展时期（1901～1949年）

1902年，美国人约翰·皮尔庞特·摩根出资买下了英国最大的白星航运公司。英国国会感到这是大英帝国的耻辱，决定捍卫另外一家大公司——肯纳德航运公司。同年，英国政府与肯纳德航运公司签订了为期20年的合同，每年向肯纳德航运公司提供15万英镑的资助，并且鼓励肯纳德航运公司建造两艘当时世界上最大的邮船：皇家邮轮“卢西塔尼亚”号和“毛里塔尼亚”号邮船。

在邮务客轮旅行发展时期（1901～1949年），英国肯纳德邮轮公司、汉堡南美航运公司、（德国）汉堡—美洲公司、英国白星航运公司、新西兰联合航运公司、瑞典—美洲航运公司、联盟城堡航运公司的邮轮活跃在美国—澳新及太平洋群岛航线、亚洲—澳新和亚洲—南美航线、亚洲—北美的太平洋航线等。

（一）英国肯纳德（冠达）邮轮公司

◆“卢西塔尼亚”号

1903年，英国肯纳德（冠达）邮轮公司3.200 0万吨级的皇家邮轮“卢西塔尼亚”号邮船在苏格兰克莱德班克的约翰·布朗船厂开工建造。

◆卡龙尼亚

“卡龙尼亚”号（R.M.S. Caronia，1904～1932）是一艘英国班轮。1904年7月13日，从船坞下水。“卡龙尼亚”号是由苏格兰克莱德班克格拉斯哥的约翰·布朗公司建造的。

◆ “毛里塔尼亚”号

1904年，隶属于英国肯纳德（冠达）邮轮公司的“毛里塔尼亚”号邮船开工建造。

1906年9月，邮轮下水。1907年9月，“毛里塔尼亚”号和“卢西塔尼亚”号首次使用蒸汽轮机代替往复式蒸汽机，“毛里塔尼亚”号在试航中达到了27节的高速。1907年11月16日，“毛里塔尼亚”号邮轮进行处女航。参加过第一次世界大战，1934年光荣退役。

◆ “卡曼尼亚”号

1905年，英国肯纳德（冠达）邮轮公司，替旗下“卡曼尼亚”号（R.M.S. Carmania，1905～1932）邮轮安装蒸汽式涡轮后，发现速度较其安装了3艘蒸汽引擎的姊妹船“卡龙尼亚”号（R.M.S. Caronia，1904～1932）更快。

1907年，几经改良后，肯纳德（冠达）邮轮公司拥有（利用蒸汽式涡轮建造的）“卢西塔尼亚”号和“毛里塔尼亚”号远洋邮轮。“毛里塔尼亚”号邮轮成为其后20年的纪录保持者。

虽然肯纳德（冠达）邮轮公司以速度闻名，但其他的邮轮公司，例如（英国）白星邮轮公司，则以体积和豪华服务争取市场。白星邮轮公司旗下的（4.500 0万吨的）“奥林匹克”号、“泰坦尼克”号和“不列颠尼克”号，都较肯纳德（冠达）邮轮公司的邮轮大15 000吨和长30米。“奥林匹克”号、“泰坦尼克”号跨洋邮轮都使用哈兰·沃尔夫公司生产的蒸汽轮机。

（二）汉堡南美航运公司（HAM–SUD）

汉堡南美航运公司是德国历史最悠久、规模最大的私有海运企业，是世界二十大班轮公司之一。船公司代码，HAM-SUD船公司；船公司简称，汉堡南美船公司。

1871年，汉堡南美船公司成立，属于德国欧特克集团，是德国历史最悠久、规模最大的私有海运企业，是世界二十大班轮公司之一。

截至2009年年底，汉堡南美船公司拥有员工约4 791名，经营船舶148艘，承运的集装箱货量为233万TEU，在世界各地设有办事处100多家，其中10家位于中国内地、中国香港和中国台湾。

2001年底，汉堡南美船公司就开始运营亚洲到南美东、西海岸的周班服务。汉堡南美船公司收购了中国台湾建宏以及Ellerman之后，得以顺利进入亚洲—澳新和亚洲—南美航线。现在，汉堡南美船公司还是美国—澳新及太平洋群岛航线上最大的海运承运商。2003年11月，汉堡南美船公司在香港建立了亚洲地区的第一个地区总部。同时，汉堡南美船公司也悄无声息地进入了亚洲到北美这条太平洋上的主要航线。

◆ “特拉法尔加角”号

德国客轮“特拉法尔加角”号（Cap Trafalgar，1914～1917）是一艘属于汉堡南美航运公司客轮，于1913年10月竣工。其总登记吨1.871 0万吨，船舶总长187米，航速17节。1914年8月，这艘完工还不到一年的崭新邮轮得知了英德宣战的消息。它先后在阿根廷的布宜诺斯艾利斯以及乌拉圭蒙得维的亚进行修整工作，在装满燃煤以后，于8月23日起航，向巴西东部大约800千米的特林达迪岛的集合点进发。

（三）（德国）汉堡–美洲公司

德国汉堡—美洲航运公司为了和英国的“毛里塔尼亚”号与“奥林匹克”号竞争，提出了三条超级巨无霸邮轮“皇帝”号（The Emperor No./ S.S.Imperator，1912～1938）、“祖国”号、“俾斯麦”号（Bismarck，1914～1940）的工程建造，它们船长280米，载重吨位设计为5.200 0万吨。

从19世纪末开始，雄心勃勃的德国在各个领域向当时强大的英国发起挑战，在海运事业方面也是如此。1889年，德皇威廉二世参加在英国南部的朴次茅斯举办的维多利亚女皇（威廉的外祖母）登基50周年庆典阅舰仪式。在这次阅舰仪式中，威廉二世还在英国王储威尔士亲王（后来的爱德华七世）的陪同下，参观了英国白星航运公司新邮船“条顿”号（R.M.S Teutonic，1889～1921）。当时“条顿”号是作为一艘武装商船参加阅舰仪式的，这艘庞大快速的“条顿”号邮船也给威廉留二世留下了深刻的印象，他对陪同参观的德国官员说：“We must have some of these！”英、德在海洋上的角逐正式开始。

◆“皇帝”号（The emperor No./ S.S. Imperator，1912～1938）

1910年6月18日，这三艘巨型邮船中的第一艘在汉堡的伏尔甘船厂布下龙骨。这艘船本来命名为“欧罗巴”，但在当时德国狂热的鼓吹民族主义和军国主义情绪下，最终改名为“皇帝”号。

1912年3月23日，“皇帝”号在军乐队的伴奏下缓慢隆重地下水，身穿全套海军军装的德皇威廉二世出席了下水典礼。

1913年6月13日，“皇帝”号开始了驶往纽约的处女航。由于烟囱尺寸过大，以及在上层建筑尤其是客厅和沙龙等公众空间中使用了大量的大理石、花岗岩、青铜、铸铁、硬木和其他沉重的装饰材料，皇帝号一直有些头重脚轻。

1914年，第一次世界大战爆发。当时“皇帝”号正在纽约港内。德国认为纽约是一个安全的地方。但1915年“卢西塔尼亚”号被德国潜艇击沉之后，“皇帝”号处境有些不妙。

1917年美国加入协约国一方参加世界大战。“皇帝”号作为敌国财产被美国政府没收，作为运兵船使用。

1919年5月初，它被命名为“USS Imperator”（ID–4080）由凯西船长担任指挥。5月15日，它带着2 100名美军士兵和1 100名乘客离开了法国布雷斯特港，于一周后到达美国纽约港。在6月～8月间，它作为Cruiser and Transport Force的一员总共在往返布雷斯特和纽约的航行中将2 500名美国士兵、护士和公民带回美国。

巡洋舰和运输部队是美国的一支大西洋运输队，负责在一战中运输人员和物资以及在“一战”后将人员返送回国。在6月17日去纽约的航程中，它帮助了在大西洋出现故障的法国邮轮——“圣女贞德”号装甲巡洋舰，当时“圣女贞德”号搭载了巴西的总统及其政党人员，几天后“皇帝”号安全护送他们到了美国。

◆ **"伯仑加利亚"号（R.M.S. Berengaria，1919～1938）——原"皇帝号"（1912～1919～1938）**

第一次世界大战结束后，英国提出接收"皇帝"号邮船，作为被德国击沉的"卢西塔尼亚"号邮船的赔偿。"皇帝"号在内的众多同盟国商船被作为抵债品送往了英、美等国。可以说德国航运公司在战后损失惨重，外加随后1927～1933年的经济大危机，境况十分不妙，德国邮轮的辉煌似乎暂告一个段落。

1919年9月20日，"皇帝"号邮轮被转交给了英国航运控制者。随后有了新的东家——肯纳德航运公司。史密斯船长和全体船员搭乘"卡曼尼亚"号邮轮前往美国。11月24日，美国运输委员会和肯纳德航运公司举行交接仪式。

肯纳德航运公司将"皇帝"号改名为"伯仑加利亚"号（R.M.S.Berengaria，1919～1938）。一改肯纳德公司用古罗马行省命名大型邮船的传统，肯纳德公司声称"伯仑加利亚"是取"狮心王"——理查一世妻子的名字之意。这也是肯纳德公司邮船以王后名字命名的开始。邮船被转移到肯纳德的54号码头，然后对邮船进行了一些改装。"伯仑加利亚"号邮轮内部装潢由"德国风格"改成"英国风格"，烟囱的颜色也改成了肯纳德航运公司的黑顶橙红色。

"三大船"

20世纪20至30年代，"伯仑加利亚"号、"阿奎坦尼亚"号和"毛里塔尼亚"号邮轮一道构成了肯纳德公司横渡大西洋航运的主力，被称作"三大船"，其知名度要高于竞争对手白星航运公司。

来往于英、美之间的富豪显要们都以搭乘这三条船为时尚，船上一度冠盖云集，"伯仑加利亚"号邮轮的知名乘客包括威尔士亲王（后来的爱德华八世）、罗马尼亚玛利亚王后、J·P·摩根、亨利·福特、玛丽·璧克馥、道格拉斯·范朋克、查理·卓别林以及洛克菲勒家族、范德比尔特家族、阿斯特家族、杜邦家族的年轻富豪们。

◆ **"俾斯麦"号（Bismarck，1914～1922）**

汉堡—美洲公司的"俾斯麦"号是皇帝级邮船的第三条船，是空前巨大的邮船——吨位5.650 0万吨的"俾斯麦"号大型远洋豪华邮船，建造于汉堡的布洛姆—福斯船厂。

1914年，德皇威廉二世出席了下水典礼。还未完工，就爆发了第一次世界大战，第一次世界大战爆发后，舾装和内部装潢工作停止。

第一次世界大战后，德国商船队留下的几艘大船，德国的三条巨无霸："皇帝"号（S.S.Imperator，1912～1919～1938）、"祖国"号、"俾斯麦"号（Bismarck，1914～1922），都作为战争赔偿交给了英国和美国。

英国白星轮船公司想要汉堡—美洲公司的"皇帝"号，但卡纳德轮船公司捷足先登，"皇帝"号成了肯纳德公司的"伯伦加利亚"号。德国的"祖国"号赔偿给美国，改名为"利维坦"号（邮轮）。

◆ **"圣路易斯"号客轮**

"圣路易斯"号（S.S.St. Louis，1929～1950）客轮是一艘德国远洋定期客轮，由德国不莱梅的不莱梅沃肯造船厂制造，1929年交付汉堡—美洲航运公司运营。

这艘客轮定期航行于穿越大西洋的航线，从德国汉堡到美国纽约；但在大萧条期间，改为巡游各港口，以增加收入。这艘船最著名的一次航程发生在1939年，1976年的影片《苦海余生》就是反映了这次航程。

从1940年到1944年，这艘船被德国海军征用。在1944年8月30日盟军对基尔军港的轰炸中，这艘船遭到严重损坏，随后得到修复，在1946年在汉堡作为水上旅馆使用。最后在1952年被完全拆卸。

（四）英国白星航运公司

◆“庄严”号（原名“俾斯麦”号Bismarck1914～1922）

“庄严”号这个名字在八年后重新出现，那是英国白星航运公司继1890年建造的老船之后，再次用“庄严”号为公司最大的新船进行命名。该船原来是德国汉堡—美洲公司的皇帝级邮轮的第三艘，本已命名为“俾斯麦”号（Bismarck，1914～1922），但在一战后作为战利品落入英国人手中。

“俾斯麦”号无论吨位等都是三条皇帝级中最大的，1922年汉堡—美洲公司的“俾斯麦”号邮轮，作为赔款折价交给了英国白星轮船公司，白星轮船公司在痛失“泰坦尼克”号和“不列颠尼克”号之后，仿佛又重新找回了自己昔日的力量与尊严。“俾斯麦”号依然是个半成品。当白星轮船公司得到“俾斯麦”号之后，将其改名为“庄严”号，这是白星公司第二艘以“庄严”号命名的船只。

1934年，濒临破产的白星公司并入了卡纳德公司，这个新公司合并后新公司运力过剩，拥有许多大船：“毛里塔尼亚”号、“奥林匹克”号、“阿奎塔尼亚”号、“伯伦加利亚”号、“庄严”号、“荷马”号等。在20世纪30年代，“庄严”号的魅力早已荡然无存，这个时候，长度超过300米、吨位超过8.000 0万吨的“玛丽王后”号和“诺曼底”号早就让其再也无法找回它昔日最大邮轮的光环。它又遭到了风浪的袭击被破坏，服务了14年的“庄严”号终于于1937年退役，交给皇家海军改装作为训练船。“庄严”号的新基地位于苏格兰。

然而在第二次世界大战爆发，厄运降临到了这条船的头上。1939年，第二次世界大战爆发，所有的军校学生都被撤了出去，“庄严”号仍然留在海军基地区域。9月29日，“庄严”号迎来了她的末日。这一天，“庄严”号发生火灾，这场火灾将整条船毁掉了。从此，人们只能从油画和照片上追寻“庄严”号的英姿了。1940年3月，“庄严”号的残骸被卖给了Thos. W.Ward拆船厂。

至此，原先德国汉堡—美洲公司的皇帝级三姐妹一条船也没有保存到现在，这三条船长时间占据世界上最大邮轮的宝座，然而，这三条巨无霸却又遭遇了动荡而又悲凉的命运，甚至残骸也没留下来。如今我们也只能从它们的遗像中去追寻那个摩登的时代了。

第二次世界大战结束后，工业化国家经济的迅速恢复和发展，国际贸易的空前兴旺，中东等地石油的大量开发，促使运输船舶迅速发展。船舶普遍采用柴油机推进。为了提高船舶运输的经济效益，船舶出现了大型化、专业化、高速化、自动化和内燃机化的多种趋势。

瓦特蒸汽机的发明标志着手工劳动这一伟大传统的结束和机器时代的到来。早期汽轮机船的汽轮机与螺旋桨是同转速的。

20世纪初，柴油机开始用于运输船舶。约在1910年，出现了齿轮减速、电力传动减速和液力传动减速装置。在这以后，船舶汽轮机都开始采用了减速传动方式。轮船的发明和不断改进，使水上运输发生了革命性的变化。

（五）新西兰联合航运公司

1921年前后柴油发动机即“狄塞尔发动机”已经开始在客轮上安装使用。柴油发动机是由德国发明家鲁道夫·狄塞尔于1892年发明的。

1922年，新西兰联合航运公司向英国的菲尔费尔德造船厂订购了一艘大型柴油机动力客轮“阿朗伊”号。

◆“阿朗伊”号——柴油机动力客轮

大型柴油机动力客轮“阿朗伊”号（Aorangi，1924～1953年）客船总吨位为1.749 1万吨，船舶总长（LOA）600英尺（182.88米），船宽72.2英尺（22.01米），吃水29.9英尺（9.11米），安装4台苏尔寿ST70型6缸2冲程柴油机，单台输出功率3 177马力，4轴，航速17节。经过2年的建造，“阿朗伊”号客船建成，开始营运“温哥华—悉尼”之间的航线。第二次世界大战爆发后，先后被改造为运兵船、医院船等。战争期间，“阿朗伊”号运兵船一共运输了3.6万名士兵和5千多名难民，战后恢复邮轮运营，并于1953年拆毁。

（六）瑞典—美洲航运公司

◆“格里普斯霍姆”号——柴油机动力客轮

1925年，瑞典—美洲航运公司向英国阿姆特朗·威斯沃斯公司订购的“格里普斯霍姆”号交付。客船总吨位为1.813 4万吨，是第一艘采用柴油机动力的跨大西洋定期班轮。

（七）联盟城堡航运公司

◆“卡那封城堡”号——（4冲程双动）柴油机动力客轮

1926年，英国的哈兰德·沃尔夫船厂为联盟城堡航运公司建造了超过2万吨的“卡那封城堡”号邮轮。船上安装从贝尔法斯特的哈兰德·沃尔夫船厂购买B&W公司专利生产的4冲程双动柴油机（双机），总功率为1.1万千瓦（1.5万马力）。船舶总吨位2.012 2万吨，船舶总长（LOA）199.95米，船宽22.40米。平均航速16节。

“卡那封城堡”号邮轮是联盟城堡航运公司的一艘远洋定期客轮。在第二次世界大战期间由皇家海军征用作为辅助巡洋舰。

四、邮务客轮旅行衰退时期（1950～1985年）

过去的繁荣大都得到能源的帮助：燃煤蒸汽动力、燃油内燃机、电力的崛起，乃至喷气机时代的大众旅游。

第二次世界大战结束后，由于喷射式民航机时代的来临，导致远洋邮轮的长途载客功能式微。

喷气式飞机是一种使用喷气发动机作为推进力来源的飞机。1949年，第一架喷气式民航客机——英国的“彗星”号首次飞行。从此，人类航空史进入了喷气机时代。

1953年，由英国哈维兰公司研发的哈维兰彗星型客机面世。因当时第二次世界大战的结束，兴起了欧洲西方资本主义阵营的旅游风气热潮；法国南方公司的超级卡拉维尔型客机，美国波音公司的波音707和美国麦克唐纳—道格拉斯公司的客机（DC系列），为商业飞行带来了革命性的突破，都直接地抢走大量乘客。

1985年，法国的“法兰西”号邮轮退出大西洋航线，传统意义上的远洋邮轮退出历史舞台——这标志着一个伟大的航海时代的结束。

（一）美国总统轮船公司

美国总统轮船公司（American President Lines，简称APL，1848至今）原来是一家有150年历史的美国船公司，后来在1997年的时候被NOL（东方海皇）吞并，但还是用APL的牌子。

1848年，美国总统轮船前身为始创于1848年的“太平洋邮船公司”。一个半世纪以来，APL经历了激动人心的变革，从而跻身于世界五大航运和物流服务公司之列。

1849年10月6日，太平洋航线邮船的第一艘蒸汽机——“加利福尼亚”号由纽约出发，开始其巴拿马运河航线上的航行使命。

1867—1986年1月1日，“克罗拉多”号缓缓驶离旧金山，远征亚洲。这一意义非凡的航行标志着美国至日本横滨和香港的定期航线从此开通。由横滨至函馆、神户、长崎和上海的支线服务也同时通航。

1921年，开通纽约与上海之间的航线。

1925年，美金轮船公司收购太平洋邮船公司。

1978年，美国总统轮船台湾分公司成立。

1979年，中国进入改革开放的新时代，美国总统轮船的货轮重新挂靠大连和青岛港。

1984年，美国总统轮船香港分公司成立。

1997年，与新加坡的海皇集团公司合并。美集物流运输中国有限公司成立并将总部设于上海。向制造商和经营商提供全球化的供应链管理解决方案。

2000年，美皇管理资讯（上海）有限公司在上海浦东新区成立，负责管理公司亚洲地区业务的文件处理。同时，美国总统轮船公司大中国区的管理办公室也设在上海浦东新区。

◆“克利夫兰总统”号

“克利夫兰总统”号（S.S. President Cleveland，1947～1974）是半个多世纪之前美国总统轮船公司的一艘来往于中国和美国之间的邮轮。

1955年9月15日，在旧金山起锚的“克利夫兰总统号”第60次航程，是第二次回国潮中比较典型的航次，由于搭载了包括钱学森夫妇在内的24位留美学者，这个航次备受瞩目。跨域60年的沧桑，“克利夫兰总统号”是后人研究那段历史的经典案例。

邮轮总吨位1.896 2万吨，船舶总长609英尺约合185.78米，船宽75英尺约合23.01米，吃水30英尺约合9.19米，航速20节，载客量579人，其中头等舱379人，经济舱200人。

（二）大西洋航线邮船公司

◆ "法兰西"号

1960年，"法兰西"号开始建造。船舶总长（LOA）为1 037英尺约合316米，是世界上最长的（但不是最大的）大西洋班轮，备受尊崇的世界纪录保持了42年之久，直到2004年出现（长度为1 132英尺，约合345米）的新"玛丽女王2"号打破了它的记录。

1962年2月，"法兰西"号邮轮开始投入服务大西洋班轮即大西洋航线邮船。仅仅经过12年的服役，1974年因为取消政府补贴而被撤回，在法国第二大港——勒阿弗尔被暂停使用。

1979年，"法兰西"号邮轮被挪威邮轮公司购买，并更名为"挪威"号，成为当今时尚的邮轮（旅游客轮）。20世纪70年代，大型远洋客船也已经停止建造。

如前所述：1985年，法国的"法兰西"号邮轮退出大西洋航线，传统意义上的远洋邮轮退出历史舞台——这标志着一个伟大的航海时代的结束。

（三）意大利远洋邮轮公司

1962至1963年，意大利远洋邮轮公司先后下水的姐妹船"米开朗基罗"号（S.S. Michelangelo，1962～1977）和"拉斐尔劳"号（SS Raffaello，1963～1977），成为最后2艘专为大西洋载客服务而建造的远洋邮务轮船（邮轮）。

（四）半岛东方邮轮公司（P&O）

1968年，澳大利亚政府停止了10英镑移民计划，半岛东方邮轮公司（P&O）的业务受到影响。

自从喷气式飞机出现以来，旅行的速度大为提高。当时，喷气式飞机数小时就可飞越大西洋。半岛东方邮轮公司开始转向专攻邮轮市场。

20世纪60年代末，半岛东方邮轮公司的主营业务是远洋运输，集装箱运输逐渐成为主流。

20世纪70年代末到80年代，半岛东方也开始在欧洲各地布局渡轮服务。

（五）肯纳德邮轮公司

至20世纪70年代初，差不多所有载客远洋客轮（邮务轮船）都已转型为邮轮。例如，"伊丽莎白王后"号（R.M.S. Queen Elizabeth，1939～1967）、"伊丽莎白王后2"号（R.M.S.Queen Elizabeth 2，1968～2008）、"玛丽王后"号（R.M.S. Queen Mary，1936～1967）。因此，也有人认为，史上最后2艘邮务轮船是"伊丽莎白王后"号（R.M.S. Queen Elizabeth，1939～1967）、"玛丽王后"号（R.M.S. Queen Mary，1936～1967）。

踏进21世纪，仍有不少旧的远洋邮务轮船以游轮方式经营。当中较著名的有"伊丽莎白王后2"号（R.M.S.Queen Elizabeth 2，1968～2008），在2009年前，变为水上酒店、博物馆和商场，永久停泊在迪拜。不少人认为，史上最后一艘邮务轮船是"伊丽莎白王后2”号（R.M.S.Queen Elizabeth 2，1968～2008）。

第二节　邮轮旅游

19世纪60年代，现代邮轮旅行开始。邮轮从原有的一种运输方式（主要服务于横跨大西洋的货物和乘客运输）成了休闲旅行的载体。邮轮航线遍布世界各地，其中以风景优美的加勒比海、地中海、阿拉斯加等地为主要目的地。

邮轮旅游经过多年的发展已经逐渐演变成为一个庞大而又成熟的产业。

世界邮轮旅游大体可分为如下四个时期：邮轮旅游兴起时期（1880～1913年）、邮轮旅游低潮时期（1914～1945年）、邮轮旅游发展时期（1946～1999年）、邮轮旅游鼎盛时期（2000～2050年）。

一、邮轮旅游兴起时期（1880～1913年）

邮轮旅游产业因兼具有“运输、旅游、旅馆、餐饮、设施、活动”等多元属性，邮轮本身改变在旅游产品中，时空（时间与空间）存在的客观阻碍，提高海岸港湾、岛屿礁滩等区域的旅游可及性，提供应具备安全性、可靠性与保障性的旅游环境。

邮轮旅游以定期航行的海洋邮轮为移动的休闲娱乐场所，利用邮轮上提供的各种设施和服务所做的度假旅游，而海洋只是作为观光场所（如观赏港口风光、海上日出、海洋动物和海鸟等）；每当邮轮巡航停靠各地港湾码头，旅客可以选择登岸进行观光旅游，如观赏风景、欣赏遗产景观、享受阳光海岸沙滩、休闲购物等旅游活动。

这个“邮轮旅游兴起时期”（1880～1913年）大体可分为如下的两个阶段：邮轮旅游起步阶段（1880～1899年）、邮轮避寒航行阶段（1900～1913年）。

（一）邮轮旅游起步阶段（1880～1899年）

1880年，托马斯·库克又打开印度大门，拓展了埃及市场，成立世界上第一个旅游代理商，被誉为世界旅游业的创始人。

这次旅游活动也让船务公司发现，通过招揽旅客乘坐商船旅游比单纯运送乘客更能增加盈利，因而开始设计建造专门用于客运的邮轮。

1888年，第一艘万吨级邮轮“纽约城市”号下水投入运营。“纽约城市”号是一艘英国的最大和最快的跨大西洋的客运班轮。后来，“纽约城市”号更名为“美国国旗”号。

“巴黎城市”号是由英曼公司设计的一艘英国最大和最快的班轮。1888年8月，“巴黎城市”号进入定期客船服务。“巴黎城市”号是一艘双螺旋桨驱动的客船，虽然没有获得“西行蓝飘带”，但在1892年8月至1893年5月期间，“巴黎城市”号最终以航速20.11节的“东行记录”获得“东行蓝飘带”。

"巴黎城市"号和她的姐妹船"纽约城市号"被认为是两艘特别漂亮的船只。但在它们的职业生涯中却是竞争对手

（二）邮轮避寒航行阶段（1900～1913年）

20世纪初，欧美客轮业者在继续运行大西洋航线的同时，为了顺应新市场需求，改变船舶吨位、船舱空间及加装各式休闲娱乐设施，配合南欧地中海东部爱琴海周边的希腊，被称为"五海三洲之地"的西亚以及地处欧亚非三大洲交通要冲的埃及等三大古文明遗迹景区，引领和推动地中海邮轮旅游航线的开拓。另外，又开辟西印度群岛邮轮旅游航线。

1901年至1914年间，每年冬季各大邮轮公司以"邮轮避寒航行"方式，在地中海海域营运了14年之久。

1901年冬季，历史上第一艘"以载客为目的"的地中海邮轮"普林泽森·维多利亚·路易丝"号以"避寒航行"的方式航行于地中海地区，由此掀起了邮轮跨洋旅行的热潮。

1912年4月10日，远洋豪华客轮——"泰坦尼克"号开始处女航，却因撞到冰山而沉没。邮轮的发展也正是在"泰坦尼克"号所处的年代开始走向高峰。

20世纪以来，因为航空事业的发达，原本的越洋客轮，转为邮轮（游轮）增加各种休闲游乐设施供搭乘者使用。

1. 德国客轮——"普林泽森·维多利亚·路易丝"号（邮轮）

◆路易丝号邮轮——跨大西洋巡航旅行

"普林泽森·维多利亚·路易丝"号是一艘德国客轮，注册总吨位为4 409吨。1900年6月29日推出，被认为是"第一艘建造的邮轮"。

1901年1月5日，"普林泽森·维多利亚·路易丝"号邮轮的处女航从德国汉堡港启航，经停法国北部海港城市布伦和英国海港城市普利茅斯的中途停靠港，1901年1月17日，终于到达目的地——美国纽约。

1901年1月26日，"普林泽森·维多利亚·路易丝"号邮轮离开美国纽约，开始她的西印度群岛的首次航行。

1901年3月9日，又从美国纽约开始，"普林泽森·维多利亚·路易丝"号邮轮的第二次巡航是地中海和黑海，其他邮轮将把这艘船带到波罗的海。"路易丝"号邮轮几乎都会被使用，因为她拥有——有限的货物或邮件容量。

如此，"普林泽森·维多利亚·路易丝"号邮轮完成了从大西洋的巡航转向做完整的跨大西洋的通道航行。例如，西印度群岛的首次航行和地中海—黑海航行。

2. 美国国际商船公司（IMM）

美国历史上著名的富翁朱利厄斯·斯潘塞·摩根，在20世纪初产生了垄断横渡大西洋航线的念头。组织了一支国际商船队（IMM），一家一家地购买感兴趣的轮船公司。

约翰·皮尔庞特·摩根，美国银行家，亦是一位艺术收藏家。1892年，他撮合了爱迪生通用电力公司与汤姆逊-休士顿电力公司合并成为通用电气公司。在出资成立了联邦钢铁公司后，他又陆续合并了卡内基钢铁公司及几家钢铁公司，并在1901年组成美国钢铁公司。其父亲是朱尼厄斯·斯潘塞·摩根，母亲也拥有很多附属公司，摩根希望通过签订合约与重组董事会，来主宰横跨大西洋的海上。

1902年，摩根集团投资了国际商船公司的船队，一个拥有大部分英美海上航线的联盟。

著名的"泰坦尼克"号便是约翰·皮尔庞特·摩根所出资建造的。1912年，摩根财团的旗舰"泰坦尼克"号沉入海底。同年，国会开始调查某些指控：摩根财团涉嫌刻意控制美国的财政命运，75岁的摩根被迫出庭接受国会委员会的审讯，这导致他精神崩溃，1913年3月31日在意大利罗马的一个酒店去世，其后遗体送回纽约，华尔街降半旗以示敬意。金融灾难导致国际商船公司于1915年被迫申请破产保护。

3. 英国肯纳德航运公司

1902年，美国约翰·皮尔庞特·摩根出资买下了英国最大的白星航运公司。英国国会感到这是大英帝国的耻辱，决定捍卫另外一家大公司——肯纳德航运公司。同年，英国政府与肯纳德航运公司签订了为期20年的合同，每年向肯纳德航运公司提供15万英镑的资助，并且鼓励肯纳德航运公司建造两艘当时世界上最大的邮船：皇家邮轮"卢西塔尼亚"号和"毛里塔尼亚"号。1903年，32 000吨级的"卢西塔尼亚"号在苏格兰克莱德班克的约翰·布朗船厂开工建造。1904年，"毛里塔尼亚"号开工建造。

◆ "卢西塔尼亚"号邮轮

1907年8月，皇家邮轮"卢西塔尼亚"号（R.M.S. Lusitania，1907～1915年）顺利下水。"卢西塔尼亚"号是一艘豪华客船，隶属于英国卡纳德航运公司。船舶总长（LOA）为239.80米，宽度为26.67米，排水量44 060英吨，船员850人，载客2 165人。母港在英格兰利物浦。

"卢西塔尼亚"号两姐妹开创了大西洋邮船的新纪元。从此之后，大型邮船纷纷把速度和豪华同时作为追求的目标。

第一次世界大战爆发后，英国政府计划把"卢西塔尼亚"号和"毛里塔尼亚"号改装成武装的辅助巡洋舰。"毛里塔尼亚"号和卡纳德航运公司的新船"阿奎坦尼亚"号被征用了，后来改装成医院船。"卢西塔尼亚"号则被允许继续从事客运业务，以方便美国和英国的战时交流。它不挂任何旗帜，船名也被遮盖掉了。战时被称作"大西洋快犬"的"卢西塔尼亚"号，其速度可以摆脱所有的德国潜艇追击。

皇家邮轮"卢西塔尼亚"号与其姐妹舰"毛里塔尼亚"号和"安古塔尼亚"号因装备了当时革命性的新式涡轮动力而得以保持25节的航速。另外，还装备了无线电，电梯和其他的现代设备。和别的船相比，"卢西塔尼亚"号有超过50%的更多乘客搭载量。

◆ "毛里塔尼亚"号

皇家邮轮"毛里塔尼亚"号（R.M.S. Mauritania，1907～1934年）隶属于英国冠达航运公司。舶总长（LOA）241.30米，宽26.90米，载客2 335人。1904年，“毛里塔尼亚”号的龙骨在斯万·亨特船厂铺下。同约翰·布朗船厂一样，这家船厂也曾经为大英帝国建造了很多战列舰和巡洋舰。

1906年9月，“毛里塔尼亚”号下水。1907年9月，在试航中达到了27节的高速。同年11月16日，进行处女航。与“卢西塔尼亚”号为姐妹舰关系。作为一个开创性的尝试，“卢西塔尼亚”号和“毛里塔尼亚”号首次使用蒸汽轮机代替往复式蒸汽机。这为它们创下新的速度记录创造了条件。

◆皇家邮轮“共和国”号（R.M.S. Republic，1903年）

1903年，皇家邮轮“共和国”号（R.M.S. Republic，1903年）由北爱尔兰贝尔法斯特哈兰德和沃尔夫造船厂建造的一艘蒸汽动力远洋班轮。为白星航运公司在海上航行六年之后，在一次航行时迷失在海上。

4. 英国白星航运公司

英国白星航运公司是一家总部位于英格兰利物浦的航运公司。1934年由于大萧条，在英国政府干预下，白星航运公司和他最大的竞争对手肯纳德航运公司合并，公司更名为“肯纳德—白星航运航运公司”。1935年倒闭，卖给了自己的竞争对手——在当时同样总部位于英格兰利物浦的肯纳德航运公司。在此之前，白星航运公司也曾经几次易手，但是公司的名称一直没变，只是换了老板。1947年，白星航运公司剩余的股份也被肯纳德航运公司全部买下，公司也彻底将“白星”两字去掉而只称为“肯纳德航运公司”。

白星航运公司曾经建造了许多著名的巨轮，例如：“奥林匹克”号（R.M.S. Olympic，1911 ~ 1934年）、“泰坦尼克”号（R.M.S. Titanic，1912年处女航沉没）、“不列颠尼克”号（R.M.S. Britannic，1914 ~ 1919年）。

这三艘姐妹船的命运大致如下：1911年6月14日，“奥林匹克”号的处女航从英国利物浦出发启程前往纽约。1935年10月11日，“奥林匹克”号被拆毁。1912年4月15日，“泰坦尼克”号处女航中，因撞上冰山而沉没。1916年9月4日，“不列颠尼”克号遭到U–76潜艇袭击，在55分钟内进水沉没。

◆ “奥林匹克”号（R.M.S. Olympic，1911 ~ 1934）

1911年6月1日，英国皇家邮船“奥林匹克”号（R.M.S. Olympic，1911 ~ 1934）邮轮从英格兰利物浦出发，3日抵达英国南部港口城市——南安普敦。预定在6月14日启程，首航南安普敦—纽约航线。但是南安普敦的码头装煤工人突然发动了一场罢工。白星航运公司紧急从外地雇用了300名工人赶来为船上装煤。

1911年6月14日，“奥林匹克”号的处女航从南安普敦启程，将沿途停靠法国的西北部港市——瑟堡·奥克特维尔和爱尔兰的昆斯敦（皇后镇）。根据公司惯例，首航的船长是白星航运公司最年长、最可靠的爱德华·约翰·史密斯船长（Edward John Smith，1850年1月27日—1912年4月15日）——次年担任“泰坦尼克”号的船长。白星航运公司主席伊斯梅也同船随行检查，不断提出诸如头等舱需要安装雪茄烟托、A甲板散步的乘客会被水雾吹到等吹毛求疵的细节问题。4天之后，“奥林匹克”号抵达纽约哈得逊河——第59号码头。首航的平均速度为21.7节——默认在速度上比不过肯纳德公司，白星航运公司早已放弃争夺蓝飘带的奢望，改在豪华舒适程度上称王称霸。伊斯梅对这速度还是有些小小的失望。尽管如此，他还是拍电报给皮尔里，“‘奥林匹克’号简直是一个奇迹，赢得了无比的赞赏”。“奥林匹克”号邮船的首次霉运就发生在纽约港。200吨的拖船“哈伦贝克”号撞上了这堵海中的钢墙，倒霉的小船把船头撞烂了，“奥林匹克”号则只是擦掉了点漆，6月28日，“奥林匹克”号启程返回英格兰。刚驶出纽约港，一个乘客发现他把眼镜落在了岸上。“奥林匹克”号发出电报，白星公司美国办事处的官员迅速取来眼镜，包成包裹，搭乘一架小飞机，飞到“奥林匹克”号上空，把这个小包裹扔到了宽阔甲板上。这件事情后来被当作白星公司对乘客照顾体贴入微的例子广为宣传——有一个小小的事实没有提到，这个小包裹撞上了船顶的钢板边缘，然后在甲板上弹跳了几下，落入了大西洋。

1935年3月27日，隶属于英国白星航运公司的“奥林匹克”号（R.M.S. Olympic，1911～1935年）邮轮从英国南安普敦出发，进行第257次——也是最后一次横渡大西洋航行。卡纳德—白星航运公司派出了最好的船员，包括弗雷德里克·弗利特——23年前那个寒冷深夜发现冰山的“泰坦尼克”号瞭望员。许多白星航运公司的老船员伫立在海洋码头上，挥泪目送这艘白星航运公司最辉煌时代象征的豪华邮船离开码头。完成最后一次运营之后，“奥林匹克”号停泊在南安普敦港108号锚地，等待最终命运。6个月之后，“奥林匹克”号被出售给Thomas Ward & Sons拆船公司。

1935年10月11日，“奥林匹克”号升起锚链，离开了海洋码头。白星航运公司的红旗和肯纳德公司的狮子旗慢慢降下。“奥林匹克”号是白星公司“奥林匹克”级邮轮中的首舰，也是“泰坦尼克”号的姐妹舰，无论外观与装饰均与“泰坦尼克”号一模一样。长269米，宽28.19米，吃水10.51米。“奥林匹克”级的船体将分为16个水密舱，安装29台锅炉。其蒸汽轮机可以输出50 000马力，驱动轮船达到至少21节的平均速度。载客2 764人。“一战”时被改造成运兵船服役，1935年被拆毁。这艘昔日邮轮上的家具等还可以在英国的白天鹅旅馆找到的。

◆“泰坦尼克”号

英国皇家邮轮“泰坦尼克”号（RMS Titanic，1912年处女航沉没）是隶属英国白星航运公司的三艘奥林匹克级邮轮中的第二艘邮轮远洋客轮。

“泰坦尼克”号由位于北爱尔兰岛造船重镇——贝尔法斯特的哈兰德与沃尔夫造船厂（Harland and Wolff shipyard，1861年）兴建，共耗资7 500万英镑，总注册吨位（GRT）46 328吨，船舶总长882.9英尺，船宽92.5英尺，从龙骨到四个大烟囱的顶端有175英尺，高度相当于11层楼。

“泰坦尼克”号是当时世界上最大的一艘豪华客轮，“泰坦尼克”号曾经被船舶制造者和媒体套上了“永不沉没”的光环。计划中的目的是为了与姐妹船——“奥林匹克”号和“不列颠尼克”号一道为英国白星航运公司的乘客们提供快速且舒适的跨北大西洋航行服务。

1912年4月10日，“泰坦尼克”号从英国南安普敦的海洋码头出发，途经法国瑟堡·奥克特维尔以及爱尔兰的昆士敦，计划中的目的地是美国纽约，开始了这艘“梦幻客轮”的处女航。当天晚7点，泰坦尼克号抵达法国西北部重要军港和商港——瑟堡·奥克特维尔港口。另一批乘客和货物搭乘两艘专用摆渡船登上了客轮。另外有20余名乘客经过短暂的旅程后下船，幸运地与死神擦肩而过。4月11日中午，客轮抵达爱尔兰西南部的昆士敦——现名“科克”。一批对新世界充满憧憬和希望的爱尔兰移民登上了船。一位乘客在科克海港——灵厄斯基迪港口下船上岸，他拍下的照片后来成了“泰坦尼克”号的绝版照片。

4月14日，船上时间夜里11时40分，在北大西洋航行中，这艘客船撞击了一座冰山。4月15日凌晨2时20分，船体裂成两半后沉入北大西洋冰冷的海水之中；由于缺少足够的救生艇，船体沉没导致多达1 500名乘客和船员失去生命。在现代史上，“泰坦尼克”号航海灾难是和平时期死伤人数最惨重的海难之一，也是迄今为止最为人所知的一次海难。

1912年4月15日——那个寒冷的夜晚，在加拿大东部纽芬兰附近冰冷的大西洋海域“永不沉没”的“泰坦尼克”号和冰山发生死亡之吻。相关数据表明，这艘失事的“泰坦尼克”号上，失事时运载共计2 208名乘客和船员，其中1 503人遇难，幸存者只有705人。

电影《泰坦尼克号》就是根据这一真实的故事拍摄的。2006年5月，最后一名见证沉没事件的女性生还者逝世，终年99岁。目前尚有两性女性生还者仍然存活，但她们在意外时还不到一岁，因此不会对事件有回忆。

1861年，哈兰德与沃尔夫建厂。曾在1912年交付“泰坦尼克”号的哈兰德与沃尔夫造船厂已被挪威企业收购，如今其与船舶相关的业务是船型设计与船舶维修。

5. 冠达邮轮公司

1839年，加拿大商人肯纳德在英女王的支持下取得了英国与北美洲之间运送邮件的承包权，随后在1840年创办了“世界上第一家邮轮公司”——英国北美皇家邮件船务公司，并以“冠达邮轮”为名，开创了世界海运史新篇章。

◆“拉科尼亚”号邮轮

1912年，冠达邮轮引进“拉科尼亚”号及“弗朗科尼亚”号两艘客货两用轮船加入邮轮市场。

1942年9月12日的晚上，经军方改装后的“拉科尼亚”号在从埃及驶回英国的途中被德国海军潜艇U-156发射的鱼雷击中并沉没。“拉科尼亚”号此时距非洲海岸600英里，船上有英国平民、盟军和意大利战俘。这些人命悬一线，潜艇指挥官Werner Hartenstein违背了纳粹最高指挥官的命令，做出了一个令人震惊的决定：德国潜艇升上水面，Hartenstein长官指挥下属尽可能地营救幸存者。

在接下来的数天里，U-156潜艇救下400人，200名幸存者挤在潜艇里而另200名幸存者则上了救生艇。Hartenstein还发电报给敌军，希望组织大家一起营救受困者。然而迎接他们的不是敌军的感激，而是美军B-24轰炸机的炮火。

《“拉科尼亚”号的沉没》展示了人类在面临重大事件时人性化的一面：萌发的友谊、英雄主义行为、艰难环境下人性的胜利。“拉科尼亚”号一共载有2 725名乘客：其中463名船务人员、286名英军士兵、103名波兰看守、80名平民——主要为妇女和孩子，还有1 793名意大利战俘。最终1 621人不幸遇难，1 104人幸存。

二、邮轮旅游低潮时期（1914～1945年）

这时期的邮轮发展受到了第一次世界大战（1914～1918年）和第二次世界大战

（1939～1945年）的严重影响，不少邮轮在征用服役中被损毁。

这个“邮轮旅游低潮时期”（1914～1945年）大体可分为如下三个阶段：邮轮卷入一战阶段（1914～1918年）、邮轮环航世界阶段（1919～1939年）、邮轮卷入二战阶段（1940～1945年）。

（一）邮轮卷入一战阶段（1914～1918年）

远洋邮轮在第一次世界大战期间担当着重要角色。大型远洋邮轮，如“奥林匹克”号和“毛里塔尼亚”号，都曾充当医疗船和运兵船。体积较少的远洋邮轮则被改装为武装巡洋商船。

“泰坦尼克”号和“奥林匹克”号的姊妹船——“不列颠尼亚”号建成后不但变为医疗船，且从没有收费载客，下水一年后被鱼雷炸沉。

另有一些远洋邮轮，被特别改装为偷袭潜水艇的“Q船”。1915年，皇家邮轮“卢西塔尼亚”号在载客的情况下，被德国的U–潜艇击沉，千多人死亡。

●第一次世界大战

第一次世界大战是在19世纪末20世纪初，资本主义国家向其终极阶段，即帝国主义过渡时产生的广泛的不可调和矛盾，亚洲、非洲、拉丁美洲的殖民地和半殖民地基本上被列强瓜分完毕，新旧殖民主义矛盾激化、各帝国主义经济发展不平衡，秩序划分不对等的背景下，为重新瓜分世界和争夺全球霸权而爆发的一场世界级帝国主义战争。

第一次世界大战初期，德军在西线利用13条铁路，东线利用9条铁路实施机动，19天内就将数百万军队展开在东西边境，完成了作战部署。

大西洋的航海历史悠久。第一次世界大战前夕，大西洋的货运量占世界海运总量的75%左右；到第二次世界大战前，大西洋的货运量仍占世界海运总量的2/3以上。大西洋的海运量巨大，沿岸港口众多，当时有4条具有战略意义的海上航线，对整个世界经济、政治等影响深刻。因此，海洋交通线至关重要。

在第二次世界大战前，大西洋的航海是世界航海的中心。

1. 英国肯纳德邮轮公司

◆“卡曼尼亚”号

1905年，英国肯纳德邮轮公司，替旗下“卡曼尼亚”号（R.M.S. Carmania，1905～1932）邮轮安装蒸汽式涡轮后，发现速度较其安装了3艘蒸汽引擎的姊妹船“卡龙尼亚”号（R.M.S. Caronia，1904～1932）更快。

“卡曼尼亚”号也是一艘大型邮轮出身的辅助巡洋舰，原本属于著名的冠达邮轮公司。这艘邮轮总注册吨1.952 4万吨，全长198.20米，其主机为汽轮机，航速达到18节。

●两艘豪华邮轮对决——“特林达迪海战”

在第一次世界大战期间的海上战争是围绕着海上交通线的展开而展开的，交战各方所有行动的目的便是如何去封锁、维护以及打破这条“生命线”。

开战后，英国还是一如既往地试图以封锁来扼住德国的咽喉，这次比较有特色的，便是英国征集了是由数十艘改装的商船，组成第十巡洋舰分舰队。这支舰队受到大舰队的全力支援，非常经济地维持着海上封锁线。而德国由于海岸被英国死死封锁，也依靠所谓辅助巡洋舰设法袭扰英国海上交通线，这种辅助巡洋舰，便是将大中型相对高速的商船进行改装，是简易巡洋舰。这种辅助巡洋舰在第一次世界大战中运用最为广泛者当推英国和德国，双方可谓是针锋相对。在交锋中，最为典型的便是两艘原豪华客轮之间的单挑独斗。由于这场海战发生在巴西的特林达迪岛附近海面，故而也被称为“特林达迪海战”。

德国的客轮“特拉法加角”号是一艘属于汉堡南美航运公司客轮，总登记吨位为18 710吨，长187米，航速是17节。1914年8月，这艘完工还不到一年的崭新邮轮得知了英德宣战的消息。为了隐藏身份，把一个大烟囱拆去，乔装为冒充总部设在南非的联合城堡航运的班轮，希望有机会靠近敌船，近距离以机枪攻击。“特拉法尔加角”号的船籍也成了德意志帝国海军名下的一艘辅助巡洋舰。

在第一次世界大战开战之前不久，在完成了从美国纽约到南安普敦的航行后，“卡曼尼亚”号在葡萄牙海岸执行巡逻任务，而后参加了“加里波利战役”。

1914年8月4日，改由海军上校诺埃尔·格兰特指挥。可以说和德国的“特拉法尔加角”号不相上下，英国的“卡曼尼亚”号却稍胜一筹。然而“卡曼尼亚”号的武装则要强大得多，装备了八门120毫米火炮，在火力上占了很大上风。

1914年9月14日上午，两艘豪华邮轮开战，最后英国的“卡曼尼亚”号是胜利者，德国的“特拉法加角”号沉进鲨鱼出没的海里。

1916年10月以后，“卡曼尼亚”号则被英国海军部征用，改为辅助巡洋舰（AMC），作为运兵船使用。战后被返还冠达公司，直到1932年被拆除。

2. 英国白星航运公司

◆“不列颠尼克”号（R.M.S. Britannic，H.M.H.S. Britannic，1914 ~ 1919）

英国皇家邮轮“不列颠尼克”号由于船体尺寸太大（长达880英尺），北爱尔兰贝尔法斯特的“哈兰德与沃尔夫造船厂”的造船台显然不能同时开工建造三条大船。因此，决定先于1908年12月16日建造1号船——“奥林匹克”号和2号船——“泰坦尼克”号，等1号船下水之后，再开工建造3号船——“巨人”号。计划编号的三艘船列入奥林匹克级内的序号，“奥林匹克”号的建设编号是400，“泰坦尼克”号是401，“巨人”号为402。

在英国白星航运公司的计划中，“不列颠尼克”号原名为“巨人”号，由于同级一号船“奥林匹克”号和“霍克”号轻巡洋舰相撞，以及前者经常发生螺旋桨脱离事件、同级二号船“泰坦尼克”号撞击冰山而沉没，为防止发生像前两舰一样的“厄运”，无奈更名为“不列颠尼克”号来避讳。

1914年8月，发生了一件改变“不列颠尼克”号命运的大事。英国、法国、俄国向德奥宣战，第一次世界大战爆发。英国的各大船厂内纷纷堆满了海军的订单。军舰的建造和修理享有最高的优先级。航运公司的邮船也纷纷被征用，改装成辅助巡洋舰、医院船或者运兵船。

1915年11月13日，白星航运公司接到海军部通知，已经接近完工的“不列颠尼克”号将被征用作为医院船使用。改装工作迅速展开。B甲板上的特等舱套间被改为重伤员病房，因为离救生艇最近，头等舱沙龙被改为手术室，D甲板的入口大厅改为中央大病房。军医、医生和护士居住在头等舱里。经过改造，“不列颠尼克”号可以容纳3 309名伤兵，仅次于“阿奎坦尼亚”号的4 182人。作为医院船的还安装了58艘救生艇。白黑两色的船身也被涂成了医院船的标准色——白色船身，中间一条绿色横带，还有很大的红十字标记，被称赞为史上最美丽的医院船。根据《日内瓦公约》，任何交战国都不得击沉这样的船只。

1915年12月23日，“不列颠尼克”号即“皇家海军G618号医院船”在查尔斯·巴特勒船长指挥下开始了到希腊利姆诺斯岛的首航。抵达目的地后来自英国、加拿大、澳大利亚和新西兰的伤兵和病号被运送上船后，皇家海军G618号医院船于1916年1月9日返回南安普敦，随后又进行了两次航行。

1916年9月4日，巴特勒船长再次被海军部召唤到船上。随着伤兵的增多，“皇家海军G618号医院船”在9月24日、10月20日以及11月6日完成了三次运送伤兵回国的任务。11月21日，再次返回地中海，前往希腊（爱琴海北部岛屿）利姆诺斯岛。上午8点，从希腊岛通往基亚岛水域通道。早些时候，德国的U-73号潜艇（German submarine U-73）正在附近游弋，布下水雷。在8点12分，右舷突然传来一声巨大的爆炸声，船身抖动了一下。水雷在医院船的第一道水密墙附近爆炸，一号和二号水密舱开始进水。9点7分，医院船被鱼雷击中，还不到一小时船体右倾沉没。医院船运载共计1 065人名，其中1 036名幸存者利用放下的救生艇获救，30人不幸遇难。英国最大的轮船就如此在第一次世界大战中成为当时世界上沉入海底的最大客轮。

1975年，雅克·库斯托首先发现并勘测了医院船残骸。因为残骸所在的水深很浅，所以潜水者只需要身着潜水服和携带式呼吸器就可以潜水探索；但因为“皇家海军G618号医院船”是英国战争纪念物，所有的考察必须经英国和希腊两国政府批准。

3. 联盟城堡航运公司

联盟城堡航运公司是一家英国航运公司。自1900年至1977年，经营着一支客轮的船队和欧洲和非洲之间的货船，它是由联合公司和城堡航运公司合并形成的。

◆“兰达弗里城堡”号

1914年，联盟城堡航运公司的“兰达弗里城堡”号（HMHS Llandovery Castle，1814～1918年）邮轮在苏格兰格拉斯哥建造。

在第一次世界大战期间，“兰达弗里城堡”号邮轮是被征用的五艘加拿大医院船之一。1918年6月27日，“兰达弗里城堡”号从加拿大新斯科舍省省会城市哈利法克斯出发，经停加拿大东南部的新斯科舍到英格兰的利物浦航行，在爱尔兰南部海域被鱼雷击中。204人沉入大海，同时234位医生、护士和病人在袭击中丧生。在第一次世界大战期间，在死亡人数方面，属于最重要的加拿大海军灾难。这一事件被认为是战争最严重的暴行之一，在国际上产生重大影响。

（二）邮轮环航世界阶段（1919～1939年）

20世纪20年代末波及全世界的那场大萧条结束之后，欧洲迎来了一个为期将近8年的“黄金时代”。萧条时期门庭冷落的大型豪华邮船，又迎来了“黄金时期”。

第二次世界大战之前的横渡大西洋航线，有很多轮船公司参与运营。但是最重要的几个竞争对手在英、法、美、德、意之间。它们的邮船之间展开了争夺横渡大西洋最快速度的蓝飘带奖争夺战。英国的肯纳德轮船公司以拥有众多大型的快速邮船而著称。

但在30年代早期，随着德国的“不莱梅”号、意大利的“国王”号、法国的“法兰西岛”号、美国的“亚美利加”号等邮船的投入运营，英国肯纳德航运公司原有的皇家“毛里塔尼亚”号、皇家“阿奎坦尼亚”号和皇家“伯伦加利亚”等旧船显得力不从心。

这个时期，美国运通公司租用邮轮，不间断地进行环球航行旅程；无独有偶，冠达邮轮公司引进邮轮，率先完成了环航世界的壮举。

1. 美国运通公司

1850年，美国运通公司创立，总部设在美国纽约。运通公司以快递业务从纽约州布法罗市起家。

1891年，发明并发行了运通旅行支票。美国运通公司是国际上最大的旅游服务及综合性财务、金融投资及信息处理的环球公司，在信用卡、旅行支票、旅游、财务计划及国际银行业占领先地位，是反映美国经济的道琼斯工业指数三十家公司中唯一的服务性公司。

1922年11月，美国运通公司推出首个不间断环球航行旅程，公司为了此次航行专门租用了（英国）卡纳德航运公司的皇家“拉科尼亚”号邮轮。

2. 赫伯——“汉堡—美洲行包航运股份公司”

德国赫伯罗特股份公司中“赫伯”的全称为“汉堡—美洲行包航运股份公司”，是一家创立于汉堡的大西洋航运公司。

◆远洋邮轮“三巨头”

1912年，德国赫伯公司开始建造它们的远洋邮轮“三巨头”即“皇帝”号和“祖国”号——它们先后成为当时世界上最大的客运邮轮；“雄伟”号——在建造第三艘“俾斯麦”号时正遭遇了第一次世界大战，战后由英国的白星航运公司完成，并改名“雄伟”号。这也是全球第一艘重量超过5 000吨和长度超过900英尺的远洋邮轮。

在第一次世界大战期间，赫伯的大部分船只都被击毁，而少数幸存的船只（包括“三巨头”）都必须作为战争赔偿上缴到战胜国。

战后赫伯开始重建其船队，但数量及规模均比以往小得多，然而第二次世界大战的爆发又几乎将其船队毁灭，幸存船只也都全数上缴到同盟国。

◆“欧罗巴”号

20世纪20年代，英国、法国、美国和德国的大型邮船之间展开了横渡大西洋最快速度的蓝飘带奖争夺战。

1930年3月19日，德国的骄傲——“欧罗巴”号启程开始“不莱梅—纽约”的处女航。4天17小时6分钟之后，抵达纽约东河的德国邮船码头。

当时，大西洋上著名的邮船是英国白星公司的皇家“奥林匹克”号、“荷马时代”号、“庄严”号，以及英国肯纳德航运公司的皇家“毛里塔尼亚”号、“阿奎坦尼亚”号、“伯伦加利亚”号“三姐妹”。

为了保护1574～1590年间在威悉河畔修筑的港口，威悉河左岸建设了带有防御功能的城墙的诺伊斯达特区。随着威悉河床的泥沙淤积日益严重，商船抵达“施拉赫特”——从13世纪起作为远洋码头使用的不莱梅老城区河堤——的难度越来越大。1619～1623年，荷兰工匠在不莱梅下游的维格萨克建设了德国第一个人工港口。

为与之争雄，德国的北德意志—劳埃德公司建造了两艘高速邮船：“不莱梅”号和“欧罗巴”号。在这两艘船中，晚开工的反而先下水。

德国的“欧罗巴”号邮轮——船长936英尺，船宽102英尺。吨位4.974 6万吨，载员2 024名乘客。动力四台蒸汽轮机，各25 000马力，四轴推进，航速巡航27节，最高33节。1928年8月1日，“欧罗巴”号在汉堡的布洛姆—福斯船厂下水。第二天，“不莱梅”号下水。1929年3月26日，在“欧罗巴”号移交给北德公司的前夕，船内神秘地着了一场火。为了救火，船底的通海阀被打开，船体坐沉在海水中。这次事故导致“欧罗巴”号的服役差不多推迟了十个月。1930年初，修复工作终于完成。处女航中发现，烟囱中的煤烟让头等舱的乘客受害不浅。所以它的烟囱被加高了5米。

1929年，“不莱梅”号邮船将蓝飘带从英国的皇家“毛里塔尼亚”号手中抢来之后，蓝飘带争夺战就在这两艘姊妹船之间展开了，而且时有胜负。

1933年，“欧罗巴”号赢得了蓝飘带，但是不久，西行的蓝飘带就被新下水的50 000吨级意大利“国王”号邮船抢走了。

1936年，在希特勒“恢复德国尊严”的新战争计划中，“欧罗巴”号邮船按照计划，应被改装为运兵船，参加跨海入侵英国或挪威、瑞典的登陆计划，或者荷兰沿海的兵力输送。

1939年8月10日，“欧罗巴”号启程驶往纽约。这是和平时期最后一次往返大西洋。20天后，“欧罗巴”号返回不莱梅港。9月1日，德国入侵波兰，战争爆发。“欧罗巴”号和“不莱梅”号一道接受改装。在德国制订的海狮计划中，“欧罗巴”号将从挪威接运士兵，然后驶往英格兰南部港口，实施登陆。之后，曾计划给“欧罗巴”号加上900英尺长的飞行甲板，改装为航空母舰。这个方案被称作“1号计划”（旧版本曾称为“欧罗巴”计划）。

1942年5月，“欧罗巴”号邮轮的改造计划，与“齐柏林伯爵”号航空母舰一道下马。“欧罗巴”号邮轮自此闲置起来。这艘船在战争期间被藏到波罗的海的小海湾中，并刷上了褐、黑、绿等伪装色，幸运地躲过了盟军空军的空袭，直到1945年5月被美国没收。美国海军将其列为“欧罗巴”号运兵船。

1946年3月，美国将“欧罗巴”号邮轮转交给法国的CGT（跨大西洋海运公司），作为1942年被征用后失火焚毁的“诺曼底”号邮船的赔偿。CGT将其改名“洛林”号，不久又改名“自由”号。同年12

月，在法国勒哈弗尔港改装途中，由于大风袭击，“自由”号挣脱锚系，撞上了1939年起火沉没的“巴黎”号残骸。为了防止它像不幸的“诺曼底”号一样倾覆，“自由”号再次打开了通海阀，坐沉在勒阿弗尔港的浅水中。花费了保险公司700万英镑之后，“自由”号被打捞出来，完成了修复工作。1950年再次投入运行。8年之后，CGT宣布将建造70 000吨级的“法兰西”号大型邮船，取代“自由”号。

1962年2月，“自由”号邮轮被出售给意大利拉斯佩齐亚拆船厂。“自由”号33年的海上生涯当中，只有21年献给了它的乘客。

◆“不莱梅”号高速邮船——战前德国的大西洋女皇

20世纪20年代，英国、法国、美国和德国的大型邮船之间展开了横渡大西洋最快速度的蓝飘带奖争夺战。当时，大西洋上著名的邮船是英国白星公司的皇家“奥林匹克”号、“荷马时代”号、“庄严”号，以及英国肯纳德航运公司的皇家“毛里塔尼亚”号、“阿奎坦尼亚”号、“伯伦加利亚”号“三姐妹”。

1922年，罗伊德重新恢复运营，并通过境外资产管理者回购了其曾经的美国基地。并在1929年至1930年间，又推出了新造的“不莱梅”号（第2艘）和“欧罗巴”号高速邮轮。

为与之争雄，德国的北德意志–劳埃德公司建造了两艘高速邮船即“不莱梅”号和“欧罗巴”号。1929年7月16日，“不莱梅”号以4天17小时42分钟的记录，从不莱梅港抵达纽约，平均速度达到了27.83节，破了“毛里塔尼亚”号保持了20年的26.6节纪录。之后，大西洋蓝飘带奖一直被“不莱梅”和“欧罗巴”“两姐妹”拥有；直到1933年，被意大利的“国王”号邮船突破。

然而1941年，历史重演，第二次世界大战爆发后，罗伊德又重复了它在一战时的命运，罗伊德船队的大部分轮船在1941年被美国政府收押（美国参战后被全数没收）。唯一例外的是新“不莱梅”号，在它作越洋航行时，于1939年提前逃出，在摩尔曼斯克取得保护，其后航行回不莱梅，并且在二战期间停靠在不莱梅港口躲避，得以保留。

在不莱梅港，船上被刷上了海洋迷彩油漆。法国投降后，希特勒决定将“不莱梅”号邮船征用，参加“海狮”计划，运送士兵到英国的港口，迅速登陆并占领英国。为搭载更多士兵，“不莱梅”号在汉堡港进行了改装，取消了许多豪华设施和易燃材料。乘客登船用的巨大侧门也被拆除。但是由于海狮计划的流产，改造工程被取消，“不莱梅”号返回不莱梅港，而且再也没能重返海洋。

1941年3月16日，一个郁闷不乐的船员想早日摆脱船上的生活，在“不莱梅”号的储藏室里放了一把火。当时船上没有警卫，大火烧毁了整个船体结构。“不莱梅”号彻底报废，而且无法修复了。数月之后，船上的钢材被拆卸回炉，剩下的残骸在威悉河中被爆破摧毁。大西洋上的一代名船就这样走向了衰亡。

◆“不莱梅”号——第3艘

一直到1954年，罗伊德的乘客运输才得以恢复，新的“不莱梅”号和“欧罗巴”号也从瑞典—美国公司买入后更名。1954年，罗伊德兼并了柏林航运公司，并通过购买两艘二手邮轮开始恢复运营。其提供与以往一样的服务，但开始遭到其他交通运输方式的竞争，航空业也侵蚀了许多市场份额，这直接导致了罗特在1970年与赫伯合并。

3. 冠达邮轮公司

冠达邮轮的中文音译名称很多，如“丘纳德航运（轮船公司）”“肯纳德航运公司”等。

1922年，冠达邮轮公司引进的“拉科尼亚”号邮轮（客货两用船），率先完成了环航世界的壮举。

◆ **“拉科尼亚”号邮轮**

“拉科尼亚”号邮轮为邮轮公司开拓环球旅游业务起到了示范作用。海上邮轮航线自此开始逐步进而扩及大西洋两岸海域、中美洲加勒比海，最后延伸至北达阿拉斯加、波罗的海，南迄亚太地区以及南太平洋等海域航线。途径了400年前麦哲伦的船队首次走过的海域。此后，乘坐游轮进行环球航行成为旅行的终极体验和很多人的梦想。

●王后级邮船系列

冠达邮轮由约翰·布朗造船厂建造的“王后和女王级邮船系列”的邮轮包括：“伊丽莎白王后”号（R.M.S. Queen Elizabeth，1934～1967）、“玛丽王后”号（R.M.S. Queen Mary，1936～1967）、“伊丽莎白王后2”号（R.M.S.Queen Elizaberth2，1968～2008），简称（QE2）、“玛丽王后2”号（R.M.S. Queen Mary 2，2003至今）、“维多利亚女王”号（M.S. Queen Victoria，简称QV，2007至今）、“伊丽莎白女王”号（Queen Elizabeth，2010至今）。

一个半世纪以来，冠达邮轮一直堪称世界最著名的豪华游轮。从过去精致的邮轮至今，“王后级”邮轮已带领成千上万的客人穿越世界各大海洋，更是横跨大西洋的海上先锋。

登上“王后级”邮轮品牌旗下的顶级豪华邮轮，将是您一种身份的象征和人生难忘的奢华体验，无数的达官显贵和知名人士，以登上“王后级”邮轮作为一种炫耀和荣誉。您可以在邮轮上唯一的Harrods酒吧沉醉在香槟和松露的陶醉之下，享受无可挑剔的白星服务，也可以在惬意的疗养池中，品味人生的极致生活，在充满着英式的绅士风格中，在醇香的葡萄酒中谈笑风生……

◆ **“伊丽莎白王后”号（R.M.S. Queen Elizabeth，1934～1967）**

第一艘皇家邮轮“玛丽王后”号（R.M.S. Queen Mary，1936～1967）邮轮由1936年开始横渡大西洋直到1967年。

1934年9月26日，“伊丽莎白王后”号（R.M.S. Queen Elizabeth，1934～1967）在苏格兰克莱德班克的约翰·布朗公司船厂下水。

“伊丽莎白王后”号下水之后不久，它就迎来了第二次世界大战的爆发。战争期间，“伊丽莎白王后”号一共运送了75万名乘客，航行了50万海里。1967年，饱受亏损之苦的卡纳德公司决定让其退役。

“伊丽莎白王后”号邮轮总注册吨位（GRT）8.363 7万吨，船舶总长（LOA）1 018英尺，巡航速度29节，最高速度32～33节。

1938年9月28日，一艘“更快、更大、更豪华”的邮船——排水量8.363 7万吨的“伊丽莎白王后”号（R.M.S. Queen Elizabeth，1934～1967）在一片欢呼中缓缓滑下克莱德班克的约翰布朗船厂船坞。英王乔治六世之妻伊丽莎白王后，以及伊丽莎白王储（后来的女王伊丽莎白二世）和玛格丽特公主，出席了这艘有史以来最大客船的命名典礼。

2010年，“伊丽莎白女王”号由英国女王伊丽莎白二世为其命名。“伊丽莎白女王”号作为冠达邮轮旗下最新推出的奢华邮轮，不仅再现了首艘冠达邮轮的丰厚底蕴，她的古典优雅与摩登气质更赢得了无数赞誉，成为宾客心中挚爱。

◆“玛丽王后”号（R.M.S. Queen Mary，1936～1967）

20世纪20年代末波及全世界的那场大萧条结束之后，欧洲迎来了一个为期将近8年的黄金时代。萧条时期门庭冷落的大型豪华邮船，又迎来了黄金时期。

皇家邮轮“玛丽王后”号（R.M.S. Queen Mary，1936～1967）隶属于英国的肯纳德轮船公司，是第二次世界大战前欧洲上流社会歌舞升平的奢华生活达到顶峰时的产物，是一座浮动的“海上皇宫”。邮船总注册吨位（GRT）8.123 7万吨。船高140英尺，船舶总长（LOA）1 000英尺，船宽（BM）145英尺，功率达16万马力，巡航速度29节，最高速度32～34节。搭载人数：平时头等舱776名乘客，二等舱784名乘客，三等舱579名乘客。战时乘员——15 000部队官兵。

第二次世界大战前的横渡大西洋航线，有很多轮船公司参与运营。但是最重要的几个竞争对手在英、法、美、德、意之间。在它们的邮船之间展开了争夺横渡大西洋最快速度的蓝飘带奖争夺战。英国的卡纳德轮船公司，以拥有众多大型的快速邮船而著称。

在战前的黄金时代，“玛丽王后”号不断穿梭于南安普敦和纽约之间，船上的乘客名单，如同欧洲要人名录一样。“玛丽王后”号邮轮很快就成为追求时髦的欧美上流社会名流们趋之若鹜的目标。

1931年，英国的卡纳德轮船公司，获悉法国人正在建造80 000吨级的“诺曼底”号超级邮船，公司决定建造一艘吨位上破纪录的大船。

1931年12月11日，“玛丽王后”号邮船开始动工。

1936年7月1日，“玛丽王后”号离开南安普敦港码头，开始了前往纽约的航程。8月以30.14节的纪录赢得西行蓝飘带。

1938年，再次以西向30.99节，东向31.69节的平均航速从法国“诺曼底”号邮船手中夺回了象征横渡大西洋航速度最快的蓝飘带奖。直到1952年被美国的“合众国”号邮船刷新。

1939年8月30日，“玛丽王后”号满载2 332名旅客，从南安普敦出发，进行和平时期最后一次穿越大西洋的旅行。

第二次世界大战爆发，英联邦需要大量征召澳大利亚、新西兰、加拿大和南非的部队，参加保卫欧洲大陆盟国和英国本土的战斗。海军部的目光投向了规模巨大、航速惊人的两艘王后级邮船上——再理想不过的运兵船。“伊丽莎白王后”号和“玛丽王后”号这两艘邮船在战争期间因为快速、运兵量大成为所有英国船舰中对战争贡献最突出的船。“伊丽莎白王后”号（R.M.S. Queen Elizabeth,

1934～1967）运送了75万名乘客，航行50万海里。“玛丽王后”号（R.M.S. Queen Mary，1936～1967）运送了差不多同样多的士兵来到英国，航行约60万海里。总计运送超过160万以上部队到达世界各地，其中搭载乘客最多的一次是从美国运来了15 988名士兵。它们也是所有英国船舰在1939～1946间所航行里程最多的。

（三）邮轮卷入“二战”阶段（1940～1945年）

在“第二次世界大战”期间，英国肯纳德航运公司的“玛丽王后”号（RMS Queen Mary，1936～1967）和“伊丽莎白王后”号（R.M.S. Queen Elizabeth，1934～1967）虽没有成为武装巡洋商船，但也被改装为医疗船和运兵船。

1942年，法国的远洋邮轮“诺曼底”号抵达美国，准备进行改装成为运兵船。但不幸的是，焊接期间失火沉没。

第二次世界大战是以德国、意大利、日本法西斯等轴心国为一方，以反法西斯同盟和全世界反法西斯力量为另一方进行的第二次全球规模的战争。从欧洲到亚洲，从大西洋到太平洋，先后有61个国家和地区、20亿以上的人口被卷入战争，作战区域面积2 200万平方千米。

第二次世界大战最后以美国、苏联、中国、英国等反法西斯国家和世界人民战胜法西斯侵略者赢得世界和平与进步而告终。第二次世界大战中，汽车、轮船、飞机等运输工具广泛应用于军事领域，军事交通的作用更加突出。1944年美、英等国军队在诺曼底登陆战役中，建造了人工港和浮动码头，开设了海运中间基地，敷设了海底和陆上输油管线，修筑了机场，出动了大批舰船输送部队和物资。登陆后，及时修复了急需的铁路和桥梁，实行了优先放行、高速行驶的汽车运输制度和空投补给，保障了登陆作战的实施。

海洋交通线的核心是经济和贸易问题，具有极重要的战略价值。围绕着海洋交通线的争夺是第二次世界大战海战的中心内容之一。英国的经济依赖海上贸易。英国本土的自然资源、人力资源以及市场有限。英国所消费的75%的石油、95%的铜、99%的铅、88%的铁矿石、89%的小麦、81%的肉类和93%的食油等依靠从海外输入。英国每年由海路输入货物达6 800多万吨。战前，大西洋航运量占世界的3/4。英国拥有一支约2 100万吨的商船队（约占世界商船总吨位的31.8%），每天平均有2 500艘船只在海上航行。英国海上交通线的总长度超过8万海里。英国的交通线通往世界各地。一组是同欧洲、地中海、非洲和印度洋各国联系；一组是同加拿大、美国、中美洲和南美洲联系。经巳拿马运河还可与太平洋地区各国通商。英国有90%的进口经由大西洋和英吉利海峡的各条航线进行，其余10%经由北海交通线进行。

海上战场是战争活动的重要舞台，海军扮演了主要角色。第二次世界大战的海上战场是第二次世界大战的主战场之一，海域广阔，波及世界上四大洋及大部分海区。海上战场既是陆上战场的延伸，又在极大程度上制约着陆上战场，对陆上战争的胜负和第二次世界大战的结局产生了深远的影响。太平洋等战场已强烈地表现出海上独立战场的特征，海上战场已演化成空中、水面、水下的立体作战的形态，制空权、制海权、海洋交通线、岛屿争夺、登陆和抗登陆、封锁与反封锁构成了海上战争的主要内容。

1939年9月第二次世界大战爆发，德国海军派遣驱逐舰“麻司”号和“马克斯绍兹”号于9月3日驶向（波兰）但泽湾，向驻泊在赫尔港的波兰海军驱逐舰“尉赤”号和布雷舰“格里夫”号炮击。当日，英国和法国对德国宣战。同日晚，德国海军潜艇“U-30”号在（苏格兰沿海的）赫布里底群岛以西约200海里处，以英方运输船是武装商船为借口，击沉了英国客轮“阿锡尼亚”号，从此拉开了大西洋海战的序幕。之后，连续击沉英国的战斗舰艇和商船，并在英国沿岸海区布雷。当时德国潜艇只有40艘，在海上也只能保持1/3。从1939年9月3日至1940年3月，德国潜艇共击沉英国船只115艘，计39.4万吨，德国损失潜艇14艘。现代战争对军事交通提出了更高的要求。许多国家都很重视建设平战结合、综合运用、相互衔接的现代化交通运输网络系统，采用电子计算机和遥控技术，实现军事交通管理的自动化。

第二次世界大战期间，美国为应付战时紧急需要而建造的“自由轮”，是最后一批使用蒸汽机动力装置的远洋运输船舶。第二次世界大战以后，蒸汽机车由于热效率低，已大部分被热效率高的柴油机车和电力机车所代替。如今，一些曾在铁路上牵引列车的蒸汽机车现已停止使用。蒸汽火车被电气火车取代是很自然的。

◆“玛丽王后”号（R.M.S. Queen Mary，1939 ~ 1967）

第二次世界大战的爆发打碎了欧洲上流社会纸醉金迷的生活。英联邦需要大量征召澳大利亚、新西兰、加拿大和南非的部队，参加保卫欧洲大陆盟国和英国本土的战斗。海军部的目光，投向了规模巨大、航速惊人的两艘王后级邮船上——再理想不过的运兵船。

1939年8月30日，“玛丽王后”号满载2 332名旅客，从南安普敦出发，进行和平时期最后一次穿越大西洋的旅行。9月3日，接到英国向德国宣战的通知后，迅速采取了“S”形航线，以规避德国潜艇的伏击。英国人不想失去这艘大英帝国商船队的王冠。抵达纽约港后，“玛丽王后”号奉肯纳德公司总裁塞缪尔·卡纳德爵士的命令，停泊在纽约港待命，等待晦暗不明的战争形势明朗起来。

1940年3月1日，英国政府正式向肯纳德公司发出通知，征召“玛丽王后”号和“伊丽莎白王后”号邮船。

随着德国的投降，欧洲战事的结束，从1945年5月开始，两艘王后号邮船又开始送欧洲战场上的美国大兵回家。这是历史上最大的一次士兵复员工作。随后，“玛丽女王”号在英国开始重新装修，恢复邮船的身份。整套的高级家具、地毯、硬木护墙板、吊灯、黄铜装饰、壁画、雕塑、游泳池、酒吧……又都回到了船上。由于战争期间的卓越表现和非凡经历，战后搭载这两艘船横渡大西洋的乘客更多了。

1947年7月31日，“玛丽王后”号进行了战后首次横渡大西洋的客运航行。但是，这样的日子终究是好景有限。从20世纪60年代开始，随着波音707和747、道格拉斯DC8、洛克希德L1011等大型喷气式客机的投入运营，它们逐渐地夺走了大型邮船们绝大部分的旅客。“玛丽王后”号开始出现高额的亏损。1967年，饱受亏损之苦的肯纳德公司决定让“玛丽王后”号退役。“玛丽王后”号被美国人用350万美元的价格（比一个日本拆船商多出50万美元）购买，永久停靠在加利福尼亚州长滩，改建为“玛丽王后”号旅馆。并于1979年参加了纪录片“S.O.S TITANIC”的拍摄。一直到今天，这个旅馆都是南加州最著名的旅游景点之一。长堤市将“玛丽王后”号改造成博物馆、饭店和餐厅等。夏季周六夜晚有烟火活动。

◆法国“诺曼底”号

1940年3月7日，刚建成的“伊丽莎白王后”号（R.M.S. Queen Elizabeth，1939 ~ 1967）为躲避德国空军轰炸也从英国秘密驶来，停泊“玛丽王后”的旁边——下水太晚，内部装潢都没完工。同它们一起在纽约静静等待的，还有因为法国船东的命令而滞留在纽约港的超级巨轮——“诺曼底”号。此时，两艘王后级的巨轮已经奉命更换成了大西洋灰色的——战时涂装。法国的“诺曼底”号邮轮则没有更换和平时期——“白—黑—红”的大型邮船标准色。纽约警察局在这三艘船周围设置了警戒线，以免苏联资助的左翼组织或者德国资助的右翼组织煽动码头工人发动反英示威，对这三艘船进行破坏活动。

“诺曼底”号邮轮是有史以来最豪华的巨型邮船，至今仍然给人一种如同梦幻一般的感觉。吨位83 423吨，流线型球鼻艏，电力推进，全船空调，从巴黎克里荣饭店聘请的顶级厨师，温水循环的室内游泳馆，现代化音响设备的歌剧院，大理石墙面的教堂，全船的艺术装饰……被誉为“震惊世界的最豪华最漂亮的游船”“在世界客船史上享有不灭的名望”。

1942年，法国的“诺曼底”号远洋邮轮抵达美国，准备进行改装成为运兵船。但不幸地，焊接期间失火沉没。

◆“拉科尼亚”号

1942年9月12日晚上，“拉科尼亚”号邮轮上一共载有2 725名乘客，其中463名船务人员、286名英军士兵、103名波兰看守、80名平民主要为妇女和孩子，还有1 793名意大利战俘。驶离开普顿前往英国利物浦。但出发不久以后，被一艘从埃及驶回英国途中的德国海军潜艇U-156发现。德国海军潜艇U-156悄悄尾随，在夜幕降临后发射鱼雷。

“拉科尼亚”号船被鱼雷击中并沉没，数百人当场葬身大海。不过，当挤在救生筏上的落难者在距离海岸线几十英里的汪洋大海上漂浮的时候，命运对他们开了一个善意的玩笑：潜艇指挥官Werner Hartenstein违背了纳粹最高指挥官的命令，做出了一个令人震惊的决定。德国潜艇升上水面，Hartenstein长官指挥下属尽可能地营救幸存者。在接下来的数天里，U-156潜艇救下400人，200名幸存者挤在潜艇里而另200名幸存者则上了救生艇。Hartenstein还发电报给敌军，希望组织大家一起营救受困者。然而迎接他们的不是敌军的感激，而是美军B-24轰炸机的炮火。……最终1 621人不幸遇难，1 104人幸存。

60多年以后，2011年这个故事被搬上屏幕，由英德两国合作拍摄成电影并在两国播出。《“拉科尼亚”号的沉没》展示了人类在面临重大事件时人性化的一面：萌发的友谊、英雄主义行为、艰难环境下人性的胜利。

三、邮轮旅游发展时期（1946 ~ 1999年）

这个“邮轮旅游发展时期”（1946 ~ 1999年）大体可分为如下的两个阶段：邮轮短线低价阶段（1946 ~ 1979年）、邮轮探奇航行阶段（1980 ~ 1999年）。

19世纪末至20世纪前期，远在人类发明飞行航空器之前，横越大洋的旅行大多以船舶运输为主要交通工具，这一时期仍然是海上定期运输客轮的鼎盛时期。

直至二次大战之后的1950年，喷射客机的发明并投入商业运转，引发一波民航客机航空运输的革命性发展，越洋客轮（远洋客船）由于逐步失去客源优势而停止运行或失去其海上载客、载货功能。

20世纪60年代，北美地区的邮轮旅游以大型豪华海上邮轮（亦称游船）为载体，以跨国沿海巡航旅游为核心。

（一）邮轮短线低价阶段（1946～1979年）

第二次世界大战之后，各家邮轮公司逐步推出较短天数、较低价位航线，以及装设各式新颖先进之游憩设施，除了吸引传统银发族群旅客之外，也吸引较年轻中产阶层旅客之参与。

60年代中期以后，大型喷气式客机投入使用，横越大西洋的航线逐渐被空中航线取代。大型邮船纷纷退出了历史舞台。

“玛丽王后”号（R.M.S. Queen Mary，1936～1967）和“伊丽莎白王后”号（R.M.S. Queen Elizabeth，1939～1967）相继退役，“合众国”号也早已退役，法国引以为荣的“法兰西”号大型邮船卖给了挪威船主克努特·克洛斯特，改名为“挪威号”，作为邮轮使用。

现在，那些以中低速度巡游于加勒比海、南太平洋、南极、阿拉斯加和地中海的巨型豪华邮轮（通常载重吨位有9.000 0万到1.000 0万吨）取代了大型高速邮船。

◆ “加泰罗尼亚”号

曾经象征荣耀与辉煌的蓝飘带奖已经走向势微。在大型邮船退出历史舞台之后，蓝飘带奖已经成为纯技术上的奖项，授予任何以最快速度横渡大西洋的客运船只。

西班牙的高速渡船“加泰罗尼亚”号曾在20世纪90年代获得过蓝飘带奖。目前获得蓝飘带奖的是丹麦的小水线面高速渡船“海猫”号，速度纪录是41.28节。

公主邮轮

从1965年首航至今，公主邮轮一直致力于完美自我，以满足乘客们日新月异的变化与需求。早在20世纪80年代，首创“平价阳台”的概念，把曾经只属于顶级套房的奢华体验带给更多乘客。之后，又陆续推出了为邮轮业界所推崇的多项创新服务：星空影院、圣殿成人休憩区、全天候餐饮服务以及婚礼教堂等。

◆ “帕特丽夏公主”号

1965年，创始人斯坦利·B·麦克唐纳首次包船“帕特丽夏公主”号——亦称“帕翠莎公主”号，并成立了公主邮轮。同年12月3日，公主邮轮首航行驶冬季墨西哥的单船航线。

◆“意大利公主”号

1967年，“意大利公主”号邮轮下水，并开始了它第一条巴拿马运河航线，在当时也开启了业界首创的巴拿马运河航线。

1968年，“海上女巫”（海巫婆）标志首度出现。同年，“意大利公主”号开启了其首个阿拉斯加航行季，开拓了首次横渡大西洋的航程。

2015年，公主邮轮为庆祝公司成立50周年，在2015年全年推出一系列全新的船上餐饮、购物和娱乐活动。50年间，公主邮轮已发展成为世界第三大邮轮公司和邮轮业公认的领导品牌，将宾客送往世界众多迷人的邮轮旅游目的地。全球第三大邮轮品牌——公主邮轮，隶属于全球最大的度假公司嘉年华集团。公主邮轮一直致力于完善自我，始终以卓越的体验享誉世界。身为业内的邮轮领航者，公主邮轮拥有18艘豪华邮轮的强大阵容，超过150条特色航线，带领宾客抵达约350个遍布全球的港口和目的地；而训练有素的25 000名员工来自100多个国家地区，确保每位客人都能享受到海上东道主的贴心服务。

◆“伊丽莎白王后2”号（R.M.S.Queen Elizaberth2，1968～2008）

2008年之前，在横渡大西洋的客运航线上，只有英国的“伊丽莎白王后2”号（Queen Elizabeth 2，1968～2008）硕果仅存，但是在一年中也只有一半的时间从事客运，其他时候则进行加勒比海巡游和邮轮世界旅行。

1968年间下水营运的7万吨“伊丽莎白王后2”号（R.M.S.Queen Elizaberth2，1968～2008），是世界唯一采用五星、四星及三星同时存在一艘船上的传统型邮轮，2001年获《贝里兹邮轮评鉴》评选为全世界最佳五星级大型邮轮。

2004年间，建造完成并下水营运的五星级“玛丽王后2”号，船舶吨位高达150 000吨，成为当时世界吨位最大的一艘海上邮轮。

世界上商业运营时间最长的古典豪华邮轮——英国籍“伊丽莎白王后2”号，邮轮建造于20世纪60年代末，开始其从英国南安普顿到美国纽约处女航之后，作为横跨大西洋的远洋班轮和高端游轮，航行了七大海洋，运营至今已近40年。尽管经历了近40年的海上穿梭，但它从造型上来说仍是全球船业的经典之作，它拥有世界上至今为止最大的航海马达，是目前世界上航速最快的邮轮，曾荣膺“世界上最大的邮轮”和“最好的跨大西洋邮轮”。由于相关国际公约对海上航行的船只有着非常严格的规定，超过一定年限的邮轮等将不再准许在国际航线上经营，因此“伊丽莎白王后2”号成为目前国际航线上仍在运营的最古老的邮轮。

“伊丽莎白王后2”号（Queen Elizaberth2，1968～2008）邮轮总注册吨位（GRT）超过7.000 0万吨，船舶总长（LOA）293.52米，有近三个足球场的那么长，“身高”达54米，相当于18层楼，船上拥有950间套房，其中海景房多达670多套，占70%，可载1 791名旅客和921名船员，游泳池、高尔夫球场、图书馆、剧院等娱乐休闲场所一应俱全。

“伊丽莎白王后2”号作为世界上运营时间最长的古典邮轮，与其他在航的邮轮相比，接待了更多的世界名人，也拥有厚重历史。该轮由伊丽莎白女王二世于1967年主持下水仪式后，在1968年接待了它的第一位贵宾——查尔斯王储，其后多次承载英国、约旦、日本等国国王或王室成员周游世界，南非前总统曼德拉和现任美国总统布什等政要也曾随船旅行过。该轮在1982年英阿马岛战争中甚至临时担当过运输船的角色。

在2001年底，经过重新装修后，房间装饰也是全英式的红木窗格、豪华墙纸以及天鹅绒椅套。最难能可贵的是，“伊丽莎白2”号上保留了英国人的严谨和优雅——各个舱位的餐厅互不相通，如此一来——不同舱位的客人将在各自的餐厅内享受相应的服务。据了解，根据游客选择舱位等级的不同，游客的花费也有较大差别。以“伊丽莎白王后2”号（3月14日）从香港到迪拜（4月2日）的19天航程为例，最贵的舱位所需费用高达43 000多美元，最便宜的舱位也需4 400多美元。

2008年11月27日，“伊丽莎白王后2”号邮轮服役届满40年之际功成身退，由阿拉伯联合大公国（私募股权投资公司迪拜投资）购置于迪拜港湾。打算把它改造成500个房间的漂浮酒店，用为纪念并建置为水上度假饭店，停泊在迪拜朱美拉棕榈岛的海上度假胜地。由于世界金融危机及其影响对迪拜造成了冲击，所以改造邮轮的计划搁浅了。被中国购买或变成一个浮动的豪华酒店、购物中心和博物馆诸如此类。

（二）邮轮探奇航行阶段（1980～1999年）

1977年～1987年，《爱之船》电视影集以及20世纪90年代《泰坦尼克号》灾难题材的电影之风靡全球，产生一轮又一轮的轰动效应，也引发人们参与一番冒险探奇邮轮旅游的热情。

●电视剧《爱之船》

《爱之船》是由美国广播公司在1977年到1987年播放，上演一艘邮轮上的故事。每集有不同的客人，有浪漫和幽默的冒险。

1964年，泰瑞·海切尔生于美国加州旧金山地区。在佛蒙特中学上学时，是学校啦啦队的队长。1982年，被毕业班同学评选为“最有可能成为硬黄金舞女”的同学。在大学学习数学和工程时，业余时间到旧金山的美国音乐戏剧学院学习表演，后成为“1984淘金热”职业啦啦队的成员。准备转学到加州理工学院时，为了给朋友一个面子，海切尔参加了一次演员公开招聘会，试镜后成功得到电视连续剧《爱情小舟》中的一个歌舞角色，从此踏入好莱坞演艺圈。

1977年，这部电视剧《爱之船》，掀起了一阵邮轮旅游的旋风，至今，《爱之船》这个字眼仍是许多人心中游轮的代名词。影片中那艘优美造型、内装典雅的游轮主要就是于“太平洋公主”号邮轮上拍摄。

《爱之船》试播集在公主邮轮原“海岛公主”号（可搭载730名宾客）上取景拍摄。

此后，“太平洋公主”号和“海岛公主”号邮轮成为《爱之船》两大海上移动明星，而后的续集和特辑还在公主邮轮船队遍布全球各地的众多其他船只上进行了拍摄。1977年至1986年间，电视剧《爱之船》播出，最终成为美国历史上收视率最高、播放时间最长的电视剧之一。这部热播剧，不仅将现代化的邮轮旅行方式带给了全球广大观众，而且渐渐让公主邮轮及其船队成为海上假期的代名词。

◆公主邮轮·“太平洋公主”号（Pacific Princess，1999年）

公主邮轮·“太平洋公主”号、“皇家公主”号和“海洋公主”号邮轮是美国公主邮轮系列中的三姐妹。“太平洋公主”号邮轮在公主邮轮系列中属于较小的邮轮，但秉持了公主邮轮一贯的品位精神，造型精致、设备齐全，可乘載680位乘客。邮轮首航于1999年，2003年4月，装修后投入使用。“太平洋公主”号大都走精致、优雅高级路线，体型虽不及其他新型的大型游轮海上皇宫那般庞大气派，但她独特的魅力，仍吸引许多邮轮常客及工作人员青睐。它典雅，人数少而宁静，精致的服务如同高级的乡村俱乐部一般，可以享受航游的乐趣却又同时拥有如同专属的服务，难怪无论多少新式豪华的邮轮问世，此类型的邮轮仍是游轮爱好者的最爱。

◆公主邮轮·“海岛公主”号（Island Princess，2003年）

2003年6月，“海岛公主”号邮轮首航。船籍为百慕大。“海岛公主”号邮轮与“珊瑚公主”号是两艘姐妹舰船。邮轮还有最先进的寰宇休息厅、美味的纽奥良风味餐厅及牛排馆。有传统的普罗旺斯餐厅；随时入席的波尔多餐厅，具有特色的莎芭提妮意式餐厅；非正式餐饮有24小时地平线餐厅、美酒鱼子酱吧、法式糕饼吧、冰激凌吧、公主披萨餐厅、汉堡热狗吧、下午茶、24小时客房服务。表演厅主要有公主剧院、寰宇演艺厅；热门去处有卡西诺赌场；交谊厅有探险家酒吧（夜总会式节目表演）、舵手酒吧、丘吉尔酒吧、吟唱者酒吧。另外，还有以伦敦为主题的卡西诺赌场、酒吧甚至也有结婚礼堂，让每个人都能在“海岛公主”号邮轮上有宾至如归的感觉。

●影片《泰坦尼克号》

1997年11月1日，影片《泰坦尼克号》在东京首映。《泰坦尼克号》是美国20世纪福克斯公司和派拉蒙影业公司共同出资，于1994年拍摄的一部浪漫的爱情灾难电影，由詹姆斯·卡梅隆创作、编辑、制作、导演及监制，莱昂纳多·迪卡普里奥、凯特·温斯莱特主演。影片以1912年泰坦尼克号邮轮在其处女启航时触礁冰山而沉没的事件为背景，描述了处于不同阶层的两个人——穷画家杰克和贵族女露丝抛弃世俗的偏见坠入爱河，最终杰克把生命的机会让给了露丝的感人故事。

作为人类航海灾难史上重大的事件，“泰坦尼克”号无疑会强烈吸引人们的眼球。《泰坦尼克号》是1997年至2010年间票房最高的电影，并获得第70届奥斯卡金像奖最佳影片、最佳导演奖等11项奖。

2012年4月4日，《泰坦尼克号》以3D版形式再度上映，纪念泰坦尼克号沉船事件100周年，3D版上映后北美票房5 700万美元，中国票房是9.87亿元，全球票房3.44亿美元，总票房已达到21.87亿美元。

四、邮轮旅游鼎盛时期（2000～2050年）

这个“邮轮旅游鼎盛时期”大体可分为如下的两个阶段：邮轮豪华多元阶段（2000～2020年）、邮轮大众同化阶段（2021～2050年）。

目前，世界上前三大的邮轮公司，按邮轮船队规模排列依次为美洲嘉年华邮轮、加勒比海邮轮以及以亚太地区为根据地兼主力市场的丽星邮轮。各家邮轮船队新造加入营运之船只，也以大约每一个月下水一艘新船之惊人数字成长。

各家邮轮船队并竞相订造号称“史上最大超级巨轮”而争奇斗艳，且几乎每年都会有一艘破纪录最高吨位邮轮面世。

（一）邮轮豪华多元阶段（2000～2020年）

现在，邮轮船体越建越大，到2009年底，排水量22万吨的“海洋绿洲号”下水，载客量5 400人，加上船员，接近7 000人的总载量。

近年越来越多游客选择乘坐邮轮去度假旅游，因为旅游体验新鲜，行程也没那么紧凑。试想在蓝天大海中在甲板上晒着阳光，海鸟在上空盘旋，闻到的是无比清新的空气，这种体验，只有乘坐邮轮才能给到你。

无论是施华洛世奇水晶组成的楼梯、太阳马戏团般的表演、水上公园还是天文馆，现代邮轮可以为旅客提供想在一个地方度假体验的一切。

1. “海洋航海”家邮轮

◆“海洋航海家”邮轮

1999年11月21日，皇家加勒比海船队旗下的“海洋航海家”邮轮下水营运，平均航速22节（40千米/小时），以总吨位为137 276吨，号称史上“最大吨位邮轮”。

◆“海洋航行者”号邮轮

“海洋航行者”号邮轮是全球十大邮轮之一，皇家加勒比国际游轮航行者五艘系列船队游轮之一，也是皇家加勒比游轮“鹰”级豪华游船中的第一艘，入DNV船级。

邮轮于1999年11月21日首航，2004年05月01日重新装修。邮轮长度约为309米，外舱房数939间，内舱房数618间，载客人数3 114人，最多载客3 840人，工作人员1 181人。乘客甲板14层，从龙骨到烟囱最上端为72米，船上共有5家特色餐厅，3个游泳池，14台乘客电梯，2个足球场长和4层楼高的皇家大厅、5层楼高能容纳1 350人的百老汇歌剧院，船内装设计极具富丽堂皇；另外还设计有一个号称“皇家步行街”的4层楼高的游步甲板，在两端各与一个11层楼高大厅相连……船上配备有高达70米的刺激攀岩设备，曾引起轰动。

2. 肯纳德邮轮公司

由约翰·布朗造船厂建造的冠达邮轮“王后和女王级邮船系列”的邮轮包括：“伊丽莎白王后”号（R.M.S. Queen Elizabeth，1934～1967）、“玛丽王后”号（R.M.S. Queen Mary，1936～1967）、“伊丽莎白王后2”号（R.M.S.Queen Elizaberth2，

1968～2008）、“玛丽王后2”号（R.M.S. Queen Mary 2，2003至今）、“维多利亚女王”号（M.S. Queen Victoria，简称QV，2007至今）、“伊丽莎白女王”号（Queen Elizabeth，2010至今）。

皇家邮船（R.M.S.）——原本是“Royal Mail Steamer”或“Royal Mail Steamship”的缩写——“R.M.S.”，但由于现今的轮船已不再使用蒸汽引擎驱动，因此这艘邮轮选择利用燃气涡轮引擎和柴油引擎，以驱动电动的推进器来航行，而原本S代表的“Steamer”即蒸汽船的意义，亦变成了“Ship”即（轮）船的含义。

◆ “玛丽王后2”号（R.M.S.Queen Mary 2，2003至今）邮轮

肯纳德“玛丽王后2”号（Cunard Queen Mary 2，2003至今）邮轮是一艘隶属“肯纳德邮轮公司”的豪华邮轮简称“QM2”。“玛丽王后2”号以另一艘被取代了的姊妹邮轮“玛丽王后”号来命名。“玛丽王后2”号是一艘隶属于肯纳德邮轮公司的豪华邮轮，由法国大西洋造船厂制造。

1998年12月10日，肯纳德邮轮公司邀请多家造船厂参加竞投。如果立刻开始建造，原本可望在2002年投入服务。2000年11月6日，肯纳德邮轮公司才决定将建造合约授予法国的大西洋造船厂——母公司是阿尔斯通公司。大西洋造船厂曾制造包括“诺曼底”号和“SS法兰西”号等邮轮。

2002年7月4日，“玛丽王后2”号开始建造，由法国的大西洋造船厂制造，造价8亿美元。在2002年建造的时候，“玛丽王后2”号被公认为世界上最长、最阔和最高的客轮。总注册吨位（GRT）达到14.852 8万吨。2006年4月，这个纪录被皇家加勒比国际邮轮公司建造的“海洋自由”号（排水量15.440 7万吨）取替。

2003年3月21日，“玛丽王后2”号邮轮下水；12月26日，在英国英格兰南部港市南安普敦付运给肯纳德航运公司。

2004年初，“玛丽王后2”号建造完成下水营运，船舶吨位高达148 528英吨，“玛丽王后2”号有15个餐厅和酒吧、5个游泳池、1个赌场、1个舞池、1个舞台和1个天象馆；被公认为当时世界上最长、最宽和最高的一艘邮轮。目前，仍是全球体积最大的远洋定期船。不仅是冠达邮轮的旗舰船型，更是其有史以来最为华丽宏伟的远洋邮轮，亦被宾客们亲昵地称作“QM2®”。

“玛丽王后2”号船舶总长（LOA）345米，船宽45米，总高72米，吃水10米。有15个餐厅和酒吧、5个游泳池、1个赌场、1个舞池、1个舞台和1个天象馆。可提供一系列娱乐设施和寓教于乐的活动，包括最先进的3D影院、天文馆、赌场、顶级水疗中心以及丰富生活的工作坊。奢华的舱房体验，丰富的饕餮珍馐，以及各式酒吧和夜间活动场所，这一切都将成为您难以忘怀的度假记忆。

“玛丽王后2”号主要的职责是横渡大西洋。建造的目的，是让她长远能够接替自1969年至2004年以来一直肩负横渡大西洋任务的“伊丽莎白王后2”号（R.M.S. Queen Elizabeth 2，1968～2008）。第一艘“玛丽王后”号（R.M.S. Queen Mary，1936～1967）邮轮由1936年开始横渡大西洋直到1967年。不论是往返于纽约的跨大西洋航线，还是始于南安普敦的欧洲航线，搭乘这一非凡的邮轮将能享受无与伦比的奢华邮轮度假体验。

◆ “维多利亚女王”号（M.S. Queen Victoria，简称QV，2007至今）

2003年，“维多利亚女王”号（M.S. Queen Victoria，简称QV）邮轮在意大利国有造船公司威尼斯的菲肯蒂里船厂安放龙骨，开始制造。在欧洲引起了不小的轰动，因为邮轮造价耗资号称3亿英镑，船上极尽奢华，其豪华度要超过它的姊妹船“玛丽皇后2”号。风格类似当年的“泰坦尼克”号。

2007年1月15日，完成了上层建筑的船体浮了出来。2007年12月，“维多利亚女王”号邮轮下水出航，环游北欧的5座城市，进行为期10天的处女航行，一张“处女航”最高级套房的票价竟高达1.16万英镑，“维多利亚女王”号堪称是一艘“海上宫殿”。

“维多利亚女王”号邮轮长达345米，总吨位9.000 0万吨，载客量1 990人。“维多利亚女王”号以其优雅和显赫而闻名于世。设施独具特色，不仅极具现代化，而且氛围别具一格，唤起了宾客们对过去伟大邮轮的追忆。奢华的大理石、木料和华丽的锦缎无不渗透出优雅的气息，深受船员和宾客们的推崇和喜爱。主要航线在欧洲、亚洲、南太平洋及中东。不同舱位的乘客有不同的餐厅及休息区。邮轮上有一个2层楼高、藏书6 000册的图书馆，一座博物馆和一个带有15个私人包厢的表演大厅。

◆ “伊丽莎白女王”号（Queen Elizabeth，2010至今）

肯纳德航运公司的“伊丽莎白女王”号（Queen Elizabeth，2010至今）是一艘以英国伊丽莎白女王命名的豪华邮轮。这艘邮轮是在意大利造船公司生产的，用以取代退役的“伊丽莎白王后2”号（Queen Elizaberth2，1968～2008）邮轮。

“伊丽莎白女王”号邮轮总注册吨位（GRT）为9.200 0万吨，船舶总长（LOA）964英尺（约合284米），可以承载2 092名客人。邮轮使用了一些传统材料，包括橡木、桃花心木、彩色玻璃以及大理石等，此外还利用镶嵌工艺，号称总造价近6亿美元。

2010年10月11日，“伊丽莎白女王”号在南安普顿港举行正式命名仪式，第二天这艘邮轮开始第一次处女航，前往地中海度过13天。标准间两周航行船票为1 800美元，豪华套间则高达6 000美元。

3. 皇家加勒比公司邮轮

◆ “海洋自由”号

2005年，皇家加勒比公司的“海洋自由”号邮轮，在芬兰的造船厂建造完成下水。

“海洋自由”号邮轮15.800 0万吨级，全长339米，比“玛丽皇后2”号略短6米，宽度则比“玛丽皇后2”号多15米。可搭载4 000多名乘客，载客量超过“玛丽皇后2”号1.5倍。以总吨位达154 407吨取代“玛丽皇后2”号，“海洋自由”号号称“世界最大邮轮”。

◆ “海洋神话”号

2016年7月5日，皇家加勒比国际游轮旗下“海洋神话”号游轮青岛盛大首航仪式在青岛邮轮母港成功召开。“海洋神话”号游轮是皇家加勒比游轮公司布局青岛市场的第一艘豪华游轮，也是2016年青岛邮轮母港最大最豪华的游轮。

4. 歌诗达邮轮

歌诗达邮轮集团总部设于热那亚。歌诗达邮轮集团是意大利最大的旅游集团，也是欧洲第一大的邮轮公司。

歌诗达邮轮集团经营三大独立品牌，包括歌诗达邮轮、AIDA邮轮和Iberocruceros。歌诗达邮轮集团拥有欧洲最大的邮轮规模：现役共26艘邮轮，总载客量约为67 000人。

2011年，歌诗达邮轮总共接待了230万游客，收入为31亿。

现今，歌诗达拥有欧洲大陆最大的船队：旗下共拥有14艘在役邮轮，可载客量高达40 000人次。另有1艘邮轮在建，届时，歌诗达将拥有15艘邮轮，总载客量将达到45 000人次。

☆邮轮母港——（歌诗达邮轮亚太区）第一个母港香港

2006年6月，歌诗达邮轮旗下的歌诗达“爱兰歌娜”号邮轮来到亚洲，开辟香港作为歌诗达邮轮亚太区第一个母港，并设立亚太区总部。

2006年7月，歌诗达邮轮开设了以上海为母港的往返于中日韩之间的定班航线。

☆邮轮母港——（歌诗达邮轮亚太区）第二个母港天津

2007年8月，在天津开设了其在大陆的第二个母港，进一步拓展亚洲市场。

2008年8月，歌诗达邮轮迎来在中国第100个航次。

2009年4月，中国市场迎来第二艘歌诗达经典号邮轮。

2010年6月，亚洲最大的邮轮母港——天津国际邮轮母港盛大启用，歌诗达邮轮中国船队的新成员歌诗达“浪漫”号辉煌邮轮抵达天津，成为中国邮轮发展史上的重要一步。

2011年11月，歌诗达邮轮在虹口注册成立首家外商独资的邮轮船务公司。

◆歌诗达“爱兰歌娜”号

歌诗达“爱兰歌娜”号邮轮虽然只能承载900多名旅客，但它是一艘想象与富丽之舰。船员数466人，船上的乘客和服务人员比例约为2∶1。来自不同国家地区的400多位工作人员为乘客提供高标准的优质服务。船上经常会用几种语言广播通知客人重要事宜，邮轮上还配备了讲中文的服务人员，来自中国的游客，在享受国际化的服务的同时，还会有宾至如归的感觉，完全没有语言障碍，得到了来自中国游客的认可与欢迎，消费者满意度达到98%。“爱兰歌娜”号邮轮高潮迭起的歌舞娱乐活动日日不同，充满异国情调，船上活动丰富多彩让您应接不暇，更有多种休闲运动设施，让每一位游客充分放松，享受一个完美的海上假期。

◆歌诗达“塞琳娜”号

2007年5月，歌诗达“塞琳娜”号首航。邮轮总吨位114 500吨，长度290米，宽度35.5米，甲板17个（其中14个供游客使用），最大速度23节，航行速度21.5节。载客量3 780人（总床位），邮轮上超过500间客舱设有阳台。主要航线在欧洲。

2015年4月，歌诗达“赛琳娜”号邮轮从上海吴淞口国际邮轮码头盛大首航，开启其在中国的全年邮轮母港运营。

全新的歌诗达“塞琳娜”号邮轮旗舰空间巨大，光彩夺目。它的名字象征着和谐和宁静。歌诗达“塞琳娜”号及其姊妹船歌诗达“协和”号是舰队中最大最长、排水量第二大的邮轮。

◆歌诗达“大西洋”号

1999年11月，新邮轮竣工。“大西洋”号船体巨大，是意大利航海史上最大的客船。

2013年6月18日，意大利歌诗达邮轮旗下的“大西洋”号首次到访三亚凤凰岛国际邮轮港。歌诗达“大西洋”号邮轮总吨位为85 619吨，船长292米，满员可容纳2 680名乘客。歌诗达“大西洋”号邮轮始发港是新加坡，中转港分别是越南和三亚，目的港是香港；此次造访三亚，带来了1 400多名欧美游客。

登上歌诗达“大西洋”号邮轮，令人沉醉的浪漫气息和欢乐气氛便扑面而来。“大西洋”号开创了公司新的发展方向——用配有观景台的舒适海景客舱打造难忘的旅途氛围，以此吸引更多旅客参与邮轮假期。

5. NCL挪威邮轮

NCL挪威邮轮（Norwegian Cruise Line，简称：NCL）首创“自由闲逸式”或“自由式巡游”邮轮假期，精心将旅游的各种精彩元素与度假村的悠闲和奢华气派结合。

◆“爱彼”号

NCL挪威邮轮公司全新推出的“爱彼”号邮轮，以新世代潮流为设计理念，颠覆以往人们对邮轮旅游刻板印象，在“爱彼”号邮轮上，您就等同于生活在一大型主题乐园内，房型多样化，每间房，就像一个建立于海上的度假别墅。

◆“宝石”号

2007年10月，挪威公司“宝石”号首航，总吨位9.300 0万吨，载客量2 380人，主要航线在欧洲、巴哈马、佛罗里达及加勒比海等。邮轮上有4条标准保龄球道，10个供应各国美食的餐厅，还有450平方英尺的户外花园。

6. 皇家加勒比邮轮公司

◆“海洋独立”号

2008年4月，“海洋独立”号首航，总吨位16.000 0万吨，载客量3 634人，主要航线在欧洲和加勒比海。邮轮上设有标准拳击场、攀岩墙，两侧各有一个热水池。

7. 荷美邮轮公司

◆“尤欧丹”号

2008年6月，“尤欧丹”号首航，总吨位8.600 0万吨，载客量2 044人，主要航线在欧洲、加勒比海、新英格兰，隶属荷美邮轮公司。邮轮甲板下方有3个特色餐厅，另有一个星巴克式可供上网的图书馆。

8. 嘉年华公司

◆嘉年华"华丽"号

2008年7月，美洲嘉年华邮轮的"华丽"号首航，总吨位11.300 00万吨，载客量3 006人，主要航线在欧洲及墨西哥。邮轮上有5个餐厅、一个2层楼高的温泉、一个占地5 500平方英尺的游戏室。游泳池旁设有一个超大银幕，播放电影、音乐剧等。

9. 公主邮轮公司

公主邮轮现在旗下共拥有19艘豪华邮轮以及30 730个邮轮泊位，同时还有6艘邮轮处于定购期。公主邮轮有如下邮轮船队："加勒比公主"号、"珊瑚公主"号、"皇冠公主"号、"黎明公主"号、"钻石公主"号、"翡翠公主"号、"黄金公主"号、"至尊公主"号、"海岛公主"号、"海洋公主"号、"太平洋公主"号、"红宝石公主"号、"蓝宝石公主"号、"碧海公主"号、"星辰公主"号、"公主之星"号、"太阳公主"号、"皇家公主"号、"帝王公主"号/"国王公主"号等。

◆ "红宝石公主"号

2008年11月，公主邮轮公司的"红宝石公主"号首航，总吨位11.300 0万吨，载客量3 080人，主要航线在加勒比海。

"红宝石公主"是公主邮轮公司的最新邮轮，特色是池畔剧院及户外电影院。此外，顶层甲板有成人休息区，成年人可体验专属的水疗式"圣地"——被称为成人的"避难所"。儿童则可享受5个游泳池。船上还有小教堂，一个名为"心灵"的结婚礼堂，提供婚礼服务。甲板上有大屏幕，全天播放电影、音乐会及其他娱乐节目。

◆ "蓝宝石公主"号

2004年6月13日，"蓝宝石公主"号首航。

2012年1月1日，针对中国邮轮旅游市场，"蓝宝石公主"号邮轮装修翻新。"蓝宝石公主"号排水量为11.600 0万吨，可搭载2 670名宾客。这艘邮轮全长952英尺，有18层甲板以及28个带有私家阳台的顶级套房，超过一半的舱房带有私人阳台。"蓝宝石公主"号邮轮上各种设施一应俱全，其中包括5个游泳池，1间赌场，免税商店、健身与水疗中心、运动甲板、儿童及青少年中心、图书馆、网吧、艺术画廊、高尔夫球场以及其他特色设施。

2014年5月22日，公主邮轮旗下至尊级"蓝宝石公主"号以上海为母港为亚洲游客服务，届时将取代皇家加勒比邮轮旗下的"海洋水手"号成为亚洲最为年轻的十万吨级以上豪华邮轮。

10. 名人邮轮公司

◆ "名人至尊"号

2008年12月，名人邮轮公司的"名人至尊"号首航，总吨位118 000吨，载客量2 850人，主要航线在加勒比海。

“名人至尊”号顶层甲板上装有半英亩的天然草坪，可练习高尔夫及其他小球。游客在此能享用野餐或参加掷球游戏。邮轮上有10个餐厅及130个温泉客舱，另外有3个艺术家常年表演玻璃制作。

11. 丽星邮轮公司

◆“宝瓶星”号

2011年11月4日，世界三大邮轮公司之一的丽星邮轮“宝瓶星”号开始以三亚为母港开通至越南岘港、下龙湾及顺化的航线。时间为每年的11月至次年的3月份，此时正值三亚旅游旺季。这是国际邮轮公司首次进驻三亚展开母港运营，三亚成为继上海、天津之后中国境内第三家开通母港航线的城市。

在2011年11月～2012年4月的5个月航季中，香港丽星邮轮旗下的“宝瓶星”号邮轮以三亚凤凰岛国际邮轮港为母港，开通了三亚—越南（下龙湾和岘港）—三亚航线，标志着三亚邮轮经济进入“母港时代”，“海南旅游+邮轮风情”成为一种新模式，彰显了海南国际旅游岛的新形象。2012年11月起，“宝瓶星”号依照航季返回南中国海域，再度展开以三亚为母港的越南下龙湾和岘港航次；在此次航季中，“宝瓶星”号为海南带来数万名国际邮轮游客，同时引领众多的国民走出国门，进一步巩固三亚的邮轮目的地和母港的形象。

12. 海航旅业邮轮游艇管理有限公司

2012年11月28日，海航旅业邮轮游艇管理有限公司正式挂牌，此举标志着中国邮轮市场将打破境外大型邮轮公司寡头垄断的局面。从而进入以本土化服务竞争为主导的新阶段；其运营的“海娜”号邮轮是中国本土第一艘豪华邮轮，定位于向市场提供“时尚大众体验型”产品，意在向更多的中国游客介绍邮轮度假这一时尚新锐的生活方式。海航旅业邮轮游艇管理有限公司秉承“东方海上慢生活”的品牌理念，致力于为中国客户提供全面迎合本土消费习惯的邮轮服务体验。

◆海航邮轮“海娜”号

海航邮轮“海娜”号是中国本土第一艘豪华邮轮，定位于向市场提供“时尚大众体验型”产品。

2013年1月26日下午，在凤凰岛国际邮轮港为中国式邮轮——“海娜”号开通“三亚—越南航线”举行首航仪式。“海娜”号邮轮是隶属海航旅业邮轮游艇管理有限公司的中国内地的第一艘豪华邮轮，全长223米，船宽28米，最大宽度31米，容积总吨4.700 0万吨，“海娜”号巡航速度每小时19海里。邮轮甲板楼层12层，船上客舱总数739间，其中，客房数量654间，标准载客量1 308人，最大可载客量1 965名，号称“中国内地最大豪华邮轮”。

（二）邮轮价格平民化阶段（2021～2050年）

随着美国和欧洲市场的饱和，与此同时，来亚洲旅行的游客人数与日俱增，邮轮公司也在应对这些旅游者的需求。各大邮轮公司开始争夺亚洲市场，据权威机构预测，到2020年，中国将成为世界上最大的邮轮目的地。

邮轮市场日益激烈的竞争，低价策略确实吸引了不少旅客，也确实培育了市场。邮轮涵盖了吃、住、玩、乐、游一条龙服务，旅游价格平民化。

纵观世界邮轮旅游的发展历史，结合欧美邮轮演进规律和中国现实情况来看，邮轮旅游在中国大约还要经历30多年的发展时期：至少8～10年的黄金期、6～10年的急速衍生期、10年的稳定增长期。其后将进入一个较长的观察期。

1. 挪威邮轮公司

挪威邮轮公司首创“自由闲逸式”或“自由式巡游”邮轮假期，精心将旅游的各种精彩元素，与度假村的悠闲和奢华气派相互结合。配备健身运动项目最多，充满健康活力，强调不受拘束，深受年轻族群邮轮旅客的欢迎。

2. 海达路德邮轮

海达路德邮轮理念——人活在这个世上，很多时候只看到表象，而少有时间进行反思。融入真实与自然，成为当下人们迫切的需求。人们渴望摆脱日常生活的压力与烦恼，而投身于美妙的风光与异域的风情中，感受不同凡响的旅行体验。

海达路德可以完美地实现人们的这些梦想，无论你是普通的观光客，还是资深的旅行家。当你想要旅行的时候，我们带你去你想去的地方，想走多久就走多久。海达路德以打造亲身体验独一无二的海上航行为愿景，真实是品牌的精髓，这些都源自海达路德历史悠久的遗传基因。

海达路德邮轮船队使用内燃机船，以区别工业革命以前的帆船和蒸汽轮船。海达路德邮轮船队拥有：“北极星”号、“罗弗敦”号、“韦斯特龙”号、“哈德罗国王”号、“理查德韦特”号、“北极光”号、“北角”号、“极光”号、“北挪威”号、“芬马克”号、“山妖峡湾”号、“午夜阳光”号、“前进”号等邮轮。

◆海达路德“前进”号

2007年，海达路德“前进”号邮轮由欧洲最大的造船厂——意大利Fincantieri船厂建造。海达路德“前进”号邮轮是海达路德邮轮船队中最新、最豪华的邮轮，专为适应南北极水域而特殊设计。邮轮技术等级为最高级别，船体进行了加固，坚固性足以应付极地地区的冰海条件。这艘邮轮是所有能挺进南极圈的破冰型邮轮中，设备最先进、最安全、最环保的。

3. 地中海邮轮公司（MSC公司）

地中海邮轮总部位于意大利那不勒斯，并在意大利其他主要城市如米兰、威尼斯、热那亚、罗马、巴勒莫、巴里，亚洲区如日本等全球36个国家和地区开设办事处。极具竞争力的现代化邮轮为旅客提供多种路线及产品选择，并可享受高水平的最具意大利特色的热情服务，被公认为最主要的意大利邮轮公司。

MSC邮轮为旅客提供最佳的意大利风格邮轮假期。地中海邮轮的标志是把“MSC”三个字母镶嵌在指南针图案中间，代表在MSC邮轮的世界里，顾客永远是中心。指南针本身象征着公司邮轮将驶向各个方向，从而达到公司的长远目标。

地中海邮轮的邮轮有：“音乐”号、“辉煌”号、“华丽”号、“幻想曲”号、“管乐”号、“和睦”号/“和谐”号、“珍爱”号、“诗歌”号、“神曲”号、“抒情”号、“音乐”号等邮轮。

◆地中海邮轮·“辉煌”号

2009年7月12日，地中海邮轮的重量级全新旗舰“辉煌”号正式进行下水礼，更邀得一代屏幕传奇女星即地中海邮轮船队的教母——苏菲亚罗兰小姐见证此辉煌时刻，充分突显其不凡气派。

◆地中海邮轮·“幻想曲”号

“幻想曲”号是欧洲船东建造的最大的邮轮，也是地中海邮轮的旗舰。融合了先进科技、优雅的风格以及卓越的专属服务，是意大利传统风格的杰作。“幻想曲号”被赋予了重视环保的现代精神，在不影响乘客舒适的前提下，以保护环境为己任。

2008年6月，“幻想曲”号首航。“幻想曲”号是地中海邮轮公司最大的邮轮，邮轮总注册吨位（GRT）13.350 0万吨，载客量3 959人。邮轮以奢华而出名，邮轮上有99个套间、私人观景平台、酒吧、游泳池等，另有4维电影院及24小时餐厅。

第四章　世界主要邮轮船队

目前，全世界最知名邮轮船队（公司）约有40家，常年运转于全球各海域之各式邮轮约250余艘。例如，纯粹英伦风格的P&O公主邮轮、德国艺术风格的阿伊达邮轮公司、肯纳德邮轮公司、白星航运公司、美国的荷美邮轮公司、北美邮轮业最知名的挪威邮轮公司、意大利全资拥有的MSC地中海邮轮等。

世界上前三大的邮轮（集团）公司，如按照邮轮船队规模排列为：总部设在美国迈阿密的嘉年华邮轮集团公司、总部设在美国迈阿密的皇家加勒比邮轮有限公司、以亚太地区为基地兼主力市场的云顶香港有限公司旗下的丽星邮轮—挪威邮轮—水晶邮轮。

第一节　世界知名邮轮船队

按照邮轮船队各自一贯秉承的风格，大体可分为传统风格的邮轮船队、传统与现代风格的邮轮船队、现代风格的邮轮船队。

本章大致依照邮轮船队创建年代的顺序，分别简介世界知名邮轮船队及其主要邮轮。

一、传统风格的邮轮船队

在邮轮远洋航行之中，秉承独特的民族和传统风格的邮轮船队众多，例如纯粹英伦风格的铁行渣华航运公司、大西方轮船公司、“英国北美皇家邮件船务公司”的冠达邮轮、德国赫伯罗特股份公司亦译哈帕·罗伊德公司、意大利传统的体现私人化服务的银海邮轮、日本风格的日本邮轮（NYK）等邮轮船队。

1. 铁行渣华航运公司邮轮船队——纯粹英伦风格

1815年，船舶经纪人布罗迪·麦吉·威尔科克斯（Brodie McGhie Willcox，1786～1862）在伦敦开办了轮船买卖公司，参与海洋运输业。

1822年，布罗迪·麦吉·威尔科克斯与来自苏格兰北部离岛的亚瑟·安德森两人合资成立了船运公司，经营航运业务，运输轮船航行于不列颠与伊比利亚半岛的葡萄牙和西班牙之间的海域上。

半岛东方蒸汽船航海公司

1835年，两人的公司加入了第三个投资人，来自都柏林的轮船拥有者波恩船长入股维尔科克斯与安德森公司。因为葡萄牙和西班牙都在伊比利亚半岛上，三人开始使用半岛蒸汽船航海公司的名称提供定期的蒸汽船服务，船队公司信号旗帜采用当时葡萄牙和西班牙的国旗颜色，半岛四色旗帜中白色和蓝色源自葡萄牙，红色和黄色来自西班牙。

1837年，三人创办的公司得到了运输邮件到伊比利亚的合同，宣告公司正式进入实质运行阶段，开创了半岛东方的百年历史。三年后（1840年），公司再次获得运输邮件到埃及的亚历山大港口的合同，使用新修建的1 787吨的“东方”号邮轮进行运输，为了庆祝他们的商业触及东方，公司最终定名为半岛东方蒸汽船航海公司，“P&O”的名称就来自于公司名字“半岛”和“东方（的）”的英文缩写。

（1）半岛东方邮轮。

1837年，铁行渣华公司邮轮船队创立，以体现自然、优雅、含蓄及高贵为特点的“纯粹英伦风格”提供中低价位水准收费为品牌诉求，是一个航线遍及世界各海域的豪华型老牌船队，成为英国最大的航运企业；直到“二战”之前，半岛东方的业务主要是邮件运输。半岛东方邮轮（P&O Cruises，1837年至今）是世界知名的邮轮公司，也是现存的世界历史最悠久的邮轮公司。

如今，半岛东方邮轮仍拥有（P&O）澳大利亚邮轮公司、（P&O）公主邮轮等邮轮船队。

半岛东方邮轮主要邮轮有：昔日西班牙传奇中的“情圣（浪子）”——“唐璜”号，白色公主——“奥里安娜”号、曙光女神——“奥罗拉”号等。

◆“唐璜”号——“情圣浪子”

1837年9月1日，半岛东方蒸汽船航海公司使用第一艘邮务轮船——号称西班牙传奇“情圣”的唐璜号邮轮，运营从伦敦至伊比利亚半岛之间的载客兼营运送国际邮件业务航线；但是，“唐璜”号邮轮返回英国普尔茅斯途中撞到了岩石。

◆“奥里安娜”号——“白色公主”

“奥丽安娜”号（S.S.Oriana，1959～1986年）是“二战”后英国建造的最大、最昂贵的邮轮。1957年，“奥里安娜”号轮船在英国龙骨（造船）公司诞生，1959年11月3日竣工，1960年12月3日，在南安普顿港实现处女航。当时，伊丽莎白女王的堂妹亚历山大王妃受女王的委托，主持了隆重的下水剪彩仪式，并遵照女王的旨意将她命名为“奥丽安娜”，意为“白色公主”。

“奥丽安娜”号是半岛东方邮轮的一艘远洋客轮。1973年，面对世界各地的客运航线亏损，“奥丽安娜”号将原本是金碧辉煌的传统玉米色的船体换上了白色的涂装。

神秘的“奥丽安娜”号邮轮从外观到内饰均体现传统的英伦风格，设备及装饰华丽精美，极尽豪华。邮轮总注册吨位（GRT）为4.191 0万吨，船舶总长（LOA）245.10米（804ft），船宽（BM）30.50米（97.1ft），高52米，甲板13层，船舱面积6万平方米，客舱903间，载员3 000人；船上有空调机121台，电梯6部，照明灯3 894只，救生艇22只。邮轮航速27.50～30.64节。

1986年3月24日，“奥丽安娜”号邮轮在夏威夷附近海域与一艘美国航空母舰相撞……完成了最后一次航行，在英国普利茅斯宣告退役。“奥丽安娜”号耗资1 400万英镑建造，26年平安航程650万千米，服务世界各地游客40余万人次，访问全球108个著名港口。“奥丽安娜”号与“法兰西”号、“皇家公主”号、“伊丽莎白”号邮轮一起，同列为“世界四大著名邮轮”。

1998年11月，“奥丽安娜”号邮轮落锚上海黄浦江。由杭州旅游国际有限公司与杭州解百集团联合组建上海“奥丽安娜”号观光娱乐有限公司，经营开发水上娱乐项目。2002年7月19日，大连举办“中国国际啤酒节”，大连历史上最盛大的海上烟花盛会在“奥里安娜”号邮轮上举行。

2005年5月，“奥丽安娜”号被拖回张家港德积镇段山港30号锚地（五友拆船厂）坞口；2005年8月，“奥丽安娜”号正式被拆解，整个拆解耗时5个月。

◆“奥罗拉”号（M.V. Aurora，2000年）——“曙光女神”

2000年5月，“奥罗拉”号（M.V. Aurora，2000年）邮轮在德国帕彭堡的迈尔造船厂建成投入运营，造价超过2亿英镑。素有“曙光女神”之称的“奥罗拉”号隶属于嘉年华邮轮集团旗下的半岛东方邮轮公司。

“奥罗拉”号邮轮总注册吨位（GRT）为7.615 2万吨，船舶总长（LOA）270.00米，船宽32.20米，吃水7.90米，甲板10层，载客量1 950人。邮轮航速24节。

2014年3月3日，百慕大籍豪华邮轮“奥罗拉”号、意大利籍豪华邮轮“大西洋”号陆续驶抵上海吴淞口国际邮轮港码头。这是2014年吴淞口国际邮轮港码头迎来的首次两船同靠。也是“奥罗拉”号第二次造访上海，并于当日20：30离沪前往下一港——厦门。

（2）P&O公主邮轮——“大船的选择·小船的享受”

1840年，P&O公主邮轮在英国开始从事乘客的运输业务，并且拥有一些很有知名度的客船。P&O公主邮轮公司的邮轮业务至今已有170多年的历史。

“二战”之后的半岛东方邮轮迅速发展，找准旅客货运运输的契机，建造了一系列客轮，利用澳大利亚移民热潮，给欧洲向外移民提供客轮服务。

◆“帕翠莎公主”号

1965年，P&O公主邮轮船队创立。创始人斯坦利·B·麦克唐纳首次包船“帕翠莎公主号”，并成立了公主邮轮。同年12月3日，公主邮轮于墨西哥航线首航。

邮轮业务事业部属于铁行渣华航运公司。20世纪70年代和80年代，P&O公主邮轮在英国本土和澳大利亚邮轮产业建立领导地位后，开始开拓北美市场。在过去的十几年间，P&O公主邮轮主要通过建造新邮轮来获得业务增长。10年前开始，P&O公主邮轮投入运营4艘邮轮以发展邮轮品牌——P&O邮轮。

从1965年首航至今，公主邮轮一直致力于完美自我，以满足乘客们日新月异的变化与需求。早在

20世纪80年代，就首创平价阳台的概念，把曾经只属于顶级套房的奢华体验带给更多乘客。之后又陆续推出了为邮轮业界所推崇的多项创新服务：星空影院、圣殿成人休憩区、全天候餐饮服务以及婚礼教堂等。

◆“意大利公主”号

1967年，“意大利公主”号下水，并开始了她第一条巴拿马运河航线，在当时也开启了业界首创的巴拿马运河航线。

1969年，公主邮轮“意大利公主”号开启了第一个阿拉斯加航季。

◆“卡拉公主”号

1968年，第三艘公主邮轮下水——“卡拉公主”号如今已闻名遐迩的“海上女巫”图标在当时首次出现在“卡拉公主”号的烟囱位置。

◆“海岛公主”号

1972年，“海岛公主”号加入公主邮轮船队，公主旅游随之成立。

◆“太平洋公主”号

1974年，半岛东方邮轮公司收购了总部位于美国加州的公主邮轮；公主邮轮保持着独立的邮轮运作，“太平洋公主”号加入公主邮轮船队。

1977年，P&O决定将集团内部客运部门改为P&O邮轮，也成为今天P&O邮轮的模型。

2000年2月，P&O邮轮再次经过整合，与公主邮轮合并，成了半岛东方公主邮轮，从此与P&O集团摆脱了关系。

重新整合的P&O公主邮轮，在2001年一度与皇家加勒比和庆祝邮轮探讨合并一事，但是股票持有者投票给了嘉年华，P&O公主邮轮成了嘉年华集团的一部分，而在嘉年华的领导下，两家公司再次资产分离。P&O邮轮立足英国市场，并且开发了澳大利亚的附属品牌“P&O澳大利亚邮轮公司”，专注于美国市场。

2003年4月，P&O公主邮轮同嘉年华邮轮合并，并入嘉年华邮轮公司。公主邮轮品牌定义为“全球旅行大师”，提供五星级的住宿及个性化的餐饮选择，例如三间主餐厅、世界领导人晚宴、英式下午茶和休闲小食全天候供应等。

2005年，P&O公主邮轮被迪拜世界收购。船队拥有17艘世界级邮轮，其中9艘邮轮吨位超过10万吨以上，世界七大船队排名前三。公主邮轮提供100多款由7天至72天不等的行程选择，航程遍及七大洲，遨游全球260多个港口。邮轮旅游在海外行之有年，备受推崇，被认为是最豪华、最浪漫的旅游方式。公主邮轮的行程经过长年累月的研究及无数知名旅游家的精心设计和策划，保证让您大开眼界。尤其邮轮上无微不至公主级的服务、五星级的活动设施，精彩的娱乐节目及美酒佳肴，不仅使您有机会探索世界上最迷人、最神秘和最令人惊叹的地方，而且让你享受更多的乐趣，以最轻松、最优雅的方式度过一个完美的假期。

2006年，由玛莎·斯图尔特命名的“皇冠公主”号加入公主邮轮船队，圣殿成人休憩区作为首个针对成年人的休息场所面世。

2007年，由佛罗伦丝·亨德森、玛丽恩·罗斯、艾琳·莫兰和苏珊·奥尔森命名的“翡翠公主”号加入公主邮轮船队。

另外，由乘坐公主邮轮次数最多的乘客罗琳·阿兹命名第二艘“皇家公主”号加入公主邮轮船队。

2008年，由《未婚女子》男女主角翠丝特·沙特和瑞安·沙特命名的“红宝石公主”号加入公主邮轮船队。

2013年1月，全新的“皇家公主”号首航。全新14万吨位的豪华邮轮——“皇家公主”号邮轮开启了日本母港航线。

2014年，公主邮轮来到中国，就为宾客打造了一系列专为中国宾客量身定制的文化、美食、娱乐等激动人心的项目，比如专门配备了说普通话的船员、顶级中国娱乐演员和国内外精致美食甄选等。

2015年，公主邮轮全体船队庆祝50周年纪念日。“太平洋公主”号于2015年12月3日开始为期14天的“重返墨西哥”之旅。

2016年，公主邮轮开始实现“三年三母港”的里程碑式成就，开启厦门母港并全面升级邮轮产品。

2017年，公主邮轮第一艘专为迎合中国市场设计打造的邮轮——“盛世公主”号也将在中国崭新启航。公主邮轮不断改善船上的设施，令旗下的邮轮设施和服务趋向多元化。

●旗下船队——19艘豪华邮轮

公主邮轮旗下共拥有19艘豪华邮轮以及30 730个邮轮泊位，同时还有6艘邮轮处于定购期。

公主邮轮船队有如下邮轮：“加勒比公主”号、“珊瑚公主”号、“皇冠公主”号、“黎明公主”号、“钻石公主”号、“翡翠公主”号、“黄金公主”号、“至尊公主”号、“海岛公主”号、“海洋公主”号、“太平洋公主”号、“红宝石公主”号、“蓝宝石公主”号、“碧海公主”号、“星辰公主”号、“太阳公主”号、“皇家公主”号、“帝王公主”号等。

品牌体验——公主级服务

在公主邮轮19艘现代化邮轮中，有半数以上为10万吨级别以上的巨型邮轮。20世纪90年代中，公主邮轮不断改善船上的设施，令旗下邮轮设施和服务趋向多元化，务求使乘客可按照其喜好，选择合适的活动，这种革命性的设计，让乘客在享受大船充足空间提供的多项选择之外，亦可体验到小船上才有的温馨与私密感觉，即公主邮轮独特的“大船的选择，小船的享受”。

每艘邮轮均提供一系列特色餐饮及娱乐设施，包括星空影院、圣殿成人休憩区、种类丰富的美食与用餐体验，如主厨绚光桌用餐体验以及海景阳台用餐体验，务求令宾客宾至如归。

服务信条——公主邮轮的服务信条可以由“C.R.U.I.S.E.”这六个字母代表，赋予其特定的意义分别为：“礼貌”“尊重”以及“始终如一的卓越服务”。

公主服务——著名的公主级服务在邮轮假期中得到完美呈现，从船长的诚心欢迎，到船舱服务生灿烂的笑脸、记得乘客喜爱饮料的餐厅侍者，都能作为公主邮轮服务精神的代表。公主邮轮秉承始终如一的服务精神，在40年中接待过无数位最挑剔的客人。

◆公主邮轮·“皇家公主”号（Royal Princess，1984年）

“皇家公主”号首次亮相即成为新时代邮轮。其所有客舱均为阳台客舱，首次采用开放式中庭布局。每当新成员面世之时，公主邮轮都会举行盛大的庆典。按照航海传统，公主邮轮会为每艘新船选择教母为其命名，以昭示邮轮的正式启航。在公主邮轮教母的史册上，多位卓有成就的知名女性赫然在列。公主邮轮历任教母的优雅、魅力与精神使她们成了公主邮轮完美的代言人。

“皇家公主”号作为独具特色的现代邮轮，自然需要与之气质相符合的教母。公主邮轮隶属于享有盛誉的英国P&O公司，因此威尔士王妃戴安娜成为命名“皇家公主”号的理想人选。

1984年11月15日，威尔士王妃戴安娜乘坐火车抵达南安普顿邮轮码头，受到了公主邮轮和政府官员的热烈欢迎。她在仪式上郑重宣布：“我将这艘邮轮命名为‘皇家公主’号，愿上帝保佑她和所有船员出航平安。”接着她拉动杠杆，香槟酒瞬间在船首击碎，象征邮轮的正式启航。在船长的陪同下，威尔士王妃参观了“皇家公主”号，并亲切会见了公主邮轮的成员。在交换礼物的仪式上，戴安娜还将仪仗剑赠予船长和船员，以纪念这一时刻。

新“皇家公主”号与1984年首次亮相的同名邮轮一样，也是新时代邮轮的独特代表，公主邮轮邀请了同样身份显赫的女性担任“皇家公主”号的教母。2013年6月13日，在英国南安普顿港口，剑桥公爵夫人殿下（凯瑟琳、米德尔顿）为“皇家公主”号正式命名。在启航仪式上，航海传统与英国元素碰撞出绚丽的火花，体现出现代的创新精神。

◆公主邮轮·“黎明公主”号（Dawn Princess，1997年）

“黎明公主”号是享受轻松假期的完美选择。每艘船都有两个可鸟瞰大厅的华丽天井。

1997年，“黎明公主”号邮轮首航。邮轮总注册吨位（GRT）为7.700 0万吨，“黎明公主”号邮轮于1997年首航，超过400间的阳台舱房，环绕全船的全景甲板，可乘载1 950位乘客，船舶总长（LOA）857英尺（约合261米），船籍为百慕大。

在“黎明公主”号上，您可以选择在摄政王餐厅优雅的用餐或是到维尔第餐厅去悠闲地吃块比萨。这里每晚都有精彩的娱乐表演供欣赏，或者也可以选择到SPA去放松一下。此外，“黎明公主”号邮轮亦备有露天电影院，能在星空下观赏电影。

◆公主邮轮·“至尊公主”号（Grand Princess，1998年）

“至尊公主”号是公主邮轮船队当中最雅致的船只之一。1998年，“至尊公主”号邮轮首航。总注册吨位（GRT）为10.900 0万吨，船舶总长（LOA）289米（951英尺）。拥有整层甲板的迷你套房，将近700间的阳台舱房，载客量2 600人。船籍百慕大。

“至尊公主”号邮轮拥有各式各样的餐饮和娱乐选择。乘客可以去公主剧院欣赏与百老汇相媲美的表演，可以去探险家休息厅参加艺术品拍卖，还可以到卡西诺顿赌场的牌桌试试手气。

◆公主邮轮·“太平洋公主”号（Pacific Princess，1999年）

公主邮轮·“太平洋公主”号、“皇家公主”号和“海洋公主”号邮轮是美国公主邮轮系列中的三姐妹。“太平洋公主”号邮轮在公主邮轮系列中属于较小的邮轮，但秉持了公主邮轮一贯的品位精神，造型精致、设备齐全的，可乘载680位乘客。邮轮首航于1999年，2003年4月，装修后投入使用。平均航速20节。邮轮总注册吨位（GRT）为3.027 7万吨，船舶总长（LOA）180.44米，船宽（BM）25.45米，吃水深度5.94米，甲板楼层11层，在美国公主邮轮系列中属于较小的邮轮，但秉持了公主邮轮一贯的品位精神，造型精致、设备齐全的。舱房总数340间，其中有超过200间的阳台舱房。为游客们提供了两个令人难以置信的特色餐厅，可尽情地享受美食。她那典雅，人数少而宁静，精致的服务如同高级的乡村俱乐部一般，可以享受航游的乐趣却又同时拥有如同专属的服务。

◆公主邮轮·“黄金公主”号（GoldenPrincess，2001年）

“黄金公主”号是公主邮轮船队当中最雅致的邮轮。

2001年，“黄金公主”号首航。邮轮总注册吨位（GRT）为10.900 0万吨，船舶总长（LOA）289米（951英尺），船籍为百慕大。

邮轮拥有整层甲板的迷你套房，有超过700间的阳台舱房，载客量2 600人。以及各式各样的餐饮和娱乐选择。您可以在剧院中欣赏具有百老汇水准的表演、去探险家休息厅参加艺术品拍卖或是到卡西诺顿赌场的牌桌试试手气。

◆公主邮轮·“星辰公主”号（Star Princess，2002年）

“星辰公主”号是公主邮轮船队当中最雅致的邮轮。邮轮耗资四亿五千万美金，与其姊妹船“黄金公主”号和“至尊公主”号同属11万吨级超大型游轮，也是世界屈指可数的巨无霸型游轮之一。

2002年2月13日，邮轮投入使用，平均航速22节，船籍百慕大。邮轮总注册吨位（GRT）为10.8977万吨，船舶总长（LOA）296米，船宽（BM）36.00米，吃水深度8米，甲板楼层18层，舱房总数1 301间，可乘载2 600位乘客。有超过700间的阳台舱房，以及各式各样的餐饮和娱乐选择。船上有清凉的游泳池、免税精品店、9洞高尔夫练习场、赌场、艺术品拍卖会、海上学院课程、音乐表演等。“星辰公主”号邮轮主要航线为欧洲航线、夏威夷航线（浪漫夏威夷群岛15天14晚之旅）、墨西哥航线、南美洲航线（合恩角及麦哲伦海峡14天13晚）。

◆公主邮轮·“珊瑚公主”号（Coral Princess，2003年）

“珊瑚公主”号邮轮是旅客的“梦想之船”。

2003年，“珊瑚公主”号邮轮首航。船籍百慕大。2009年，进行了全新的装修。邮轮有超过700间的阳台舱房可供赏景。还有最先进的寰宇休息厅、美味的纽奥良风味餐厅及牛排馆。还有以伦敦为主题的卡西诺赌场、酒吧，甚至有结婚礼堂，让每个人都能在“珊瑚公主”号邮轮上有宾至如归的感觉。

◆公主邮轮·“海岛公主”号（Island Princess，2003年）

2003年6月，“海岛公主”号邮轮首航。船籍为百慕大。“海岛公主”号邮轮与“珊瑚公主”号是两艘姐妹舰船。邮轮总注册吨位（GRT）为9.162 7万吨，船舶总长（LOA）294米（965英尺），船宽（BM）62.20米，甲板楼层15层，舱房总数987间，其中有727间的阳台舱房环绕全船全景甲板，可供赏景。可乘载1 970位乘客，内舱间数108间。吃水8.20米，船速24节。

◆公主邮轮·“钻石公主”号（Diamond Princess，2004年）

公主邮轮·“钻石公主”号是公主邮轮系列船队中体积最庞大、设施最完善的新船，位列全球15大最豪华邮轮之一。船籍为百慕大。

2004年3月13日，“钻石公主”号邮轮首航，最高航速22节。邮轮犹如一座海上的五星级酒店，总注册吨位（GRT）为11.587 5万吨。船舶总长（LOA）290.40米（约952英尺），船宽（BM）48.20米，高达62.5米，甲板楼层15层，舱房总数1 337间，其中有邮轮整层的迷你套房及748间客舱带有私人露天阳台。可以容纳乘客2 670位，船员人数1 100人。独一无二的夜总会备有现场乐队演奏，以及超过30个的电视屏幕。船上有五个主餐厅，可为游客提供意大利、欧美以及亚洲风味的菜肴。从轻松的比萨吧到传统的正式牛排馆都有，让您能体验多样化的餐饮选择。邮轮有四个大小不等的游泳池，有可容纳700多人的公主剧院，还有各式酒吧、夜总会、免税商店、健身中心、图书馆，拥有海上最大的网吧，甚至还有浪漫的结婚礼堂。

2008年10月9日，“钻石公主”号邮轮访问上海，随船的3 700余名游客人数也创下了上海港当年单批接待之最。2008年10月14日邮轮造访香港，由于船体体积太大，只好在西环对外海面停泊，安排驳船接送旅客上岸登陆和离岸登船。

◆公主邮轮·“皇冠公主”号（Crown Princess，2006年至今）

“皇冠公主”号以公主邮轮船队早期退役船只命名，由意大利芬坎蒂尼造船公司为公主邮轮精心打造而成。船籍为百慕大。

2006年6月，“皇冠公主”号登场，以纽约市为起返港，设立加勒比海游轮的新典范。

2011年，“皇冠公主”号邮轮翻修，2013年，邮轮重新登场亮相。“皇冠公主”号邮轮总注册吨位（GRT）11.300 0万吨，载客量3 080人，客房数量1 538间，其中“皇冠公主”号整层甲板的迷你套房有将近900间的阳台舱房，船舶总长（LOA）290米，船宽（BM）48.46米，甲板楼层19层，吃水7.92米，船速21.5节，服务人员国际化。新船设计元素为“水上散步道”，这是一种建造在顶层的甲板，底部为玻璃的，在船右舷边沿有悬空的散步道。在船的左舷，将有另一个类似的悬臂式海景酒吧，在享用鸡尾酒的同时，更可一览无与伦比的远景。内舱客房面积15平方米，其设施为：两张单人床可合并为一张大号双人床，舱内备有电视、冰箱、衣橱、写字桌及附有淋浴设备的浴室。海景阳台舱面积22～26平方米，其设施为：两张单人床可合并为一张大号双人床。舱内备有电视、冰箱、衣橱、写字桌及附有淋浴设备的浴室。迷你套房阳台舱面积30平方米，其设施：两张单人床可合并为一张大号双人床，另有独立起居空间，备有沙发床与茶几，其他设施包括两台电视机、一台冰箱、小酒吧以及大型衣帽间，卫浴设备包括浴缸以及淋浴莲蓬头。

"皇冠公主"号环绕拱廊式中庭的设有国际餐厅、美酒海鲜吧及牛排海鲜馆。乘客可以在星空下体验露天电影院，或是在私人阳台上欣赏加勒比海的美景。在顶层甲板上，新建了一个成人游泳池，周围有七个豪华私人更衣室，让乘客身临其境的感觉像漂浮在水面上。成人泳池周围的另外两个泳池，白天是泳池，晚上就会变成室外舞池，有眼花缭乱的激光水幕表演。

◆公主邮轮·"翡翠公主"号（Emerald Princess，2007年）

"翡翠公主"号以顶级的设备带给乘客全新的体验。

2007年4月，"翡翠公主"号邮轮首航。邮轮总注册吨位（GRT）为11.300 0万吨，载客量3 080人，"翡翠公主"号整层甲板为迷你套房，有将近900间的阳台舱房，船舶总长（LOA）290米（952英尺），船籍为百慕大。

"翡翠公主"号邮轮环绕拱廊式中庭有国际餐厅、美酒海鲜吧及牛排海鲜馆。乘客可以在星空下体验露天电影院，或是在私人阳台上浏览加勒比海的美景。

◆公主邮轮·"红宝石公主"号（Ruby Princess，2008年）

"红宝石公主"号是公主邮轮船队中排名第二的超至尊级别邮轮。

2008年，"红宝石公主"号开始建造。邮轮总注册吨位（GRT）11.400 0万吨。包括意式风情的中庭广场，成人专属的圣殿成人休憩区，和公主邮轮所有船队的挚爱之一的影院——浪漫惬意的星空影院。您可探寻宽阔甲板上的每一处：优雅的餐厅、精彩纷呈的娱乐场所、惬意的淡水泳池及优雅的舱房，感受无处不在的奢华和惬意。

◆公主邮轮·"蓝宝石公主"号（Sapphire Princess，2012年）

2012年1月1日，针对中国邮轮旅游市场，公主邮轮·"蓝宝石公主"号邮轮装修翻新。

2014年5至8月，公主邮轮在为期4个月的中国航季中提供历时3天至5天的24个航线，共搭载约70 000名宾客出海航行。在不同的航线中，"蓝宝石公主"号带领中国宾客前往韩国及日本著名旅游城市，包括首尔（仁川）、釜山、济州岛、福冈（博多）、鹿儿岛、冲绳及长崎。5月21日，嘉年华集团在上海举行"蓝宝石公主"号中国首航仪式，正式宣布开启首个中国母港航季。"蓝宝石公主"号中国首航仪式也是2014年上海邮轮旅游节的开幕序曲。5月22日，公主邮轮旗下至尊级"蓝宝石公主"号以上海为母港为亚洲游客服务，取代皇家加勒比邮轮旗下的"海洋水手号"成为亚洲最为年轻的10万吨级以上豪华邮轮。

2015年4月2日，公主邮轮在上海举办了50周年金色庆典活动，并正式揭幕2015中国母港航季。6月4日至10月6日，宾客搭乘载客量达2 670人的"蓝宝石公主"号前往日本和韩国，体验丰富的周年庆祝活动以及公主礼遇升级产品，包括全新的餐饮、购物和娱乐体验，以纪念公主邮轮走过的半个世纪里程。公主邮轮正逐步拓展中国母港航季，包括推出全新航线、更长天数的邮轮产品以及开发新的港口。

2015年10月9日，公主邮轮"蓝宝石公主"号首次推出以中国北方城市天津为母港的邮轮航线，开启全新首航航季。公主邮轮携手北京领先的包船旅行社——凯撒旅游，推出为期32天的天津母港航季，宾客可搭乘"蓝宝石公主"号前往韩国和日本地区众多丰富多彩的目的地。10月9日至11月9日，公主邮轮为宾客提供5个天津往返日本和韩国的邮轮之旅，到访包括釜山、济州、福冈、长崎和鹿儿岛等在内的多个著名城市。

2016年2月25日，公主邮轮揭幕“全球旅行大师”全新品牌定位，继续为宾客打造如公主般的国际化高端邮轮度假体验。为了生动地诠释这一品牌定位，公主邮轮制作了一部精彩的广告片——“寻找公主”。公主邮轮还在本次发布会上宣布实现“三年三母港”的里程碑式成就。2016年，“蓝宝石公主”号将以上海和厦门为母港展开全年航季，驶往日韩的热门游览胜地。同年，“黄金公主”号将在天津港迎来她的首个中国盛夏航季。在未来的征程里，公主邮轮还将推出崭新的航线，提供更多航线选择，并探索全新的港口，使中国地区的航季更加丰富多彩。

◆“皇家公主”号（Royal Princess，2013年）

2013年1月，全新的“皇家公主”号首航。这是自公主邮轮在原“皇家公主”号退役后，推出全新14万吨位的豪华邮轮——“皇家公主”号。

2013年，由皇家剑桥公爵夫人命名的“皇家公主”号加入公主邮轮船队，公主邮轮开启了日本母港航线。英国公主邮轮旗下新船“皇家公主”号的命名仪式当天在南安普顿举行，剑桥公爵夫人——王妃凯特为其洗礼当教母。给一艘新船指定一位教母是最古老的海上传统……命名仪式结束后，“皇家公主”号载着3 600位乘客开始了其处女航。

“皇家公主”号邮轮传承了公主邮轮的经典外形，并独具自己个性。邮轮总注册吨位（GRT）为14.100 0万吨，载客量3 600名乘客。高达1 082英尺（约330米），有一个28英尺（约8.50米）长的玻璃底观景台，10种不同口味的餐厅，1 780间特等舱。此外，邮轮还配备了游戏室、赌场和休闲健身中心。

在“皇家公主”号邮轮的设计元素中新添加了“水上散步道”，这是一种建造在顶层甲板，底部为玻璃，在船右舷边沿有悬空的散步道，全场28尺，在这里，游客们可以更加身临其境地观赏到激动人心的海景。“皇家公主”号带领游客巡游蔚蓝地中海和加勒比海地区，去探访每一个充满神秘和经典的名胜古迹。

◆公主邮轮·“帝王公主”号（Regal Princess，2014年）

“帝王公主”号是公主邮轮有史以来吨位最大的船，是2013年下水的“皇家公主”号的姐妹船。

2014年，新近加入公主邮轮船队的“帝王公主”号成了船队中新世代邮轮的代表。全新的特色及创新的改革，让想象力更加璀璨。其中最吸引眼球的当属位于顶层的海景悬臂酒吧——海上漫步！一段封闭的玻璃地板走道超出船舷外8米，客人可以在这里俯瞰脚下40米的海面，感受漫步海上的惊险刺激。

优雅的餐厅、精彩纷呈的娱乐场所、惬意的淡水泳池、优雅的舱房，无处不在的奢华和惬意！位于顶层甲板玻璃走道海上漫步廊超出船舷28英尺，带来漫步海上的无限乐趣；宾客还可在此体验浮于水面的豪华池畔私人小屋，令人眼花缭乱的海天水光秀，全新的公主现场电视摄影棚，所有外舱房均设有私人阳台，可欣赏无限海洋风光。

邮轮拥有有史以来最大的公主剧院，提供原创戏剧演出及表演，还有精心设计的灯光和高清晰的银幕。夜晚神奇的灯光水秀表演，将顶楼甲板转换为充满音乐、灯光特效的舞池。在星空露天电影院则搭配了更大的银幕，以及有史以来最棒的音效系统。莲花SPA配备了先进的热疗室，设有水疗池、焕然一新吧、土耳其浴等。

世界各国名厨将为宾客带来美味大餐。在创新的夜光主餐厅好好放纵自己享受一次，这个专属晚餐的地点设计华丽，采用手工特制的玻璃桌，周围环绕着灯光幕帘。诱人的海景露台海鲜吧提供了寿司、生鱼片、生蚝和其他许多美味的海鲜餐点。冰品甜点吧提供意大利冰激凌和各种诱人的甜点。蛋糕点心屋位于地平线餐厅，是海上最大的点心屋。还有丰富多样的用餐体验可供选择，包括特制的主厨绚光桌用餐体验以及尊贵阳台用餐。

（2）阿伊达邮轮——“德国艺术风格”。

1999年，P&O公主邮轮开始收购德国最知名的阿伊达邮轮公司，并开始进入德国邮轮旅游市场。

2000年，邮轮业务事业部分离出来成为独立的邮轮公司。2000年10月，P&O公主邮轮成立，获得了（德国）阿伊达邮轮公司的剩余股权。

2003年4月，P&O公主邮轮同嘉年华邮轮公司合并，并入嘉年华邮轮公司。

公主邮轮隶属于全球最大邮轮集团“嘉年华邮轮集团”，是定位于北美市场的一个至尊邮轮品牌，在1977年以长篇电视剧《爱之船》在“太平洋公主”号上拍摄，成功塑造了海上旅游新概念而享誉全球。95%以上的公主邮轮乘客来自美国、加拿大及欧洲国家，公主邮轮为乘客提供全新的个性化空间、五星级酒店的食宿、温馨的私人服务以及完善的娱乐设施，是全世界阵容最大、服务最好的邮轮品牌之一。

2. 大西方轮船公司

1837年，英国大西方铁道公司设计建造了木壳明轮蒸汽机帆船“大西方号”。初始为大西方轮船公司的第一艘蒸汽船，专为穿越大西洋。

◆ “SS大西方”号

“SS大西方”号于1837年建成下水。这艘船按类型归类为木壳明轮蒸汽机帆船，船舶总吨位约为1 350吨（GRT）。在1838～1846年期间，服务于“大西方轮船公司”。

“SS大西方”号曾赢得蓝带奖牌。1847年，出售给英国皇家邮政邮船公司。1856年，“SS大西方”号邮船报废。

◆ “大不列颠”号

由于“大西方”号的建造和运营成功，以及与其他公司竞争的压力越来越大，大西方铁道公司决定为“大西方”号建造一艘姐妹舰，而布鲁内尔则建议公司建立一艘更大的船只，这船将使用铁来作为船壳材料。如此革命性的设计最终被通过了，在1839年7月，新船的第一根龙骨在布里斯多的帕特森造船厂铺设。

“大不列颠”号于1843年7月19日建成下水。这是一艘铁壳蒸汽机帆船。“大不列颠”号装备的蒸汽机能够提供1 500匹马力，并推动一个六叶的螺旋桨，航速9节。六个防水隔仓，这让“大不列颠”号成为当时最安全的船只。船舶总吨位约为3 450吨（GRT），搭载旅客148人，船舶总长（LOA）64.80米，船宽（BM）10.80米。船上依然有六根桅杆，用于在机器故障时挂上风帆提供动力。英国正式拥有了当时世界上最大和最豪华的船只。在1845—1846年期间，服务于“大西方轮船公司”。1850年，最终转移出售给澳大利亚贸易，现在保存在布里斯托尔。

◆ **“天狼星”号——越洋舷侧明轮蒸气机帆船**

“天狼星”号是于1837年建成的一艘侧轮木壳蒸汽（动力）轮船。

1837年8月，圣·邮船公司开始经营往返于伦敦—爱尔兰南部的科克航线。

1838年，“天狼星”号经英国和美国蒸汽航运公司特许开通了跨大西洋客运服务的两条航线。

3. 冠达邮轮——“英国北美皇家邮件船务公司”

目前，“肯纳德”及其“肯纳德邮轮”中文音译名称有：“卡纳德（邮轮）”“丘纳德（邮轮）”“库纳德（邮轮）”“冠达（邮轮）”等。

肯纳德邮轮公司是世界上目前历史最为久远的邮轮公司，历史可以追溯到1839年。

1839年，加拿大的塞缪尔·肯纳德先生在英女王的支持下，得到了英国跨大西洋信件传递合同，取得了英国与北美洲之间运送邮件的承包权。

（1）航线。

1840年，创办了“世界上第一家邮轮公司”——不列颠北美皇家邮局蒸汽运输公司即英国北美皇家邮件船务公司，并以“肯纳德/冠达蒸汽船公司”为名，用4艘蒸汽船往返于“利物浦—哈利法柯斯—波士顿”航线，成为第一个开通定期航线搭载客人横跨大西洋的公司，开创了世界海运史新篇章。

1847年，开通运营“利物浦—波士顿—纽约”航线。

1851～1966年，开通运营“利物浦—纽约”航线。

1853～1978年，开通运营“利物浦—直布罗陀—马耳他（Malta，地中海的岛国）等“地中海港口”航线。

1854年，英格兰英国皇家邮政轮船成立。

1858～1970年，开通运营“纽约—（巴哈马首都）拿骚—（古巴首都）哈瓦那—西印度”航线。

1872～1974年，开通运营“（英国）格拉斯哥—西印度”航线。

1911～1966年，开通运营“（英国英格兰南部港市）南安普敦—魁北克—蒙特利尔”航线。

1813～1966年，开通运营“利物浦—魁北克—蒙特利尔”航线。

1919～1978年，开通运营“（英国英格兰南部港市）南安普敦—（法国西北部港市）瑟堡—纽约”航线。

1922～1940年，开通运营“伦敦—南安普敦—纽约”航线。

（2）大西洋两岸最快的传递速度。

肯纳德邮轮船队是以纯粹英伦风格提供高水准服务为品牌，与P&O同属历史最悠久的老牌船队之一。

直到1870年，肯纳德/冠达蒸汽船公司保持着大西洋两岸最快的传递速度超过30年。

可惜，后来竞争对手白星航运公司和里人航运公司超越了肯纳德邮轮的速度。

1879年，为了保持竞争，肯纳德将公司改制为“肯纳德蒸汽船（有限）公司”，开始资本运作。

1881年，肯纳德邮轮又最先引进了以电流点火启动的客轮。

1902年，在英国政府的资助下，肯纳德建造了两艘超级轮船，“毛里塔尼亚”（Mauretania，1904）和“卢斯塔尼亚”（Lusitania，1907）创造了海洋上的最新速度26节。而此时的轮船都加入了移民浪潮的运输工作。

1905年，冠达邮轮最先引进了以蒸汽涡轮引擎推动的客轮。

1911年，冠达邮轮最先将健身房和医疗中心设置于客轮之上。

◆“拉科尼亚”号

1912年，冠达邮轮引进“拉科尼亚”号及“弗朗科尼亚”号两艘客货两用轮船加入邮轮市场。

1922年，“拉可尼亚”号客货两用（海运）邮轮，率先完成环游世界一周之壮举。

◆“卢斯塔尼亚”（Lusitania，1907～1915）

1915年，德军在爱尔兰海岸击沉了“卢斯塔尼亚”号，1 198名乘客遇难，直接导致了美国加入第一次世界大战。战后经济一蹶不振，进入了大萧条，肯纳德邮轮无力面对德法意等国新线的挑战。

（3）肯纳德邮轮公司合并破产的白星航运公司。

1934年，英国政府再次出资，让肯纳德建造“玛丽王后”和“伊丽莎白女王”两艘巨轮，前提是肯纳德邮轮公司合并破产的白星航运公司。至此，“肯纳德邮轮—白星航运（有限）公司”成为唯一一家能够以英国皇室女王为名的轮船企业，而新企业“肯纳德邮轮–白星航运（有限）公司”也由此诞生。肯纳德邮轮公司拥有新公司2/3的权益。

（4）改名——肯纳德邮轮。

1947年，肯纳德购买了余下的白星股份。1950年，公司正式改名为“肯纳德蒸汽船（有限）公司”，两家写满美洲开发历史的公司成了一家。

20世纪50年代出现英国的彗星客机、苏联的图–104，美国的波音707和DC–8等喷气式客机。采用涡轮喷气发动机、后掠翼，与活塞式客机相比大大提高了巡航速度和客运量，运营效率大为提高。

邮轮主营业务是跨大西洋货运与客运航线，由于受民航客机运营效率的影响，肯纳德邮轮的大西洋客运风光不再。

◆“伊丽莎白王后2”号

十年后，肯纳德邮轮正式退出了常年的大西洋客运时代，新船只“伊丽莎白王后2”号在夏季大西洋运输和冬季邮轮度假的概念上被建造，并于1969年下水，也是世界最有名的邮轮之一。到1971年，肯纳德拥有42艘货船，并有20艘建造中；3艘客船和两艘建造中的邮轮，以及酒店和度假村产业。特拉法格在当年一并购买了肯纳德所有产业，并开始痛苦的转型。

1962年，冠达邮轮公司与英国海外航空公司合组BOAC-Cunard公司经营北美、加勒比海和南美地区的定期航班服务。但是，1966年这家公司被解散。

1971年，冠达邮轮公司被英国航运及特拉法工业集团收购。

（5）收购——（挪威）挪美邮轮公司。

1983年，肯纳德邮轮继续扩张，收购了挪威的挪美邮轮公司。5年之后，肯纳德吸收了一家小型的货运公司，不久却宣布退出货运市场。在1989年和1991年间，几乎所有的货船被出售。

20世纪90年代的肯纳德经过了很多震荡，开始走下坡路。1996年，特拉法格被整体出售给了一家挪威公司克维乐，该公司在欲出售肯纳德无果的情况下，加大投资改善了肯纳德的公众形象。

（6）隶属——嘉年华邮轮公司。

1998年，嘉年华以5亿美元的代价买下了肯纳德邮轮，并在1999年支付了额外的两亿五百万美元买下了剩余的股权，肯纳德邮轮正式成为嘉年华旗下以英国传统服务（特别是以“泰坦尼克”号闻名的白星服务）为代表的奢华邮轮品牌。

4. 德国赫伯罗特公司

德国赫伯罗特股份公司又译为哈帕·罗伊德公司（德语：Hapag-Lloyd AG），隶属于阿尔伯特巴林财团的控股子公司及德国途易集团。

赫伯罗特股份公司是德国一家从事运输及物流业务的货柜航运公司，总部设于汉堡，成立于1970年。前身由两家在19世纪便开始运营的公司合并而成——1847年创建的赫伯和1856年创建的罗特。

赫伯罗特邮轮和“水晶邮轮”一样，背后站着一个从事海洋远洋运输产业的巨人；亦和“肯纳德/冠达（邮轮）”一样，经历过时间的改变，经历过战乱与重生。

哈帕·罗伊德公司在战前出名的三大轮船——1912年建好的“皇帝”号、“祖国”号与“俾斯麦”号，是第一批超过5.000 0万吨和船舶总长（LOA）274.32米（900英尺）的轮船。可惜，在一战之后，哈帕所建的轮船都要小很多。北德意志罗伊德，在成立之初提供不莱梅与纽约的客货运输，因此在新泽西建立了一个基地。

（1）赫伯。

德国赫伯罗特股份公司中“赫伯”的全称为“汉堡—美洲行包航运股份公司”，是一家创立于汉堡的大西洋航运公司。1912年，赫伯公司开始建造它们的远洋邮轮“三巨头”，“皇帝”号和“祖国”号先后成为当时世界上最大的客运邮轮，而在建造第三艘“俾斯麦”号时遭遇了第一次世界大战，战后由英国的白星航运公司完成，并改名“雄伟”号。

在第一次世界大战期间，赫伯的大部分船只都被击毁，而多数幸存的船只（包括“三巨头”）都必须作为战争赔偿上缴给战胜国。战后赫伯开始重建其船队，但数量及规模均比以往小得多，然而第二次世界大战的爆发又几乎将其船队毁灭，幸存船只也都全数上缴到同盟国。

（2）罗特。

德国赫伯罗特股份公司中“罗特”亦译“罗伊德”，全称为北德意志罗伊德，1856年创立于不莱梅，主要为移民至新大陆的乘客提供往来于“不莱梅–纽约”之间的客运及货运服务。

◆ **“不莱梅”号（Bremen，1856年，蒸汽船）——第1艘**

1856年6月，“不莱梅”号蒸汽船建成，北德劳埃德利用它和此后的两艘蒸汽船在新泽西州的霍博肯创立了美国基地。

在“一战”前后的移民潮中，罗特逐渐组建成大型的船队，将数以千万计的移民运往西方，仅在1913年移民的高峰期，便有24万人次的乘客通过罗特穿越大西洋。1917年，旗下135艘轮船被美国政府收押，并且用于“一战”。

第一次世界大战的爆发导致了罗特在霍博肯的135艘船只被扣留，而在1917年美国宣布参战后，这些船只被全数没收。同样地，霍博肯基地也被没收，并移交给了美国海军用作其转运基地。

◆ **“不莱梅”号（Bremen，1929年）——第2艘**

1922年，罗特重新恢复运营，并通过境外资产管理者回购了其曾经的美国基地。并在1929年至1930年间，又推出了德国船舶业乐于谈论的两个响亮的名字：新造的“不莱梅”号和“欧罗巴”号高速邮轮。到现在为止，赫伯罗特依然有着两艘邮轮背负着这两个巨名。

然而1941年，历史重演，第二次世界大战爆发后，罗特又重复了它在“一战”时的命运，罗特船队的大部分轮船在1941年被美国政府收押（美国参战后被美军全数没收）。唯一例外的是“新不莱梅”号，在它做越洋航行时，于1939年提前逃出，在摩尔曼斯克取得保护，其后航行回不莱梅，并且在“二战”期间停靠在不莱梅港口躲避，得以保留。

◆ **“不莱梅”号（Bremen，1959年）——第3艘**

一直到1954年，罗特的乘客运输才得以恢复，新的“不莱梅”号和“欧罗巴”号也从瑞典—美国公司买入更名。1954年，罗特兼并了柏林航运公司，并通过购买两艘二手邮轮开始恢复运营。其提供与以往一样的服务，但开始遭到其他交通运输方式的竞争，航空业侵蚀了许多市场份额。这直接导致了罗特在1970年与赫伯合并。

1959年，公司增加了“不莱梅”号——原称“巴斯德”号客轮，总注册吨位（GRT）3.233 6万吨。

◆ **“柏林”号**

1955年，乘客服务恢复使用重建的1924年的瑞典船——M.S. Gripsholm，总注册吨位（GRT）1.799 3万吨。当时，罗特从瑞典–美国客线公司购买了一艘轮船，并且改名为“柏林”号，她是该名称的第六艘德国船。

◆“易北”号

罗特所创造的一些速度记录保持了多年。其中，“易北”号在1881年创造了由南安普顿至纽约仅用时8天的记录，直到1900年才被打破；新“不莱梅”号也在1929年创造了横跨大西洋的最快纪录。

直到1970年9月1日，因为过度的竞争和飞机带来的市场压力，罗特和汉堡—美国线合并。也在此时，赫伯罗特邮轮诞生。

1998年，赫伯罗特被德国途易集团收购，并在2002年成为其全资子公司。2009年，德国途易集团将其持有的多数股权出售给了私人投资者。

●全球第4大船公司

2014年12月16日，赫伯罗德与智利南美轮船公司合并成为全球第4大船公司。赫伯罗特拥有大约175艘现代船舶，每年运输量达750万个标准箱（20英尺标准货柜单位），9 500名工作积极的员工遍及全球117个国家近350个地区，并通过行业领先的IT系统紧密连接在一起。赫伯罗特船队是世界上拥有种类最多和最现代化冷藏集装箱的班轮运输公司之一。赫伯罗特全球运营网络有超过122条航线以确保快速可靠地连接了各大洲之间的业务。

在过去的168年里，赫伯罗特已经建立了行业范围内的基准，如可靠性、服务性、生产效率和环境保护。合规及可持续性发展也是赫伯罗特所关注的重要课题。

◆“欧罗巴”号

大西洋蓝飘带奖一直被“不莱梅”和“欧罗巴”“两姐妹”拥有；直到1933年，被意大利的“国王”号邮船突破。

◆“芬兰之星”

在1979年到1980年，赫伯罗特曾短暂租用“芬兰之星”号用于夏秋航行。

5. 银海邮轮

1994年，银海邮轮船队创立，以超高级豪华型邮轮为品牌诉求，提供无懈可击的高档服务，2001年被《Conde Nast 旅游月刊》选为“最佳小型邮轮船队”。2004年，银海连续第六年被选为“全球最佳”小型航运公司。2005年，银海连续第九年荣获Condé Nast Traveler杂志颁发的“第一位”小型航运公司读者大奖。2007年，银海连续第三年荣获Luxury Travel颁予的“最佳邮轮公司”Gold List 2007大奖。

总部设在摩纳哥的银海邮轮公司在新加坡成立了一家（区域）办事处。

银海邮轮船队素来被公认为豪华邮轮界的创新者，为宾客呈献大型邮轮度假体验。银海邮轮为六星级全套房邮轮公司，公司旗下拥有6艘豪华邮轮，全部洋溢欢乐、悠闲、典雅气氛，服务于地中海、北欧、东南亚、非洲、阿拉斯加、加勒比及南美洲，行程遍及全球七大洲。银海邮轮舰队是特制的超豪华游船，打造规模较小的新型船只，开辟新的航线停靠更多外国港口。所巡游的线路独具匠心，由于属于小型邮轮，可直接驶入大型邮轮不能直接停靠需要接驳的港口，并且可以停靠大多数大型邮轮不经过的港口，银海邮轮所经过的每一个港口城镇都各具特色，即使航行在同一区域，线路也基本不重复，让您的邮轮旅行充满了新鲜感。

意大利人对每样东西都有着极大的热情，他们喜欢追求生活的品质。在这种传统的影响下，罗马Lefebvre家族成立了一个具有创新性意义的公司——银海邮轮，为客人提供一种私人的卓越环球航海旅行。拥有的6艘奢华船舰每一艘都是雅致、宽敞，六星级酒店般的客房给人的感觉就和温暖的家一样，友好而又亲切。银海的成功归咎于以下几个因素：私人定制化、互补，以及迎合每位客人独一无二的需求。

银海邮轮一贯坚持服务人员与乘客比例1：1.4，从而创造出私密奢华的旅行享受，备受皇室及明星推崇。当您进入舱房时，能看到客厅里摆放着传奇的波马利香槟——欢迎香槟，温馨舒适的卧室大床上铺着芙蕾特的床单、宝格丽的洗浴用品；当您在优雅的餐厅用餐时，除了能品尝到餐饮组织Relais-Chateaux主厨为您精心烹制的美食之外，您所使用的餐具也都是知名品牌：欧洲顶级定制银器品牌的——Christofle银器、肖特圣维莎的玻璃器皿，这些都为您的邮轮美食体验锦上添花。

2008年夏季，全新奢华极地探险邮轮——“阿尔贝二世亲王”号（2011年已正式更名为“银海探索”号）加入后，银海的行程已遍及全球七大洲。

2009年底建造完毕并下水的全新奢华船舰——“银神”号除了为银海丰富了更多航线之外还增添了许多亚洲元素。

这支精致的船队专门为少数的客人度身设计，邮轮上专业的工作人员为您提供了最高级别的私人化服务，同时也让您拥有了更大的私密空间。银海邮轮提供大多数带有私人阳台的全海景套房供客人选择。作为奢华邮轮旅行的先行者，其卓越的一价全包式体验以及由全球最知名奢华品牌提供的顶级产品，很快成了现代富有旅行者的不二选择。

伊莎贝拉·罗西里尼是银海邮轮理想的品牌形象大使，她代表了银海所独有的精致、品味、雅致的品牌标准。作为一名瑞士和意大利混血儿，伊莎贝拉·罗西里尼居住在时尚都市纽约，她正是能代表银海邮轮国际高端品位和意大利传统情节的恰当人选。

（1）邮轮船队

银海邮轮拥有的6艘奢华船舰“银云”号（1994年推出的首舰）、“银风”号（1995年）、“银影”号（2000年）、“银啸”号（2001年）、“银海探索”号和“银神”号（2009年），每一艘都雅致、宽敞，其五星级酒店的客房给人的感觉就和温暖的家一样，友好而又亲切。银海邮轮提供大多数带有私人阳台以及露天餐台的全海景套房给客人选择。

◆ **“银云”号**

1994年，“银云”号邮轮作为银海邮轮的首舰推出。总注册吨位（GRT）1.692 7万吨，船舶总长（LOA）156.70米，船宽（BM）21.50米，有六层游客甲板，在银海邮轮中排行第二大的邮轮。作为6

星级奢华邮轮，全部舱房都是套房，套房148间，载客量乘客296人、船员222人，船员游客比1：1.3，一个船员服务1.3个客人。同样高贵，同样私密，同样受世界上众多贵族的推捧。“银云”号邮轮奢华的内部装饰，顶级的服务，行驶于世界上著名的旅游胜地之间，继承了银海邮轮奢华品质的传统，“银云”号邮轮给人以精致奢华的体验，但同时又给人亲切友好的感觉，是海上假日的最佳选择！

◆“银风”号

1995年1月29日，“银风”号是银海邮轮推出的第二艘游船。全部舱房都是套房，可容纳296人。2008年底，经过长达一个月的装修，银风号邮轮兴建了一个新的海景水疗中心，增添了新的观光层和8间套房。

邮轮套房中有香槟酒、个性化的餐具，可折叠的双人床（在较大套房中配备），衣柜、写字桌，梳妆台、吹风机，帕尔马洗涤用品、意大利大理石洗浴间，冰箱和鸡尾酒冷藏柜、卫星电视和DVD播放机、DID电话、室温调控设备、一个人保险箱、每日更换新鲜水果等，使用110/220电压。

◆“银影”号

2000年，银海邮轮推出“银影”号。“银影”号邮轮秉承着匹配最佳邮轮奖项的精致航海旅游理念，带来了规模更大的银海系列邮轮，维系了其一贯给人的亲切私密感受的风格，同时增加了更多的豪华元素。

“银云”号邮轮总注册吨位（GRT）2.825 8万吨，船舶总长（LOA）186.00米，船宽（BM）24.90米，拥有10层游客甲板。2011年，“银云”号邮轮装修，作为6星级奢华邮轮，全部舱房都是套房，载客量382人（乘客）。

◆“银海探索”号

探索之船——“银海探索”号是银海家族的新成员，将带您前往世界上最遥远神秘且未被破坏的地方。通过这些奢华的探索旅程，银海希望唤起人们更加关注地球及其生态环境。

获得英国Lloyd’s Register冰级标志A1A评级的HSH Prince Albert II，是专用于探险航行的船只，既秉承了银海屡获殊荣的豪华服务标准，同时为宾客提供独特的探险体验。20间顶级套房精选，面积350~675平方英尺的豪华空间，专为别具慧眼的旅客而设；套房更附设两个私人法式露台或偌大的私人阳台，以及其他超卓的配套如管家服务。66间海景客房均具备高雅设计，房内的私人浴室更设有浴缸。

“银海探索”号夏日行程将前往北极圈、挪威斯瓦尔巴、冰岛及格陵兰岛，而秋冬行程将会以相反方面前往南美洲及南极洲。

◆“银神”号

2009年12月，银海“银神”号邮轮首航。总注册吨位（GRT）3.600 0万吨，船舶总长（LOA）198米，船宽（BM）26米，拥有8层游客甲板，在银海邮轮中排行第二大的邮轮。作为6星级奢华邮轮，全部舱房都是套房，套房270间，载客540人，平均航速21节，电源电压110/220V。拥有更多阳台、更多餐厅、更多船上设施，同时也为每位银海尊贵的客人带来更多惊喜和期待。精致奢华的“银神”号邮轮将带您探索南美洲的自然美景、地中海的永恒宝藏和加勒比阳光普照的魅力群岛。“银神”号邮轮带您巡游加勒比海、墨西哥、环太平洋以及地中海地区。

6. 弗雷德—奥尔森邮轮公司

弗雷德—奥尔森邮轮公司，一家挪威的家族企业的附属公司，却以英国为基地经营邮轮事业。弗雷德—奥尔森家族企业包括邮轮以及位于西班牙加纳利群岛的高速渡船等业务。家族企业的历史可以追溯到1848年，在挪威奥斯陆—佛德区域的小镇福特岑，福德里克·克里斯蒂安·奥尔森购买了两艘木船。他的另外两个海员兄弟，当时担任船长的皮特尔和安德雷斯，也跟着在1852年和1860年成为了船舶拥有者。这三个兄弟彼此合作，在挪威打出了一片天地。他们创立的公司经过多年的发展，发展成一个主营运输货物和乘客的集团，往来于挪威与地中海、北海，甚至美国。

和很多的邮轮公司一样，由于飞机的诞生和在商业用途的普及，弗雷德—奥尔森也面临着转型。在喷气机时代来临之际，弗雷德—奥尔森邮轮公司在1966年购买了两艘客货两用的船只——10 000吨的“黑表”号和“黑王子”号。依靠这两艘船只，在夏季用作往来挪威至英国/荷兰的渡船，而冬季提供从英国出发前往大西洋热带的西班牙加纳利群岛邮轮旅行，宣告弗雷德－奥尔森邮轮公司的邮轮事业的开端。弗雷德－奥尔森在很长时间内都没有经历过扩张，大多数时间依靠购买二手船只并且大规模的邮轮内部改造补充着船队，这与他们小心谨慎的态度，以及专注于英国市场的开发不无关系。

◆ “黑王子”号

1966年，弗雷德-奥尔森邮轮公司客货两用的“黑王子”号邮轮下水。1970年至1983年间，在夏季改名“Venus”为其他公司营运渡轮航线，冬季则回到弗雷德-奥尔森用作邮轮；1983年到1985年间被渡轮公司DFDS买下；1985年被转售给了挪威人公司；1986年回到弗雷德-奥尔森德怀抱，并在此年经历了重大改装，成为完整意义的邮轮。在未改装之前，“黑王子”号的350张床位可以搭乘693名乘客和200辆车；改装之后可以容纳472位乘客和200名职员。2009年10月16日，因为欧盟新的海上安全条例，不符合标准的“黑王子”号告别了弗雷德-奥尔森，被卖到了委内瑞拉。

在告别“黑王子”号邮轮之后，弗雷德-奥尔森现在有4艘邮轮，常年提供英国各港口出发的邮轮，从最短的3晚到长达100多天的“环球旅行”，弗雷德-奥尔森依靠中小型邮轮提供灵活的线路与更细的游览方式。弗雷德-奥尔森讲究英国乡村生活式的船上体验，不仅有耳熟能详的英国乡村式酒吧，晚上的娱乐活动也与英国乡间的生活相差无几。而且，在弗雷德-奥尔森邮轮上的货币是英镑，而不是大部分邮轮所采用的美元标准。与嘉年华倡导的“乐生活”不同，弗雷德-奥尔森德邮轮体验是平静、祥宁的生活。

7. 日本邮轮（NYK）

日本邮船株式会社（Nippon Yusen Kabushiki Kaisha，NYK）简称“日本邮船”（NYK），是全球最顶尖的运输公司之一，世界财富500强企业之一。日本邮船

（NYK）即“日邮集团”运营着几百条海运轮船，并拥有一定数量的飞机、火车和卡车。日本邮船（NYK）的船队拥有850艘船，包括集装箱船、散货船、油轮、天然气运输船、游轮以及其他类型船舶。在27个国家开设了办事处，仓库遍及各大洲，并于亚洲、北美和欧洲都拥有港区。日邮总部位于东京，并在伦敦、纽约、新加坡、中国香港、上海、悉尼和圣保罗开设了区域性总部。目前，在全球拥有大约几万名雇员。

1870年，“九十九商会”设立，之后改名为“三川商会”“三菱商会”。1875年，在三菱财阀创立者岩崎弥太郎的主导之下，三菱商会合并国有企业“日本国邮便蒸汽船会社”，并易名为“邮便汽船三菱会社”。

1885年9月29日，“邮便汽船三菱会社”与另一家大型航运企业“共同运输株式会社”合并，即“日本邮轮株式会社”成立，总部位于东京。致力于提供安全、优质的物流集运及班轮运输服务。

1886年，开通（日本）长崎—天津（中国）航线。1893年，改制为株式会社，“日本邮船株式会社”诞生。是日本三大海运公司之一，为三菱财阀（三菱集团）的源流企业。开通日本初期的远洋定期航线。1914年，“德岛”号作为日本籍船初次通过巴拿马运河。1926年，与第二东洋汽船株式会社合并。1945年，第二次世界大战末期，所属船舶“阿波丸”在台湾海峡遭遇美国海军潜水艇袭击，并遭到击沉（阿波丸事件）。1949年，在东京、大阪、名古屋等证券交易所上市。1950年，在札幌证券交易所上市。

1960年，日本邮船退出客轮事业。1964年，合并三菱海运株式会社（前三菱汽船、极东海运：原三菱商事船舶部分拆独立而成）。1969年，近海、国内航线部门分割，并委托近海邮船株式会社经营。1973年，所属船舶“山城丸”在叙利亚拉塔基亚停泊时，适逢第四次中东战争爆发，船只遭受战火波及而损毁。

1988年，“日本水晶邮轮株式会社”设立；不久改名为“邮船邮轮株式会社”。1998年，合并日本旧六大海运会社之一的昭和海运株式会社。2003年，日本邮船历史博物馆开馆。2005年，收购全日空持有的日本货物航空（NCA）股份，使其成为日本邮船的子公司。2006年，与大型陆运业者大和运输的母公司——大和控股发表合作关系。

目前，仅以“飞鸟”号航行于日本海域以及环航世界95天航线为主。船队大抵以搭载日本国籍旅客为主，航程中使用日本语文并随船举办专家讲座是其船队特色。

日本邮船（中国）有限公司和日邮物流（中国）有限公司是世界最大的航运企业之一日本邮船株式会社（NYK）在中国开设的全资子公司。日本邮船（中国）有限公司和日邮物流（中国）有限公司分别于1995年和2000年在上海成立，经过多年发展，目前共投资设立了13家分公司，12家办事处，已经成为拥有近千名员工的大型物流公司。

2010年营业收入22 524百万美元，雇员28 361人，入选世界500强的3家超级航运物流企业之一，为世界之规模的顶尖航运物流企业。

2000年3月，成立了日本邮船集团物流（中国）公司，总部在上海。公司重点是转运、内陆运输、仓储和联合服务。所有这些业务都在飞速发展。在中国有五家分公司（广州、福州、厦门、青岛和天津），还有六个办事处（大连、无锡、苏州、南京、宁波和武汉），目标一致，充当全球扩张先锋。

日本邮船提供中国/日本到美西、中国—美东、中国—地中海、中国—欧洲、中国—中南美及加勒比海，中国到非洲、中国到澳洲等航线服务。

◆品牌标志

日邮集团logo设计理念——是建立在“双翼”的基础上，强调集团提供全面悉心的物流服务以满足客户的个性化需求，并体现良好的社会责任意识。logo配色方案使用“NYK blue”（日邮蓝）的单色设计——开始清楚地把“蓝海战略”这个新的思想运用到物流方面的益处展现得淋漓尽致，以促进集团和谐一致地实施下一步扩张战略所需的“日邮精神”。

日本邮船（NYK）是从自我封闭中脱颖而出而成立的运输公司，如今拥有世界最大的货物运输队，已经跨洋越海，成为世界海运业重要的服务提供商之一。还提供内陆运输和相关的国际性后勤服务。另外，提供豪华船舱和各种休闲娱乐船舱。

日本邮船公司宗旨——是最大限度地利用信息技术为客户提供物流运输服务。

日本邮船公司理念——作为一家提供全球海陆空运服务的物流公司，致力于通过安全可靠的运输来造福社会。

日本邮船员工意识——渴望意识到公司在社会上的重要作用。一百年以前，当其还是起源于日本的第一家国际航运线时就担任着这一作用。

二、传统与现代风格的邮轮船队

传统与现代风格的邮轮船队不少。例如，融合传统与现代风格老牌船队的荷美邮轮、致力于澳洲金矿贸易运输并创新的海洋船舶的白星航运公司、讲究“英国乡村生活式船上体验”的弗雷德—奥尔森邮轮公司、体现“欧式浪漫风格”与充满“意大利式的浪漫气息”的歌诗达邮轮等船队。

8. 荷美邮轮——传统与现代风格的老牌船队

荷美邮轮一直是邮轮业界的“领军人物”，它带领着那些爱好邮轮生活的游客们前往世界各地，去饱览绝妙的世间美景，品味奇特的异国情调。

（1）船队创立。

1872年，荷美邮轮船队创立。至今已有140多年辉煌的历史。

1983年，荷美邮轮的总部设立在美国拥有“邮轮之都”美誉的西雅图。

邮轮内装古典豪华，为融合传统与现代风格的老牌船队。船队有“法式风味”的餐饮品质“全柚木质甲板座椅”以及“不强征收服务小费”等特色。

如今，荷美邮轮拥有15艘豪华邮轮，每年提供500多种不同的巡航线路以及1到110天的不同行程，无数条经典航线将带乘客畅游全球七大洲的98个国家、415个港口。

（2）船队隶属。

从1989年起，荷美邮轮加入了全球最大的嘉年华游轮控股集团公司，即隶属于全球最大的邮轮集团——嘉年华邮轮集团公司。

（3）船队阵容（邮轮航线）。

荷美邮轮拥有15艘优雅的豪华中型邮轮，每年有500条航线穿梭于大洋之上，遍布于全球七大洲的100多个国家，320个港口。

（4）荣誉奖项。

作为全球顶尖的豪华邮轮公司，它有着获奖无数的优质服务、5星级的餐饮美食、丰富多彩的娱乐活动和岸上观光计划、全球的航线。荷美邮轮连续17年被世界邮轮协会评比为“全球最有价值的海上假期船队”“全球最高级的豪华邮轮”，并连续8年被评为“全球最物有所值的豪华邮轮”等殊荣。

◆“阿姆斯特丹”号

2010年7月7日，最新的“阿姆斯特丹”号邮轮首航，荷美邮轮的规模得到更进一步的发展。

搭乘荷美邮轮，您将有机会欣赏世界之巅的南极洲、醉美热情的南美洲、广阔清新的澳洲/新西兰，以及美丽神秘的亚洲。荷美邮轮的航线遍及热门港口以及少有邮轮抵达的绝美之地，包括加勒比海、阿拉斯加、墨西哥、加拿大/新英格兰、欧洲和巴拿马运河等经典航线，以及通往亚马孙、南极的独特航线和超长航期的世界环游航线等。

从登上船舱的那一刻，您将被荷美邮轮特有的贵族气息和欧洲浓郁的艺术氛围所深深吸引，满舱的鲜花，价值匪浅的欧洲古董艺术品，管风琴，荷兰杰出画家的壁画让你感受到荷美邮轮便是欧洲文化的延伸。如今拥有无价的工艺收藏品在船上展示的传统已成为荷美邮轮的注册商标。

无论您选择任何舱房，荷美邮轮高效率的工作人员无微不至的服务，亲切的笑容和体贴的关怀都是荷美邮轮能吸引众多忠实乘客的主要原因。地方风味和经典美食由总厨精心准备。让您真正享受“As You Wish”——随心所欲的美妙。在荷美邮轮上的每一天，都将是您非凡的体验，烹饪艺术中心、品酒廊、图书馆、儿童HAL俱乐部、专家驻船演讲、海上大学、数码工作室、艺术视听班等个性十足的娱乐项目，您也许只能在荷美邮轮上才可以找到！

只能用“一切都酷毙了”来形容荷美邮轮。船上的每一处都是那么的干净整洁。珍馐佳肴，顶级的服务和非凡的娱乐设备，简直让人乐不思蜀。荷美邮轮非常注重“服务品质的维持”，他们在印尼拥有专属的旅馆训练学校，以培训他们要求的专业服务。他们似乎都拥极佳的天分，并对与人相处充满了兴趣；他们不但会记住乘客的大名，甚至还能对乘客的兴趣和爱好熟记于心！亲切细心的酒保，甚至会为乘客的喜好写下专属的纪录，女士们也许不难发现，细心的他们还会偷偷地用餐巾，为您折了一朵可爱的纸玫瑰！极致的服务随处可见，所有的服务人员，都拥有极佳的经验，并且乐在其中。

荷美邮轮最大的秘密武器，便是他们无与伦比的员工。荷美邮轮的精神在于优秀的船员，良好的服务和坚持品质及特有的风格。荷美邮轮高效率的荷兰籍工作人员，以及友善的印尼籍、菲律宾籍服务人员是绝佳的组合。无微不至的服务、亲切的笑容和体贴的关怀都是荷美邮轮，能吸引众多忠实乘客的主要原因。

9. 白星航运公司

白星航运公司是一家著名的英国航运公司。英国白星航运公司全称“Oceanic Steam Navigation Company”或“White Star Line of Boston Packets”，通常被称之为“White

Star Line”（白星航运公司），是总部位于英国利物浦的一家航运公司。

1845年，白星航运公司开始营运。白星航运公司的第一艘快速帆船出现在利物浦，当时航行于英国与澳大利亚之间。这个时期，在澳大利亚发现了金矿，白星航运公司致力于澳洲金矿贸易的运输，所以澳英两地之间的贸易增长得很快。

◆远洋级别邮轮——“四大船”

1899年，托马斯·伊斯梅去世后，（其儿子）约瑟夫·布鲁斯·伊斯梅（Joseph Bruce Ismay，1862年12月12日—1937年10月17日）出任英国白星航运公司主席兼总经理。布鲁斯·伊斯梅决定建造四艘超越其父亲主导建造的“皇家海洋”号（R.M.S. Oceanic，1870～1895）的远洋级别邮轮——时称“四大船”：“皇家凯尔特人”号（R.M.S. Celtic，1872～1893）、“皇家塞德里克”号、“皇家波罗的海”号（R.M.S. Baltic，1871～1889）和“皇家亚里亚德海”号（R.M.S.Adriatic，1872～1899）邮轮。这些船只比其他同时期的客轮在设计上更加豪华，航行过程更加安全。

白星航运公司曾经建造了许多著名的巨轮，创新的海洋船舶包括命运多舛的“泰坦尼克”号客轮在1912年4月15日，处女航中，因撞上冰山而沉没；（皇家海军医院船）“不列颠尼克”号在1916年11月21日，在第五十次航行中被撞出一个大洞，遭到德军U-76潜艇布设水雷爆炸后，在55分钟内进水沉没；“奥林匹克”号客轮在1935年10月11日被拆毁。

英国白星航运公司已经在1935年倒闭，卖给了它的竞争对手肯纳德公司。在此之前，白星航运公司也曾经几次易手，但是公司的名称一直没变，只是换了老板。

1934年由于大萧条，由于过度仰赖贷款扩张和经营不善的白星航运公司宣布破产。在英国政府干预下，白星航运公司和自己的主要竞争对手合并，在当时总部同样位于利物浦的肯纳德航运公司。

公司更名为肯纳德—白星航运公司之后，一直营运到1950年。肯纳德航运作为一个独立的实体经营直到2005年。

10. 歌诗达邮轮——“欧式浪漫风格”“意大利风情的梦幻之旅”

歌诗达邮轮曾经是世界上最大的邮轮公司，有着悠久而辉煌的历史。歌诗达邮轮起源于1860年的歌诗达家族，名字源自创始人贾西莫·歌诗达先生。

歌诗达邮轮公司是以“意大利风情”为品牌定位的意大利最大的旅游集团，也是欧洲第一的邮轮公司。

歌诗达的豪华邮轮无论是外观还是内部装潢，都弥漫着一股意大利式的浪漫气息，尤其在蔚蓝的欧洲海域，歌诗达船队以艳黄明亮色调的烟囱，搭配象征企业识别标志的英文字母C，航行所到之处均是掀起人们惊艳的目光，成为欧洲海域最为璀璨耀眼的船队！之所以选择歌诗达品牌率先进入中国市场，是因为该品牌为嘉年华旗下12个邮轮品牌中最国际化的一个。在进入中国之前，歌诗达邮轮的足迹遍布除亚洲以外的几乎任何一个地区，而如今来到中国，可以称得上是填补了全球版图上的最后一块空白。

（1）船队创立。

1965年，意大利歌诗达邮轮船队创立。意大利歌诗达邮轮公司是欧洲首屈一指的邮轮公司。歌诗达邮轮特别显眼的“三个黄色的笔直的烟囱”——几乎成了所有COSTA邮轮的象征。

自1869年以来，歌诗达邮轮始终致力于用热情的服务和精美的菜肴带来愉快轻松、充满意大利风情的梦幻之旅。

自从1984年成立以来，帮助超过400万多名旅客节省了上亿美元乘邮轮假期去全球巡航周游。

（2）船队隶属。

1997年，美国嘉年华集团和英国天旅公司分别收购了意大利歌诗达邮轮公司50%的股份，两个新股东一方面增强公司的投资能力，同时，维持歌诗达公司意大利企业的身份。从此，意大利歌诗达邮轮隶属于嘉年华邮轮公司旗下，以意大利式欧洲风格为品牌诉求，极具“欧式浪漫风格之船队”。歌诗达邮轮始终致力于用热情的服务和精美的菜肴带来愉快轻松、充满“意大利风情的梦幻之旅”。

2003年4月，歌诗达邮轮正式加盟世界上最大的邮轮度假集团——美国嘉年华与可编程集团。至2004年11月1日，歌诗达邮轮公司包括品牌阿依达邮轮和歌诗达邮轮，旗下共有在役邮轮14艘，以及建造中的6艘邮轮，所有的邮轮都会悬挂意大利国旗。歌诗达邮轮公司是拥有整个欧洲最大的（邮轮）船队的邮轮运营商。

2011年，歌诗达邮轮总共接待了230万游客。歌诗达邮轮集团经营三大独立品牌，包括歌诗达邮轮、阿依达邮轮和伊贝罗邮轮公司。歌诗达邮轮集团拥有欧洲最大的邮轮规模：现役共26艘邮轮，总载客量约为67 000人。

从2013年到2016年，歌诗达邮轮有4艘豪华邮轮分别以上海和天津为邮轮母港开展邮轮旅游运营。

目前，歌诗达邮轮公司执掌的两个邮轮品牌共有25艘船舶在服役，再加上2016年另两艘新船交付，成为世界领先的邮轮运营商。船队邮轮包括“歌诗达大西洋”号、“歌诗达地中海”号、“歌诗达经典”号、“歌诗达新浪漫”号、“歌诗达维多利亚”号、“歌诗达赛琳娜”号、“歌诗达幸运”号、“歌诗达命运女神”号、“歌诗达爱兰歌娜”号、“歌诗达辉宏”号、“歌诗达大西洋”号、“歌诗达协和”号、“歌诗达热带海洋”号、“歌诗达炫目”号、“歌诗达欧洲”号等在役的意大利籍邮轮。歌诗达邮轮船队游弋在地中海、北欧、加勒比海、南美、阿联酋、阿拉伯海湾和远东等地区，每艘邮轮都以艳黄明亮色调的烟囱搭配象征企业识别标志的英文字母C，航行所到之处总是让人眼前一亮。

（3）荣誉奖项。

2015年度最佳客户满意度邮轮公司（《M&C China 商旅圈》评选的中国旅游业界奖）、亚洲最佳邮轮公司奖（2015年亚洲邮轮论坛济州组委会及ACLN颁发的首届亚洲邮轮大奖）、最佳邮轮线路（《私家地理》）、首届读者之选“最佳邮轮奖”（《旅讯》亚洲版）、最佳航线设计邮轮公司（CCYIA中国邮轮产业发展大会组委会）、最佳口碑传播奖（歌诗达环游世界86天项目·搜狐网）、2015年度邮轮大奖（《旅行社杂志》）。

①“歌诗达爱兰歌娜”号。

1992年，“歌诗达爱兰歌娜”号邮轮投入运营。邮轮总注册吨位（GRT）2.850 0万吨，船舶总长（LOA）187.25米，船宽（BM）25.75米。航行速度（航速）20.5节，最大航速22节。邮轮设计轻快时尚，每个角落都充满了艺术品和艺术气息，共有399间船舱客房，其中8间为残疾游客提供，3间套房，10间带有大露台。载客数量984人（总床位）。

“爱兰歌娜”号拥有更好的内饰和更多的室外空间，船上甲板9个，以著名印象派画家命名。其中8个甲板供游客使用。船上的公共休息室数量适中，乘客活动空间大，感觉宽敞而舒适。3个餐厅（其中阿马尔菲餐厅需要提前预订），6个酒吧，3个游泳池以及3个按摩浴池，户外慢跑道，健身中心设有健身房、水疗室、桑拿浴室，赌场和迪斯科，网吧和图书馆，购物中心，思高儿童游乐室，儿童游泳池，剧院拥有255个座位。“爱兰歌娜”号邮轮上有用卡拉拉大理石的手刻桃树与玫瑰、以最精良的木材装潢而成的墙壁。

“爱兰歌娜”号被誉为“水晶之船”。船上大量使用了玻璃，玻璃顶和墙让光线透入室内。玻璃中厅跨越三层甲板，圆拱顶可以开启并进行360° 天空观测——日夜皆可。户外甲板和晒日光浴的地方很多，泉水在同一时刻流入水池。下层的公共房间还备有雅致的天窗。有一个玻璃的船尾但是在船头没有面向前方的观景舱。

②“歌诗达新浪漫”号。

“歌诗达新浪漫”号原称“歌诗达浪漫”号，邮轮是歌诗达对意大利设计那份热爱之情的浓缩。装潢华美的公共房间采用罕见木材和卡拉拉大理石，由欧洲最出色的艺术家们对细节进行了精妙布置。邮轮只在原创艺术品中便投入了数百万美元，包括雕塑、绘画、壁饰、壁挂和手制家具。

1993年，“歌诗达浪漫”号邮轮建成。

2003年，“歌达浪漫”号重新装修，改称“歌达新浪漫”号。

“歌诗达新浪漫”号邮轮是目前世界上最舒适和精雅的船只之一。邮轮总注册吨位（GRT）为5.304 9万吨，船舶总长（LOA）220.60米，船宽（BM）30.80米。最大速度20节，航行速度18.5节。

“新浪漫”号邮轮甲板13个（其中11个供游客使用）。船舱总数678间（其中6间为残疾游客提供），载客量1 697（总床位）。船员数596名。

邮轮拥有2个餐厅，9个酒吧，2个游泳池，4个按摩浴缸，室外慢跑道（170米），健身中心（设有健身房、水疗室、桑拿浴室），跨越了2个甲板的剧场（拥有600个座位），赌场和迪斯科，网吧和图书馆，购物中心，思高儿童游乐室等。此外，乘客还可以在其宽敞、布置豪华的房间中随意休息。

2017年4月10日，“歌诗达新浪漫”号计划抵达上海，将加入歌诗达亚洲舰队，营造“海上意大利”的极致邮轮氛围，为亚洲乘客带来量身定制的特色航线体验，计划于4月

24日从上海出发开启亚洲市场的全年运营。

③“歌诗达新经典”号。

“歌诗达新经典”号原称“歌诗达浪漫号/罗曼蒂克号”和“歌诗达经典号”邮轮，是歌诗达邮轮新系列船队中最受欢迎的邮轮之一。2003年，“歌诗达经典”号邮轮重新装修，改称“歌诗达新经典号”。或许是因为内部设计更注重细节、精致的设备刚刚经过翻修，或许是因为其具有温馨迷人的气质，古典风格与雅致的氛围使之成为一艘本身就饶有趣味的邮轮。

“歌诗达新经典”号邮轮总注册吨位（GRT）约5.292 6万吨，甲板13层，船舱654间，载客量1 680人。一连串浓厚意大利色彩的服务和安排，乘客可充分享用多项休闲、娱乐、餐饮的设施和服务。邮轮为乘客提供两间免费餐厅（蒂沃利餐厅8楼、自助餐厅10楼）和收费酒廊，多元化的国际及意大利特色美食。

“歌诗达新经典”号拥有令人无法抗拒的亲和力和无穷的活力，是船队中最受欢迎的邮轮之一。在经过全新的整修后，显得更加的华美，现代和舒适。在蒂沃利餐厅中，精雅壁画将窗户幻化成文艺复兴和古罗马时代的景致。普契尼舞厅的台式设计再现了著名的普契尼歌剧中的场景。伽利略迪斯科和观测台位于船的高处，可以提供360° 全景视野——日间是观测台，夜间变为有着浓郁艺术气息的迪斯科舞厅。

④“歌诗达赛琳娜”号。

“歌诗达赛琳娜”的名称象征着和谐与安宁。“歌诗达赛琳娜”号与其姐妹船“歌诗达协和”号是整个船队中最大的船只。

2007年5月，“歌诗达赛琳娜”号首航。邮轮总注册吨位（GRT）11.450 0万吨，船舶总长（LOA）290米，船宽（BM）35.50米，甲板17个（其中14个供游客使用）航行速度21.5节，最大航速23节。载客量3 780人（总床位），邮轮上超过500间客舱设有阳台。13间酒吧和5间餐厅可任选择。邮轮上设有99个温泉客舱。共设4个泳池，其中两个配备了伸缩式玻璃屋顶。甲板空间宽敞，视野开阔。时尚现代的公共区域完美地体现了舒适而放松的设计宗旨。甲板上除泳池外，还有巨型数字银幕、模拟赛车跑道等。

经典华贵的samsara水疗馆拥有两层舱面，将成为游客舒适放松的天堂。从漂亮的samsara套房可直接进入水疗馆。超过500套客舱设有阳台。各层甲板宽敞舒适，周边美景一览无遗，装饰优雅的公共区域经过精心设计，舒适而惬意。

⑤“歌诗达协和”号。

登上“歌诗达协和”号开始一段健身与休闲之旅吧。这座移动的度假村充满了创新设计，成为歌诗达海上度假旅行的又一个旅游胜地。

“歌诗达协和”号有什么特别之处呢？首先，船上两层甲板都配有健身区，总面积近2 000平方米，其中还备有游泳池。套房直通富丽堂皇的水疗中心。

此外，邮轮上还有四个游泳池，其中两个游泳池还拥有开合式玻璃穹顶。13间酒吧（包括体育酒吧）供您尽情选择。有超过500间配有阳台的客舱。甲板宽敞，可饱览全景。“协和”号是歌诗达船队中最大最长的邮轮之一。

“歌诗达协和”号触礁事故是指歌诗达协和号于2012年1月13日（13号星期五）在意大利海岸部分沉没的事件。当时“歌诗达协和”号船上有4 232名乘客，其中至少有32人死亡，包括4名乘客和一名船员。

⑥“歌诗达维多利亚”号。

“歌诗达维多利亚”号邮轮是一艘体现意大利温暖与精神的邮轮，其意义在于成为本时代最精美绝伦的船只之一，“歌诗达维多利亚”号邮轮将欧式风格的典雅高贵与美式风格的舒适，精巧合为一体，可说是现代杰出风格邮轮的典范前卫的设计与细节的品位，引领卓越新标准。

1996年7月1日，“歌诗达维多利亚”号首航。2004年、2007年和2009年分别重新装修，2013年又最新装修。邮轮总注册吨位（GRT）7.516 6万吨，船舶长度252.90米，船宽32.20米，船高51.00米，甲板14个，客房总数964间，载客量2 394人（总床位）；船员数790人。航行速度23节。

“歌诗达维多利亚”号邮轮按五星级邮轮标准建造和装潢，所有客房均带阳台，更方便观景。邮轮从非凡的全景式购物广场到熠熠生辉的室内游泳池，从超现代的庞贝斯巴到令人瞠目、横跨七个甲板的“天文主题正厅”，再到卡门甲板7楼层的“狂想曲钢琴酒吧”壮观的马赛克装饰艺术等，再次呈现出欧洲式的高贵典雅与舒适精致。“歌诗达维多利亚”号邮轮专门为游客提供舒适愉快及方便的娱乐服务，让旅客愉悦地融入意大利热情好客的气氛中，难怪搭乘过歌诗达维多利亚号邮轮的贵宾们，总会深深赞赏这趟与众不同的邮轮假期。

⑦“歌诗达迷人”号。

“歌诗达迷人”号是“歌诗达辉宏”号的姐妹邮轮，由芬坎蒂尼造船厂在Marghera船坞建造。由歌诗达邮轮斥资5.1亿精心打造。

2012年5月初，“歌诗达迷人”号邮轮华丽启航。2014年10月，“歌诗达迷人”号邮轮总注册吨位（GRT）13.250 0万吨，载客量达4 947人的新船投入运营。歌诗达邮轮的船队将增至15艘，总载客量将达45 000人。

“歌诗达迷人”号邮轮又被称为“行走的演出”，是向魅力人生的献礼。每一个置身于“迷人”号之中的乘客，都能如想象中旅行的主角那般尽情享受属于自己的轻松和愉悦。

“歌诗达迷人”号由世界著名的建筑师及室内设计师Joseph Farcus亲自操刀进行内装设计，其灵感来源于经典电影中罗曼蒂克的氛围，旨在为游客们提供欢乐、轻松、理想的度假体验。

⑧“歌诗达幸运”号。

2000年，歌诗达从热那亚Sestri Ponente的Fincantieri公司订购生产两艘新型邮轮：“歌诗达幸运”号和“歌诗达命运女神”号。这两艘新邮轮总注册吨位（GRT）均为10.300 0万吨，载客量为3 470人，已分别于2003年和2004年交付营运。

“歌诗达幸运”号建于2003年，邮轮总注册吨位（GRT）10.258 7万吨，船舶总长（LOA）272.20米，船宽（BM）35.50米，载客量3 470人（总床位），船员数1 027人，船舱总数1 358间（其中27间为残疾游客提供），甲板17个（其中13个供游客使用）。航行速度20节，最大速度22节。

“歌诗达幸运”号邮轮从以往的意大利豪华汽轮中吸取灵感，在意大利和美洲之间为旅客提供定期的海上旅行航行服务。

在“歌诗达幸运”号邮轮船上，各个餐厅和其他公共区域的风格和设计中到处融合了这些历史悠久的船只的缩小模型。在更近代的历史中，游客可以看到“歌诗达幸运”号邮轮对第一家意大利邮轮公司的敬意，那些曾在意大利和美洲间提供定期客运航线服务的意大利豪华汽船赋予了“歌诗达幸运”号无穷的灵感，船上的一切都是那么令人眼花缭乱，那么迷人及有趣。这些历史悠久的船只模型已融入“歌诗达幸运”号邮轮的餐厅和其他公共区域的风格和设计当中。在被称为“歌诗达中厅”的主大厅的厅顶上，展示着26艘曾在大海上纵横驰骋的歌诗达邮轮的模型，延伸到2个甲板的自助餐厅，表达了对哥伦布与航海的敬意。人们可以在任何天气情况下在配有开合式玻璃穹顶的游泳池尽情享受。主甲板的硕大的空间以及精美的设计定会让您眼前一亮。

⑨“歌诗达太平洋”号。

“歌诗达太平洋”号是一艘“音乐之船”，音乐是人人皆可领会的通用语言，音乐令我们心驰神往，享受到纯粹的快乐。“歌诗达太平洋”号巡游将令人终生难忘：邮轮上优美的旋律将伴随您度过整个假日。纷繁不一的多样风格正是这艘邮轮呈现华丽气质的奥妙所在。

来到“歌诗达太平洋”号邮轮上，每一处都令您惊奇，使您激动：F1赛车模拟器让您体验速度的激情；配有玻璃屋顶和夜间影院的壮观甲板让您在星空里遨游；贯通三层甲板的影剧院，配有独享技术，将给您视觉和听觉的完美享受；在“水疗中心”，您将在东方典礼的优雅氛围中体验最完全的身心放松。除此之外，5个餐厅供应来自世界各地的美食，让您吃不停，13个风格迥异的酒吧让您在音乐的伴随里得到彻底的放松。达6 000平方米的健身中心，迪斯科舞厅，水上滑梯，网吧，图书馆，购物中心等一系列设施让您的海上假期精彩纷呈。

⑩“歌诗达炫目”号。

“歌诗达炫目”号以千变万化的灯光效果，带您进入一座晶莹剔透的海上城堡！超大泳池的玻璃穹顶设计，让您一抬头就看得到无际的蓝天，泳池前18英寸超大巨屏屏幕，打造出不同凡响的户外视觉享受，您还可前往占据两层甲板的“水疗中心”、健身中心……

⑪“歌诗达皇冠”号。

歌诗达邮轮于2014年10月30日接收由芬坎蒂尼船厂打造的“歌诗达皇冠”号。2014年11月1日，“歌诗达皇冠”号加入歌诗达邮轮舰队并开始启航。邮轮总注册吨位（GRT）13.250 0万吨，船舶总长（LOA）329米，船宽（BM）30米，甲板楼层18层，舱位数1 862间，载客量3 724人，船员数1 375人。船速22.5节。

这艘大型邮轮是歌诗达集团的又一重资投入，并将成为集团未来的旗舰号。作为舰队中最新的旗舰级邮轮，“歌诗达皇冠”号的名称本身（在意大利语中的意思是“教皇的三重冕”）就说明了一切。“歌诗达皇冠”号是最完整、最具创新性和最令人惊叹的至尊邮轮。邮轮将许多不同风格的完美融合，令人陶醉着迷，轻松进入富丽堂皇而又不失精致优雅的华美世界。此外，邮轮中亦有众多景点等待您的体验，从无尽的全球风味美食，到整个舰队中最壮观、并能同时提供愉悦和健康的“水疗中心”，这一切都静待您的品鉴。“歌诗达皇冠”号就是歌诗达邮轮舰队中最明亮耀眼的宝石，它将在您愿意的任何时候，随时让您目眩神迷。这艘全新旗舰级邮轮将美食、娱乐和现代科技的独特创新呈现于世人。

“歌诗达皇冠”号上提供宽敞的错层式套间，使乘客们能够近距离观赏大海，享受海上城堡的极致度假体验。有丰富的餐饮可供选择：邮轮上设有7间餐厅（3间免费餐厅），其中俱乐部餐厅、Samsara餐厅、“Tappanyaki”和“Piazza Pizza Pizzeria”需额外付费（Samsara客舱房价含Samsara餐厅午餐和晚餐）并需提前预订。15间酒吧，其中包括“Birreria La Fiamma”酒吧（啤酒屋）、“Vinoteca Huit-Huit”（维诺卡红酒屋/葡萄酒吧）、“Bar Bollicine”（普罗塞克酒吧）和“Gelateria Amarillo”（意大利手工冰激凌）。

“歌诗达皇冠”号上1 100平方米的波托贝洛购物中心将带来全新的购物体验，囊括多个著名设计师的品牌专卖店以及品牌折扣店，一定会让购物达人们流连忘返。而对热衷于阳光、大海以及一望无际的开阔视野的乘客，更有超过500平方米，并配备独立小屋的开放式广场，将提供美轮美奂的零距离海上观光。同时，上层甲板开设的休闲健身中心——“水疗中心”提供舒适宁静的健身环境，使乘客可以在度假之余享受海上修身之旅。

乘客们可以在全新的乡村摇滚俱乐部品味经典摇滚，也可以和朋友一起在“星光屋”来一场激光探险，不同爱好的乘客都能享受到海上的欢乐时光。眼花缭乱的娱乐选择包括：三层高的剧院、4D电影院、迪斯科舞厅、乡村摇滚俱乐部、两层高的游戏区（提供激光游戏、激光射击和视频游戏、国际汽车大奖赛模拟器）、泳池（带可伸缩玻璃屋顶和巨型屏幕）、网吧、图书馆、画廊店、儿童专属的思高俱乐部、婴儿泳池。

⑫ “歌诗达辉宏”号。

2011年，“歌诗达辉宏”号下水。“辉宏”号总注册吨位（GRT）11.450 0万吨，船舶总长（LOA）290米，船宽（BM）35.50米，平均航速23节，载客量3 800人，船舱总数1 508间。

以珍贵材料、精美家具和先进科技共同打造而成的歌诗达辉宏号宛如一座被魔法包围的童话城堡。家具中使用的精致材料、中庭内的哥特风格区、装饰中采用的发光灯以及被数千只施华洛世奇水晶照亮的休闲室，无不散发出迷人魅力。它将像童话故事一样，以王子喜欢的娱乐设施为您带来无尽惊喜：刺激的特效四维电影院、为孩子们准备的游戏室和舞池；此外，还不要忘记在全新游泳池中畅游一番，体验设有水上游戏和海盗船的真正水上乐园。

⑬ “歌诗达大西洋”号。

1999年11月，新邮轮“歌诗达大西洋”号竣工。“大西洋”号船体巨大，是意大利航海史上最大的客船。

2000年7月，“歌诗达大西洋”号在威尼斯美丽的港口“Riva Sette Martiri”正式启航，揭开了歌诗达公司发展史上新一页。

“歌诗达大西洋”号可以容纳2 680名客人，由芬兰克瓦纳玛莎船厂建造完成；“歌诗达大西洋”号是第一艘开始重大扩展计划的船只。“歌诗达大西洋”号邮轮的12个旅客甲板均以意大利著名导演弗莱德里克·费里尼的电影命名，并在显要位置装饰着影星的摄影照片。卡拉拉大理石、美伦奴玻璃装饰、内部铺设的马赛克砖和浓郁的威尼斯风情等多种元素令这艘邮轮卓尔不凡。从美轮美奂的威尼斯弗罗林咖啡馆到跨越整艘邮轮的宏大中厅，歌诗达“大西洋”号为游客展现出一处气势恢宏、激动人心的海上世界。

10年后，所有歌诗达邮轮再度于船尾悬挂起意大利国旗，同时亦引进全新的发展理念。

⑭ “歌诗达地中海”号。

2000年8月，歌诗达公司正式宣布订购“地中海”号。“地中海”号是“大西洋”号的姐妹船。

2000年9月底，嘉年华集团收购了天旅公司持有的歌诗达50%股份，成为歌诗达唯一的股东。

⑮ “歌诗达热带海洋”号。

2001年6月，公司进一步扩大船队的规模，接手原属于嘉年华邮轮公司的“歌诗达热带海洋”号，按歌诗达的风格进行了彻底翻新。

⑯ “歌诗达欧洲”号。

2001年3月，歌诗达宣布从其美国姐妹公司——荷美航运公司购买Westerdam号邮轮，将其重新命名为“歌诗达欧洲”号，于2002年4月底正式投入服务。

三、现代风格的邮轮船队

现代风格的邮轮船队可谓数不胜数。例如，以“自由闲逸式”或“自由式巡游”品牌著称的挪威邮轮即诺唯真邮轮、以北欧风格提供极为优益服务质量的豪华型船队——世朋邮轮/世鹏邮轮/世邦邮轮、以“与众不同”为品牌诉求的风之颂邮轮、“让您享受明星般的待遇”的精致游轮/精英邮轮/极致邮轮、表现热情好客与秉承“意大利制造”理念并赋予重视环保现代精神的地中海邮轮、仅以“飞鸟”号航行于日本海域以及环航世界95天航线为主并在航程中举办专家讲座为特色的日本邮船（NYK）、时时刻刻都可享受到唯我独尊气派感受的水晶邮轮、最高级别的私人化服务的银海邮轮、高度个人化高档服务的瑞迪生七海邮轮、以“梦幻王国”为品牌诉求并以游乐式为风格的迪士尼邮轮、首创海上豪宅式邮轮概念的海上居邮轮、鼓励放慢步调的大洋邮轮、以（“一战”）战乱的重生与拥有者著称的赫伯罗特邮轮、将德国流行的罗宾森度假俱乐部模式引入邮轮的爱达邮轮、船上体验英国乡村平静祥宁生活的弗雷德-奥尔森邮轮公司等船队。

11. 挪威邮轮（诺唯真邮轮）

1966年，挪威邮轮公司（Norwegian Cruise Line，简称NCL）成立。从第一艘游轮开始起步，到1971年的时候公司增加到4艘邮轮。开始营运至今已成为北美邮轮业最知名的品牌之一。

诺唯真邮轮亦称“NCL邮轮”，中文原名“挪威邮轮”，2016年正式更名。自1966年开始营运至今已成为北美邮轮业最知名的品牌之一，NCL邮轮独有的Haven豪华客房区位于邮轮顶部，用私人房卡才可以进入，并享受24小时的管家服务，另外用餐时间不用分批入座，而且没有任何服装要求，致力于给每位旅客带来充分的自由和灵活旅行时间。

诺唯真邮轮属于世界第三大邮轮集团丽星邮轮公司，总部设于美国迈阿密，目前拥有14艘五星级豪华邮轮。航线遍及阿拉斯加、加勒比等地。NCL邮轮几乎有一半的阳台客舱，让您始终能欣赏到无敌海景。

（1）船队隶属。

2000年3月，挪威邮轮公司被马来西亚的丽星邮轮船队公司收购。目前，公司拥有14艘五星级豪华邮轮。

（2）品牌体验——自由闲逸式邮轮假期。

挪威邮轮首创“自由闲逸式”或“自由式巡游”邮轮假期，精心将旅游的各种精彩元素，与度假村的悠闲和奢华气派结合。以“自由闲逸式”或“自由式巡游”为主题，您可以自己规划您的行程，弹性且自由。可以依您所决定的日期自由上下船，不受航次、天数的束缚。没有那么多条框，你可以在任何时间、任何地点用餐，不用分批入座。

挪威邮轮以“自由闲逸式”或“自由式巡游”品牌，配备健身运动项目最多、充满健康活力、强调不受拘束，深受年轻族群旅客的欢迎。

挪威邮轮总部设在素有“世界邮轮之都”美称的佛罗里达州迈阿密。挪威邮轮航线遍及阿拉斯加、加拿大新英格兰、加勒比、欧洲、夏威夷、墨西哥沿岸、巴哈马及佛罗里达、南美洲、巴拿马运河、百慕大、太平洋临海。

挪威邮轮是唯一的可以提供全年夏威夷旅游服务的邮轮公司，目前营运的“美国之傲”号主要提供夏威夷航线。2005年投入运行的“挪威精神”号亦译“挪威之勇”号提供10至11天的从美国“大苹果城”（纽约市的别称）出发到南加勒比的航程。

（3）旗下船队——14艘豪华邮轮。

目前，挪威邮轮公司以三个品牌（分别为挪威邮轮、NCL美国及东方邮轮）来经营，邮轮包括“挪威之王”号（Norwegian majesty，1992年）、“挪威精神”号/“挪威之勇”号（Norwegian Spirit，1998年）、“挪威之星”号（Norwegian Star，2001年）、“挪威天空”号/“挪威之天”号/“阿罗哈之傲”号（Norwegian Sky，1999年）、“挪威之梦”号、“挪威之风”号、“挪威太阳”号（Norwegian Sun，2001年）、“挪威之晨”号（Norwegian Dawn，2003年）、“美国之傲”号（Pride of America，2005年）、“挪威宝石”号（Norwegian Jewel，2005年）、“挪威明珠”号（Norwegian Pearl，2006年）、“挪威珠宝”号（Norwegian Gem，2007年）、“挪威翡翠”号（Norwegian Jade，2008年）、“挪威爱彼”号/“挪威史诗”号（Norwegian Epic，2010年）、“挪威逍遥”号、“挪威畅意”号（Norwegian Getaway，2014年）、“挪威遁逸”号（Norwegian Escape，2015年）邮轮。

挪威邮轮的服务对象主要是中产阶级乘客，一直以来主要的客户群体为美国人和加拿大人。挪威邮轮以F3为主题的第三代自由闲逸式大型邮轮——爱彼号邮轮，已于2010年完成下水。

挪威邮轮公司首创“自由闲逸的航游”概念，英文为“Freestyle Cruising”，丽星邮轮集团是唯一为游客提供这样轻松假期的邮轮船队。简单地说就是，用餐时间不受限制，您也不须重复在同一间餐厅用餐。也没有“必须”打扮漂亮得体的要求，一切由您决定。这里有各种充满乐趣的项目随您选择，或者选择什么都不做，只是享受阳关和海景。这就是挪威邮轮的“自由闲逸的航游”，一切由您做主。

自由式用餐：无论是5点还是10点用晚餐都好；您有多达14种不同的餐厅选择，没有指定座位，何时何地您都可以饱餐一顿。今晚享受日本料理、明晚再来一客（一份）牛排；坐在泳池旁品味美味的汉堡包，或者是随时订餐到房中享用——全部由您来做主。

自由式活动：在船上您可玩保龄球或到水疗温泉中心休息。试跳一下弹床或者练习瑜伽，尽情畅游、旋转、购物或缓步跑；下船之后更可尝试徒步旅游、骑单车、潜水、浮潜、打高尔夫球，以及跟随岸上观光团四处游览。有或者，只是轻轻松松地休息！

自由式客房选择：无论是您的一周年结婚纪念日，还是您和好友的假期或者是家庭聚会一切皆适得其所。因为挪威邮轮为您设计海上最灵活变通的各式套房，以及互通相连的客房。宽敞的三房式屋顶花园别墅、倍感舒适的客房、可扩充的家庭套房等一应俱全。

自由式穿着：您可选择穿得庄重而正式，也可以简便而休闲。

自由登陆：在传统邮轮上，下船总是急急忙忙，还需等待，而在挪威邮轮假期则可免去这些烦恼。您可以尽可能地多睡一会儿、宁静地吃顿早餐，或者简单地运动一下。船员将在登陆时间到来之后才通知您。这样一来，就能够令您的旅行更加休闲、舒适。

①“挪威精神”号。

1998年01月01日，NCL挪威之星号邮轮投入使用，2011年03月23日，重新装修。建造地是德国帕本堡迈尔船厂。船籍巴哈马。NCL“挪威精神”号（亦译“挪威之勇”号）邮轮，邮轮总注册吨位（GRT）7.533 8万吨，船舶总长（LOA）268米，船宽

（BM）32米，甲板楼层12层，客房数量1 198间，载客量200人，吃水深度8.20米，航行速度23节。

②“挪威天空”号（Norwegian Sky，1999年）。

“挪威天空”号（Norwegian Sky，1999年）亦译“挪威之天”号，原名“阿罗哈之傲”号，2004年到2008年间驻扎在夏威夷，归属于挪威邮轮。2008年5月，“挪威天空”号邮轮从夏威夷市场撤出，投入到挪威邮轮公司运营的加勒比短途航线。

2008年，“挪威天空”号邮轮完成处女航。邮轮总注册吨位（GRT）7.710 4万吨，船舶总长（LOA）260米，船宽（BM）32米，甲板楼层10层，舱房数量1 000间，载客量2 002人，航行速度23节。邮轮的室外空间很大，有一个很宽的泳池甲板，在泳池甲板的正下方是两层海景露台房甲板，所有的露台突出悬吊在船的两舷，船上共有两个游泳池四个泡泡池。船的内饰最引人注目是一个8层甲板高的中庭，有螺旋形的雕塑和彩虹色的帆。船上公共场所包括购物廊、儿童娱乐场（包括一个在开放甲板上的儿童戏水池）、互联网中心（有14台电脑终端）、一些酒廊和酒吧、小会议室、马克·吐温图书馆、库克船长雪茄和白兰地吧。“挪威天空”号是一个海上的度假村，能适应不同年龄层次的需求，有多种多样的餐饮和娱乐选择。

③“挪威之星”号。

2001年，“挪威之星”号邮轮完成处女航。邮轮总注册吨位（GRT）9.174 0万吨，船舶总长（LOA）294米，船宽（BM）82米，甲板楼层14层，客房数量1 174间，载客量2 348人，工作人员1 083人，吃水深度8.20米，航行速度25节。

“挪威之星”号邮轮作为自由闲逸的船队的一员，在设计建造之初就吸纳了广大游客的意见。挪威之星号邮轮拥有13个餐饮选择，从亚洲美食到法式大餐，种类齐全。提供众多客房选择，无论是经济实惠的内侧客房还是豪华舒适的套房。无论您想要什么，都可以在这里找到，与“挪威之星”号邮轮一起畅游阿拉斯加或是墨西哥湾沿岸。

④“挪威之晨”号。

“挪威之晨”号邮轮的船身喷有自由女神的画像，它是一艘非常精美的船。自2003年在纽约城首航开始就已成为纽约最受欢迎的邮轮之一。

挪威之晨号邮轮以其自由式风格融合了12个风格各异餐厅、9个酒吧、健身中心及水疗、百老汇剧院、娱乐场，3个游泳池及更多其他设施。众多娱乐设施保证让旅行丰富多彩。

⑤“挪威邮轮逍遥”号。

“挪威邮轮逍遥”号是围绕着为生活增添浪漫情趣以及给水上旅行增加诱惑力的理念而建造的。其特色是凭借甲板上各个欢乐的场所和开放式的空间把客人和海洋紧密联系起来。

船上拥有水上公园和丰富的综合运动设施——水上公园拥有5个大型的水上滑水道，其中包括2个速度最快的水上自由落体滑水道，从位于17层甲板的滑道飞流直下再盘旋滑落，整个过程刺激而快乐。而在Nickelodeon（五分钱娱乐场）主题儿童水上公园里，孩子们将遇见最喜欢的美国动画片卡通人物——海绵宝宝和爱探险的朵拉等，并和它们一起开个愉快的睡衣派对。还有一个三层楼高的综合运动设施，包括9洞的迷你高尔夫球场、攀岩墙、保龄球、篮球场等，这里的特色是拥有海上最大的水上绳索，可以体验绳索速降带来的快感。

挪威邮轮在"逍遥"号上首次推出678海洋广场，这个独一无二的空间流畅地链接了3层甲板，包括餐饮，娱乐，购物和其他令人兴奋的活动项目，能让您在这个自由的空间里乐此不疲地享受各种体验。7～8层的海滨区域将客人和海洋紧密联系起来，露天长廊两旁是室外餐厅、酒吧和商店，所有这一切都能让您感受到海洋全景的视觉体验，在星空下享受晚餐。

⑥ "美国之傲"号。

2005年03月06日，"美国之傲"号邮轮投入使用。"美国之傲"号是挪威邮轮旗下唯一的一艘注册在美国本土的邮轮，并且是近50年来第一艘注册在美国本土的邮轮。"美国之傲"号邮轮主要航行于夏威夷，船上船员有很多是夏威夷人。

"美国之傲"号邮轮总注册吨位（GRT）8.100 0万吨，船舶总长（LOA）280.7米，船宽（BM）32米，甲板楼层15层，客房数量1 069间，可容纳2 138名乘客，工作人员900人。吃水深度7.90米，航行速度22海里。这艘充满活力的美洲邮轮，崇尚完全自由的风格，带您分享夏威夷岛上的历险旅程，自由式的餐饮提供了12种餐饮选项及9间酒吧酒廊。从简单的汉堡、薯条到法式大餐、意大利美食，再到传统的牛排馆及正宗的亚洲各地美食，您都可以一一享用。

邮轮7 975平方米的开放甲板包括一个阳光甲板和一个泳池甲板，以迈阿密南岸和Art Deco（装饰艺术）风格进行装饰。船内部的设计以美国为主题（所有的公共房间以美国名人的名字命名）。船上设施包括大堂Capitol Atrium（大厦中庭），一个很大的赌场，一个热带花园温室，花园里养着珍稀的鸟类，船上还有SOHO（Small Office and Home Office小型办公室或家庭式办公室）画廊（索霍画廊）、华盛顿图书馆，Newbury（纽堡）购物廊。船上的Rascal（淘气鬼）儿童中心和儿童泳池以美国的保护动物作为主题。船上有大量的会议设施，6个多功能厅，面积从能容纳10个人到容纳250个人。

这艘船最适合年轻的情侣、独行者以及儿童这些喜欢享受城市的五光十色的夜生活、先进的设施以及大量的娱乐节目的人们。

⑦ "挪威宝石"号。

2005年03月16日，"挪威宝石"号邮轮投入使用。邮轮总注册吨位（GRT）9.200 0万吨，船舶总长（LOA）294.00米，客房数量2 296间，可容纳2 240名乘客，工作人员1 100人。航行速度22海里。船籍巴哈马。

"挪威宝石"号白色的船身上点缀着五彩缤纷闪亮的宝石图案，是一艘为满足大多数游客需求而设计的度假邮轮。船上配有大量的太阳椅。成人泳池里安装有冲水滑道。船内部的色彩风格多样。有13间酒吧/酒廊。Shakers Martini and Cocktail Bar（摇动混合马蒂尼和鸡尾酒酒吧）是60年代风格的酒廊；Magnum's Champagne and Wine Bar（大酒瓶的香槟酒和葡萄酒酒吧）让人联想起20年代的巴黎；Maltings Beer and Whiskey Pub（啤酒和威士忌酒吧）是一间充满艺术氛围的当代酒吧；这三间不同风格的酒吧连在一起组成了Bar Central（酒吧中心）。

船上大量的空间是儿童天地。儿童娱乐设施布置在船尾远离成人休息的区域。有适合各年龄孩子的大型的水上主题乐园（有大池、水上滑梯和泡泡池）、有专门供幼儿午睡的房间、儿童影院和迪斯科舞厅。船上提供多种餐饮选择：从简单的汉堡、薯条到法式大餐、意大利美食，再到传统的牛排馆甚至正宗的亚洲各地美食。船上还有Bora Bora Spa水疗温泉中心及健身房；宝石俱乐部娱乐场。虽然这艘船隶属于挪威邮轮公司，但这艘船上除了一些高层管理人员是挪威人外，其余很少有挪威员工。倒是船上大量的亚裔员工为您提供热情周到的服务。船上有大量的现场音乐演奏，持续不断的娱乐节目。船上提供还不错的大众化的食物。当然您可以额外付费品尝更精致的美食。船上每人每天10美金的小费会自动加到您的账单里，酒吧和SPA的小费是15%。船上使用美金。

⑧ “挪威明珠”号。

2006年03月05日，“挪威明珠”号邮轮投入使用。邮轮总注册吨位（GRT）9.350 0万吨，船舶总长（LOA）294.00米，客房数量2 296间，可容纳2 376名乘客，工作人员1 000人。航行速度23海里。船籍巴哈马。

全新的“挪威明珠”号邮轮将会成为令你兴奋不已的选择，让您的假期只属于您自己。在船上，您会发现12个独特餐厅和11个超炫的酒吧和休闲室。甚至还有保龄球馆。

享受“挪威明珠”号邮轮的最新酒廊及保龄球馆给您带来的无限乐趣，从亚洲美食一直品尝到世界各地佳肴，大快朵颐。位于14楼的庭院别墅尊享私人游泳池，暖水对流池，健身房，日光甲板及小凉亭等。两个花园别墅，面积分别超过5 000平方尺，有三间卧室。尊享私人花园，暖水对流池及庭院别墅内的游泳池。

“挪威明珠”号邮轮前往阿拉斯加或加勒比海，一系列令人心仪的住宿供您选择，有超豪华花园庭院式的别墅房，也有适合家庭的特等房和套房。最后，你的假期完全由您自己掌控。

⑨ “挪威翡翠”号。

“挪威翡翠”号是挪威邮轮公司旗下的船只，2006年5月22日在加利福尼亚州洛杉矶的圣佩德罗码头举行仪式。“挪威翡翠”号在德国帕本堡的迈尔船厂建造。

2008年03月06日，“挪威翡翠”号邮轮投入使用。“挪威翡翠”号邮轮拥有10个口味不同的餐厅，10个酒吧及酒廊，您可以任意选择与您共同用餐及品酒的对象、时间、地点加上公海之上的最具创新性的住宿。您可以在“挪威翡翠”号邮轮上任意选择放松与娱乐的方式。每晚都尝试不同的美食，多个国际餐厅任您选：法国餐厅，亚洲美食，日式铁板烧，寿司和刺身以及纯美式牛排屋随时恭候您的光临。

“挪威翡翠”号邮轮总注册吨位（GRT）9.355 8万吨，船舶总长（LOA）294.00米，船宽（BM）32.00米，甲板楼层15层。船舱总数2 296间，载客量（下层舱位/上层舱位）：2 466/2 890；其中，客房数量1 233间，可容纳2 402名乘客。乘客/空间比：37/9。

工作人员1 076人，船员/乘客比为1：2。航行速度25海里。船籍巴哈马。

餐饮设施有：西式餐（免费）餐厅、欧陆西餐厅（免费）餐厅、法国（收费）餐厅、亚洲（收费）餐厅、铁板烧（收费）餐厅、牛排屋收费餐厅、拉丁及西班牙（收费）餐厅、花园餐厅及户外（免费）餐厅、意大利餐厅（收费）餐厅、东南亚美食（免费）餐厅、露天烧烤（免费）餐厅、客房服务、酒廊、池畔吧、鸡尾酒吧。

娱乐设施有：游泳池，位于12楼，泳池的酒吧旁放有323张甲板椅及144张太阳椅，您可随意选择在水中畅游或是晒晒太阳。健身中心：位于12楼，早上6点开放至晚间11点，多种健身设施定能让您身心愉悦。剧院，位于5、6、7楼，能容纳1 042人，在楼高三层的歌剧院内，无论是百老汇式的歌舞表演，还是维加斯式的歌舞秀，您都可以欣赏到。游戏机室，位于12楼，有37部游戏机，老小皆宜的娱乐场所。

房间设施有：船舱房间包括花园别墅房、豪华欧文式套房、欧文式套房、庭院别墅房、阁楼套房、浪漫套房、迷你套房、阳台房、海景房、内舱房。

⑩ “挪威珠宝”号。

2007年10月09日，“挪威珠宝”号首航。2014年，邮轮翻修。这艘新潮的大型邮轮，宛如一座海上主题乐园，留给游客与以往的邮轮截然不同的印象。邮轮总注册吨位（GRT）9.350 0万吨，船舶总长（LOA）294.13米（965英尺），船宽（BM）25.60米（84英尺），甲板楼层15层，客房数量2 050间，其中内舱房数412间、外舱房数785间。载客数2 394人，工作人员1 126人。吃水8.70米，船速24海里（44千米/时）。

“挪威珠宝”号邮轮因其独一无二的花园别墅及庭院别墅而熠熠生辉，这个巨大的超豪华移动度假村带有泳池、暖水对流池、水疗中心、娱乐场等各类休闲活动任您选择。“挪威珠宝”号邮轮上更有12个不同类型的国际餐厅，24小时的客房服务，11个酒吧及酒廊为您旅途增光添彩。

⑪ “挪威爱彼”号。

NCL挪威邮轮公司全新推出的“爱彼”号邮轮，根据新时代潮流为设计理念，颠覆以往人们对邮轮旅游刻板印象，在“爱彼”号邮轮上，您就等同于生活在一大型主题乐园内，房型多样化，每间房，就像一个建立于海上的度假别墅。

2010年6月，“挪威爱彼”号首航。这艘新潮的大型邮轮，宛如一座海上主题乐园，留给游客与以往的邮轮截然不同的印象。邮轮总注册吨位（GRT）15.587 3万吨，船舶总长（LOA）325.50米，船宽（BM）40.50米，甲板楼层19层，客房数量2 050间，载客数4 228人，工作人员690人。吃水8.70米，船速22节。

“挪威爱彼”号（意译“挪威史诗”）邮轮代表新时代的邮轮旅游，改写邮轮产业的历史，再攀巅峰。邮轮拥有20种餐饮选项/20间酒吧酒廊。船上的大型水上乐园（包括3个水滑梯、1个儿童泳池、6个温水对流池）、2个保龄球场地（球道）、攀岩场（攀岩墙）、综合体育场——复合运动中心、软式网球场，4个主题俱乐部（仅向成人开放）、世界级的Spa水疗馆——温泉水疗会所、Pulse（脉搏）健身中心，还有两层楼的Wii电玩区。船上有许多时髦夜店，还有传统的晚宴俱乐部，以及船上最著名的白热派对。

"挪威爱彼"号邮轮以自由式（闲逸的）巡游为主题，您可以自己规划您的行程，弹性且自由。可以依您所决定的日期自由上下船，不受每个航次天数的束缚。没有那么多条框，你可以在任何时间，任何地点用餐，不用分批入座。船上有多达13家各种风味的国际餐厅以及晚宴场所，而且没有服装的特别规定。

"挪威爱彼"号邮轮因为是全新建造的邮轮，船龄相当年轻；所以你将可预想，内部的装潢会是最创新以及时髦的，"爱彼"号邮轮上甚至还有当今最为时尚的蓝人表演。

知道世界上最酷的酒吧在哪里吗？那就是——当您在"挪威爱彼"号邮轮上航行于热带加勒比，您依旧能够体验全部用冰块打造而成的Ice Bar！

⑫ "挪威遁逸"号。

"挪威遁逸"号是挪威邮轮公司旗下的最大邮轮。2015年10月，抵达英国南安普顿开启处女航。"挪威遁逸"号横跨大西洋到达迈阿密，随后的一年内，邮轮在加勒比海的海域航行。

"挪威遁逸"号邮轮总注册吨位（GRT）16.46万吨，拥有16个公共甲板，船舱可容纳5 000余人。该船是"世界第五大邮轮"，除了少数几艘"皇家加勒比"邮轮外，其他的邮轮皆无法与之媲美。

作为挪威邮轮公司最新推出的一艘船，"挪威遁逸"号设施齐全，大胆创新，继承了"挪威逍遥"号和"挪威畅意"号的所有创新特色，还新增加了许多新鲜刺激的活动空间和互动式体验项目。它的顶层平台建有海上最大的娱乐中心，该区域建有四个大型的水滑梯以及一个大型水疗中心。乘客可以在"雪屋"里观赏漫天飞舞的雪花，感受冰雪世界。

"挪威遁逸"号也首次开设育儿室，专供两岁及两岁以下的婴儿乘客使用。此外，邮轮还设置了首家玛格丽特海上酒吧、海上最大绳索课程、高尔夫课程、篮球场、首家地掷球场等众多娱乐设施。

"挪威遁逸"号提供"船中船"贵宾服务，可以让乘客尽享奢华尊贵。作为史上最奢华的舱房，"遁逸"号配备齐全，空间宽敞，配有私属阳光甲板、豪华餐厅、私人泳池等设施。

12. 世朋邮轮/世鹏邮轮/世邦邮轮

世朋邮轮/世鹏邮轮/世邦邮轮是一个豪华邮轮公司。总部设在美国太平洋西北区最大的城市——西雅图。拥有："海奔女神1"号、"海奔太阳"号、"海奔之神"号等邮轮品牌。

（1）隶属（1984年）——冠达邮轮公司。

1984年，世朋邮轮船队创立，隶属于冠达邮轮公司，以北欧风格提供极为优异的服务质量，属于极高水准的豪华型船队。

1987年，世邦邮轮，由挪威实业家MR.Atle Brynestad创立，总部设立在美国佛罗里达州迈阿密。世邦邮轮是超豪华小型邮轮中的翘楚。邮轮航线遍布世界各地，包括南太平洋、南极洲和中美洲，欧洲一线是世鹏邮轮的精品航线。

1992年，兼并从事于豪华型的世朋邮轮公司。

邮轮品牌有："世鹏奥德赛"号、"世鹏旅行者"号、"世鹏探索"号等。

目前，世朋邮轮拥有两个系列共六艘小型邮轮，每艘排水量约3.000 0万吨、载客量400多人，船舰和服务无与伦比奢华、完美，奢华的六星级小型船舰，宽敞的套房客舱，独特的氛围，与贵宾友好的互动，一价全包，这一切给世朋邮轮带来无数的荣耀奖项。

世邦邮轮之旅程并不便宜，但是客人享受的绝对是顶级的最贴心的服务。世朋邮轮每艘船舰都采用华丽的全海景套房设计，船上拥有104间宽敞的套房，面积从25至53平方米，客人拥有足够宽敞的空间邀请朋友室内用餐或在套房内举办私人鸡尾酒会。所有的套房都拥有海景；百分之四十的舱房拥有超大私人阳台，延伸着游客休闲惬意的邮轮享受。

（2）隶属（2002年）——嘉年华。

世朋邮轮总部设立在美国佛罗里达州迈阿密，冠达邮轮公司作为立足英国的品牌，两者互有相补。但是嘉年华的战略布局倾向于各个品牌立足不同的市场，每个独立的品牌独立发展，这样的策略直接导致了2002年世朋邮轮从冠达邮轮公司独立，成为嘉年华直属的品牌之一。与冠达邮轮公司相比，世朋邮轮更小，市场更细，服务更胜，价格更高。

（3）经营理念。

世朋邮轮的经营理念是依靠小型邮轮，以优雅浪漫的北欧风情为主题，为游客提供与众不同的邮轮体验。与普通邮轮最为不同的是——依靠公司旗下的6艘船，每一艘都只搭乘数百名游客，私密性极高。

①"世朋海之傲"号。

1988年11月，世朋邮轮的第一艘超豪华邮轮——"世朋海之傲"号下水首航。载客量320人。2010年9月19日，巴哈马籍"世朋海之傲"号豪华邮轮靠泊青岛港大港旅游码头，这是2012年以来"世朋海之傲"号第3次访问青岛。

在"世朋海之傲"号邮轮的客房每一间房间都是套房，拥有无敌海景和足够宽敞的空间，胜任邀请朋友在套房室内用餐和举办私人鸡尾酒会。邮轮除了主餐厅，还有晚间会变身特色食肆的自助餐厅，你可自行选择跟喜欢的朋友一起用膳，大厨更会与来自菲律宾等地的厨师团队，不断以最新鲜的食材入馔。通常，除有厨师长午宴、船长晚宴等不同主题，也有日本、泰国、印度及中国等主题菜肴，以及露天烧烤。最精彩的美食体验当然要数厨师长午宴。船上所有的厨师纷纷拿出自己的看家本领，烤鲑鱼、煎牛排、精美的寿司、各国的小食、来自深海的各式海鲜……和世朋邮轮旗下的其他邮轮一样，"世朋海之傲"号邮轮的定位不只是高端人群，另外还有许多是真正懂得享受世界的人。这些客人多半是年岁较长的成功人士，不愿被打扰，喜欢安静的环境，无拘无束宁静自在的假期。

②“世朋精神”号。

“世朋精神”号亦称“世邦（海上）精神”号是世朋邮轮的第二艘全套房邮轮。世朋精神号建造于“德国席肖塞贝克船厂—不莱梅船厂”，于1989年11月正式下水，在当年全球首富比尔·盖茨的陪伴下，开始了其辉煌的首航之旅。世朋邮轮给人以西方社会上层的首选六星级小型邮轮的印象。

“世朋精神”号总注册吨位（GRT）1万吨，载客量208人。共计104套的海景套房获得了游客极大的赞美并被其独特组合的功能所吸引。

2005年11月5日，一艘巴哈马注册的豪华邮轮“世朋精神”号在索马里海域险遭武装海盗劫持，邮轮转换高速挡后加速行驶并成功逃脱。

2010年，邮轮将房间进行了全面的翻新，呈现出一个新的、现代的风格，设计上保持其在豪华游轮类排名第一。

③“世朋海之传奇”号。

1990年，公司遭遇财政困难，原定的第三艘邮轮因故推迟没有进入船队。这也直接导致在1991年公司25%的股权被嘉年华购买。公司原计划的第三艘邮轮推迟到1992年，被当时的皇家维京购买，取名“皇家维京女皇”。两年后，“皇家维京皇后”被转移到科洛斯特的下属企业皇家邮轮，改名“皇家冒险”号。

1996年，嘉年华将自己所占有的25%股份提升到50%，并且赎回了“皇家冒险”号，世朋邮轮的第三艘邮轮峰回路转地回到世邦怀抱，更名为“世朋海之传奇”号。

“世朋海之传奇”号总注册吨位（GRT）1.000 0万吨，载客量208人。船上拥有104间宽敞的全海景套房，40%的舱房拥有超大私人阳台，享用米其林大厨带来的风味美食，让您享有顶级的最贴心的服务。“世朋海之传奇”号提供一流的美食，竞争力强大的餐馆，从薯条到鹅肝，选择最好的原料，每一道菜都是来自明星大厨之手。世邦传奇号邮轮的餐厅提供早餐、午餐和晚餐。

④“世朋女神一”号、“世朋女神二”号、“世朋阳光”号。

1998年，嘉年华在购买了库纳德的同时，收购了世邦剩余50%股份，并将两家公司资产融合进库纳德。库纳德的三艘小型邮轮“海洋女神一”号、“海洋女神二”号和“皇家维京阳光”号在1999年转移到世朋品牌下经营，分别改名为“世朋女神一”号，“世朋女神二”号和“世朋阳光”号。

⑤“世邦旅居”号。

2010年6月6日，“世邦旅居”号在伦敦首航，是世邦第二艘全新级别的邮轮。总注册吨位（GRT）3.200 0万吨，船舶总长（LOA）198米，甲板有11楼层，载客量450人。

“世邦旅居”号和她的姐妹船一样，其特别之处就是有一个“世邦广场”，这是一个特别设计的“客厅”，取代了传统意义的接待大厅。“世邦旅居”号邮轮大厅里的专业礼宾人员知识丰富，他们在服务台准备随时为您处理各种事务、向您提供信息和建议。

13. 精致邮轮/极致邮轮/精英邮轮

“精致邮轮”亦称“极致邮轮”“精英邮轮”“极致邮轮”“名流邮轮”和“名人邮轮”，是邮轮世界的后起之秀。1997年起属于皇家加勒比国际邮轮公司旗下更高级别的邮轮船队品牌。

精致邮轮公司创建于1988年，公司首创人是希腊船王背景的钱德里斯公司。钱德里斯早在20世纪60年代开始涉足邮轮运输，于20世纪80年代进入美国市场，早期依靠二手客轮在低端市场苦苦挣扎。“钱德里斯梦幻邮轮”实现从低端到高端的变化源于对百慕大（群岛）市场的争夺。

（1）邮轮标志。

精致邮轮的主要市场是西欧和北美，总部保留在迈阿密。名人邮轮让人耳熟能详的标志是船翼的巨大的“X”。据说，这个巨大的“X”来源于希腊文“chi”，代表着“钱德里斯”。精致邮轮的主要竞争对手是嘉年华集团旗下的荷美邮轮和公主邮轮。

精致邮轮的乘客资料标准着重于“X”形象化，客源市场目标——生活富裕，中产高层阶级，家庭年收入在8万～20万美元之间。

（2）经营理念。

自1988年成立以来，精致邮轮旨在提供全球最棒的、最精致奢华的邮轮服务和引领全新的生活方式。精致邮轮追求精益求精，在表现先进的技术成果和创新的同时，仍保留着与众不同的风格，在细枝末节处时刻关注游客的感受。正如精致邮轮的广告语所说——让您享受明星般的待遇，精致邮轮一直在履行着它对客人的承诺。

为建立一家更好的邮轮公司，拥有更新的船只、更大的船舱、更关注于保持欧洲传统的餐饮和服务，以及旅游业中最优质的邮轮产品的需求为目标。精致邮轮决心为邮轮旅游设定一个新的国际性标准，并具有最佳的质量，庄重的风格，周到的服务，宽敞的住房和精良的菜肴。精致邮轮公司相信，餐饮体验是一个优质游轮度假产品中不可或缺的，精致邮轮定制厨房，可以制作海上最好的美食，一切工序中的材料，都是最好，最新鲜的。

精致邮轮所不同于其他邮轮休假产品的是，精致邮轮始终致力于提供超出客人预期的邮轮体验。这项出色的表现水准已成为精英邮轮的定义，并为今天的邮轮巡游设定了国际化标准。自成立以来，精致邮轮一直履行最初的承诺：经典中的精华，优雅的巡航和与时俱进。

（3）改隶——加勒比海邮轮公司。

1997年，皇家加勒比国际邮轮公司以1.3亿美金，买下了精致游轮公司。精致邮轮现有的游轮与其极致系列邮轮，共同精益求精，表现了更大的技术成果和意义深远的创新，同时保留了与众不同的风格，不断地改进和优质的服务，已经成为一个精致邮轮的标志。

1999年，改隶皇家加勒比海邮轮公司旗下，以中高价位提供高水准服务为诉求，邮轮船舱设计深具欧式风格，其餐饮素质之高位居1999年八大船队之首。

① 广告语。

精致邮轮的广告语是“让您享受明星般的待遇”。

② 烟囱标识。

精致邮轮的烟囱上都有一个大大的“X”，这是希腊字母表中第三个字母，在希腊文中念“chi”，在英文中是“C”，这就是精致邮轮创始人Chandris家族的第一个字母。

2007年，精致邮轮成立了一家新的拥有中型船只的邮轮公司Azamara Cruises。精致邮轮决心为邮轮旅游设定一个新的国际性标准，并具有最佳的质量，庄重的风格，周到的服务，宽敞的住房和精良的菜肴。

③ 中文名称——“极致邮轮”（2014年11月）。

2014年11月，皇家加勒比游轮集团正式发布声明，“精致邮轮”中文名变更为“极致邮轮”。

精致邮轮是皇家加勒比游轮有限公司旗下的高端邮轮品牌。自1989年成立以来，始终致力于为乘客提供高雅而精致的航行体验，并不断优化邮轮服务与美食，带给每一位乘客现代而奢华的邮轮假期，为邮轮旅游建立了全新的行业标准。

（4）船队创立。

1988年，精致邮轮成立。Harry H.Haralambopoulos和希腊Chandris海运公司和Chandris邮轮公司的拥有者——钱德里斯兄弟，当邮轮工业飞速发展的时候，经过深思熟虑，成立精致邮轮（公司）。

（5）二艘二手邮轮——低端市场。

精致邮轮公司创建之初有2条小型邮轮：“地平线”号和“天顶”号邮轮。精致邮轮第一艘邮轮：“地平线”号——原本是钱德里斯梦幻邮轮于1988年定购的新船，在1990年5月下水，取名“地平线”号。精致邮轮第二艘邮轮：“天顶”号邮轮——1990年，为了扩充船队，精致邮轮向船厂下了新订单，“天顶”号邮轮在1992年成为精致邮轮的第二艘邮轮。

1988年4月，钱德里斯开始了与百慕大（群岛）政府的谈判，并成立了精致邮轮，最终拿到了这两份从1990年起为期五年的合同。

◆精致邮轮“子午线”号（Celebrity Meridian，1990）

钱德里斯在拿到合同后立刻着手准备，1989年，钱德里斯梦幻邮轮旗下的“伽利略”号被送往德国重新装配，并在1990年2月以精致邮轮“子午线”号（Celebrity Meridian，1990）的新名称进入市场。

（6）三艘新添邮轮——品牌转型。

在20世纪90年代公司制作了3条新邮轮：“世纪（Celebrity Century，1995）”号、“银河（Celebrity Galaxy，1996）”号和“水银（Celebrity Mercury，1997）”号邮轮。1995年，精致邮轮开始接受现在为人所知的“世纪”号邮轮系列船只。

从“世纪”号，“银河”号到“水银”号邮轮，邮轮上有海上温泉室、艺术品收藏室、钢琴休息室、香槟和马蒂尼鸡尾酒酒吧等。公司对邮轮内部举行了豪华装修，提高服务质量，提供更多的鲜味好菜，其目标就是一个：在邮轮市场上提高竞争力，更好地满足年轻人的需要。精致邮轮开始了现代品牌化的转型，开辟了很多新的旅游线路。

1997年，精致邮轮公司被美国皇家加勒比国际邮轮公司收购，精致邮轮因此成为皇家加勒比的旗下公司。

（7）千年系列邮轮——市场多元化。

2000年后，精致邮轮在皇家加勒比的指挥下，开始了飞速发展的阶段。千年系列邮轮在2000～2002年之间连续到来。2004年，为了实现市场的多元化，精致邮轮引进了迷你型邮轮，意图进入探险旅游市场，依靠只有2 329吨，只可以承载96名乘客的“精致X探险”号邮轮在加拉帕戈斯群岛常年提供探险邮轮旅游。

2005年则是精致邮轮迎新辞旧的一年。皇家加勒比继续在世界邮轮市场布局，精致邮轮旗下的“地平线”号邮轮加入了总部位于英国的岛屿邮轮，而更新更大的至日系列邮轮开始陆续加入公司。

2007年，珀曼特邮轮旗下的两艘小型邮轮被置换到了精致邮轮，精致邮轮和皇家加勒比的管理层决定开办新的邮轮公司——阿塔马拉邮轮，作为精致邮轮的子公司，接管这两艘邮轮，进军奢华市场。作为置换，“银河”号邮轮被交给“珀曼特邮轮”经营，而精致邮轮正式宣告突破在百慕大（群岛）市场的空白。

2008年10月，“银河”号邮轮被转移到了皇家加勒比和图易合资的（德国）图易邮轮并成为公司的第一艘邮轮。至此，精致邮轮的主要邮轮将以千年系列和至日系列为主。预计到2012年，精致邮轮将拥有12艘邮轮。

（8）邮轮系列。

极致邮轮四大豪华系列：极致系列、千禧系列、世纪系列、远征系列邮轮，可提供舒适奢华的享受。

极致邮轮船队拥有：精致邮轮“极致”号、精致邮轮“水印”号、精致邮轮“嘉印”号、精致邮轮“千禧”号、精致邮轮“尖峰”号、精致邮轮“季候”号等知名邮轮。

（9）巡航海域。

极致邮轮的精美航程，巡游欧洲与地中海、加勒比海、阿拉斯加、加拿大与北美洲及其“巴拿马运河船闸”、夏威夷、墨西哥海岸、巴拿马运河、南美洲、澳洲与新西兰以及大溪地等巡航海域。

◆精致邮轮“极致”号

2008年12月，精致邮轮“极致”号邮轮首航。船籍：巴哈马。邮轮总注册吨位（GRT）12.200 0万吨，船舶总长（LOA）1 041英尺，船宽（BM）121英尺，甲板楼层16层，载客量2 850人，船员人数1 246人，邮轮巡航速度24节。

漫步于精致邮轮“极致”号邮轮宽敞的甲板上，徜徉在明媚的阳光下，五光十色的瑰丽景色尽收眼底，陶醉于林林总总的服务设施带来的舒适享受中，更有精致游轮闻名遐迩的周到服务，随时随地满足您的需要。

邮轮专为客人提供了全新的豪华水疗房。客房与AquaSpa休息厅位于同一层甲板上，精心选择独具匠心的养身元素，将其融入客房之中，让乘客随时乐享spa体验，更有专属Blu特色餐厅倾情奉上健康美食。

邮轮在顶层开辟出一片修剪齐整的天然草坪区域——“绿茵俱乐部”，营造地道的乡村俱乐部环境，供您享受各种户外休闲活动带来的乐趣。让摇曳的绿草，带您进入前所未有的绿野仙踪之旅。

“私家酒窖”将带您展开一场别开生面的美酒环球之旅，带您认识品鉴世界各地的醇美佳酿。在船上宜人的独特环境中，您将发现新品葡萄美酒，获得有用的建议，丰富自己对葡萄酒的认识。

富丽堂皇的主餐厅——艾培涅主餐厅拥有跨越两层的玻璃酒架和晶莹剔透的水晶灯饰，于细节处彰显出餐厅精致唯美的好莱坞风范。这里不仅供应美味可口的欧洲菜式及其他各国菜肴，更有“极致”号享誉全球的欧式服务。

“中央大厅”——设施齐备，您可以在此度过一个生动惬意、随意尽兴的休闲夜晚。客人可选择观看晚场喜剧秀，欣赏现场音乐演奏，或是在舒适写意的氛围中观赏一场精彩的电影。

精致邮轮“极致”号是专为您和您的旅程贴心打造的理想邮轮。与我们一起启航，置身于最新的极致系列邮轮上，感受与众不同的风尚设计，领略无可比拟的华贵典雅。

◆精致邮轮“水印”号

2012年8月12日，精致邮轮“水印”号在不莱梅港成功试水。邮轮提供三个新的套房，包括34个新的aquaclass套房，拥有惊人的79平方英尺的阳台，您可以享受前所未有的轻松。船上有各式水疗设施。

邮轮拥有扩展的甲板，另外新增72间件客房，设置了更多的座位在主特色餐厅中，更多的太阳休息室在泳池边，剧院的座位也增加了。您可以在新的草坪烧烤俱乐部享受户外烧烤的乐趣。您的休假时间是宝贵的，登上精致邮轮“水印”号将带来巨大的收获和非凡的体验。

◆精致邮轮“嘉印”号

2011年7月21日，精致邮轮“嘉印”号在德国汉堡的迈尔造船厂正式下水运营。邮轮总注册吨位（GRT）高达12.240 0万吨，拥有16层甲板，最多可载客2 886人。

作为备受赞誉的极致系列邮轮的第四位明星成员，精致邮轮“嘉印”号不仅延续了该系列无懈可击的精良品质，同时也更加彰显了极致船系的德国渊源，时尚典雅的环境设施、令人垂涎的美味佳肴、别出心裁的娱乐活动一应俱全。

以优雅艺术的邮轮设计和富有创意的航线开发而享誉全球的精致邮轮，多年来被誉为“全球最佳邮轮”，始终引领世界游轮行业的新潮流。

◆精致邮轮“千禧”号

精致邮轮“千禧”号邮轮是精致千禧系列邮轮中的主导，为精致邮轮公司运营。其姐妹船有“星座”号，“无极”号和“尖峰”号，由法国圣纳捷的船厂建造。在2000年下水之时，精致“千禧”号是世界上第一艘采用COGES涡轮电力发电机的邮轮。总注册吨位（GRT）9.100 0万吨，载客量（下层舱位/上层舱位）1 950人。“千禧”号邮轮拥有世界级的餐厅，百老汇式的表演，豪华SPA以及可媲美陆上最豪华酒店的设施。搭乘千禧系列的第一艘邮轮——“千禧”号邮轮，共度梦幻旅程，其中感受绝对无法用语言来形容。漫步于甲板上，您就能亲身感受到，“千禧”号邮轮并非仅仅只是一艘邮轮，它将赋予您一段期待已久的特别回忆。

精致邮轮“千禧”号邮轮以其精致的设计及无微不至的服务为特色。当您从一层甲板到另一层甲板时，从玻璃升降机里可以看到海洋景观的全景，即便是美容和桑拿浴中心都有海景，而且有一整层甲板作为健身及运动中心。悠闲逛游于购物中心拱廊，您可以找到海上的设计师流行服饰精品店。专业餐厅以海洋珍宝装饰，充满高级格调和原始风味，让您品尝海上最美味的佳肴。

◆精致邮轮“尖峰”号

精致邮轮“尖峰”号邮轮是精致千禧系列邮轮之一。2001年，精致邮轮“尖峰”号运营。船舶登记：马耳他。

总注册吨位（GRT）9.100 0万吨，吃水26英尺（约合7.93米）。载客数2 158人。船舶总长（LOA）965英尺（约合294.13米）；船宽（BM）105英尺（约合32.01米）；邮轮巡航速度24节。

2010年4月，精致“尖峰”号开始每年夏季执行百慕大的航线。

2012年，精致邮轮将极致船系中诸多曾荣膺奖项的特色元素引入千禧船系，对其进行了改进翻新。

◆精致邮轮“季候”号

精致邮轮“季候”号邮轮是极致千禧系列邮轮之一。2009年6月19日，精致邮轮“季候”号在德国帕本堡下水。7月31日，“季候”号邮轮开始加入精致邮轮公司。8月8日，精致邮轮“季候”号首航。船舶登记：马耳他。

邮轮总注册吨位（GRT）12.2 000万吨，吃水27英尺（约合8.23米）。邮轮载客数2 850人。船舶总长（LOA）1 033英尺（约合314.86米）；船宽（BM）121英尺（约合36.88米）。

邮轮上的设施应有尽有：一家大型影剧院，众多饮食选择的餐厅，草地平台，众多的酒吧和俱乐部，新月甲板，青少年设施等其他普通和独特的特色。

（10）旗下船队——11艘豪华邮轮。

极致邮轮旗下现在拥有11艘豪华邮轮，每一艘都以惊人的全新设计打造并不断地超越自己。2000年建造的极致“千禧”号是全球第一艘搭载安静、无烟、节能、高效燃气涡轮机的邮轮，相比传统的推进系统，减少废气排放量达到95%。而极致系列作为极致邮轮最时尚的船队，更是被国际室内设计协会誉为“邮轮设计的新基准”。

14. “风之颂”邮轮

1986年，“风之颂”邮轮亦译“风星”邮轮“星风”邮轮船队创立，隶属于嘉年华邮轮公司旗下，以“与众不同”为品牌诉求，为一少见的大型风帆游艇配备，强调全数海景的豪华客舱、行动不受拘束、充满健康活力而又兼顾罗曼蒂克气氛之船队。

风之颂邮轮的邮轮品牌有：“风之星”号（Wind Sta，1986年）、“风之歌”号

（Wind Song，1987年）、“风之灵”号（Wind Spirit，1988年）、“风之神”号（Wind Surf，1989年）等。

◆“风之星”号

1986年，“风之颂”邮轮旗下第一艘船“风之星”号亦译“风星”号（Wind Star，1986年）邮轮下水。邮轮总注册吨位（GRT）5 307吨。

◆“风之歌”号和“风之灵”号

“风之歌”（Wind Song，1987年）号和“风之灵”（Wind Spirit，1988年）邮轮也相继进入船队。风星邮轮创业之初曾采用风星帆船邮轮（Windstar Sail Cruises）的名称。

◆“风之神”号（Wind Surf，1989年）

风之颂邮轮旗下的“风之神”号（Wind Surf，1989年）是世界上最大的帆船邮轮之一。邮轮总注册吨位（GRT）1.474 5万吨。邮轮拥有总特等客舱154间，最多可搭载310名乘客。

15. MSC地中海邮轮

1987年，意大利全资拥有的MSC地中海邮轮，属同类中规模最大，总部位于那不勒斯，并于1995年正式命名为地中海邮轮。同年开始发展邮轮业务，5年后随着“抒情号”及“歌剧号”的建造，业务迅速增长。

MSC地中海邮轮旗下的现代化邮轮团队，为旅客提供多款路线和产品选择，加上热情的招待，优质的服务，让旅客陶醉于一次充满意大利特色的旅程之中。MSC地中海邮轮被公认为实力雄厚的意大利邮轮公司，旗下的邮轮均达国家级水平，设备先进，配套完善，致力于为旅客提供最舒适的意式邮轮假期。

MSC地中海邮轮凭借独特的意大利风格，于行内独具一格：船上热情的招待，华丽的装潢，舒适的设计，精致的美食，浪漫的气氛，处处流露出公司秉承“意大利制造”的理念，也是MSC地中海邮轮的不同凡响之处。

MSC地中海邮轮对于品质非常重视，是第一家获得ISO9002：1994和ISO9001：2000双重认证的邮轮公司，其后更获得了ISO14001环境保护证书，在为客人提供舒适的环境的同时，不遗余力地秉承环保理念。

2010年3月20日，“华丽”号于德国汉堡开启地中海邮轮崭新的一页，在AWT污水处理、节能、自动调温和涂料等方面都做到保护环境的承诺。

MSC地中海邮轮亦引入全新的度假概念，于MSC“幻想曲”号划分贵宾区域，名为MSC YACHT CLUB，让贵宾专享个人管家服务。这个贵宾区域亦包括私人酒吧、阳光浴场、水疗池、天幕游泳池、连接酒吧的观景廊及礼宾服务，更可让你尽享海上风光。

地中海邮轮的邮轮有：地中海邮轮·“和睦”号/“和谐”号（MSC Armonia，2001年）、“抒情”号（MSC Lirica，2003年）、“音乐”号（MSC Musica，2006）、“管

乐”号（MSC Orchestra，2007）、“诗歌”号（MSC Poesia，2008年）、“幻想曲”号（MSC Fantasia，2008）、“辉煌”号（MSC Splendida，2009）、“华丽”号（MSC Magnifica，2010年）、“神曲”号（MSC Divina，2012年）、“神曲2”号（MSC Divina，2012年）、“珍爱”号（MSC Preziosa，2013年）等邮轮。

① 地中海邮轮·MSC“和睦”号/“和谐”号（MSC Armonia，2001年）。

地中海邮轮·MSC“和睦”号/“和谐”号是为原先的Festival邮轮建造的邮轮，她是Festival邮轮第一艘邮轮Mistral的姐妹舰。她新增了一层甲板来容纳更多的私人露台套房，这层新增的甲板使邮轮的整体外观看上去更平衡了。一个35米长的中庭增加了船的长度，能提供更多的舱房和公共设施。

MSC“和睦”号邮轮隶属于MSC地中海邮轮，排水量5.860 0万吨，总长251.25米，船宽（BM）28.80米，船舱783间，载客量1 554人，船员总数大约760人。所有两张单人床均可按要求转成双人床。房内设有花洒浴室、空调、LCD电视机、电话、迷你吧台，提供手提电脑上网服务（收费）及保险箱。

MSC“和睦”号是2001年Festival Cruises公司（现破产）建造的MS“欧洲幻想”号。目前为地中海游轮公司运营。MSC“和睦”号的航行港口覆盖地中海海域，包括意大利的威尼斯，克罗地亚的杜布罗夫尼克，希腊的艾奥尼亚岛科浮岛，意大利的那不勒斯和热那亚。

② 地中海邮轮·MSC“抒情”号（MSC Lirica，2003年）。

MSC“抒情”号是对意大利典雅的完美诠释，“抒情号”在传统而优雅的环境中为您提供温馨的舒适感。如果您偏爱庄重却不失休闲的气氛，“抒情号”是您理想的选择。

MSC“抒情”号邮轮于2003年投入使用，2015年最近装修。邮轮吨位6.559 1万吨，船舶总长（LOA）274.90米，船宽（BM）32.00米，高54米。甲板楼层13层，船舱总数780间，载客量2 069人。平均航速21节。我们的热情好客让您充分释放天性，而现代化的设施迎合您的每个愿望。在轻松的格调中完成前往目的地的旅行。

③ 地中海邮轮·MSC“音乐”号（MSC Musica，2006）。

作为MSC地中海邮轮队伍中最新、最大的邮轮——MSC“音乐”号为您展现最现代化、最高雅的设计。在船上，您可以享受宽敞的客房（其中大部分带有露台），广阔的甲板空间和许多精品商店及娱乐设施。无论您是在豪华的Le Maxim餐厅用餐还是在船上的其他地方享受服务，如寿司吧和品酒吧，承诺的所有事情都能船员的帮助下兑现。

2006年，地中海“音乐”号投入使用。MSC“音乐”号的蓝色烟囱十分光滑，上面标示着金色的MSC标志。“音乐”号在夏天主要走地中海航线，在冬天主要走加勒比航线。目前船上通用的货币是欧元（夏天）和美元（冬天）。每人每天的小费会自动扣在您的上船消费中。

④ 地中海邮轮·MSC“管乐”号（MSC Orchestra，2007）。

2007年，MSC“管乐”号是地中海邮轮公司建造的邮轮。她是地中海音乐系列邮轮中的第二艘。MSC“管乐”号能够载客2 550名，船舱1 275间，船员总数大概990名。

⑤ 地中海邮轮 · MSC“诗歌”号（MSC Poesia，2008年）。

如同一首令人细细回味的颂词，MSC“诗歌”号将快乐的定义提升至艺术高度。设有栈桥的壮丽中央瀑布、设于日式料理店的天顶花园、1.2万平方米的幽静足疗区，“诗歌”号为您呈现极致的奢华。在私人阳台上迎风而立，在满天的繁星中欣赏海景，还有什么比这更浪漫的航行？

2008年3月，MSC“诗歌”号首航，总吨位8.900 0万吨，载客量2 550人，主要航线在欧洲。色彩华丽，可迎合各国游客的不同需求。邮轮上有三层楼高的戏院及占地8 000平方英尺的赌场。除了温泉和体育馆外，还有网球场及模拟高尔夫球场。

⑥ 地中海邮轮 · MSC“幻想曲”号（MSC Fantasia，2008年）。

“幻想曲”号是欧洲船东建造的最大的邮轮，也是地中海邮轮的旗舰。她融合了先进科技、优雅的风格以及卓越的专属服务，是意大利传统风格的杰作。“幻想曲”号被赋予了重视环保的现代精神，在不影响乘客舒适的前提下，以保护环境为己任。

2008年6月，MSC邮轮公司的MSC“幻想曲”号首航。MSC“幻想曲”号是MSC公司最大的邮轮，总吨位13.350 0万吨，载客量3 959人。邮轮以奢华而出名，邮轮上有99个套间、私人观景平台、酒吧、游泳池等，另有4维电影院及24小时餐厅。拥有独家特有的MSC游艇俱乐部，一个施华洛世奇水晶楼梯，一个透明天花板的私人休息室。水上乐园拥有150个照明音乐喷泉，游泳区还有一个滑水道。

MSC“幻想曲”号的主要航线在欧洲，以欧洲乘客居多。

搭乘“幻想曲”号不仅是欢乐之旅，更是发现之旅。用施华洛世奇水晶打造的阶梯在所有船只中独一无二。透明的天庭让您忘忧于魔幻般的天空。MSC Aurea Spa中心、5家餐厅、4座泳池、12座水疗按摩池、咖啡吧、购物店、儿童游乐区、一级式方程模拟机、4D影院，2.7万平方米的公共区域让您尽享假期。

MSC Aurea Spa中心提供超现代的理疗，如海泥浴、香薰、美容推拿等。“幻想曲”号设计的专属贵宾区域，能够让您体会到极致专享和尊荣的服务。专属区内有71间套房、酒吧、日光浴、2座水疗按摩池、1座天顶泳池、可欣赏海景的透明观景休息大厅。管家服务为您提供一切服务：登记入住，搬运行李，英式下午茶、雪茄及酒水，餐厅、Spa、目的地游览预订，甚至为您安排私人派对。“幻想曲”号将奢华提升到了新的高度，您对游轮所有的期待在这里都将变为现实。

⑦ 地中海邮轮 · MSC“辉煌”号（MSC Splendida，2009）。

2009年7月12日（星期日），地中海邮轮的重量级全新旗舰号——MSC“辉煌”号正式进行下水礼，更邀得一代传奇女星即地中海邮轮船队的教母——苏菲亚 · 罗兰小姐见证此辉煌时刻，充分突显其不凡气派。

地中海邮轮热衷于不断创新，自2008年在多佛港为“诗歌”号进行下水礼开始，便开展了每次在不同国家为船只揭幕的独特传统，“辉煌”号亦因而选择于巴塞隆那举行下水礼，“华丽”号更计划在明年于德国汉堡隆重启用。

“辉煌”号的启航，标志着地中海邮轮船队正式增加至10艘。此外，“辉煌”号与姊妹船“幻想曲”号更同为有史以来由欧洲船公司建造的最大型客轮，并有“海上城市”之美誉，邮轮总注册吨位（GRT）13.793 6万吨，船舶总长（LOA）333.30米，高66.80米，能容纳多达3 959名乘客。

“辉煌”号由顶尖船务建筑公司De Jorio Design International担纲设计，采用了大量创新科技元素，确保旅客能享受无可比拟的舒适旅程，同时亦对保护环境概念极为讲究。为表扬邮轮在维护生态环境方面的贡献，法国当局更继“幻想曲”号后再度颁发“6 Golden Pearls”证书予以“辉煌”号。

⑧ 地中海邮轮 · MSC“华丽”号（MSC Magnifica，2010年）。

随着“华丽”号可乘载2 500位乘客，大部分的豪华海景房间均设有独立露台，船上将有1 000位工作人员为乘客服务。

2010年3月，这艘最新邮轮在汉堡举行盛大的下水仪式。“华丽”号每次可乘载2 500位乘客，大部分的豪华海景房间均设有独立露台，船上将有1 000位工作人员为乘客服务。“华丽”号糅合了优越的舒适，突破性的设计和先进的技术，突出的节能及环保性能。

“华丽”号还提供了天堂般舒适安宁的MSC Aurea Spa水疗中心。糅合了巴厘式按摩最新技术，这豪华健身中心内设置了不同的区域，包括桑拿室、土耳其浴室、健身中心、美容美发中心、海水浴疗养室、休闲区及按摩室。在“华丽”号上的“娱乐”是无穷无尽的。客人可在日光浴中尽情吸收阳光，船上还有3个游泳池以供选择，其中一个设有可伸缩的上盖，让乘客在冬季航程仍能畅泳。如果想打一场网球或篮球，可在缓跑径上慢跑，或有趣的迷你高尔夫球赛，以上活动都可在“华丽”号上找到。船上的设施形形色色，包括5家餐厅、许多酒吧，还有网吧、雪茄室，不要忘记还有1 200座位的剧院，电影院，赌场和迪斯科。

⑨ 地中海邮轮 · MSC“神曲”号（MSC Divina，2012年）。

在高科技带来的舒适体验下感受旅行的经典魅力一个崭新的海上奇迹诞生！“神曲”号是用以纪念地中海邮轮传奇“教母”索菲亚 · 罗兰女士而命名的旗舰邮轮，于与2012年5月在法国马赛举行盛大的下水典礼。

⑩ 地中海邮轮 · MSC“珍爱”号（MSC Preziosa，2013年）。

2013年，MSC“珍爱”号首航，在成为地中海邮轮舰队第12名成员的同时，MSC“珍爱”号也将与其姊妹邮轮组成完整的幻想曲系列，成为第四艘旗舰邮轮。邮轮总吨位13.940 0万吨，长度333米，船宽（BM）38米，拥有1 751个舱房，载客量4 345人，26部电梯和甲板楼层18层，其中14层可供游客活动。船速23海里，服务人员国籍国际化，语言为英语。

拥有4个主要餐厅，2个特别餐厅，21个酒吧，1个娱乐场，4个游泳池，包括一个无限景观泳池，12个漩涡浴缸，1个保龄球馆，1个运动场，1个纤体中心和1个儿童乐园以及奢华的MSC Aurea Spa水疗中心供游客尽情享受。

“珍爱”号上也设有地中海邮轮旗舰幻想曲级所共有的——MSC Yacht Club贵宾套

房，客人通过体验邮轮业内首创的“船中船”贵宾服务，尽享奢华尊贵。

16. 水晶邮轮（船队）

1988年，“日本水晶邮轮株式会社”的水晶邮轮船队创立——常被称为“水晶邮轮”。水晶邮轮属中型高水准的豪华型邮轮船队，2001年被《Berlitz邮轮评鉴》及《Conde Nast Traveler》杂志选为最佳中型邮轮船队。以无懈可击的高档服务品质，深具美西加州豪迈风格为品牌而闻名。

水晶邮轮由世界上最大的邮轮公司——日本邮船经营。总部设在东京，现共经营2艘豪华邮轮和850多艘货船，在全球各地均设有办事处。精致的外观设计体现了水晶邮轮最高品质的设计理念。遍及全球的目的地航行线路，为旅客提供亲自游览各大海滨城市的机会。

水晶邮轮公司现经营两艘世界最豪华的邮轮：1995年首次航行的922人承载量的“水晶合韵”号（亦译“水晶交响”号）和2003年完成其首航的拥有1 070人的承载量的“水晶尚宁”号（亦译“水晶宁静”号）。

2005年，另一艘老船“水晶和谐”号从水晶邮轮队伍中退出，移交至水晶邮轮当时的母公司日本邮船株式会社，经过翻修并更名为“飞鸟II”号，现在主要服务于日本邮轮市场。

2015年，水晶邮轮被云顶香港有限公司以5.5亿美元收购，现共经营3艘豪华邮轮和800多艘货船，曾经由世界上最大的邮轮公司——日本邮船经营，在全球各地均设有办事处。水晶旗下邮轮为豪华六星级邮轮，在这里，奢华以不同的方式呈现，平均一位侍者照顾少于两位贵宾，并且船费已包括全部服务。水晶邮轮以风水为设计灵感的水疗中心，拥有桑拿浴和蒸气室，舒缓您紧绷的神经；健身中心更提供多种普拉提、瑜伽课程，让您的旅程愉悦活力十足；船上提供各国顶级风味餐，广邀世界各地的主厨，船上所供应的餐点集质量及创意于一身。

①“水晶和韵”号。

“水晶和韵”号是水晶邮轮旗下的第一艘六星级豪华邮轮。1995年首航后，带给游客另一种奢华的海上体验。

“和韵”号邮轮船籍巴哈马。总注册吨位（GRT）5.104 4万吨，船舶总长（LOA）238.00米，船宽（BM）30.00米，船舱总数461间，可以搭载922位乘客。空间感十足，巨大宽敞的宴会厅、华丽的餐厅、舒适的休息场所、极具特色的酒吧，让您尽享奢华和气派。阳台式豪华客房和阁楼式的客舱深受旅客的喜爱。

船上的设施包括辽阔的观景厅、设施一应俱全的健身房、水晶赌场，还有依照中国风水所设计的水疗按摩馆，精心设计的360°一览海景的“漫步甲板”，两个游泳池和按摩池、获奖无数的餐厅以及歌舞表演。除此之外，多数的房间都有私人阳台，在房间内即可享受和煦的阳光、微醺的午后时光。

②“水晶尚宁”号。

“水晶尚宁”号邮轮是水晶邮轮旗下最大的一艘豪华六星级邮轮，船籍巴哈马。总注册吨位（GRT）6.887 0万吨，船舶总长（LOA）250.00米，船宽（BM）34.90米，船舱总数548间，载客量1 100人。可以服务船上1 070位宾客。

“水晶尚宁”号为宾客提供更大更宽阔的空间，并且免费提供欧洲瓶装矿泉水、软性饮料和咖啡，100间套房都有阳台，并且日本名厨Nobu Matsuhisa掌厨的日式餐厅。与水晶邮轮和韵号不同之处在于不同的用餐环境，如风味餐厅、日本餐厅“丝绸之路”和寿司吧——这些华美高级的用餐区域，更是让您的旅程充满期盼的享受。在水晶尚宁号邮轮上的健身设施，还有按照中国传统风水理念设计的水疗中心、美容沙龙和健身中心。邮轮上的娱乐场所，丰富多彩而令人眼花缭乱。

2003年，水晶邮轮尚宁号首航就被《Conde Nast Traveler》汉译《悦游》或《旅游圣经》杂志的读者投票评为世界上最佳的邮轮。宁静与热情的统一，平实与伟大的结合，形成了枫树独特的品位。你的生活达到了一种宁静的境界，淡泊名利、与世无争。

③“水晶精神”号。

1989年，“水晶精神”号首航。邮轮总注册吨位（GRT）3 000吨，可以搭载62位乘客。

水晶邮轮精神号设计优雅，船身为游艇风格，专为世界各地追求极致奢华、独特水晶体验的游客打造。“水晶精神”号的下水，标志小型豪华邮轮提高到一个全新高度。邮轮设施豪华，行动敏捷、吃水浅使得她能够探索大船无法靠近的偏僻海港及岛屿。根据邮轮的小规模设计新航线、新岸上观光活动，让您有机会最大程度探索目的地，这种游览方式在大型邮轮看来是可望而不可即的。“精神”号邮轮设有多种水上活动设施，在亚得里亚海或塞舌尔群岛舒适的水域潜水、游泳，滑水板、骑水上摩托车或者在寂静的早晨划独木舟。“水晶精神”号的活动策划会为您量身制定岸上观光活动，各种岸上观光或个人探索活动。是时候开始新发现了，登上“水晶精神”号，开启一流的探索之旅。

17. 路易斯邮轮

路易斯邮轮源于1935年成立的塞浦路斯第一家旅行社——路易斯公司（塞浦路斯旅行社，Cyprus travel agent），现在是在塞浦路斯股票交易所上市的企业。路易斯公司作为塞浦路斯领先的旅行社，在20世纪70年代开始租用渡船，提供塞浦路斯附近的短途游览出售给游客。

路易斯集团是欧洲邮轮和酒店领域最具主导地位的旅游集团公司之一。由已故的有“塞浦路斯旅游业之父”之称得路易斯·鲁伊佐先生于1935年创立。经过多年发展，路易斯成为地中海地区邮轮、旅游、酒店等行业中最有实力的集团之一，是塞浦路斯最大的私营雇主。

路易斯邮轮的特色不在于游轮的吨位数量和豪华程度，而是立足于爱琴海，以吨位中等而灵活的船队穿梭于希腊、土耳其的特色航线。相对于大型的邮轮公司，路易斯邮轮的船队能够到达更多的希腊小岛，在各个港口都可以停靠在码头，方便客人直接登岛游览而不需要用接驳船上岸；而相对于穿梭于希腊列岛之间的小型轮渡船舶，路易斯邮轮的船队在吨位和舒适度方面又占有优势。

尝到甜头之后，路易斯公司下定决心在1987年从芬兰博卡线以400万美元的代价购买了集渡轮和邮轮为一体的船只——“普林斯仙”号，并且更名为“马里萨公主”号。依靠这艘船只，路易斯邮轮宣告诞生，开始提供从里马索（塞浦路斯港口）到希腊各岛屿、土耳其和以色列的航行。截至1994年，路易斯邮轮跟进买下了三艘船只，同样用于短途航行。

20世纪90年代中期，是路易斯飞速发展和商业运营转型时期。此时的路易斯将目标转移到了将船出租给旅游公司，借此达到控制成本和转移风险的目的。比如，在1996年，路易斯邮轮将旗下的“海洋公主”（Princesa Oceanica，后改名“蓝宝石”Sapphire）出租给英国汤姆森旅行社下属的汤姆森邮轮。次年购买的“绿宝石”号也拱手租让给了汤姆森。

1999年，路易斯将在1998年购买的“奥索尼亚”出租给了同样位于英国的第一选择假日旅行社。至此，路易斯总共拥有8艘船只。1999年，路易斯邮轮也曾经短暂拥有总部位于希腊的“皇家奥林匹克”邮轮，可惜，在路易斯接手时，“皇家奥林匹克”就已经风光不再，之后经营更是渐入困境，于2004年宣告破产。

2000年，路易斯购进了“卡里索”。路易斯自身无力消费增长的船队，只能依靠出租船只维持运营。

2003年，路易斯租用了荷美线当时的新“阿姆斯特丹”号，便立刻转租给汤姆森。次年，“水港”号从已经不再运营的英国阳光邮轮加入船队；路易斯抓紧机会从挪威的一家公司租用了一艘前阳光邮轮的船只，也立刻转租给了汤姆森。路易斯得此机会脱手三艘老旧船只。

2006年是路易斯邮轮扩张的一年，更多二手船只进入船队，包括“东方女皇”和“海洋钻石”加入了船队，也与刚刚入手邮轮业的易捷的易航签订了承包运行合同。可是，这一切都随着“海洋钻石”号在2007年4月在希腊海域的触礁而告终。为此，“大洋二”号和“红宝石”号被路易斯租用，用于应付“海洋钻石”号的失事，直到7月新的船只“水晶”号到达。“水港”号在同期被旅行社退租，路易斯也借此短暂将“水港”号用于路易斯海伦邮轮公司的名下，但是次年该品牌默默消失。

路易斯邮轮公司隶属于路易斯集团，拥有15艘豪华邮轮，为来自世界各地的游客提供舒适、安全、完美的旅行服务。路易斯邮轮公司拥有20年以上的操作历史，航线范围涵盖整个地中海地区。

路易斯可以被称为地中海邮轮专家，其航线从塞浦路斯出发巡航去往希腊的罗德岛、埃及、以色列、黎巴嫩和叙利亚；还有从希腊巡航去往爱琴海群岛和土耳其，以及从意大利、法国出发的去往西部地中海各个沿岸国家。此外，路易斯邮轮在塞浦路斯的利马索港和旗下所有邮轮上均有自己的免税店，以便更好地服务于参加路易斯之旅的所有客人。

18. 海达路德邮轮

因开创挪威沿海航程而闻名于世的海达路德成立于1893年。海达路德创始人理查德·韦特与挪威的极地探险英雄弗里乔夫·南森、罗尔德·阿蒙森一道，是这个国家的海事先驱之一，他们开创性地将挪威沿海的交通需求与创新的旅游产品合为一体，同时为本地居民和外国游客开辟了新的机遇。对这个布满崇山峻岭与蜿蜒峡湾的狭长沿海国家来说，海洋是联系外界的唯一途径。

海达路德邮轮掀起了挪威沿海的交通革命，为包括当地人、货运商与旅行者在内的所有人提供服务。海达路德邮轮促进了当地社区的经济发展，以及它们之间的交流沟通，构建起一条海上生命线。正如我们今天所做的，海达路德欢迎世界各地的游客前来探索挪威无与伦比的自然风光与人文风情。自1893年起，海达路德邮轮就是不可取代的，也是无法复制的。

安全、大度、责任，是海达路德邮轮所坚持的企业文化价值观。安全始终是海达路德邮轮的首要任务，继承了维京人悠久的航海传统与精神，能够在艰难的环境下依然保证客人们的旅行安全；以大度的姿态展现自己的开放性，无论是员工之间，还是对待客人，都以坦率、诚恳、热情相处，相互包容、齐心协力；海达路德邮轮肩负着对人、对文化、对经济、对环境的社会责任，它航行在这个世界上一些最脆弱的海域，有义务保护这些地方的特色，包括本土文化与自然环境。

海达路德邮轮的中国推广机构，秉承海达路德邮轮120年来的品牌精髓与文化价值观，以打造体验目的地的最佳方式为己任，保有海达路德邮轮的传统精神并坚持不断创新。海达路德邮轮中国推广机构以北京为总部，以华南、华东、西南三个大区为核心，为广大中国游客亲身体验独一无二的海上航行提供便利。绝美的峡湾岛屿，丰富的极地物种，神秘的白色大陆等待着您去发现。

海达路德邮轮船队使用内燃机船，以区别工业革命以前的帆船和蒸汽轮船。海达路德邮轮船队有："北极星"号、"罗弗敦"号、"韦斯特龙"号、"哈德罗国王"号、"理查德韦特"号、"北极光"号、"北角"号、"极光"号、"北挪威"号、"芬马克"号、"山妖峡湾"号、"午夜阳光"号、"前进"号等邮轮。

① 海达路德"北极星"号。

海达路德"北极星"号邮轮以维京人心目中的夜空主角——北极星命名。邮轮专为航行于挪威沿海地区而建，北极星总是处在正北方，照亮了通往斯匹次卑尔根的航路，为"北极星"号邮轮指引着前进方向。

邮轮在德国汉堡建造，1956年邮轮下水。2000年重新翻修。重新装修后除了延续旧大西洋巡洋舰的风格，船上还配备了餐厅和酒吧、咖啡厅、全景休息室和小型图书馆。拥有舒适的内舱和外舱，大部分为上下铺。客舱和甲板到处充满了古香古色的神秘色彩。

作为一艘精致的小型邮轮，"北极星"号最多搭乘106位客人前往北极斯瓦尔巴群岛。如此规模的游轮与团队人数，将允许到达一些其他邮轮无法触及的独特水域，在那里我们有更多的机会登岛游览、驻足停留。美丽而悠久的“北极星”号邮轮是海达路德作为挪威海岸生命线的标志。焕然一新后，她又重返北极海域，期待与您共同分享旅行的经历。

2013年7月在波兰格但斯克装修船厂装修，船舶总吨位2568吨，船舶总长（LOA）80.70米，船宽（Beam，BM）12.60米，甲板层数4层，床位149个，定员400人（客人106人）。平均航速15节（27.78千米/小时）。船东是韦斯特兰船运公司，以挪威卑尔根为母港，营运“挪威—斯匹次卑尔根”航线。IMO识别码为5 255 777。

② 海达路德“罗弗敦”号。

1964年，海达路德“罗弗敦”号邮轮在奥斯陆首航。“罗弗敦”号是海达路德历史上第2艘以此命名的游轮，她的名字源于地处北极圈内的罗弗敦群岛，那里以壮丽的风光闻名，常被誉为“大自然的杰作”。这艘是最能体现海达路德传统风格的游轮。

2003年，“罗弗敦”号邮轮进行了修缮和设备更新，但仍保持了最初设计的装饰风格和氛围，简朴的客舱中非常舒适而又充满温馨，独特的休息大厅和全景观光甲板，让这位“老妇人”保持与众不同——焕发着无与伦比的光彩，将私密的轻松氛围和真正的怀旧之旅完美呈现。海达路德“罗弗敦”号邮轮和海达路德“北极星”号邮轮是勇敢的老姊妹船，这两艘船小巧雅致，是许多常客喜爱的邮轮。

在冬季，其他船只都在挪威海岩以外的地区航行，但海达路德“北极星”号邮轮——这艘传统邮轮依旧沿着挪威海岩行驶。在欧洲的夏季，这两艘船担负着探险航海游的重任：海达路德“罗弗敦”号邮轮——航行于挪威峡湾，海达路德“北极星”邮轮——航行于斯匹茨卑尔根。

③ 海达路德“韦斯特龙”号。

海达路德“韦斯特龙”号邮轮建造于1983年，与1893年海达路德第一艘游轮有着相同的名字，都源于海达路德第一座船籍港斯托克马克内斯的所在地—韦斯特龙群岛。韦斯特龙地处罗弗敦群岛北侧，从这里出发可以去到挪威沿海航程中那些最美的风景地。

“韦斯特龙”号是海达路德船队中最小的邮轮之一。1988年和1995年，经过两次翻新升级改造。如今，这艘邮轮以明亮欢快的公共区域和休息大厅为特色。您可以从全景大厅中欣赏船外沿途风光景色，也能鉴赏邮轮上丰富的艺术品藏品。

④ 海达路德“哈德罗国王”号。

1993年，海达路德“哈德罗国王”号邮轮（与“理查德韦特”号一道）为纪念海达路德100周年首航。

“哈德罗国王”号邮轮的建造地是德国。邮轮总注册吨位（GRT）1.120 4万吨，船舶总长（LOA）121.80米，船宽（BM）19.20米。船舱总数483间，载客量691人。平均航速15节。这艘船宽大、时尚、舒适但又不失小游轮的温馨氛围。每一艘船的设计都独具匠心，倾注了挪威艺术家的心血。无论天气如何，您都能从宽敞明亮的观景大厅欣赏外面的景色。

“挪威王国”英语为“The Kingdom of Norway”，挪威语为“Kongeriket Norge”。

海达路德邮轮"哈德罗国王"号尽管最初以哈德罗——挪威国王的名字命名，但是您还可以在船上找到其他以挪威知名人士命名的踪影："Fridtjof Nansen酒吧"是以诺贝尔和平奖得主弗里乔夫·南森命名。弗里乔夫·南森——知名的挪威探险家、科学家和外交家，1922年被授予诺贝尔和平奖。"Roald Amundsen咖啡厅"以探险家Roald Amundsen命名。"哈德罗国王"号从邮轮的内饰中，您可以看到王冠标志的装饰细节。

⑤ 海达路德"理查德韦特"号。

海达路德"理查德韦特"号邮轮取名于海达路德公司的创始人理查德·韦特船长。1893年，理查德·韦特船长开通了挪威沿海快线，从此为当地民生带来了深远影响。

在海达路德首航100年后的1993年，这艘邮轮交付使用。船上有出自著名的Harr家族的精美艺术品，整艘船好比一个海上艺术展览。置身于hoRisont和syvstjeRnen这两个全景大厅，周围的景象会令您终生难忘。船上还设有按摩浴缸和8个简单套房。

⑥ 海达路德"北极光"号。

海达路德"北极光"号邮轮以每年10月至次年3月间出现在挪威海域壮观的自然现象命名。这种在北半球夜空中跃动、时而绿色时而红色的光辉令看到她的人永生难忘。邮轮的艺术、装饰和色彩的灵感都来源于北极光。

"北极光"号邮轮建于1994年，邮轮的内部装饰、艺术品和色彩都源自北极光奇景带来的灵感。凭借明亮细腻的内饰，挪威艺术家们在船上打造出别致的邮轮环境。在这种优雅的海事氛围中、在宽敞的全景大厅里、在舒适的躺椅上，您可以尽情地放松身心。

⑦ 海达路德"北角"号。

海达路德"北角"号邮轮的名字寓意为北角——源自屹立在欧洲大陆最前端的一块雄伟的岩石。邮轮的命名凸显了海达路德的航程亮点——壮观雄伟的北角，这块位于北纬71° 的巨型悬崖是欧洲大陆的最北端。自从1553年英国航海家理查德·钱塞勒在寻找东北航道的探险中发现并命名了北角后，这里就吸引了无数的探险爱好者。

海达路德"北角"号邮轮建于1996年，代表了20世纪90年代的建造级别，并升级了套房和按摩浴缸。登上"北角"号邮轮，您将置身于挪威知名艺术家Karl Erik Harr的作品之中。挪威的宋雅王后是"北角"号邮轮的教母。

海达路德"北角"号邮轮是20世纪90年代所建船只，以配有多个套房和按摩浴缸为特色。提供一个真正独特的海达路德邮轮体验。

⑧ 海达路德"极光"号。

海达路德"极光"号邮轮建造于1996年，是海达路德历史上第3艘以此命名的邮轮。这艘船命名为海达路德极光号邮轮是对北极光这种自然奇观的礼拜。因为"Polarlys"在挪威语中是"极光"的意思。这种特殊的极地天象是我们每年冬季航程所一直追寻的自然奇观。

海达路德"极光"号邮轮是一艘非常美丽的邮轮，船上的陈设以桦木镶板，光亮的黄铜制品和精挑细选的挪威现代艺术品为主。此外，在公共区域还使用了大量木制装饰品，这种设计营造出独特的海事氛围。

⑨ 海达路德“北挪威”号。

海达路德“北挪威”号邮轮船体宽大、时尚、舒适但又不失小游轮的温馨氛围。每一艘船的设计都独具匠心，倾注了挪威艺术家的心血。

Nord-Norge意为挪威北部，通常指挪威境内北极圈以北的地区。这艘邮轮建于1997年，是海达路德历史上第2艘以此命名的邮轮。2002至2007年间，“北挪威”号邮轮还曾担负着海达路德南极洲航程的重任。邮轮建造年份1997年，船舶总吨位1.138 4万吨，船舶总长（LOA）123.30米，船宽（Beam，BM）19.50米，船舱总数457间，床位451个，载客人数623人。可载轿车45辆，（平均）航速15节。破冰级别为1A/1B。为了使船上生活更为轻松，邮轮新增了2个室外按摩浴缸。

这艘邮轮美丽的名字其灵感来自于挪威最北部地区，船上的装饰风格也与该地区的特色相呼应。船上内饰和一些现代化的设施充分体现了新艺术主义和装饰艺术风格，使邮轮在营造出轻松愉快的氛围同时，依然沿袭了海达路德的一贯传统。身处“北挪威”号邮轮，您可以看到Johanne Marie Hansen-Krone、Ellen Lenvik和Dagfinn Bakke等艺术家的作品。

无论天气如何，您都能从宽敞明亮的观景大厅欣赏外面的景色。在欧洲的冬季，“北挪威”号航行南极洲，从南美洲开始我们的航海游。

⑩ 海达路德“山妖峡湾”号。

海达路德“山妖峡湾”号邮轮是海达路德最年轻的邮轮之一，也是海达路德船队最大的三艘邮轮之一。邮轮以著名的山妖峡湾命名，山妖峡湾位于韦斯特龙群岛和罗弗敦群岛之间，是南下航程中最值得期待的一个景点。船上舒适的内饰都是广泛使用了挪威当地的木材和石材，打造出舒适的内部空间。

2002年，海达路德“山妖峡湾”号邮轮首航。作为海达路德“午夜阳光”号的姐妹船，他们具有类似的特征，如宽敞的观景大厅和美丽的套房。身处邮轮，您可以发现由罗弗敦艺术家Kaare Espolin Johnsen原创的画作，这些作品原本用于装饰海达路德老邮轮——“哈拉尔德首领”/“贵族”号邮轮。

邮轮建造年份2002年，邮轮由挪威弗森Mekaniske Verksteder造船厂建造。船舶总吨位1.614 0万吨，船舶总长（LOA）135.75米，船宽（Beam，BM）21.50米，床位640个，载客人数822人。可载轿车45辆，（平均）航速15节。

⑪ 海达路德“芬马克”号。

海达路德“芬马克”号邮轮建造于2002年，与姊妹船“午夜阳光”号邮轮和“山妖峡湾”号邮轮属于同一级别。得名于挪威北部的芬马克郡。“芬马克”号邮轮是一艘同时在甲板上配备游泳池和涡轮按摩浴缸的邮轮。“芬马克”号邮轮的船头是一大亮点，您可从第5层甲板上从头至尾一路贯穿整艘邮轮。船上的装饰与布置陈设美轮美奂，极具新艺术主义风格。

邮轮装备有最先进的客舱设施，观景大厅宽敞明亮，客舱温馨舒适。船上有两个户外按摩浴缸，“芬马克”号还有一个小型户外游泳池。

⑫ 海达路德“午夜阳光”号。

2003年4月15日，海达路德“午夜阳光”号邮轮首航，是海达路德历史上第4艘以此命名的游轮。“海达路德午夜阳光”号邮轮是船队中最新的邮轮之一。海达路德“午夜阳光”号邮轮与其姊妹船海达路德“山妖峡湾”号邮轮一起位列船队三大邮轮，成为海达路德船队的生力军。这两艘邮轮不仅体积庞大，在船头部分还有2层高的全景大厅，宽大的玻璃窗可以最大限度地采光，令窗外壮观的景色一览无余。

新一代“午夜阳光”号邮轮非常注重环保理念和现代设计，采用了很多挪威本土原料作为内部装饰素材。最大的特色是船首的跃层全景大厅，透过宽大的玻璃可以将四周风光尽收眼底。拥有23间精美的套房，其中一些还自带阳台。“午夜阳光”之名从未辜负人们的期望，这艘充满了挪威夏日风情的邮轮便是如此。船上色彩缤纷的装潢，灵感源于挪威夏日温暖而明媚的天气，明快的主题还体现在其所选用的众多挪威现代艺术品之中。

邮轮建造年份是2003年，船舶总吨位1.615 1万吨，船舶总长（LOA）135.75米，船宽21.50米，总床位638个。（平均）航速15节。破冰级别为1C。

2016年9月开始，“午夜阳光”号邮轮踏上新的旅途，从智利南部的蓬塔阿雷纳斯出发，探索智利峡湾、麦哲伦海峡和合恩角，随后带领大家领略不可思议的南极壮丽景色。

⑬ 海达路德“前进”号。

海达路德“前进”号邮轮是海达路德邮轮船队中最新、最豪华的邮轮，转为适应南北极水域而特殊设计。邮轮技术等级为最高级别，船体进行了加固，坚固性足以应付极地地区的冰海条件。这艘邮轮已经是所有能挺进南极圈的破冰型邮轮中，设备最先进、最安全、最环保的！

2007年，海达路德“前进”号邮轮由欧洲最大的造船厂——意大利Fincantieri船厂建造。“前进”号以曾经随挪威著名极地探险先驱弗里乔夫·南森出征的著名探险船“Fram”号命名，意为——“前进”号！是海达路德最新投入使用的探险船。怀着与生俱来的探险使命，第二代“前进”号肩负的重任，便是引领客人们融入大自然与极地生灵之间，实现难以忘怀的探险经历。在“前进”号上，您将结识许多来自世界各地的同路人，与他们共同分享这次铭记终生的探索之旅。

海达路德“前进”号邮轮是专为在极地水域航行而特别设计定制的，拥有最高的安全标准，其完美的尺寸在航海操控性与旅行舒适度之间实现了最佳平衡。在拥有众多休息大厅的同时，“前进”号还准备了设备齐全的健身房。在甲板的按摩浴缸中领略近在咫尺的巍峨冰山，这种超现实的旅行只有在“前进”号上才能体验。

邮轮建造年份是2007年，船舶总吨位1.164 4万吨，船舶总长（LOA）114.00米，船宽（Beam，BM）20.20米，船舱总数127间，床位276个，载客人数318人。（平均）航速13节。破冰级别为1A/1B。

海达路德“前进”号邮轮有128间设计风格亮丽的舒适船舱，还有高级别的套间。其他能去南极的邮轮只能承载100多人，多为邮轮双人间。同时其室内配置也是最为舒适的！邮轮全景休息大厅（观景大厅）和宽阔的甲板区（户外平台）让每一位旅客都有机会欣赏迷人的风景，能使您更近距离的接近大自然。

为确保上岸进行短程旅行的安全性，海达路德“前进”号邮轮还配有上极地探险小船的旋梯。“前进”号的户外冲浪浴池、桑拿以及健身房将增加游客航海游的舒适度。

船上的内部装饰着意强调了格陵兰文化和语言，如在船舱内的主要位置有因纽特语言书写的“Qilak”（天空）、“Imaq”（大海）以及“Nunami”（上岸）等字样。船上有玻璃屋顶的观景大厅和多种休闲设施，如健身、桑拿和两个室外加热按摩浴缸。

19. 阿依达邮轮/爱达邮轮

德国阿依达邮轮又称爱达邮轮，在20世纪60年代进入邮轮市场，母公司原名“德意志·斯里得雷”，属于东德国家企业。

（1）德意志·斯里得雷——东德国家企业。

公司创办初期，以原属于瑞典—美国轮船的“安德雷·多日亚”号轮船改建的“人民友谊”号邮轮为母轮，为东德的居民提供海上度假服务。“人民友谊”号邮轮历史上，也一度被东德以外的旅游公司租用，直到在1985年退役，被在西德于1981年建造的“亚空娜”号邮轮代替。亚空娜号原名“亚斯特”，在西德运营并不成功，被德意志斯里德雷公司购入。和“人民友谊”号邮轮一样，“亚空娜”号每年都会搭载在东德的社会主义优秀人选，提供海上度假奖励旅游，空闲时被西方其他国家的旅游公司租用。1991年东、西德国合并之后，德意志斯里德雷私有化完成，“亚空娜”号被西德的见旅公司常年承包。

●阿依达邮轮品牌

1994年，德意志斯里德雷正式向芬兰的造船厂定购了新的船只，取名“阿依达”，并在1996年投入使用，阿依达邮轮品牌正式诞生。为了适应新的社会经济潮流，“阿依达”号邮轮借鉴了德国流行的罗宾森度假俱乐部的模式，将邮轮度假俱乐部的概念引入了“阿依达”号邮轮。

1997年，“阿依达”/“爱达”号邮轮被出售给了挪威人邮轮公司；德意志斯里德雷的另外一艘“亚空娜”号邮轮继续被见旅公司长期租赁。同时，见旅公司从德国的旅游业巨头图易（TUI）分离，为以后阿伊达邮轮公司的成立打下了基础。

（2）隶属——P&O公主邮轮。

1999年，P&O公主邮轮开始收购德国最知名的阿伊达邮轮公司，并开始进入德国邮轮旅游市场。

2000年，邮轮业务事业部分离出来成为独立的邮轮公司。2000年10月，P&O公主邮轮成立，获得了德国阿伊达邮轮公司的剩余股权。

1999年，新的见旅公司经过和德意志斯里德雷旗下的邮轮部门重组，并从挪威人邮轮公司处购回了“阿依达”号邮轮，整体卖给了半岛东方公主邮轮。由于阿依达模式的成功，半岛东方公主邮轮决定扩大阿依达邮轮品牌的影响，从东德罗斯托克附近的造船厂定购了两艘新邮轮，建立阿依达邮轮船队。

（3）隶属——嘉年华邮轮集团。

2003年，在“阿依达邮轮”自主建造的第3艘邮轮“爱达奥”号（AIDAaura）邮轮（即将交付前被嘉年华集团收购）投入使用之后，半岛东方公主邮轮正式并入嘉年华邮轮集团。稍后，嘉年华将“阿罗萨”品牌和两艘内河邮轮卖给了见旅公司曾经的母公司——德意志·斯里德雷。“阿罗萨蓝色”号邮轮被保留在嘉年华旗下，且更名为“爱达布鲁”号邮轮，成为未来阿依达邮轮旗下最大的邮轮。邮轮排水量4.228 9万吨，载客量1 266位。

2003年，阿依达邮轮加盟世界上最大的邮轮度假集团——美国嘉年华集团。其标志性特征便是船艏的——“蜜红唇”，堪称邮轮中的女神。

（4）阿依达邮轮。

2004年，见旅公司正式更名为“阿依达邮轮”，成为嘉年华在德国的邮轮公司。

2004年，嘉年华集团宣布为阿依达公司订购两艘全新设计的新级别豪华邮轮，之后在2005年和2006年分别追加订购一艘，至此阿依达邮轮公司从2007年开始加快船队扩张速度，连续七年保持每年有一艘新豪华邮轮加入船队。

①“阿伊达·cara”号。

阿伊达·cara号是阿依达邮轮公司第一艘自主建造的豪华邮轮，加入船队时船名就为“阿依达”号邮轮。

2001年，“阿依达”号邮轮被更名为“阿伊达·cara”号。从此奠定了“阿依达邮轮”以“AIDA+船名”为名称的基础，此后的邮轮都以此模式命名。2002年，“阿伊达·cara”号邮轮正式投入运营。

②“阿伊达·贝拉”号

2008年4月14日，德国阿伊达邮轮公司旗下的最新豪华邮轮——“阿伊达·贝拉”号邮轮交付使用。“阿伊达·贝拉”号邮轮排水量6.850 0万吨，船舶总长（LOA）252米，船宽（BM）32米，甲板共有13层，载客量2 050位（最多时可容纳2 500位客人）。有7个餐厅，11个酒吧，3个顶层游泳池，服务人员900人。“阿伊达·贝拉”邮轮以新潮、先进、年轻而富于青春活力。

③“阿伊达·布鲁”号

阿依达邮轮公司之前就有一艘名为“阿伊达·布鲁”号豪华邮轮，是在2002年间购买的一艘二手邮轮，由意大利芬坎泰里造船厂建造，1989年下水进入Sitmar邮轮公司船队。购买前船名为“Crown Princess”，购买后改为“A’Rosa Blu”，嘉年华集团入主阿依达邮轮公司后，经过重修装修后，2004年以“阿伊达·布鲁号”船名投入运营，2007年转卖掉，离开船队，该邮轮几经转手，现在P&O澳洲邮轮公司，船名为“太平洋宝石”号。

2010年，“阿依达·布鲁”号邮轮加入阿依达邮轮公司，并成为该船队史上排水量最大的一艘邮轮（6.850 0万吨级），载客量2 050人。也使该船队首次晋升为载客量超过万人的船队行列，也继续保持在德语系远洋邮轮船队第一的位置。同时也是世界十大远洋邮轮船队均为载客量超过万人的船队。

④ “阿伊达·mar”号

2012年5月3日，德国最大的邮轮公司阿依达邮轮在Emden港口接收一艘由德国迈尔船厂建造的“阿伊达·Mar”号邮轮。5月12日，这一艘“阿伊达·mar”号豪华邮轮加入阿依达邮轮公司，为阿依达邮轮建造的第6艘船。邮轮总注册吨位（GRT）为7.130 4万吨，船舶总长（LOA）253.22米（830.77英尺），船宽（BM）32.20米（105.64英尺），吃水7.30米（23.95英尺）。舱房总数1 096间，可乘载2 194位乘客，全体船员620人。船速24节。邮轮拥有现代化技术，舒适的环境及雅观的装饰，在柴电推进系统和交互式通信系统上符合最新技术标准。

阿依达邮轮于12日在汉堡为“阿伊达·Mar”号邮轮正式命名，成为狮身人面像系列中的一艘邮轮。之后，“阿伊达·Mar”号前往北欧首航，将主要用于德国市场营运。由此，阿依达邮轮船队一举超过姊妹船队胜景邮轮公司成为世界远洋邮轮第九大船队。

⑤ “阿伊达·prima”号

2015年3月，嘉年华集团为阿依达邮轮公司交付了一艘排水量为12.500 0万吨级、载客量3 300人的“阿依达·prima”号。

到2016年最新豪华邮轮加入船队时，阿依达邮轮公司船队有可能超过姊妹船队菁英邮轮公司成为世界远洋邮轮第七大船队。

20. 银海邮轮

1994年，银海邮轮船队创立，以超高级豪华型邮轮为品牌诉求，提供无懈可击的高档服务，连续多年被评为“最佳小型邮轮船队”“全球最佳”小型航运公司、小型航运公司读者大奖“第一位”“最佳邮轮”大奖。

银海邮轮船队素来被公认为豪华邮轮界的创新者，为宾客呈献大型邮轮度假体验。公司旗下拥有的豪华邮轮，全部洋溢欢乐、悠闲、典雅气氛，行程将遍及全球七大洲。银海邮轮舰队是特制的超豪华游船，打造规模较小的新型的船只，开辟新的航线停靠更多外国港口。所巡游的线路独具匠心，由于属于小型邮轮，可直接驶入大型邮轮不能直接停靠需要接驳的港口，并且可以停靠大多数大型邮轮不经过的港口，银海邮轮所经过的每一个港口城镇都各具特色，即使航行在同一区域，线路也基本不重复，让您的邮轮旅行充满了新鲜感。

银海邮轮公司保持意大利人对每样东西都有着极大的热情，喜欢追求生活的品质。在这种传统的影响下，罗马Lefebvre家族成立了一个具有创新性意义的公司——银海邮轮，为客人提供一种私人的卓越环球航海旅行。其所拥有的6艘奢华船舰每一艘都是雅致、宽敞，超五星级酒店般的客房给人的感觉就和温暖的家一样，友好而又亲切。银海的成功归咎于以下几个因素：私人定制化、互补，以及迎合每位客人独一无二的需求。

银海邮轮拥有的6艘奢华船舰（1994年推出首舰）“银云”号、“银风”号

（Silver Wind，1995年）、“银影”号（Silver Shadow，2000年）、“银啸”号（Silver Whisper，2001年）、“银海探索”号和“银神”号（Silver Spirit，2009年），每一艘都是雅致、宽敞，其五星级酒店的客房给人的感觉就和温暖的家一样，友好而又亲切。银海邮轮提供大多数带有私人阳台以及露天餐台的全海景套房给客人选择。

2008年夏季，全新奢华极地探险邮轮“阿尔贝二世亲王”号（2011年已正式更名为“银海探索”号Silver Explorer）加入后，银海的行程已遍及全球七大洲。

2009年底，建造完毕并下水的全新奢华船舰——“银神”号邮轮除了为银海丰富了更多航线之外还增添了许多亚洲元素。

◆银海邮轮——“六星级全套房服务”

银海邮轮为世界唯一六星级全套房邮轮公司，现有6艘顶级邮轮服务于地中海，北欧，东南亚，非洲，阿拉斯加，加勒比及南美洲。

银海邮轮一贯坚持服务人员与乘客比例1：1.4，从而创造出最私密奢华的旅行享受，备受世界豪门、皇室及明星推崇。

银海邮轮非凡的形象大使——伊莎贝拉·罗西里尼

伊莎贝拉·罗西里尼是银海邮轮理想的品牌形象大使，她代表了银海其独有的精致、品味、雅致的品牌标准。作为一名瑞士和意大利混血儿，伊莎贝拉·罗西里尼居住在时尚都市纽约，她正是能代表银海国际高端品味和意大利人传统情节的恰恰人选。

银海邮轮素来被公认为豪华邮轮界的创新者，为宾客呈献大型邮轮度假体验。公司旗下拥有的豪华邮轮，全部洋溢欢乐悠闲典雅气氛，行程将遍及全球七大洲。银海邮轮所巡游的线路独具匠心，由于属于小型邮轮，它可直接驶入大型邮轮不能直接停靠需要接驳的港口，并且可以停靠大多数大型邮轮不经过的港口，银海邮轮所经过的每一个港口城镇都各具特色，即使航行在同一区域，线路也基本不重复，让您的邮轮旅行充满了新鲜感。

银海邮轮是您身份的体现。

在俄罗斯圣彼得堡庆祝建市三百周年时，银海邮轮旗下的“银影”号被包下作为参与领袖峰会的布什的专用居庭，而普京等国家元首以及各国要人也曾是银海邮轮的尊贵客人。现在乘坐银海邮轮不仅成为一种奢华的时尚，更是一种身份和地位的象征。

银海邮轮极致的奢华体验。

邮轮上您任何触手可及的物品都是世界顶级品牌：进门时您能看到客厅里摆放着漂亮的POMMERY欢迎香槟，温馨舒适的卧室大床上铺着Frette的床单、Bylguri的洗浴用品；当您在优雅的餐厅用餐时，除了能品尝到世界顶级餐饮组织Relais-Chateaux主厨为您精心烹制的美食之外，您所使用的餐具也都是世界顶级品牌，Christofle的银器、Schott Zwiesel的玻璃器皿，都将为您的邮轮美食体验锦上添花，凸显您高贵和品味。

21. 丽晶七海邮轮

丽晶七海邮轮是美国的一个豪华游轮旅游公司，总部设在劳德代尔堡，是高端邮轮的市场领导者。前身是由1990年成立的“瑞迪生（亦译雷迪森）邮轮”和“七海邮轮”

在1992年合并成的联合体“瑞迪生·七海邮轮”，属于邮轮业的后起之秀。

（1）瑞迪生·七海邮轮。

在合并之时，“瑞迪生/雷迪森邮轮”和“七海邮轮”都只有一艘中型邮轮。

瑞迪生/雷迪森邮轮的“瑞迪生/雷迪森钻石”号是当时唯一的双船身邮轮，七海邮轮的船名为“花之歌”号，两艘邮轮分别在2003年（“花之歌”号）和2005年（“雷迪森钻石”号）先后退役。

瑞迪生·七海邮轮属高水准的中小型豪华型邮轮船队，并以“小型的豪华邮轮、大型的活动设施”之高度个人化的高档服务为品牌诉求而闻名。

瑞迪生·七海邮轮定位于奢华市场，主要面向北美市场，提供高雅无顾虑的全包度假体验。在合并之后，特别是20世纪90年代后期，发展十分迅速。

1997年，首先是“保尔·高军”号邮轮加入船队。1999年，“七海航游”号（亦译“七海领航者”号）邮轮加入。2001年，“七海水手”号邮轮也是第一艘全套房（全阳台房）的邮轮。2003年4月，最新（全套房）“七海航海家”号邮轮加入。“七海探索者”号是七海邮轮的最新成员。

①“七海领航者”号（Seven Seas Navigator，1999年）。

1999年，“七海领航者”号邮轮投入运营。船籍巴哈马。“七海领航者”号邮轮总注册吨位（GRT）2.880 3万吨，船舶总长（LOA）172.00米，船宽（BM）25.00米，作为6星级奢华邮轮，全部舱房都是阳台套房，套房253间，可容纳490位客人。全免费饮料服务包含软饮、热饮、葡萄酒和高档烈酒，在船上全程提供免费的洗漱及日常用品。高级管家服务，包括套房内的酒吧整理服务。

②“七海航海家”号（Seven Seas Voyager，2003年）

“七海航海家”号邮轮，船籍巴哈马。邮轮总注册吨位（GRT）4.236 3万吨，船舶总长（LOA）204.00米，船宽（BM）29.00米，有六层游客甲板在银海邮轮中排行第二大的邮轮。作为6星级奢华邮轮，全部舱房都是阳台套房，套房355间，可容纳700位客人，不同的套房面积不同，从356平方英尺到1 403平方英尺不等，包括阳台。

（2）正式更名——丽晶七海邮轮。

2006年，瑞迪生·七海邮轮正式更名为“丽晶七海邮轮”，以求在名称上更好地显示公司竞争于奢华市场的决心。更名的原因是，当时公司属于全球顶尖的酒店集团——美国卡尔森环球酒店集团。“雷迪森”亦译“丽笙”和“丽晶”都是卡尔森的酒店品牌，丽笙主要以4星级酒店产业为主，丽晶则是酒店超五星酒店品牌。

2007年秋天，全球著名投资人之一的利昂·布莱克旗下的阿波罗全球资本公司决定以十亿美元的代价求购“丽晶七海邮轮”。在成为丽晶七海邮轮的拥有者之后，阿波罗全球资本公司进一步对丽晶七海邮轮的设备升级，丽晶的老客户也并没有公司拥有者的转换而有所改变。

2008年初起，丽晶七海邮轮针对公司的老客户提供了特别的“建筑你自己的邮轮”专属航行，让客户告诉公司他们所期待的丽晶七海邮轮的客舱设施，配置和理想的新船设备服务等方方面面的建议。

在2009年期间，现有的三艘邮轮都经过大范围的重新装修。在阿波罗全球资本公司的带领下，丽晶七海邮轮也开始船队更新，新船只在2011年开始抵达。丽晶七海邮轮的经营方针和政策也愈加明显，在奢华市场的品牌号召力也逐年增强。

随着公司开创期间的两艘邮轮相继离开，“保尔·高军”号邮轮也在2010年1月退出服务，新成立的保尔·高军邮轮公司将接手“保尔·高军”号邮轮。目前公司的三艘奢华邮轮平均年龄不足九年。

2016年7月，号称最豪华的“丽晶七海探索者”号邮轮下水，成为丽晶七海邮轮的最新成员。船籍巴哈马。

“丽晶七海探索者”号邮轮总注册吨位（GRT）5.600 0万吨，船舶总长（LOA）223.00米，船宽（BM）31.00米，作为6星级奢华邮轮，全部舱房都是阳台套房，套房375间，可容纳750位客人。全免费饮料服务包含软饮、热饮、葡萄酒和高档烈酒将在船上全程提供免费的洗漱及日常用品。高级管家服务，包括套房内的酒吧整理服务。

22. 迪士尼邮轮

1998年，迪士尼邮轮船队创立，隶属于迪士尼主题游乐集团，以“梦幻王国”为品牌诉求，属老少咸宜举家欢乐之主题游乐式风格船队。

迪士尼邮轮海上巡游线开始于1998年，是迪士尼主题乐园及度假区扩增的旅游服务项目，也是迪士尼公司自主营运的豪华游轮游览服务，旗下四艘邮轮分别为“迪士尼幻想”号、“迪士尼梦想”号、“迪士尼奇迹/奇观”号、“迪士尼魔力”号，提供往返于美国东海岸的佛罗里达，包括巴哈马海域、加勒比海、美国西海岸—墨西哥蔚蓝海岸和地中海地区的多日航海度假产品。依靠迪士尼的品牌优势和对主题公园管理的经验，迪士尼邮轮主要针对带小孩的家庭旅行者，提供短期的海上度假体验。

① “迪士尼梦想”号

2011年1月，迪士尼推出了一艘巨型邮轮即可容纳4 000人的“迪士尼梦想”号邮轮。邮轮总注册吨位（GRT）12.800 0万吨，船总长1 115英尺，客舱数量也达到1 250个，可以容纳4 000名乘客，拥有甲板层楼14层。

“迪士尼梦想”号邮轮是德国帕本堡的梅耶尔造船厂为美国迪士尼邮轮公司建造的两艘邮轮的第一艘。另一艘“迪士尼奇迹/奇迹”号在2012年出厂。

邮轮有豪华露台家庭海景房。迪士尼邮轮巡游线率先开启一项邮轮业的创举：船载水上过山车水鸭号！登上迪士尼梦想号的宾客可以乘坐具有曲折穿梭、旋转、急降、上坡加速和河川湍流等特色的高速激流冲艇—旋风式、惊险刺激地横越船上数层上层甲板。

在富有爱心的指导员和钟爱的迪士尼卡通人物的帮助下，让儿童们沉浸在他们最喜爱的迪士尼故事中。在“迪士尼梦想”号上，充满儿童创意的欢乐活动将会提升到一个崭新的境界。

在“迪士尼梦想”号船上，青少年也拥有自己专属的俱乐部氛围，一个特别为14到17岁游客客设计的室内/室外空间，不仅新潮时尚，也非常温馨舒适，还有一张“青少年专用”的磁卡，可以凭此进入这个将近9 000平方英尺的俱乐部。

在“迪士尼梦想”号上，当孩子们在精心设计的主题式儿童区域开心玩耍之际，成人们可以在专为他们所设计的专属空间中享受放松。

②“迪士尼奇迹”号。

“迪士尼奇迹/奇观”号，是迪士尼海上巡游线的第二艘游轮。邮轮总注册吨位（GRT）8.300 0万吨，船舶总长964英尺，船宽106英尺，邮轮有10层巨大的甲板，能舒适地容纳2 400名乘客以及945名演员和工作人员，以满足客人于每一个航次，从早到晚的需要。

整艘邮轮上处处带给每位旅客温馨和欢乐，客舱房设计舒适而且现代化，拥有宽敞的空间和典雅的装饰。全部房间内都设有分离的盥洗室，是专为家庭而设的一个完善功能，并为邮轮业首创！“迪士尼奇观”号上的青年俱乐部，满足爱玩耍的年轻客人之需要！儿童活动中心、俱乐部和特殊照顾方案，都可在船上找到。邮轮上的餐饮选择，从美味的佳肴到休闲的快餐服务都有。

通常，在迪士尼游轮海上巡游度假产品中，游客只需要一次支付费用，上船以后所有的费用都包括在内。整个旅行计划中，会有一部分时间在船上度过（当海上巡游日时，将整天都在船上），而在游轮到达一些目的地，通常是风景秀丽的岛屿，包括巴哈马迪士尼自有小岛Castaway Cay等之后会停靠，游客可以下船在目的地享受多种游乐项目，包括在海边游泳、潜水、在岛上参加冒险。

在迪士尼邮轮上，游客可以享用免费的美食，除了游轮上少数特定的高级餐馆，都可以免费用餐，此外，游轮内部还有大型剧院，有特别的迪士尼舞台剧演出。除此之外，游轮还为不同年龄段的游客提供不同内容。

迪士尼游轮上还有专属的儿童服务团队，带领您的孩子，进行有趣的海上活动，为了儿童的安全，海上医护团队24小时时刻关注您的孩子的健康。更奇特的是：迪士尼邮轮上会专门为小朋友准备每人一副的船上GPS呼叫手环，随时可以知道您的孩子在邮轮的哪个方位，这样您就不用操心，放心地享受属于大人们的假日时光。

迪士尼邮轮除了邮轮上五彩缤纷的邮轮节目，它的梦幻航程更为人津津乐道。迪士尼邮轮除了巴哈马航线及加勒比海航线，也开始航行阿拉斯加、墨西哥或巴拿马运河等路线。如今迪士尼游轮更是跨越大西洋来到欧洲，可能会让你的全家度过一个梦幻般的邮轮假期。

23. 海上居邮轮

2002年，海上居邮轮公司新近创立，首创海上豪宅式邮轮概念，特征是设备极端豪奢，客舱与硬体设施非常宽敞高级。此外，该公司豪宅式阳台舱，并不采取传统销售旅游体验方式贩卖。而是以每间客舱在美金200万至750万不等之售价，以拥有50年使用权方式，贩售给各国富商巨贾。“世界号”海上豪宅式邮轮与传统邮轮最大的区别在于其客房面积与容积之革命性变化。

24. 美国大洋邮轮

美国大洋邮轮公司——大洋邮轮成立于2002年，算是邮轮业的后起之秀，由弗兰克·得廖和乔·瓦特尔斯共同创立。两位创始人分别曾是复兴邮轮的副总裁和水晶邮轮的CEO。

大洋邮轮的发起者中之一就是原复兴邮轮的副总裁弗兰克·得廖，他在大洋邮轮前期的船队建设上起到了至关重要的作用，大洋邮轮初期一直是延续使用复兴邮轮旗下的舰队，而另外一名发起者乔·瓦特尔斯则曾是水晶邮轮的CEO，带来了水晶邮轮无微不至的服务理念，大洋邮轮在市场的间隙中不断成长起来，很快在邮轮业内站稳了脚跟。

2002年10月，大洋邮轮开始经营的第一艘邮轮Insignia就是原复兴邮轮R系列邮轮二号。

2003年6月15日，大洋邮轮重新进入市场，从邮轮投资公司租用“R1”，成为新的邮轮。而租给TRM后，在2003年6月16日返回公司后被改名“Regatta”。2005年11月，大洋邮轮迎来了第三艘邮轮，同样从邮轮投资公司处租用，改名为“Nautica”。2007年2月，阿波罗投资管理公司购入了大洋邮轮的大部分股份，并且在次月宣布了新的邮轮引入计划，并已在2010年和2011年进入船队。

大洋邮轮公司是世界邮轮业中一个年轻的邮轮公司，大洋邮轮公司成立之初的2艘邮轮“R1”和“R2”，都是来自新生邮轮公司。大洋邮轮公司购买后把它们分别改名为“Regatta”轮和“Insignia”轮。虽然两艘船都是设备很好的新船，但是大洋邮轮公司依然对每条船各自花费了500万美元在船坞里对船舶的机械设备和航海设备进行了升级和维护，以提高航行的安全性。

同时大洋邮轮公司对员工的工作态度和服务质量都进行了岗前强化培训。总之，大洋邮轮公司设法以最好的服务理念为游客创造最豪华最舒适的家的感觉，大洋邮轮把美食烹调和服务价格定位在中间市场，以力图吸引更多的普通阶级来邮轮旅行观光。公司开辟的航线主要是地中海、斯堪的那维亚、墨西哥、加勒比和巴拿马运河。航程包括在港口住夜逗留或者上岸观光。让乘客时刻沉浸于不同国家，不同区域的历史、文化氛围中，充分享受当地的风味美食。大洋邮轮公司现在开辟了黑海、不列颠岛、加勒比、中美洲、希腊小岛、地中海、墨西哥、北部海角、俄罗斯、斯堪的那维亚和南美洲航线。

在2011年进行首航的“玛丽娜”号和其2012年5月下水的姐妹船“蔚蓝海岸”号，是过去50年里开航的最美丽最优雅最精致的轮船。船上的每处都体现了设计者的匠心独运：前厅华丽的莱利卡大阶梯、铺有黑色的克什米尔毛毯的主人套房。她们展现了最佳的居住设计和装饰理念。“玛丽娜”号和“蔚蓝海岸”号比其他任何轮船都更能体现大洋邮轮人性化的特点。不仅保留了他们乡村俱乐部的轻松休闲的氛围和人性化的服务，她们提供更多选择，拥有更多诱人的住宿服务。

（1）品牌体验——鼓励放慢步调。

虽然大洋邮轮旗下船队越来越多，但是大洋邮轮依旧保持着休闲、低调，俨然一副美国乡村俱乐部的腔调，但是大洋邮轮却没有其他五星邮轮的正装要求，更具有优雅和随性的风格，邮轮上不会组织过多的活动，而是鼓励游客放慢步调，去享受邮轮慢生活和港口的美景。

大洋邮轮的船上，装饰有很多深色的木镶板、镀金框的画作、东方风格的地毯，以及深色调的内饰。邮轮上的氛围既传统又随意，正是那些品位与格调兼具的旅行者所想要的气氛：在这里，你会更放松，能静下心来读一本好书，或是和知心朋友亲密聊天，而不是成天赶场，被华而不实的喧闹弄得精神亢奋。

① 目的地深入游览。

大洋邮轮非常准确地抓住了邮轮客无法在靠港港口玩得更加深入这个痛点，大洋邮轮会在港口停留时间更长，越来越多的航次会选择在港口过夜，而大洋邮轮旗下的船只更小，上船和下船都可以大幅降低排队的时间。更小的邮轮意味着可以有更特别的航程，这更符合了大洋邮轮的客户群体已经去过世界大多数常规旅游目的地特性。

② 学海方舟。

对于爱学习的人来说，在大洋邮轮上经常会邀请名人或博物学家、自然学家、历史学家等专家来开讲座，或是请艺术家来上课，例如舞蹈课、工艺品制作课程等。每到一个新的地点，邮轮也会介绍该地的历史背景、文化传统和语言等相关知识。

③ 餐饮服务的极致要求。

大洋邮轮上提供的美食丰富多样，品质更是四星邮轮无法望其项背的，大洋邮轮从第一艘船下水，就对餐饮一直很重视。

大洋邮轮既重视餐厅的服务经验——和豪华等级邮轮一样，大洋的客人们在餐厅是有自己专属座位的，用餐时无须支付额外费用。船上有6家餐厅，有法式、意式、亚洲风味、炭烤牛排等风味，全部餐厅都使用Versace餐具；也重视菜式——大洋邮轮的很多菜式都是由前法国总统御用主厨雅克·培平设计的，不论是柔嫩的肋眼牛排还是甜点舒芙蕾，这些都是大洋邮轮的招牌菜，并且每个新航次都会推出新菜色。

（2）旗下船队——11艘豪华邮轮。

大洋邮轮最早的三艘邮轮都来自于2001年退出邮轮市场的复兴邮轮，将其下属的R系列的一、二、五号由租用转而完全购入，虽然三艘邮轮都是新船，但是大洋邮轮依旧花了巨资进行重新设计。

2007年2月，著名的阿波罗投资管理公司（其名下还有顶级邮轮品牌水晶邮轮和大众邮轮品牌挪威邮轮）购入了大洋邮轮的大部分股份，并在次月宣布购入新邮轮的计划，也就是2010年和2012年下水的“玛丽娜”号和“蔚蓝海岸”号。

①“玛丽娜”号。

2011年，大洋邮轮“大洋玛丽那”号首航。“大洋玛丽那”号邮轮是过去50年里开航的最美丽最优雅最精致的邮轮。船上的每处都体现了设计者的匠心独运：前厅华丽的莱利卡大阶梯、铺有黑色的克什米尔毛毯的主人套房，展现了最佳的居住设计和装饰理念。姐妹号“玛丽娜”号和“蔚蓝海岸”号（2012年5月下水首航）比其他任何邮轮都更能体现大洋邮轮人性化的特点。

中等船型但宽敞舒适的“玛丽娜”号和“蔚蓝海岸”号，保留了她们的伴侣邮轮（“利嘉特”号、“英锡亚”号、“诺帝卡”号）温暖迷人的特点。不仅保留了他们乡村俱乐部的轻松休闲的氛围和人性化的服务，她们提供更多选择，拥有更多诱人的住宿服务。正如前面几艘轮船都是专为情侣们设计，邮轮上不仅提供上等邮轮美食和丰富有趣的航行体验，“玛丽娜”号和“蔚蓝海岸”号还为客人提供了多个用餐场所，其中六个开放式美食餐馆（不收额外费用）。

“玛丽娜”号在顶级游轮市场中最大的卖点就是船上多元的餐饮选择，若将泳池畔的Waves Grill算进去的话，一共有9家不同的餐厅可以用餐，这也是目前在同吨位等级的游轮里拥有最多用餐选择的游轮。其中，除了两家需额外付费的Privée 和La Reserve餐厅外，其余的几家特色餐厅全都不需要另外付费，仅需事先预约，但由于特色餐厅的座位有限，故预约的时候经常会客满，最好在出发前便登入Oceania Cruises的网站，或通过代订的旅行社为你事先将订好特色餐厅，以免上船以后订不到位子，空留遗憾。Marina号上不单只是特色餐厅多，更重要的是每一家餐厅的料理水准、食材品质都堪称一流，广受专业游轮评论家与游轮玩家的肯定。

《葡萄酒鉴赏家》杂志推出的La Reserve酒吧供应搭配好的葡萄酒和食物；刚增设的Bon Appétit烹饪中心是海上唯一一家学员可以亲自动手实践的烹饪学校；同样，船上的艺术家会在新开设的学习中心Artists阁楼讲授高雅艺术；想要享用特色咖啡和小吃，您可以去Baristas咖啡吧；船上还有很多非开放式的休息室。

“玛丽娜”号上一共有600多间客房，最大载客人数为1 258名，而其中数量最多的房型便是阳台舱，一共有466间，其次则是豪华套房，共有124间；因此这两种房型是在销售时向客户推荐的主力种类。每种房型都出奇地宽敞，浴室也相当豪华。虽然有这么多新东西，船上的气氛仍然是那么舒适，似曾相识。

25. 伊比罗邮轮

伊比罗邮轮隶属于嘉年华集团，是一家新晋的邮轮公司。伊比罗邮轮的历史比较短，2007年才成立。伊比罗的前身是西班牙的东方集团，面临着海运业的急速转变和邮轮业的迅猛发展，决定联合世界最大的邮轮集团公司——嘉年华，一起开发还在成长中的西班牙邮轮市场。而嘉年华面对着世界第二大邮轮集团皇家加勒比国际的西班牙市场布局珀曼特，在东方集团的投资鼓动下，合资成立了伊比罗邮轮。

东方集团在合资公司中用自己原来伊比罗船队中的两艘邮轮作为起始资金，嘉年华连续将自己旗下的老旧邮轮——“庆祝”号和“假日”号资产剥离，分别引进入了伊比罗邮轮的船队中。在目前，伊比罗邮轮主要提供自西班牙本土出发前往欧洲，地中海和加勒比的航线。日后的计划也会涉及南美的西班牙语市场。伊比罗成立之初，嘉年华占据着75%的份额，东方集团占据剩余的25%。2009年5月，根据嘉年华和东方集团签订的合约，嘉年华目前是伊比罗邮轮的全资母公司，东方集团正式退出了伊比罗邮轮的所有权。

（1）价格低廉。

目前，伊比罗邮轮的运营和歌诗达和爱达邮轮在同一个监管之下，旨在为泛欧洲市场提供延续的服务，并针对不同语种的旅行者提供不同的选择。与歌诗达邮轮相比，伊比罗邮轮更加注重市场初级阶段的开发，因此伊比罗提供的产品在市场相对低端，价格相对低廉，并且渴求吸引较为年轻的一代进入邮轮度假的行列，仅限西班牙语市场。伊比罗的四艘现役邮轮均为二手邮轮，也比较有历史，多数为海景或者内景房，没有现代邮轮多数带阳台的设计。伊比罗所有船只都在葡萄牙大西洋海岛马德拉注册，保持着欧盟身份。

26. 保罗高更邮轮

太平洋比奇公博集团是大溪地岛最大的旅游集团。保罗高更邮轮隶属太平洋比奇公博集团。保罗高更邮轮是世界上唯一全年巡游在法属波利尼西亚海域和南太平洋海域的六星级标准邮轮，是根据这片水域的地理情况特别设计建造的。

保罗高更邮轮拥有“保罗高更”号邮轮和“泰勒莫安娜”号邮轮。

①“保罗高更”号邮轮。

“保罗高更”号邮轮以法国著名的后印象派画家保罗·高更的名字命名，是一艘小型私密型超豪华邮轮，也是世界上唯一全年巡游在波利尼西亚海域及南太平洋海域的超五星级邮轮。

“保罗高更”号邮轮的专门设计，令它可以驶入很多大型邮轮无法抵达的小港口，邮轮的吃水深度特别浅，能够以最快的速度带您驶近大溪地/塔希提的岛屿。很容易和南太平洋海域迷人的自然景观融为一体，为了让尊贵的游客充分享受举世无双的诗意迷景，“保罗高更”邮轮的奢华，不仅体现在她拥有宽敞的舱房——提供全部海景舱，其中70%拥有私人阳台，多条航线供选择。这艘拥有166间舱房的小型私密型超豪华邮轮。平均2个船队人员为3个乘客服务，是邮轮界中船队人员和乘客的最高比例之一，体现了贴身的个人化服务的高端质量。还体现在邮轮自带的水上运动平台和三个露天用餐场所。被称为“高更姑娘”的波利尼西亚裔接待员为乘客献上波利尼西亚的妩媚和热情。

1997年，“保罗高更”号邮轮完成首航。总注册吨位（GRT）1.920万吨，船舶总长（LOA）332米。甲板层楼9层，载客量为332名乘客。

在“保罗高更”号邮轮上的餐厅用餐是美好的享受，是轻松且从容不迫的，你不需要被分配位子或是匆忙的用餐。在这里，唯一的服装准则是“休闲”。L’Etoile：最大的餐厅，主要提供晚餐，以法式的烹饪料理为主，宛如在巴黎用餐。La Veranda：主要提供早餐和午餐，晚餐只提供有订位者，由米其林两颗星的主厨Jean-Pierre Vigato负责，每夜提供不同的创新菜单。Le Grill：清晨在Le Grill甲板餐厅迎着阳光享用自助早餐是最享受的；或是在中午时临着泳池享受烧烤、色拉和新鲜的热带水果；晚餐需事前订位；在夜晚，这里就变为温暖舒适的室内及室外的餐厅，在轻便放松的气氛中提供各式烧烤，还会有桌边的传统乐器或舞蹈表演！La Palette Lounge：位于船顶八楼，早上亦会提供简式早餐（面包、饮料、水果），下午则提供简单的下午茶，其余时间可享用各式饮料。让乘客在甲板上可一边赏景一边喝着饮料。

"保罗高更"号邮轮是经营屡获殊荣的豪华邮轮。"保罗高更"号邮轮在业界享有盛名，每年获得各种殊荣，2010年再次获得三奖：美国旅游权威杂志"Travel Weekly"评选的小型邮轮类——"麦哲伦金奖"；"Porthole Cruise Magazine"评选的——"最佳南太平洋线路奖"；"Cruise Critic's"评选的——"二度蜜月最佳邮轮奖"。

美丽的大溪地位于赤道以南，大溪地是全世界最热门的度假岛屿之一。大溪地岛亦译"塔希提岛"，是南太平洋一个岛屿，大溪地岛位于法属波利尼西亚的社会群岛中迎风群岛上。

搭乘"保罗高更"邮轮游览大溪地，是在最紧凑的时间里细品漫游大溪地的全部精典岛屿，不留遗憾；是在岛屿众多的目的地，没有每天整装行李的麻烦，没有日日更换交通工具而引起的时间上的浪费；是在私密性的游憩环境，不受人声鼎沸、拥挤嘈杂的搅扰，是真正意义上的休闲旅程；是领略土著的人文风情和纯真质朴；是感受一流产品的奢华：宽绰的个人空间，个性化细微服务，一流的硬件质量，国际大师掌厨的考究精细的美食和酒品；是享受货真价实的一价全包的至尊级全食宿。"保罗高更"号邮轮是大溪地这个高端旅游胜地的性价比最理想的体验。

②"泰勒莫安娜"号邮轮。

"泰勒莫安娜"号邮轮总注册吨位（GRT）3.504万吨，船舶总长（LOA）100米，船宽（BM）18米。甲板层楼9层，载客量为90名乘客，职员（工作成员）57名。平均航速14节。

2012年12月，"泰勒莫安娜"号邮轮开始航行。"泰勒莫安娜"号邮轮是保罗高更邮轮旗下的第二艘奢华邮轮。经过全方位翻新之后，保罗高更"泰勒莫安娜"号能容纳90名乘客，并且全新体现了"保罗高更"号邮轮的高品质和服务标准。"泰勒莫安娜"号邮轮是世界上体积最小的跨大西洋的邮轮之一，而这也保证了它能够达到一些大型船只无法抵达的新目的地。"泰勒莫安娜"号主打热带风格，从波利尼西亚风格的艺术品，到户外泳池旁边的巴厘风情的床。船上设施包括米其林星级厨师设计的法式餐厅，还有钢琴吧、SPA，健身中心以及水上运动船坞。船上配备有来自世界各地的服务人员，其1∶1的服务等级，带给您私密的、极致的邮轮新体验。

27. 精钻邮轮

精钻邮轮是为渴望新颖豪华的独特远海巡游的高品位乘客量身打造的，邮轮具有无与伦比的设施和服务。精钻邮轮所提供的独特旅游产品是无法比拟的：每一个客舱都可以提供管家服务，其岸上游览（该公司称其称为岸上的沉浸），旨在让客人成为生活中每个事物的一部分，而不仅仅是一个观察人员；丰富多彩的节目，从烹饪到摄影探索，异彩纷呈；两个特色餐厅提供海上最美味的菜肴；夜晚可以观赏现场表演；其所提供的服务水平是无与伦比的。

精钻邮轮中"精钻"是从罗曼语中的一个词语，其中包括"蓝"和"海"。这个名字的灵感也来自一颗星——精钻。在古时代，精钻是可以从希腊纬度看到的最南方的一颗璀璨的星。精钻邮轮公司认为精钻邮轮就是蓝色大海上的一颗星，可以让人浮想起世界各地的美丽旅程的风情种种。

精钻邮轮拥有两艘邮轮即“精钻探索”号和“精钻旅行”号。每一艘邮轮都可以携带694名乘客去发现隐藏在世界角落里的美景，而那些地方是大型游船根本无法到达的。除了提供更加个性化的经验，精钻游轮邮轮投资1 750万美金更换船上的设施：包括全新的欧洲床上用品，纺织品，平板电视，新的阳台装饰和家具，并在所有客舱和公共区铺设无线互联网。此外，93%的客舱拥有海景，68%的客舱拥有私人阳台。

精钻邮轮拥有顶级风格，船上之装饰及布置均以瑰丽豪华见称。令人眼前一亮的是任何级别客房的客人，均可享有私人管家服务，助你打点一切。此外，每间客房均选用最优质的欧洲寝具、埃及棉质毛巾、Elemis沐浴用品及平面电视，客人也可于登船当天获赠迎宾果篮及Evian矿泉水，相当体贴。

①“精钻探索”号。

“精钻探索”号于2007年10月24日加入精钻邮轮队伍。精钻探索号能够载客710人，船员355名（船员与乘客比例1：2）。

每年第一季度在加勒比海域航行，然而，由于船身不大，她可以航行到一些其他大型游轮很少到达的港口，比如St. Barts和Guadeloupe港口。然后，她将会提供巴拿马运河的航行。

②“精钻旅行”号。

“精钻旅行”号是精钻邮轮的R级游轮之一，是精致游轮公司的子品牌。邮轮于2000年建成，总注册吨位（GRT）为3.027 7万吨，载客量710人，船员390人。为地中海游轮的R级游轮。在地中海游轮宣告破产后，于2005年改名“蓝色梦想/梦幻”号归伯曼邮轮公司所有。

28. 伯曼邮轮公司

伯曼邮轮公司亦译“普尔曼邮轮公司”，成立于1971年，总部设立在西班牙首都马德里。2006年伯曼游轮正式加入国际闻名的皇家加勒比海邮轮的大家庭。

拥有纯正西班牙血统的伯曼邮轮公司是西班牙最大的一家豪华邮轮运营商，拥有5艘游船。伯曼邮轮公司除了自身拥有的豪华邮轮运营外，它还向西班牙客人推销加勒比海的旅游度假套餐，向拉丁美洲的客人推销欧洲游套餐，此外还经营3艘747喷气式客机用来提供游船始发地的港口和目的地之间的空中飞行服务。皇家加勒比游船公司收购伯曼邮轮公司后，将保持其独立自主的品牌，以保持它与众不同和成功的客户市场经验。

（1）餐饮全包的套餐服务。

2005年开始，伯曼邮轮在西班牙推出“ALL-INCLUSIVE（包括一切的）”正所谓“餐饮全包的套餐服务”。一般只有在六星级的豪华邮轮上才予以推行的餐饮全包服务现在伯曼邮轮上得以实现，伯曼邮轮也因此成为首家推行该项服务的豪华邮轮公司。对于一直致力于为每位专员乘客提供最舒适旅程的伯曼邮轮来说，餐饮全包服务的推出是一项挑战，然而我们仍然承诺为每一位乘客提供最优质的餐饮服务。让您在品尝正宗西班牙美食和美酒的同时，亦能欣赏到美丽的海景。

在享受伯曼邮轮为您提供优雅环境和优质服务的同时，您还可以在邮轮上随时随地无限制地尽情享受您喜欢的美食和饮品：矿泉水、果汁、咖啡，各类清凉饮料及各种一般美酒等，而完全不收取任何附加费用，这绝对是其他同级邮轮所无法媲美的。

在保证安全旅行的同时，伯曼邮轮为您营造舒适的环境，为您设计精彩纷呈的活动，为您提供优质的服务。我们所做的一切，只是为了缔造一个让您终生难忘的梦幻行程，为了创造无数领您流连忘返的美好时刻。

（2）“伯曼邮轮君主”号。

“伯曼邮轮君主”号改建于2008年，是伯曼邮轮旗下载客量最多的邮轮。邮轮是伯曼邮轮系列船队中体积最庞大、设施最完善的邮轮，犹如一座巨大的海上行宫。共有客舱1 162间，其中有744间海景房，游客可以不出客房，直接欣赏海上美景。

“君主”号邮轮共有船上有4个主餐厅，可为游客提供意大利、欧美以及亚洲风味的菜肴。有三个大小不等的游泳池，有可容纳700多人的剧院，您可以享受到歌剧、舞蹈、音乐剧表演。还有各式酒吧、夜总会、豪华赌场、免税商店、健身中心及SPA、图书馆和赌场，甚至还有浪漫的结婚礼堂。

29. 美国维多利亚游轮公司

美国维多利亚游轮公司一直以优质的美式管理、国际化的服务水平，迎接每一位登船的宾客，10年来因此建立起软、硬件服务品质最整齐的船队，创造旅游最高满意度，也赢得了全球旅客忠诚度。维多利亚游轮按照欧式风格建造及装修，简洁而精致。员工经验丰富，对于中外游客均会提供无与伦比的个性化服务。由于其高安全性能、高服务品质全部获得国家金锚奖章。分长海维多利亚游轮与美国维多利亚游轮两个系列。

美国维多利亚游轮旗下的“凯珍”号、“维多利亚凯莎”号、“维多利亚凯琳”号、“凯娜”号、“凯蒂”号、“维多利亚凯蕾”号、“维多利亚凯娅”号、“女王”号、“北斗”号、“王子”号、“中驿”号、“招商”号游轮，在硬件方面提供江轮最高档次的设备。拥有私人阳台及浴缸的舒适房间，加上全新改造豪华的内装，在游轮上旅客立即感受江上五星级酒店的氛围。美国维多利亚游船完全掌控人员训练流程及服务品质，经由严格的培训，所有的员工发自内心地以最真诚的笑容，最迅速地回应旅客的需求，美国维多利亚游船提供的产品与服务，往往超过旅客的期望与期待，当然获得所有宾客的肯定与赞赏。

维多利亚船上美味佳肴长年享誉世界，并不断推陈出新。特聘美国大师级名厨沃尔特·斯泰传授崭新膳食理念并亲拟配餐菜品。50年的烹饪历练，让沃尔特·斯泰成其为当之无愧的大师；并引领众多国际连锁豪华酒店时尚膳食前沿，取得了在世界各地创办近500家餐馆的辉煌成就。美国维多利亚游轮提供丰盛的中西自助餐；同船游客可以享用午茶点心；晚上游船提供典雅中式宴会餐。每日“快乐时光”，乘客可在扬子酒吧打折优惠，享用各自喜欢的鸡尾酒，放松心情，消除一天的旅游疲劳。

在维多利亚游船上，饮酒的法定年龄为18岁。如乘客有用餐特别要求，请在船方备餐时提前通知，用餐时间在每天发放的行程表中均有注明。如乘客只想在房间内放松休闲，打开房内电视，便可以观赏精彩故事大片。维多利亚船上的健身中心宽敞明亮，设备齐全的健身中心，让爱好运动的您，在游轮上也可以享受锻炼身体的乐趣。

30. 浮世德邮轮公司

浮世德邮轮公司作为现代航运巨头，从1993年就开始提供往返于挪威与欧洲大陆之间，安全舒适的航运服务。浮世德公司的豪华系列邮轮，包括旗下2艘最新的"浮世德·斯塔万格"号和"浮世德·卑尔根"号等多艘游轮，分别于2013年7月和2014年4月下水运营。这两艘邮轮是现代航运业的标杆邮轮，具有举足轻重的地位。

◆"浮世德·卑尔根"号邮轮

航行于（挪威）卑尔根和斯塔万格地区的"浮世德·卑尔根"号邮轮，拥有卑尔根集团的FOSEN AND FALKUM-HANSEN设计公司所做的独特设计。100%绿色能源驱动，船体总吨位3.167 8万吨，拥有306个舱位，1 188个铺位。邮轮舱房分为内舱、外舱、小海景豪华舱、大海景豪华舱和海景套舱。邮轮不仅提供海鲜自助晚餐，同时还提供四种风味餐厅，游客有多种选择来定制自己的用餐。在邮轮上，你可品尝美食、尽兴娱乐趣，体验免税购物的乐趣。你也可以站在甲板上眺望远方，看海岸礁石、看海岛鱼群。

对于游客来说，"浮世德·卑尔根"号邮轮是一艘可以浮动的"梦想之船"，开辟了一条全新的峡湾旅行路线，不仅将游客带入了令人神往的吕瑟峡湾，更是将挪威西部与丹麦西海岸巧妙地连接到了一起，自然与童话，期待着你去亲身挖掘。

第二节 世界三大邮轮公司

目前世界上前三大的邮轮公司，按照邮轮船队规模排列依序为：嘉年华邮轮集团公司、皇家加勒比海国际邮轮及以亚太地区为根据地兼主力市场的丽星邮轮。20世纪90年代世界邮轮旅游市场持续成长，更加速助长邮轮产业之发展。各邮轮船队新造加入营运之邮轮船只，也以大约一个月下水一艘新船之惊人数字成长。世界邮轮业自始至今仍以欧美为市场主力。根据邮轮产业界新造船只订单统计，前两大邮轮公司在21世纪初期的五年之间，仍不断通过订购新船以增加船队之客舱容量，或通过并购其他邮轮公司船队等手段，以继续保持其在整个业界之领先地位。

一、嘉年华邮轮集团公司

嘉年华邮轮集团公司是一个全球性的邮轮公司，也是全球最大的度假公司之一。被誉为“邮轮之王”，于1972年成立，总部设在美国佛罗里达州的迈阿密市。

嘉年华邮轮集团公司旗下拥有25艘8万～12万吨大型豪华邮轮，拥有的顶级邮轮品牌包括嘉年华邮轮、荷美邮轮、风之颂邮轮、冠达邮轮、歌诗达邮轮、公主邮轮、世朋邮轮、阿依达邮轮、英国的胜景邮轮、西班牙的Iberocruceros以及澳大利亚的胜景邮轮等著名邮轮品牌。这些邮轮构成北美、英国、德国、意大利等地区最知名的邮轮品牌，为不同文化、不同语言、拥有不同休闲需要的消费者提供了广泛的度假产品。这也是现今为止最为庞大的豪华邮轮船队。拥有28 000名船员和5 000名员工，被业界誉为“邮轮之王”。作为美国上市公司，嘉年华邮轮集团公司为世界各地的游客提供最好的服务，享有“世界上最受欢迎的邮轮”的美誉。

嘉年华邮轮公司是世界上最大、最成功的邮轮公司，载客人数超过任何其他游轮公司。船队全年在欧洲、加勒比海、地中海、墨西哥、巴哈马海域航行运营；而季节性航线则有阿拉斯加、夏威夷、巴拿马运河、加拿大海域航线等。船队优势在于多样化的休闲设施，装潢新颖、宽敞的客舱。邮轮上的秀场节目与娱乐设施应有尽有，让旅客在船上宛如天天参加嘉年华盛会。豪华的超五星级享受，闪烁的霓虹灯，流光溢彩的环境，这就是嘉年华带给你的一切。提供精挑细选的游览景点，一流的美食及住宿服务，完善的休闲设施，以及多姿多彩的活动节目。船上永远洋溢着喜悦的气氛，在游轮界以“FUN SHIPS”（快乐邮轮）著称。嘉年华邮轮以“快乐邮轮”作为主要的产品诉求来区别丽星邮轮等竞争对手。

（一）邮轮营运

英国嘉年华邮轮有限公司是美国嘉年华邮轮有限公司的组成部分，现已在上海、北京、广州、成都和天津设立办事处服务于当地旅行社。在中国大陆地区，销售公主邮轮及皇后邮轮产品。

1. 欢乐之船

1972年，邮轮公司创立，总部设在美国佛罗里达州的迈阿密市。创始人泰德·阿丽森在迈阿密接手了轮船“加拿大帝后”号并更名为“狂欢节”号。嘉年华的第一艘邮轮——“狂欢节”号强调动感美式的欢乐气氛，号称“欢乐之船”。

1975年，嘉年华购买了“不列颠帝后”号，改名“嘉年华”号，嘉年华邮轮由此而诞生。扩充了船队，以佛罗里达为根据地，为游客提供加勒比海上度假。70年代作为嘉年华的出生阶段，公司依靠短小的邮轮路线，配以拉斯维加斯风格的装修和情调，并且以低廉的超低价格，迅速占领了市场。

1978年，嘉年华购买了曾经的“瓦尔”号，更名为“节日”号，经过重新装修和配置之后，成为从迈阿密出发前往加勒比的最大最快的邮轮。

20世纪80年代的嘉年华迅速扩张，在此之后，嘉年华的邮轮几乎全是最新定购，而非二手货。首先面世的是1982年的“热带”号邮轮，这也是邮轮业高速建造新式邮轮的起点。自此之后的邮轮都不再是传统意义上的客轮，而向着海上度假村的模式迈进。而这股邮轮建造热，从20世纪80年代一直持续到2008年。嘉年华在20世纪80年代也成为第一家在电视上打广告的邮轮公司，并且跟随发行股票的热潮在纽约上市。至此，嘉年华正式奠定了最受欢迎邮轮公司的基础。

1989年，兼并运营尊贵型邮轮的荷美邮轮公司，此次购并中还包括从事专门型邮轮产品的“风之颂”号邮轮。

1990年，嘉年华的扩张继续不可思议的神话。吃水7.036 7万吨的“梦幻”号下水，嘉年华的梦幻系列邮轮从此开始服务于佛罗里达。不仅如此，嘉年华努力超越极限，力求成为行业的领先者。

1992年，兼并从事于豪华型的世朋邮轮公司。

2. 嘉年华邮轮集团

1993年，“嘉年华”创立，嘉年华邮轮集团由此而诞生。而后通过收购合并等手段，进入邮轮产业的各个细分市场。

1994年，嘉年华和半岛东方—公主邮轮合并，扩大成立了嘉年华邮轮集团公司，成为世界最大的邮轮集团。嘉年华邮轮集团公司作为全球最大的邮轮集团公司，已经有30多年的历史了。

1996年，行业第一艘超过十万吨级的邮轮——10.135 3万吨的嘉年华“佳运”号（亦译“远景”号）成为在当时最大的邮轮。

1997年，兼并处于欧洲领先地位的时尚型邮轮产品的意大利“海岸邮轮公司”即音译为“歌诗达邮轮”。

1998年，并购从事豪华型邮轮的冠达邮轮。

时间进入2000年，嘉年华的邮轮越来越大，从11.000 0万吨级的征服系列邮轮，到2009年1.300 00万吨的“梦想”号邮轮，嘉年华邮轮集团公司逐渐完成了布局美国各大市场的步骤，让竞争对手望尘莫及。

3. P&O公主邮轮

2003年4月，世界第一大邮轮公司嘉年华邮轮宣布同世界第三大邮轮公司——P&O公主邮轮合并，成为全世界最为庞大的邮轮船队，共拥有13个品牌、66艘邮轮和多于100 000个泊位。购并P&O公主邮轮公司后其世界邮轮产业的领导地位更加明显，共控制世界邮轮产业的43.2%。嘉年华邮轮集团通过收购、合并等手段，成为全世界最为庞大、经营最为成功的邮轮船队。

P&O公主邮轮成立于2000年10月，原是铁航渣华航运公司（P&O）的邮轮业务事业部，2000年分离出来成为独立的邮轮公司。P&O公主邮轮公司的邮轮业务有150多年的历史。20世纪70年代和80年代，在英国本土和澳大利亚邮轮产业建立领导地位后，P&O公主邮轮开始开拓北美市场，在过去的十几年间，P&O公主邮轮主要通过建造新船只来获得业务增长。在英国，P&O公主邮轮从1840年就开始从事乘客的运输业务，并且拥有一些很有知名度的客船。后来，P&O公主邮轮投入运营4艘邮轮以发展邮轮品牌——P&O邮轮。2002年P&O公主邮轮宣布开始运作另一新的邮轮品牌——Ocean Village。1999年

P&O公主邮轮开始收购阿依达邮轮公司，并借此进入德国市场。阿依达邮轮公司是德国最知名的邮轮公司。2000年P&O公主邮轮获得了阿依达邮轮公司的剩余股权。

2003年4月，P&O公主邮轮同嘉年华邮轮公司合并，并入嘉年华邮轮公司。P&O公主邮轮公司拥有19艘邮轮以及30 730个邮轮泊位，同时还有6艘邮轮处于定购期。P&O公主邮轮有如下邮轮船队：北美的公主邮轮、英国本土的P&O邮轮和Swan Hellenic、德国的阿依达邮轮公司以及澳大利亚的P&O邮轮。

公主邮轮：公主邮轮创立于1965年，以爱之船为品牌诉求而享誉全球，兼以中等价位作为市场营销策略，获2001年Conde Nast旅游月刊评选为“收费最低廉”“最优秀船队”“游程节目最丰富”“最佳邮轮船队”。邮轮品牌有：“太平洋”号、“公主之星”号、“海洋”号、“国王”号等。

P&O邮轮船队创立于1837年，以纯粹英伦风格、提供中低价位水准收费为品牌诉求，是航线遍及全世界各海域的豪华型老牌船队，也是现存全世界历史最悠久的邮轮公司。主要邮轮有：Oriana、Aurora等。

（二）邮轮船队

1. 嘉年华邮轮

嘉年华邮轮共有19艘邮轮，是时尚型邮轮市场的领导者。拥有“嘉年华幻想”号、“嘉年华佳名”号/“情感”号、“海上乐园”号、“嘉年华征服”号、“嘉年华假日”号、“嘉年华命运”号、“嘉年华微风”号、“嘉年华阳光”号、“嘉年华凯旋”号等品牌邮轮。

（1）梦幻系列邮轮。

嘉年华梦幻系列邮轮包括“嘉年华梦幻”号、“嘉年华神往”号、“嘉年华佳名”号/“情感”号、“嘉年华神逸”号、“嘉年华创意”号、“嘉年华灵感”号、“嘉年华欢欣”号和“嘉年华乐园”号邮轮。

①“嘉年华梦幻”号。

“嘉年华梦幻”号邮轮建造于1990年，建造地芬兰，挂旗地巴拿马。邮轮总注册吨位（GRT）7.036 7万吨，2 052名乘客，920名职员。航程：巴哈马、西加勒比。

②“嘉年华神往”号。

“嘉年华神往”号邮轮建造于1991年，2009年翻新。建造地芬兰，挂旗地巴拿马。邮轮总注册吨位（GRT）7.036 7万吨，船舶总长（LOA）261.00米，船宽（BM）31.00米。甲板有12楼层，2 056名乘客，920名职员（工作成员）。平均航速21节。

“嘉年华神往”号从大厅的霓虹灯到酒吧的黄铜大理石的大厅，每个装饰都彰显欢乐的气氛。“嘉年华神往”号邮轮凭借多年航海经验，让您拥有美妙的邮轮之旅。“神往”号为孩子们准备了多种娱乐设施，其中包括有人监督的青少年游乐区。对于成年人来说，从酒吧再到闲适的成人专用休息区，活动可谓五彩缤纷。

③“嘉年华佳名”号/“情感”号。

“嘉年华佳名”号/“情感”号邮轮建造于1993年，建造地芬兰，挂旗地巴拿马。邮轮总注册吨位（GRT）7.036 7万吨，2 056名乘客，920名职员。

④“嘉年华神逸”号。

“嘉年华神逸”号邮轮建造于1994年，建造地芬兰，挂旗地巴拿马。邮轮总注册吨位（GRT）7.036 7万吨，船舶总长（LOA）260米，甲板楼层14层，2 056名乘客，920名职员（工作成员）。

“嘉年华神逸”号是嘉年华船队专门为了向电影制造的黄金年代好莱坞电影致敬而打造的豪华邮轮。在“神逸”号邮轮上，您可以在比弗利山庄酒吧结识新的朋友，可以一直在舞厅跳舞，还可以舒适地度过宁静一夜。“嘉年华神逸”号也是孩子们的天堂，船上有许多适合孩子的活动项目，并有专人指导的活动可以在三个青少年活动场所中举行。船上还有很多老牌好莱坞明星的真人大小的人像。

⑤“嘉年华创意”号。

“嘉年华创意”号邮轮建造于1995年，建造地芬兰，挂旗地巴拿马。邮轮总注册吨位（GRT）7.036 7万吨，2 056名乘客，920名职员（工作成员）。

⑥“嘉年华灵感”号。

“嘉年华灵感”号邮轮建造于1996年，建造地芬兰，挂旗地巴拿马。邮轮总注册吨位（GRT）7.036 7万吨，船舶总长（LOA）260.00米，船宽（BM）32.00米。甲板有14楼层，2 056名乘客，920名职员（工作成员）。

⑦“嘉年华欢欣”号。

“嘉年华欢欣”号邮轮建造于1998年，建造地芬兰，挂旗地巴拿马。邮轮总注册吨位（GRT）7.036 7万吨，2 052名乘客，920名职员（工作成员）。

⑧“嘉年华乐园”号。

“嘉年华乐园”号邮轮建造于1998年，建造地芬兰，挂旗地巴拿马。邮轮总注册吨位（GRT）7.036 7万吨，船舶总长（LOA）262.00米，船宽（BM）31.50米。甲板有10楼层，2 052名乘客，920名职员（工作成员）。平均航速19.50节。

“嘉年华乐园”号作为幻想系列邮轮的最后一艘邮轮。这座移动海上乐园配备了嘉年华邮轮公司的全套休闲、娱乐设施。从室内的热水浴，到室外游泳池、螺旋滑水道，为您提供了和水亲密接触的机会。寿司吧甚至有从海中现捕的美味海鲜。

（2）佳运系列邮轮。

嘉年华佳运系列邮轮包括“嘉年华命运”号/“佳运”号、“嘉年华凯旋”号和“年华胜利”号/“成功”号邮轮。

①“嘉年华命运”号/“佳运”号。

“嘉年华命运”号/“佳运”号建立于1996年，建造地意大利，挂旗地（船籍）巴拿马。邮轮总注册吨位（GRT）10.135 3万吨，2 642名乘客，1 040名职员（工作成员）。航程：南加勒比，航行从Aruba，巴布达，波多里哥。

◆“嘉年华凯旋”号

“嘉年华凯旋”号建立于1999年，荷美邮轮公司所属，建造地为意大利，挂旗地（船籍）巴拿马。邮轮总注册吨位（GRT）10.150 9万吨，船舶总长（LOA）893英尺，客舱1 379间，2 758名乘客，1 100名职员（工作成员）。

◆“嘉年华胜利”号/“成功”号

“嘉年华胜利”号/“成功”号建立于2000年，荷美邮轮公司所属，建造地为意大利，挂旗地（船籍）巴拿马。邮轮总注册吨位（GRT）10.150 9万吨，船舶总长（LOA）272.18米（893英尺），客舱1 379间，2 758名乘客，1 100名（乘员组）工作成员。甲板楼层12层。有三个橄榄球场的一个室外娱乐区域。“嘉年华胜利号”不仅是个6星级标准的酒店，还是一个巨大的游乐场。巡航速度22节。航程：航行从迈阿密出发，Eastern/Western加勒比海域，巴哈马，东加拿大。

（3）精神系列邮轮。

嘉年华精神系列邮轮包括“嘉年华精神”号、“嘉年华自豪”号、“嘉年华传奇”号和“嘉年华奇迹”号邮轮。

①“嘉年华精神”号。

“嘉年华精神”号邮轮建造地芬兰，挂旗地（船籍）巴拿马。2001年4月29日，下水首航，5月23日启程前往阿拉斯加，展开为期4个多月的海上航程。邮轮总注册吨位（GRT）8.600 0万总吨，船舶总长（LOA）293.52米，船宽（BM）32.32米。甲板有12楼层，船舱总数1 062间，2 680名乘客，961名工作成员。平均航速22节。“嘉年华精神”号邮轮加入夏威夷、墨西哥里维埃拉、阿拉斯加海域行驶。

“嘉年华精神”号作为精神级邮轮中的第一艘，也是同名船。“嘉年华精神”号为海上浮动娱乐体验设定了新的标杆，是一艘有着众多不容错过的亮点的梦想之船，还拥有一个撒手锏：全新而独一无二的绿色雷霆滑水道！

②“嘉年华自豪”号。

“嘉年华自豪”号邮轮建造地芬兰，挂旗地（船籍）巴拿马。2001年，投入营运。邮轮总注册吨位（GRT）8.850 0万吨，船舶总长（LOA）294.00米，船宽（BM）32.00米。甲板有12楼层，有1 062间船舱，2 124名乘客，930名工作成员。航行从纽约到佛罗里达州的罗德岱堡。船上除了餐厅、酒吧、商店这些服务设施以外，还有剧场、游戏室、舞厅、游泳池、健身房，甚至还有一座长72英尺的漩涡冲浪泳道。娱乐设施应有尽有。

③“嘉年华传奇”号。

“嘉年华传奇”号邮轮建造地芬兰，挂旗地（船籍）巴拿马。2002年，投入营运。邮轮总注册吨位（GRT）8.850 0万吨，2 124名乘客，930名工作成员。航程：加勒比海东线/南线/西线，航行从纽约—佛罗里达州的劳德尔堡

④“嘉年华奇迹”号。

“嘉年华奇迹”号邮轮建造地芬兰，挂旗地（船籍）巴拿马。2004年，投入营运，

在2007年翻新。邮轮总注册吨位（GRT）8.850 0万吨，甲板有13楼层，2 124名乘客，930名工作成员。邮轮装饰着红宝石玻璃天花板来照亮的中央天庭，有24小时无休的船上娱乐体验，丰富多彩的娱乐项目绝对不会让您寂寞。您也可以去水上滑道激流而下，或玩在水上乐园。嘉年华奇迹号营运西加勒比航线。

（4）征服系列邮轮。

嘉年华征服系列邮轮包括“嘉年华征服”号、“嘉年华光荣”号、“嘉年华英勇”号、“嘉年华自主”号和“嘉年华自由”号邮轮。

①“嘉年华征服”号。

“嘉年华征服”号邮轮的建造地意大利，挂旗地（船籍）巴拿马。2002年，“嘉年华光荣”号首航。邮轮总注册吨位（GRT）11万吨，船舶总长（LOA）290.00米，船宽（BM）38.00米。甲板13楼层，拥有大约2 100间客舱，可以容纳2 980位乘客，船上安排1 200名职员（工作成员）。

②“嘉年华光荣”号。

“嘉年华光荣”号是有史以来最大的客轮之一，以卡那维尔港为母港。建造地意大利，挂旗地（船籍）巴拿马。2003年7月19日，“嘉年华光荣”号首航。“嘉年华光荣”号邮轮总注册吨位（GRT）11万吨，船舶总长（LOA）290.17米（952英尺），甲板楼层14层，可以容纳2 974位乘客，在游轮的1487间客船舱中，大约60%为海景舱，其中带私人阳台者占60%。船上安排1 150名职员（工作成员）。邮轮设有22间酒吧和酒廊，一个15 000平方英尺的健身房，4个泳池、3间餐厅，其中包括一间高级“牛排馆风格”的超级美食会所。“嘉年华光荣”号是真正的“海上度假村”，可为客人提供范围广泛的用餐、跳舞、娱乐场所以及网吧、慢跑道、会议中心以及购物及时尚精品大街。“嘉年华光荣”号的船上用餐选择将包括两个两层的全套服务餐厅，泳池旁边有一个面积很大的两层便利餐馆，供应便利的早餐、中餐、晚餐，此外还有一间糕点店和日式寿司料理吧。全年开行加勒比海7日游航线。

③“嘉年华英勇”号。

“嘉年华英勇”号建造地意大利，挂旗地（船籍）巴拿马。2004年，“嘉年华光荣”号首航。“嘉年华光荣”号邮轮总注册吨位（GRT）11万吨，可以容纳2 974位乘客，船上安排1 150名职员（工作成员）。“嘉年华自主”号为豪华的海上度假村设立了全新的典范，船上不仅有美食佳肴、娱乐活动、免税商店、俱乐部，还有嘉年华海上剧院等。

④“嘉年华自主”号。

“嘉年华自主”号建造地意大利，挂旗地（船籍）巴拿马。2004年，“嘉年华自主”号首航。“嘉年华自主”号邮轮总注册吨位（GRT）11万吨，可以容纳2 974位乘客，船上安排1 150名职员（工作成员）。

⑤“嘉年华自由”号。

“嘉年华自由”号邮轮于2007年首航，是嘉年华征服级中第一艘针对享受安宁的成年人设计的。建造地意大利，挂旗地（船籍）巴拿马。邮轮总注册吨位（GRT）11.000 0万吨，可以容纳2 974名乘客，1 150名工作成员。运营加勒比沿海（西部/东部）航线、欧洲航线。“嘉年华自由”号数以百计的海景舱和阳台舱是您欣赏风景名胜如威尼斯、巴塞罗那、伊斯坦布尔等地美景的绝佳地点。邮轮有两间主餐厅为您准备了无数经典美食，另外还有众多就餐选择，有海鲜馆，比萨屋，蛋糕店等，有多样的美食佳肴、丰富的活动，还有嘉年华海上剧院、音乐会及各种精彩节目。

（5）光辉系列邮轮。

“嘉年华光辉”号邮轮于2008年首航。建造地意大利，挂旗地（船籍）巴拿马。邮轮总注册吨位（GRT）11.330 0万吨。甲板楼层15层。可以容纳3 006名乘客，1 150名职员（工作成员）。“嘉年华光辉”号作为一艘如此不同凡响的豪华邮轮，行程必将囊括世上最棒的旅行目的地。“嘉年华光辉”号有金碧辉煌的接待大厅、三层的大剧场、露天游泳池、两家宽敞的正餐厅，都给客人以视觉的震撼。船上有多家商店，并且免税。在大剧场每晚都有演出，有表演杂技和魔术，也有歌舞团的表演，演员的水平很高。

（6）梦想系列邮轮。

嘉年华梦想系列邮轮包括“嘉年华梦想”号、“嘉年华魔力”号和“嘉年华清风”号邮轮。

①“嘉年华梦想”号。

“嘉年华梦想”号邮轮于2000年首航。建造地意大利，挂旗地（船籍）巴拿马。“嘉年华梦想”号是嘉年华邮轮旗下最新最大的邮轮，邮轮总注册吨位（GRT）13.000 0万吨，“嘉年华梦想”号与姐妹船“嘉年华魔力”号一起，创造嘉年华邮轮家族新的等级。船舶总长（LOA）306米，船宽（BM）37.20米。可以容纳3 652名乘客，1 369名职员（工作成员）。航速22.5节。船上特色的嘉年华梦天井梦幻大堂华丽富美，从三楼可以向上直望天空，四座观光电梯是探望天井的方式之一。三楼的大堂拥有顾客服务中心，上岸旅游服务柜台，大堂吧，休闲座椅以及随时上演的娱乐文体活动。

②“嘉年华魔力”号。

“嘉年华魔力”号邮轮于2011年5月在地中海首航。建造地意大利，挂旗地（船籍）巴拿马。邮轮总注册吨位（GRT）11.330 0万吨。可以容纳3 652名乘客，1 369名职员（工作成员）。姐妹船是2000年首航的“嘉年华梦想”号邮轮。船上设施趣味无比，主打年轻族群，适合亲子同游。“嘉年华魔力”号邮轮是家庭海上出游的一个完美选择，所有年龄段的乘客都有合适的娱乐和享受。当您开始一段嘉年华邮轮旅程，这意味着您将享用到由著名大厨制作的美食或是地道纯正的当地饮品，在这里你甚至可以享用到正宗的墨西哥料理以及世界各国美食。

③“嘉年华清风”号。

“嘉年华清风”号邮轮于2012年首航。建造地意大利，挂旗地（船籍）巴拿马。邮轮总注册吨位（GRT）12.850 0万吨。可以容纳3 690名乘客，1 369名职员（工作成员）。“嘉年华清风”号是梦想系列的第三艘邮轮，姐妹船是2011年首航的“嘉年华魔力”号邮轮。

2. 荷美邮轮

荷美邮轮船队创立于1872年，船队邮轮内部装饰古典豪华，为融合传统与现代风格的老牌船队。船队有法式风味的餐饮、全柚木甲板座椅等特色。拥有“阿姆斯特丹”号、“鹿特丹”号等9艘邮轮。

3. 风之颂邮轮

1986年，风之颂邮轮船队创立，隶属于嘉年华邮轮公司旗下，以“与众不同”为品牌诉求，为一少见的大型风帆游艇配备，强调全数海景的豪华客舱、行动不受拘束、充满健康活力而又兼顾罗曼蒂克气氛之船队。邮轮品牌有“风之星”号、“风之歌”号、“风神”号等。

4. 冠达邮轮

1839年，冠达邮轮船队始创，以纯粹英伦风格提供高水准服务为品牌诉求，与P&O同属历史最悠久的老牌船队之一。冠达邮轮拥有“卡罗尼亚”号、“伊丽莎白女王二”号等邮轮。

5. 歌诗达邮轮

1965年，意大利“歌诗达邮轮”（亦译作“海岸邮轮”）船队创立。1997年起，歌诗达邮轮隶属于嘉年华邮轮公司旗下，以意大利式欧洲风格为品牌诉求，极具欧式浪漫风格之船队。歌诗达邮轮始终致力于用热情的服务和精美的菜肴带来愉快轻松、充满意大利风情的梦幻之旅。

目前，歌诗达邮轮旗下拥有欧洲最大的船队，包括歌诗达邮轮“大西洋”号、歌诗达邮轮“维多利亚”号、歌诗达邮轮“浪漫”号、歌诗达邮轮“赛琳娜”号、歌诗达邮轮“幸运”号等。

6. P&O公主邮轮

1965年，仅有一艘邮轮驶往墨西哥的公主船队，如今已经成长为全球顶级的邮轮品牌之一。每年带着超过100万的游客去到遍布全球的目的地，目的地总数远超其他邮轮。作为全球第三大邮轮品牌，公主邮轮以其创新的现代化船体设计、多样化的邮轮生活选择以及卓越的客户服务赢得一致青睐。作为业内公认的领航者，公主邮轮以其17艘豪华邮轮的强大阵容（第18艘邮轮也已整装待发），每年带领170万游客远离平凡生活畅游世界，探索全球顶级的旅行目的地。

公主邮轮精心设计的150条航线几乎覆盖全球，遍布7大洲超过360个港口与目的地。乘客们搭乘公主邮轮即可到达各港口进行岸上观光，发现和体验邮轮旅行带来的更多惊喜与精彩。公司同时提供海陆套装行程，乘客们可以为自己的邮轮之行搭配一个完整内陆观光行程。

2003年4月，嘉年华邮轮宣布同世界第三大邮轮公司——P&O公主邮轮合并，成为全世界最为庞大的邮轮船队，共拥有13个品牌、66艘邮轮和多于100 000个泊位。

7. 世朋邮轮公司

1984年，世朋邮轮船队创立。隶属于冠达邮轮公司，以北欧风格提供极为优异的服务质量，属于极高水准的豪华型船队。

1992年，兼并从事于豪华型的世朋邮轮公司。

邮轮品牌有“世鹏奥德赛”号、“世鹏旅行者”号、“世鹏探索”号等。

8. 熙邦邮轮公司

熙邦邮轮公司是一个豪华邮轮公司。总部设在美国太平洋西北区最大的城市——西雅图。拥有“海奔女神一”号、“海奔太阳”号、“海奔之神”号等邮轮品牌。

二、皇家加勒比海国际邮轮

皇家加勒比国际邮轮有限公司是世界第二大邮轮公司。公司总部位于美国迈阿密，船队隶属于全球第二大邮轮集团“皇家加勒比邮轮”。旗下拥有皇家加勒比国际邮轮、精英邮轮、精钻（会）邮轮、普尔曼邮轮、CDF、TUI邮轮（50%合资）六大邮轮品牌，在全球范围内经营邮轮度假产品。皇家加勒比邮轮有限公司已于纽约证券交易所与奥斯陆证券交易所上市，代码为“RCL”。

目前，公司拥有各品牌豪华邮轮总共41艘（另有4艘在建）。同时公司也在世界范围内运行多样化的航线，并提供覆盖七大洲大约460个目的地的陆地游度假产品。

集团拥有三个邮轮公司，现在共有29艘邮轮航行160多个充满异域风情且引人入胜的国家和地区，行程覆盖全世界，从美洲地区的阿拉斯加、加拿大、加勒比海、墨西哥、巴哈马群岛、夏威夷群岛、百慕大群岛、南美、巴拿马运河、太平洋海岸，到充满欧陆风情的北欧、地中海、新英格兰地区，从澳洲、新西兰，到热情的亚洲。

皇家加勒比国际邮轮是船队规模比较大的邮轮品牌，共有“量子”“君主”“梦幻”“灿烂”“航行者”“自由”“绿洲”7个船系的25艘现代邮轮，船队有着多种其他品牌无可比拟功能和设施，其中包括令人瞠目结舌的百老汇式的娱乐表演，以及广受业内好评的专门针对家庭和探险爱好者的娱乐项目。每年提供200多条精彩纷呈的度假航线，畅游近300个旅游目的地。

（一）邮轮营运

1968年成立至今，皇家加勒比国际邮轮始终保持行业领先地位，并建造了两艘全球最大的游轮——“海洋绿洲”号和“海洋魅丽”号。这两艘姐妹船的总吨位均为22.5万吨，是世界最大、最具创意的邮轮。

“海洋绿洲”号与“海洋魅丽”号将全新的“社区”理念引入游轮，把游轮空间划分为中央公园、百达汇欢乐城、皇家大道、游泳池和运动区、海上水疗和健身中心、娱乐世界和青少年活动区7个主题区域，以满足不同类型游客的度假需求。

20世纪80年代末之前，公司的市场主要是加勒比市场，美国皇家加勒比国际邮轮公司的邮轮航线主要是百慕大、墨西哥的里维埃拉、阿拉斯加、欧洲和夏威夷。

皇家加勒比海邮轮船队由三个挪威航运公司创立于1968年。公司的第一艘邮轮——

“挪威之歌”于1970年投入运营。

到1988年皇家加勒比海邮轮公司已经拥有4艘邮轮：“海洋冒险”号、“海洋探险者”号、“海洋神话”号、“海洋帝王”号，同年公司股权结构发生变化，Anders Wilhelmsen & Company控制了公司的几乎所有股权。

1993年，皇家加勒比海邮轮公司股票开始在纽约证券交易所上市交易。

1. 极致邮轮

1997年，皇家加勒比海邮轮公司购并精英邮轮。精英邮轮隶属皇家加勒比海邮轮公司旗下。

“极致邮轮”亦译“精英邮轮”“精致邮轮”“名流邮轮”和“名人邮轮”，船队创立于1990年，以中高价位提供高水准服务为诉求，船舱设计深具欧式风格，其餐饮素质之高位居1999年八大船队之首。

2. 海岛邮轮（岛屿巡航）

2000年，皇家加勒比海邮轮公司同一家英国旅游公司——“首选假日”合资成立了新的邮轮船队——“海岛邮轮（岛屿巡航）”，此公司以向英国提供经济型邮轮产品为主。

3. 邮轮母港（中国沿海）

2008年，皇家加勒比国际邮轮非常重视中国市场的发展，正式进入中国，皇家加勒比国际邮轮旗下的“海洋神话”号、“海洋航行者”号、“海洋水手”号邮轮先后部署在中国。

①“海洋神话”号。

2008年，皇家加勒比国际邮轮正式进入中国，提供从上海、香港始发的邮轮度假航线。

2009年，皇家加勒比国际邮轮旗下的“海洋神话”号作为中国政府特批的海峡两岸首航包船，创造了内地与台湾地区大规模民间交流的盛况。

2010年，“海洋神话”号首次开展天津起航的航次，扩大对华北旅游市场的投入，显示了皇家加勒比国际邮轮拓展中国邮轮行业的坚定决心。

2011年，“海洋神话”号重返中国，以上海、天津和香港为母港，全年运营35个前往日本、韩国、中国台湾、越南、新加坡、俄罗斯的精彩航次。

②“海洋绿洲”号和“海洋魅丽”号。

2009年12月和2010年12月，皇家加勒比国际邮轮旗下的第21、22艘游轮——“海洋绿洲”号和“海洋魅丽”号先后投入运营。这两艘姐妹船的排水量均为22.5万吨，是世界最大、最具创意的邮轮。

“海洋绿洲”号与“海洋魅丽”号将全新的“社区”理念引入游轮，把游轮空间划分为中央公园、百达汇欢乐城、皇家大道、游泳池和运动区、海上水疗和健身中心、娱乐世界和青少年活动区7个主题区域，以满足不同类型游客的度假需求。皇家加勒比国际邮轮在全球游轮史上留下了光辉的足迹，旗下多艘超大型邮轮凭借史无前例的吨位、大胆创新的设计屡屡打破世界游轮记录。

2011年2月，皇家加勒比国际邮轮推出了“阳光计划”：全力打造两艘新一代邮轮，凝聚现有游轮中最出色的创意，并在此基础上增加新的活动和娱乐理念。从恢宏华丽的空间到精致贴心的布局，从充满活力的节目到宁静安逸的私人空间，从丰富多样的就餐选择，到共聚天伦之乐的各种休闲享受，皇家加勒比国际邮轮的“阳光计划”让每一位游客都宾至如归，带来精彩纷呈的度假体验。

③“海洋航行者”号与“海洋水手”号。

2012年6月和2013年6月，“海洋航行者”号与“海洋水手”号两艘14万吨级邮轮也分别进入中国。

随着“海洋航行者”号到来，皇家加勒比总运力提升至原先的3倍，全年共运营51个母港航线，销售量突破至2011年的2.6倍，接待游客数量超过11.5万人次，其中上海始发航线达23条，游客总数超过6.5万人次，获得了市场的广泛认可和好评。“海洋航行者”号进入中国后成为中国乃至整个亚太地区最大的豪华邮轮。

④“海洋水手”号。

2012年5月，基于对中国市场的良好期望及“海洋航行者”号已在中国获得的极好反响，皇家加勒比国际邮轮再次宣布于2013年6月18日将旗下另一艘14万吨级邮轮——“海洋水手”号引进中国，并开启邮轮母港始发航线，进一步加大在中国市场的投入。

2013年，“海洋航行者”号和“海洋水手”号两艘亚洲巨无霸首次齐聚中国，令更多的中国游客畅享纯正的欧美现代邮轮生活。随着“海洋水手”号与“海洋航行者”号共同部署在中国，皇家加勒比国际邮轮可保证在旅游旺季同时覆盖中国两大市场——华东和华北市场。这不仅是皇家加勒比国际邮轮在全球发展战略中新的里程碑，巩固了其在中国市场的领先地位，同时也极大地推动了中国邮轮产业的健康快速发展。

皇家加勒比游轮有限公司将把最新型的邮轮带到中国，希望从全球最大的旅游市场分走更大一块蛋糕。

如今，美国皇家加勒比国际邮轮是全球最大和最豪华邮轮公司之一。公司邮轮服务的对象主要是中产阶级。拥有世界最大的超级豪华邮轮“海洋自由”号。皇家加勒比每年的营业额达40亿美元。拥有28艘世界级豪华邮轮，在全球65 000个地方都有邮轮的停泊港。

（二）邮轮船队

1. 皇家加勒比海邮轮船队（RCI）

1968年，皇家加勒比海邮轮船队由三个挪威航运公司创立。总部位于美国迈阿密。

1969年，皇家加勒比海邮轮船队（RCI）创立。公司的创始人是Arne Wilhelmsen 和Edwin Stephan（Arne是哈佛教育的投资者，Edwin是美国佛罗里达的一个著名商人）。

以新型船舶、较大吨位、平实价位、设施多样作为主要品牌诉求，为一极具现代化风格的船队。拥有4艘邮轮：“海洋冒险”号、“海洋探险者”号、“海洋神话”号、

“海洋帝王”号等。

2. 挪威之歌（船队）

1970年，皇家加勒比国际邮轮公司的第一艘邮轮——“挪威之歌”或称“挪威歌曲”号投入运营。

“挪威之星”号邮轮作为自由闲逸船队其中一员，在设计建造时就吸纳了广大游客意见。“挪威之星”号邮轮拥有13个餐饮选择，从亚洲美食到法式大餐，各种种类齐备。提供众多客房选择，无论是经济实惠内侧客房还是豪华舒适套房。无论您想要什么，都可以在这里找到，与“挪威之星”号邮轮一起畅游阿拉斯加或是墨西哥湾沿岸。

3. 极致船系（船队）

极致邮轮亦译“精致邮轮”“名流邮轮”和“名人邮轮”，是邮轮世界的后起之秀。创建于1989年，公司首创人是希腊船王背景的钱德里斯。1997年至1999年开始，改隶皇家加勒比海邮轮公司旗下，以中高价位提供高水准服务为诉求，邮轮船舱设计深具欧式风格，其餐饮素质之高位居1999年八大船队之首。

极致邮轮四大豪华系列：极致系列、千禧系列、世纪系列、远征系列邮轮，为您提供舒适奢华的享受。

极致邮轮船队拥有：“精致邮轮极致”号、“精致邮轮水印”号、“精致邮轮嘉印”号、“精致邮轮千禧”号、“精致邮轮尖峰”号、“精致邮轮季候”号、“海蓝星”号、“天蓝星”号、“无极”号、“千禧”号、“精英极限”号、“星群”号等邮轮。

4. 海洋船系（船队）

1969年，皇家加勒比海邮轮船队（RCI）创立。以新型船舶、较大吨位、平实价位、设施多样作为主要品牌诉求，为一个具有现代化风格的船队。拥有的豪华邮轮有：“海洋神话”号、“海洋幻丽”号、“海洋帝王”号、“海洋绿洲”号、“海洋魅力”号、“海洋自由”号、“海洋独立”号、“海洋航行者”号、“海洋探险者”号、“海洋冒险者”号、“海洋和谐”号/“海洋和悦”号、“海洋赞礼”号等。

目前，美国皇家加勒比邮轮公司拥有世界最大的两艘邮轮“海洋绿洲”号和“海洋魅力”号。

2006年，加勒比海邮轮船队旗下的16万吨级“海洋自由”号，以及稍早建造的三艘14万吨级航海级邮轮：（1999年首航）“海洋航行者”号、“海洋探险者”号以及（2001年初航）“海洋冒险者”号都是属于巨无霸型超级邮轮。

2011年2月，皇家加勒比国际游轮推出了“阳光计划”：全力打造2艘新一代邮轮，它们将凝聚现有游轮中最出色的创意，并在此基础上增加新的活动和娱乐理念。

2016年6月，加勒比海邮轮船队旗下的“海洋和谐”号/海洋和悦”号巨无霸型超级邮轮首航。

①“海洋神话”号。

1995年5月，“海洋神话”号首航。2005年5月，进行重新装修。“海洋神话”号总注册吨位（GRT）70 000吨，是一艘豪华邮轮。船舶总长（LOA）264米，船宽（BM）

32米，吃水深度8米，甲板楼层为11层，邮轮平均航速为24节，电压110/220伏交流电。无论是在畅游水道，还是停靠的任何一个亚洲海港，您将永远记住选择“海洋神话”号邮轮奇趣旅程的理由。船上更有18洞迷你高尔夫球场以及4个大漩涡式浴缸，还有一座伸缩性玻璃屋顶的日光泳馆，都将为您的邮轮之旅献上一份精美的感官享受！

2008年，皇家加勒比国际邮轮非常重视中国市场，旗下的“海洋神话”号正式进入中国，提供从上海、香港始发的航次。“海洋神话”号是皇家加勒比邮轮梦幻系列中第二艘来到亚洲及中国的豪华邮轮。

2010年，首次开展天津起航的航次，扩大了对华北市场的投入，显示了皇家加勒比国际邮轮拓展中国邮轮行业的坚定决心。

船上设施：“海洋神话”号会议设备有1所会议中心、4间备用室可供开会分组讨论（电视机、录影机、投影仪、幻灯片、放映机、讲台、麦克风、录像投影仪等一应俱全）。“海洋神话”号上的娱乐与活动绝大多数船上娱乐都是免费的，其中包括：现代音乐舞台剧表演、现场音乐演奏与喜剧表演、主题讲座与示范、皇家游乐场、攀岩、日光浴、室内与室外泳池。“海洋神话”号拥有海上少见的多样且最先进的健身器材：阶梯踏板机、健美脚踏车、跑步机与重量训练器材；瘦身器材；特有有氧健身与瑜伽课程；桑拿浴、按摩浴与蒸汽浴室。

②“海洋幻丽”号。

皇家加勒比“海洋幻丽”号邮轮的建造地是德国，船籍巴哈马。1997年07月投入使用，2002年5月重新装修。邮轮总注册吨位为7.400 0万吨，船舶总长305米，船宽35米，吃水深度7.80米，甲板楼层11层，载员2 446人；电源电压110V/220V。邮轮平均航速22节。

③“海洋灿烂”号。

皇家加勒比邮轮“海洋灿烂”号为皇家加勒比邮轮公司灿烂系列船队中的一艘，造价约为33亿元人民币。2001年，“海洋灿烂”号邮轮下水，总注册吨位（GRT）为9.009 0万吨，船舶总长（LOA）293米（约100层楼高），船宽（BM）32米，甲板13楼层，载客量2 200位，船上服务人员有860位，乘客与服务人员比例约为2 ∶ 1，让您拥有贴心的阿拉斯加豪华游轮之旅。

世界顶级的“海洋灿烂”号为您提供一级的休闲度假设施，布置华丽的装潢，典雅的厅廊，豪华晚餐厅、自助餐厅，夜总会、赌场、电影院、健身房、游泳池、美容院、图书馆、桥牌室（麻将室），儿童电动游乐厅、医疗诊所。拥有拉斯维加斯级的夜总会表演阵容，每日安排有一级声光的享受。电影院每天安排当今院线片钢琴酒吧、爵士乐团均聘有最专业的乐师，为您作现场演奏。

早、中餐提供各式餐点75道以上的丰盛自助餐，牛排、海鲜、沙拉、水果、冰激凌应有尽有。晚餐为正式、高级西式全餐，每个晚餐都有不同主题，如欢迎晚宴、正式晚宴、惜别晚宴等，在专业训练的服务生协助下，享用牛排、阿拉斯加帝王蟹、龙虾、鱼子酱、鹅肝酱等珍贵佳肴，让您拥有顺心愉快的晚餐时刻。

④“海洋水手”号。

皇家加勒比邮轮“海洋水手”号是皇家加勒比邮轮中航行者系列五艘邮轮之一，修造于2003年，共有12层舱板，总注册吨位（GRT）为13.800 0万吨，船舶总长（LOA）311米，船宽（BM）38米。吃水线以上高度为49米，从龙骨到烟囱最上端为72米，可以容纳乘客3 114位，船舱容量是1 557间，乘员组容量是1 213名，乘员组客舱的数量是690间。

2013年6月，“海洋水手”号14万吨级邮轮也进入中国。

整艘邮轮犹如一座海上城邦，除舒适齐全的住宿选择外，各式餐厅、酒吧、精品店、互联网休息室、图书馆、海上历奇青少年活动中心、皇家娱乐场、健身房、室内外游泳池、运动场等设施一应俱全。邮轮上还拥有诸多突破传统的创意邮轮设施，包括四层的海上免税购物大街——“皇家大道”，拥有弓形窗台、可俯瞰整个购物街景观的皇家大道景观房。华丽壮观的三层主餐厅（能容纳1 900个人）和烧烤、意大利、美式等多个特色餐厅，室内真冰溜冰场和直排轮滑道，高于海平面200英尺的攀岩墙，以及小型高尔夫球场等。

服务设施包括有能容纳400人的会议中心、容纳1 320人的大剧院与歌剧院，美丽的水族馆酒吧、滑冰以及赛跑竞技场所。另外，邮轮上还建有医院、旅馆商店和洗衣店。各种激动人心的娱乐活动将最大限度地满足不同类型消费者的度假需求，为广大游客的海上之旅增添无穷乐趣。

⑤“海洋旋律”号。

“海洋旋律”号为皇家加勒比邮轮公司灿烂系列船队中的一艘，为2003年底下水（2004年夏天首航阿拉斯加）的豪华五星级邮轮。

邮轮早中餐提供各式餐点。晚餐为高级正式的西式全套餐，每个晚餐都有不同主题，如欢迎晚宴、正式晚宴、惜别晚宴等。在专业的服务生及中文菜单协助下，享用各式点菜式，美味佳肴。

邮轮航程特别安排进入阿拉斯加水域最大及最长的冰河群——哈伯大冰河群：“海洋旋律”号邮轮停靠阿拉斯加的朱诺（安排游览车前往著名的棉田豪冰河）、冰峡（参观早期阿拉斯加州鲑鱼罐头加工工厂并安排进入雨林健行）、安排游览车经美加边境前往育空白口古道），让您拥有尊贵的豪华邮轮之旅。

⑥“海洋自由”号。

2005年8月，世界最大豪华游轮——“海洋自由”号在芬兰建成。总注册吨位（GRT）15.800 0万吨，船舶总长（LOA）339米，船宽（beam，BM）38.60米，可容纳4 300多名乘客和1 300多名船员。船上有135米长的购物中心、溜冰场、小型高尔夫球场、可冲浪的泳池，甚至还有赌场。

⑦“海洋独立”号。

2008年4月25日（周五），刚刚竣工的“海洋独立”号邮轮首次抵达英国南安普敦港口，立即引起轰动。“海洋独立”号邮轮是美国皇家加勒比国际邮轮自由系列中的一艘超级邮轮，由芬兰阿克尔造船厂耗费4亿英镑（约8亿美元）巨资历时2年才建造完成，邮轮总注册吨位（GRT）为16万吨，船舶总长339米，船宽（BM）56米，船体高度72米，有18层楼，船舱近2 000个，可搭载乘客4 375名，船员1 000名。在3台强大的螺旋桨推行器的作用下，邮轮的最大航行时速为22节（约44千米/小时）。

"海洋独立"号邮轮在加勒比海岸航线，带您探索茂盛的热带雨林和墨西哥的科兹梅失落的古文明遗迹，在牙买加著名的蒙特歌湾品尝特色风味的鸡肉比萨，或是在海地的拉巴帝"海洋独立"号邮轮的专属白色沙滩，享受加勒比的悠闲时光，"海洋独立"号邮轮带您踏上美妙的探险之旅，留下一个完美的回忆。

⑧"海洋魅力"号。

"海洋魅力"号是目前世界上最大邮轮"海洋绿洲"号的姐妹船。"海洋魅力"号是在"创世纪计划"中设计出来的。

2006年2月，开始订购。造价15亿美元（约合人民币100亿元）。2008年2月，在芬兰图尔库STX欧洲造船厂开始正式建造。5月命名为"海洋魅力"号。

2009年11月20日，"海洋魅力"号邮轮下水。2010年12月，世界最大邮轮"海洋魅力号"进行首航。这艘邮轮总注册吨位（GRT）22.500 0万吨，船舶总长（LOA）361米，船宽（BM）66米，水面高72米。共有16层甲板和2 704个客舱，可以搭载游客6 320名和船员2 100名。

⑨"海洋绿洲"号。

"海洋绿洲"号豪华邮轮是世界上最大的超级游轮，总注册吨位（GRT）22.500 0万吨，吃水9.10米，船舶总长（LOA）361.80米，水线宽度47米，最宽处63.40米，高72米，航速为22.6节，要比泰坦尼克号还要大3倍多。拥有16层甲板和2 700个客舱，可乘载5 400名乘客，船上还拥有一座大型购物商场、众多酒吧饭店，一座足球场大小的户外圆形剧场等。

2009年11月，"海洋绿洲"号豪华邮轮进行处女航，在海上航行时，就像是一座"旅行的城市"。这艘漂移在海上的游轮城市以美国佛罗里达州劳德岱尔堡为港口，执行加勒比海东、西航线，首航将推出4晚行程。

⑩"海洋航行者"号。

2012年6月19日，皇家加勒比国际邮轮旗下的"海洋航行者"号14万吨级邮轮进入中国，并以上海为母港开设国际邮轮航线。

"海洋航行者"号排水量高达13.800 0万吨、拥有15层甲板，可载客3 114人。

⑪"海洋量子"号。

2014年11月，"海洋量子"号首航。"海洋量子"号是全球游轮史上的一次重大飞跃，这条造价15亿美元，总注册吨位（GRT）16.700 0万吨的海上城市，将无数"海上初体验"的娱乐革新引入其中：跳伞体验将让游客在300英尺的高度体验惊险刺激的空中之旅；独一无二的北极星，让您有机会登临海拔300英尺的高空，在360°旋转中俯瞰游轮、大海和目的地；海上最大的室内运动及娱乐综合性场馆则配备了碰碰车和旱冰场等设施；还有迄今为止最大且最先进的游轮客房，让每个客房都可观景。

2015年6月25日，世界首艘智能邮轮——“海洋量子”号也加入中国（上海）。“海洋量子”号是高科技与奢华的创新结合，升于海面之上的北极星让您将大海和量子之景一览无遗，甲板跳伞让我们体验“飞翔”的感觉，机器人调酒师，极度震撼观景厅，海上碰碰车，海上复式套房等，都让游客叹为观止。

⑫“海洋光辉”号。

“海洋光辉”号是皇家加勒比邮轮的又一重要创举。她有更多的海景舱房，面向大海的玻璃电梯，九层的玻璃中庭，无与伦比的金锚级服务等，都会让您有一个独一无二的难忘之旅。

⑬“海洋和谐”号。

“海洋和谐”号的诞生让你惊讶于人类的想象力、创造力永无止境。“海洋和谐”号是目前世界上最大的邮轮。邮轮的业主是美国皇家加勒比海游轮公司（RCCL）。

2013年9月，“海洋和谐”号开工建造。这艘巨轮造价耗资共计8亿欧元。

2016年3月10日，“海洋和谐”号运载500名工作人员，从法国圣纳泽尔港出发，进行首次海上试航。

邮轮总注册吨位（GRT）22.700 0万吨，船舶总长（LOA）361米，高约64米。船宽（BM）约66米，是迄今为止“世界上最宽的邮轮”，比著名的“泰坦尼克”号还要长100米。邮轮共有16层甲板和2 700个客舱，最多可搭载6 360名游客和2 100名船员。

邮轮上的剧院时不时地会上演百老汇音乐剧，剧院可容纳1 400人。邮轮还提供丰富的餐饮、酒吧和娱乐体验。设施还包括小型高尔夫球场、冲浪模拟器、浮动按摩池和赌场等。甚至设计了可以伸缩的烟囱，以便通过海峡桥梁。“海洋和谐”号颠覆传统地将整艘邮轮分为7个社区，置身其中就恍若一个移动的“海上城邦”。

2016年5月12日，“海洋和谐”号在法国圣纳泽尔正式加入皇家加勒比邮轮公司。5月17日，全球最大邮轮“海洋和谐”号抵达英格兰南部的南安普敦港口。5月22日，邮轮从南安普敦前往巴塞罗那。

2016年6月5日，“海洋和谐”号从西班牙巴塞罗那进行首航（正式处女航）。处女航航程主要集中在非常受游客欢迎的西地中海，在7晚的航行中她将驶向巴塞罗那、马略卡、普罗旺斯、佛罗伦萨、比萨、罗马和那不勒斯。

⑭“海洋赞礼”号。

2016年，“海洋赞礼”号首航。邮轮总注册吨位（GRT）16.780 0万吨，船舶总长（LOA）348米，船宽（BM）41米，甲板楼层18层，舱房数量2 094间，满载客数4 905人，船员人数1 500人，平均航速22节。

“海洋赞礼”号邮轮是皇家加勒比部署中国的第二艘“量子系”智能邮轮，同时“海洋赞礼”号也是皇家加勒比旗下“量子系”第三艘邮轮。“海洋赞礼”号不仅继承了“海洋量子”号和“海洋圣歌”号的优点，并且将两艘邮轮的不足之处做出了弥补，也是“量子系”中最完美的邮轮。

5. 极致邮轮/精致邮轮/精英邮轮

1997年，“极致邮轮”（中文名称）亦称“精致邮轮”“精英邮轮”“极致邮轮”“名流邮轮”和“名人邮轮”隶属皇家加勒比海邮轮公司旗下，属于皇家加勒比国际邮轮公司旗下更高级别的邮轮船队品牌。

极致邮轮四大豪华系列：极致系列、千禧系列、世纪系列、远征系列邮轮。例如：“精致邮轮极致”号、“精致邮轮水印”号、“精致邮轮嘉印”号、“精致邮轮千禧”号、“精致邮轮尖峰”号、“精致邮轮季候”号、“海蓝星”号、“天蓝星”号、“无极”号、“千禧”号、“星群”号、“精英极限”号、“精致水印”号、“精致极致”号、“精致嘉印”号等知名邮轮。

三、丽星邮轮

目前，丽星邮轮隶属于云顶旅行社（上海）有限公司——云顶香港有限公司的全资附属公司。云顶香港的全资附属公司是全球休闲、娱乐和旅游及酒店服务业的领导企业。

云顶香港有限公司简称“云顶香港”，于1993年9月成立，以丽星邮轮品牌在亚洲经营邮轮旅游业务，是亚洲邮轮业的先驱，致力于将亚太地区发展成为国际邮轮航线目的地。

目前，云顶香港的主要品牌有：丽星邮轮、挪威邮轮、马尼拉名胜世界等。“丽星邮轮”（连同挪威邮轮）——为世界第三大邮轮公司，共拥有17 艘邮轮，航线遍及全球200多个目的地，提供约30 000标准床位。“尼拉名胜世界”——云顶香港首个进军陆上的项目为马尼拉名胜世界，已于2009年8月开始试营业。马尼拉名胜世界是优质休闲品牌“名胜世界”的综合度假胜地之一，亦是云顶香港旗舰项目，汇集了包括六星级全豪华套房的Maxims Hotel在内的三间酒店，高级购物中心，四间高端电影院及一个多功能歌剧院。

（一）邮轮营运

1. 云顶香港前称及更名

云顶香港有限公司前称“丽星邮轮有限公司”。2009年11月16日，丽星邮轮有限公司宣布，于2009年11月10日起，公司名称已更改为“云顶香港有限公司”。更改公司名称是配合该公司的企业策略，云顶香港除目前经营邮轮及邮轮相关的主要业务外，亦多元化发展以陆上综合度假胜地及娱乐业务。此外，新名称也反映该公司的主要上市地点及其与云顶集团之联系。

2. 丽星邮轮

1993年，丽星邮轮船队创立，隶属于马来西亚云顶娱乐集团旗下。作为亚太区邮轮业的先驱，丽星邮轮以“最适初次搭乘”为品牌诉求，并以亚太海域为主要营运市场。率先开始运营区内航线，以亚太海域为主要营运市场，以发展亚太区成为国际邮轮目的地为理念。丽星邮轮是在中国知名度最高的邮轮公司。

目前，丽星邮轮旗下拥有6艘邮轮包括“处女星”号“双子星”号“宝瓶星”号“天秤星”号“双鱼星”号和“大班”号。

2004年，在短短11年间，丽星邮轮已得到世界各地的认同；今天，丽星邮轮是亚太区的领导船队，并迅速成为世界第三大联盟邮轮公司之一。

3. 挪威邮轮公司

1966年，挪威邮轮公司开始营运，至今已成为北美邮轮业最知名品牌之一，到1979年，NCL挪威邮轮成为邮轮业中最大的邮轮公司。

1998年，NCL挪威邮轮开辟了针对亚洲的东方航线。

2000年3月，挪威邮轮公司被马来西亚的丽星邮轮集团收购，目前公司拥有14艘五星级豪华邮轮。作为世界上最年轻的船队，您能在挪威邮轮上得到最佳的住宿，体验到自由创新的海上之旅。挪威邮轮几乎有一半的阳台客舱，让您始终能欣赏到无敌海景。挪威邮轮的主要市场遍布北美、欧洲、南美及亚洲；NCL美国则主要提供夏威夷航线，它是唯一可以提供全年夏威夷旅游服务的邮轮公司。

（二）邮轮船队

丽星邮轮集团为世界第三大联盟邮轮公司，连同旗下丽星邮轮、挪威邮轮公司、NCL美国、东方邮轮及邮轮客运四个品牌共同经营，集团正营运及将交付的邮轮共22艘、超过35 000人的总载客量。航行区域遍及亚太区、南北美洲、加勒比海、阿拉斯加、欧洲、地中海、百慕大及南极。

丽星邮轮一直致力为旅客提供一流设施及服务，多年来获得多个国际奖项及认证：曾十度荣获“亚太区最佳邮轮公司”之殊荣以及连续八年获得殿堂级嘉奖“TTG旅游大奖荣誉堂”，亦于2015年世界旅游大奖中第四度勇夺“亚洲领导船队”殊荣。

1. 丽星邮轮船队（8艘）

目前，丽星邮轮的船队共有8艘邮轮在亚太地区航行，分别是“双鱼星”号、“白羊星”号、“双子星”号、“山羊星”号、“狮子星”号、“处女星”号、“金牛巨星”号、“白羊巨星”号等。

丽星邮轮公司主要邮轮有：丽星级系列邮轮、巨星级系列邮轮、超级巨星级系列邮轮。

（1）丽星邮轮星级系列邮轮（1艘）。

◆丽星邮轮“双鱼星”号

1994年，丽星邮轮“双鱼星”号邮轮下水。拥有超过700间旅客舱房，总注册吨位（GRT）4万吨，可容纳超过2 000名旅客。

丽星邮轮“双鱼星”号为您献上一流的住宿，设施和服务，是亚太区深受欢迎的邮轮。船上活动多姿多彩，可以让您玩个痛快。

玩乐设施包括游泳池、按摩池、缓跑径、桑拿浴室、健身室、发廊美容院、卡拉OK，以及一个上演歌舞的场馆。另外“双鱼星”号更为您准备各式美食，从中菜到日本菜，从顾客自行点菜到亚洲式和西式的自助餐，各适其式。

（2）丽星邮轮巨星级系列邮轮（2艘）。

◆丽星邮轮“金牛巨星”号和“白羊巨星”号

丽星邮轮“金牛巨星”号以及“白羊巨星”号就是“曙光一号”及“曙光二号”，1991年建造于德国，之后被丽星邮轮买下，这两艘总注册吨位（GRT）3 264吨的船，曾更换了最新的安全设备，且分别于1994年12月及1995年1月投入丽星旗下服务。这两艘巨星级邮轮，船舶总长（LOA）为85米，可容纳72名旅客及80名服务人员，她们曾被列入伯利兹邮轮旅游指南总注册吨位（GRT）5 000吨以下邮轮评比的最佳邮轮船只。这两艘巨星级邮轮豪华的内装及设计，更能符合有特殊需要的团体贵宾。在巨星级邮轮上的每一个房间都是令人惊讶的宽敞，透过偌大的窗户将可欣赏到壮丽的海景。且如果前往的小岛或陆地附近有地方可让她们下锚停泊，这两艘邮轮还有一个可以让旅客登陆观光的附加优势。

（3）丽星邮轮超级巨星级系列邮轮（5艘）

丽星邮轮超级巨星级系列邮轮，包括了丽星邮轮“狮子星”号、“处女星”号、“白羊星”号、“山羊星”号以及“双子星”号邮轮。

◆丽星邮轮“狮子星”号

丽星邮轮“狮子星”号邮轮是亚太地区最大及第一艘世界级巨轮，总注册吨位（GRT）7.680 0万吨，船舶总长（LOA）288米，船宽（BM）32.20米，高13层，拥有1 000间客房，总载客量高达2 800旅客。“狮子星”号邮轮是亚太地区最大的邮轮，不仅在邮轮市场设立全新的标准，同时也为亚太地区提供一个至尊豪华的邮轮旅游。

◆丽星邮轮“处女星”号

丽星邮轮“处女星”号邮轮是丽星邮轮公司家族中最为耀眼的邮轮明星。1999年8月，“处女星”号邮轮出厂。“处女星”号邮轮总注册吨位（GRT）7.533 8万吨，船舶总长（LOA）为268.29米，船宽（BM）为32.20米，甲板楼层13层，拥有935间客房，最多可容纳2 500名旅客。

“处女星”号上完善的设施将带给您无尽的欢笑、娱乐和游戏活动。这艘五星级的豪华海上欢乐城，拥有超过25个餐厅、酒吧、娱乐和活动场所，将带给您意想不到的惊喜。“处女星”号提供一流的餐饮服务和娱乐节目。处女星号邮轮沿途停靠各港口时，您将可自由选择您喜爱的岸上观光。

◆丽星邮轮“白羊星”号

丽星邮轮“白羊星”号邮轮在耗资数百万元美金重新装修及粉刷后，于1999年10月才加入丽星邮轮船队，总注册吨位（GRT）3.700 0万吨，乘客数为678名旅客。“白羊星”号曾被《伯利兹邮轮旅游指南》评为“1997年世界最佳邮轮”。

◆丽星邮轮“山羊星”号

丽星邮轮“山羊星”号邮轮总注册吨位（GRT）2.838 8万吨，拥有431间舱房，可承载692名旅客，“山羊星”号目前驻留于韩国平泽并提供天津、大连、青岛的行程。

◆丽星邮轮“双子星”号

1992年，丽星邮轮“双子星”号邮轮在西班牙建造，工程耗资超过5 000万美元。邮轮重新命名为“双子星”号是希望可以如古希腊神话传说一样，由双子保护海上航行者以及让他们手中的竖琴为人们带来欢欣和喜乐。

◆丽星邮轮“宝瓶星”号

丽星邮轮“宝瓶星”号邮轮是丽星邮轮家族亚太地区航线船体重量占第二位的邮轮，总注册吨位（GRT）5.076 0万吨。经过对“宝瓶星”号邮轮经常翻新，您的梦幻海上之旅，将永远有崭新的感官体验！

丰盛的美食佳肴，精彩的娱乐盛宴和多种悠闲选择，精彩缤纷，应有尽有。无论是热爱旅游的一家大小，新婚蜜月，乐龄人士，单身一族，还是公司的会议及奖励旅游团队都能够在“宝瓶星”号上找到属于自己的天地。

◆丽星邮轮“天秤星”号

丽星邮轮“天秤星”号邮轮是依现代旅客的需求而设计，更舒适、更悠闲，拥有度假旅馆风格的邮轮体验，挑战传统的邮轮旅游，提供弹性自在的高品质服务。

“天秤星”号邮轮总注册吨位（GRT）4.227 6万吨，船舶总长（LOA）216.30米，船宽（BM）32.64米。甲板楼层11层，客房数量709间。

“天秤星”号邮轮为您舒缓每天的生活压力，带给您独特的海上度假饭店体验，精彩的娱乐活动，国际级的服务水平，融合了亚洲温暖的人情味，成为丽星邮轮的最品质保证。台湾热播剧《命中注定我爱你》的重要部分就是在“天秤星”号拍摄的。

◆丽星邮轮“大班”号——私人派对首选

丽星邮轮“大班”号邮轮总注册吨位（GRT）3.370 0万吨，船舶总长（LOA）85.50米，船宽（BM）14米。犹如私人豪华流动派对场所，全套房式设计，客房数量32间，可容纳多达130位旅客。适合举办各类主题派对、会议及奖励旅游计划，更可按旅客要求前往指定目的地，量身订造个人化的品味旅程，举行属于你的邮轮派对。

2. 挪威邮轮船队

挪威邮轮集团公司自1966年开始营运至今，已成为北美邮轮业最知名的品牌之一。2000年3月挪威邮轮公司被丽星邮轮集团收购，总部位于美国迈阿密，目前公司拥有14艘五星级豪华邮轮。作为世界上最年轻的船队，您能在挪威邮轮上得到最佳的住宿，体验到自由创新的海上之旅。挪威邮轮几乎有一半的阳台客舱，让您始终能欣赏到无敌海景。

挪威邮轮共有16艘邮轮，包含了挪威邮轮及东方邮轮两大航运品牌，其中挪威邮轮有8艘船，主要航行于加勒比海、阿拉斯加、欧洲、百慕达以及亚太地区。而东方邮轮旗下拥有两艘船，主要提供世界各地特定地点的邮轮旅游，在夏天航行欧洲；在秋天到春天期间，还会远至澳洲。挪威邮轮及东方邮轮虽然主要市场都来自北美，但也广及英国、欧洲、南美和亚洲的旅客。

挪威邮轮的主要市场遍布北美、欧洲、南美及亚洲；NCL美国则主要提供夏威夷航线，它是唯一可以提供全年夏威夷旅游服务的邮轮公司。

第五章　邮轮旅游主要航线

海洋旅游业是指开发利用海洋旅游资源，以海洋旅游经济中海洋旅游休闲、海洋运动、海洋旅游文化等为主体而形成的服务行业。海洋旅游业在各国国民经济中所占地位日趋重要，在西班牙、希腊、澳大利亚、印度尼西亚等国，海洋旅游业已经成为国民经济的重要产业或支柱产业；在热带、亚热带的许多岛国，海洋旅游业已成为最主要的经济收入来源，有的甚至占到国民经济比重的一半以上。

随着“一带一路”倡议的提出和经济“新常态”下的转型需求，中国的邮轮旅游、游艇旅游、海港旅游、海洋运动旅游、海滩旅游、海洋文化旅游等海洋旅游新业态也将成为未来热潮，海洋旅游已经成为我国建设海洋强国的重要引擎。

在世界旅游业中，邮轮旅游占有举足轻重的地位，并且呈现强势增长态势。近年来，邮轮旅游的兴起已成为中国旅游业的新亮点，邮轮旅游作为一种新型的旅游方式在中国逐渐升温。

邮轮旅游航线或旅行航线，简称“邮轮航线”。在全球范围内，邮轮航线由于受到邮轮港口、船型、海域、航期、客源市场及营销管理等因素的制约，可以从海域、航期、船型等角度进行分类。

例如，按照地球不同海域，虽然存在部分海域交叉重叠现象，但仍可将邮轮航线大致分为：远东邮轮航线及其细分的日韩邮轮航线与东南亚邮轮航线、中东非洲邮轮航线、地中海邮轮航线、北欧北极邮轮航线、夏威夷邮轮航线、（南太平洋中部法属群岛）大溪地邮轮航线、加勒比海邮轮航线、大洋洲邮轮航线即澳新邮轮航线或澳新航线、阿拉斯加邮轮航线、南美邮轮航线、南极邮轮航线、环球邮轮航线等邮轮（旅游）航线。

按照航期（航行天数）一般可将邮轮航线分为：短线航期邮轮航线、中线航期邮轮航线、长线航期邮轮航线和超长线航期邮轮航线，目前已有108天邮轮环游地球的航线记录。

按照不同邮轮船型一般可将邮轮航线分为：普通邮轮航线和特殊（探险）邮轮航线两种方式。在地球不同海域进行邮轮旅游，所需要的邮轮（船只）类型有很大区别，例如去南极的邮轮旅游所乘坐的邮轮（船只）一般都是由抗冰船改建而成。

邮轮旅游航线可以说是遍布全球五大洲，凡是通海有深水港的地方邮轮就有可能到达。如加勒比海、阿拉斯加、夏威夷、地中海航线，北美、欧洲、亚太航线。中国也有香港、上海、厦门和三亚4个国际一流的邮轮码头投入使用。游客往往先选邮轮旅游航线，再选择邮轮公司的邮轮以及船上舱位、船上娱乐活动和登岸观光活动项目等。

本章关注的（海洋）邮轮航线主要包括：远东邮轮航线及东南亚邮轮航线、阿拉伯海邮轮航线、地中海邮轮航线、（北大西洋）北海邮轮航线和加勒比海邮轮航线等。涉及的国家和地区主要有太平洋地区的中国（沿岸邮轮港口）、韩国（仁川港和济州岛等）、日本（函馆港）、新加坡（新加坡港）、马来西亚（槟城等），印度洋北岸阿拉伯海的印度（孟买港等），地中海地区的意大利（威尼斯港和桑塔露西亚港等）、法国（尼斯等）、西班牙（巴塞罗那港和马拉加港等）、希腊（卡塔科隆港等）、土耳其（伊斯坦布尔港等），北大西洋北海地区的英国（南安普顿港）、法国（勒阿弗尔港）、比利时（港）、荷兰（阿姆斯特丹港和鹿特丹港）等，波罗的海地区的俄罗斯（圣彼得堡港）、芬兰（赫尔辛基港）、爱沙尼亚（塔林港）、瑞典（斯德哥尔摩）、挪威（奥斯陆）、德国（亚德港）等，加勒比海地区的美国（迈阿密港和基维斯特港）、墨西哥（科苏梅尔）等。

第一节　东南亚海域邮轮航线

东南亚位于亚洲东南部，包括中南半岛和马来群岛两大部分。中南半岛因位于中国以南而得名，南部的细长部分叫马来半岛。马来群岛亦称南洋群岛散布在太平洋和印度洋之间的广阔海域，是世界最大的群岛，共有两万多个岛屿，面积约243万平方千米，分属印度尼西亚、马来西亚、东帝汶、文莱和菲律宾等国。

东南亚地区共有11个国家：越南、老挝、柬埔寨、泰国、缅甸、马来西亚、新加坡、印度尼西亚、文莱、菲律宾、东帝汶，面积约457万平方千米。其中老挝是东南亚唯一的内陆国，越南、老挝、缅甸与中华人民共和国陆上接壤。

◆东南亚海域

东南亚周围的大洋有太平洋和印度洋。东南亚周围海域有南海、苏禄海、苏拉威西海、班达海、阿拉佛拉海、爪哇海、安达曼海、泰国湾、孟加拉湾等。

东南亚邮轮航线

丽星邮轮、皇家加勒比邮轮、歌诗达邮轮、公主邮轮等多家邮轮公司以新加坡港、（马来西亚）马六甲港、（吉隆坡外港）巴生港、槟城港、兰卡威港、（泰国）普吉邮轮岛、苏梅岛邮轮港、（曼谷外港）林查班港、（越南）胡志明港、芽庄、顺化、岘港、下龙湾港、（中国）三亚、海口、湛江、香港、广州（南沙）、深圳、上海等为邮轮港口，推出多条东南亚邮轮航线，本节列举其中的“南海邮轮航线”“泰国湾邮轮航线”和“马六甲海峡邮轮航线”。

一、南海邮轮航线

南海位居西太平洋和印度洋之间的航运要冲，四周大部分为半岛和岛屿，在经济上、国防上都具有重要的意义。

南海北靠——中国大陆和台湾岛，从东海往南穿过狭长的台湾海峡，就进入了南海。东海的台湾海峡与南海之间的分界线为从广东省南澳岛南端至台湾岛南端猫鼻头的连线。南海东接——菲律宾群岛，南海南邻——（世界第三大岛）加里曼丹岛和苏门答腊岛，南海西接——中南半岛和马来半岛亦称克拉半岛。南海东北部——经巴士海峡、巴林塘海峡等众多海峡和水道与太平洋相沟通，南海东南部——经民都洛海峡巴拉巴克海峡与苏禄海相接，南海南部——经卡里马塔海峡及加斯帕海峡与爪哇海相邻，南海西南部——经马六甲海峡与印度洋相通。

●共建21世纪海上丝绸之路

《2015年海南省政府工作报告》中指出：大力发展海洋经济，加快建设海洋强省。增强海洋意识，坚持陆海统筹，充分发挥独特的资源优势和区位优势，不断壮大海洋经济规模，推进海洋强省建设。大力发展海洋经济、加快科技兴海步伐、加快海洋基础设施建设，加强港区建设，整合港口资源，提高吞吐能力。推进昌江海尾、万宁港北、乐东岭头等一批渔港建设，实施渔船更新改造项目，加强渔业基础设施建设。建设海洋防灾减灾体系，实施海洋防灾减灾工程，把海南岛建设成为国家海洋防灾减灾示范区。落实《三沙市总体发展规划》，推进交通、通讯、水电、后勤保障、污水处理等基础设施建设。

积极参与国家“一带一路”战略。围绕南海资源开发服务保障基地和海上救援基地的两大定位，充分发挥海洋大省、著名侨乡的优势，将海南打造成21世纪海上丝绸之路的重要支点。启动三亚临空经济区建设，依托美兰机场建设空港综合保税区。推进洋浦国际能源交易中心发展。办好共建21世纪海上丝绸之路分论坛暨中国东盟海洋合作年启动仪式，加强与21世纪海上丝绸之路沿线国家在农业、渔业、旅游、油气开发、加工贸易等方面的交流与合作，努力成为21世纪海上丝绸之路建设的排头兵。

●三亚凤凰岛国际邮轮港

2002年，三亚凤凰岛开工建设。三亚凤凰岛全长1 250米，宽约350米，四面依托“山河海城”风光。三亚凤凰岛主要包括超星级酒店（酒店及国际会议中心）、国际养生度假中心、别墅商务会所、热带风情商业街、国际游艇会、奥运主题公园和凤凰岛国际邮轮港的七大项目，形成集合旅游、购物、居住、养生为一体的国际度假岛屿。三亚凤凰岛是一座造型独特的填海人工岛，凤凰岛及其岛上建筑物的组合造型宛如一艘巨型的豪华邮轮——“凤凰号邮轮”，这艘“凤凰号邮轮”停泊在素有“椰梦长廊”的三亚湾畔，鸣如箫笙，音如钟鼓；性格高洁，气质非凡。

2006年11月9日，三亚凤凰岛国际邮轮港建成并作为全国第一座邮轮专用码头投入运营。自开航以来，丽星邮轮、嘉年华邮轮、皇家加勒比邮轮等世界知名的邮轮公司纷纷抢滩三亚，开通了数条经停三亚的航线。三亚已成为国际邮轮航线上一个重要的停靠港。2008年，三亚与海口海关签署了紧密合作机制备忘录，口岸建设全面升级，口岸通关服务保障能力进一步提高。2008年，三亚凤凰岛国际邮轮港接待国际豪华邮轮132航次，邮轮接待量跃居全国内地首位。2012年12月27日，三亚市政府第11次常务会议审议通过《三亚市邮轮旅游发展专项规划（2012—2022）》。

2014年4月10日，三亚凤凰岛二期工程正式开工，计划新建4个邮轮码头，其中10万吨泊位1个、15万吨泊位2个和22.5万吨泊位1个，现有泊位将规划为国内航线停泊区，并将按照国际标准新建联检大楼。届时，凤凰岛可同时停靠6～8艘邮轮，年接待能力达到200万人次，成为世界一流国际邮轮母港。

目前，以三亚为邮轮母港出发的国际邮轮航线主要有三条，邮轮班次较少，东南亚、欧美、环大洋洲等远洋航线尚未开通。根据规划，三亚未来的邮轮航线被分为四类，母港航线、国际挂靠航线、国内航线和特色主题航线等十多条航线。

（一）三亚—（越南）岘港邮轮航线

1. 线路名称

丽星邮轮“双子星”号三亚岘港3天2晚风情之旅（2016年）

2. 邮轮简介

◆丽星邮轮“双子星”号

乘坐丽星邮轮“双子星”号邮轮感受梦幻海上之旅！丰盛的美食佳肴，世界级的娱乐盛宴和多种悠闲选择，精彩缤纷，应有尽有。

1995年7月，“双子星”号邮轮下水，这艘总注册吨位（GRT）5.103 9万吨的邮轮，能容纳788名旅客和470名服务人员。

2003年4月1日起，“双子星”号邮轮提供往来香港及蛇口的两日一夜航程。“双子星”号邮轮现提供往来（越南）下龙湾至（中国）蛇口旅程，及蛇口至香港的两日一夜航程。此外，逢星期四至日，还提供往来香港及蛇口的日间航次。

3. 行程简介

第1天：三亚（18:00开船）—（越南）岘港

第2天：岘港（19:00离港）

第3天：岘港—三亚（12:00抵港）

4. 行程详情

第1天：三亚（18:00开船）—（越南）岘港

下午请您自行前往前往三亚凤凰岛国际邮轮码头，15：00～17：00（17：00关闸）办理登船手续，丽星“双子星”号邮轮于18：00点启航，开始浪漫的海上之旅。在邮轮上，您可尽情享受船上提供的各项设施，参加24小时不间断的精彩娱乐活动——例如：在甲板上学习健身操、交际舞、观摩一下鸡尾酒调配示范、品尝各国佳肴美食，图书馆阅读、切磋牌艺、卡拉OK大展歌艺，或到游泳池游泳，享受日光浴，到按摩池里舒解压力。

住宿：双子星邮轮相应客房　用餐：邮轮上

第2天：（越南）岘港（19：00离港）

“双子星”号邮轮抵达岘港，岘港除了水天一色的长滩亦不逊于马尔代夫，有无敌蓝天碧海之外，还有容易引发乡愁的会安古镇，以及那片都市人久违了的宁静！

岘港旧称“土伦”又称“讫馒”——越南中部港口城市。在韩江望左岸，北临观港湾。岘港位于越南中部，北连顺化、南接芽庄。背靠五行山，东北有山茶半岛作屏障，海湾呈马蹄形，港阔水深，形势险要，为天然良港。岘港现为海军基地，可停靠万吨级军舰。有制碱、纺织、橡胶、水泥、造纸等工业。郊区产稻、玉米、橡胶。西南69多千米的美山有古代占婆塔群遗址。

您可以根据自己的爱好自费选择船上组织的各种观光游览线路，前往拥有世界上最优良的“占婆博物馆”，乘坐三轮车漫游“岘港市区”，游览“会安古镇”，品尝当地美食，寻找昔日中国情；高球发烧友不忘在岘港最优秀的高球场上挥杆一把；购物者可以去会安中心市场逛一下。

邮轮于19：00离港启航。意犹未尽的您可以前往表演大厅欣赏精彩绝伦的歌舞表演，也可以到船上各个轻歌曼舞的夜总会或酒吧尽情释放您的激情吧！

住宿：双子星邮轮相应客房　用餐：邮轮上或自理

第3天：岘港—三亚（12：00抵港）

早上您可以在甲板上迎着徐徐的海风——练习瑜伽，然后悠闲地享用早餐，如有时间还可以再充分享受邮轮上的各项休闲施设，尝试一下在大海上挥挥高尔夫球杆，或是去露天按摩池放松身心，参加船上组织的各种游戏及派对。邮轮将于12：00抵三亚凤凰岛国际邮轮码头，难忘的“风情之旅”就此划上句号。

住宿：无　用餐：邮轮上

以上行程仅供参考，最终行程以出团通知为准。

（二）海口—三亚—越南沿海四港邮轮航线

1. 线路名称

银海邮轮·银影号 东南亚航线　12天11晚　海口+三亚（过夜）+胡志明市（过夜）+芽庄+顺化+下龙湾（2017年）

2. 邮轮航期：2017年3月05日～3月16日

3. 邮轮简介

◆银海邮轮“银影”号

银海邮轮“银影”号邮轮秉承着获得最佳邮轮奖项的精致航海旅游理念，带来了规模更大的银海系列邮轮，维系了其一贯给人的亲切私密感受的风格，同时增加了更多的豪华元素。“银影”号邮轮总注册吨位（GRT）2.825 8万吨，船舶总长（LOA）186.00米，船宽（BM）24.90米。

2011年，“银影”号邮轮装修，作为世界最顶级的六星级奢华邮轮，全部舱房都是套房，载客量382人（乘客）。邮轮拥有10层游客甲板，开设四个餐厅、室内室外露台咖啡廊、全海景休息室、高雅餐厅、大卫杜夫雪茄吧、多功能展览休息厅、威尼斯剧场、休闲赌场、酒吧、会议室、棋牌室、观光室、时尚精品店、SPA沙龙和健身中心，提供各类书籍DVD的图书馆、计算机房、室外游泳池、两个按摩池、咨询接待处、五部乘客电梯。

4. 行程简介

第01天（3月05日）：（中国）深圳蛇口太子湾邮轮母港（19:00开船）
第02天（3月06日）：（中国）海口（13:00抵港，21:00离港）
第03天（3月07日）：（中国）三亚（14:00抵港）
第04天（3月08日）：（中国）三亚（20:00离港）
第05天（3月09日）：海上巡游
第06天（3月10日）：（越南）胡志明市（12:00抵港）
第07天（3月11日）：（越南）胡志明市（14:00离港）
第08天（3月12日）：（越南）芽庄（08:00抵港，14:00离港）
第09天（3月13日）：（越南）顺化（09:00抵港，14:00离港）
第10天（3月14日）：（越南）下龙湾（08:00抵港，19:00离港）
第11天（3月15日）：海上巡游
第12天（3月16日）：（中国）深圳蛇口太子湾邮轮母港（09:00抵港）

银海邮轮公司——由航运及旅游界享有盛誉的罗马勒布鲁夫家族1994年创办。目前，旗下的8艘邮轮航线通达7大洲800多个目的地，号称“全世界目的地最多的邮轮公司”。从2017年1月开始，银影号邮轮有八条航线从深圳蛇口太子湾邮轮母港（蛇口邮轮中心）出发，通连香港、走向世界，实现环游世界的梦想。

二、泰国湾邮轮航线

泰国湾旧称暹罗湾，位于中南半岛和马来半岛之间，居南中国海西南部，是南中国海里最大的海湾。泰国湾从越南金瓯角至（马来西亚）哥打京那巴鲁附近，与南海水域相连，长约725千米，宽370～560千米，面积约25万平方千米；平均水深45.50米，最大水深86米。泰国湾西北端海域称之为曼谷湾，分别有“泰国第一大河”（全长1352千米）湄南河（亦称昭披耶河）和湄南河支流那空猜西河注入。

泰国首都曼谷以下25千米河道有许多码头和港口设施。湄南河支流那空猜西河在猜纳（泰国中南部城镇）转向西南，与湄南河平行南流，在沙没沙空（旧译“龙仔厝”）注入曼谷湾。

泰国湾沿岸国家有马来西亚、泰国、柬埔寨和越南。

1. 线路名称

公主邮轮“钻石公主”号新加坡港9日（跟团游）

——2017年春节（直飞）苏梅/曼谷/胡志明+圣淘沙

2. 邮轮简介

◆公主邮轮 · “钻石公主”号

“钻石公主”是公主邮轮船队中的新船。船籍为百慕大。2004年3月13日，“钻石公主”号邮轮首航。邮轮总注册吨位（GRT）为11.587 5万吨，船舶总长（LOA）290米（约952英尺），船宽（BM）48.20米。邮轮整层的迷你套房，及将近750间的阳台舱房。载客量2 670人，船员人数1 100人。独一无二的芙萱夜总会备有现场乐队演奏，以及超过30个的电视屏幕。船上有5个主餐厅，从轻松的披萨吧到传统的正式牛排馆都有，让您能体验多样化的餐饮选择。邮轮有4个大小不等的游泳池，有可容纳700多人的公主剧院，还有各式酒吧、夜总会、免税商店、健身中心及SPA、图书馆，拥有海上最大的网吧，甚至还有浪漫的结婚礼堂。“钻石公主”号邮轮乳白色的船身在阳光的直射下，显得十分明艳。当步入“钻石公主”号邮轮大厅后，绝大多数人都会惊叹其无比的奢华，堪称一座移动的海上五星级酒店，吃、喝、玩、乐，一应俱全。

3. 行程简介

第1天：深圳（蛇口码头）—香港（机场）—新加坡（机场）

第2天：新加坡（港）公主邮轮（启航）

第3天：公主邮轮 海上巡游（新加坡—苏梅岛）

第4天：公主邮轮（泰国）苏梅岛（岸上观光自理）

第5天：公主邮轮（泰国）曼谷（岸上观光自理）

第6天：公主邮轮 海上巡游（曼谷—胡志明市）

第7天：公主邮轮（越南）胡志明市（岸上观光自理）

第8天：公主邮轮 海上巡游（胡志明市—新加坡）

第9天：公主邮轮（新加坡港）航空（新加坡—香港）

4. 行程详情

第1天：深圳（蛇口码头）—香港（机场）—新加坡（机场）

指定时间10：00（北京时间）在深圳关口集合（深圳蛇口码头或深圳湾，具体时间及集合点请见出团通知书），乘坐大巴前往香港机场。或您可直接前往机场集合。随后由领队协助办理登机手续。搭乘新加坡航空公司的国际航班，由香港飞往新加坡。参考航班：SQ863（14：10～18：10）当地时间18：10航班抵达新加坡。19：00（当地时间）新加坡游览时间约1小时。

鱼尾狮塑像：高8.60米、重达70吨的鱼尾狮塑像是已故新加坡著名工匠林浪新先生用混凝土制作的。另一座高2米、重3吨的小形尾狮塑像也是林先生的作品。狮身由混凝土制作，表面覆盖上陶瓷鳞片，而眼睛则是红色的小茶杯。

莱佛士爵士登岸遗址（外观）：莱佛士爵士铜像位于新加坡河畔的泊船北码头，那是他登陆新加坡的地方，铜像是为纪念莱佛士爵士这位新加坡的开埠者而立。

旧国会大厦艺术之家（外观）：建于1827年，是新加坡最古老的政府建筑物。新加坡国会已搬迁到附近的国会坊一号，旧国会大厦就改造成了集各种现代视觉艺术、电影、音乐、舞蹈与话剧演出的“艺术之家”。拥有多种艺术设施包括小型电影院、音乐厅、黑盒子剧场、彩排空间、接待室、视觉艺术展览厅、宪法史展览厅。也可了解当年国会大厦的原貌，以及曾经活跃于此的众多著名历史人物。

2012年6月30日，新加坡滨海湾花园向公众部分开放。“滨海湾花园”是由滨海南花园、滨海东花园和滨海中心花园所组成的城市花园带。

20:00（当地时间）游览结束后，送往酒店休息。

早餐：自理　午餐：自理　晚餐：自理　住宿：圣淘沙网评五星酒店

第2天：新加坡（港）公主邮轮（启航）

08:00自由活动：圣淘沙岛距离新加坡本岛仅500米，由一座堤道跨海大桥与本岛连接起来。小岛延续了新加坡“花园城市”的味道，放眼望去，一片郁郁葱葱。游客可以在沙滩上沐浴海风，可以登山眺望，可以探索神秘的自然世界，也可以享受奇妙的感官刺激。“圣淘沙”在马来文里的意思是“和平安宁”。

12:00午餐后，乘坐大巴前往新加坡邮轮码头办理登船手续。

16:00“钻石公主”号启航，您的精彩邮轮之旅即刻开始。

早餐：酒店内　午餐：团餐　晚餐：邮轮上　住宿：邮轮

第3天：公主邮轮 海上巡游（新加坡—苏梅岛）

盛大的宴会将在海上举行，从早晨到午夜连续不断供应的各式美味大餐，船上除了酒、烟要自行购买，其他的食物、大餐、自助餐都免费供应，让您享尽口福。邮轮上有各种娱乐设施、大剧院、夜总会、歌舞厅、酒吧、雪茄俱乐部、游泳池、健身房、儿童乐园、美容院、图书馆、迷你高尔夫球场、婚礼教堂、免税商店街等。邮轮上为您精心安排的节目，更让您不虚此行。

早餐：邮轮上　午餐：邮轮上　晚餐：邮轮上　住宿：邮轮

第4天：公主邮轮（泰国）苏梅岛（岸上观光自理）

08:00邮轮抵达（泰国）苏梅岛，您可以选择留在邮轮上继续享受各种娱乐，也可以参加邮轮公司组织的上岸观光项目，费用自理。

号称“泰国第三大岛”的苏梅岛——位于泰国的南部的中间地带，属于泰国湾范围，面积247平方千米，距大陆约80千米，周围有80个大小岛屿，但多无人居住。苏梅岛上狭长白沙滩是每个人梦想中的热带岛屿仙境。苏梅岛（本岛）距苏叻（他尼）府84千米，属于真正的岛屿族群。苏梅岛上海滩众多，处处水清沙白，景致迷人，主要海滩有：查汶海滩、拉迈海滩、波普海滩等。查温海滩（查汶海滩/查旺海滩）绵延6千米，这个月牙形的海滩环境十分优美，岛上酒店和各种娱乐设施最多。苏梅岛上可以潜水、潜泳、划独木舟，更或者一起驾帆出海，享受海天一色的美妙景观。

17：00邮轮离港，继续海上航行。请您至少提前1个小时返回邮轮，以免误船。

查汶海滩——位于苏梅岛东海岸的查汶海滩是一个长达6千米的新月型海滩。由于海滩被各个酒店和度假村所占据，因此内陆一侧才是海滩路，路的对面是酒吧、餐厅、商店和娱乐场所等。沿着海滩的道路有着众多的高级饭店、度假村、餐厅、潜水学校、风格各异的酒吧、购物中心，是游客的集散地和夜生活的中心。

南园岛——位于泰国海湾，临近苏梅岛。南园岛由三个小岛组成，最有特色的在于它与众不同的“人”字形沙滩，将三个小岛连接起来。与龟岛的沙滩的热闹很不同，这里很安静，世外桃源般的安静，非常适合度蜜月的新人。南园岛是泰国人的私家岛屿，入岛条件苛刻得很，上岛如果不打算入住，每人需交100泰铢的上岛费，任何人都不允许携带塑料制品或罐头上岛，以防止污染。就是这样一座小岛，却让来到的每个人都恋恋不舍，心甘情愿地投入到这个质朴、简单的世外桃源中。岛周边良好的潜水学习条件为初学者提供了极好的条件，每个课程都因此而很好地成为有趣的经验。

曼谷湾是一个附属于暹罗湾的海湾，其位于泰王国首都曼谷的外海，因此故得其名。曼谷湾位于泰国湾（暹罗湾）之西北部，范围则是泰国西部城市华欣至东部城市芭堤雅（芭达雅或帕塔亚）以内的海域。泰国最传统的海滨胜地——华欣是泰国中部海滨小镇。华欣距离泰国首都曼谷200多千米，与芭堤雅隔岸相望，距离曼谷西南约281千米，约3小时行程。

曼谷（海）湾为源自泰国境内的昭披耶河出海口的海域，除此之外，其亦为他钦河、梅克隆河以及曼巴公河的出海口。曼谷海湾东部有许多著名的岛屿，如（阁）锡江岛/（阁）锡昌岛、（阁）兰岛、（阁）派岛以及（阁）克兰艾岛。

第5天：公主邮轮（泰国）曼谷（岸上观光自理）

07：00邮轮抵达林查班港，您可以选择留在邮轮上继续享受各种娱乐，也可以参加邮轮公司组织的上岸观光项目，费用自理。

林查班港位于位居泰国湾北部沿海（曼谷湾），在泰国首都曼谷往南110千米、芭堤雅海滩度假村往北15千米处，是泰国港务管理局直属的深水国际贸易商港。林查班港的港外海路北距是拉差港约5海里，距（河港）曼谷港约60海里，至宋卡港376海里，至新加坡港791海里，东北至香港约1 450海里；后方有曼谷廊曼国际机场。由于曼谷河段的（河港）曼谷港的湄南河水道因曲折，水深不足，长173米以上集装箱船难以进港。因此，在曼谷湾东部（距曼谷港约60海里）选择发展（海港）林查班港。林查班港原来一个名不见经传的沿海小渔村，如今已经成为泰国最重要的国际集装箱枢纽港，港口拥有900米长的码头泊位，8台桥吊。有3个集装箱装卸泊位各长300米，水深14米，年吞吐能力60万标准箱。林查班港外有锡昌岛阻挡风浪，自然条件优越。每年都有国际邮轮一批又一批地运送来自世界各地的旅游者来到林查班港，然后乘车前往林查班港南部10分钟车程的帕塔亚海滩度假村及泰国其它的旅游胜地。

湄南河（中文俗称）亦称昭披耶河，全长1 352千米，是泰国第一大河；湄南河自北而南地纵贯泰国全境，流经大城，贯穿曼谷市区，流入曼谷湾。湄南河在曼谷城市交通运输及岸边居民生活中湄南河扮演着重要角色，曼谷曾被称为“东方威尼斯”。湄南河白天有水上市场，运输船只往来；待天色渐暗，沿岸的灯光纷纷亮起，许多观光游船闪亮登场穿梭在河面上。泰国首都曼谷以下25千米河道有许多码头和港口设施。湄南河支流那空猜西河在猜纳转向西南，注入曼谷湾

大皇宫是曼谷保存最完美、最壮观、规模最大、最有民族特色的王宫，汇集了泰国建筑、绘画、雕刻和园林艺术的精粹。

19：00邮轮离港，继续海上航行。请您至少提前1个小时返回邮轮，以免误船。

第6天：公主邮轮 海上巡游（曼谷—胡志明市）

邮轮海上巡游，由曼谷前往（越南）胡志明市。邮轮全日航行于海上，蔚蓝天空与碧绿海水，令人心旷神怡。

海运航线（由北向东的）沿岸有泰国、柬埔寨和越南。其中柬埔寨拥有长达443千米的海岸线，蜿蜒起伏的海岸线沿岸镶嵌着众多的岛屿。柬埔寨——旧称高棉，位于中南半岛，西部及西北部与泰国接壤，东北部与老挝交界，东部及东南部与越南毗邻，南部则面向暹罗湾。境内有湄公河和东南亚最大的淡水湖——洞里萨湖（金边湖），首都金边。柬埔寨面对暹逻湾的西哈努克海。位于柬埔寨西南海岸线上的西哈努克港是柬埔寨最大的国际海岸港口（深水良港），也是首都金边外柬埔寨国内第二大重要的旅游城市。港外沿国际海运航线，至泰国梭桃邑港218海里，至越南港胡志明港420海里，至新加坡港603海里，至中国广州港1 210海里。

泰国湾大部分属热带季风气候，海湾内的海流受南海季风影响，随季节而改变。当西南季风盛行时，（湾内）呈顺时针方向环流，只湾口呈逆时针方向；当东北季风盛行时，湾内海流仍呈顺时针方向环流，但湾内东部呈逆时针方向。

第7天：公主邮轮（越南）胡志明市（岸上观光自理）

07：00邮轮抵达胡志明市，您可以选择留在邮轮上继续享受各种娱乐，也可以参加邮轮公司组织的上岸观光项目，费用自理。

胡志明市旧称西贡，在20世纪40年代前，西贡被称为“东方的巴黎”。虽然《西贡小姐》和《情人》等经典电影只是西贡的一幅剪影，但它的活色生香已令人无限神往。虽然在1976年西贡就已经改名为胡志明市，但深深迷恋于它旧日繁华与风情的人们仍然喜欢称它为“西贡”。胡志明市法式建筑较多，如饭店，教堂等。这些法式建筑体现浓厚的法兰西文化风格。

中央邮局：胡志明市的邮政总局，建于19世纪末，由法国建筑师设计，大厅内部装饰华丽，圆顶极富古典气息。建筑极为雄伟，值得参观。

范五老区：在范五老区几乎可以吃到任何口味任何种类的食物，从餐厅到小吃摊，从炒饭到米粉，从海鲜到牛排，总体价位较低，是一个可以快速找到食物的地方。

18：00邮轮离港，继续海上航行。请您至少提前1个小时返回邮轮，以免误船。

第8天：公主邮轮 海上巡游（胡志明市—新加坡）

邮轮全日航行于海上，蔚蓝天空与碧绿海水，令人心旷神怡。您可以在商场里给自己买些旅游纪念品或挑选些礼物送给亲人朋友，或是在专门教练的健身房里，一边欣赏海景，一边享受身体的畅快淋漓；或者您更愿意呆在游泳池里或SPA美容馆里，为即将而来的盛宴做好准备。邮轮上每天为旅游精心设计举办各式有趣、动静皆宜的活动。晚上时分夜总会内乐队伴奏下与挚爱朋友品尝美酒香茶，同时尝尽世界各式美食，必定大快朵颐。

第9天：公主邮轮（新加坡港）航空（新加坡—香港）

07：00邮轮抵达新加坡。清晨，迎着微微海风吹拂，在甲板上享受一顿丰富的早餐。今天是告别美丽旅程的日子了，您可以凭海临风，看着邮轮缓缓驶入新加坡港。

12：00乘车前往机场，办理登机手续。搭乘新加坡航空公司的航班，飞往香港。参考航班：SQ872（15：05—18：50）或者SQ002（18：30—22：15）18：50（北京时间）。飞机抵达香港，结束愉快的旅途！

早餐：邮轮上　午餐：自理　晚餐：自理

三、马六甲海峡邮轮航线

东南亚地处亚洲与大洋洲、太平洋与印度洋的“十字路口”。马六甲海峡是这个路口的“咽喉”，战略地位非常重要。马六甲海峡地处马来半岛和苏门答腊岛之间，全长约900千米，最窄处仅有37千米，可通行载重25万吨的巨轮，太平洋西岸国家与南亚、西亚、非洲东岸、欧洲等沿海国家之间的航线多经过这里。

东南亚地理位置非常重要，连接三洲（亚洲、非洲、大洋洲）、两大洋（太平洋和印度洋）。

马六甲海峡沿岸的国家有（东岸的）泰国、马来西亚、新加坡和（西岸的）印度尼西亚，其中新加坡位于马六甲海峡东端的最窄处，交通位置尤其重要。

除海峡沿岸国两岸享有12海里领海和海峡内小岛至少也享有12海里领海外，其余为专属经济区；海峡沿岸国对海峡领海水域享有主权，对海峡专属经济区水域享有主权。马六甲海峡是亚洲联系欧洲和中东洲地区的重要海运通道，控制着全球四分之一的海运贸易。按照统计，全球每年近一半的油轮都途经马六甲海峡。

●马六甲海峡——“东方的直布罗陀”

马六甲海峡又译为“麻六甲海峡”，是位于马来半岛与苏门答腊岛之间的海峡。因临近马来半岛上的古代贸易港口名城——“马六甲”而得名。

马六甲海峡是一条呈“东南—西北走向”的一条狭长水道，西北端通印度洋的安达曼海，东南端连接南中国海，因而间接沟通了太平洋与印度洋。

马六甲海峡全长约1 080千米，如果包括东部出口处的新加坡海峡，则全长1 185千米。海峡呈喇叭形（状似漏斗），向北渐宽，面积6.5万平方千米。峡口“北宽南窄”——“（西）北口宽，（东）南口窄”。“（西）北口宽”即到印尼的沙璜和泰国的克拉地峡之间的北口宽达249千米，西北端出口处最宽可达370千米；“（东）南口窄”即东南部较窄，一般有65千米，最窄处仅37千米；海峡南口分布有很多小岛，有些小岛的边缘上有岩礁和沙脊。

主航道水深——“北深南浅，西浅东深”。主航道水深约25～150米，水深由北向南递减，由西向东递增；越向西北海底越深，到达安达曼海盆汇合处水深约达200米；马六甲海峡的南部水深很少超过37米，一般约为27米。

航道最窄处在东岸波德申港附近的浅滩处，宽约5.4千米。主要深水航道偏于海峡东侧，可航吃水20米的巨轮，一般可供20万吨级的船舶出入。

马六甲海峡海峡底部平坦，多泥沙质，水流平缓。峡内还有不少浅滩，其中水深不足23米的就多达37处，加上沉船、流沙、淤泥等使航道情况经常改变，更增大了发生事故的可能，对沿岸国家造成严重威胁。

马六甲海峡的西岸是印度尼西亚的苏门答腊岛，东岸是西马来西亚和泰国南部。“两岸地势低平”——东西两岸地势低平，多红树林海滩，淤积旺盛，东西海岸线每年可伸展60～500米。“西岸沼泽泥质”——西岸多大片沼泽与广大的泥质岛屿，大船不易靠岸；“东岸岬角岩岛”——东岸有零散的岬角或岩岛，便于船只停泊。

除马六甲海峡外，在太平洋和印度洋之间还分布有一些海峡，但它们或者水浅多礁，或者位置偏僻，缺乏助航导航设施，又多位于印度尼西亚的领海之内，国际航线因此极少通过，这就使马六甲海峡在很长时期内实际上成了沟通两大洋的唯一通道，使之无论在经济上还是在战略上都具有极大的重要性。

马六甲海峡通航历史远达两千多年，是环球航线的一个重要环节。据统计，每年通过海峡的船舶约5万多艘货轮、油轮及其他船只，即平均每天有140多艘船通过海峡，使马六甲海峡成为世界上最繁忙的海峡之一；是东南亚联系南亚，西亚和非洲东部的必经之路，有“十字路口”“咽喉要道”之称。

马六甲海峡邮轮航线也很多，本节只列举“新加坡—马六甲—槟城邮轮航线”和“新加坡—槟城—普吉岛邮轮航线”。

（一）新加坡—马六甲—槟城邮轮航线

1. 线路名称

歌诗达邮轮“维多利亚号”上海//新加坡—马六甲—槟城—新加坡五日游

2. 邮轮简介

◆歌诗达·“维多利亚”号

歌诗达·“维多利亚”号邮轮是那些喜爱设计、雅致、对称形状和柔和色调人士的理想邮轮。邮轮吨位8.000 0万吨，航速22节；长度253米，宽度32米；甲板数14层；客房964个间，载客人数为2 394人，船员人数790人。1996年，邮轮首航；2009年，最近装修。邮轮将传统海运外观和简约设计、精美饰面、艺术杰作完美融为一体。

3. 行程简介

第1天：上海—新加坡（20：00邮轮启航）参考飞机航班SQ825（00：35—05：55）

第2天：（马来西亚）马六甲（抵港：09：00，离港：16：00）

第3天：（马来西亚）槟城（抵港：08：00，离港：15：00）

第4天：新加坡（抵港：14：00）

第5天：新加坡—上海　参考飞机航班SQ826（01：10—06：30）

4. 行程详情

第1天：上海—新加坡（20：00邮轮启航）

集合参考时间：上海—新加坡　参考航班SQ825（00：35—05：55）

提前一天晚上机场集合，搭乘新航航班飞往新加坡。导游机场迎接贵宾、专车接团，我们将进行新加坡市区游览，包括：国会大厦（外观）、高等法院（外观）、市政厅（外观）、维多利亚广场（外观）、百年吊桥（下车参观15分钟）、鱼尾狮像（下车参观）、金沙酒店（外观）、双螺旋桥（下车参观）、滨海湾公园（外观）。午餐享用富有特色的海南鸡饭餐，送往码头办理登船手续，20：00邮轮启航

请提前前往码头办理登船，开船前1个小时停止办理登船。登船码头、登船时间仅供参考，具体以出团通书为准，大概出发前1～2天提供。

登船后建议您参加船上的安全讲解演示活动，您的精彩邮轮之旅即刻开始。来到12楼去免费室外泳池及按摩池畅游一场，任选去免费中式或西式餐厅享受美食。晚上，邮轮上也有丰富的免费娱乐设施供您自由选择（详情请看当天房间的TODAY信息）。

早餐：包含（飞机上用餐）中餐：包含（团队餐饮）晚餐：包含（邮轮用餐）

住宿：维多利亚号

第2天：（马来西亚）马六甲（抵港：09：00，离港：16：00）

上午豪华邮轮（09：00）抵达马来西亚马六甲港，马六甲城是马来西亚历史最悠久的古城，马六甲州位于西马来西亚西海岸，地处海上交通要冲，从16世纪起，历受葡萄牙、荷兰和英国的殖民统治。至今留有殖民时期的遗迹。马六甲博物院是有150年历史的荷兰式建筑，是一座红色围墙的两层楼房。建于1753年的马六甲河畔的教堂钟楼，惹兰叻参的红屋，都是东方最古老的荷兰式建筑。葡萄牙人则修建圣地亚哥城门和圣保罗教堂。此外，马六甲还有宜力海滨公园和圣约翰山古堡等旅游胜地以及马来西亚缩影村。为了便于您更好的享受岸上观光旅游服务，您可以自费参加船方为您精心安排的陆地观光项目。16：00邮轮启航。

第3天：（马来西亚）槟城（抵港：08：00，离港：15：00）

上午邮轮（08：00）抵达槟城港。槟城——被冠上“东方之珠”的雅号，槟城提供给游客许多的惊喜：迷人的英领殖民地时代建筑物、古旧的敬拜圣所、娇媚的热带花

草、山边的渡假村及无敌的沙滩。自费参加岸上观光，15：00邮轮启航。

参加岸上游的旅客敬请提前1小时登船，邮轮提前1小时关闸，槟城国际邮轮码头关闸后禁止办理登船，具体的关闸及启航时间以当天船上公布为准！本次邮轮为团队签证，需整团进出，不得离团。

由于马六甲海峡地处赤道附近，风力微弱，峡道内总是风平浪静，再加上完善的航标系统，行船十分安全，是连接沟通太平洋与印度洋的国际水道。由于海峡具有重要的战略地位和经济价值，从16世纪起，先后被葡萄牙、荷兰、英国和日本占领。直到第二次世界大战后，马六甲海峡才归沿岸国家所有。2013年，马六甲海峡归马来西亚、印度尼西亚和新加坡三国共管。

第4天：新加坡（抵港：14：00）

马六甲海峡有悠久的历史。约在公元4世纪时，阿拉伯人就开辟了从印度洋穿过马六甲海峡，经过南海到达中国的航线。他们把中国的丝绸、瓷器，马鲁古群岛的香料，运往罗马等欧洲国家。公元7～15世纪，中国、印度和阿拉伯国家海上贸易船只，都要经过马六甲海峡。16世纪初，葡萄牙航海家开辟了大西洋至印度洋航线。1869年，苏伊士运河贯通，大大缩短了从欧洲到东方的航路。马六甲海峡的通航船只急剧增多。过往海峡的船只每年达10万多艘，成为世界最繁忙的海峡之一。

沿岸的新加坡港是世界著名大港，吞吐量为世界第四。港内码头岸线长达4千米，可同时容纳30余艘巨轮停泊。拥有40万吨级的巨型船坞，能修理世界最大的超级油轮。

清晨醒来，继续享受您的海上之旅。您可以前往健身中心，这有最新潮的健身器材，或是在甲板上尽情享受欢乐。记得前往海上名品店观光购物，为亲朋好友选购礼品，为自己的游轮旅程挑选纪念品。这里有来自世界各地的美食和饮料随时供您享用。邮轮于14：00抵达新加坡港，前往乌节路自由购物后送机。

第5天：新加坡—上海

新加坡—上海　参考航班SQ826（01：10—06：30）

约定时间集合，送机返回上海，此次难忘的邮轮之旅圆满结束。

早餐：包含（飞机上用餐）　中餐：包含（自理）　晚餐：包含（自理）

以上行程仅供参考，最终行程可能会根据实际情况进行微调，敬请以出团通知为准。

（二）新加坡—槟城—普吉岛邮轮航线

1. 线路名称

丽星邮轮“处女星号”新加坡、槟城、普吉岛、新加坡4日豪华邮轮

2. 全程航线

新加坡—（泰国）普吉岛—（马来西亚）槟城—新加坡

3. 途径景点

泰国玉佛寺、泰国金沙岛、泰国普吉岛、新加坡鱼尾狮公园、新加坡圣淘沙岛、新加坡花芭山、新加坡国会大厦、新加坡总统府、泰国桂河等。

4. 邮轮简介

◆丽星邮轮“处女星”号

“处女星”号邮轮是丽星邮轮公司家族中最为耀眼的邮轮明星。1999年8月，“处女星”号邮轮出厂。邮轮总注册吨位（GRT）7.533 8万吨，船舶总长（LOA）为268.29米，船宽（BM）为32.20米，甲板楼层13层，拥有935间客房，最多可容纳2 500名旅客。

乘坐亚太区最大的豪华邮轮——“处女星”号，畅游新加坡、普吉岛、槟城，体验尊贵惬意的海上假期。特别安排1晚新加坡4星级豪华酒店；船上多种娱乐设施能够让您留住美好时光，每日6次免费国际美食，多达十个餐厅供您自由选择。每晚免费观看高档次拉斯维加斯式精彩歌舞表演。

5. 行程简介

第01天：新加坡（登船）—槟城

第02天：（邮轮巡航）槟城

第03天：槟城—普吉岛

第04天：（邮轮巡航）—新加坡

参考行程

第01天：新加坡（登船）—槟城

前往新加坡码头中心，（14：00）抵达码头后办登船手续。16：00处女星号邮轮在甲板乐队的伴奏声中启航，您将在汽笛声中踏上魅力邮轮之旅。

早餐：自理　午餐：晚餐：住宿：豪华邮轮

第02天：（邮轮巡航）槟城

马六甲海峡的两岸常可看见海岸沼泽，沿苏门答腊东部的海岸便有一处面积很大、地势低洼的沼泽林。海峡两岸均泥沙淤积，大河口附近泥沙淤积外展程度不等，在马来亚沿海，每年泥沙淤积外展幅度约为9米，而到苏门答腊东部沿海则约为200米。现已确定沙脊是由来自苏门答腊的河水中夹带的物质淤积而成。

马六甲海峡宽度较窄，其中还有沙滩和沙洲，浅于23米的地方就有37处；同时两岸泥沙不断向海峡内淤积，海岸线每年大约向前伸展60～500米。如按此淤积速度，马六甲海峡1000年内就会消失。因而加强航道疏浚和综合治理是非常艰巨任务。再加上过去的沉船等有碍巨型油轮通行，因而不断发生巨轮搁浅事件，载重20万吨以上油轮只得绕道印尼的龙目海峡，多航行2 000多千米。

中午12：00邮轮抵达马来西亚美丽的小岛——槟城，您可自费选择参加岸上精华游（船上报名即可￥200～￥300/人）。请您在19：00之前返船。晚上还将有各种精彩的节目等着您。

餐食：早餐（豪华邮轮）　中餐（豪华邮轮）　晚餐（豪华邮轮）　住宿：豪华邮轮

第03天：槟城—普吉岛

早晨08：00点（泰国时间07：00）邮轮抵达泰国著名的度假胜地——普吉岛，阳光、沙滩、海浪、椰林……美好的一切从现在开始。

您可自费参加岸上精华游（船上报名即可，￥200～￥300/人）：到古庙发思古之情，体验骑大象的刺激旅程，欣赏热辣辣的歌舞表演，疯狂购物，或尽情品尝美味的泰式佳肴。但请您一定要在17：00（泰国时间16：00）之前返船，累了可以到甲板上享受蘑菇池中的按摩或自费让专业按摩师为您放松一下。

餐食：早餐（豪华邮轮）中餐（豪华邮轮）晚餐（豪华邮轮）住宿：豪华邮轮

第04天：（邮轮巡航）—新加坡

马六甲海峡处于赤道无风带，全年风平浪静的日子很多。终年高温多雨，风力很小，年均气温25℃以上，年均降水量2 000～2 500毫米，马六甲港等地达3 000毫米，甚至更多。一年中绝大部分时间风力微小，4～5月、10～11月可能出现猛烈的暴风雨，但一般历时短暂，不过数十分钟，对船舰航行阻碍不大，世人称赞——"马六甲海峡是风平浪静的航行海峡"。

全天您可尽享船上的各项娱乐设施，于19：00抵达新加坡。

餐食：早餐（豪华邮轮）　中餐（豪华邮轮）

（三）新加坡—巴生港—普吉岛邮轮航线

1. 线路名称

皇家加勒比邮轮"海洋水手"号新加坡+巴生港+普吉岛+新加坡7天海上假期——畅游东南亚，上海往返，春节出行！

2. 邮轮航期：开航2017/01/26（星期四）～2017/02/01（星期三）返回

3. 邮轮简介

◆"海洋水手"号

"海洋水手"号是皇家加勒比邮轮中航行者系列五艘邮轮之一，修造于2003年，拥有12层舱板，总注册吨位（GRT）为13.800 0万吨，船舶总长（LOA）311米，船宽（BM）38米。吃水线以上高度为49米，从龙骨到烟囱最上端为72米，可以容纳乘客3114位，船舱容量是1 557间，乘员组容量是1 213名，乘员组客舱的数量是690间。

4. 行程简介

第1天：上海—（航空）—新加坡

第2天：新加坡（17：00离港）

第3天：（马来西亚）巴生港（07：30抵港，15：00离港）

第4天：（泰国）普吉岛（10：30抵港，20：30离港）

第5天："海洋水手"号邮轮　公海巡游

第6天：新加坡（08：00抵港）

第7天：新加坡—（航空）—上海

5. 行程详情

第1天：上海—（航空）—新加坡

客人自行前往浦东机场搭乘下午起飞的飞机前往新加坡。预计晚上抵达新加坡，抵

达后，由旅游大巴接机送酒店。参考航班SQ 833（16：25～22：15）

早餐：自理　午餐：自理　晚餐：飞机　住宿：Mandarin Orchard

第2天：新加坡（17：00离港）

今日早晨客人可睡到自然醒，自由活动，中午12点钟前自行退房，并于12点酒店大堂集合，专车送客人前往码头——新加坡码头中心办理手续登上皇家加勒比邮轮公司旗下豪华游轮——“海洋水手”号邮轮（预计开始办理登船手续时间为12：00，出发时间约为17：00）。

早餐：酒店　午餐：自理　晚餐：邮轮　住宿：“海洋水手”号

第3天：（马来西亚）巴生港（07：30抵港，15：00离港）

07：00海洋水手号邮轮抵达马来西亚巴生港，15：00起航。您可参加邮轮组织的上岸观光团队前往马来西亚的巴生港游览（自费）。午餐视您报名的岸上观光而定（邮轮上供应三餐）。

早餐：邮轮　午餐：自理　晚餐：邮轮　住宿：“海洋水手”号

第4天：（泰国）普吉岛（10：30抵港，20：30离港）

10：30邮轮抵达泰国的美丽岛屿普吉岛。20：30邮轮起航，您可参加邮轮组织的上岸观光团队前往普吉岛游览（自费）。午餐视您报名的岸上观光而定（邮轮上供应三餐）。

普吉岛位于泰国西南方，安达曼海东南部海面之上，被称为“安达曼海上的一颗明珠”。普吉岛由于面临安达曼海，气候备受海洋季风影响，上半年炎热，下半年多雨。

早餐：邮轮　午餐：自理　晚餐：邮轮　住宿：“海洋水手”号

第5天：“海洋水手”号邮轮　公海巡游

今天的您有整一天的时间远离喧嚣，抛开忧虑，尽情享受这休闲的海上之旅。

安达曼海别称缅甸海。在缅甸西南、安达曼－尼科巴群岛之东、印尼苏门答腊岛之北、新加坡之西的整个水域，包括马六甲海峡的大部分。面积为79.8万平方千米，可通过新加坡海峡到南中国海。安达曼海的主要港口有：缅甸的仰光港、勃生港、毛淡棉港、土瓦港、丹老港，印度安达曼群岛的布莱尔港，泰国的普吉港，马来西亚的槟城港，印度尼西亚的沙璜港。

早餐：邮轮　午餐：邮轮　晚餐：邮轮　住宿：“海洋水手”号

第6天：新加坡（08：00抵港）

今日早晨08：00邮轮抵达——新加坡邮轮码头，在办理完离船手续后下船。导游及专车将带您前往参观闻名世界的狮城标志“鱼尾狮身像”；著名的新加坡植物园，这个有150多年历史的植物园，是热带岛国的一个缩影；极具新加坡特有氛围的小印度和牛车水；之后送往当地餐厅用午餐，午餐后赴花芭山游玩，上山后游客可尽情眺望海景和新加坡全岛风貌。下午三点左右送往新加坡DFS——游客享受合家欢购物乐的绝佳地点，这家DFS包罗国际知名品牌，女士钟爱的化妆品、珠宝，男士必选的腕表、名牌箱包，甚至孩子们也享有贵族般的购物选择。而DFS就坐落在新加坡地标乌节路上，客人也可以前往乌节路购物游览并自理晚餐。我们将于晚间在DFS门口集合送往酒店。

早餐：邮轮　午餐：团餐　晚餐：自理　住宿：Mandarin Orchard

第7天：新加坡—（航空）—上海

预计今日下午抵达上海，结束愉快的旅程，返回温馨温暖的家。

参考航班：SQ 828（07：30/12：35）

早餐：酒店　午餐：飞机　晚餐：不含

以上行程仅为参考行程，最终行程以出团通知书为准！

第二节　阿拉伯海邮轮航线

阿拉伯海是世界第二大陆缘海，为印度洋的一部分，位于亚洲南部的阿拉伯半岛同印度半岛之间，为世界性交通要道。北部为波斯湾和阿曼湾，西部经亚丁湾通红海。北界巴基斯坦和伊朗，西沿阿拉伯半岛和非洲之角，南面即印度洋。向北由阿曼湾经过霍尔木兹海峡连接波斯湾（亦称阿拉伯湾），向西由亚丁湾通过曼德（布）海峡进入红海。阿拉伯海最深处为5 203米，平均深度2 734米。

阿拉伯海沿海国家除了印度、伊朗和巴基斯坦外，还有阿曼、也门和索马里。海中有索科特拉岛、库里亚穆里亚群岛和拉克代夫群岛。

阿拉伯海邮轮航线也不少，本节只列举“马六甲—阿拉伯海航线”“阿拉伯海—马六甲邮轮航线”和“阿拉伯海东岸邮轮航线”。

一、马六甲—阿拉伯海邮轮航线

1. 线路名称

皇后邮轮“玛丽皇后2”号，新加坡—巴生港—孟买—阿布扎比—迪拜10晚11天

2. 品牌简介

●皇后邮轮

皇后邮轮始创于1839年，以纯粹英伦风格提供高水准服务为品牌诉求，曾参与第一次、第二次世界大战，是邮轮界最具传奇色彩的公司，想近距离了解邮轮的历史，或体验日不落帝国的奢华与绅士风范，皇后邮轮是最佳选择！皇后邮轮旗下有三艘豪华邮轮：“玛丽皇后2”号、“维多利亚皇后”号、“伊丽莎白女王”号邮轮。

3. 邮轮简介

◆“玛丽皇后2”号

“玛丽皇后2”号（R.M.S. Queen Mary 2，2002至今）是隶属卡纳德邮轮公司的一艘豪华邮轮，由

法国大西洋造船厂制造，造价8亿美元。“玛丽皇后2”号有15个餐厅和酒吧、5个游泳池、1个赌场、1个舞池、1个舞台和1个天象馆。

在2002年建造的时候，“玛丽皇后2”号邮轮被公认为世界上最长、最阔和最高的客轮。曾是排水量最大的客轮，达到14.852 8万吨。2006年4月这个纪录被皇家加勒比国际邮轮公司建造（排水量15.440 7万吨的）“海洋自由”号邮轮取代。

4. 出发日期

2016年4月7日（周四）：新加坡出发

5. 航线途经

新加坡港、（马来西亚）吉隆坡、（泰国）普吉岛、（印度）科坎、孟买、（阿曼）马斯喀特、（阿拉伯联合酋长国）迪拜。

6. 行程简介

第01天：新加坡

第02天：（马来西亚Malaysia）吉隆坡巴生港

第03天：（泰国）普吉岛

第04天：安达曼海巡游

第05天：印度洋巡游

第06天：印度洋巡游

第07天：（印度India）科钦

第08天：阿拉伯海巡游

第09天：（印度India）孟买

第10天：阿拉伯海巡游

第11天：（阿曼首都）马斯喀特

第12天：阿拉伯联合酋长国迪拜

第13天：阿拉伯联合酋长国迪拜

7. 行程详情

第01天：新加坡

今日前往新加坡码头，办理登船手续开始13天的世界顶级邮轮之旅！新加坡是经济发达的热带岛国，是一个具有大都市气质与气派的小国家，亚洲“四小龙”之一，被称为“花园之城”。

第02天：（马来西亚）吉隆坡巴生港

巴生港旧名“瑞天咸港”，是马来西亚最大港口。滨巴生河口，东距吉隆坡40千米。河口有群岛屏蔽，分南北两港。两港相距4.800千米。北港对面深水锚地能同时停泊20艘海轮。1973年建为红海与马六甲海峡之间第一个集装箱货运港。巴生港是全国木材、棕油与橡胶的主要出口港，进口钢铁、化肥、砂糖、小麦、大米、石油及化工产品，工业有面粉、制糖及橡胶等。

马来西亚首都吉隆坡市坐落在马来半岛西南沿海，是马来西亚政治、经济、金融、商业和文化中心，也是马来西亚全国最大的城市。吉隆坡是一个具有独特魅力的城市，充满多元文化的气息。尽管吉隆坡的现代化建设发展步伐很快，但依然保留着很多历史的痕迹。市内典型的穆斯林建筑、中国式住宅以及英国殖民时期建筑星罗棋布；现代化的高楼大厦与历史悠久的村庄相互呼应；马来餐、中餐、印度餐、西餐还有各国美味佳肴应有尽有；马来村、唐人街、印度街并存相依，别有独特魅力。

第03天：（泰国）普吉岛

普吉岛是泰国最大的岛屿，印度洋安达曼海上的一颗“明珠”，魅力来自于普吉岛周围的大海，令人神往的海滩，堪称东南亚最具代表性的海岛旅游度假胜地。这里的海滩主要有清净悠闲的卡马拉海滩，有豪华的、私人性质的苏林海滩，有海上体育运动盛行的珊瑚岛、奈汉海滩，还有夜晚娱乐活动丰富多彩的芭东海滩和因007名声大噪的攀牙湾……普吉岛的魅力还不仅仅在于迷人的海滩，“普吉”一词在马来语中是“山丘”的意思，除市区外，岛上到处都是绿树成荫的小山岗、椰林、橡胶树林点缀其间，风景名胜比比皆是。

第04天：安达曼海巡游

安达曼海别称缅甸海。在缅甸西南、（印度）安达曼—尼科巴群岛之东、印尼苏门答腊岛之北、新加坡之西的整个水域，包括马六甲海峡的大部分。面积为79.8万平方千米，可通过新加坡海峡到南中国海。

安达曼海的海域东西两侧岛屿众多，东侧岛屿——为缅甸的丹老群岛是中南半岛沿海最大的岛群，以自然景色秀美著称，适合潜水和航海。西侧岛屿——为安达曼—尼科巴群岛，群岛呈长串形，自北而南排列。

第05天：印度洋巡游

印度洋是世界的第三大洋。印度洋位于亚洲、大洋洲、非洲和南极洲之间，是联系亚洲、非洲和大洋洲之间的交通要道。从印度洋向东北经马六甲海峡和龙目海峡进入太平洋；从印度洋往西北通过曼德海峡、红海；苏伊士运河、地中海和直布罗陀海峡到达西欧；从印度洋向西南经好望角进入大西洋，通向欧美沿海各地。

第06天：印度洋巡游

印度洋的航运业虽不如大西洋和太平洋发达，但由于中东地区盛产的石油通过印度洋航线源源不断向外输出，因而印度洋航线在世界上占有重要的地位。苏伊士运河经马六甲海峡的航线，是印度洋东西间一条最重要的航道，运输量巨大，将西欧、地中海沿岸各国的经济与远东及北美洲西海岸各国的经济紧密地联系起来。

第07天：印度科钦

得天独厚的天然良港——科钦港，印度喀拉拉邦中部阿拉伯海岸的港口城市。科钦是喀拉拉邦的海洋贸易中心基地。

第08天：阿拉伯海巡游

阿拉伯海属印度洋西北部水域，平均深度2 734米。东靠印度，北界巴基斯坦和伊朗，西沿阿拉伯半岛和非洲之角，南面即印度洋。向北由阿曼湾经过荷姆兹海峡连接波斯湾，向西由亚丁湾通过曼德海峡进入红海。

第09天：印度孟买

孟买是印度西岸大城市和全国最大海港，是印度马哈拉施特拉邦的首府，也是印度的商业和娱乐业之都，拥有重要的金融机构，诸如印度储备银行（RBI）、孟买证券交易所（BSE）、印度国家证券交易所（NSE）和许多印度公司的总部。孟买市是印度印地语影视业（称为宝莱坞）的大本营。由于其广阔的商业机会，和相对较高的生活水准，孟买吸引了来自印度各地的移民，成为各种社会群体和文化的大杂烩。孟买拥有贾特拉帕蒂·希瓦吉终点站和象岛石窟等数项世界文化遗产，还是罕见的在市界以内拥有国家公园（桑贾伊·甘地国家公园）的城市。

第10天：阿拉伯海巡游

阿拉伯海沿海国家除印度、伊朗和巴基斯坦外，还有阿曼、叶门共和国和索马利亚。海中有索科特拉岛、库里亚穆里亚群岛和拉克代夫群岛。印度河是流入阿拉伯海的最大河流。从索科特拉岛向东南有一条与印度洋地震带恰好重叠的卡尔斯伯格海岭，把阿拉伯海分隔成阿拉伯海盆和索马利海盆，最深处达5 203米。

第11天：（阿曼首都）马斯喀特

阿曼苏丹国首都马斯喀特，地处波斯湾通向印度洋的要冲，三面环山，东南濒阿拉伯海，东北临阿曼湾，依山临水，风景秀丽，战略地位重要。马斯喀特是一座中世纪的古老港城，主要出口椰枣、石榴、果干、鱼、鱼制品等。历史上，马斯喀特曾有过许多名称。由于阿曼是以盛产玫瑰花、茉莉花等香料作物闻名于世的国家，马斯喀特历来就是经销这些香料的地方，因而马斯喀特最早的名称为“米斯卡”，意为“香料之地”。后来，称之为“马斯喀图”，意为“打足了气的皮囊”。后来，阿曼历史学家们在他们的著作中将它写成“马斯卡德”，其意为“一张皮革”。其后，“马斯卡德”逐渐演变成“马斯喀特”，在阿拉伯语中，意为“东西飘落之地”，也有人将马斯喀特解释为“圣者之墓”。

第12天：阿拉伯联合酋长国迪拜

霍尔木兹海峡是连接中东地区的重要石油产地波斯湾和阿曼湾的狭窄的海峡，亦是阿拉伯海进入波斯湾的唯一水道。海峡的北岸是伊朗，有阿巴斯港，海峡的南岸是阿曼，海峡中间偏近伊朗的一边有一个大岛（格什姆岛），北方有霍尔木兹岛等，皆是伊朗的岛屿。

波斯湾是阿拉伯海西北伸入亚洲大陆的一个海湾，介于伊朗高原和阿拉伯半岛之间，西北起阿拉伯河河口，东南至霍尔木兹海峡，长约970千米，宽56～338千米，面积24.1万平方千米；平均水深约40米，最大深度104米。

第13天：阿拉伯联合酋长国迪拜

迪拜市是迪拜酋长国的首府，有“海湾威尼斯”之称。一条宽阔的港湾向内地延伸约10千米，像一条水面宽阔的大河把这个城市分为两半，油漆得很漂亮的小船不停地穿过清澈的、蓝绿色的水面。迪拜是过去若干世纪中，在海湾地区发展起来的一个传统阿拉伯货物集散中心，现在是当今海湾地区的最大商埠之一和中东重要的贸易中心，被称为阿联酋的“商业首都”。迪拜港在阿联酋对外贸易中占有举足轻重的地位。

二、阿拉伯海—马六甲邮轮航线

1. 线路名称

诺唯真邮轮迪拜、阿布扎比、海塞卜、富吉拉、马斯喀特、印度、斯里兰卡、马来西亚、泰国、新加坡24日游长线（2016年11月19日出发）

出发港口：成都—北京—香港—迪拜（阿联酋）

途径港口：成都—北京—香港—迪拜（阿联酋）—迪拜—阿布扎比—富吉拉—马斯喀特—（海上巡游）—孟买—果阿—芒格洛尔—科钦—（海上巡游）—科伦坡—（海上巡游）—普吉岛—兰卡威—槟城—（吉隆坡）巴生港—（海上巡游）—新加坡—北京—成都

从阿拉伯海到印度洋西岸，从伊斯兰教到佛教，不用抱着厚厚的历史书，也能偶然发现异域文化间奇妙的碰撞。静谧的印度古城：孟买、果阿、芒格洛尔、柯钦；沉醉泰姬陵，深度游览传说中的东方佛国。印度洋：宝石之岛——锡兰；安达曼海：浪漫之岛——普吉；马六甲海峡：香料之岛——兰卡威。印度、斯里兰卡、马来西亚、泰国、新加坡；神秘的亚洲充满了令人兴奋的事物，吸引了一大批文化入迷者和渴望冒险的人群纷至沓来。您可以骑在大象背上，或去游览一个集市，也可以在一个古老的寺庙前做冥想。一旦卸下包袱去探索世界，专属于您的“海上新丝路”航线将成为一生的美好回忆。

2. 邮轮简介

◆“挪威之星”号

诺唯真邮轮·“挪威之星”号。邮轮总注册吨位（GRT）为9.174 0万吨，船舶总长（LOA）294米（965英尺），船宽82.00米，可乘载2 348位乘客。“挪威之星”号邮轮作为自由闲逸船队的其中一员，在设计建造时就吸纳了广大游客的意见。“挪威之星”号邮轮拥有13个餐饮选择，从亚洲美食到法式大餐，各种种类齐备。邮轮提供了众多客房选择，无论是经济实惠的内侧客房还是舒适的套房。

选择诺唯真邮轮——您就选择了最创新、最贴心的邮轮公司。一流的船队以提供自由闲逸式邮轮假期为理念而建，致力于给每位旅客带来充分的自由和灵活旅行时间。多达20多种餐饮选择，各式各样的免费和特色餐厅提供您渴望的各种美味。从百老汇歌剧到现场即兴表演，邮轮上的娱乐项目将让您眼花缭乱，在这里到处都是聚光灯的闪烁，一切都让人难以置信！精彩纷呈的中东豪城：迪拜、阿布扎比、海塞卜、富吉拉、马斯喀特；开放的西方思想混合着神秘的伊斯兰礼教，如同身陷巨大的魔方，惊喜处处呈现。

3. 行程简介

D01：成都—北京—香港—迪拜（阿联酋）

D02：迪拜（23：00开船）

D03：阿布扎比（07：00抵港，18：00离港）

D04：（阿曼）海塞卜（08：00抵港，18：00离港）

D06：（阿曼）马斯喀特（07：00抵港，18：00离港）

D07：海上巡航

D08：海上巡航

D09：（印度）孟买（08：00抵港）

D10：（印度）孟买（18：00离港）

D11：（印度）果阿（09：00抵港，19：00离港）

D12：（印度）芒格洛尔（07：00抵港，18：00离港）

D13：科钦（印度）（08：00抵港，22：30离港）

D14：海上巡航

D15：（斯里兰卡）科伦坡（07：00抵港，18：00离港）

D16：海上航行

D17：海上航行

D18：（泰国）普吉岛（09：00抵港，18：00离港）

D19：（马来西亚）兰卡威（08：000抵港，18：00离港）

D20：（马来西亚）槟城（07：00抵港，18：00离港）

D21：（吉隆坡）巴生港（07：00抵港，19：00离港）

D22：海上航行

D23：新加坡（06：00抵港）

D24：（航空）新加坡—北京—成都

4. 行程详情

D01：成都—北京—香港—迪拜（阿联酋）

CX347　北京—香港10：00 ~ 13：50（飞行时长约3小时50分钟）

CX731　香港—迪拜16：55 ~ 22：20

各位贵宾于11月19日早上7点在北京首都机场T3航站楼集合，乘坐中国国泰航空公司的班机经香港飞往迪拜。导游接机后晚餐，入住酒店休息。

用餐：早餐（自理）　中餐（自理）　晚餐（自理）　住宿：Arabian courtyard

D02：迪拜（23：00开船）

今日安排迪拜半天游览：参观“海滨天然浴场”（约20分钟），外观“七星帆船酒店”（10 ~ 15分钟），外观“清真寺”（约20分钟）。之后前往迪拜湾，可看到传统水上的士（ARBA），有机会搭乘跨过将迪拜市分为两部分的河湾；“香料市场”“金一条街”让您看尽迪拜多样的特色手工艺品；“迪拜博物馆”（游览时间不少于半小时），了解阿联酋建国历史和发展。午餐后送往码头，办理登船手续。

用餐：早餐（包含）　中餐（包含）　晚餐（包含）　住宿：邮轮

D03：阿布扎比（07：00抵港，18：00离港）

邮轮今日抵达（阿拉伯联合酋长国的首都）阿布扎比。白色的街道，圆顶的阿拉伯房子，还有街道上身着传统长袍与头巾，悠然漫步的阿拉伯人……离开迪拜，行走在阿布扎比的街道上，仿佛回到了古老的阿拉伯王国。半岛之滨的阿布扎比，一半属于海水，一半属于沙漠。阿布扎比位于阿拉伯半岛的东北部、波斯湾沿岸的一个三角形小岛上（退潮时可与大陆相连），由海边的几个小岛组成，北临时海湾，南接广袤无垠的大沙漠。阿布扎比居住的绝大多数居民是雅西部落人。他们靠下海捕鱼、捞珍珠和饲养牛羊、骆驼为生。骆驼是他们的传统交通工具，所以他们称自己是“骑在骆驼背上”的民族。

D04：（阿曼）海塞卜（08：00抵港，18：00离港）

早上8点，邮轮抵达海塞卜。海塞卜是当地穆桑代姆半岛的首府，位于霍尔木兹海峡南岸，波斯湾口，是阿曼沿岸的一块飞地，本土与飞地间被阿联酋隔开。海塞卜是由葡萄牙人在17世纪建成，建在一个天然良港上。由于海塞卜地区坚固，像冰川一样的海岸线，其高耸的山脉和清澈明亮的峡湾，因而赢得“阿拉伯半岛的挪威”的美名。

D05：（阿联酋）富吉拉（07：00抵港，19：00离港）

邮轮今日上午抵达阿联酋的富吉拉酋长国，富吉拉又称为富查伊拉，位于阿拉伯半岛东部，阿曼湾沿岸，是阿联酋第五大酋长国。与阿联酋其余6个酋长国不同，富吉拉地势多山，因而降雨较多。在阿拉伯联合酋长国成立及其基础设施得到发展之前，富吉拉曾经孤立于阿联酋其他地区之外。著名的有建于1670年的富吉拉城堡。此外还有一个新建的博物馆和一个有着天然喷泉和矿泉浴场的艾因马达公园。富吉拉举办的活动多资多彩，比如观赏没有流血的斗牛比赛，参观林间育鸟点，或者在穆散丹半岛陡峭的山路和狭窄的峡谷间畅游。

D06：（阿曼）马斯喀特（07：00抵港，18：00离港）

今日抵达马斯喀特。马斯喀特是阿曼的首都，地处波斯湾通向印度洋的要冲，三面环山，东南濒阿拉伯海，东北临阿曼湾，依山临水，风景秀丽，战略地位重要。城市神秘和丰富的阿拉伯文化遗产每年都吸引着众多的海外游客。马斯喀特港是古代中国和阿拉伯国家贸易的重要港口，是海上“丝绸之路”途经阿拉伯半岛的港口城市。

D07：海上巡航

在诺唯真邮轮“挪威之星”号邮轮上，迎着晨曦参加晨间健身活动，早餐您可于自助餐餐厅享用或是在主餐厅点餐享受专人服务。

公元前2000年，阿拉伯半岛最古老的国家——阿曼已经广泛进行海上和陆路贸易活动，并成为阿拉伯半岛的造船中心。阿曼海岸的南方和东方频临阿拉伯海，东北方为阿曼湾。阿曼湾通过素有“石油海峡”之称的霍尔木兹海峡沟通波斯湾，即扼守着世界上最重要的石油输出通道——波斯湾和阿曼湾之间的霍尔木兹海峡。

午餐后，您可尽情于邮轮的购物中心享受购物乐趣或参加有机会得大奖的宾果游戏。下午时分，您可邀请三五好友前往顶楼自助餐厅享用为您精心准备的下午茶。

阿曼湾是阿拉伯海西北部海湾，位于阿拉伯半岛东部的阿曼（西南方）与伊朗（北方）之间。东西长约560千米，宽约320千米——从阿曼的哈德角到巴基斯坦与伊朗边境的加瓦特尔湾，以霍尔木兹海峡到西北方的波斯湾，最深处3398米。阿曼湾北方的外面不远就是巴基斯坦瓜德尔港。

用餐：早餐（包含） 中餐（包含） 晚餐（包含） 住宿：邮轮

D08：海上巡航

阿拉伯海是印度洋西北部海域，为世界性交通要道。阿拉伯海的南面即印度洋，西沿阿拉伯半岛和非洲之角——向西由亚丁湾通过曼德海峡进入红海，北界巴基斯坦和伊朗——向北由阿曼湾经过霍尔木兹海峡连接波斯湾，东靠——印度半岛。阿拉伯海整个海域岛屿较少，沿海地区大陆架面积狭小，仅印度半岛沿岸较为宽阔。

用餐：早餐（包含） 中餐（包含） 晚餐（包含） 住宿：邮轮

D09：（印度）孟买（08：00抵港）

早上8点，邮轮抵达印度孟买。孟买是印度马哈拉施特拉邦的首府。孟买位于马哈拉施特拉邦西海岸外的撒尔塞特岛，面临阿拉伯海。孟买港是一个天然深水良港，承担印度超过一半的客运量，货物吞吐量相当大。此外，孟买还是印度的商业和娱乐业之都，拥有重要的金融机构——诸如印度储备银行、孟买证券交易所、印度国家证券交易所和许多印度公司的总部。该市是印度印地语影视业（宝莱坞）的大本营。由于其广阔的商业机会，和相对较高的生活水准，孟买吸引了来自印度各地的移民，使得孟买市成为各种社会群体和文化的大杂烩。

用餐：早餐（包含） 中餐（包含） 晚餐（包含） 住宿：邮轮

D10：（印度）孟买（18：00离港）

邮轮在孟买过夜。孟买市区背依青山，面临大海，广阔的海滨沙滩和幽静的街头花园，使市容典雅秀丽。在月牙形的海岸上，一座座新式的高楼大厦和旧式楼宇交相辉映。入夜，华灯耀彩，金光万点，使孟买又有“皇后项链”的美称。孟买市中心的维多利亚花园建于1861年，园内有动物园、维多利亚和阿尔培博物院以及一具发掘出来的大石象。阿拉伯海之滨的“印度门”，是为纪念英国国王乔治五世1911年访印在此登陆而建造的。这座古吉拉特式的宏伟建筑，兼有伊斯兰教和印度教的建筑特色，顶部4座塔楼遥遥可见，现已成为孟买市的标志。市内的威尔斯王子博物馆内藏有很多珍贵名画、中国玉石和陶器。

用餐：早餐（包含） 中餐（包含） 晚餐（包含） 住宿：邮轮

D11：（印度）果阿（09：00抵港，19：00离港）

早上，邮轮抵达印度果阿。果阿以海滩闻名，每年吸引着几十万国内外游客。果阿位于以生物多样性著称的西高止山脉，动植物资源丰富，以丰富的生物多样性为举世公认。果阿森林面积总计1424平方千米，其中大部分为国有。

D12：（印度）芒格洛尔（07：00抵港，18：00离港）

今日，邮轮抵达印度西南部港市芒格洛尔。芒格洛尔是印度的卡纳塔克邦州主要的港口城市，它位于州首府班加罗尔以西约350千米，芒格洛尔介于阿拉伯海和西加特山脉之间，是卡纳塔克邦西南部南卡纳拉区行政总部。

D13：（印度）科钦（08：00抵港，22：30离港）

早上8点，邮轮抵达印度科钦。科钦亦译科欣是印度的一座城市名，位于印度的西南岸，喀拉拉邦的埃尔讷古勒姆区，锡鲁万纳塔普拉姆城北约220千米处。其面对阿拉伯海，拥有优良的海港，水上运输非常发达，被誉为“阿拉伯海之皇后”。

D14：海上巡航

印度半岛亦称印度大陆或印度次大陆，又称南亚次大陆或印巴次大陆——是喜马拉雅山脉以南的一大片半岛形的陆地，亚洲大陆的南延部分。印度半岛南端（隔海相望的）岛国斯里兰卡位处大陆架，岛国马尔代夫位处海洋地壳。印度半岛东临孟加拉湾，西频阿拉伯海，南抵科摩林角，版图略呈三角形。南北长约1 700千米，东西最宽约1 600千米，面积约208.8万平方千米，平均海拔600米。

在印度半岛最南端北纬8度处的科摩林角——古代印度人视之为“地之终点”和“天之尽头”，即印度的“天涯海角”。科摩林角是印度泰米尔纳德邦的岩石海角，为南亚次大陆的最南点和豆蔻丘陵的最南端。岩角上从森格姆时期的一个小镇——根尼亚古马里镇内的湿婆庙，作为信仰湿婆一个印度教流派的印度教圣地已有两千年历史，吸引着朝圣者纷至沓来。

以科摩林角为界，印度半岛的海域可划为三部分，东边为孟加拉湾，西边是阿拉伯海，南边是浩瀚无边的印度洋，三股巨大的海水在此汇合，形成了令人叹为观止的三色海。科摩林角因独特的地理位置和罕见的三色海奇观，成为一个受欢迎的旅游目的地，每天都吸引着无数的游客前来造访。面前的海水呈现深蓝色的是——最远处的印度洋，浅绿色的是——阿拉伯海（印度洋西北部海域），蔚蓝色的是——孟加拉湾（印度洋北部的一个海湾），三股三色海水交汇融合一体，波涛汹涌，浩浩荡荡，横无边涯。每逢4月满月的那些日子，来自三大海域的水势广大，使得三色海分界线更加鲜明艳丽。数天海天色彩，日落月升，日月同辉，吉祥如意。

用餐：早餐（包含）　中餐（包含）　晚餐（包含）　住宿：邮轮

D15：（斯里兰卡）科伦坡（07：00抵港，18：00离港）

邮轮早上7点抵达科伦坡。科伦坡位于锡兰岛西南岸、濒印度洋，是斯里兰卡的商业中心，而斯里兰卡实际的首都斯里贾亚瓦德纳普拉科特位于其郊区，但因距离过近，许多国际的官方资料仍记载科伦坡为斯里兰卡的首都，包括美国中央情报局，科伦坡的名称来自僧伽罗语的Kola-amba-thota，意为“芒果港”，其后葡萄牙人将其拼写成Colombo以纪念哥伦布。北面以凯勒尼河为界，是进入斯里兰卡的门户，素有“东方十字路口”之称。

用餐：早餐（包含）　中餐（包含）　晚餐（包含）　住宿：邮轮

D16：海上巡航

今日是海上巡航日，海上城堡在无垠的大海自由摇曳，朝着新的目的地行进，您可以在全新的旅行中去了解自己，探知世界，体验新的文化，以全新的视觉角度看待世界。

孟加拉湾是印度洋北部的一个海湾，在赤道之北，西临印度半岛，东临印度海外领地安达曼群岛—尼科巴群岛，北临缅甸和孟加拉国，南在斯里兰卡至苏门达腊岛一线与印度洋本体相交，通过缅甸海的马六甲海峡与暹罗湾和南中国海相连。

用餐：早餐（包含） 中餐（包含） 晚餐（包含） 住宿：邮轮

D17：海上巡航

今天全天海上巡游，从早晨到午夜连续不断供应的各式美味佳肴，让您享尽口福，船上除了酒、烟要自行购买，其它的食物、大菜、自助餐、及正餐时的非酒精饮料都免费供应，让您吃饱吃好。即便是同样的地方，邮轮旅游带给您的是全新的体验。

用餐：早餐（包含） 中餐（包含） 晚餐（包含） 住宿：邮轮

D18：（泰国）普吉岛（09：00抵港，18：00离港）

经过两个惬意的海上巡航，我们的邮轮于今日上午9点到达泰国普吉岛。宽阔美丽的海滩、洁白无瑕的沙粒、碧绿翡翠的海水，作为印度洋安达曼海上的一颗“明珠”，普吉岛无可挑剔。普吉岛是泰国最大的一座海岛——南北较长（最长处48.7千米）、东西稍窄（最宽处21.3千米）的狭长状岛屿，北以巴帕海峡与泰国本土的攀牙府相邻，而东侧则是隔着攀牙湾与对岸的甲米府呼应，西岸及南岸则都濒临安达曼海。普吉岛自然资源十分丰富，享有“金银岛”“珍宝岛”的美称。

用餐：早餐（包含） 中餐（包含） 晚餐（包含） 住宿：邮轮

D19：（马来西亚）兰卡威（08：00抵港，18：00离港）

今日，邮轮抵达马来西亚兰卡威。兰卡威位于槟榔屿的北方，地理位置接近泰国，由99个多石灰岩岛屿组成。兰卡威四面被海水环绕，绕岛一周余约80千米，岛内很多山，路基本上绕着山走。岛内有两个热点地区，一是以围绕在兰卡威机场附近周边，主要有珍南海滩、七仙井、东方村缆车、海岛游等，二是瓜镇，瓜镇是兰卡威的商业和行政的中心，位于兰卡威岛的西南侧，有巨鹰广场、兰卡威购物中心，国际书市可以买到古书或珍藏书籍，还可以顺便参观一下曾为兰卡威下咒语的玛素里公主的陵墓。

D20：（马来西亚）槟城（07：00抵港，18：00离港）

早上7点，邮轮抵达马来西亚槟城。槟城亦称“槟州”，是马来西亚十三个联邦州之一，位于西马来西亚西北部。位于马六甲海峡的整个槟城被槟城海峡分成两部分：槟岛和威省。威省的东和北部与吉打州为邻，南部与霹雳州为邻；槟岛西部隔马六甲海峡与印尼苏门答腊岛相对，光大为槟城著名地标，槟城也被称为美食天堂。马来西亚十三个联邦州之一，马来西亚半岛西北侧。槟城以槟榔树而得名，并有“印度洋绿宝石”之称，既有美丽的海滩与原野风光，又有众多的名胜古迹，不失为旅游度假的好地方。

D21：（吉隆坡）巴生港（07：00抵港，19：00离港）

邮轮今日抵达马来西亚巴生港。巴生港旧名“瑞天咸港”，位于马六甲海峡的东北部，是马来西亚的海上门户。巴生港已成为全国木材、棕油与橡胶的主要出口港。

D22：海上航行

今天全天海上巡游，尽情享受游轮豪华设施，您将在邮轮上开启完全属于自己的快乐假期。您可以到健身房锻炼一下，同时邮轮还为喜欢攀岩的朋友们准备了场地。

用餐：早餐（包含） 中餐（包含） 晚餐（包含） 住宿：邮轮

D23：新加坡（06：00抵港）

邮轮早上到达狮城——“亚洲四小龙”之一的新加坡，游览新加坡的标志“鱼尾狮像”，外观高等法院、国会大厦、政府大厦，接着游览花芭山——位于新加坡市区西面，靠近繁华市区，面向新加坡海港，是周边的一个制高点。晚餐后送机场。

用餐：早餐（包含）中餐（自理）晚餐（包含）住宿：无

D24：（航空）新加坡—北京—成都

参考航班CX714 新加坡—香港（01：15～05：05）

KA900 香港—北京（08：00～11：15）

带上美好的邮轮之旅回忆，从新加坡经香港转机回到北京，结束珍贵的海上丝路之旅！

用餐：早餐（自理） 中餐（自理） 晚餐（自理） 住宿：无

三、阿拉伯海东岸邮轮航线

阿拉伯海东岸（港湾）邮轮旅游航线停靠海港主要有：（印度）马杜赖、（印度）维沙卡帕特南、（斯里兰卡）科伦坡、（印度）科钦、（印度）芒加罗尔、（印度）孟买等。

营运本线路的邮轮公司主要有：银海邮轮公司等。以下列举一条（北印度洋）以阿拉伯海东岸（港湾）印度马杜赖港起航、（斯里兰卡）科伦坡为主要停靠港、目的地为（印度）孟买的经典邮轮旅游航线。

1. 线路名称

银海邮轮印度—斯里兰卡10晚11日豪华邮轮（2017年1月）

2. 起航港口

印度的马杜赖港11：00起航。

3. 邮轮简介

◆“银海探索”号

2017年1月30日，邮轮由塞舌尔群岛的马埃出发，12天航程依次探索塞舌尔群岛、马尔代夫、印度和斯里兰卡，最后抵达斯里兰卡首都科伦坡。“银海探索”号邮轮总注册吨位（GRT）为6 072吨，船舶总长（LOA）107.90米（951英尺），船宽（BM）15.80米，甲板5层楼，舱房总数987间，其中有727间的阳台舱房环绕全船全景甲板，可供赏景。可乘载132位乘客，职员117名，船速14节。邮轮翻修年份2008年。

探索之船——“银海探索”号是银海家族的新成员，将带您前往世界上最遥远神秘且未被破坏的地方。通过这些奢华的探索旅程，银海邮轮希望唤起人们更加关注地球及其生态环境。“银海探索”号邮轮夏日行程将前往北极圈、挪威斯瓦尔巴、冰岛及格陵兰岛，而秋冬行程将会以相反方面前往南美洲及南极洲。

4. 行程简介

第01天：（印度）马杜赖（11：00起航）

第02天：海上巡游

第03天：（印度）维沙卡帕特南

第04天：海上巡游

第05天：海上巡游

第06天：（斯里兰卡首都）科伦坡

第07天：（印度）科钦

第08天：（印度）科钦

第09天：（印度）芒加罗尔

第10天：（印度）孟买

第11天：（印度）孟买（12：30抵达港）

5. 行程详情

第01天：（印度）马杜赖（11：00起航）

从印度的马杜赖港口出发，办理等船手续11：00起航。之后登上豪华游轮。开始一段浪漫休闲的海上之旅。晚上，在邮轮里享受豪华大餐和晚会。

交通：豪华游轮　住宿：银海邮轮上　用餐：早中晚

印度：又名“婆罗多”，印度这个名字来源于梵文，得名于印度河。印度是世界上人口第二多的国家，拥有10亿人口以及上百种语言。印度是世界四大文明古国之一，又有“电影王国”之誉，曾创造了灿烂的印度河文明。

第02天：海上巡游

邮轮航行于风光明媚的地中海之中，豪华邮轮上有各式各样为您精心设计的活动，欢迎贵宾们来加入，或是您可尽情享受船上的五星级设备，或是享受船上为您细心准备的精致美食。

交通：豪华邮轮　住宿：银海邮轮上　用餐：早中晚

第03天：（印度）维沙卡帕特南

印度的维沙卡帕特南/维萨卡帕特南座望美丽的孟加拉海湾，依偎在东加特山脉之中，是一座美丽的山城。在这座繁忙的城市中有很多的观光景点值得一看，如独特的潜水艇博物馆、建造于11世纪的辛赫恰拉姆寺庙等。每年有几千名游客来这里旅游，他们喜欢这里自然的海滩和充满神秘色彩的博拉洞穴。这里还有中等数量的酒店可提供给游客，其中不乏便宜的小旅馆。

交通：豪华邮轮　住宿：银海邮轮上　用餐：早中晚

第04天：海上巡游

交通：豪华邮轮　住宿：银海邮轮上　用餐：早中晚

第05天：海上巡游

交通：豪华邮轮　住宿：银海邮轮上　用餐：早中晚

第06天：（斯里兰卡）科伦坡

斯里兰卡的科伦坡在当地的辛哈里语中意为“海的天堂”。早在公元8世纪时，阿拉伯商人就已在此经商，12世纪时科伦坡就已初具规模，时称卡兰布。16世纪起，科伦坡曾先后被葡萄牙、荷兰和英国人占领。由于科伦坡地处欧洲、印度和远东之间，来往大洋洲至欧洲的过往船只都要经过这里，因此，科伦坡逐步发展成为国际商船汇集的大港。同时，斯里兰卡国内生产的茶叶、橡胶和椰子等也利用极好的自然条件，从这里输往国外。

交通：豪华邮轮　住宿：银海邮轮上　用餐：早中晚

第07天：（印度）科钦

印度的科钦亦译科欣位于印度南端的西南文巴纳德潟湖口，面对阿拉伯海，科钦港北距芒格洛尔港206海里，距孟买港584海里，南距科伦坡港309海里。是喀拉拉邦的重要工商业城市，更拥有优良的海港，水上运输非常发达，被誉为“阿拉伯海之皇后”。

交通：豪华邮轮　住宿：银海邮轮上　用餐：早中晚

第08天：（印度）科钦科钦是一座海港城市，位于印度南端西南岸的群岛与狭长半岛之上。科钦港曾是一个印度的香料贸易中心，有着迷人的历史。老城有很多造型别致、工艺精湛的葡式、英式、西班牙式的古老建筑和欧式教堂，其中以葡式风格的建筑居多。圣·法兰西斯教堂位于海滨区，是一座葡式风格的基督教堂，是欧洲人在印度建立的第一座欧洲教堂。

科钦还有三座有名的建筑：一座始建于16世纪中叶的装饰着中国瓷器和比利时瓦的犹太人教堂、一座450年历史的葡萄牙宫殿和一座被中国渔网围着的科钦堡。古老建筑和欧式教堂比比皆是，大多数的历史遗迹都集中在科钦或默丹杰里。

交通：豪华邮轮　住宿：银海邮轮上　用餐：早中晚

第09天：（印度）芒加罗尔

芒加罗尔港又译“曼加洛尔港”“芒格洛尔港”“门格洛尔港”——临阿拉伯海，位于印度半岛西南卡纳塔克邦古尔普尔河口之北，门格洛尔城西北。港内设有装卸铁、锰矿石和石油的专用码头，输出以锰、铬、铁矿石为主，进口化肥、石油、杂货。

因旧港风狂潮高，船舶出入不便，已于北面9千米处建新港——新芒加罗尔港。新港由陆岸人工挖掘而成，北、东、南三面被陆岸包围，船舶由西路口出入，航道水深13.5米，宽245米。沿海运航线，芒加罗尔港南距科钦港206海里，距科伦坡港512海里，北距莫尔穆冈港173海里，至孟买港395海里，至卡拉奇港854海里。

交通：豪华邮轮　住宿：银海邮轮上　用餐：早中晚

第10天：（印度）孟买

印度的孟买是马哈拉施特拉邦的首府，印度第一大城市。位于印度西海岸，面积603平方千米，人口约1 700万。孟买是由孟巴女神而得名。孟巴女神庙坐落在孟巴女神湖畔，是渔民们的保护神。后来“孟巴”逐渐变音为“孟买”。1995年11月，地方政府恢复“孟巴”原名。

交通：豪华邮轮　住宿：银海邮轮上　用餐：早中晚

第11天：（印度）孟买（12:30抵达港）

孟买原为七个小岛，英国人接管后不断疏浚和填充使之成为一个半岛，并建立城堡和商港。孟买濒临阿拉伯海湾，是天然良港，有“印度门户”之称，担负着全国一半以上的进出口货物的装卸任务。

12:30抵达孟买港——结束愉快旅途！

第三节　地中海邮轮航线

地中海东西共长约4 000千米，南北宽约1 800千米，面积（包括马尔马拉海，但不包括黑海）约为251.200 0万平方千米，是世界最大的陆间海。西经直布罗陀海峡通大西洋，东北以土耳其海峡连接黑海，东南经苏伊士运河出红海，是沟通大西洋和印度洋的重要交通要道，被称为“海上交通枢纽”。

地中海以亚平宁半岛、西西里岛和突尼斯之间的突尼斯海峡为界，分东、西两部分，平均深度1 450米，最深处5 267米，记录的最深点是希腊南面的爱奥尼亚海盆。盐度较高，最高达39.5‰。地中海还是世界上最古老的海，历史比大西洋还要古老。

地中海航运发达，是联系欧洲南部各国和亚、欧、非三洲的重要水域。

●地理位置

地中海西部通过直布罗陀海峡与大西洋相接，东部通过土耳其海峡（达达尼尔海峡和博斯普鲁斯海峡、马尔马拉海）和黑海相连。西端通过直布罗陀海峡与大西洋沟通，最窄处仅13千米，航道相对较浅。东北部以达达尼尔海峡—马尔马拉海—博斯普鲁斯海峡连接黑海。东南部经19世纪时开通的苏伊士运河与红海沟通。地中海处在欧亚板块和非洲板块交界处，是世界强地震带之一。地中海地区有维苏威火山和埃特纳火山。

●区域气候

气候类型即地区的自然条件，一般由阳光强弱、水、陆面积大小、海陆位置分布而产生。气候类型是分地分类的，各个地方气候类型是不一样的。

气候类型没有特定的纬度区域限制。全球气候可大致划分为11（或13）个类型：极地气候（包括冰原气候和苔原气候）、温带大陆性气候、温带海洋性气候、温带季风气候、亚热带季风气候、热带沙漠气候、热带草原气候、热带雨林气候、热带季风气候、（亚热带）地中海气候、高山高原气候等。

◆气候类型

在地中海地区，夏季——受副热带高气压带控制，地中海水温相比陆地低从而形成高压，加大了副热带高气压带的影响势力；冬季——地中海的水温又相对较高，形成低压，吸引西风，又使西风的势力大大加强。

地中海夏季气候根据与大西洋距离远近，夏季气温在沿海和内陆有较大区别，可分为"凉夏型（副热带夏干气候）"和"暖夏型（副热带夏干气候）"2种：凉夏型（副热带夏干气候）——临近大西洋的地中海气候区域，因为沿海岸有冷洋流（寒流）经过，受到海陆风的影响，温度较低，夏季凉爽，少日照而空气比较潮湿，海域多雾，最热月在22℃以下。暖夏型（副热带夏干气候）——离大西洋稍远的（内陆）地中海气候区，夏季受不到冷洋流（寒流）的调节，在副高的控制下，空气干燥，日照较多，暖热干燥（或炎热干燥），最热月在22℃以上，盛夏气温很高。

◆气候特征

由于西风带与副热带高气压交替控制，亚热带地中海气候的特征（特点）是"夏季炎热干燥，冬季温和多雨"。亚热带地中海气候是11（或13）种气候类型中唯一的一种所谓"雨热不同期"的气候类型。

冬季——由于受西风带控制，锋面气旋频繁活动，降水量丰沛，河水上涨，同时气候温和，温暖湿润，最冷月气温在4℃～10℃之间；夏季——在副热带高压控制下，气流下沉，云稀少雨，阳光充足，除大陆西部沿海受寒流影响外，大部分区域气候炎热干燥。

全年雨量适中，降水量300～1 000毫米，冬季降水量多于夏季：冬季半年占60%～70%，夏季半年只有30%～40%。这种"地中海性气候"使得周围河流冬季涨满雨水，夏季干旱枯竭。可谓"冬雨夏干"即冬季多雨、温暖湿润，夏季少雨、炎热干燥（干热）。这种"冬雨夏干"的气候特征，在世界各种气候类型中，可谓独树一帜。

植物类型：亚热带常绿硬叶林（葡萄、油橄榄、柑橘等）。

●重要海港

地中海在交通和战略上均占有重要地位。它西经直布罗陀海峡可通大西洋，东北经土耳其海峡接黑海，东南经苏伊士运河出红海达印度洋，是欧亚非三洲之间的重要航道，也是沟通大西洋、印度洋间的重要通道。

地中海沿岸重要（商贸）海港有（英）直布罗陀港、（法）马赛港、（意）热那亚港、（意）那不勒斯港、（克罗地亚）斯普利特港、（克罗地亚）里耶卡港、（阿尔巴尼亚）都拉斯港、（阿尔及利亚）阿尔及尔港、（埃及）塞得港等。

地中海西部，以一道宽14～43千米、长90千米的直布罗陀海峡与大西洋相通，东北面以达达尼尔海峡、马尔马拉海和博斯普鲁斯海峡与黑海相连。

地中海作为陆间海，比较平静，加之沿岸海岸线曲折、岛屿众多，拥有许多天然良好的港口，成为沟通三个大陆的交通要道，这样的条件，使地中海从古代开始海上贸易就很繁盛，还曾对古埃及文明、古巴比伦文明、古希腊文明的兴起与更替起过重要作用。

●苏伊士运河

1869年，苏伊士运河开凿通航，地中海东南得以经苏伊士运河与红海相通，经红海出印度洋。从此，从西欧到印度洋（或从印度洋到西欧），通过“直布罗陀海峡—地中海—苏伊士运河—红海”这条捷径，要比绕非洲南部好望角节省航海路程1万千米以上。

●停靠海港

地中海沿岸邮轮旅游的重要航点即停靠海港有：（意）那不勒斯港、（罗马外港）奇维塔韦基亚港、比萨港、拉斯佩齐亚港、（摩纳哥）蒙地卡罗港、（法）尼斯港、戛纳港、坎城港、（西班牙马卡略岛）帕尔马港、巴塞罗那港、（英）直布罗陀港、（法）马赛港、马耳他港、（埃及）亚历山德拉港、（以色列）耶路撒冷港、海法港、（意）热那亚港、威尼斯港、巴里港、（希腊）卡塔科隆港、圣托里尼港、米克诺斯港、（希腊雅典）比雷埃夫斯港、科孚港、（克罗地亚）杜布罗夫尼克港、（土耳其）伊兹密尔（伊士麦）港、伊斯坦布尔港等。

●地中海邮轮航线类型

地中海海域宽广，地中海邮轮航线大致分为三大部分，多数邮轮都以意大利半岛为中心，分成“西地中海邮轮航线”“东地中海邮轮航线”“环地中海邮轮航线”（行程）。

“西地中海邮轮航线（行程）”——西地中海海域多半停靠大城市、大港口。

“东地中海邮轮航线（行程）”——东地中海海域可供邮轮泊靠、旅游的港口十分众多。

“环地中海邮轮航线（行程）”——国际知名豪华邮轮通常以意大利半岛为中心，环地中海沿岸航行和停靠来安排行程。豪华邮轮多半停靠大城市、大港口。

一、西地中海邮轮航线

西地中海邮轮航线——多半停靠大城市、大港口，例如“庞贝的古文明与巴塞罗那的艺术之旅”，停靠（意大利）那不勒斯、（西班牙）巴塞罗那、（法国）马赛、尼斯和坎城、（摩纳哥）蒙地卡罗、（意大利）罗马外港奇维塔韦基亚、佛罗伦萨外港比萨，还有马耳他也是西地中海邮轮经常停靠的港口。

以巴塞罗那港为起航港和目的地港或停靠航点的邮轮旅游航线很多，以下举例一条经典的西地中海邮轮航线（行程）。

1. 线路名称

伯曼邮轮“君主号”地中海西班牙＋意大利＋梵蒂冈＋摩洛哥＋法国12天海上假期（欧洲五国12天邮轮经典之旅）。

2. 公司简介

伯曼邮轮公司成立于1971年，总部设立在西班牙首都马德里。2006年，伯曼邮轮正式加入皇家加勒比海邮轮的大家庭。伯曼邮轮公司是西班牙最大的一家豪华游船运营商，拥有5艘邮轮。除了自身拥有的豪华邮轮运营外，还向西班牙客人推销加勒比海的旅游度假套餐，向拉丁美洲的客人推销欧洲游套餐，此外还经营3艘747喷气式客机用来提供邮轮始发地的港口和目的地之间的空中飞行服务。

3. 邮轮简介

◆伯曼邮轮“君主”号

“君主”号是伯曼邮轮公司旗下一艘载客量最多的邮轮，同时也是伯曼系列船队中体积最庞大、设施最完善的邮轮——犹如一座巨大的海上行宫。“君主”号邮轮改建于2008年，共有客舱1 162间，其中有744间海景房，游客可以不出客房，直接欣赏海上美景。船上共有4个主餐厅，可为游客提供欧美以及亚洲风味的菜肴。有3个大小不等的游泳池，有可容纳700多人的剧院，您可以享受到歌剧、舞蹈、音乐剧表演。还有各式酒吧、夜总会、豪华赌场、免税商店、健身中心及SPA、图书馆和赌场，甚至还有浪漫的结婚礼堂。

4. 行程简介

第01天：深圳—北京—巴塞罗那（参考航班：CA1358　20：00/23：10）

第02天：北京—巴塞罗那（参考航班：CA841　02：30/09：35）

第03天：巴塞罗那（18：00离港）

第04天：海上巡游

第05天：撒丁岛（09：00抵港，17：00离港）

第06天：那不勒斯（09：00抵港，19：00离港）

第07天：罗马（08：00抵港，19：00离港）

第08天：里窝那–佛罗伦萨（07：30抵港，19：00离港）

第09天：尼斯（07：00抵港，15：00离港）

第10天：巴塞罗那（09：00抵港）

第11天：巴塞罗那—北京（参考航班：CA842　11：25/07：15+1）

第12天：国内原居地

5. 行程详情

第01天：深圳—北京—巴塞罗那（参考航班：CA1358　20：00/23：10）

于指定日期及时间在深圳口岸指定地点集合前往香港国际机场（或广州白云国际机场）搭乘国际航班前往（西班牙）巴塞罗那。

住宿：飞机上

第02天：北京—巴塞罗那（参考航班：CA841　02：30/09：35）

巴塞罗那接机后，游览巴塞罗那的象征：圣家教堂——建筑设计大师高迪的代表作；继续游览外观高迪的奎尔公园、米拉之家、巴特洛公寓，及漫步在欧洲最具特色的兰布拉大街，晚餐后回酒店休息。

晚餐：团餐　住宿：欧洲之星　4星级酒店或同级

第03天：巴塞罗那（18：00离港）

酒店早餐后，游览巴塞罗那城市南边的小山——蒙锥克山；1992年奥运会主办场；登高俯瞰巴塞罗那全景；参观1929年美洲博览会主办场，西班牙国家宫。15点前到达巴塞罗那港口，办理登船手续，开始豪华游轮海上之旅。

早餐/午餐/晚餐　住宿："君主"号邮轮

第04天：海上巡游

享受伯曼邮轮"君主"号邮轮提供给您的各种舒适享受，您可以与旅途新结识的朋友交换心得体会，当然您也可以尽情体验邮轮上桑拿与功能健全的按摩池，晚间您可以欣赏盛大的歌舞等表演，或是去酒吧与朋友分享美妙的夜晚，船上会准备各式活动以及互动节目，船上全天供应丰盛美味的佳肴，拥有超过10个不同的餐厅提供各国风味。尽情享受美好的一天吧！

早餐/晚餐：邮轮　住宿："君主"号邮轮

第05天：撒丁岛（09：00抵港，17：00离港）

撒丁岛的奥尔比亚是最受欧洲皇宫贵族青睐的休闲度假胜地。抵达后静静享受这人间天堂小岛。首先沿岛北部前往黄金海岸线参观，欣赏到犬牙交错的石头、晶莹透彻的海水和多种多样的植被与动物。奥尔比亚——据传说很可能是由古希腊人所建立的，到了罗马时代成为了重要的港口，现在还留有罗马时代古墓、腓尼基人和迦太基人的遗迹；接着再往罗马式教堂，于指定时间专车送回码头。

早餐/晚餐：邮轮　住宿："君主"号邮轮

第06天：那不勒斯（09：00抵港，19：00离港）

早餐后，游览那不勒斯。那不勒斯是地中海最著名的风景胜地之一，号称"意大利永恒的剧场"。那不勒斯以其丰富的历史、文化、艺术和美食而著称，那不勒斯历史中心被联合国教科文组织列为世界文化遗产。车游那不勒斯市中心，包括：普雷比席特广场、那不勒斯皇宫、新城、桑塔露琪亚。前往庞贝，一个被火山吞噬的古城，其东西两侧分别是两个火山区域：维苏威火山和坎皮佛莱格瑞火山区。

早餐/晚餐：邮轮　住宿："君主"号邮轮

第07天：罗马（08：00抵港，19：00离港）

08：00邮轮抵达（罗马外港）契维塔韦基亚港，早餐后，乘车前往意大利首都罗马。抵达后进行市区观光（纪念意大利独立的阵亡将士纪念堂、斗兽场外观、古罗马市集废墟、君士坦丁凯旋门、西班牙广场、许愿池许愿）。之后前往教皇之国——梵蒂冈，参观富丽堂皇的建筑圣彼得大教堂，堂内收藏着无数绘画和雕塑珍品。

早餐/晚餐：邮轮　住宿：“君主”号邮轮

第08天：里窝那—佛罗伦萨（07：30抵港，19：00离港）

里窝那（亦译利沃诺）为意大利西岸港口城市，西部是滨海平原，东部和南部为低丘。邮轮停靠里窝那港口后，驱车前往佛罗伦萨——文艺复兴之路的发源地。佛罗伦萨已有超过1 000年历史，素有“花城”美称。游览市政厅广场，这里有一座建于13世纪的碉堡式旧宫，连同整个广场成为一座露天雕塑博物馆。

驱车前往各大欧洲名牌集中地的奥特莱斯购物村——坐落在意大利美丽的佛罗伦萨附近，是顾客以最好的价格购买顶级奢侈品牌的首选之地。游客尽情享受疯狂购物之乐趣，保证能满载而归。游览结束后返回邮轮。

早餐/晚餐：邮轮　住宿：“君主”号邮轮

第09天：尼斯（07：00抵港，15：00离港）

早上7点抵达法国尼斯。登陆后参观尼斯风光旖旎的蔚蓝海岸，徜徉在玫瑰花与棕榈点缀的盎格鲁大街，细细品味一下地中海沿岸的尼斯老城区的韵味，陶醉在世界第三大海湾之一的“天使湾”；后乘车经过镶嵌古典魅力的贵族山城——艾兹鹫巢村；继续乘车前往素有“赌国”之称的摩纳哥公国，外观富丽堂皇的蒙特卡罗大赌场，领略地中海风光，感受欧洲奢华风情。

早/中/晚餐：邮轮　住宿：“君主”号邮轮

第10天：巴塞罗那（09：00抵港）

经过一周的海上航游，游览了许多国家及其风景优美的岛屿。大家随着我们的邮轮回到美丽的西班牙巴塞罗那。上午9：00抵达巴塞罗那港口，办理离船手续后，送往酒店。余下的时间，自由购物。

（早餐）住宿：欧洲之星4星级酒店或同级

第11天：巴塞罗那—北京（参考航班：CA842　11：25/07：15+1）

早餐后，前往巴塞罗那国际机场；乘飞机返回北京。（早餐）住宿：飞机上

第12天：国内原居地

欧洲五国12天邮轮经典之旅圆满成功！

二、东地中海邮轮航线

东地中海邮轮航线——结合了埃及、希腊、土耳其、意大利，完美呈现出古埃及、爱琴海、希腊、罗马的古文明精华；由于东地中海海域可供邮轮泊靠、旅游的港口十分众多，各家邮轮公司推出一周到两周时间的航程，可以串出非常多元的组合，

除了从威尼斯出发的8天7夜的基本行程，希腊奥林匹亚外港卡塔科隆、雅典停靠港口雷埃夫斯港（皮拉乌斯）、克里特岛、罗得岛；克罗埃西亚的斯普利特；土耳其的伊兹密尔、伊斯坦布尔、埃及的亚历山大；以色列的耶路撒冷、海法……都是邮轮航线上的重要航点。

1. 线路名称

MSC“珍爱号”东地中海巡游8晚10天——瑰丽的东方景色

开航日期：2014年5月31日　航行天数：10天

国家港口：（意大利）威尼斯、巴里、（希腊）卡塔科隆、（土耳其）伊兹密尔、伊斯坦布尔、（克克罗地亚）杜布罗夫尼克。

2. 行程特色

“MSC珍爱”号特别温馨服务——房间内提供热饮用水、中文菜单和每日中文安排行程。舒适的飞行安排——国航直飞，省去转机的烦忧，轻松出行。舒适的海上旅程——8晚7天地中海海上旅途，用别人赶路的时间来玩乐，体验不一样的度假之旅。精彩的陆地安排——乘坐贡多拉，体验威尼斯水城生活。充足的自由活动时间，畅游时尚之都米兰。

3. 行程简介

第1天：上海—（飞机）—米兰—（车）—威尼斯（邮轮）

参考飞机航班CA967（01：30/08：05）威尼斯（14：30登船，16：30离港）

第2天：（意大利）巴里（10：00到港，15：00离港）

第3天：（希腊）卡塔科隆（08：00到港，13：00离港）

第4天：（土耳其）伊兹密尔（08：30到港，15：00离港）

第5天：（土耳其）伊斯坦布尔（07：30到港，17：00离港）

第6天：海上巡游

第7天：（克罗地亚）杜布罗夫尼克（11：30到港，17：00离港）

第8天：（意大利）威尼斯（08：00到港）—（车）—米兰

第9天：米兰—上海　参考飞机航班CA968（12：30/05：50+1）

第10天：上海

4. 行程详情

第1天：上海—（飞机）—米兰—（车）—威尼斯（邮轮）

参考飞机航班CA967（01：30/08：05）威尼斯（14：30登船，16：30离港）

提前一天按照规定的时间，在上海浦东国际机场集合。在领队的带领下办理登机、出关等各项手续后，搭乘中国国际航空公司的班机飞往意大利米兰。随后驱车前往游览意大利水上之城——威尼斯（上下岛＋观光时间约3小时），游览圣马可广场，这里竖立着威尼斯守护神——带翅膀的狮子像，叹息桥——是连接总督府和旁边地牢的一座非常有名的桥，据说恋人们在桥下接吻就可以天长地久。安排乘坐威尼斯贡多拉游船（约30分钟），这种威尼斯特有的、船头船尾高高翘起的黑色平底凤尾小船，带领我们穿梭于这座闻名于世的水城，这种华丽而迷离的情调，是世界游客永远的梦。

14：30左右，在威尼斯港口办理登船手续。参观豪华邮轮的各项设施并参加邮轮安全救生演习，开启地中海超级豪华邮轮珍爱号海上之旅！在邮轮上您可以充分享受各种娱乐设施和舒适服务：主餐厅、自助餐厅和海景餐厅里您可以享受来自世界各地的美食；网球场、篮球场、游泳池、慢跑道和美容水疗中心为您提供运动体验与身心的放松；三层楼高、1 600个座位的剧院里上演着经典歌剧和音乐表演，户外影院也提供了各种影片；免税店，饰品店、糖果店、首饰店等购物商店内您可以选购精致的礼品；分布在船上大大小小的十余个酒吧为您提供了理想的社交场所。

用餐：晚：邮轮

第2天：（意大利）巴里（10：00到港，15：00离港）

邮轮停靠在（意大利）巴里（Bari），您可以选择留在邮轮上继续享受各种娱乐，或是自费上岸观光游览。

港口介绍：巴里市位于意大利东南部，坐落在濒临亚得里亚海的肥沃平原上，是意大利通向巴尔干半岛和东地中海的主要港口。巴里古城内有交梭穿插的街道，走在古老的石板路上，穿越碉堡的拱门，在错综复杂的巷弄与中世纪的建筑中，仿佛回到中古世纪，浓浓的原始特色，刻画着历史的痕迹。巴里乡间“特鲁利”式的石顶圆屋被联合国教科文组织列为世界文化遗产，非常值得一看。

用餐：早：邮轮　中：邮轮　晚：邮轮

第3天：（希腊）卡塔科隆（08：00到港，13：00离港）

邮轮停靠在（希腊）卡塔科隆，您可以选择留在邮轮上继续享受各种娱乐，或是自费上岸观光游览。

卡塔科隆——这个名字也许您觉得陌生，可是如果提起距离卡塔科隆约40千米外的希腊最著名的一个古迹您一定觉得如雷贯耳，那就是奥运会的发源地——奥林匹亚。2000多年前，伯罗奔尼撒半岛东方的奥林匹亚，每4年8月的第一个满月，全希腊的运动员都会到这里参加奥运盛会。公元前776年奥林匹亚圣地希拉神殿中一块刻有《神圣休战条约》的石版，上面记载着伊利亚与斯巴达立下约定，奥运举行期间，战争必须暂停，可见奥运在古希腊占有举足轻重的地位。现代奥运会继承了古希腊奥运的精神，如今的奥运圣火都是到这里的祭坛引燃。

第4天：（土耳其）伊兹密尔（08：30到港，15：00离港）

邮轮停靠在伊兹密尔，您可以选择留在邮轮上继续享受各种娱乐，或是自费上岸观光游览。

伊兹密尔——土耳其第三大城市，位于安纳托利亚高原西端的爱琴海边，是重要的工业、商业、外贸、海运中心之一，同时也是历史文化名城、旅游胜地和军事要塞。自古该城便是爱琴海沿岸农业区的中心，伊兹密尔市区清洁整齐，高楼林立。还保留着众多的名胜古迹，如古钟楼、15世纪的希萨尔清真寺，以及世界古代七大奇迹之一的阿耳忒弥神庙遗迹等。举世闻名的有：以弗所古城遗址、圣母玛利亚最后的隐居地等。青山碧水映衬着棕榈树下宽阔的海滨大道，爱琴海泛起微澜，拍打着长长的海堤，凤尾、银箭等鱼类频频跃出水面，一群群海鸥飞掠于浪花之间，水天相接，景色美不胜收。

用餐：早：邮轮　中：邮轮　晚：邮轮

第5天：（土耳其）伊斯坦布尔（07：30到港，17：00离港）

邮轮停靠在（土耳其）伊斯坦布尔，您可以选择留在邮轮上继续享受各种娱乐，或是自费上岸观光游览。

伊斯坦布尔——土耳其最大城市和港口，也是土耳其的文化、经济和金融中心，还一直是土耳其经济生活的中心，因为它地处国际陆上和海上贸易路线的交界位置。伊斯坦布尔当选为2010年欧洲文化之都和2012年欧洲体育之都。该市的历史城区在1985年被联合国教科文组织列为世界遗产。

用餐：早：邮轮　中：邮轮　晚：邮轮

第6天：海上巡游

遍布全船的各类型酒吧是您休闲娱乐的好去处，这里有音乐主题酒吧，钢琴吧、爵士吧，每天的不同时段风格不同的乐队会进行各种演出；这里也有运动水疗场所，网球馆、日光浴、美容水疗中心，让您全身心得以放松；在这里您还可以在泳池寻找乐趣，感受4D影院或F1模拟方程式赛车的刺激，以及欣赏剧院表演的震撼；此外，针对不同年龄层次的儿童提供不同的活动。

用餐：早：邮轮　中：邮轮　晚：邮轮

第7天：（克罗地亚）杜布罗夫尼克（11：30到港，17：00离港）

邮轮停靠在克罗地亚的杜布罗夫尼克，您可以选择留在邮轮上继续享受各种娱乐，或是自费上岸观光游览。

杜布罗夫尼克——被誉为“亚得里亚海明珠”，同时这里又以丰富的艺术珍藏和文化发达赢得了“斯拉夫的雅典”的称号。杜布罗夫尼克的旧城建在一块突出海面的巨大岩石上，城堡用花岗岩砌成，城内完好地保存着14世纪的药房、教堂、修道院、古老而华丽的大公宫及壮观的钟楼。

用餐：早：邮轮　中：邮轮　晚：邮轮

第8天：（意大利）威尼斯（08：00到港）—（车）—米兰

清晨前往前台办理结账手续，上午08：00左右邮轮抵达威尼斯码头，美妙的海上旅程告一段落。游览结束后驱车前往时装之都——米兰（观光时间约30分钟），参观世界上最大的哥特式教堂——米兰大教堂，以及象征着米兰时尚品位的埃马努埃莱二世长廊。您还可在拿破仑大街上自由活动观光（约2小时）。

用餐：邮轮：早　陆上：不含晚　住宿：四星酒店

第9天：米兰—上海　参考飞机航班CA968（12：30/05：50+1）

早餐后，驱车前往（米兰）马尔本萨国际机场，在导游的带领下抵达机场办理登机、退税等各项手续后搭乘国际航班返回上海。

第10天：上海（浦东国际机场）

抵达上海浦东国际机场，请将您的护照、登机牌交予领队，以便递交领馆进行销签工作。

根据领馆的要求，部分客人可能会被通知前往领馆进行面试销签，请提前做好思想准备，感谢您的配合！

三、环地中海邮轮航线

环地中海邮轮航线——通常，国际知名豪华邮轮以“亚平宁半岛”即“意大利半岛”为中心，环地中海沿岸航行和停靠来安排行程。亚平宁半岛（意：penisola appenninica，英：Apennine Peninsula）也称意大利半岛（意：Penisola italiana，英：Italian Peninsula），自北部波河平原向南到地中海中部，因贯穿该半岛的亚平宁山脉而得名。

环地中海邮轮航线的豪华邮轮多半停靠大城市、大港口，例如（意大利）那不勒斯、（首都罗马外港城市）奇维塔韦基亚、（意大利）拉斯佩齐亚、（法国）戛纳、（西班牙）马卡略岛帕尔马、巴塞罗那、海上巡游、（返回）那不勒斯的异国风情之旅。

（一）环地中海--意大利南部邮轮旅游线路

1. 航线名称

“神曲号”环地中海—意大利南部12日游

编号：GL31698　出发地点：北京　交通方式：飞机

参考航班：TK21　PEKIST　00：10　05：20

参考航班：TK1879　ISTNAP　09：30　10：45

那不勒斯Q伊斯坦布尔Q北京

参考航班：TK1454　NAPIST　18：05　21：15

参考航班：TK20ISTPEK　01：05　15：05 +1

2. 航线亮点

全新13.800 0万吨豪华邮轮——“神曲号”，提供精致的欧洲美食以及管家式服务！意大利首都罗马——永恒之城。联合国世界文化遗产——五渔村。法国小镇戛纳——因国际电影节闻名于世。马略卡岛首府帕尔马——“地中海的乐园”。西班牙巴塞罗那——“伊比利亚半岛的明珠”。

3. 行程简介

第1天：北京—（飞机）—伊斯坦布尔—（飞机）—那不勒斯—（旅游车）—苏莲托

第2天：（意大利）苏莲托—卡布里岛—苏莲托—阿玛尔菲海岸—波西塔诺—阿玛尔菲小镇—那不勒斯

第3天：那不勒斯—庞贝

第4天：那不勒斯（15：00登船，19：00启航）

第5天：（罗马外港城市）奇维塔韦基亚（岸上观光另行报名）

第6天：（意大利）拉斯佩齐亚（岸上观光另行报名）

第7天：（法国）戛纳（岸上观光另行报名）

第8天：（西班牙马卡略岛）帕尔马（岸上观光另行报名）

第9天：（西班牙）巴塞罗那（岸上观光另行报名）

第10天：海上巡游

第11天：（意大利）那不勒斯—（飞机）—伊斯坦布尔—（飞机）—北京（飞机）

第12天：北京

4. 行程详情

第1天：北京—（飞机）—伊斯坦布尔—（飞机）—那不勒斯—（旅游车）—苏莲托

乘坐土耳其航空公司客机转机飞往意大利南部那不勒斯；抵达后，提取行李，午餐后乘车前往民歌之乡——苏莲托，沿途的公路紧贴着悬崖一路向前，惊险万分却美不胜收，在小镇上我们将外观著名的（苏莲托）圣·弗兰西斯教堂，穿越幽静的小巷抵达美丽的海岸拍照留影。

餐饮：晚餐　住宿：当地四星级

第2天：（意大利）苏莲托—卡布里岛—苏莲托—阿玛尔菲海岸—波西塔诺—阿玛尔菲小镇—那不勒斯

酒店享用早餐后，（含船票）乘船（船程不过1小时）前往卡布里岛亦译卡普里岛或卡布利岛，岛上游览（以下景点游览时间总计约2.5小时）：卡布里岛是意大利享誉国际的观光胜地，这里有极迷人的阳光与海滩、有优美的海岸、有丰富的古迹遗产、有人将它比喻为人间仙境。

如果天气好无风浪，我们会乘小船（含船票）前往著名的“蓝洞”欣赏奇幻美景。“蓝洞”是一个位于海面上因海水侵蚀形成的天然悬崖洞穴，是卡布里岛上一个一定要造访的热门景点，被誉为世界七大奇景之一。洞穴入口仅1米见方，洞穴长约54米，高15米，水深约22米。蓝洞内海拔比海面还低15 ~ 20米，阳光从洞口进入洞内，被洞内水底折射出一种蓝色光芒，洞内的海水一片晶兰，连洞内的岩石也变成了蓝色，故称“蓝洞”。这里堪称全岛最拥挤之地，排队等入场的小艇全日不绝，但实则入内参观的时间只有短短5分钟左右。但这种不可思议的蓝色光，令游客不禁大声赞叹。

参观蓝洞最佳时间：11：00至15：00，冬天不开放。蓝洞的开放，对天气状况要求非常严格，必须要视海浪大小和潮汐的高低而定，如果海浪太大，小艇进不去；如果潮汐太高，小艇也无法进去；如果现场关闭入口，敬请谅解。

游览结束后，乘船返回苏莲托，乘车前往阿玛尔菲海岸游览。阿玛尔菲海岸作为世界自然文化遗产，被美国《国家地理》杂志评为一生中必须去的51个美丽的地方之一，西面到波西塔诺，东面到海上维耶特利，您沿途会观看到独一无二的风景：海湾，依山而建的小城镇，海水的天蓝，地中海灌木的翠绿，小房屋的线条以及色彩都完美地构成了被誉为欧洲最美丽的海滩。浓密山林中散布着若干如诗如画的小镇，最美的一个就是我们第一个要游览的波西塔诺（游览时间约1小时）。接着停在阿玛尔菲小镇（游览约1个小时），这里古老的小径、拱门、广场都吸引着游客。结束后乘车返回那不勒斯。

餐饮：早、中、晚餐　住宿：当地四星级

第3天：那不勒斯—庞贝（古城）

酒店享用早餐后，开始那不勒斯城市游览（约1.5小时），那不勒斯拥有2500余年的历史，以其丰富的历史、文化、艺术和美食而著称，那不勒斯历史中心被联合国教科文组织列为世界文化遗产。比萨饼起源于那不勒斯。平民表决广场是那不勒斯主要的户外中心城市广场。它由波拿巴家族的国王若阿尚·缪拉开始建造，由波旁家族的国王斐迪南四世完成。其东西两侧分别是那不勒斯王宫和两边带有柱廊的保罗圣芳济教堂。那不勒斯是天主教那不勒斯总教区的所在地，罗马天主教信仰对于当地居民具有相当的重要性，市内拥有数以百计的教堂。那不勒斯主教堂是该市最重要的宗教场所。

之后乘车前往千年古城——庞贝，公元79年维苏威火山喷发的一瞬间被火山灰埋在了地下，却因此保留了大量古罗马帝国的建筑遗迹和艺术文物，成为世界上最为著名的古城遗址，直到18世纪中期，这座深埋在地底将近两千年的古城才被挖掘出土而重见天日；古城庞贝（含门票，并赠送专业中文讲解，入内游览约2小时），随着导游的讲解，行走在古老的街道上，浴池、市场、歌剧院、庙宇，都在向游人们展现着古罗马时代的辉煌，令人唏嘘不已。

餐饮：早、中、晚餐　住宿：当地四星级

第4天：那不勒斯（15:00登船，19:00启航）

酒店用完早餐后，乘车前往那不勒斯附近的“拉瑞吉亚名品奥特莱斯”自由购物（约3小时）。那不勒斯与阿马尔菲海岸一直以来都是顶级游艇的人气聚集地。拉瑞吉亚名品奥特莱斯位于A1高速公路旁，从那不勒斯乘车前往仅需30分钟即可到达，是时尚爱好者必去的旅行目的地之一。拉瑞吉亚名品奥特莱斯是坎帕尼亚区首家奥特莱斯，拥有200多个顶级奢侈品牌，均能享有35%～70%的折扣。

午餐敬请您在奥莱的餐厅中自行享用意大利各色美食。

15:00在领队协助下办理好登船手续后，您就可以开享受邮轮上的豪华客房和丰富多彩的娱乐设施；豪华邮轮“神曲号”将在19:00缓缓驶离码头，开始轻松浪漫的地中海——海上浪漫之旅！

餐饮：早、中、晚餐　住宿：豪华邮轮

第5天：（罗马外港城市）奇维塔韦基亚（岸上观光另行报名）

邮轮停靠在意大利首都罗马的外港城市——奇维塔韦基亚。

◆奇维塔韦基亚港

奇维塔韦基亚港在意大利港口发展史上具有非常重要的意义。它地处意大利半岛沿海的中部，这为其提供了理想的地理位置及优良的海洋气候条件。这样的地理位置对于大型转运港口来说具有战略意义。它是意大利第二大工业区的货物集散点，并且是意大利中心以及罗马工商业区的物资供应地，能接收来自所有地中海主要港口的贸易货物。奇维塔韦基亚港拥有20座码头，长度为86～310米，还拥有现代化的集装箱码头，每天可容纳2 500TEU以上的集装箱。在客运方面，它还是意大利第二大、欧洲第三大客运港。港口航运的增长需要建设新的停泊设施，奇维塔韦基亚市政府已经计划投资5 000多亿里拉用来建设游览和商务港，并使港口与通往罗马的高速列车线相通。

◆罗马

罗马市是意大利首都，全国政治、经济、文化和交通中心。罗马市位于台伯河下游平原，东距第勒尼安海25千米。市区跨台伯河两岸，架有桥梁24座。约公元前2000年初，罗马人从东北移居于此。公元前8至前4世纪筑城堡，逐步形成早期罗马城。公元756～1870年为教皇国的首都，1870年意大利王国统一后成为意大利首都（教皇国退至梵蒂冈）。

罗马有“露天历史博物馆”的美誉。在众多的历史古迹中尤以古罗马的遗迹最著名，例如罗马输水道、古罗马的废墟、罗马圣·保罗门外的金字塔、奥古斯都墓、巨大的浴池遗址、尼罗皇帝金宫、埃特鲁斯科的文化遗迹、君士坦丁大帝凯旋门、大赛马场、古代大道等。万神殿是座具有2000多年历史的著名古建筑，没有一根柱子、一扇窗户，阳光从大圆屋顶照进殿内。而科洛塞奥竞技场，被称为“世界八大名胜”之一。

罗马气候温暖，四季鲜明，春季正是一年中最适合出游的季节。

餐饮：早、中、晚餐　住宿：豪华邮轮

第6天：（意大利）拉斯佩齐亚（岸上观光另行报名）

邮轮停靠在意大利拉斯佩齐亚。

五渔村：位于意大利利古里亚大区拉斯佩齐亚省海沿岸地区，是蒙特罗索、韦尔纳扎、科尔尼利亚、马纳罗拉及里奥马焦雷，这五个悬崖边上的村镇的统称。1997年被联合国教科文组织列入世界文化遗产名录。这五个依山傍海的小村庄俯瞰着地中海的北岸，美丽的风光吸引了无数游人！（以上为目的地介绍，请报名参加上岸观光）

餐饮：早、中、晚餐　住宿：豪华邮轮

第7天：（法国）戛纳（岸上观光另行报名）

邮轮停靠在法国小城戛纳。

戛纳：戛纳小城依偎在青山脚下，濒临地中海，占据了得天独厚的地理位置。漫步城中，白色的楼房、蔚蓝的大海，以及一排排高大翠绿的棕榈树相互映衬，构成一幅美丽的自然风光。戛纳因其一年一度的戛纳电影节撼动亿万人之心，其颁发的“金棕榈”被公认为是世界电影的最高荣誉奖之一。（以上为目的地介绍，请报名参加上岸观光）

餐饮：早、中、晚餐　住宿：豪华邮轮

第8天：（西班牙马卡略岛）帕尔马（岸上观光另行报名）

豪华邮轮停靠在西班牙（马卡略岛）帕尔马港。

帕尔马：马略卡岛主要的城市和港口，同时是西班牙巴利阿里群岛自治区的首府。该市曾经为马略卡帝国的首都。市内一些历史建筑多为哥特式建筑，旅游业发达。在比尔夫城堡，一座圆形哥特式建筑，可以兴致勃勃地全景观赏整座城市：哥特式天主教堂、阿姆戴那宫——以前阿拉伯人的要塞，哥特人区、科特广场、市政厅、詹姆三世国王大街、戴尔博恩林荫大道、维勒广场和拉斯兰布拉斯。（以上仅为目的地介绍，岸上观光请您另行报名）

餐饮：早、中、晚餐　住宿：豪华邮轮

第9天：（西班牙）巴塞罗那（岸上观光另行报名）

豪华邮轮停靠在（西班牙东北部的）巴塞罗那港。

巴塞罗那：加泰罗尼亚的首府，也是一座地中海城市。这座城市的在其规划中融合了罗马风格的痕迹、中世纪风格的城区、极为漂亮的现代主义风格及20世纪的先驱者的作品，因而成为一座世界性的城市。联合国科技教育文化组织宣布两位加泰罗尼亚建筑师安东尼·高迪和路易斯·多门内奇·蒙塔奈尔建造的标志性建筑为世界人类遗产。这里出名的饮食是以蔬果、新鲜水产、香肠和橄榄油为基本原料，传统与现代相融合的烹饪手艺烹制出的具有革新性又富有想象力的美食。（以上仅为目的地介绍，岸上观光请您另行报名）

餐饮：早、中、晚餐　住宿：豪华邮轮

第10天：海上巡游

全天公海上航行，您可以在船上自由活动，享受豪华邮轮上的各种娱乐设施；健身房、阳光浴、游泳池、迷你高尔夫、网球、篮球、娱乐场、图书馆、游戏室、木偶剧、大剧院表演（每日不同的剧目）、迪斯科。

餐饮：早、中、晚餐　住宿：豪华邮轮

第11天：（意大利）那不勒斯—（飞机）—伊斯坦布尔—（飞机）—北京（飞机）

清晨在领队帮助下前往前台办理结账手续。邮轮缓缓停靠在（意大利）那不勒斯港口，结束美妙的海上旅程。

自由活动约3小时，午餐敬请自理。您可自行选择攻略推荐的餐厅，体验来自比萨发源地纯正的口味。

下午乘车前往机场办理登记手续；搭乘土耳其航空公司客机转机返回北京。

餐饮：早餐　住宿：飞机上

第12天：北京

抵达首都机场，满载欧洲的精彩记忆回到温馨的家……

（二）环地中海那不勒斯往返邮轮旅游线路

1. 线路名称：

MSC地中海邮轮“管乐号”地中海航线　那不勒斯往返　8天7晚之旅

邮轮公司：MSC地中海邮轮　船只介绍　舱房介绍

线路编号：927　线路类型：单船票航线

邮轮公司：MSC地中海邮轮　邮轮名称：管乐号

上船地点：那不勒斯　下船地点：那不勒斯　航行天数：8天

停靠港口：（意大利）那不勒斯、（西班牙）利沃诺、（法国）维拉弗朗西（滨海自由城）、（西班牙）巴伦西亚、（西班牙）伊维萨岛、（突尼斯）拉古莱特、（西班牙）卡塔尼亚

2. 邮轮简介

◆MSC地中海邮轮“管乐”号

2007年5月14日，MSC地中海邮轮“管乐”号下水。“管乐”号邮轮是MSC地中海邮轮最新的邮轮之一。作为“音乐级”邮轮舰队中的第二名成员，“管乐”号融合了舒适、安全和精美设计。宽阔透风的空间、经典的意大利风情，让“管乐”号成为邮轮未来发展的先锋典范。“管乐”号邮轮共有16层甲板，设有桑拿及水疗按摩池、各式餐厅、充满家庭温馨气氛的比萨店。儿童们可以在“丛林历险游乐室”尽情玩耍，而十几岁的孩子们可以在“青少年俱乐部”中迅速找到家的感觉。专用慢跑道、唤醒活力的土耳其浴、美味的海上餐厅、异域风情浓重的“萨瓦纳酒吧”、华丽的“波普吧”，或是充满好莱坞式流行魅力的“扎菲罗酒吧”，“管乐号”为您提供眼花缭乱的豪华娱乐设施。

“管乐号”邮轮在2010年春季驶往南美，夏季驶往北欧，秋季前往包括西班牙、葡萄牙和直布罗陀在内的地中海。欢迎您加入我们，随“管乐号”驶向快乐的异域目的地，满足您对邮轮假期的所有期望。

3. 行程简介

第1天：（意大利）那不勒斯（17：00抵达）

第2天：（意大利）利沃诺（09：30抵达，19：00离港）

第3天：（法国）维拉弗朗西（07：00抵达，14：00离港）

第4天：（西班牙）巴伦西亚（12：30抵达，17：30离港）

第5天：（西班牙）伊维萨岛（01：00抵达，13：00离港）

第6天：（突尼斯）拉古莱特（13：30抵达，19：30离港）

第7天：（意大利）卡塔尼亚（13：30抵达，19：30离港）

第8天：（意大利）那不勒斯/卡普里（09：00抵达）

4. 行程详况

第1天：（意大利）那不勒斯（17：00抵达）

那不勒斯是意大利南部的第一大城市，坎帕尼亚大区以及那不勒斯省的首府。建于公元前 600年。城市内拥有众多的古代艺术、文物。有世界著名的国立博物馆，富藏古希腊的雕塑与庞贝、赫库兰尼姆两古城的出土文物。卡波迪蒙泰宫藏有米开朗基罗、拉斐尔等的绘画。还有很多中世纪教堂。那不勒斯历史悠久，风光美丽，文物众多，颇具魅力，是地中海最著名的风景区之一。它被人们称颂为“阳光和快乐之城”，这里一年四季阳光普照，那波利人生性开朗，充满活力，善于歌唱，那波利的民歌传遍世界。被视作是意大利的一颗明珠。

早餐：自理　午餐：自理　晚餐：邮轮　住宿：邮轮

第2天：（意大利）利沃诺（09：30抵达，19：00离港）

利沃诺港亦译里窝那港，是佛罗伦萨的外港，也是地中海沿岸最大的港口之一。

佛罗伦萨是一个颇具绅士格调的城市，充满和谐与优美、庄严与秩序，星罗棋布的村庄和乡间别墅点缀在环抱城市的平缓山坡上。这里是文艺复兴的发源地，也是文艺复兴时代最伟大的艺术家们的主要舞台。整个城市保留着文艺复兴时的风貌，弥漫着文艺复兴的气氛。距离利沃诺港口25千米的比萨则因为著名的比萨斜塔而闻名于世，比萨斜塔是意大利比萨城大教堂的独立式钟楼，钟楼始建于1173年，设计为垂直建造，但是在工程开始后不久（1178年），便由于地基不均匀和土层松软而倾斜，1372年完工，塔身倾斜向东南。比萨斜塔是比萨城的标志，1987年它和相邻的大教堂、洗礼堂、墓园一起因其对11世纪至14世纪意大利建筑艺术的巨大影响，而被联合国教育科学文化组织评选为世界遗产。

早餐：邮轮　午餐：邮轮　晚餐：邮轮　住宿：邮轮

第3天：（法国）维拉弗朗西（07：00抵达，14：00离港）

维拉弗朗西－苏梅镇——位于尼斯以东6千米处，摩纳哥西南10千米处。连接尼斯和意大利的主要公路，在被群山和海岸围绕的维拉弗朗西交汇。

维拉弗朗西古城俯视地中海，如同一座由陡峭街道组成的迷宫。当地车流稀少。法国南部永远是度假热点，何不离船登岸，享受里维拉地区最棒的旅游胜地。

我们提供当地最好的观光线路，其中包括尼斯和摩纳哥之行。您还可以随我们前往土伦参观中世纪村落——耶尔，以及位于山顶、可俯瞰海洋全景的小村艾日。

“尼斯老城”——优雅建筑及咖啡馆与新区的活力形成鲜明对比，让您在休闲中放松身心。若您对皇室和优雅独有青睐，不妨前往摩纳哥。摩纳哥是名流富贾的游乐场，是格蕾丝王妃的前居住地，也是詹姆斯·邦德喜爱的赌场所在地。

早餐：邮轮　午餐：邮轮　晚餐：邮轮　住宿：邮轮

第4天：（西班牙）巴伦西亚（12：30抵达，17：30离港）

邮轮抵达瓦伦西亚，可前往参观大教堂（拥有耶稣在最后的晚餐上使用的圣杯），地上铺满雪里红的大理石的瓦伦西亚王国广场，欧洲古老的商品交易所，构思奇异的工程艺术及科学城，瓦伦西亚建筑的代表蓬特福斯特车站。夜宿瓦伦西亚。

早餐：邮轮　午餐：邮轮　晚餐：邮轮　住宿：邮轮

第5天：（西班牙）伊维萨岛（01：00抵达，13：00离港）

伊维萨岛又称伊比萨岛，位于地中海西部，是西班牙巴利阿里群岛的一部分，历史悠久，自公元前10世纪左右就以衔接伊比利半岛屿非洲大陆而闻名。

辽阔的萨利内斯海滩是伊比萨岛最著名的海滩，因成为西班牙的第一处天体海滨浴场而闻名。除此以外，在伊比萨岛的海岸线上还分布着塔拉曼卡海滩、菲盖莱特斯海滩、博萨海滩和卡瓦莱特海滩。

早餐：邮轮　午餐：邮轮　晚餐：邮轮　住宿：邮轮

第6天：（突尼斯）拉古莱特（13：30抵达，19：30离港）

从拉古莱特码头坐车来到突尼斯首都——突尼斯市。映入您眼帘的是殖民地时期保留下来的林荫大道和繁华的麦地那老城区。您可以在老区内的露天市场和当地小贩讨价还价，购买当地特色的纪念品带回家与朋友分享。随后参观建立在19世纪宫殿内的巴多博物馆——这里有早期基督教和穆斯林教的遗迹

早餐：邮轮　午餐：邮轮　晚餐：邮轮　住宿：邮轮

第7天：（意大利）卡塔尼亚（13：30抵达，19：30离港）

邮轮于早上08：00到达意大利西西里岛的卡塔尼亚港口。西西里岛的卡塔尼亚古城颇有来头，古希腊剧场、古罗马浴场、中世纪教堂和古城堡都是卡塔尼亚变迁的证据。沿着小城主轴——埃特尼亚街闲逛，大街两边的教堂和建筑像大鸟展开翅膀，尽显巴洛克风格。

早餐：邮轮　午餐：邮轮　晚餐：邮轮　住宿：邮轮

第8天：（意大利）那不勒斯/卡普里（09：00抵达）

邮轮抵港后您可自行前往参观诺伯城堡、在公元79年因维苏威火山爆发而被火山灰埋没的庞贝古城及圣卡罗歌剧院等。您亦可自费前往民谣之乡——苏伦多，及风光明媚的蜜月胜地——卡布里岛游览观光。

早餐：邮轮　午餐：自理　晚餐：自理　住宿：自理

第四节　北海邮轮航线

北海是北大西洋东北部的边缘海，位于欧洲大陆的西北，由大不列颠岛、设得兰群岛、斯堪的纳维亚半岛、日德兰半岛和西欧大陆围成。

北海西部以大不列颠岛（英格兰与苏格兰）和奥克尼群岛为界；北海东部与挪威、丹麦、德国、荷兰、比利时和法国相邻；北海南部从法国海岸的沃尔德灯塔，越过多佛尔海峡（加来海峡）到英国海岸的皮衣角的连线为界；北海北部从苏格兰的邓尼特角，经奥克尼和设得兰群岛，然后往东到挪威海岸的连线为界。

●海域（海区）

北海海域（海区）南北长约965.40千米，东西宽约643.60千米，总面积为57.5万平方千米。北海位于西欧大陆架上，大部分为浅海大陆架，最高水深800米，平均水深为91～96米，容积为15.5万立方千米。除靠近斯堪的纳维亚半岛西南端有一平行于岸线的宽为28～37千米、水深200～800米的海槽外，大部分海区水深不超过100米，南部浅于40米；英格兰北面外海有很多冰碛物构成的沙洲、浅滩，其中面积达650平方千米的多个浅滩水深仅15～30米，是世界著名的浅海之一。海区内几个岛屿共占面积为的73平方千米。

北海南部接德国、荷兰、比利时、法国；北海西南部经多佛尔海峡和英吉利海峡与大西洋相通；北海北部经苏格兰与挪威间的缺口，以开阔水域与大西洋及挪威海相

接；北海东部经挪威、瑞典、丹麦之间的斯卡格拉克海峡、卡特加特厄勒海峡与波罗的海相通。

●海流与气旋

北海的水环流，同时受北来的大西洋海水和东来的波罗的海海水的影响，而从南部多佛尔海峡流入的海水则非常少。大部分海水来自北大西洋海流，沿奥克尼和设得兰群岛近岸南流。到南部后转为反时针方向，并沿挪威海岸流出，成为波罗的海海流。

同时北海又处于极锋南北徘徊位置，气旋活动频繁，尤其冬季（11月～次年3月）经常发生风暴，并可形成高达数米，甚至10米多的风浪，往往使海区南部的荷兰、丹麦、比利时和英国等沿岸地区遭受风暴潮袭击，给人民生命、财产造成危害。

北海近表层海流是气旋型环流，底层则不很规则，在设得兰群岛附近流速较强，中部减弱，一般不超过35厘米/秒。北海潮流较大，在开阔海区潮流流速为1～1.50米/秒，多佛尔海峡为2.50米/秒，设得兰群岛附近有时达5米/秒。

●气候与季节

北海海区位居高纬度，常年盛行西风，又有北大西洋暖流调节，冬季不结冰，夏季气温不高。2月平均气温为0～5℃，8月平均气温为15℃～17℃。年降水量比较多，北部达1 000毫米，南部为600～700毫米。季节分配均匀，属温带海洋性气候。

●水温与盐度

北海的表层水温，2月最低，为2℃～7℃；8月最高，为11℃～17℃。受海流特别是北大西洋暖流影响，冬季西北海区水温为7.5℃，而东南海区为2℃；夏季则相反，西北海区为13℃，东南海区为18℃。

北海的盐度随地区、季节而不同。由于大陆江河（莱茵河、易北河、威悉河、埃姆斯河和斯海尔德河）流入大量淡水，在挪威、丹麦、荷兰和德国等沿岸水域，即使冬季不太冷，也都结冰。而西部，由于入海淡水较少，并受北大西洋海流的影响，即使是严冬也无冰。

●沿岸国家

北海地区沿岸有七个国家：挪威、英国、爱尔兰、德国、比利时、荷兰、法国。

●北海邮轮航线

北海邮轮航线按照北海方位大体可分为：北海西部邮轮航线、北海北部邮轮航线如“挪威之旅”，北海东部邮轮航线如“波罗的海巡游”和“北欧之旅”，南部邮轮航线如“银色航道之旅”和“银色航道之旅—地中海之旅”。

本节分目简介如下北海邮轮航线：北海南部—地中海邮轮航线、北海东部邮轮航线—“波罗的海巡游”和“挪威之旅”邮轮航线。

一、北海南部—地中海邮轮航线

1. 线路名称

2015年MSC邮轮辉煌号　法国—英国—葡萄牙—西班牙12日

登船地点：汉堡　离船地点：热那亚

2. 邮轮简介

◆地中海邮轮·“辉煌”号

2009年7月12日（星期日），地中海邮轮·“辉煌”号正式进行下水礼。“辉煌”号是地中海邮轮的重量级全新旗舰号，邮轮总注册吨位（GRT）13.793 6万吨，船舶总长（LOA）333.30米，高66.80米，能容纳多达3 959名乘客。邮轮上有4个游泳池，包括一个可以被玻璃屋顶覆盖的游泳池。“辉煌”号的内部设计是“音乐”号和“管乐”号的放大和延伸，但也有一些新的设施，船上设施包括：一个大的展示休息室，一个夜总会，多个休息室和酒吧，图书馆，网络中心，购物廊等。邮轮为有孩子的家庭设计了儿童游乐中心和青少年活动项目。目前，“辉煌”号邮轮上的通用货币为欧元。每人每天6欧元的小费会自动扣在您的上船消费中，您在酒吧等消费需要加上服务费。

3. 行程简介

第01天：（德国）汉堡（18：30登船）

第02天：海上巡游

第03天：（法国）勒阿弗尔（抵港：08：00，离港：21：00）

第04天：（英国）南安普敦（抵港：08：00，离港：18：00）

第05天：海上巡游

第06天：（西班牙）拉科鲁尼亚（抵港：08：00，离港：15：00）

第07天：（葡萄牙）里斯本（抵港：13：00，离港：20：00）

第08天：（英国）直布罗陀（抵港：15：00，离港：21：00）

第09天：海上巡游

第10天：瓦伦西亚（抵港：08：00，离港：14：00）

第11天：（法国）马赛（抵港：13：00，离港：19：00）

第12天：（意大利）热那亚（抵港：09：00抵达）

4. 行程详情

第01天：（德国）汉堡（18: 30登船）

●汉堡港

汉堡港位于德国北部易北河下游，阿尔斯特河和比勒河汇合处，北距河口100余千米，临北海，通常吃水10米的船只可自由出入，10万吨级海轮可候潮出入河道港池。汉堡港是德国通向世界的海上门户，有300多条航线与世界1 100多个港口保持联系，易北河南岸的西港区和东港区均以远洋客船、近海班轮为主。

1189年，汉堡港这个深水河海两用港开始建设，迄今有800多年的历史。河道港湾全年多偏西风、温和湿润、冬雨较多，港池码头密布，舟楫往来不息……

1888年10月15日，德国汉堡自由港依托汉堡港正式建立，在125年的发展历史中，占汉堡港区大约1/5的汉堡自由港曾跻身世界上规模较大的经济自由区之一；这个由一条长达20多千米的围栏与其他港区隔开的“德国汉堡自由贸易区”，曾有进出的陆上通道关卡25个、海路通道关卡12个，区域约有16.2平方千米。汉堡自由港当初唯一的优势就是：货物在进港的时候不用付关税，只有在离港的时候才付关税。特别吸引北欧、波罗的海沿岸国家来此中转货物。自2013年1月1日开始，汉堡自由港贸易区正式取消，终结了它逾百年的历史。

第02天：海上巡游

乘坐地中海邮轮·“辉煌”号豪华邮轮，海上巡游多佛尔海峡和英吉利海峡，回味这两个海峡水道历史上的“通道和障碍”——发生过多次军事冲突和海战，体验这两个海峡水道上所开展的“银色航道之旅”。

◆多佛尔海峡（加来海峡）

多佛尔海峡（英语：Strait of Dover，法语：Pas de Calais加来海峡）长约40千米，东窄西宽，最窄处仅28.80千米；平均宽约180千米，最宽处达220千米；多佛尔海峡大部分水深24～50米，平均深度为30米，最深64米，最浅处仅24米。位于英吉利海峡的东部，介于英国和法国之间，是连接北海与大西洋的通道。加来海峡是法语对“多佛尔海峡”的称呼。

◆英吉利海峡（拉芒什海峡）——狭窄浅海

英吉利海峡又名拉芒什海峡。英吉利海峡是分隔英国与欧洲大陆的法国，并连接大西洋与北海之间的海峡。海峡长560千米，宽240千米，最宽处约180千米；最狭窄处又称多佛尔海峡，仅宽33.80千米。英吉利海峡面积75 000平方千米。英国的多佛尔与法国的加莱隔海峡相望。

英吉利海峡和多佛尔海峡总长约600千米，大体上以英国南岸的朴次茅斯到法国的塞纳河口为界。

英吉利海峡和多佛尔海峡实际上是分割大不列颠岛和欧洲大陆的狭窄浅海，也是欧洲最小的一个陆架浅海。原欧洲大陆和大不列颠岛相连，海峡是在阿尔卑斯造山运动中发生断裂下沉，被海水淹没而成。时至今日海峡地区仍在缓慢沉降。海峡两岸平直陡峭，多岛屿。海底多是河流带来的砂砾沉积物和岸壁崩落的碎石。

英吉利海峡和多佛尔海峡是世界上海洋运输最繁忙的海峡，战略地位重要。国际航运量很大，每年通过该海峡的船舶达20万艘之多，居世界各海峡之冠。历史上由于它对西、北欧各资本主义国家的经济发展曾起过巨大的作用，人们把这两个海峡的水道称为“银色的航道”。因此，在两个海峡水道上所开展的邮轮旅游亦可称之为“银色航道之旅”。

第03天：（法国）勒阿弗尔（抵港：08：00，离港：21：00）

勒阿弗尔——法国北部诺曼底地区继鲁昂之后的第二大城市，位于塞纳河河口，濒临拉芒什海峡即英吉利海峡，以其作为“巴黎外港”的重要的航运地位而著称，在法国经济中具有独特的地位。

◆勒阿弗尔港

勒阿弗尔港是一个深水海港，航道水深14米，可以昼夜不停地接待大型船舶，无须候潮进入。又面临繁忙的英吉利海峡，世界上1/4的货物在此通过。因此长期以来一直是欧洲的重要港口之一，不仅承担法国与南美洲、北美洲之间的货物转运，并且是来往西班牙、葡萄牙、爱尔兰和苏格兰的理想中转港口。

勒阿弗尔是法国海岸线上横渡大西洋航线的远洋船舶到欧洲的第一个挂靠港，也是离开欧洲前的最后经停港。按照港口吞吐量，勒阿弗尔是法国第二大输出港（仅次于马赛）；但按照集装箱货运量，集装箱货运量则居法国第一位。勒阿弗尔除了港口以外，还拥有藏品丰富的博物馆和一所大学。在体育方面，拥有法国最古老的职业足球俱乐部——勒阿弗尔足球俱乐部。2005年，奥古斯特·佩雷主持重建的勒阿弗尔城被列为世界文化遗产。勒阿弗尔的地理位置非常重要，它濒临英吉利海峡，位于法国四大河流之一塞纳河入海口的北岸，是首都巴黎的海上门户。

勒阿弗尔的气候类型属于温带海洋性气候，终年盛行西风和西南风，冬季温和，1月平均气温高于0℃；夏季凉爽，7月平均气温25℃。常年湿润多雨，全年平均降雨量约800毫米。

能源（原油和煤）占港口运输总量的65%。按照码头类别，港区主要码头泊位依次是：集装箱码头、油码头、杂货码头、散货码头、油突堤；占有岸线长度较长的则依次是：集装箱码头（3 700米）、杂货码头（2 205米）、油码头（1 582米）、散货码头（654米）和油突堤（400米）。散货码头最大可靠25万载重吨的船舶，油突堤最大可靠55万载重吨的超级油船。码头装卸效率：煤炭每小时卸1 200吨；散糖每小时600吨；矿石每小时卸2 000吨。

第04天：（英国）南安普敦（抵港：08：00，离港：18：00）

南安普敦——英格兰南部海岸的大型港口城市，是邮轮欧洲北部航线停靠的港口之一。南安普敦位于美丽的汉普郡，是去往英格兰南部诸多历史景点的必经之地。南安普敦是个大学城，这里有英格兰最长的中世纪城墙，还有“都铎老屋博物馆”（建于1496年）。您可以在城里度过您愉快的一天。浏览一流的旅游地，诸如以11世纪大教堂和具有传奇色彩的亚瑟王圆桌而闻名的古都温彻斯特。自然爱好者会被“新森林国家公园”

的自然风光所吸引，这个面积广阔的国家公园是徒步和骑马的理想之所。“尤利皇宫庄园”就在附近，这是一处哥特式庄园，拥有多个大花园、古老的修道院、老爷车引擎博物馆和游乐园，在这里您能重温历史。

您若是举家同游，不妨带着孩子前往马韦尔动物园，感受独特的假日体验。南安普顿距离伦敦仅1小时40分钟的车程，这对于从未去过英国首都的游客来说绝对是个好消息。南安普顿绝对会给您的假期带来特别的意义。

第05天：海上巡游

南安普敦——中世纪时就是英格兰南部海岸的重要港口。涨潮时间长，船舶每日有7小时可以进港。为英国重要的远洋贸易港；也是英国主要的客运港。有轮渡与海峡群岛、怀特岛以及法国的拉科鲁尼亚相通。是全国最大的造船和修船中心之一，拥有巨大的干船坞。

第06天：（西班牙）拉科鲁尼亚（抵港：08：00，离港：15：00）

拉科鲁尼亚——位于西班牙西北部濒临大西洋的一座港口城市，属于加利西亚大区，是拉科鲁尼亚省的省会；是一个美丽的滨海城市，位于大西洋的拉科鲁尼亚湾，海岸线蜿蜒曲折，拥有13.5千米长的海岸线，是一个天然海港。

这里气候温和宜人，夏季平均气温21.5℃，冬季为10.8℃，被誉为“大西洋的阳台”。拉科鲁尼亚建立于古罗马时期，城市的名字来自古罗马人的定居点。拉科鲁尼亚至今仍存在古罗马时期建造的赫拉克利斯灯塔。这座以希腊神话中的大力士命名的灯塔使用了近二千年。

拉科鲁尼亚观光，可以通过三条历史旅游线路来概括。

第一条路线是老城，古城原来是一座被城墙环绕的中世纪城堡，现在只保留下来小部分，但是整体却保留了古城在城市布局中的魅力以及建筑结构的和谐性。

第二条线路包括市中最活跃的地区：佩卡斯德里亚区的玛利亚美术馆位于城市中心，面对海边码头。另一边是市政广场，广场的主要建筑物是市政厅，市政厅正面是凿石构造，穹顶颜色艳丽。

您也可以选择通往郊外的第三条旅行线路，游览方尖碑、卢戈广场和加利西亚。海克力士塔非常值得一游。您可以先参观灯塔基地下的资料介绍室，然后攀登200多级的阶梯，来到海拔100米的灯塔顶。

拉科鲁尼亚是一座悠久历史的海港之城，海边建筑上密密麻麻的玻璃结构，让人叹为观止，于是，这座城市也就有了“玻璃之城”的美名。

第07天：（葡萄牙）里斯本（抵港：13：00，离港：20：00）

里斯本——葡萄牙首都，全国最大的海港城市，葡萄牙的政治、文化中心。市区面积82平方千米，人口约56万。里斯本位于欧洲大陆的最西端，伊比利半岛的特茹河河口，靠近大西洋，是典型的海洋城市。里斯本气候良好，全年大部分时间风和日丽，温暖如春，舒适宜人。城北为辛特拉山，塔古斯河流经城南入海，河口宽阔，远望一片汪洋，夕阳斜照，闪烁万道金光，里斯本被称之为“稻草海”。

受大西洋暖流影响，里斯本气候良好，冬不结冰，夏不炎热。1～2月份的平均气温为8℃，7～8月份平均气温为26℃。全年大部分时间风和日丽，温暖如春，舒适宜人。

河上架有萨拉扎尔大桥，长3 018米，中心跨距1 013米，为欧洲最长的吊桥。里斯本沿特茹河延伸，城区范围不大，十分适合步行，自由大道和罗西乌广场为市中心。主要古迹集中在阿尔法玛区。市郊贝连虽然距离里斯本有点远，但确聚集相当多的博物馆及纪念碑，是里斯本之旅必到的景点。这里还保存有葡萄牙帝国的荣光，从维护良好的博物馆及古迹上，可以怀想当年帝国的兴盛及奢华。里斯本的餐馆主要集中在罗西奥广场和百夏步行街一带。菜以海鲜为主，各种鱼虾应有尽有。餐馆一般把价目单贴在或挂在门外，明码标价，便于选择。

第08天：（英国）直布罗陀（抵港：15：00，离港：21：00）

直布罗陀是英国的海外属地之一，位于西班牙南面，与直布罗陀海峡、地中海、大西洋相邻，是欧洲伊比利亚半岛南端的城市和港口。在直布罗陀海峡西端的北岸，是大西洋同地中海的交通要道，南对非洲的摩洛哥的丹吉尔市。

在直布罗陀，您将会看到历史的重现。丰富多彩的纪念活动如举世闻名的卫兵交接仪式、安全守卫仪式已举行了几个世纪之久。直布罗陀美术馆是建于14世纪的最佳美术馆之一。在摩尔人澡堂，您将会看到一系列展现岩石非凡历史的令人着迷的展览品。这个地方的历史可追溯至石器时代早期，1848年，人们在这里发现了第一个尼安德特人的头骨。

自从人们初次探索海洋开始，船只和水手就已进驻直布罗陀海海湾。对于古希腊人而言，直布罗陀就是通往外界的门户。

直布罗陀岛上拥有数不胜数的野生物种，不愧为自然爱好者的天堂。当地特有的巴巴利猿（叟猴）是全欧洲唯一的野生灵长类动物。它们生活在属于自己的天然栖息地，年轻游客一定会喜欢上这些奇异的小猴子们!

直布罗陀被广泛地认为是一处独特的自然生态地；直布罗陀巨岩的一部分被划为自然保护区。面积虽小却集聚了大量可供游览的景点。

步行是游览直布罗陀最好的方式，您也可以坐观光电缆车进入自然保护区。

不管您热爱历史还是醉心自然，无论是大人还是孩子，直布罗陀都会让您心满意足，它是您地中海假期中一处虽小却不失精彩的目的地。

第09天：海上巡游

地中海西经直布罗陀海峡可通大西洋，东北经土耳其海峡接黑海，东南经苏伊士运河出红海达印度洋，是欧亚非三洲之间的重要航道，也是沟通大西洋、印度洋间的重要通道。沿岸重要海港有直布罗陀（英）、马赛（法）、热那亚、那不勒斯（意）、斯普利特、里耶卡（克罗地亚）、都拉斯（阿尔巴尼亚）、阿尔及尔（阿尔及利亚）、塞得港（埃及）等。

第10天：瓦伦西亚（抵港：08：00，离港：14：00）

瓦伦西亚位于西班牙东南部，东濒大海，是西班牙第三大城市和第二大海港，号称是欧洲的“阳光之城”，被誉为“地中海西岸的一颗明珠”。在这座公元138年建立的古城里，既有15世纪哥特风格的拱顶与浮雕，也有令人惊叹的21世纪建筑杰作。

第11天：（法国）马赛（抵港：13：00，离港：19：00）

马赛——是一座有着2500年历史的古城，也是法国第二大城市和第三大都会区，还是全世界小资们向往之地——普罗旺斯的首府。它位于地中海沿岸，原属于普罗旺斯省。它是法国最大的商业港口，也是地中海最大的商业港口。

马赛三面被石灰岩山丘所环抱，景色秀丽，气候宜人。马赛东南濒地中海，水深港阔，无急流险滩，万吨级轮可畅通无阻；西部有罗纳河及平坦河谷与北欧联系，地理位置得天独厚。

初到马赛，可能会对这个城市有些不屑，它看起来太不起眼了，没有经过规划的街道，人行道边的涂鸦，让人觉得整个城市都是慵懒随意而又杂乱无序的。但是马赛又是清凉甜美的，马赛旧港内，那一溜白帆和流水中颤动的影子、高阔的蓝天、码头上的法文招贴、婴儿车中的漂亮宝贝和他们娴雅悠然的母亲，都在提醒你，这里是普罗旺斯的马赛，是包容了浓郁地中海风情和浪漫法国气质的极致之地。

第12天：（意大利）热那亚（抵港：09：00抵达）

上午09：00左右邮轮抵达热那亚码头，在领队帮助下前往前台办理结账手续，美妙的“北海—地中海之旅”结束。

二、北海东部邮轮航线

北海东部邮轮航线如“北海东部—波罗的海巡游”和“北海东部—北欧之旅”。

北海东部海域及其延伸的波罗的海区域由于纬度和气候的关系，每年北欧和波罗的海适合邮轮航行的时间只有5月至9月之间，在这（不足半年的）5个月时间里让这两个海域航程显得弥足珍贵。

斯卡格拉克海峡位于日德兰半岛和挪威南端、瑞典西南端、丹麦之间，西通北海，东经斯卡特加特海峡和厄勒海峡/松德海峡连接波罗的海，是波罗的海沿岸国家通往北海以及大西洋、北冰洋的重要通道。东西长约300千米，宽度为110～130千米。

邮轮航行几乎串联起了北欧及其延伸区域的各大港口城市，包括（丹麦首都）哥本哈根、（挪威首都）奥斯陆、（瑞典第二大城市）哥德堡、（德国）瓦尔内明德、（爱沙尼亚首都）塔林、（俄罗斯）圣彼得堡、（芬兰首都）赫尔辛基、（瑞典首都）斯德哥尔摩等港口城市，是一次性周游北海东部海域和波罗的海风光的绝佳机会。

值得一提的是，作为阿拉斯加湾航线游的领导者，公主邮轮在阿拉斯加这一美国第49州拥有非常重要的一席之地。总部位于西雅图的公主邮轮在享有“夜半太阳国”之称的阿拉斯加拥有众多的壮美陆上和海上旅游线路。作为阿拉斯加邮轮旅游公司，公主邮轮在此运营多达八艘邮轮、五栋河畔原野木屋旅馆、豪华观光车队和豪华观景专列——便于宾客进入阿拉斯加内陆，享受其绝无仅有的“深入旷野”的专享体验。因此，公主邮轮的宾客可在此一站式尽享邮轮和岸上美妙旅程，饱览阿拉斯加最热门景点欧洲海陆度假套餐——为进一步丰富宾客的欧洲探索之旅，公主邮轮推出了四个海陆套餐行程，包含邮轮行程与导游全程陪同陆地行程，例如：巴黎及法国乡村风情；爱尔兰凯里之环；经典意大利，途经著名的威尼斯、佛罗伦萨和罗马；欧洲帝国风情珍宝，探访布达佩斯、维也纳、布拉格和柏林，以及前往瑞士的因特拉肯和琉森，纵览灵山秀色，并在科摩湖上乘坐游船。

地中海航线——除盛世公主号外，“皇家公主”号也将推出全新的11天地中海全览航线和10天西地中海航线，并可组合形成21天地中海全览集锦之旅。此外，“皇家公主”号还提供为期14天、21天、28天的地中海航次。

斯堪的纳维亚半岛和俄罗斯航线——“帝王公主”号将重返北欧，并与“皇冠公主”号、“太平洋公主”号、“帝王公主”号共同开启斯堪的纳维亚半岛和俄罗斯热门航线。其中从伦敦（南安普顿或多佛）和哥本哈根出发的航次将在圣彼得堡、伦敦过夜停靠。“太平洋公主”号将开启全新的波罗的海传承之旅，从伦敦（多佛）出发，在斯德哥尔摩和圣彼得堡过夜停靠。

英国列岛航线——公主邮轮将在2017年欧洲航季中推出有史以来规模最大的英国列岛航线——“加勒比公主”号的12个航次和“太平洋公主”号的2个航次，其中部分航次的最后一晚停靠爱丁堡，宾客将有机会体验世界著名的爱丁堡皇家军乐节。所有为期12天的英国列岛航线都将在晚间停靠全新推出的贝尔法斯特港，部分从伦敦（南安普顿）出发的精选航线还将在都柏林过夜停靠。

2016年欧洲航季中，公主邮轮将重返加那利群岛并首次前往位于克罗地亚、爱尔兰、挪威和苏格兰的多个港口。

欧洲航季——“深度岸上观光”项目的亮点包括：在都柏林及圣彼得堡的过夜停靠航次，以及在超过15个国家的晚间停靠航次。2017年所有欧洲航次将于美国时间2015年12月3日（周四）开始接受预订。

2017年公主邮轮欧洲航季亮点——“盛世公主号”将于2017年4月4日从罗马（奇维塔韦基亚）盛大首航，开启为期5天的首个亚得里亚海往返航次，中途停靠科托尔港和科孚岛。此后，从2017年4月9日至5月14日，可搭载3 560名宾客的“盛世公主”号将从巴塞罗那、雅典和罗马出发，开启一系列为期14天、21天和28天的地中海航次。

2017年夏天，公主邮轮推出一系列全新停靠港口，其中包括豪格松（挪威）、奥本（苏格兰）、锡拉库萨（意大利西西里）、于尔维克（挪威）和圣特罗佩（法国）。冰岛和挪威航线——“皇冠公主”号和“太平洋公主”号将在夏至极昼期间，带领宾客展开挪威北角之旅，深入北极圈。

线路名称

（一）“帝王公主”号——波罗的海巡游7国14日

1. 出发日期：2016年6月2日、7月5日、8月7日（分别出发）

2. 线路特色

最具童话色彩之城——丹麦首都哥本哈根起航，斯堪的纳维亚半岛最古老的都城——挪威首都奥斯陆，德国首都——柏林，欧洲的“十字路口”——爱沙尼亚首都塔林，俄罗斯历史文化名城——圣彼得堡，“波罗的海的女儿”——芬兰首都赫尔辛基，“北方威尼斯”——瑞典首都斯德哥尔摩，瑞典西部风光秀丽的海港城——哥德堡。

3. 邮轮简介

“帝王公主”号

2014年5月，最新下水的“帝王公主”号邮轮开启了海上全新旅程！独特的“海上漫步”体验惊险刺激！公主邮轮无可挑剔的餐饮和服务品质一定让您满意而归！

4. 行程简介

第01天：（航空）北京—哥本哈根

第02天：（丹麦首都）哥本哈根“帝王公主”号

第03天：（挪威的首都）奥斯陆

第04天：（瑞典第二大城市）哥德堡

第05天：（德国）瓦尔内明德

第06天：“帝王公主”号 海上巡游

第07天：（爱沙尼亚首都）塔林

第08天：（俄罗斯）圣彼得堡

第09天：（俄罗斯）圣彼得堡

第10天：（芬兰首都）赫尔辛基

第11天：（瑞典首都）斯德哥尔摩

第12天：“帝王公主”号 海上巡游

第13天：（航空）哥本哈根—北京

第14天：北京

5. 行程详情

第01天：北京—哥本哈根

今日于首都机场3号航站4层6号门内集合，我们的专业领队会等您。客机转机飞往（丹麦首都）哥本哈根。抵达机场后，提取行李，安排专车接机返回酒店休息，调整时差，准备迎接精彩的旅程……

哥本哈根地处北欧海、陆、空交通枢纽，是丹麦的政治、经济及文化中心，也是北欧最大的贸易城市。因为有许多与巴黎相似之处，如有许多宫殿、博物馆和各种娱乐园及公园，最著名的有克里斯蒂安六世的宫殿，还有北欧最早（1479年）的大学——哥本哈根大学等，素有“北方巴黎”之美称

住宿：当地四星级　用餐：不含

第02天：（丹麦首都）哥本哈根

酒店享用早餐后，开始市区游览（以下景点合计约2小时），首先来到哥本哈根市政厅广场——哥本哈根的心脏，也是全国的神经中枢，网状的公路从广场通向丹麦的四面八方。参观举世闻名的大文豪安徒生雕像，还有议会大厦采用圆盘形状，主体四周为

白色大理石圆柱，其建筑风格融合了印度传统风格与维多利亚时期的特点。接着游览哥本哈根的象征——美人鱼雕像，取材于安徒生的童话“海的女儿”的故事。雕像完成于1913年，出自丹麦雕塑家埃里克森之手，由嘉士伯啤酒的创始人雅格布森出资。雕像多灾多难，经常成为袭击目标，曾多次被盗或被毁。最近的一次是2003年9月被人推到了大海里，但所幸的是原铸造模具仍保留着，使得雕像得以修复。

15：00在领队协助下办理登船手续，登船之后就可以开始享受游轮上的各种娱乐设施！并伴随港口唯美的景致，享用船上晚餐。18：00豪华邮轮“帝王公主”号开航，开始轻松浪漫的斯堪的纳维亚和波罗的海海上浪漫之旅！

厄勒海峡/松德海峡在瑞典南部同丹麦西兰岛之间，接通波罗的海、卡特加特海峡和北海的主要通道。长110千米，宽4～28千米，水深12～28米，是波罗的海最深的水道。萨尔霍姆岛分海峡为东、西两部分。沿岸重要海港有丹麦的哥本哈根和瑞典的马尔摩。

厄勒海峡大桥/欧尔松大桥，连接哥本哈根和瑞典第三大城市马尔默，于1995年开始动工，2000年7月1日正式通车。号称“全球第十大桥”的厄勒海峡大桥全长16千米，由西侧的海底隧道、中间的人工岛和跨海大桥（长7 845米）三部分组成。跨海大桥（斜拉索桥）长7 845米，上为4车道高速公路，下为对开火车道，共有51座桥墩，中间是斜拉索桥，跨度490米，高度55米，是目前世界上承重量最大的斜拉桥。

住宿：豪华邮轮　用餐：早中晚餐

第03天：（挪威的首都）奥斯陆

斯卡格拉克海峡是北海的一部分，东南经卡特加特海峡和厄勒海峡通波罗的海，外形大致呈平行四边形。海峡西口的方向与本区的盛行西风基本一致，多大风，航行常受影响。使大西洋暖流的一股得以进入海峡，调节了海峡气候，冬季温暖湿润、不封冻。海峡内海流较微弱，其北侧为西流，南侧为东流，与波罗的海交换海水。海峡中还有来自波罗的海的盐度较小的海流从海峡表层流向北海。

斯卡格拉克海峡处在一条东西向的大断裂带上，北岸至今仍在继续沉降，由此形成了一系列深凹的峡湾（如奥斯陆峡湾）和海底溺谷。

沿岸主要港口有挪威的奥斯陆和克里斯蒂安桑以及瑞典的斯特伦斯塔德。在克里斯蒂安桑和丹麦的希茨海尔斯之间设有轮渡。“帝王公主”号邮轮停靠在挪威首都——奥斯陆。

奥斯陆是挪威的首都和最大城市，1952年在奥斯陆曾经举办过冬季奥运会。1993年5月，在美国的主导下，以色列和巴勒斯坦在这里签订了著名的奥斯陆协议。另外，奥斯陆也是诺贝尔和平奖的颁奖地，每年的颁奖仪式在奥斯陆市政厅举行。奥斯陆整个城市濒临迂回曲折的奥斯陆峡湾，背倚巍峨耸立的霍尔门科伦山，既有海滨城市的旖旎风光，又有依托高山密林的雄浑气势，自然环境十分优美。

住宿：豪华邮轮　用餐：早中晚餐

第04天：（瑞典）哥德堡

邮轮停靠在瑞典第二大城市——哥德堡。

哥德堡是仅次于（首都）斯德哥尔摩的瑞典第二大城市。哥德堡近邻瑞典与挪威的边界，也是瑞典经济最发达的城市之一。哥德堡是瑞典享誉全球的汽车制造厂沃尔沃汽车之创厂地，而瑞典超级足球联赛中的哥登堡足球会则是一支以哥德堡为主场的球队。同时它也拥有在斯堪的纳维亚地区最多学生的哥德堡大学。

住宿：豪华邮轮　用餐：早中晚餐

第05天：（德国）瓦尔内明德

邮轮停靠在距德国首都柏林240千米的瓦尔内明德港口。

德国首都柏林是德国最大的城市，柏林扮演了一个欧洲大陆上航空与铁路运输交通枢纽的角色，同时它也是欧盟内游客数量最多的城市之一。

住宿：豪华邮轮　用餐：早中晚餐

第06天：海上巡游

波罗的海长约1 600千米，平均宽度190千米，面积42万平方千米，大部分水深70～100米，最深处哥特兰沟深459米，是地球上最大的半咸水水域。波罗的海四面几乎均为陆地环抱，整个海面介于瑞典、俄罗斯、丹麦、德国、波兰、芬兰、爱沙尼亚、拉脱维亚、立陶宛9个国家之间。

今日全天享受海上休闲时光：您可免费体验剧场表演、星空影院、游泳池、健身房、运动场、高尔夫推杆、图书馆、阅览室、各种课程、儿童活动中心以及娱乐部员工带领客人玩的各种游戏等。或自费参加SPA项目、私教课程、高尔夫模拟器、后台参观（舰桥、引擎室等）、品酒会、圣殿休憩区躺椅等。

住宿：豪华邮轮　用餐：早中晚餐

第07天：（爱沙尼亚首都）塔林

邮轮停靠在（爱沙尼亚首都）塔林。

塔林：波罗的海芬兰湾爱沙尼亚共和国的首都。丹麦统治期间的旧称列巴尔，沙俄时代名为列威利，苏联时代名为塔林。风景如画的老城是联合国教科文组织世界遗产，吸引了许多游客。旅馆、餐厅等设施也得到了很大的发展。在旅游区广泛使用英语。

住宿：豪华邮轮　用餐：早中晚餐

第08天：（俄罗斯）圣彼得堡

波罗的海向东伸入芬兰和爱沙尼亚、俄罗斯之间的称芬兰湾，向北伸入芬兰与瑞典之间的称波的尼亚湾。围绕波罗的海的国家有挪威、瑞典、芬兰、俄罗斯、波兰、德国和丹麦。

邮轮停靠在（俄罗斯）圣彼得堡，至次日驶离港口。

圣彼得堡旧称“列宁格勒”“彼得格勒”，俗称“彼得堡”，位于俄罗斯西北部，波罗的海沿岸，涅瓦河口。圣彼得堡是俄罗斯第二大政治、经济中心，也是俄罗斯西北地区中心城市，全俄重要的水陆交通枢纽。1712年彼得大帝迁都到彼得堡，一直到1918年的200多年的时间里这里都是俄罗斯文化、政治、经济的中心。圣彼得堡又称为俄罗斯的“北方首都”。

住宿：豪华邮轮　用餐：早中晚餐

第09天：（俄罗斯）圣彼得堡

今日驶离港口前，您可继续游览圣彼得堡。圣彼得堡是俄罗斯通往欧洲的窗口，也是一座科学技术和工业高度发展的国际化城市。拥有众多的高等院校、科学研究机构，被称为俄罗斯的科学、文化艺术和首都。

住宿：豪华邮轮　用餐：早中晚餐

第10天：（芬兰首都）赫尔辛基

邮轮停靠在（芬兰首都）赫尔辛基。

赫尔辛基：濒临波罗的海，是一座古典美与现代文明融为一体的都市，既体现出欧洲古城的浪漫情调，又充满国际化大都市的韵味。同时，她又是一座都市建筑与自然风光巧妙结合在一起的花园城市。市内建筑多用浅色花岗岩建成，有“北方洁白城市”之称。（请报名参加上岸观光）

住宿：豪华邮轮　用餐：早中晚餐

第11天：（瑞典首都）斯德哥尔摩

邮轮停靠在（瑞典首都）斯德哥尔摩。

斯德哥尔摩：瑞典首都，瑞典第一大城市。瑞典国家政府、国会以及皇室的官方宫殿都设于此。斯德哥尔摩位于瑞典的东海岸，濒波罗的海，梅拉伦湖入海处，风景秀丽，是著名的旅游胜地。市区分布在14座岛屿和一个半岛上，70余座桥梁将这些岛屿联为一体，因此享有“北方威尼斯”的美誉。

住宿：豪华邮轮　用餐：早中餐

第12天：海上巡游——波罗的海

对于爱好美食的您，公主邮轮的餐饮是绝对不容错过的。公主邮轮船队的行政总厨阿尔弗雷德·马尔齐于1975年加入公主邮轮。多年以来，作为皇室纪念宴会的厨艺总监，他已向包括英女王伊丽莎白二世、威尔士王妃戴安娜、意大利国王翁贝托以及美国总统老布什在内的许多名人提供了卓越的美食体验。由阿尔弗雷德打造的公主邮轮系列美食入选法国国际美食家协会。除了正餐厅和各种付费特色餐之外，还有24小时开放的国际咖啡、英式下午茶、阿尔弗雷德比萨、冰激凌吧等多种休闲用餐选择。

住宿：豪华邮轮　用餐：早中晚餐

第13天：（航空）哥本哈根—北京

丹麦首都哥本哈根是此次邮轮行程的起点和终点。

清晨05:00左右，邮轮抵达哥本哈根码头，在领队帮助下前往前台办理结账手续，美妙的海上旅程结束。接着乘车前往机场办理登记手续；搭乘航空公司客机转机返回北京。

第14天：北京

今日抵达首都机场，满载欧洲的精彩记忆回到温馨的家……

（二）“挪威之星”号——挪威之旅（10日）

1. 线路特色

丹麦首都哥本哈根启航，奥勒松——充满新艺术风格的特色建筑，峡湾环绕的自然景观，挪威当之无愧最有名的峡湾——吉兰格峡湾，被列为世界文化遗产之一的“布吕根人字屋”，世界闻名的山地铁路弗洛姆铁路起点——弗洛姆。

2. 邮轮简介

“挪威之星”号邮轮

2001年，NCL“挪威之星”号邮轮完成处女航，成为自由闲逸的船队的其中一员。总注册吨位（GRT）9.174 0万吨，客房数量1 174间，载客量2 348人，工作人员1 083人，船舶总长（LOA）294米，船宽82米，甲板楼层14层，吃水深度8.20米，航行速度25节。邮轮拥有13个餐饮选择，从亚洲美食到法式大餐，各种种类齐备。我们提供了众多客房选择，无论是经济实惠的内侧客房还是豪华舒适的套房。无论您想要什么，都可以在这里找到，与“挪威之星”号邮轮一起畅游阿拉斯加或是墨西哥湾沿岸。

3. 行程简介

第01天：北京—（丹麦）哥本哈根

第02天：（丹麦）哥本哈根 挪威之星（邮轮启航18：00）

第03天：海上巡航

第04天：（挪威）奥勒松（靠岸07：00，离岸17：00）

第05天：（挪威）盖朗格峡湾（靠岸07：00，离岸19：00）

第06天：（挪威）弗洛姆（靠岸09：00，离岸19：00）

第07天：（挪威）卑尔根（靠岸07：00，离岸17：00）

第08天：海上巡航

第09天：（丹麦）哥本哈根—北京

第10天：北京

4. 行程详情

第01天：（航空）北京—（丹麦）哥本哈根

北京首都国际机场搭乘国际航班飞往（童话王国丹麦首都）哥本哈根，抵达后前往酒店办理入住，调整时差。

住宿：当地四星级　用餐：不含

第02天：（丹麦）哥本哈根　挪威之星（邮轮启航18：00）

酒店早餐后，专车带您参观克里斯蒂安宫（外观）、美人鱼雕像、阿美琳堡（外观），新港运河徒步区。美人鱼雕像是哥本哈根的标志和一个主要的旅游景点。阿美琳堡——卡洛斯国王和索菲娅王后的冬季居住地，是丹麦最优秀的一处洛可可建筑。新港运河徒步区，在丹麦首都哥本哈根是最受当地人和游客欢迎的地方，丹麦作家安徒生也曾居住于此。

中午前往码头，请务必提前3小时以上抵达码头办理登船手续。我们领队协助您办理登船手续上船。邮轮于晚上启航前往挪威首都奥斯陆。傍晚约18：00离港启航。

包含：旅游用车，导游服务，游览克里斯蒂安宫（外观），美人鱼雕像，阿美琳堡（外观），新港运河徒步区，游览时间约为4小时。

住宿：邮轮　用餐：早中晚餐

第03天：海上巡航

今日展开海上巡游。蓝色的大海向您敞开温暖的胸怀，欢迎您的来访。您会在豪华巨轮上轻松愉快的发现人生喜悦，为您精心安排的节目，更让您不虚此行。

盛大的宴会将在海上举行，从早晨到午夜连续不断供应的各式美味大菜，让您享尽口福，船上除了酒、烟要自行购买，其它的食物、大菜、自助餐、正餐时的大部分非酒精饮料都免费供应，您可尽情享用!

住宿：邮轮　用餐：早中晚餐

第04天：（挪威）奥勒松（靠岸07：00，离岸17：00）

奥勒松地理位置极佳，坐落在挪威默勒—鲁姆斯达尔郡的三个岛屿上。如果自然美景还不够，那么这里美丽的建筑一定让你目不暇接，奥勒松地区随处可见的充满新艺术风格的建筑。我们将到阿克斯拉观景台360°俯瞰奥勒松全景，阿克斯拉观景台位于奥勒松背后的一座小山上，海拔189米。几乎每一个来到奥勒松旅行的人都会通过418级台阶爬上这里俯瞰奥勒松美丽的风景。爬山途中会经过一尊法国鲁昂市赠送给奥勒松市的罗隆雕像。如果时间充裕我们将前往奥勒松博物馆了解当地历史文化，包括捕猎海豚、捕鱼、海运、1904年几乎毁掉全城的大火和“二战”期间被德国占领时的状况。奥勒松，就是躺在峡湾臂弯里的一座最美丽的小城。为数众多的塔楼和装饰品使这座小镇充满了童话风情。

住宿：邮轮　用餐：早中晚餐

第05天：（挪威）盖朗格峡湾（靠岸07：00，离岸19：00）

“老鹰之路”——沿着63号公路行走，经过一段弯曲的上坡路，就是挪威黄金公路之一的老鹰之路，俯瞰峻峭的山壁和蔚蓝深邃的峡湾交织成的美景，令人感到不虚此行。接着的是被列入世界18条奇特公路之一、蜿蜒曲折美丽的“精灵之路”，传说中的挪威侏儒精灵就住在这峭壁森林里。前往挪威四大峡湾中最为美丽神秘的盖朗格峡湾，搭乘峡湾游船畅游峡湾，两岸山势俊秀壮丽。每到夏季，著名的七姐妹瀑布水势磅礴，分裂成七条水柱哗然而下，再次让您感受大自然奥妙神奇。

住宿：邮轮　用餐：早中晚餐

第06天：（挪威）弗洛姆（靠岸09：00，离岸19：00）

挪威弗洛姆小镇，坐落在艾于兰峡湾的中心地区，小镇隐藏在三面大山的怀抱中，清秀美丽，魅力无穷。弗洛姆小镇只有400人，但每年来自世界各地的游客达100万人。这里有着挪威峡湾特有的美丽风光；更重要的是，世界闻名的山地铁路——弗洛姆铁路的起点就在这里。我们乘坐从伏斯到弗罗姆的高山景观火车，沿途穿越高山，降至深谷，穿过隧道，越过田野，纵谷、峡湾景观万千，美景千回百转，清澈地倒映在峡湾湖面，冰河遗迹也一一呈现，挪威缩影、火车美景尽入眼帘。

住宿：邮轮 用餐：早中晚餐

第07天：（挪威）卑尔根（靠岸07：00，离岸17：00）

卑尔根位于挪威的西南方，刚好位于“七大山”的中间。卑尔根是西挪威的非正式首都，也是挪威对外的大门。而也因为其峡湾地形适合大型船集操作，令卑尔根成为欧洲最大的邮轮港之一。是挪威的第二大城，也是西海岸最大最美的港都，落在挪威西海岸陡峭的峡湾线上，是座风光明媚的港湾之城。作为中世纪挪威建筑的代表，这里被列为世界文化遗产。穿行于建筑物之间，体验着汉萨城市的繁荣，游览著名的鱼市、布吕根博物馆（外观）、霍肯松王行宫（外观）、玛利亚教堂和罗真库朗茨塔（外观）。

住宿：邮轮 用餐：早中晚餐

第08天：海上巡航

今日展开海上巡游。蓝色的大海向您敞开温暖的胸怀，欢迎您的来访。您会在豪华巨轮上轻松愉快地发现人生喜悦，为您精心安排的节目，更让您不虚此行。

盛大的宴会将在海上举行，从早晨到午夜连续不断供应的各式美味大菜，让您享尽口福，船上除了酒、烟要自行购买，其它的食物、大菜、自助餐及正餐时的大部分非酒精饮料都免费供应，您可尽情享用！

住宿：邮轮 用餐：早中晚餐

第09天：（航空）哥本哈根—北京

哥本哈根靠岸05：00。邮轮于早上抵达码头，导游协助团友办理离船手续，上岸后根据航班时间安排市区自由购物，下午送往机场，乘坐飞机返回北京。

用餐：早中晚餐

第10天：北京

您将抵达北京，带着难忘的地中海豪华邮轮之旅回到您温馨的家。

第五节 东北亚海域邮轮航线

东北亚通常指亚洲东北部地区。广义的东北亚包括日本、朝鲜半岛（朝鲜、韩国）、中国的东北地区和华北地区、蒙古国和俄罗斯的远东联邦管区。东北亚地区彼此文化联系的历史长达2000多年，中国的汉文化对这个地区的影响深远，多数地区亦为汉字文化圈。

东北亚海域涉及千岛群岛、日本列岛、琉球群岛、朝鲜半岛、远东滨海、日本海与鄂霍次克海两大边缘海和海峡通道以及海港与空港要地等空间。

一、渤海—黄海—（中韩）邮轮航线

（一）天津—仁川//首尔—济州—天津邮轮航线

1. 线路名称

MSC地中海邮轮“抒情”号天津—仁川//首尔—济州—天津（5晚6天）

2. 邮轮航期：2017年11月19日～2017年11月24日

3. 邮轮简介

◆地中海邮轮·“MSC抒情”号

“MSC抒情”号邮轮是代表MSC进驻中国的“明星之船”。经过全新改造之后，将为中国游客带来焕然一新的纯正“地中海式度假体验”。如果您偏爱庄重却不失休闲的气氛，“MSC抒情”号邮轮是您理想的选择。

“MSC抒情”号邮轮于2003年投入使用，2015年最近装修。邮轮吨位6.559 1万吨，船舶总长（LOA）274.90米，船宽（BM）32.00米，高54米。甲板楼层13层，船舱总数780间，载客量2 069人。平均航速21节。各项精彩的娱乐活动和设施能满足不同年龄和喜好人群的度假需求。偌大的“百老汇”剧院、未来感十足的蓝调迪斯科舞厅、“拉斯维加斯娱乐场”、虚拟游戏、电玩室等，打造完美休闲时光；设备完备，舒适的各式客房为您提供完美休息场所。

作为最适合中国乘客的“MSC抒情”号邮轮，全部标识中文化，餐食全新加入中式菜品，让您在传统而优雅的环境中体会到温馨的舒适感。“MSC抒情”号邮轮特邀世界顶级厨师、亚洲最年轻的创意型厨师、被誉为中国菜设计大师的梁子庚定制中式菜单。

地中海邮轮以专注细节以及宁静的意大利典雅风格而著称。在“抒情”号上您会发现邮轮本身就如同目的地一样，也是您旅途的重要部分，让您在完美格调中完成前往目的地的旅程。

凯撒旅游自2011年起连续包船，娴熟的操作、专业的领队和工作人员给客人提供的悉心服务，让您享受一次舒适的邮轮假期。

4. 行程简介

第1天：（中国）天津（11:00登船，17:00起航）—（韩国）仁川

第2天：海上巡游

第3天：（韩国）仁川（07:00抵港）—（乘车）首尔（乘车）—仁川（16:00登船，17:00离港）—济州

第4天：（韩国）济州（14:00抵港，20:00登船，21:00离港）—（中国）天津

第5天：海上巡游

第6天：（中国）天津（08:00抵港）

5. 行程详情

第1天：（中国）天津（11:00登船，17:00起航）—（韩国）仁川

请您自行前往天津，于11:00准时抵达天津塘沽东疆码头，办理登船手续。15:00截止，预计17:00正式启航，开始浪漫舒适的邮轮之旅。

第2天：海上巡游

清晨，让我们从海上的一次晨跑开始新的一天吧。让我们在蓝天和大海之间，感受着海上潮湿微咸的海风，为我们的身体注入新的活力。接下来船上的各种娱乐活动也陆续上演，您一定不要错过。

第3天：（韩国）仁川（07：00抵港）—（乘车）首尔（乘车）—仁川（16：00登船，17：00离港）—济州

邮轮预计于07：00抵达仁川，仁川离韩国首都首尔西约28千米。干净、清洁是来到首尔的第一印象；缓缓流动的汉江穿过城市中间，犹如玉带；旧日王宫依然保留着当年的富丽堂皇的景象，夹杂于高楼广厦间的传统韩式瓦屋古色古香。邮轮预计将于17：00启航，请您提前1小时返回邮轮上。

第4天：（韩国）济州（14：00抵港，20：00登船，21：00离港）—（中国）天津

邮轮预计于14：00抵达济州岛，这里是韩国的"夏威夷"。美丽的济州岛不仅具有海岛独特的美丽风光（瀛州十景），而且还继承了特别的民俗文化。济州岛有"三多"（石多、风多、女人多）"三无"（无乞丐、无小偷、无大门）和"三丽"（民俗、水产品和传统工艺），贴切地反映了济州独特的自然文化景观和济州人民朴实的民情。邮轮预计将于21：00启航，请您提前1小时返回邮轮上。

第5天：海上巡游

"抒情"号邮轮今天将全天在海上航行，建议您一觉睡到自然醒，然后悠闲地去自助餐厅吃个早点，随后自由选择您感兴趣的活动参与其中，充分利用船上的各种娱乐设施来放松自己的身心。当然您也可以选择静静地躺在甲板上美美地享受此时的碧海蓝天，彻底的放松身心体验悠闲假期。

第6天：（中国）天津（08：00抵港）

"抒情"号邮轮预计将于上午08：00抵达天津塘沽东疆码头，预计09：00左右开始下船，结束难忘的邮轮之旅。

（二）上海—济州—仁川邮轮航线

1. 线路名称

皇家加勒比"海洋航行者"号上海—济州—仁川—上海（5晚6天）

2. 邮轮简介

◆皇家加勒比"海洋航行者"号

"海洋航行者"号是总部设在美国的皇家加勒比海国际邮轮公司属下21艘豪华邮轮之一，位于全球十大邮轮之列、也是亚洲最大的豪华邮轮。由克瓦纳造船集团土库新船厂建造，于1999年10月29日交付使用。2002年5月重新装修，2009年5月翻新。船吨位达13.80万吨，长311米，宽48米，拥有15层甲板，1 557间客房，造价7.5亿美元，可载3 840名旅客和1 176名船员，号称一座移动的"五星酒店"。

3. 行程介绍

第1天：上海（17：00离港）

第2天：济州岛（14：00靠港，22：00离港）

第3天：仁川（14：30靠港）

第4天：仁川（19：00离港）

第5天：海上巡游

第6天：上海（07：00靠港）

4. 行程详情

第1天：上海（17：00离港）

今天您将于指定时间抵达上海宝山码头（宝杨路1号），在码头集中办理登船手续，登上梦幻邮轮——皇家加勒比“海洋航行者”号，请务必至少提前一个小时办理手续。上船后参观邮轮各项设施并参加全船求生演习。邮轮将于17：00启航。

第2天：济州（14：00靠港，22：00离港）

邮轮停靠韩国的济州岛，享用丰富的午餐后即可下船参观久负盛名的韩国第一大岛——济州岛，那里四面环海，气候适宜，全年天气温暖，享有“蜜月之岛”“浪漫之岛”的美称。邮轮将于晚上22：00启航继续航行。

第3天：仁川（14：30靠港）

位于朝鲜半岛中西部的仁川，离首都首尔西28千米，是韩国的第三大城市和第二大贸易港口，并有最先进的大型国际机场。仁川海上有很多小岛，临海分布着永宗岛、永兴岛、德积岛等众多岛屿，因此有丰富的海上旅游资源和天赐的港湾条件。

第4天：仁川（19：00离港）

首尔是韩国最大的城市，国际化大都市。首尔位于韩国西北部的汉江流域，朝鲜半岛的中部，是韩国的首都和政治、经济、科技、文化中心，仅行政区内人口即达1000多万。首尔是世界十大金融中心之一，世界重要的经济中心。首尔也是世界设计之都和一个高度数字化的城市，其数字机会指数排名世界第一。首尔也是世界诸多跨国公司的总部所在地，国际性银行都在首尔设有分支机构，韩国最著名的跨国公司的总部都设在首尔。

第5天：海上巡游

邮轮全天航行于海上，您可尽情享受五星级邮轮的各项娱乐设施。早餐后您可根据船上《每日指南》的安排，选择您感兴趣的游戏或课程参加。当然您也可以悠闲地躺在游泳池畔的躺椅上，什么都不做，什么都不想，只是静静地享受此刻的碧海蓝天。午餐后，建议您充分享受船上的休闲娱乐设施来度过愉快的下午：您可以选择去图书馆静静地读一本好书，或者参加舞蹈课程，抑或到免税店去挑选自己喜欢的物品……总之，丰富多彩的娱乐项目会让您惊喜不断。晚餐后剧院精彩绝伦的歌舞表演秀是一定不要错过的！

第6天：上海宝山码头（07：00靠港）

早晨07：00“海洋航行者”号邮轮抵返上海宝山码头，享用早餐后，按顺序办理离船手续，结束愉快的邮轮之旅。

二、东海—（中日）邮轮航线

1. 线路名称

皇家加勒比“海洋量子”号　上海—冲绳—上海（4晚5天）

2. 邮轮航期：2015年11月25日～11月29日（4晚5天）

3. 线路编号：3182（GMC）

4. 邮轮简介

◆皇家加勒比“海洋量子”号

皇家加勒比“海洋量子”号属于皇家加勒比游轮。量子系列邮轮是全球游轮史上的又一次重大飞跃，更多海上初体验的娱乐革新被引入其中，例如跳伞体验将让游客在300英尺的高度体验惊险刺激的空中之旅；海上最大的室内运动及娱乐综合性场馆则配备了碰碰车和旱冰场等设施；还有迄今为止最大且最先进的邮轮客房，量子系列旗下的“海洋量子”号中的每个客房都可观景。

5. 行程简介

第1天：上海（17：00开船）

第2天：海上巡游

第3天：冲绳（抵港08：00～17：00离港）

第4天：海上巡游

第5天：上海（抵港06：00）

6. 行程详情

第1天：上海（17：00开船）

于指定时间抵达上海宝山码头，办理登船手续后登上皇家加勒比邮轮“海洋量子”号，登船后享用第一顿海上美食，随即开始“量子号”的启航，展开你的美妙的旅程。

用餐：邮轮（晚餐）入住：邮轮

第2天：海上巡游

邮轮将于上午8：00抵达日本冲绳，冲绳县处于日本九州岛和中国台湾之间，是日本唯一的海岛县，富有独特的自然环境，除了具有东南亚、中国、日本的民俗风情建筑外，较日本本土更具有独特的美式风情，有“日本的夏威夷”之称，是空手道的故乡。气候温暖宜人，是日本唯一的亚热带海洋性气候地区。经济以旅游业最为发达，由于处在太平洋的大陆架上，其附近水域鱼货丰富，渔业为冲绳人多从事的行业。（请务必于邮轮起航前1个小时回船）

用餐：邮轮（早餐、晚餐）　入住：邮轮

第3天：（日本）冲绳（抵港08：00～17：00离港）

邮轮将于上午8：00抵达日本冲绳，冲绳县处于日本九州岛和中国台湾省之间，是日本唯一的海岛县，富有独特的自然环境，除了具有东南亚、中国、日本的民俗风情建筑外，较日本本土更具有独特的美式风情，有“日本的夏威夷”之称，是空手道的故乡。

气候温暖宜人，是日本唯一的亚热带海洋性气候地区。经济以旅游业最为发达，由于处在太平洋的大陆架上，其附近水域鱼货丰富，渔业为冲绳人多从事的行业。（请务必于邮轮起航前1个小时回船）

用餐：邮轮（早餐、晚餐）　入住：邮轮

第4天：海上巡游

今日邮轮全天航行在蔚蓝的海上。静静地躺在甲板上，听着海风的声音，多么得惬意。透过两层半甲板挑高的落地窗，欣赏着海上美景。晚上，您可以在这里欣赏高科技带来的精彩节目，落地窗变换成辉煌的电子全屏幕，映衬引人入胜的艺术家表演和灯光秀。18个各具特色的餐厅，让您的味蕾无时无刻都想畅游在美味当中。

用餐：邮轮　入住：邮轮

第5天：上海（抵港06：00）

"海洋量子"号邮轮今天于06：00抵返上海码头，享用早餐后，按顺序办理离船手续，结束愉快的邮轮之旅。

三、南海—东海—（中日）邮轮航线

1. 线路名称

皇家加勒比"海洋航行者"号香港—厦门—（日本）冲绳—香港（5晚6天）

发布时间：2016-11-24 截止日期：2019-12-31

2. 邮轮简介

◆皇家加勒比邮轮"海洋航行者"号

"海洋航行者"号是总部设在美国的皇家加勒比海国际邮轮公司属下21艘豪华邮轮之一，位于全球十大邮轮之列，号称"亚洲最大豪华邮轮"。邮轮由（芬兰）克瓦纳造船集团土库新船厂建造，船籍巴哈马。邮轮总注册吨位（GRT）13.800 0万吨，船舶总长（LOA）311.10米，船宽（BM）38.60米，吃水深度9米，电源电压110V/220V，平均航速22节。拥有甲板楼层15层，1 557间客房，可载3 840名旅客和1 176名船员，堪称一座移动的"五星酒店"。

1999年10月29日，"海洋航行者"号邮轮交付使用，2002年5月，邮轮重新装修，2009年5月，邮轮翻新。2012年6月，"海洋航行者"号14万吨级邮轮进入中国后成为中国乃至整个亚太地区最大的豪华邮轮。2013年，"海洋航行者"号和"海洋水手"号两艘亚洲巨无霸首次齐聚中国，令更多的中国游客畅享纯正的欧美现代邮轮生活。

3. 行程简介

第1天：香港（17：00开船）

第2天：厦门（抵港11：00～19：00离港）

第3天：海上巡游

第4天：（日本）冲绳（抵港07：00～16：00离港）

第5天：海上巡游

第6天：香港（抵港08：00）

4. 行程详情

第1天：香港（17：00开船）

请您自行前往香港，于11：00准时抵达香港启德邮轮码头，办理登船手续。15：00截止，17：00正式启航，开始浪漫舒适的游轮之旅；温馨提醒：邮轮提前一个半小时关闸，请务必提前抵达码头，登船码头、登船时间仅供参考，具体以出团通书为准，大概出发前1～3天提供！

第2天：厦门（抵港11：00～19：00离港）

邮轮将于11：00抵达厦门市，厦门由厦门岛、鼓浪屿、内陆九龙江北岸的沿海部分地区以及同安等组成，是一个条件优越的海峡性天然良港，历史上就是我国东南沿海对外贸易的重要口岸。“城在海上，海在城中”，厦门是一座风姿绰约的“海上花园”。由于生态环境良好，厦门的空气清新，栖息着成千上万的白鹭，形成了厦门独特的自然景观，是我国著名的旅游城市。邮轮计划于19点离开厦门，继续开往下一个港口。

第3天：海上巡游

这一整天你将感受面朝大海的悠闲自在，享受五星级邮轮的奢华刺激。船上的《每日指南》会很好地帮助你——是躺在游泳池畔的躺椅上享受碧海蓝天？还是体验有趣的游戏或课程？亦或是去图书馆静静地读一本好书？总之，皇家加勒比“海洋航行者”号邮轮上总有许多惊喜在等着你发现。

第4天：（日本）冲绳（抵港07：00～16：00离港）

邮轮将于上午07：00抵达日本冲绳，冲绳县处于日本九州岛和中国台湾省之间，是日本唯一的海岛县，富有独特的自然环境，除了具有东南亚、中国、日本的民俗风情建筑外，较日本本土更具有独特的“美式风情”，有“日本的夏威夷”之称，是“空手道的故乡”。气候温暖宜人，是日本唯一的亚热带海洋性气候地区。经济以旅游业最为发达，由于处在太平洋的大陆架上，其附近水域鱼货丰富，渔业为冲绳人多从事的行业，邮轮计划于16点离开冲绳返航香港。

第5天：海上巡游

今天是你和皇家加勒比“海洋航行者”号船约会的最后一天。如果你在皇家大道买好了礼物，也已经品尝了各式各样的美食，不妨到水疗按摩浴池享受一下具有镇静作用的按摩，或是带着孩子体验各种大型娱乐活动、水下逃生表演等。人生那么长，邮轮上的欢乐时光却太短，珍惜此刻的每一秒吧！

第6天：香港（抵港08：00）

今日早晨，邮轮计划将于8点回到到香港启德码头，贵宾按照邮轮公司安排依次下船，告别陪伴您6日的船员，带上一路上的丰厚收获和甜蜜记忆。办理离船手续。结束美妙的邮轮海上旅程！

第六节　加勒比海邮轮航线

加勒比海是位于西半球（热带）大西洋西部海域与南北美洲之间的一个陆间海。加勒比海的北部和东部的边缘是一连串从墨西哥湾一直延伸到委内瑞拉的岛屿（西印度群岛），包括北部的古巴、海地、多米尼加、牙买加、波多黎各和东部的小安的列斯群岛。南部是南美洲北部的几个国家，包括委内瑞拉、哥伦比亚和巴拿马。西部和西南部是中美洲的太平洋沿岸国家，包括哥斯达黎加、尼加拉瓜、洪都拉斯、危地马拉、伯利兹、墨西哥的尤卡坦半岛。

加勒比海的名称来自小安的列斯群岛上的土著居民加勒比人。加勒比海以印第安人部族命名，意思是“勇敢者”或是“堂堂正正的人”。有人曾把它和墨西哥湾并称为“美洲地中海”，海洋学上称“中美海”。整个加勒比海海区、西印度群岛诸岛及海域沿岸被合称为“加勒比地区”。

加勒比海东西长约2 735千米，南北宽在805～1287千米之间，加勒比海的总面积为275.4万平方千米，平均水深2 491米。最深点（最低点）是古巴（开曼群岛）和牙买加之间的开曼海沟，已知的最大水深为7 686米，容积为686万立方千米。

加勒比海大部分位于热带地区，是世界上最大的珊瑚礁集中地之一。其中以麋角珊瑚居多。同时这片海域的珊瑚礁以健康、活跃、规模庞大而闻名于世。

●海峡

加勒比海的主要海上通道是通过尤卡坦半岛与古巴岛之间的尤卡坦海峡、古巴与伊斯帕尼奥拉岛之间的向风海峡、伊斯帕尼奥拉岛与波多黎各到之间的莫纳海峡、维尔京群岛与马丁海峡之间的阿内加达海峡以及多米尼加岛以北的多米尼加海峡。各个海峡的水深都在1 000米以上。

●海湾

加勒比海地区沿岸包括许多海湾，例如戈纳夫湾、委内瑞拉湾、达连湾、帕里亚湾和洪都拉斯湾等。

●群岛

西印度群岛是世界上第二大群岛，岛屿数量仅次于亚洲的马来群岛。其中古巴岛是最大的岛屿，其他还有海地岛、波多黎各岛等大陆岛，其他多数属于珊瑚岛，风景秀丽，充满热带风情。南接委内瑞拉、哥伦比亚和巴拿马海岸；西接哥斯达黎加、尼加拉瓜、洪都拉斯、危地马拉、伯利兹和尤卡坦半岛；北接大安的列斯群岛；东接小安的列斯群岛。

由于处在两个大陆之间，西部和南部与中美洲及南美洲相邻，北面和东面以大、小安的列斯群岛为界。其范围定为：从尤卡坦半岛的卡托切角起，按顺时针方向，经尤卡坦海峡到古巴岛，再到伊斯帕尼奥拉岛（海地、多米尼加共和国）、波多黎各，经阿内加达海峡到小安的列斯群岛，并沿这些群岛的外缘到委内瑞拉的巴亚角的连线为界。尤卡坦海峡峡口的连线是加勒比海与墨西哥湾的分界线。

●气候

加勒比海地区一般属热带气候。但因受高山、海流和信风影响，各地有所不同。加勒比海的海区大部分位于北纬10°～20°之间，属热带气候，全年盛行东北风，高温、潮湿，大气处于不稳定状态。

加勒比海是西半球常出现热带气旋的地区。一连串的低压系统从非洲西部海域生成，越过大西洋来到加勒比海。低压系统中大部分都不会发展为热带气旋，只有少部分会即为北大西洋热带气旋，多半会在东加勒比海的气压较低区域。

热带气旋出现在每年的6～11月，主要集中在8月和9月之中，又以9月的热带风暴最为频繁。平均每年会有8个或9个热带风暴，其中有5个到达飓风的等级。热带风暴在北部和墨西哥湾比较常见，南部则极为罕见。飓风给航运造成不利影响。飓风的破坏力强大，对加勒比海的岛屿是每年都可能出现的潜在威胁。强烈的海浪会破珊瑚礁，若飓风将沙或泥搬运过来，会使珊瑚窒息而死亡，最后珊瑚礁会崩解。

加勒比海的气候受到墨西哥湾暖流及秘鲁寒流等洋流的影响。由于地处热带，因此海的温度维持在较温暖的温度，各季的最低温在21℃～29℃之间。

●海流

海区的海流是由通过小安的列斯群岛后形成的大西洋北赤道流和南赤道流各一部分汇合形成的强大暖流，以28～83厘米/秒速度自东向西流贯整个加勒比海，最后从尤卡坦海峡流入墨西哥湾。由于海区纬度低和暖流影响，海水表层水温高，常达27℃～28℃，冬夏季变化幅度小，介于25.6℃～28.9℃。高温利于浅滩和火山岛基座上繁殖珊瑚虫，因而海区分布着众多的珊瑚礁和珊瑚岛。加勒比海尤其是南美大陆西北部沿海受离岸风影响形成上升流，把海中营养物质带到表层，适宜浮游生物和鱼类繁育，成为拉丁美洲重要渔场，盛产金枪鱼、海龟、沙丁鱼、龙虾等。海区南部是石油产地。加勒比海是中美与南、北美洲交通、贸易航线的必经海区，自1920年巴拿马运河开通以后，又成为沟通大西洋和太平洋的重要海上通道，大大促进了加勒比海沿岸30多个国家和地区的经济发展。主要港口有（委内瑞拉）加拉加斯、（巴拿马）科隆、（牙买加）金斯敦和（荷属安的列斯群岛）威廉斯塔德等。

●河流

中美的多数河流都流入加勒比海，但南美的大部分河流都汇合于奥里诺科河，并于西班牙港的正南流入大西洋。

●国家

加勒比海也是沿岸国最多的大海。地中海有17个沿岸国，而加勒比海却有20个沿岸国，包括中美洲的危地马拉、洪都拉斯、尼加拉瓜、哥斯达黎加、巴拿马，南美有哥伦比亚和委内瑞拉、大安的列斯群岛的古巴、海地、多米尼加共和国以及小安的列斯群岛上的安提瓜和巴布达、多米尼加联邦、特立尼达和多巴哥等。

●旅游

加勒比地区植被一般为热带植物。环绕潟湖和海湾有浓密的红树林，沿海地带有椰树林，各岛普遍生长仙人掌和雨林。珍禽异兽种类繁多。旅游业是加勒比经济中的重要部门，明媚的阳光及旅游区，已使该地区成为世界主要的冬季度假胜地。

●加勒比海盗

这片神秘的海域位于北美洲东南部，那里碧海蓝天，阳光明媚，海面水晶般清澈。17世纪的时候，这里更是欧洲大陆的商旅舰队到达美洲的必经之地，所以，当时的海盗活动非常猖獗，不仅攻击过往商人，甚至包括英国皇家舰队。

●加勒比海邮轮航线

加勒比海邮轮航线主要有三条线路：西加勒比海邮轮航线、东加勒比海邮轮航线和南加勒比海邮轮航线。

东线：经停巴哈马的拿骚，美属维京群岛的夏洛特岛、阿马利亚岛、圣托马斯岛，圣马丁荷属的菲利普斯堡；东线加勒比是比较典型的加勒比海风格，号称拥有明信片式的风景，以海滩岛屿潜水为主，还有殖民风格的建筑，如果第一次来，自然选个典型的。东线经停的拿骚等地，因为均是所属国（地区）的首府，可能会更繁华热闹些。

西线：经停海地的拉巴第，牙买加的法尔茅斯，墨西哥的科苏梅尔。在以上港口均为白天停靠，停靠时间均为8～10小时。其余时间均在海上航行。西线有墨西哥的玛雅文化遗址和沙滩。西线的那几个停靠点都不是主要城市，人文景观可能不够丰富，观赏性欠缺，特别是拉巴第，纯粹就是邮轮公司从海地买下的一个度假小岛。在科苏梅尔你可以参加需要另外交费的团深入墨西哥尤卡坦半岛，去观赏玛雅人遗址。

南线：有热带风情，虽说民风更淳朴，但距离太远，在邮轮上的时间太长，人容易产生审美疲劳感。

一、西加勒比海邮轮航线

西加勒比海邮轮航线——邮轮航行从佛罗里达州（迈阿密）、新奥尔良和得克萨斯州的港口开始。西加勒比海邮轮航线沿途一般停靠的港口有墨西哥的科苏梅尔、普拉亚卡门、大开曼岛、佛罗里达州基韦斯特、多米尼加、牙买加、伯利兹、哥斯达黎加。西加勒比海的各停靠港口之间距离较远，此航线有更多的海上巡航的时间，会有更多的时间在邮轮上，而更少的时间在停靠的港口上。西加勒比海邮轮航线经常停靠的是大陆港口如墨西哥的“科兹美”或称“科苏梅尔”、伯利兹、哥斯达黎加等，或在较大的岛屿港口牙买加、多米尼加共和国北岸的萨马纳港、东南岸的拉罗马纳港和南岸的（首都）圣多明各港等。因此，岸上观光选择更加多样化。您可以去探索古老的玛雅遗迹，徒步热带雨林，或在一些令人难忘的地方去潜水。一般初次选择加勒比海邮轮游以选择西线游居多。

目前，虽然世界各地邮轮公司、航线和航船很多，以下是一条以（美国）迈阿密的罗德岱堡港（专用码头）为起航港和目的地港或停靠航点的“西加勒比海航线”的经典邮轮旅游航线。

（一）加勒比海西航线（A）——“玛雅文化观光之旅”

1. 线路名称

嘉年华“神往”号西加勒比邮轮观光之旅（7天）

——奢华之都棕榈滩、游艇之都罗德岱堡、魅力四射的度假天堂迈阿密

2. 邮轮简介

◆嘉年华“神往”号

嘉年华“神往”号邮轮是一艘光彩夺目的豪华邮轮。游客人数：2 617位，游轮星级：3星半。从大厅的五光十色的霓虹灯到酒吧门前的抛光黄铜大理石，每一处装饰都洋溢着欢乐和喜庆的气氛。船上备有小吃店，比萨饼店和俯瞰全景的Bar & Grill餐厅等，应有尽有。在您一天的观光之后，您可以到两家避风港按摩池（只对成人开放）稍事休息，也可以到嘉年华水疗馆做一下护理放松放松。当夜晚来临，您可以到星光酒廊看看现场表演，您还可以到水晶宫赌场试试您的运气，到蓝宝石酒廊欣赏拉斯维加斯式的表演。船上还提供了三套儿童娱乐场所：适合于2～11岁幼儿的嘉年华营地，适合于12～14岁的娱乐房，适合于15～17岁的“O2”俱乐部。所有客舱都配备了嘉年华舒适的床型，其中包括羽绒被，100%防过敏的高品质的床单和棉缎被套及枕头套。套房已全部翻新，更新了所有的装饰，安装了

新浴室及现代化的平面电视。

3. 行程简介

第1天：原居地—迈阿密

第2天：沼泽公园—小哈瓦那—海湾市场—南海滩

第3天：西棕榈滩—罗德岱堡—迈阿密邮轮码头

第4天：（美国的天涯海角）西礁岛

第5天：墨西哥科苏梅尔

第6天：海上航行

第7天：迈阿密—返回家园

4. 行程详情

第1天：原居地—迈阿密

当您的航班降落在迈阿密机场（MIA）或者罗德岱堡机场（FLL）的时候，我们热情的导游在行李认领处等候您的到来（免费机场接应服务的有效时段是10：00～22：00）。之后，导游会把您带往下榻的酒店，您可以自行安排余下的时间。您可以在酒店休息，也可以选择以下自费行程：

A. 购物：Aventura Mall购物（12：00～20：00），Aventura Mall包含280多个著名品牌及餐厅、电影院等。

B. 夜游南海滩（四人成团，07：00～22：00），观赏迈阿密市区夜景，您可以自行领略南海滩上时尚餐厅酒吧和夜总会，感受迈阿密的夜生活，品味地道的拉美风情。

接机提示：每个订单提供行程第一天指定时间内在MIA或者FLL机场或者邮轮的免费接应服务。

酒店：Holiday Inn Express Hotel & Suites或者同等级酒店

第2天：沼泽公园—小哈瓦那—海湾市场—南海滩

酒店早餐后乘车前往美国最大的亚热带湿地保护区——大沼泽国家公园，已经作为自然遗产被联合国教科文组织列入《世界遗产名录》和国际生物圈保护区，被旅游指南选为全球500个濒危景点之首。您可以在此自费乘坐“草上飞”风力船体验风驰电掣的大河之旅，与珍稀野生动植物“亲密接触”。之后前往小哈瓦那，感受迈阿密的拉丁风情，这里是古巴等中南美洲移民聚居中心，大部人讲西班牙语。参观古巴雪茄手工作坊，品尝地道古巴浓缩咖啡，选购闻名于世的古巴雪茄烟。下午前往贝塞德市场，在码头自费乘坐环岛游游船，在海上领略迈阿密海岸天际线的无穷魅力，饱览亿万富豪和世界巨星在明星岛、棕榈岛、渔夫岛上的天价豪宅。比斯坎湾海湾公园、金融区临海的高楼大厦和海岸奢华酒店及寓所尽收眼底，迷人的迈阿密游艇码头和游轮码头更是美不胜收。傍晚前往著名的南海滩，那里有20世纪30年代以来上百座“装饰艺术”风格的建筑杰作。

酒店：Holiday Inn Express Hotel & Suites或者同等级酒店

第3天：西棕榈滩—罗德岱堡—迈阿密邮轮码头

酒店早餐后驱车前往距离迈阿密一个半小时车程的“奢华之都”—西棕榈滩观光市容。西棕榈滩位于迈阿密北部的“美国的里维埃拉”海岸上，极具浪漫欧式艺术情调。作为“佛罗里达的文化之都”，西棕榈滩早在100多年前就成为首个为美国富豪们度身定制的冬日避寒度假胜地，前往西棕榈海滩，领略大西洋的美景。海边的天价别墅不胜枚举。之后漫步百年历史的沃思大道，欣赏威尼斯风格建筑，这里囊括了全球所有奢华品牌，是时尚达人的“血拼”圣地。中午返回距离迈阿密40英里（1英里=1.609 344千米）的“美国的威尼斯”“世界游艇之都”——罗德岱堡。这个著名的海滨度假城市拥有纵横水道、蔚蓝海岸和44 000艘注册游艇。

12:30送至迈阿密邮轮码头，登上嘉年华邮轮公司“神往”号豪华邮轮开始您的东加勒比之旅（导游将不会陪同上邮轮）。

住宿：嘉年华“神往”号邮轮　餐食：享用邮轮上的大餐

第4天：（美国的天涯海角）西礁岛

酒店早餐后，前往美国的天涯海角—西礁岛，从迈阿密开车4小时前往基韦斯特。途经佛罗里达群岛跨海公路，这条世界上最长的跨海公路长250千米，沿途由42座桥把32个小岛串联在一起，是世界上公认的最美的海景公路之一，由亨利·弗拉格勒于1921年打造完成。七英里跨海大桥是《真实的谎言》长桥爆破的取景地。抵达后环游基韦斯特古镇观光，到美国大陆最南端的地标柱留影纪念。自费参观美国大文豪海明威故居。游客可到著名的杜佛街和海滨游轮码头自由选购当地精美的艺术品和旅游纪念品，或者参观极具当地特色的小博物馆，下午从西礁岛返回迈阿密。

住宿：嘉年华“神往”号邮轮　餐食：享用邮轮上的大餐

第5天：墨西哥科苏梅尔

今日到达墨西哥科苏梅尔岛——人类早期玛雅人的圣地，科苏梅尔岛位于墨西哥湾与加勒比海的交界处，紧邻墨西哥东南的尤卡坦半岛。岛上有圣米格尔德科苏梅尔、塞德拉尔和哥伦比亚等城镇，现为墨西哥最佳游览胜地之一。世界最古老的文明之一的玛雅文化遗迹就完整地保存在科苏梅尔岛。玛雅遗迹遍布小岛，既可享受加勒比海的阳光与沙滩，又可领略古老的玛雅文化，是优雅安宁的世外桃源。

住宿：嘉年华“神往”号邮轮　餐食：享用邮轮上的大餐

第6天：海上航行

今天免去舟车劳顿的辛苦，享受船上的设施，去甲板晒晒太阳，听听乐队的演出，享用一下船上的美食，去赌场小试身手，带着孩子去水上乐园，您可以在船上的游泳池或者按摩池中懒洋洋地打发时间，也可以从嘉年华水疗馆的按摩师和健身专家那里得到帮助，让身体放松放松或者出出汗。您可以在去烛光酒廊看演出，到艺术咖啡屋品品美酒，或者到酒吧随便叫点小吃，到烧烤屋买点比萨，到冰激凌酒吧吃点冰激凌，等等。

住宿：嘉年华“神往”号邮轮　餐食：享用邮轮上的饕餮大餐

第7天：迈阿密—返回家园

在邮轮享用过丰盛的早餐后，挥手告别给您带来美好回忆的邮轮，办理离船手续。由专人送往机场搭机。

送机提示

早上09：00免费码头接船送往机场，请安排您的航班于12：00以后离开，送机地点MIA机场或FLL机场，或送至迈阿密市区酒店。

（二）加勒比海西航线（B）——“迈阿密＋玛雅文化之旅”

1. 线路名称

皇家加勒比国际邮轮“海洋绿洲号”（北京出发）美国黄石＋大提顿国家公园＋大沼泽国家公园＋西加勒比海14天邮轮经典之旅（加勒比海西航线Western Caribbean）。

2. 邮轮简介

◆“海洋绿洲”号

皇家加勒比“海洋绿洲”号22万多吨级邮轮，是全长362米，宽65米的巨型邮轮。可以接待5 400多名游客，工作人员2 165名，几乎是每两名游客就配备一名工作人员。甲板以上12层，甲板以下3层，设有13层，18层有驾驶舱和设备层。4层是贯通甲板，5层是中心广场，8层是街心花园。在广场和花园的两侧是林立的世界名品店以及餐厅和酒吧，4层是演艺大厅和CASINO，尾部是广场剧院，15层是以水为中心的休闲广场，16层分为两部分，船头部分是高端服务，船中部分是自助餐厅。“海洋绿洲”号邮轮——“舒适豪华、设备齐全、服务周到”，是一个度假、休闲的极好选择。

3. 行程简介

邮轮票价：28800元起/人　上船地点：美国（罗德岱堡）

开船日期：9月26日　航行天数：14天

第01天：北京—（美国）芝加哥—盐湖城

第02天：盐湖城—大提顿国家公园—黄石国家公园

第03天：黄石国家公园

第04天：黄石国家公园—盐湖城

第05天：盐湖城—达拉斯—迈阿密

第06天：（美国）迈阿密　罗德岱堡港专用码头（开航16：30）

第07天：海上巡游

第08天：（海地）拉巴第（靠港08：00　离港17：00）

第09天：（牙买加）法尔茅斯（靠港10：30　离港19：00）

第10天：海上巡游

第11天：（墨西哥）科兹美（靠岸08：00　离岸19：00）

第12天：海上巡游

第13天：（美国）迈阿密　罗德岱堡港（靠岸07：00）迈阿密—芝加哥—北京

第14天：北京

4. 行程详情

第01天：北京—（美国）芝加哥—盐湖城

参考航班：AA186　北 京—芝加哥（10：10～10：00）

AA4317芝加哥—盐湖城（13：20～15：35）

早餐后乘飞机抵达犹他州州府盐湖城，抵达后参观摩门圣殿，犹他州州政府，NBA犹他爵士队主场及城市观光。夜宿盐湖城。

餐食：早餐（×）　中餐（×）　晚餐（√）　住宿：盐湖城四星酒店或者同级

第02天：盐湖城—大提顿国家公园—黄石国家公园

早餐后乘车（约6小时）前往大提顿国家公园。中午时分进入著名的牛仔城——怀俄明州。游览杰克逊小镇的鹿角公园。在充满西部风味的杰克森城午餐后，沿着蛇河河谷，进入大提顿公园：高耸入云的山岭覆盖着千年的冰河，山连山、峰连峰。傍晚抵达全美第一座国家公园——黄石公园。沿路开往举世闻名的老忠实喷泉。夜宿黄石公园。

餐食：早餐（√）　中餐（√）　晚餐（√）　住宿：黄石三星酒店或者同级

第03天：黄石国家公园

全天游览黄石公园：五彩缤纷的温泉，屹立湖山之间的钓鱼桥，发出隆隆巨响的火山口等美景分布在这块古老火山高原。它更是美国最大的野生动物保护区，清澈的溪流，鳟鱼力争上游，如茵的草原，野牛驯鹿觅食其上，其他如黑熊、棕熊、扁角鹿和各种稀有水鸟亦以此为家。

餐食：早餐（√）　中餐（√）　晚餐（√）　住宿：黄石三星酒店或者同级

第04天：黄石国家公园—盐湖城

上午游览黄石公园，下午回到盐湖城（车程5.5小时）。

餐食：早餐（×）　中餐（×）　晚餐（√）　住宿：盐湖城四星酒店或者同级

第05天：盐湖城—达拉斯—迈阿密

参考航班：AA259　盐湖城—达拉斯（11：50～15：25）

AA60达拉斯—迈阿密（17：51～21：34）

早餐由盐湖城前往佛罗里达度假胜地迈阿密。

餐食：早餐（√）　中餐（×）　晚餐（√）　住宿：迈阿密四星酒店或者同级

第06天：（美国）迈阿密　罗德岱堡港专用码头（开航16：30）

早餐后游览市政广场、游艇码头，迈阿密热火队主场外景及纪念品店。之后前往佛罗里达州的“迈阿密罗德岱堡港”专用码头办理登船手续。您将登上皇家加勒比国际游轮公司精心打造的最豪华的海上巨无霸，上船后，参观豪华游轮的各项设施并参加游轮救生演习，随后开始加勒比海豪华游轮畅游之旅。

餐食：早餐（酒店）　中餐（豪华邮轮）　晚餐（豪华邮轮）　住宿：豪华邮轮

第07天：海上巡游

今日邮轮在海上巡游。

餐食：早餐（豪华邮轮）　中餐（豪华邮轮）　晚餐（豪华邮轮）　住宿：豪华邮轮

第08天：（海地）拉巴第（靠港08：00，离港17：00）

今日上午豪华邮轮抵达海地最美丽的岛屿“拉巴第”或称“拉巴迪”。这是一个纯净、无污染且充满异国情调的海岛。在此您可浮潜或游泳，静静地享受拉巴第美丽的海滩景色。您还可休闲地在拉巴第海湾上划船，在您欣赏拉巴第的美丽海滩和奇异景色的同时，导游会给您讲解海地文化丰富而多彩的历史渊源。夕阳余晖，回到游轮上，洗个蒸汽浴或桑拿，再来个丰盛的海鲜大餐，坐拥海上落日美景。（进行自费岸上观光或自由活动的过程中，可返回游轮用餐）

餐食：早餐（豪华邮轮） 中餐（豪华邮轮） 晚餐（豪华邮轮） 住宿：豪华邮轮

第09天：（牙买加）法尔茅斯（靠港10：30，离港19：00）

今天邮轮抵达牙买加岛国的北岸港口“法尔茅斯”。法尔茅斯位于马瑟布雷河河口，西距蒙特哥贝27千米，人口约为4 000人。原为附近甘蔗种植园的起运港，现为蔗糖、糖酒、咖啡、生姜、胡椒、香蕉、蜂蜜、染料木等产品的贸易中心。河口和沿海富产大鳍白鱼和鲑等。城内有法院楼（1813年重建）和邮政楼等古老建筑。

餐食：早餐（豪华邮轮） 中餐（豪华邮轮） 晚餐（豪华邮轮） 住宿：豪华邮轮

第10天：海上巡游

今日邮轮在海上巡游。在餐厅吃过丰盛的早餐后，您可以沐浴着阳光在甲板上漫步，您还可以在商场里给自己买些旅游纪念品或挑选些礼物送给亲人朋友，或者您更愿意待在游泳池里或SPA美容馆里。如果敢于冒险，您还可以在夜幕降临的时候去攀岩！

餐食：早餐（豪华邮轮） 中餐（豪华邮轮） 晚餐（豪华邮轮） 住宿：豪华邮轮

第11天：（墨西哥）科兹美（靠岸08：00，离岸19：00）

豪华邮轮清晨行经普拉亚得卡门群岛，此地是加勒比海西部景色美丽、环境优雅的海岛群，岛上的自然风光及人文景观让您永难忘怀。早上到达墨西哥“科兹美”或称“科苏梅尔”，中为丘陵地带，外为沙滩，是优雅安宁的世外桃源。但在人类的早期，这里却是玛雅人的圣地。世界最古老的文明之一的玛雅文化遗迹完整地保存在科兹美岛，前往文化遗迹参观，选购礼物，当地的银器，首饰和手工艺品都很出名，是不错的选择。

餐食：早餐（豪华邮轮） 中餐（豪华邮轮） 晚餐（豪华邮轮） 住宿：豪华邮轮

第12天：海上巡游

今日邮轮在海上巡游。您可参考“每日活动表”选择喜爱的节目，今日皇家赌场、宾果游戏、免税商店街、日光浴、美容院、SPA等地是热点。晚上您可以在豪华的餐厅里悠然品尝香槟，然后在剧院欣赏优雅的艺术表演，度过精彩的一天。

餐食：早餐（豪华邮轮） 中餐（豪华邮轮） 晚餐（豪华邮轮） 住宿：豪华邮轮

第13天：（美国）罗德岱堡港（靠岸07：00）迈阿密—芝加哥—北京

邮轮早上抵达佛罗里达州的迈阿密罗德岱堡港，办理离船手续。下船后前往佛罗里达大湿地国家公园，乘坐风力船深入沼泽地观察野生鳄鱼、鸟类等。后前往机场，乘机返京。

参考航班：AA1463　迈阿密—芝加哥（12：10～14：35）

AA187芝加哥—北京（19：05～21：45+1）

餐食：早餐（豪华邮轮）　中餐（×）　晚餐（×）　住宿：飞机上

第14天：北京

21：45抵达北京，结束愉快邮轮之旅！返回温馨的家园。

二、东加勒比海邮轮航线

东加勒比海邮轮航线一般指路线在波多黎各之东。出发港口多在佛罗里达，经由圣马丁岛（一半属法国，一半属于荷兰）、波多黎各的圣胡安、圣基茨岛、加勒比海中仅次于古巴的第二大岛——海地岛又名伊斯帕尼奥拉岛（分属海地和多米尼加共和国）和（美国岛屿）圣托马斯岛等地。

加勒比海地区的航线都是以热带海岛风光为主，东加勒比海邮轮航线大致经停（点）：巴哈马的拿骚、（美属）圣托马斯、圣马丁岛荷属的菲利普斯堡。东加勒比海邮轮航线的各岛屿（国）距离较近，陆地停留休闲、探险的时间较宽裕。东加勒比海邮轮航线的岛屿拥有几处世界10大著名海滩，因此，纯净的海岛风光更令人向往。

（一）东加勒比海邮轮航线（A）——“迈阿密度假天堂之约”

1. 线路名称

迈阿密度假天堂之约（8天）：天涯海角西礁岛、游艇之都罗德岱堡、Ecstasy邮轮观光巴哈马

迈阿密——阳光沙滩、游艇出海、豪宅明星、沼泽探险、高球挥杆、璀璨夜色、购物天堂，魅力四射风情万种的热带度假天堂。

基韦斯特——美国大陆最南端的“天涯海角”，海明威故居，杜鲁门小白宫，海上日落，世外桃源，跨海公路《真实的谎言》取景地。

罗德岱堡——“美国的威尼斯”“世界游艇之都”，饱览豪华游艇和海景豪宅，无敌滩，全球最大名牌折扣中心购物。

棕榈滩——“奢华之都”“佛罗里达的文化之都”，名门望族和政要名流云集，顶级豪宅，沃斯财富大道购物，无与伦比人间天堂。

迈阿密接送机，行程更加轻松！

2. 邮轮简介

◆嘉年华“神往”号

嘉年华“神往”号亦译“狂欢”号，精心打造的“装修兄弟”主题邮轮。2015年11月，加拿大电视台真人秀节目中的明星和装修大师“装修兄弟”即乔纳森·斯科特和德鲁·斯科特搭乘主题为“和斯科特兄弟一起出海”的嘉年华“神往”号邮轮，从迈阿密出发，在基韦斯特和墨西哥的科苏梅尔岛均有停靠。在为期4天的邮轮旅程中，这对“装修兄弟”和粉丝一起互动，并且会分享一些家庭装修的秘诀。

3. 行程简介

第1天：原居地—迈阿密

第2天：沼泽公园—小哈瓦那—海湾市场—南海滩

第3天：（美国的天涯海角）西礁岛

第4天：七英里桥—迈阿密—珊瑚阁—海豚名牌购物中心

第5天：西棕榈滩—罗德岱堡—迈阿密邮轮码头

第6天：（巴哈马首都）拿骚

第7天：海上航行

第8天：迈阿密—返回家园

4. 行程详情

第1天：原居地—迈阿密

当您的航班降落在迈阿密机场（MIA）或者罗德岱堡机场（FLL）的时候，我们热情的导游在行李认领处等候您的到来（免费机场接应服务的有效时段是10：00～22：00）。之后，导游会把您带往下榻的酒店，您可以自行安排余下的时间。您可以在酒店休息，也可以选择以下自费行程：

A. 购物：Aventura Mall 购物（12：00～20：00），Aventura Mall是几大高级品牌百货商场Nordstrom，Bloomingdale's，Macy's，JCPenney等所在之处，包含280多个著名品牌及餐厅、电影院等。

B.夜游南海滩（四人成团，07：00～22：00），观赏迈阿密市区夜景，您可以自行领略南海滩上时尚餐厅酒吧和夜总会，感受迈阿密的夜生活，品味地道的拉美风情。

接机提示：每个订单提供行程第一天指定时间内在MIA或者FLL机场或者邮轮的免费接应服务。

如果需要提前接机或接邮轮服务，请在订单中备注。

酒店：Holiday Inn Express Hotel & Suites或者同等级酒店

第2天：沼泽公园—小哈瓦那—海湾市场—南海滩

酒店早餐后乘车前往美国最大的亚热带湿地保护区——大沼泽国家公园，已经作为自然遗产被联合国教科文组织列入《世界遗产名录》和国际生物圈保护区，被旅游指南选为全球500个濒危景点之首。您可以在此自费乘坐"草上飞"风力船体验风驰电掣的大河之旅，与珍稀野生动植物"亲密接触"。之后前往小哈瓦那，感受迈阿密的拉丁风情，这里是古巴等中南美洲移民聚居中心，大部人讲西班牙语。参观古巴雪茄手工作坊，品尝地道古巴浓缩咖啡，选购闻名于世的古巴雪茄烟。下午前往贝塞德市场，在码头自费乘坐环岛游游船，在海上领略迈阿密海岸天际线的无穷魅力，饱览亿万富豪和世界巨星在明星岛、棕榈岛、渔夫岛上的天价豪宅。比斯坎湾海湾公园、金融区临海的高楼大厦和海岸奢华酒店及寓所尽收眼底，迷人的迈阿密游艇码头和游轮码头更是美不胜收。傍晚前往著名的南海滩，那里有20世纪30年代以来上百座"装饰艺术"风格的建筑杰作以及历史悠久的精品酒店。

酒店：Holiday Inn Express Hotel & Suites或者同等级酒店

第3天：（美国的天涯海角）西礁岛

酒店早餐后，前往美国的天涯海角——西礁岛，从迈阿密开车4小时前往基韦斯特。途经佛罗里达群岛跨海公路，这条世界上最长的跨海公路长250千米，沿途由42座桥把32个小岛串联在一起，是世界上公认的最美的海景公路之一，由亨利·弗拉格勒于1921年打造完成。七英里跨海大桥是《真实的谎言》长桥爆破的取景地。抵达后环游基韦斯特古镇观光，到美国大陆最南端的地标柱留影纪念。自费参观美国大文豪海明威故居。尤其不能错过岛上著名的玻璃船——日落号（自费，约2小时），观赏墨西哥湾与大西洋的美景，您更可以看到清澈碧蓝的海水下美不胜收的珊瑚礁群。游客可到著名的杜佛街和海滨游轮码头自由选购精美的当地艺术家的艺术品和旅游纪念品，或者参观极具当地特色的小博物馆，下午从西礁岛返回迈阿密。

酒店：Holiday Inn Express Hotel & Suites或者同等级酒店

第4天：七英里桥—迈阿密—珊瑚阁—海豚名牌购物中心

今天终于有时间您的假日时间了。如果早起，可以看到岛上美丽日出！您当然也睡个懒觉，去酒店的游泳池游泳，漫步海边看美景。还有机会自费坐钓鱼船出海钓鱼。下午返回迈阿密，游览雅致幽静的珊瑚阁区。作为地标建筑的比尔提默酒店优雅迷人，凭借罗马风格的超大泳池、精致的餐厅和高尔夫球场倾倒众生，是世界各国政要和名流下榻的首选。之后前往南部最大的海豚名牌购物中心采购礼品。

酒店：Holiday Inn Express Hotel & Suites或者同等级酒店

第5天：西棕榈滩—罗德岱堡—迈阿密邮轮码头

酒店早餐后驱车前往距离迈阿密一个半小时车程的"奢华之都"——西棕榈滩观光市容。中午返回距离迈阿密40英里的"美国的威尼斯""世界游艇之都"——罗德岱堡。

下午12:30送至迈阿密邮轮码头，登上嘉年华"神往"号豪华邮轮开始您的东加勒比之旅（导游将不会陪同上邮轮）。

住宿：嘉年华"神往"号邮轮　餐食：享用邮轮上的大餐

第6天：（巴哈马首都）拿骚

今日到达（巴哈马首都）拿骚，岛上风光秀丽，气候宜人，所以这里已成为美国人的度假天堂，每年有400万游客前来，被称为"美国的后花园"。拿骚结合了巴哈马及英国的风情。位于天堂岛的亚特兰蒂斯饭店系目前世界超级豪华级大饭店之一，也是游客必到之处，酒店工程由欧美、非洲和巴哈马的一流艺术家参与设计，建筑风格独具匠心，规模宏大，皇家塔楼周围有娱乐设施，下面建有水族馆。整个建筑处处给人一种被淹没的城市重新浮出水面的感觉，饭店内外有许多艺术珍品，大厅里的8幅壁画是由艺术家阿尔宾诺·冈萨列斯创作的，展示了亚特兰蒂斯的美丽传说。您更可以在码头比邻的繁华的卑街，购买到您心仪的名牌商品，傍晚更可以在卑街上的酒吧感受加勒比风情。

住宿：嘉年华"神往"号邮轮　餐食：享用邮轮上的大餐

第7天：海上航行

今天免去舟车劳顿的辛苦，享受嘉年华“神往”号船上的设施，去甲板晒晒太阳，听听乐队的演出，享用一下船上的美食，带着孩子去水上乐园，您可以在船上的游泳池或者按摩池中懒洋洋地打发时间，也可以从嘉年华水疗馆的按摩师和健身专家那里得到帮助，让身体放松放松或者出出汗。您可以在去烛光酒廊看演出，到艺术咖啡屋品品美酒，或者到酒吧随便叫点小吃，到烧烤屋买点比萨，到冰激凌酒吧吃点冰激凌等。

住宿：嘉年华“神往”号邮轮　餐食：享用邮轮上的大餐

第8天：迈阿密—返回家园

在邮轮享用过丰盛的早餐后，挥手告别给您带来美好回忆的邮轮，办理离船手续。由专人送往机场搭机。早上09：00免费码头接船送往机场，请安排您的航班于12：00以后离开，送机地点MIA机场或FLL机场，或送至迈阿密市区酒店。

（二）东加勒比海邮轮航线（B）——“巴哈马之旅”

1. 线路名称

皇家加勒比国际邮轮·“海洋帝王号”巴哈马浪漫迷人：度假天堂拿骚、秀丽可可湾休闲之旅（4天）

您将来到度假天堂巴哈马首都拿骚，在街道上行走，依稀可以窥探到拿骚的过去；浪漫与冒险并存的可可湾将会带给您难忘的回忆!

在此豪华邮轮上您还可尽情参与为您提供的各种娱乐活动，在邮轮上最令人兴奋的是邮轮将连续不断的免费供应法式餐食、龙虾、牛排等大餐，让您享尽口福。

2. 邮轮简介

◆“海洋帝王”号

皇家加勒比国际邮轮·“海洋帝王”号：4星级，总吨位7.400 0万吨。首航日期1992年4月，重新装修日期：2007年1月，载客量2 744人，甲板11层。

“海洋帝王”号特色：独特的透明电梯高雅气派，数层楼高落地玻璃窗气宇非凡；室内游泳池及日光浴室的古罗马造型，回廊处处典雅亮丽；独一无二的观景厅，位于船的最高点，登临其间视野无限，其高度及于世界知名的巴黎凯旋门。餐饮设施：西式主餐厅，尊尼火箭餐厅，索伦托斯餐厅，拿铁咖啡室，帆船自助餐咖啡厅。娱乐设施：海上剧院，皇家赌场，思古诺吧，波利乐斯酒廊，伏特酒廊，泳池吧，维京皇冠酒廊，桅杆酒吧。珠宝礼品店，中庭特色商店，标志纪念品商店等。挑战者长廊，青少年活动中心，冒险海滩，燃料夜总会和起居室。会议中心，商业服务。健身中心，运动甲板，阳光步道，攀岩墙。

3. 行程简介

第1天：迈阿密（离港：16：30）（登船日）

第2天：（巴哈马）可可湾（到港：08：00，离港：17：00）

第3天：（巴哈马首都）拿骚（到港：08：00，离港：17：00）

第4天：迈阿密（到港：07：00）

4. 行程详情

第1天：迈阿密（离港：16：30）（登船日）

邮轮从美国佛罗里达州的迈阿密港口准备登船，一个期待已久的“巴哈马之旅”隆重登场。您可以借此深度探索巴哈马之美，欣赏沿岸瑰丽景色，体验浮浅等项目，赞叹海洋之美，呼吸清新的空气和舒适的阳光海滩。

登船事项：由于邮轮上安保措施的升级，我们强烈建议客人提前进行线上登记，线上登记最迟应在登船前3天进行。如果您未提前进行线上登记，将有可能导致您延误或者错过登船时间。

请各位贵宾至少在邮轮离港前两小时抵达港口，以便办理各种登船手续。如宾客不能在离港前两小时到达港口，邮轮极有可能安排宾客在航程剩余其他港口登船（抵达下一港口的一切费用和手续将由宾客自行承担）。强烈建议您不要在开始登船前一小时才抵达港口，港务方可能会以港口安全事宜，拒绝宾客入港。

若您需要迈阿密机场/酒店到达港口的付费接驳服务，请点击迈阿密接驳服务进行预订。

住宿：“海洋帝王”号　餐食：登船后享用邮轮上的大餐

离港时间：16：30（时间仅供参考，请以参团当天实际情况为准）

第2天：（巴哈马）可可湾（到港：08：00，离港：17：00）

可可湾是一个幽静的（椰子洲）岛屿。可可湾被巴哈马洁净透明的水域所包围。凭借其白色沙滩和壮观的椰林环境，成为一个旅游度假的椰岛仙境。

可可湾是皇家加勒比客人的专属岛屿，这个热带天堂进行了更新。

这里有清新的白色沙滩，您可以在崎岖的原野小路上展开发现之旅，潜入清澈蔚蓝的海水中，也可静静地躺在甲板上享受片刻的安逸。您可以自费参加邮轮上组织的岸上观光游。

注意：岸上行程和餐饮自费，各位贵宾也可以选择留在邮轮上继续享受邮轮上丰富的吃喝玩乐设施。

邮轮会在晚上关闸，请您提前确认当天关闸时间，并在关闸时间前回到邮轮。

住宿：“海洋帝王”号　餐食：自费岸上餐食或享用邮轮上的大餐

第3天：（巴哈马首都）拿骚（到港：08：00，离港：17：00）

拿骚是巴哈马群岛的首府，现在的拿骚是一个以温暖的阳光和宜人的微风著称的城市。拿骚有一个动荡的过去，先后由英国、法国和西班牙统治过。

今日抵达巴哈马的首都拿骚。这里不仅有具有历史意义的地标、购物中心、出色的海滩，还有各式各样绝佳的陆上及海上活动。您可自由参与船上的岸上观光节目，包括登上女王阶梯，从芬卡赛堡上俯瞰醉人的美景。您也可前往拿骚的购物区——“海湾街”，选购礼品或纪念品。

注意：岸上行程和餐饮自费，各位贵宾也可以选择留在邮轮上继续享受邮轮上丰富的吃喝玩乐设施。

邮轮会在晚上关闸，请您提前确认当天关闸时间，并在关闸时间前回到邮轮。

住宿：“海洋帝王”号　餐食：自费岸上餐食或享用邮轮上的大餐

第4天：迈阿密（到港：07：00）

清晨，邮轮抵达迈阿密。早起，看着邮轮缓缓驶入整个美国最繁华的邮轮港口。早餐后，按规定的次序下船。至此难忘的邮轮假期圆满结束，带着船长及全体船员的祝福，依依不舍地挥手告别离开皇家加勒比“海洋帝王”号。

到港时间：07：00（时间仅供参考，请以参团当天实际情况为准）

（三）东加勒比海邮轮航线（C）——“神秘海岛之旅”

1. 线路名称

皇家加勒比国际邮轮“海洋绿洲”号东加勒比海豪华假期：巴哈马首府拿骚、神秘的圣托马斯、菲利普斯堡豪华游（8天）

2. 行程特色

您将来到度假天堂巴哈马拿骚，走在那最富有历史感的街道，依稀可以窥探到拿骚的过去；前往神秘的圣·托马斯，在如今的度假胜地探寻曾经海盗的踪迹；在购物天堂圣马丁菲利普斯堡，最大程度地满足您的购物欲望。在此豪华邮轮上您还可尽情参与为您提供的各种娱乐活动，最令人兴奋的是邮轮将连续不断地免费供应法式餐食、龙虾、牛排等大餐，让您享尽口福！

3. 邮轮简介

◆“海洋绿洲”号（2009至今）

皇家加勒比海“海洋绿洲”号是世界上第一艘耗资超过10亿美金的邮轮。22.5万吨，船舶总长（LOA）361.80米，水线宽度47米，最宽处63.40米，高72米，航速为22.6节，拥有16层甲板，2 700个客舱，可乘载约5 400名乘客。

2009年11月，“海洋绿洲”号豪华邮轮进行处女航，在海上航行时，就像是一座“旅行的城市”。“海洋绿洲”号上拥有一片开阔的露天广场，两边则为带有阳台的客房。广场上既可见到郁郁葱葱的热带景观，又有安静的走道、露天餐厅、服装店和画廊，此外还有音乐会和艺术表演。

用餐：由我们为您安排固定的用餐时间和席次，让您有机会结识与您同桌用餐的乘客，并享受每晚由同一个侍应生提供的统一服务。随时入席用餐：您也可自由选择用餐时间和同桌餐友，不受固定安排的束缚，每天收获崭新体验。在海上巡航日，也会有一间主餐厅提供午餐服务。每晚提供不同主题餐食，包括三文鱼、牛排、羊排、大虾和龙虾（免费）。

24小时房间送餐服务（只是在午夜12：00至次日凌晨5：00，收取每餐$3.95的服务费）。

其他13个免费的就餐选择包括：公园咖啡、帆船自助餐厅、百老汇热狗餐厅等。

4. 行程简介

第1天：（美国）罗德岱堡（离港：16：30）（登船日）

第2天：（巴哈马首都）拿骚（到港07：00，离港：14：00）

第3天：海上巡游

第4天：（美属维尔京群岛）圣·托马斯（到港：10：00，离港：19：00）

第5天：（圣马丁岛）菲利普斯堡（荷属）（到港：08：00，离港：17：00）

第6天：海上巡游

第7天：海上巡游

第8天：（美国）罗德岱堡（到港：06：15）

5. 行程详情

第1天：（美国）罗德岱堡（离港：16：30）（登船日）

皇家加勒比“海洋绿洲”号邮轮以美国佛罗里达州罗德岱堡为母港。交替执行长度均为一周的东、西加勒比航线。

在享有“美国威尼斯”之称的罗德岱堡登船，乘坐皇家加勒比海“海洋绿洲”号，展开一段充满异国情调的“西加勒比海豪华邮轮之旅”！

皇家加勒比“海洋绿洲”号邮轮是目前世界上最大的邮轮。将陆地上的社区概念移植到这艘豪华游轮上，将邮轮划分为中央公园、欢乐城、皇家大道、游泳区和运动区、水疗和健身中心、娱乐世界和青少年活动区共七个主题区域，以满足不同年龄和不同层次的游客的度假需求。邮轮上有独一无二的海上中央公园、溜冰场、高尔夫球场、篮球场、冲浪运动、攀岩、刺激的高空滑索、大型歌舞秀、电影院、购物等，吃喝玩乐设施一应俱全，堪称是一座移动的海上城市，保证您度过一个难忘的豪华邮轮假期！

登船事项：由于邮轮上安保措施的升级，我们强烈建议客人提前进行线上登记，线上登记最迟应在登船前3天进行。如果您未提前进行线上登记，将有可能导致您延误或者错过登船时间。

请各位贵宾至少在邮轮离港前两小时抵达港口，以便办理各种登船手续。如宾客不能在离港前两小时到达港口，邮轮极有可能安排宾客在航程剩余其他港口登船（抵达下一港口的一切费用和手续将由宾客自行承担）。强烈建议您不要在开始登船前一小时才抵达港口，港务方可能会以港口安全事宜，拒绝宾客入港。

若您需要罗德岱堡机场到达港口的付费接驳服务（该接驳服务为全程接送，即从机场—码头—机场），请联系我们取得相关信息。

住宿：“海洋绿洲”号。餐食：含早午晚三餐，午、晚餐为登船后享用邮轮上的大餐。

离港时间：16：30（时间仅供参考，请以参团当天实际情况为准）

第2天：（巴哈马）拿骚（到港07：00，离港：14：00）

邮轮早上8点抵达巴哈马的首都——拿骚（市）。拿骚距美国的迈阿密城只有290千米。拿骚市中心有一条最富有历史感的街道——港湾街。英国乔治王时代的浅色建筑和造型奇特的木制办公公寓及店铺，错落有致的分布在街道两旁。游客悠闲地坐在萨里式游览马车上，一边欣赏沿途而过的风景，一边聆听车夫讲述当地的轶事奇闻，一路上您会看到数不清的历史遗址，古老的城堡，还有专为女王手工雕刻的楼梯。而庞贝博物馆陈列的艺术品、文献和画卷也在绘声绘色地述说着巴哈马数百年来的历史。当然，您也别错过同时代的巴哈马艺术展馆和文化博物馆。收藏爱好者将在这里的交易市场发现独一无二的收藏品，这里还可以讨价还价。拿骚也是购物者的天堂，许多店铺售卖的各类免税名牌商品吸引了众多购物者的目光。您还可漫步在美丽的巴哈马里维埃拉海滩。

注意：岸上行程和餐饮自费，各位贵宾也可以选择留在邮轮上继续享受邮轮上丰富的吃喝玩乐设施。邮轮会在晚上关闸，请您提前确认当天关闸时间，并在关闸时间前回到邮轮。

住宿："海洋绿洲"号　餐食：享用邮轮上的大餐

第3天：海上巡游

一整天畅行在一望无际的大海上，全天不靠港，让您有充裕的时间享受和熟悉邮轮生活，体验邮轮上多彩多姿的娱乐设施。吃过丰盛的早餐后，在甲板顶层漫步，游泳池畅游戏耍，或者水疗中心享受慵懒的时光；想试一试手气的朋友，也可以趁此机会到俱乐部娱乐一番。晚上参加邮轮安排的各种丰富的娱乐节目。

住宿："海洋绿洲"号　餐食：享用邮轮上的大餐

第4天：（美属维尔京群岛）圣·托马斯（到港：10：00，离港：19：00）

邮轮将会早上抵达圣·托马斯，圣·托马斯亦译圣·汤玛斯岛，为加勒比海东部美属维尔京群岛的主要岛屿。位于波多黎各以东64千米处，面积为83平方千米，最高点海拔474米。首府夏洛特阿马利亚位于沿着南部海岸半山坡上。岛上的死火山口是一个优良的避风海港。

圣·托马斯（岛）是一座由崎岖的群岭山脊贯穿东西的火山岛，以海滩、火山岛、海港、海盗、宝藏而闻名遐迩。在18世纪这里曾经是海盗的聚集中心，加勒比海盗黑胡子和他的宝藏，也许就在这个岛屿中埋藏！这个世界知名的加勒比海岛拥有神奇的海滩、优美的风景，并且这里的免税物品便宜到你不敢相信。

圣·托马斯（岛）属半干燥气候，温度变化在21℃～32℃之间，平均温度为26℃。大部分雨水被植物吸收或蒸发掉。

注意：岸上行程和餐饮自费，各位贵宾也可以选择留在邮轮上继续享受邮轮上丰富的吃喝玩乐设施。邮轮会在晚上关闸，请您提前确认当天关闸时间，并在关闸时间前回到邮轮。

住宿："海洋绿洲"号　餐食：享用邮轮上的大餐

第5天：（圣马丁岛）菲利普斯堡（荷属）（到港：08：00，离港：17：00）

圣马丁岛是（加勒比海）西印度群岛小安的列斯群岛北部岛屿，长约14.300千米，宽约13.300千米，面积87平方千米，由山地和湖沼构成。这个的岛屿分属于两个不同的国家——法国和荷兰，是世界上最小的分属两国的岛屿。北部为法国直辖的海外领地，南部属荷兰王国的海外领地。1493年圣马丁节（11月11日）哥伦布到此，故得此名。1638年被法国占领。1648年分属法国和荷兰。主要出产盐、棉花、甘蔗和牲畜，酿酒业和渔业日益发展。岛上风景优美，旅游业甚盛。重要城镇有菲利浦斯堡（荷属）和马里戈特（法属）。

圣马丁岛北部——原属法国海外省瓜德罗普。2007年2月22日升格为共和国直辖领地，所辖面积53.2平方千米，（2012年）人口3.628 6万人。

圣马丁岛南部——属荷兰王国的“安的列斯群岛”。所辖面积34平方千米，（2013年）人口3.968 9万人。居民多为黑人。地形丘陵起伏，东、西部多山丘，一般海拔300～415米。最高点天堂峰海拔411米。年降水量1 100毫米。

菲利普斯堡是荷兰王国的自治国圣马丁的首府所在地，也是圣马丁岛的行政中心及商业中心。由于荷兰政府积极鼓励岛上开发最有价值的自然资源——洁净的海滩和宜人的气候，从而吸引着大量的游客来到此岛一睹它的风采。

每年大约有100万人次前往菲利普斯堡旅游和购物，圣马丁仅次于圣·托马斯，被评为第二受欢迎的邮轮目的地免税购物天堂。

岛上亦停泊有许多邮轮。菲利普斯堡陆地行程丰富多彩，浮浅、海滩骑马、在柔软细腻的白色沙滩漫步，或者到岛上中心观光购物（岸上行程和餐饮自费自理），您也可以选择留在邮轮上继续享受邮轮上所有吃喝玩乐设施。

注意：岸上行程和餐饮自费，各位贵宾也可以选择留在邮轮上继续享受邮轮上丰富的吃喝玩乐设施。邮轮会在晚上关闸，请您提前确认当天关闸时间，并在关闸时间前回到邮轮。

住宿：“海洋绿洲”号　餐食：自费岸上餐食或享用邮轮上的大餐

第6天：海上巡游

今天邮轮继续在蔚蓝的东加勒比海上巡航。您可以在豪华邮轮上充分享受人生的乐趣，邮轮上有各种娱乐设施、大剧院、夜总会、歌舞厅、酒吧、雪茄俱乐部、游泳池、健身房、赌场、儿童乐园、美容院、图书馆、迷你高尔夫球场、婚礼教堂、免税商店街等。极目蓝天大海，品饮美酒香茶，观赏美女俊男。邮轮上为您精心安排的节目，更让您不虚此行。

住宿：当晚住宿于皇家加勒比“海洋绿洲”号。

餐食：享用邮轮上的大餐。

第7天：海上巡游

今天一整天畅行在一望无际的大海上，全天不靠港，让各位贵宾有充裕的时间享受邮轮生活，体验邮轮上各种多彩多姿的娱乐设施，享受加勒比海的阳光和世界各地美食！

住宿：“海洋绿洲”号　餐食：享用邮轮上的大餐。

第8天：（美国）罗德岱堡（到港：06：15）

早上回到罗德岱堡港口，完成8天的精彩旅游，早上回到依依不舍地跟皇家加勒比邮轮“海洋绿洲”号说再见。

到港时间：06：15（时间仅供参考，请您以团上通知为准。）

三、南加勒比海邮轮航线

南加勒比海邮轮航线属于探险路线，适合有加勒比游船经验者的非常规之旅，基本上是人烟稀少的岛屿。由于距离美国太远，一般从波多黎各或巴巴多斯出发，途径圣文森特岛、（法属）瓜达卢普岛或译瓜德罗普岛、格林纳达、（法属）桑特群岛、圣文森特和格林纳丁斯群岛亦译格瑞那丁群岛、贝基亚岛、库拉索岛、托贝哥珊瑚礁和圣基茨岛。

1. 线路名称

精致邮轮“尖峰”号南加勒比海（7晚）

出发日期：2016年12月31日

2. 邮轮简介

◆ **“尖峰”号邮轮**

精致邮轮“尖峰”号邮轮拥有引以为豪的服务及设施，这也使得精致邮轮成为全球邮轮旅行爱好者的首选。

2001年8月1日，“尖峰”号邮轮下水。邮轮拥有引以为豪的服务及设施，这也使得精致邮轮成为全球邮轮旅行爱好者的首选。“尖峰”号邮轮上拥有如此众多的活动项目，快去攻克它们吧。在船上享受惬意时光，您只需说出您的喜好，我们就能满足您的需求，无论您是要在三个游泳池中的其中一个游上几圈，还是要在带蒸汽房的海上水疗馆里待上一天。

不必担心您的孩子，我们安排了孩子们的活动项目，他们可以在儿童游泳池和电子游戏厅玩耍，您就能无忧无虑享受您的船上时光。“尖峰”号邮轮上设施齐全，还有带全套治疗服务的海上水疗馆，海水浴疗池，美容院，桑拿蒸汽室，健身中心和有氧运动课程。

在“尖峰”号邮轮上，我们为您准备了顶级的美食，诚邀您和您的家人来到精致邮轮乐享最好的美食，还有更多惊喜等着你！无论您的喜好多么挑剔，在“尖峰”号上都能得到满足。

3. 行程简介

第1天：圣胡安　登船日（离港18：00）

第2天：“尖峰”号邮轮　海上巡游

第3天：菲利普斯堡（抵港08：00，离港17：00）

第4天：法兰西堡（FORTDEFRANCE）（抵港08：00，离港17：00）

第5天：罗索（抵港08：00，离港17：00）

第6天：巴斯特尔（抵港08：00，离港17：00）

第7天：圣托马斯（离港08：00，离港17：00）

第8天：圣胡安（抵港06：00）

4. 行程详情

第1天：圣胡安　登船日（离港18：00）

圣胡安是波多黎各自治邦的首府。位于波多黎各岛东北岸，圣胡安湾内，是岛上最大的港口。港口内宽口窄，为大西洋和加勒比海间重要的海上交通枢纽。圣胡安城始建于1508年，原始居民印第安人称它为波里肯。1521年，被西班牙殖民者占领，并在海湾入口处小岛上建城，称之为波多黎各，西班牙语意为“富裕之港”。当时整个波多黎各岛被称为圣胡安岛。西班牙人曾以此地为据点，抵御英、荷殖民者的争夺。以后岛与港的名称互易，港口称为圣胡安，岛称为波多黎各。1898年起圣胡安为美军占领。

波多黎各自治邦位于加勒比海的大安的列斯群岛东部。包括波多黎各岛及别克斯、库莱夫拉等小岛。北临大西洋，南濒加勒比海、东与美属和英属的维尔京群岛隔水相望，西隔莫纳海峡同多米尼加共和国为邻。波多黎各面积13790平方千米，人口367.4万人。其中西班牙人和葡萄牙人的后裔占76.2%。波多黎各还有着世界上最大的射电望远镜阿雷西沃天文台。

第2天：“尖峰”号邮轮海上巡游

加勒比海是位于西半球热带大西洋海域的一个海，西部与西南部是墨西哥的尤卡坦半岛和中美洲诸国，北部是大安的列斯群岛，包括古巴，东部是小安的列斯群岛，南部则是南美洲。

小安的列斯群岛位于加勒比海西印度群岛中安的列斯群岛东部和南部的岛群，群岛呈圆弧状，由于位于加勒比海东部和南部，又称加勒比群岛。小安的列斯群岛包括维尔京群岛、背风群岛、向风群岛和委内瑞拉以北的许多岛屿。

美属维尔京群岛，美国海外属地，为美国“未合并领土”。美属维尔京群岛属于维尔京群岛的一部分。由于维尔京群岛中的另外一部分岛屿的主权现在为英国所有，故该群岛的英国属地部分通常被称为“英属维尔京群岛”，而美国属地部分则被称为“美属维尔京群岛”。

美属维尔京群岛位于大西洋和加勒比海之间，在加勒比海小安的列斯群岛东部，西距波多黎各64千米，由50多个大小岛和珊瑚礁组成，面积达344平方千米，由（83平方千米的）圣托马斯岛、（50平方千米的）圣约翰岛和岛屿中面积最大的（218平方千米）圣克鲁斯岛3个主岛以及约50个小岛组成。在50个小岛中，其中有一个面积上比较小，但是拥有特殊历史意义的小岛。美属维尔京群岛属热带草原气候，一年温差变化不大，年均气温26℃。

第3天：菲利普斯堡（抵港08：00，离港17：00）

1493年11月11日，哥伦布发现菲利普斯堡。1763年，由苏格兰人约翰·菲利普斯建立城镇。菲利普斯堡是荷属圣马丁的主要城镇，也是圣马丁岛的行政中心及商业中心。菲利普斯堡人口为1 338人。菲利普斯堡拥有一个港口，泊有许多邮轮。

第4天：法兰西堡（FORTDEFRANCE）（抵港08：00，离港17：00）

法兰西堡港位于西南岸法兰西堡湾马当河口，是加勒比海群岛东部马提尼克岛（法）西部海港。最大吃水11米（油船14.50米）。港湾深入，内宽外窄，港口为安全的避风港。盛行北风，潮差0.50米。船长超过50米的船只强制引航。

1638年，法兰西堡始建，1681年起成为法属西印度群岛的首府，法国建有海军基地。法兰西堡主要工业有制糖、酿酒、石油提炼、化肥、加工水果罐头等。输出糖、香蕉、菠萝、可可、咖啡和甜酒等。

第5天：罗索（抵港08：00，离港17：00）

罗索是多米尼克的首都。罗索是加勒比地区唯一有河流穿过的城市，面积5.4平方千米，截至2014年人口约2万人。罗索是国家政治、商业、旅游、教育、通讯和服务中心。罗索市内有占地40英亩的植物园和拥有156年历史的罗索天主大教堂。

多米尼克位于东加勒比海小安的列斯群岛东北部，东临大西洋，西濒加勒比海，是一个国土面积仅有751平方千米的岛国。主要为黑人和黑白混血种人。土著居民是来自南美印第安部落的阿拉瓦克人和加勒比人。1493年哥伦布来到该岛。多米尼克是加勒比海最后成为欧洲殖民地的岛，当地的印第安人反抗非常激烈。1763年《巴黎条约》将该岛划归英国，后被法国两度占领。1805年法国占领者放火烧毁罗索，英国支付8 000英镑"赎金"后正式占领多米尼克岛。1958年加入西印度联邦。1967年实行内部自治。1978年11月3日独立，为英联邦成员国。

第6天：巴斯特尔（抵港08：00，离港17：00）

巴斯特尔是圣基茨和尼维斯首都，位于加勒比海东部圣基茨岛西南岸，始建于1627年；人口约1.85万；是岛上重要港口和运到邻近岛屿商品的集散地，为蔗糖、糖蜜、棉花、海盐和热带水果的贸易中心。市内分布有教堂、植物园等。北郊3千米处建有国际机场。

第7天：圣托马斯（离港08：00，离港17：00）

圣托马斯亦译圣汤玛斯岛是个火山岛，为加勒比海东部美属维尔京群岛的主要岛屿。首府夏洛特阿马利亚位于沿着南部海岸半山坡上。岛上没有水井，饮用水由波多黎各用驳船运来。岛上的死火山口是个优良的避风港。

第8天：圣胡安（抵港06：00）

圣胡安是波多黎各贸易中心，约55%的对外贸易经由此港，输出主要有蔗糖、烟叶、可可、咖啡和水果。工业有制糖、炼油、酿造以及针织、纽扣等。

圣胡安交通网络密集，有许多高速公路。圣胡安港和城东贝尔德机场是加勒比地区最繁忙的海港和国际航空港。由于交通便利，气候宜人，古迹众多，圣胡安成为西印度群岛著名的旅游胜地，旅游业已成为一大经济支柱，旅游宾馆以规模最大最豪华而闻名于拉丁美洲。

第七节　环球邮轮航线

1519年8月10日，斐迪南·麦哲伦率领船队从西班牙开始环球航行，1521年4月27日，麦哲伦于环球途中在菲律宾小岛的部族冲突中被当地居民砍死。之后船上的水手继续向西航行，最终于1522年9月6日回到欧洲。历时1 082天，完成了人类首次环球航行。

近十多年来，豪华邮轮环球航行风行，环球邮轮航线尤其结合航空飞机的邮轮航线已经很多。

冠达邮轮公司“伊丽莎白王后”号倾情打造为期130天环球旅行，水晶游轮公司“尚宁”号推出为期101天环球旅行。带您利用邮轮，一次畅游地中海、横跨大西洋、漫游巴哈马岛屿和巡游太平洋！用最奢华、轻松的方式横跨4大洲及20个国家。

2016年1月5日，银海邮轮“银啸”号（Silver Whisper，2000至今）豪华邮轮从美国罗德岱堡出发，秉持着精致邮轮海上之旅的理念，完成为期115天环球旅行。

本节分目简介如下：数十日环球邮轮航线、近百日环球邮轮航线。

一、数十日环球邮轮航线

乘坐飞机进出南极——独一无二的体验，乘坐飞机进出南极，搭乘“海洋诺娃”号邮轮开始南极探险之旅——“海洋诺娃”号邮轮是最典型的科考抗冰船。

1. 线路名称

南极洲经典空中与邮轮巡游—智利—复活节岛—秘鲁23天

独一无二的体验，乘坐飞机进出南极，空中之城马丘比丘，拜访印加圣城、纳斯卡。

合作单位：跟团游本产品由北京中国国际旅行社有限公司合作供应商提供相关服务。

出发日期：2017.01.19 ~ 2017.02.10

2. 行程亮点

乘坐飞机进出南极——乘坐飞机进出南极；此次我们将不再按照常规的线路，先乘船经过德雷克海峡，进入南极，而是从智利出发，乘坐BAE-146飞机，飞越神秘的德雷克海鲜，免去来回四日晕船之苦，进出入南极！BAE-146飞机在彭塔港和南极之间飞行有20多年的安全记录。原为英国航天局制造，能容纳超过70名乘客。配备4个涡轮风机，时速750千米/小时。由于特殊的STOL系统，飞机只需要很短的滑道，因此特别适合飞往南极。

“海洋诺娃”号邮轮体验——搭乘“海洋诺娃”号邮轮开始南极探险之旅——“海洋诺娃”号邮轮是最典型的科考抗冰船。这种类型的邮轮是专门在海上的大冰块之间航行，有非常强的破冰能力。邮轮可以航行至非常偏远的地区，深入南极腹地深处。邮轮上提供以自然文化教育为导向的讲座和活动。主甲板设有接待处、登陆区、艺术廊、医务室、餐厅、讲座室、充气艇登录区；高层甲板处有宽敞的设有大窗户的观景大厅、酒吧、图书馆、讲座室；在房间方面有高级单人间、双人间和3人间，所有房间都有私人卫浴。

体验别样南极——让大家尽可能欣赏到南极洲变幻万千的美景。因为每个航程的行程表都是不一样的，大家会尽可能欣赏到南极洲变幻万千的美景。将会参观的地方包括洛克雷港、彼得曼岛、天堂湾、雷麦瑞海峡、前景岛和捕鱼岛和其它许多奇幻壮丽无比的地方。

走进智利，体验南美风情——在圣地亚哥，感受智利浓厚的文化氛围。

圣地亚哥全称圣地亚哥·德·智利，是智利共和国的首都和最大城市，南美洲第四大城市。位于国境中部，坐落在马波乔河畔，东依安第斯山，西距瓦尔帕来索港约100千米。面积13 308平方千米，海拔600米。19世纪因发现银矿后迅速发展。其后，屡遭地震、洪水等自然灾害的破坏，历史性建筑荡然无存。今日的圣地亚哥已成为一座现代化城市。市容绮丽多姿。一年四季棕榈婆娑。

走进复活节岛，探索神秘的巨型石像——复活节岛是南太平洋中的一个岛屿，当地的语言称拉帕努伊岛，位于智利以西外海3 000千米以外。复活节岛是世界上最与世隔绝的岛屿之一，离其最近有人定居的皮特凯恩群岛也有两千多千米距离。该岛形状近似呈一三角形，由三座火山组成，与胡安·费尔南德斯群岛并为智利在南太平洋的两个属地。复活节岛以数百尊充满神秘的巨型石像闻名于世。

空中之城马丘比丘，拜访印加圣城——古印加帝国首都库斯科古城，穿越举世闻名的印加古道，享受穿越时空隧道般的游历体验。

马丘比丘又译“麻丘比丘”，是秘鲁著名的前哥伦布时期印加帝国建于约公元1500年的遗迹。马丘比丘位于现今的秘鲁境内库斯科西北130千米，整个遗址高耸在海拔约2 350米的山脊上，俯瞰着乌鲁班巴河谷，为热带丛林所包围，也是世界新七大奇迹之一。

纳斯卡线条位于南美洲西部的秘鲁南部的纳斯卡荒原上，是存在了2000年的谜局：一片绵延几千米的线条，构成各种生动的图案，镶刻在大地之上，至今仍无人能破解——究竟是谁创造了纳斯卡线条、它们又是怎样创造出来的、神秘线条背后意味着什么，因此纳斯卡线条被列入十大迷团。有数以百计的个别图形，出自简单的线条，以复杂排列构成鱼类、螺旋形、藻类、兀鹫、蜘蛛、花、鬣蜥、鹭、手、树木、蜂鸟、猴子和蜥蜴。

3. 行程详情

第01天：北京—（智利）圣地亚哥

北京/达拉斯　参考航班：AA262 PEKDFW

达拉斯/圣地亚哥　参考航班：AA945 DFWSCL

北京出发，经转机城市转机后前往（智利首都）圣地亚哥。夜宿飞机上。

住宿：飞机上　用餐：不含

第02天：圣地亚哥

中午，抵达智利的首都和最大城市——圣地亚哥，午餐后送往酒店休息，调整时差。

圣地亚哥位于国境中部，坐落在马波乔河畔，东依安第斯山，西距瓦尔帕来索港约100千米。碧波粼粼的马波乔河从城边缓缓流过，终年积雪的安第斯山仿佛一顶闪闪发光的银冠，天然山水给增添了动人的风韵。夏季干燥温和，冬季凉爽多圣地亚哥，全称雨雾，圣地亚哥市所在的地区夏季（10月至次年3月）气温并不太热，最热的1月份平均温度是20℃左右；冬天也不太冷，最冷的7月份平均温度也有8℃左右。

住宿：圣地亚哥　用餐：早中晚餐

第03天：圣地亚哥—（智利）彭塔阿雷纳斯

参考航班：LA285 SCLPUQ（13：55～18：35）飞行4小时40分

早餐后飞往（智利）彭塔阿雷纳斯

蓬塔阿雷纳斯位于麦哲伦海峡西岸，是世界上最南城市之一，是智利南极区和麦哲伦省首府，人口15.4万（2008年）。

1843年，蓬塔阿雷纳斯始建。1868年起成为自由港。巴拿马运河修筑前，为大西洋与太平洋间过往船只的加煤站。牧羊区的商业和工业中心。水、陆交通方便，并建有国际机场，也是从南美洲出发的南极探险者们进行休整的最后一站。

住宿：彭塔　用餐：不含

第04天：（智利）彭塔阿雷纳斯

空中巡游开始。抵达智利彭塔阿雷纳斯市，工作人员在此迎接大家并送大家前往酒店。下午，大家要参加情况介绍会，我们将为大家供与这次旅程有关的重要信息让大家了解在南极洲旅行时游客应该遵守的重要指南。稍后的欢迎晚宴上，大家会与来自世界各地的探险爱好者们见面，并一起品尝当地的美食。

住宿：彭塔　用餐：早中晚餐

第05天：彭塔阿雷纳斯—乔治王岛　早上乘包机

从彭塔阿雷纳斯飞行两个小时之后，到达南舍德兰群岛的乔治王岛，开始我们的南极探险之旅。走出飞机，呼吸南极洲清冽的空气。乘坐Zodiac前往我们的邮轮之前，我们还会一起去参观智利弗雷基地和俄罗斯别林斯高晋基地的所在地。

住宿：邮轮　用餐：早中晚餐

第06天：开始南极探险之旅

在南舍德兰群岛和南极半岛北角之间巡游，沿着冰天雪地的海峡和壮丽无比的冰山之间航行，海鸟、企鹅与鲸鱼和我们相伴。每天乘坐Zodiac下船，与我们的专业极地导游一起欣赏无边的美景。上船之后，参加专题，您还可以坐在玻璃窗后面，与同伴喝一口小酒，一边欣赏窗外壮观的景色，一边与同伴分享每日的探险故事。

没有一次旅程是完全相同的，灵活性是获得圆满旅程的关键。我们设计的每一条路线都能让大家尽可能欣赏到南极洲变幻万千的美景。因为每个航程的行程表都是不一样的，大家会尽可能欣赏到南极洲变幻万千的美景。大家将会参观的地方包括洛克雷港、彼得曼岛、天堂湾、雷麦瑞海峡、前景岛和捕鱼岛和其他许多奇幻壮丽无比的地方。

洛克雷港——1941年，英国曾在Goudier岛的拉克罗港建造基地，后于1962年废弃；此后一直闲置，1996年被南极洲遗产基金会改建为博物馆。目前是南极洲最热门的景点，在这里可以了解20世纪50年代的南极生活。

住宿：邮轮　用餐：早中晚餐

第07天：南极探险之旅

彼得曼岛——在南极的潘诺拉航道上，彼得曼岛是最精彩的风景，因为可以看到海中王者——鲸鱼。彼得曼岛附近总有鲸鱼出没，它们巨大的身姿隐藏在这片深邃极冷的海中。以前在纪录片《动物世界》里，总能看见这些庞然大物露出水面换气的场景，有时候，它们也翻个身，大尾巴赫然的浮现于眼前。是的，来到彼得曼岛，可以有幸亲眼欣赏到鲸鱼的风采。

住宿：邮轮　用餐：早中晚餐

第08天：南极探险之旅

天堂湾——天堂不仅是海湾的名字，更是这里迷人风景的最佳描述。在杰拉许海峡的庇护下，港口免受大风的侵袭，天堂岛也是少数南极登陆点之一，能够将半岛的最美全景尽收眼底。在岛上，您可以看到属于阿根廷的阿尔米兰泰布朗和属于智利的冈萨雷斯维德拉，还有与两地相邻的企鹅栖息地。

住宿：邮轮　用餐：早中晚餐

第09天：南极探险之旅

雷麦瑞海峡——11千米长，1.6千米宽的海峡是在南极洲最漂亮的航道之一。它为旅行者揭开了南极洲神秘面纱的一角，通过海峡的过程，就是您折服于南极强大魅力的过程；带有几分诡异的气息，迷人但令人畏惧。在晴朗的天气中，来这条同神秘的航道旅行可以说是一种享受。南极行程较为特殊，具体登陆岛屿及顺序，视天气情况而定。

住宿：邮轮　用餐：早中晚餐

第10天：乔治王岛—彭塔阿雷纳斯 早上乘包机

返回乔治王岛，从南极返航，登机返回彭塔阿雷纳斯之前向南极告别。抵达彭塔阿雷纳斯后回酒店入住酒店休息。

住宿：邮轮　用餐：早中晚餐

第11天：彭塔阿雷纳斯—圣地亚哥

参考航班：LA280 PUQSCL（09：35 ~ 14：10）

早餐后，送机至彭塔阿雷纳斯机场。之后从彭塔乘机回圣地亚哥，抵达后入住酒店休息。

住宿：圣地亚哥　用餐：早中晚餐

第12天：圣地亚哥—瓦尔帕莱索–圣地亚哥/复活节岛

驱车前往距圣地亚哥120千米外的具有“海上葡萄园”和“天堂之路”的美称的南美太平洋岸的重要港口——瓦尔帕莱索。1996年世界遗产委员会宣布瓦尔帕莱索不同寻常的缆车系统（高度倾斜缆车）成为世界一百个濒危历史文化宝藏之一。2003年瓦尔帕莱索进入世界遗产名录。由于城市建筑在大量的陡坡之上并可直接俯视太平洋，瓦尔帕莱索也自豪地宣称迷宫般的城市道路和鹅卵石小巷体现了城市丰富的建筑和文化遗产。沿途，我们将参观智利著名的VALMOND葡萄园，去了解智利葡萄酒的特点。

到达之后我们将去参观“国会大厦”、港口（军港及货港）岸边观看停泊在港湾的各种智利军舰、工艺品市场和山顶观景台。之后继续前往海滨花园城市“威尼亚”，威尼亚市有“海上葡萄园”之称，因城市位于太平洋沿岸及市内建设很多面积广大的花园而得名。沿着海边欣赏10里长滩、海喷黑白岩、海豹礁后，下午乘机飞往复活节岛。

住宿：复活节岛　用餐：早中晚餐

第13天：复活节岛

早餐后，我们将前往明星景点RANO KAU和火山湖；进入国家公园后，步行片刻就可抵达曾经的"奥龙戈祭祀中心"，眼前碧蓝的海面上可看到3座小岛，在数百年前，这里每年在8～9月会举行岛人祭奠，部落村长需要爬下断崖游到对面小岛Motu Nui并取回一颗鸟蛋，最先回来的将成为接下来一年的国王。目前遗址中的51个住宅已经被重新修复过，为复活节岛最重要考古遗址之一。值得一提的是目前存放于英国大英博物馆的巨石摩埃就是在1868年从这被英国人强行带走的。

沿着沿海的道路，左侧可以看到被绿草覆盖的山丘，这就是"拉诺拉拉库"。整个山丘是采石及制造摩埃的工厂遗址，所有的巨石像都是使用这里的凝灰石及黑曜石雕刻出来的，是如今复活节岛聚集最多摩埃的地方，总共有397尊摩埃。

岛上有一处最大的火山口湖，直径约1.600千米，深达11米，由芦苇覆盖了半个湖面，从间隙中可以看到清澈的湖水，闪耀着神秘光辉，好像要引诱人们走进去一样。

住宿：复活节岛　用餐：早中晚餐

第14天：复活节岛—圣地亚哥

参考航班：LA842 IPCSCL（14：35～21：20）

酒店早餐后，参观岛上工艺品中心购买岛上纪念品，去岛上邮局信封盖章邮寄明信片，随后送机前往圣地亚哥，抵达后入住酒店休息。

住宿：圣地亚哥　用餐：早中晚餐

第15天：圣地亚哥—利马

参考航班：LA2640 SCLLIM（19：45～21：40）

早餐后市区参观：总统府（外观）、阿玛斯广场、步行街、大教堂等。后前往智利历史的起源点——圣卢西亚山。这座位于市中心东侧的小山丘曾是西班牙侵略者为了抵御原住民而建的要塞所在位置。如今已找不到当年激烈斗争的痕迹，成为了一座宁静、草木茂盛的绿色公园，当初残留下的，只有山顶上一座坚固的石造建筑遗址可以让我们来想象当初惨烈的激战。前往圣母山，现在辟为"首都公园"，占地712平方千米，是圣地亚哥最引人入胜的公园。圣母山北侧是贫民区，没有高楼；东侧是繁华市区。在圣母山上俯瞰圣地亚哥，全城景色尽收眼底，还可远眺那安第斯山脉连绵不绝的雪峰。

晚上送机去利马　住宿：利马　用餐：早中晚餐

第16天：利马

早餐后，我们将前往已被定为世界文化遗产的利马老城区市区观光：参观军事广场、总统府、大教堂、圣马丁广场等，这些都是来自工艺师们协力完成的建筑瑰宝，将西班牙殖民时期的荣华表露无遗。

午餐后，市区游览，我们将去爱情公园，印加市场参观，您可以到富有民间手工艺品色彩的市场购物，为远在国内的亲朋好友挑选一两件纪念品。晚餐后入住酒店休息调整。

住宿：利马　用餐：早中晚餐

第17天：利马—库斯科—乌鲁班巴

LA2047 LIMCUZ（09：25 ~ 10：45）

暂时离开利马乘机前往安第斯山脉上的古印加帝国首都——库斯科。库斯科为全世界最高城市之一，也是目前有人居住的最古老的南美洲城市。基于其城内及周围存在大量古迹、遗址，号称为“南美罗马”。整座城市已于1983年被联合国科教文组织选为世界遗产。

库斯科教堂建于1559年，是库斯科主要的教堂，并且花了近一个世纪才完成的，是西班牙殖民时期的代表建筑。内部陈列可观的库斯科画派油画，融合了欧洲16、17世纪的主流艺术及当时安第斯人的文化。参观建于印加帝国时期的信仰中心“太阳神庙”——废墟上的圣多明哥修道院。当初这座神庙由每片重达两千克的黄金墙所建成，总共有七百片之多。神庙内有黄金神坛，及许多由黄金白银打造、与实体相当的农作物供丰年祭用，但现今仅能看到巨石的建筑架构，所有的贵重金属、宝石，都于西班牙人初到库斯科时被掠夺一空了。下午我们将乘车前往乌鲁班巴，晚餐后入住酒店休息。

库斯科及马丘比丘为高原地区，海拔在2 800 ~ 3 200米，抵达上述地区首先保证充分的睡眠，在下机前可食少量糖果，到酒店可饮古卡叶茶，一切动作放慢，不可饮酒及过饱饮食，避免太热水洗澡。机场及各大酒店均备有氧气供高山症状严重者使用。

住宿：乌鲁班巴　用餐：早中晚餐

第18天：乌鲁班巴—马丘比丘—库斯科

清晨早餐后，我们将乘着号称南美最有名路线的观光火车，利用火车特别设计的宽阔窗户欣赏着窗外山谷美景，沐浴在和煦的晨光中，在一个半小时之后来到新世界七大奇观之一、被称为“空中城市”“失落之城的古印加帝国遗址”“马丘比丘”进行观光。

马丘比丘印加语意为“古老的山头”。此山城位于海拔2 400米，建于15世纪，位于群山峻岭、悬崖绝壁之顶端。古城分为数个区域，有庙宇、住宅区、墓园、宫殿、梯园等精巧的石造建筑，充分体现了当年印加帝国的盛世辉煌，是当年印加帝国的圣地，最高祭师居住的神殿。曾挖掘出150具女性骸骨，是祭典中献给太阳神的祭品。1911年7月24日，一美国考古学家意外发现这个遗失的神秘山城遗迹，才揭开了它的一小部分的神秘面纱。至今仍不清楚这些建筑用的庞大石块是如何搬上如此高山，当初建城目的、如何建立及为何被放弃。因为被视为建筑工程完美之作，已于1983年被联合国科教文组织选为世界遗产。下午，将搭乘火车返回库斯科，晚餐后入住酒店休息。

备注：这天行程时间需根据购买的火车票确认。

住宿：库斯科　用餐：早中晚餐

第19天：库斯科—利马—PISCO

LA2022 CUZLIM（10：10 ~ 11：35）飞行1小时25分

早餐后将乘机返回利马，沿着秘鲁辽阔的沙漠海岸泛美公路一路南下，欣赏着周边南秘鲁的风貌，我们要前往的是保护区内最引人入胜的距海岸11千米的“鸟岛”。您将从帕拉卡斯海湾乘坐游艇前往太平洋，观察不同的生态系统。在岛四周的拱门和洞穴巡航约需要小半时，岛上栖息着许多海洋动物和鸟类，可看到火烈鸟、海鸟、海狮，偶尔还有海豚在水里玩耍，甚至有时还会看到麦哲伦企鹅前来凑热闹，其中尤以为数众多的海豹最为吸引人注意，一些胆大的海豹会在游船四周探头探脑，十分逗趣可爱。不过最有特色的不外乎是成千上万只黑白两色的海鸟，岛屿高处堪称“海鸟的天堂”。之后返回皮斯科，晚餐后入住酒店休息。

住宿：利马　用餐：早中晚餐

第20天：PISCO—皮斯科—利马

早餐后前往世上最大谜团之一的“纳斯卡大地画”，参加飞行之旅。您将搭乘私人小飞机飞行观看这些谜一般的地画，包括太空人、蜂鸟、秃鹫、猴子、蜘蛛、壁虎、鲸鱼、蛇、鸟、树根、花、几何图案如螺旋、三角形、长方块。其已于1994年被联合国科教文组织选为世界遗产，位于高原沙漠中，在公元400～650年间由纳斯卡文明做出的八百多幅画，因为太大，直到1939年因为飞机经过其上空才被发现。

住宿：利马　用餐：早中晚餐

第21天：利马

早餐后，前往利马以南20余千米处的“鲁林谷地”——帕恰卡马克遗址（含门票），在秘鲁古文明史上占有重要地位。它于公元前200年左右兴起，15世纪达到鼎盛时期。它原为前印加时期土著人的土地神庙，后被印加王国征服，成为秘鲁中部海岸最著名的神庙，以庄严、肃穆、雄伟而著称。帕恰卡马克是土坯和干打垒的泥土建筑群。夜宿飞机上。

住宿：利马　用餐：早中晚餐

第22天：利马—达拉斯

利马/达拉斯 AA988 LIMDFW（01：09～07：22）飞行7小时13分

达拉斯/北京 AA263 DFWPEK（10：35～14：55+1）飞行14小时20分

住宿：飞机上　用餐：不含

第23天：北京

下午抵达北京，结束此次行程。

住宿：无　用餐：不含

二、近百日环球邮轮航线

1. 线路名称

2014银海+迪士尼+冠达+“保罗·高更”号——四大顶级邮轮环游世界70天　私家团

出发城市：北京　出发日期：2014年

旅行天数：70天　旅行主题：世界奇景

2. 行程亮点

环球邮轮70天：华人史上最极致的环球邮轮行程！带您用邮轮，一次畅游地中海、横跨大西洋、漫游巴哈马岛屿和巡游太平洋！用最奢华、轻松的方式横跨4大洲及20个国家；深度旅游飞机难以抵达的城市！邮轮+飞机轻松省时：仅8天完全海上航行！全程国际段搭乘公务舱，舒适环游世界。顶级邮轮、获奖无数：一次搭乘4大豪华邮轮、5大航线：冠达邮轮、银海邮轮、迪士尼“梦想”号、大溪地“保罗·高更”号。特色体验四大洲：畅游地中海+伊斯坦布尔历史文明、欧洲八国+俄罗斯世界遗产、北极圈+跨大西洋欣赏加拿大枫叶、漫游加勒比海巴哈马岛屿和大洋洲大溪地群岛。美食飨宴：银海邮轮罗兰夏朵主厨，行程安排米其林餐厅及当地特色料理。舒适舱房奢华酒店：邮轮舱房皆有阳台+陆地行程特别准备当地顶级奢华酒店，提供最舒适豪华的居住质量。

第1天：香港/慕尼黑/（希腊）雅典

餐饮：早餐—敬请自理，午餐—敬请自理，晚餐—敬请自理 。

行程：梦想起航，环游世界圆梦之旅开始，晚上搭乘国际航班飞往雅典，开始了环游世界邮轮70天的旅程！

第2天：（希腊雅典）比雷埃夫斯（启航）冠达邮轮　“伊丽莎白皇后”号

餐饮：早餐—机上轻食，午餐—当地料理，晚餐—邮轮欢迎晚宴。

酒店：冠达邮轮　“伊丽莎白女王”号

雅典——“艺术和雄辩之城”。“雅典，希腊的眼睛，艺术和雄辩之母”，米尔顿在他的诗作《复乐园》中曾这样写道，而雅典的确是“艺术和雄辩”的城市。雅典有众多世界闻名的历史景点，独特的魅力和活泼的个性。比雷埃夫斯港是通往希腊首都雅典的入口。建有雅典卫城帕台农神庙的平顶小山俯瞰着整座城市，帕台农神殿是世界最著名的经典建筑之一。一直以来，雅典凭借其独特的魅力和活泼的个性，每年吸引成千上万的游客来此观光。雅典由街头集市、爬满蔓藤的酒馆、纪念品小摊和古代的建筑组成，是游客心中一处独一无二的度假胜地。

最新的“伊丽莎白女王”号邮轮因为是具有百年以上历史的英国邮轮公司，有意模仿19世纪的邮轮风格，在豪华邮轮上面有博物馆和很多的名画，甚至是藏有至少6 000册书籍的图书馆，至今藏书量还在继续增加。而且英国人钟爱的门球，剧院里挂着天鹅绒门帘的包厢，每个航次至少三次的盛装晚宴，冠达是专为喜欢旧式旅行的人准备的。

第3天：海上巡游（达达尼尔海峡）

餐饮：早餐—邮轮餐厅，午餐—邮轮餐厅，晚餐—邮轮餐厅。

邮轮：冠达邮轮·“伊丽莎白女王”号

登上“伊丽莎白女王”号顶级豪华邮轮，将是您一种身份的象征和人生难忘的奢华体验，无数的达官显贵和知名人士，以登上皇后邮轮的船只作为一种炫耀和荣誉。您可以在邮轮上唯一的Harrods酒吧沉醉在香槟和松露的陶醉之下，享受无可挑剔的白星服务，也可以在惬意的疗养池中，品味人生的极致生活，在充满着英式的绅士风格中，在醇香的葡萄酒中谈笑风生，晚上还可以在炫丽的舞厅尽情地舞动……这就是皇后邮轮的极致品味生活！

第4天：（土耳其）伊斯坦布尔（上午抵达）

餐饮：早餐—邮轮餐厅，午餐—当地料理，晚餐—邮轮餐厅。

帝国的伊斯坦布尔——过去和现在、现代和传统的有趣结合。伊斯坦布尔向游客们展示了土耳其的面貌，是一处独一无二的度假目的地。作为历史上三个强大帝国——罗马帝国、拜占庭帝国和奥斯曼帝国——的国都，这里的过去和现在、现代和传统以一种奇妙的方式结合在了一起。市内的博物馆、教堂、宫殿、清真寺、集市以及各种自然美景无穷无尽。除了伊斯坦布尔独特的历史文化背景外，城内无数的风景名胜、现代化的酒店、餐厅、夜总会和商店让伊斯坦布尔成为地中海邮轮假期中最引人入胜的目的地之一。探索伊斯坦布尔的古迹，从圣索菲亚教堂、苏丹艾哈迈德的蓝色清真寺、竞技场到大巴扎市场。

邮轮：冠达邮轮·"伊丽莎白女王"号

第5天：（土耳其）伊斯坦布尔（下午续航）

餐饮：早餐—邮轮餐厅，午餐—当地料理，晚餐—邮轮餐厅。

毛拉召唤祷告者时令人陶醉的声音响彻整座城市，这种缭绕萦回的声音每天都准时而至，给这座欧洲城市蒙上了一层典型的东方色彩。事实上，伊斯坦布尔本来就横跨欧亚两座大陆，被宽阔的博斯普鲁斯海峡一分为二。博斯普鲁斯海峡是蜿蜒穿梭在亚洲与欧洲之间的著名海峡，沟通黑海和马尔马拉海。海峡的沿岸，过去与现在、绚丽豪华与朴素纯美是如此鲜明地并存着：在木造别墅旁边耸立着现代化饭馆，大理石宫殿毗连着简朴的石头堡垒，而典雅的欧洲式居住区则与小渔村为邻。

邮轮：冠达邮轮·"伊丽莎白女王"号

第6天：海上巡游（达达尼尔海峡）

餐饮：早餐—邮轮餐厅，午餐—邮轮餐厅，晚餐—邮轮餐厅。

2010年10月首航的"伊丽莎白女王"号邮轮，作为最新的皇家邮轮成员，巧妙地结合了邮轮独特传统的文明旅游及迷人的现代舒适感。此外，她亦拥有足以自豪的各项全新特色，而这些特色让她成为承继邮轮船队非凡历史的最新典范。一如既往地保持王室标准，与第一艘"伊丽莎白女王"号1938年下水时类似，邮轮上包括皇家宫廷剧院、游艇俱乐部夜总会、休闲花园、游戏甲板、王室购物中心、图书馆、游泳池、帝国娱乐场以及豪华休息大厅等。

邮轮：冠达邮轮·"伊丽莎白女王"号

第7天：（希腊）沃洛斯（上午抵达，下午续航）

沃洛斯位于希腊大陆中部，是马格尼西亚州的首府。公元前2500年已见记载。沃洛斯大约在雅典以北326千米，塞萨洛尼基以南215千米，是皮立翁山山脚的一座爱琴海港口城市。沃洛斯是希腊第三大商业港口，为色萨利地区（全国最大的农业区）通往大海的唯一门户。沃洛斯曾为迈锡尼时期的名城。

沃洛斯博物馆拥有来自希腊化时期独特的收藏品，展示超过3000年的美丽珠宝。沿着海滨驾驶，通过一个维持数百年传统的村庄。该村庄位于皮利翁山的山坡上。沿着传统狭窄的鹅卵石街道走，小商店充满了各式的甜蜜水果，草药和香料。村里的广场和镇中心，在当地被称为“沃洛斯的阳台”，可以欣赏到周围乡村的美景。

第8天：（希腊）米科诺斯（上午抵达，下午续航）

米科诺斯岛是希腊基克拉迪群岛中名气最响、人气最旺的一座岛，每年吸引近百万的游客前来度假。米科诺斯岛的捕鱼业集中在一座座五颜六色的海滨村落，渔民们把房屋漆上深浅各异的颜色，以此区分他们建在海边的家。虽然米科诺斯岛自然风光绮丽、历史悠久，但她从本质上讲是一座现代都市。这里有不少日光浴和洗海澡的好场所，而对情侣和新婚夫妇来说，在田园式的风景中寻一处最浪漫的地点才是最令人享受的！

第9天：（希腊）雅典（上午抵达，傍晚续航）

上午抵达雅典的外港比雷埃夫斯港。

君临天下的雅典风景，雅典卫城其建筑的辉煌和历史意义是无与伦比的。我们将会带你从比雷埃夫斯到雅典，途中会经过许多重要的遗址，包括奥林匹亚宙斯神庙、宪法广场、未知的战士墓、总统府和大学图书馆。

卫城是由平顶岩构成，位于海拔150米。其亦被命名为西哥罗佩，以纪念常被描绘为半人半蛇的怪物的雅典首任国王凯克洛普斯。雅典卫城入口被称为卫城山门。在卫城山门右方有着细小的胜利女神阿西娜神殿。而由菲迪亚斯雕塑的阿西娜铜像，原来是站在山门正中。在卫城正中为巴特农神殿。在山门左方为厄瑞克忒翁庙与女像柱。城外有酒神剧场。

第10天：海上巡游

爱琴海位于希腊半岛和小亚细亚半岛之间，属地中海的一部分。爱琴海海域南北长约610千米，东西宽约300千米，海岸线非常曲折，港湾众多，岛屿星罗棋布，所以爱琴海又有“多岛海”之称，海中最大的一个岛名叫克里特岛，面积约8 300平方千米，东西狭长，是爱琴海南部的屏障。

第11天：（土耳其）博德鲁姆（上午抵达，下午续航）

不单单是在希腊的爱琴海，土耳其的西南海岸也有一座白色小镇——博德鲁姆。博德鲁姆位于爱琴海的最南端，博德鲁姆半岛的南部海岸，处在爱琴海与地中海的分界线上，是地中海入口处的（土耳其穆拉省）港口城市。

第12天：（希腊）圣托里尼（上午抵达，下午续航）

圣托里尼——洁白的房屋、盛开的鲜花、碧蓝的海水！圣托里尼群岛（基克拉迪群岛）是备受度假者喜爱的度假胜地，其经济完全依赖于旅游业，而圣托里尼岛（西拉）正是该群岛中最大的岛屿。3600年前由火山喷发而形成，如今岛上仍存在活火山。拜访火山口边的一个当地村庄，品尝当地葡萄酒和享受传统希腊的午宴。伊亚村在圣托里尼火山口的上方。走过鹅卵石铺就的小道，遇见出色的粉刷建筑物和圆顶教堂。丰富的火山土壤特别有利于葡萄种植，您将有机会参观当地的酒庄，将受邀品尝一些当地的葡萄酒和小吃。

第13天：（希腊）奥林匹亚（上午抵达，下午续航）

奥林匹亚遗址——1989年联合国教科文组织将奥林匹亚的考古遗迹作为文化遗产，列入《世界遗产名录》。古代奥林匹克运动会发源地，世界现存的最古老的运动场旧址，它是希腊古典时代的宗教祭祀和体育竞技中心。奥林匹亚的考古遗迹东西长约520米，南北宽约400米，宽大的石砌拱门是运动员大场的大门。竞技场长约200米，宽约175米，中心是宙斯神庙和宙斯之妻赫拉的神庙。宙斯神庙是希腊古典建筑的优秀代表之一，被希腊人赞为世界七大奇迹之一。欣赏希腊当地传统的民间舞蹈。希腊是少数几个国家尚存有传统民间舞蹈的，看穿着希腊传统服装的舞者和舞团表演当地舞蹈是很难得的机会。几乎每一个舞蹈都有一个故事，通过他们从一代传到另一代，让民族特性可以一直保存着。

站在奥林匹亚山上，眺望碧蓝的爱琴海。

第14天：海上巡游

地中海以亚平宁半岛、西西里岛和突尼斯之间的突尼斯海峡（亦称西西里海峡）为界，分东、西两部分，平均深度1 450米，最深处5 121米。盐度较高，最高达39.5。地中海沿岸还是古代文明的发祥地之一。这里有古埃及的灿烂文化，有古巴比伦王国和波斯帝国的兴盛，更是欧洲文明的发源地。

亚平宁半岛以山地、丘陵地形为主。海岸曲折，多良港。

第15天：（意大利）那不勒斯（上午抵达，傍晚续航）

餐饮：早餐—邮轮餐厅，午餐—邮轮餐厅，晚餐—邮轮餐厅 。

那不勒斯——比萨制作之旅。虽然米兰贵为时尚之都，佛罗伦萨堪称艺术宫殿，罗马记载了磅礴的历史，但那不勒斯单凭她的存在，便将一举超越它们！那不勒斯呈现在您面前的是一种摄人心魄的美和对一种对极致生活的追求。一侧紧挨欧洲第二大活火山维苏威，另一侧连接布满硫黄泉和沸腾的泥浆池的弗雷格瑞安平原，拥有著名的蓝色海湾的那不勒斯是您地中海邮轮旅程中不容错过的一座城市。从港口出发，经过市政厅广场，随后漫步于那布勒斯的历史中心，接着会欣赏当地可爱的雕像工艺品。那不勒斯是比萨的发源地，最早的发明是在公元1830年。那不勒斯比萨饼有其独特的味道，享誉全球。

邮轮：冠达邮轮·“伊丽莎白女王”号。

第16天：（意大利罗马）奇维塔韦基亚（抵达罗马）。

餐饮：早餐—邮轮餐厅，午餐—中式料理，晚餐—意式晚餐。

罗马的港口城市奇维塔韦基亚港距离意大利首都约一小时的车程，是前往罗马城的停靠站。沉醉于历史、建筑和灿烂的阳光中。罗马——终极的度假目的地。可能再没有别的城市拥有如此丰富的历史、一层又一层壮观的遗迹、皇家庙宇……更不用说那些伊特鲁里亚坟墓、早期的天主教堂、中世纪的钟塔、文艺复兴时期的宫殿和巴洛克风格的大教堂了。所有这些壮丽的景色都沐浴在罗马特别温暖明媚的阳光之下。罗马确实是一座梦想城市，毫无疑问，它将是您地中海邮轮旅程中最重要的一处目的地。午餐后专车前往酒店，下午自由活动，您可以在酒店休息、做SPA或像意大利人一样在咖啡厅喝最地道的意式咖啡。

酒店：罗马：Hotel de Russie。

第17天：罗马—美食、祈祷、爱。

餐饮：早餐—酒店早餐，午餐—中式料理，晚餐—LaPergola米其林3星。

酒店早餐后，展开浪漫的“美食、祈祷、爱”之旅。游览耳熟能详的罗马名胜。乘坐马车游览，在马车上以最完美的姿态体验古罗马，到达罗马的其他著名景点——真理之口、许愿池、万神殿、威尼斯广场，最后在西班牙广场停留，品尝意大利最美味的冰激凌—Gelato（意大利语：冰激凌），演绎奥黛丽赫本在《罗马假日》中的经典场景或自由活动。午后，我们将带您探索永恒之城，游览全世界最大的古罗马遗迹、古罗马斗兽场和著名的君士坦丁凯旋门。夜晚将安排您在顶级米其林3星餐厅用餐，一边俯瞰罗马古城夜景，一边享用美味！

餐厅：La Pergola米其林3星。主厨：Heinz Beck——欧洲最负盛名的米其林三星厨师之一。1994年，他从德国搬到罗马，在当地最高级的米其林餐厅La Pergola掌厨。La Pergola是罗马唯一的一家米其林三星餐厅。

酒店：罗马：Hotel de Russie。

第18天：罗马/苏黎世。

餐饮：早餐—酒店享用，午餐—中式料理，晚餐—酒店养生料理。

行程：罗马/苏黎世　班机：LX1737　14：50/16：30+1 公务舱。

早上睡到自然醒，午餐过后前往机场飞往苏黎世。抵达苏黎世后，前往市区晚餐，接着将入住五星级的多尔德大酒店豪华城市SPA温泉度假村。

酒店：苏黎世多尔德大酒店

第19天：苏黎世多尔德大酒店。

餐饮：早餐—酒店享用，午餐—中式料理，晚餐—酒店养生料理。

苏黎世是瑞士第一大城市、瑞士苏黎世州首府，是世界著名的国际大都市，也是欧洲最安全、富裕和生活水准最高的城市之一。

酒店：苏黎世多尔德大酒店——豪华城市SPA温泉度假村。

第20天：苏黎世—卢塞恩。

餐饮：早餐—酒店享用，午餐—当地特色料理，晚餐—中式料理。

瑞士中部的卢塞恩是个依山傍水的美丽城市，瑞士最大的夏季避暑胜地之一。是琉森州的首府，位于罗伊斯河出口与四州湖的汇合处。卢塞恩属于瑞士德语区，德语名为Luzern。在多语言的瑞士，卢塞恩的意大利语和罗曼什语的拼写是Lucerna，法语和英语的拼写是Lucerne。

酒店：苏黎世多尔德大酒店。

第21天：苏黎世/斯德哥尔摩。

餐饮：早餐—酒店早餐，午餐—中式午餐，晚餐—酒店内米其林餐。

行程：苏黎世/斯德哥尔摩 班机：LX1250（12：50/15：15）公务舱（飞行时间02：25）

斯德哥尔摩是瑞典首都和第一大城市，瑞典国家政府、国会以及皇室的官方宫殿都在此地。斯德哥尔摩位于瑞典的东海岸，濒波罗的海，梅拉伦湖入海处，湖港海城，风景秀丽，是世界著名的旅游胜地。

酒店：斯德哥尔摩大酒店。

第22天：（瑞典）斯德哥尔摩（18：00启航）银海邮轮“银啸”号。

餐饮：早餐—酒店早餐，午餐—中式午餐，晚餐—邮轮欢迎晚宴。

上午，参观17世纪的瓦萨号战舰博物馆、斯德哥尔摩象征的斯德哥尔摩市政厅，散步于古色古香的旧市街，并前往电波塔搭电梯到顶上的展望台鸟瞰市区风光。

下午，前往位于斯德哥尔摩郊区梅拉伦湖中的小岛上，有“北方凡尔赛宫”之称的世界遗产——（皇后岛宫）多特宁皇宫参观。

下午登上“银啸”号邮轮，准备展开激动人心的银海远洋探索之旅。银海邮轮荣获世界邮轮六星高级评价，被《Travel+Leisure》评选世界最佳顶级中小型邮轮。餐食由Relais and Chateaux设计，随时提供免费葡萄酒、香槟及饮品！宾客可随时与友伴餐厅用膳或于套房内享用。一比一的员工宾客比例，管家式的服务及A la carte点菜式尊贵膳食，提供奢华服务的享受。舱房提供顶级客人专有的管家服务，迎宾香槟、新鲜水果和鲜花，无限量且随时补充饮料的免费冰箱和酒吧，欧洲名牌寝具，浴袍和宝格丽顶级沐浴用品，探险望远镜，每日两次套房清洁服务。提供您奢华享受及无微不至的服务。

邮轮：银海邮轮·“银啸”号阳台套房

第23天：（爱沙尼亚）塔林（11：00抵达，17：00续航）

餐饮：早餐—邮轮餐厅，午餐—当地特色料理，晚餐—邮轮主厨料理。

作为欧洲保存最为完好的中世纪古城，爱沙尼亚首都塔林洋溢着浪漫的历史气息。塔林老城时刻透露着神秘的气息，曲折巷道里12世纪、13世纪的商铺和保存完好的中世纪教堂和政府建筑相互交映。这座被列为世界文化遗产的城市和其他欧洲现代都市一样都有着前瞻的眼光。

★塔林——历史之旅

塔林城区分为老城和新城两部分。1997年，塔林老城区——被列入联合国世界遗产保护目录，老城区保存了中世纪城镇的迷人风貌。离开邮轮码头，沿着海边向老城的方向走不多远，您可以看到两座小型的圆形塔楼，这两座塔楼被称为维鲁大门——是老城的象征之一。

邮轮：银海邮轮·“银啸”号阳台套房

第24天：（俄罗斯）圣彼得堡（08：00抵达）

圣彼得堡——“北方威尼斯”

世界最美城市之一，世界文化遗产。被称为“北方威尼斯”或“东方巴黎”的圣彼得堡是世界上最美城市之一。

圣彼得堡（城市）由彼得大帝于1703年创立，在这游览时间我们将会看到所有伟大的标志性建筑。淡蓝色和白色的巴洛克式的圣尼古拉大教堂和马林斯基剧院。圣艾萨克大教堂，它的声浪穹顶覆盖着200磅黄金。彼得和保罗大教堂，横跨涅瓦河的堡垒之内。还有罗曼诺夫君主的陵墓。大理石宫殿的美丽将进入人们的视线，途中我们将看到宏伟的斯莫尔尼大教堂，你将沿着著名的圣彼得堡主要通道涅瓦大街，在这里您可以一睹新古典主义的喀山大教堂。

当在夜幕降临之时，步入著名的马林斯基剧院将会欣赏一场芭蕾舞表演，可更深刻地体会俄国文化之美。圣彼得堡是以丰富的戏剧出名——就像城市本身，吸收了国外传统的俄罗斯古典芭蕾的艺术，创造了自己突出的享誉世界的风格。俄罗斯统治者和贵族对芭蕾舞有浓厚的兴趣，鼓励和支持建设圣彼得堡剧院。以前，贵族通常用自己的私人影院。如今，这个北方首都有许多19世纪精致的建筑物。有超过100个剧院，每天数十个表演节目。许多代芭蕾舞演员的天赋显露在圣彼得堡剧院。著名的戏剧节在圣彼得堡定期举行，你将享受所有时代最伟大的浪漫主义芭蕾舞剧之一。

第25天：（俄罗斯）圣彼得堡

圣彼得堡——艺术与历史之旅

闻名遐迩的冬宫博物馆坐落在圣彼得堡皇宫广场。原为俄国沙皇的皇宫，十月革命后辟为圣彼得堡国立艾尔米塔奇博物馆的一部分。它是18世纪中叶俄国巴罗克式建筑的杰出典范，艾尔米塔什与伦敦的大英博物馆、巴黎的卢浮宫、纽约的大都会艺术博物馆一起，称为世界四大博物馆。作为世界上最著名、最受人尊敬的博物馆，冬宫是一个建筑瑰宝，你将会参观小型王座室，镀金列纹章大厅以及丰盛的孔雀石室。接着你会惊叹于看到的展览。有15和16世纪的法国艺术的展示，以及雷诺阿，德加，莫奈，凡·高，塞尚和印象派作品。

圣彼得堡——珍爱之旅

在下午的自由时间，我们将会轻松地走在涅瓦大道上，然后逛逛城里最好的纪念品商店——普希金美术馆。普希金美术馆包含了各种各样的纪念品，从小的俄罗斯套娃、由半宝石装饰的费伯奇彩蛋吊坠，到世界各地著名现代大师的画作等等。参访完普希金美术馆后，我们将前往艺术广场，所有的主要商店和百货公司都坐落在涅瓦大道上。

第26天：（俄罗斯）圣彼得堡（18：00续航）

餐饮：早餐—邮轮餐厅，午餐—俄罗斯传统美食，晚餐—中式料理。

凯瑟琳宫——下午亲临凯瑟琳宫一睹极尽奢华的琥珀宫的芳容。在著名的琥珀宫内，价值连城的琥珀镶板曾在“二战”时被纳粹军队掳走，据说俄罗斯工匠花费了24年时间，用了6吨琥珀才得以依照原图复原，宫殿的琥珀屋曾一度被认为是“世界第八大奇迹”，绝对是您不可错过的视觉盛宴。参观完后，您将会去一个当地的餐厅，伴随着当地传统音乐，您将会在Podvorie Restaurant享受俄罗斯传统美食作为午餐。

彼得夏宫——“俄罗斯的凡尔赛宫”

夏宫它坐落于芬兰湾南岸静谧的森林中，距离市区约29千米，是1714年由彼得大帝下令并亲自督造的，因而又被称为彼得宫，建筑风格豪华壮丽。

酒店：银海邮轮·“银啸”号阳台套房

第27天：（芬兰）赫尔辛基（08：00抵达，17：00续航）

赫尔辛基大教堂建于1852年，原以沙皇尼古拉一世的名字命名为尼古拉教堂，于1959年改名为赫尔辛基大教堂。大教堂是赫尔辛基最著名的建筑，在芬兰人心目中地位特殊。岩石教堂又名坦佩利奥基奥教堂位于赫尔辛基市中心坦佩利岩石广场，由建筑师苏马连宁兄弟精心设计，建成于1969年，是世界上唯一建在岩石中的教堂。西贝柳斯公园是为了纪念芬兰音乐之父西贝柳斯而建，坐落于芬兰首都赫尔辛基市中心西北面，园内有两座令人难忘的雕像：一座由600根钢管组成，酷似一架巨型管风琴；另一座是西贝柳斯金属头像，镶嵌在一旁的红色岩石上。赫尔辛基的码头市场——也是非常值得您一逛。

第28天：海上巡游。

银海邮轮“银啸”号作为银海舰队中的中型船舰，2.000万吨级，载客量382人，全套房的奢华享受及友好的私密空间，得到世界各国旅行者的青睐。2011年“银啸”号经过短期的维护及翻新再次投入使用，重新使用后将带您展开新的旅程。如果您喜欢奢华、安逸、享受高品质的邮轮服务与美食体验，那么“银啸”号将会大大地满足每一位登上邮轮的尊贵客人。

第29天：（德国）瓦尔纳明德，罗斯托克（07：00抵达，22：00续航）。

柏林的秘密

深度游览柏林。参观一个私人公寓，这是一个很难得的机会可以了解典型柏林市民的生活！首先将会先停在德国国会大厦，开始进入还原的勃兰登堡门——曾经是柏林墙的一部分。午餐后参观一个私人的现代艺术馆，展示着许多代表着年轻和创新的柏林艺术品。下一站将时光倒流回到几十年前，提姆房子的主人将邀请我们享用香槟及小点心并为我们解说当地不平凡的社会及文化生活经验。

第30天：基尔运河（05：30抵达，15：30续航）

餐饮：早餐—邮轮餐厅，午餐—邮轮餐厅，晚餐—邮轮餐厅。

邮轮：银海邮轮·“银啸”号阳台套房

基尔运河（1948年前称为威廉皇帝运河）是一条位于德国最北方的什勒斯维希–霍尔斯坦州的，全长98千米长的运河。运河西起北海畔易北河口的布伦斯比特尔，跨越日德兰半岛，东至波罗的海的基尔湾的霍尔特瑙港。运河连接了北海和波罗的海，使得来往船只不必再绕过日德兰半岛，平均节省了460千米（合250海里）的路程。节省了航行时间，又可避免有风暴危险的海域。基尔运河是世界上最繁忙的人工航道，2007年有43 000艘较大船只经过运河。可以在甲板上欣赏优闲中转的风光，并通过北欧最重要的水道之一。

第31天：（荷兰）阿姆斯特丹（08：00抵达，19：00续航）。

阿姆斯特丹——文化之旅

阿姆斯特丹是新文化和旧历史的完美融合，是最好的休闲之选。阿姆斯特丹具有独特的时尚魅力，虽是旅游胜地，但仍保持着荷兰文化的精髓。阿姆斯特丹是水城，领略水城的风味一定要乘阿姆斯特丹的观光游船。在船上常常可以发现在街道行走时所未留意到的景色。凡·高博物馆参观。没有参观过凡·高博物馆，阿姆斯特丹之行就变得不尽圆满。这位神秘、勤奋而杰出的天才到底是怎样一个人？从这里您将得到答案。最后，乘坐阿姆斯特丹特色的运河游船，领略这座城市的水上魅力，结束难忘的荷兰之行。

第32天：（比利时）安特卫普（08：30抵达，18：00续航）—泽布吕赫（23：00抵达）

安特卫普——比利时钻石之城

优雅之城安特卫普坐落在佛兰德，比利时荷兰语区域，是一个优雅、充满文化气息的名城，并且是比利时的第二大城市。走在比利时新艺术风格的街上，你会发现非常罕见的建筑风格多样性，该区域的建筑已享有著名的国际声誉。中央火车站被称为“铁路大教堂”——是世界上最令人印象深刻的火车站和安特卫普的主要地标之一。接着我们来到MAS博物馆——世界上最美丽的博物馆。接着我们将会漫步在老城里，欣赏到市政厅、市集、布拉博雕像和圣母大教堂。

第33天：（比利时）泽布吕赫（17：00续航）

文化及巧克力之旅

泽布吕赫的官方名称为“布鲁日—泽布吕赫港”，是比利时的一个大型渡轮港口，位于世界上最繁忙的海域之一——北海。泽布吕赫本身是一个工业港口，同时也是游艇码头和欧洲最大的鱼市场之一。面积不大的度假胜地布兰肯堡就在附近，颇受当地人欢迎，那里有绵延的沙滩、咖啡馆、古老的木板路和数家商店。

离开码头后，我们将会前往根特——地处交通要冲，历史悠久，现在仍为旅游胜地。抵达这个中世纪的城市后，从圣迈克尔大桥出发，会欣赏到三个中世纪尖塔的壮丽景色。接下来登上运河邮船欣赏这个历史名城——城堡群、鱼市场，13世纪的修道院等等。最后一个景点为巧克力店Van Hoorebeke ——巧克力工厂，巧克力制作的现场表演。

第34天：（英国）南安普敦（07：00抵达，18：00续航）

南安普敦是英格兰南部海岸的大型港口城市，是地中海邮轮欧洲北部航线停靠的港口之一。南安普敦位于美丽的汉普郡，是去往英格兰南部诸多历史景点的必经之地。南安普敦是个大学城，这里有英格兰最长的中世纪城墙，还有“都铎老屋博物馆”（建于1496年）。漫步在河滨公园，享受温暖的阳光及草地，欣赏河景。

第35天：（英国）福伊镇，康沃尔（08：00抵达，16：00续航）

福伊镇位于英格兰西南部半岛康沃尔，坐落于树木繁茂的福伊河河口。精致的酒店及餐厅比比皆是，在8月中的帆船赛期间常常供不应求。

1857年始建的兰海德罗克城堡位于福伊河边。在1881年的一次重大的火灾摧毁了城堡南侧。火灾后，城堡和别墅及花园翻新成为典型的维多利亚风格。城堡的鼎盛时期在第一次世界大战期间由罗巴茨家族拥有和居住，现该城堡内仍保留着当时的豪华的客厅、舒适的家庭生活区、优雅的用餐室、奢华宽敞的卧室、设施齐全的大型厨房、气派的书房、充满童趣的儿童房及休闲游乐厅、古老的室内小型壁炉鼓风机等，城堡内到处可见野生动物的标本。

第36天：（爱尔兰科克郡）科夫（08：00抵达，18：00续航）

科夫的海滨小镇——遗产之旅

科克坐落在爱尔兰西南海岸，是爱尔兰共和国的第二大城市。这个翡翠岛角落上的景区显著特点是由岩石海岬构筑的海岸线，秘密的洞穴和开阔的海湾，而内陆则是翠绿的牧场和大量的历史古迹。爱尔兰的“美食之都”坐落于漂亮的航海城镇金塞尔，汇集了大量的美食餐厅。

第37天：（爱尔兰）都柏林（08：00抵达，22：00续航）

都柏林——美食广场之旅

（首都）都柏林位于爱尔兰东部海岸，拥有融合的历史和国际化的文化。这“都柏林美食之旅”会带你到美食广场、市场的水果和花卉摊位，看到许多奶酪贩子，鱼贩，猪贩和面包师等。

都柏林——是一座古色古香、充满诗情画意的田园式都市。横跨利费伊河的10座桥梁把南北两岸连成一体。坐落在河南岸的都柏林堡——是城中最著名的古建筑群，建于13世纪初，历史上曾是英国在爱尔兰的总督府所在地。古堡由宗谱事务所、档案塔楼、圣三一教堂和大厅等建筑物组成。

第38天：（英国北爱尔兰）贝尔法斯特（08：00抵达，22：00续航）

贝尔法斯特——“泰坦尼克”号之旅

贝尔法斯特位于爱尔兰岛东北沿海的拉干河口，在贝尔法斯特湾的西南侧，是英国北爱尔兰的最大海港，自1920年起成为北爱尔兰的首府。贝尔法斯特的工业基础雄厚，其造船业具有悠久的历史，著名的沉船“泰坦尼克”号便是在这里建造的。前往“泰坦尼克”主题博物馆，并在当地五星级酒店吃午餐，结束后前往贝尔法斯特市政厅游览。

“泰坦尼克”号贝尔法斯特纪念馆——世界上最大的“泰坦尼克”主题博物馆，位于英国北爱尔兰的贝尔法斯特是当年泰坦尼克号建造和下水的港口。这个纪念馆耗资1亿英镑，外形酷似四个船头组成的翼展，其旧址正是当年建造泰坦尼克号的哈兰沃尔夫船厂。

贝尔法斯特市政厅1906年完工，成为了贝尔法斯特地标性建筑之一。市政厅气势恢弘，最显著的特点就是高达173米的主圆顶以及由三种意大利大理石设计而成的华丽楼梯。在这里曾经举办过与“泰坦尼克”号和第一次世界大战有关的纪念盛事。贝尔法斯特市政厅最显眼的雕塑莫过于花园中的维多利亚女王雕像。旁侧则有“泰坦尼克”号遇难者的纪念碑和“泰坦尼克”号制造商爱德华哈兰德的雕像。

第39天：海上巡游

餐饮：早餐—邮轮餐厅，午餐—邮轮餐厅，晚餐—邮轮餐厅。

北冰洋又称北极海是世界最小最浅以及最冷的大洋。大致以北极圈为中心，位于地球的最北端，被亚欧大陆和北美大陆环抱着，有狭窄的白令海峡与太平洋相通；通过格陵兰海和许多海峡与大西洋相连。

邮轮：银海邮轮·“银啸”号阳台套房

第40天：海上巡游

餐饮：早餐—邮轮餐厅，午餐—邮轮餐厅，晚餐—邮轮餐厅。

冰岛——全称冰岛共和国，是北大西洋中的一个岛国，位于大西洋和北冰洋的交汇处，北欧五国之一，国土面积为10.3万平方千米。冰岛地处大西洋中脊上，是一个多火山、地质活动频繁的国家。内陆主要是平原地貌，境内多分布沙质地、冷却的熔岩平原和冰川。冰岛虽然位于北极圈边缘，但受北大西洋暖流影响气候适宜。

雷克雅未克——冰岛首都，位于冰岛西部法赫萨湾东南角、塞尔蒂亚纳半岛北侧，位于北纬64° 09′，地理上非常接近北极圈，是全世界最北的首都。

雷克雅未克是冰岛国内最大的海港城市，西面临海，北面和东面被高山环绕，受北大西洋暖流影响，气候温和。冰岛首都雷克雅未克被各国游客评选为北欧和波罗的海地区最清洁的城市。雷克雅维克近年来受到越来越多的关注，并成为世界观光旅行家所青睐的选择。

邮轮：银海邮轮·“银啸”号阳台套房

第41天：（冰岛）雷克雅未克（08：00抵达，18：00续航）

火山奇探——冰岛首都雷克雅未克位于冰岛西部，西面临海，北面和东面被高山环绕，拥有许多温泉和喷气孔，“雷克雅未克”冰岛语意为“冒烟的城市”。踏上探访雷克雅未克半岛火山的旅程。午餐后，登上托尔比约恩山顶上，俯瞰布鲁乐谷温泉疗养SPA，结束后，回到邮轮上。

邮轮：银海邮轮·“银啸”号阳台套房

第42天：海上巡游

伊尔明厄海是大西洋的一个海，位于格陵兰东南面，西临拉布拉多海，北毗丹麦海峡，长约480千米、宽约290千米，面积约80万平方千米，最大水深4 600米。

邮轮：银海邮轮·“银啸”号阳台套房

第43天：克里斯蒂安王子峡湾（12：00抵达，19：00续航）

行程：克里斯蒂安王子峡湾巡航。

进入连接拉布拉多海和伊尔明厄海的克里斯蒂安王子峡湾。在这条常年冰封的狭窄通道中，我们可以近距离地接近冰山，你几乎可以伸手触摸到冰山。格陵兰岛庞大的内陆冰冠将冰川推向大海，巨大的冰块脱落并成为冰山。

邮轮：银海邮轮·“银啸”号阳台套房

第44天：（格陵兰）卡科尔托克（07：00抵达，16：00续航）

自古以来，格陵兰就是一个神话的领域。探险家们从冰雪的北方带来各种光怪陆离的传说：长毛的小矮人，有魔力的独角兽、冰的故乡……这座遥远的岛屿成了所有幻想与神秘的源泉。格陵兰岛的冰川形成于4000多年前的冰河世纪，年复一年的积雪堆压成冰，在巨大的自重下像冰河一样顺坡缓缓流下，全岛85%的地面覆盖着道道冰川与厚重的冰山。全岛4/5的面积在北极圈以内，世界上最古老的岛屿。

港口小镇卡科尔托克的名字意为“白色的地方”，但如今我们来这里并非是为了看白雪，而是来欣赏因纽特人建在壮丽冰川上的五彩缤纷、色彩鲜艳的屋顶。跟随当地导游探索格陵兰岛的历史、文化、人群和他们的生活方式。

邮轮：银海邮轮·“银啸”号阳台套房

第45天：海上巡游

拉布拉多海位于北大西洋西北部，加拿大拉布拉多半岛和格陵兰岛之间，呈倒三角形。北经戴维斯海峡通巴芬湾，西经哈得逊海峡通（北冰洋的边缘海）哈得逊湾，南经贝尔岛海峡通（圣罗伦斯湾的北部入口）圣劳伦斯湾。

纽芬兰岛意指“新寻获之地”，是北美大陆东海岸的大西洋岛屿。西控圣劳伦斯湾口，北隔贝尔岛海峡与拉布拉多半岛相望，西南与布雷顿角岛隔以卡伯特海峡，南有法属圣皮埃尔和密克隆群岛。略呈三角形，西北、东南各有一半岛伸入海中。

邮轮：银海邮轮·“银啸”号阳台套房

第46天：（加拿大，纽芬兰省）兰塞奥兹牧草地（08：00抵达，13：00续航）

兰塞奥兹牧草地——认识维京人。兰塞奥兹牧草地是处于加拿大纽芬兰与拉布拉多省纽芬兰岛最北端，于1960年由挪威探险家海尔格英斯塔和他的考古学家妻子安妮斯泰恩英斯塔所发现的维京人村落遗迹。兰塞奥兹牧草地是纽芬兰岛的一处世界文化遗产。距离圣安东尼半小时车。“在纽芬兰岛北部半岛的一角，有11世纪维京人的聚落遗址，这是欧洲人踏足北美大陆的最早证据。遗址出土的木结构泥草房屋遗迹同在格陵兰岛和冰岛发现的十分类似。”

第47天：（加拿大，纽芬兰省）科纳布鲁克（08：00抵达，18：00续航）

科纳布鲁克——山脉、河流和峡湾入口的宏伟景观和寒冷的气候，使维京人在公元1000年抵达纽芬兰时，有回到家的感觉。科纳布鲁克是加拿大纽芬兰岛西岸的一座城市，是全省第二大城市。城市位于哈伯河河口的岛湾上。现为伐木、鲑鱼捕捞、石灰石开采、水貂饲养和造纸业中心。

第48天：（加拿大）哈佛·圣皮埃尔（09：00抵达，18：00续航）

动植物+海鲜之旅——哈佛·圣皮埃尔港景色迷人，是一座相当大的渔村，而快速发展的旅游业与这里相对悠闲的氛围不太相称。哈佛·圣皮埃尔港也是一处工业区，铁钛资源丰富。属于加拿大魁北克省最东部一个港口城市，人口约8000人，除大量出口钛矿，只有极少海鱼制品加工厂。以钓鱼出名，很多雪蟹、扇贝、龙虾，优质的鲑鱼和鳟鱼也在众多的河流和湖泊被发现。

第49天：（加拿大，魁北克省）魁北克市（19：30抵达）

抵达魁北克。魁北克市——是魁北克省的首府，高耸的岬角和广阔的大河，使整个城市显得非常雄伟。魁北克市是墨西哥以北，北美洲最古老的城市——也是北美洲唯一的一座拥有城墙的城市。魁北克市分两部分，旧城区城墙、教堂、狭窄小巷和古战场林立，在1985年被联合国教科文组织列入世界文化遗产目录。另一边则是充满新建的博物馆、咖啡店、酒吧、餐厅以及现代化生活设施的国际旅游城市。

加拿大地域辽阔，魁北克省的面积也不小。魁北克省是加拿大法、英双语并用的地方，甚富有欧洲色彩。这片土地造就了席琳·狄翁、柯瑞·哈特和无帽子乐团等知名音乐人。

在加拿大，沿圣劳伦斯河从魁北克到多伦多，是一条著名的黄金旅游线。尤其是到了10月份，当枫叶红了，沿途都是一望无际的金黄或红色枫叶林。这条线上有魁北克、蒙特利尔、渥太华、金斯敦和多伦多五座城市，犹如五颗珍珠被一条金线串起来。

第50天：（加拿大，魁北克省）魁北克市（19：00续航）

餐饮：早餐—邮轮餐厅，午餐—邮轮餐厅，晚餐—邮轮餐厅。

邮轮：银海邮轮·“银啸”号阳台套房

从魁北克市向北大约1千米有一瀑布，该瀑布的落差达到了83米。大量的水从峭立的悬崖倾泻直落圣罗伦斯河，发出震耳欲聋的声响，气势相当雄伟。该瀑布就是加拿大著名的蒙特莫伦西瀑布。在瀑布旁沿着山壁建有阶梯，还有许多近距离的观瀑小径、凉亭、桥梁，可以让游客更易感受到瀑布的壮观景色。现在，瀑布所在区域被开发为蒙特莫伦西瀑布公园，旅游设施一应俱全。

第51天：（加拿大，魁北克省）蒙特利尔（07：00抵达）

餐饮：早餐—邮轮早餐，午餐—加式简餐，晚餐—中式晚餐。

今天在蒙特利尔度过愉快的一天——“浪漫枫叶之旅”。蒙特利尔是世界上仅次于巴黎的第二大法语城市，是加拿大历史最悠久的城市、加拿大第二大城市和海港。全市的哥特式教堂林立，法语居民占多数，体现出独特的法国文化底蕴，被认为是北美的“浪漫之都”。

乘车前往蒙特利尔考古历史博物馆——位于蒙特利尔老城发掘遗址之上，是蒙特利尔发展的标志。除了丰富的展品资源，这里还可在外部的观景台一览圣劳伦斯河的美景。徒步前往圣母大教堂——这里是席琳·迪翁结婚的教堂，也是北美地区最大的哥特式天主教堂之一，被人亲切地称为“小巴黎圣母院”。抵达皇家山俯瞰蒙特利尔市景，并在此地餐馆用午餐，漫步枫树林中拣枫叶。晚餐前的休闲时光，可乘车前往蒙特利尔市中的圣凯瑟琳大街——绵延15千米，众多精品店、百货公司、餐馆酒吧、剧院鳞次栉比。

酒店：蒙特利尔Fairmont The Queen Elizabeth

第52天：蒙特利尔/奥兰多，佛罗里达

餐饮：早餐—酒店早餐/机上套餐，午餐—酒店早餐/机上套餐，晚餐—日式晚餐。

行程：蒙特利尔/佛罗里达　班机：AC1870（08：45/11：58）公务舱（飞行时间

03：13）

哈利·波特的魔法世界——下午前往由华纳兄弟与环球影城公司合作兴建的“哈利·波特的魔法世界”，探访哈利·波特魔法世界，漫步“霍格沃兹”街头。

酒店：奥兰多Waldorf Astoria Orlando

第53天：奥兰多卡纳维拉尔角　登船（15：45起航）—迪士尼邮轮“梦想”号

餐饮：早餐—酒店内享用，午餐—中式午餐，晚餐—邮轮餐厅。

邮轮：迪士尼邮轮·“梦想”号的豪华露台家庭海景房

午餐后乘车前往卡纳维拉尔角码头（车程约30分钟），登上2011年新下水的迪士尼“梦想”号邮轮，15点45分起航，展开精彩的海上迪士尼假期。

迪士尼邮轮五度获Travel+Leisure等旅游杂志评选为世界最佳家庭型邮轮。迪士尼那些鲜活的卡通形象曾是如此地让我们兴奋和向往，这些美好的记忆不仅仅是一部部记忆犹新的动画片，更是一个承载欢乐的主题公园，是一座奇幻天堂般的小岛，是我们弥足珍贵的童心。这个假期，请搭乘我们为您精心挑选的迪士尼邮轮，带领全家展开奇幻旅程。

第54天：抵达巴哈马群岛拿骚（09：30到达，17：45启航）

巴哈马群岛拿骚——精华游。早上09：30邮轮停靠在巴哈马群岛的首府拿骚。尽管殖民地时代的魅力在它身上还时有闪现，但古老的拿骚城将国际大都会的魅力和热带旖旎风光完美地融合成一体。全家人可前往市区环城游览，体验巴哈马群岛风光；也可前往天堂岛，欣赏岛上最具人气的“亚特兰特水景”——全世界最大的室外水族馆。在拿骚，许多店铺售卖的各类免税名牌商品吸引了众多购物者的目光。

18：00点前返回邮轮，继续航行。

第55天：抵达迪士尼私人岛屿漂流岛（08：30到达，16：30启航）

独一无二迪士尼私人岛（仅对迪士尼客人开放）。早上08：30邮轮停靠在迪士尼漂流岛：这里是迪士尼拥有的私人岛屿，邮轮可以直接靠岸，上岛不必排队等小渡船，是加勒比最魔术最神奇的地方。岛上水清沙幼，有多个美丽沙滩，适合潜水及各种水上运动。您可参观取自《加勒比海盗》实际大小的电影城道具，可以通过漂流岛邮局为远在家乡的亲人与好友捎去特别的问候。在美丽的海滩享受阳光美景，海边浮潜和水上自行车都是不错的选择。

漂流岛上设有的餐厅都是免费的，您可以尽情享用烧烤，可乐，柠檬茶，矿泉水等各种小吃饮料。另外，岛上有单车供您使用。16：30以前返回邮轮，继续航行。

第56天：海上巡游

餐饮：早餐—酒店内享用，午餐—中式午餐，晚餐—邮轮餐厅。

全天海上巡航，充分体验迪士尼邮轮带给您无与伦比的精彩。

邮轮：迪士尼邮轮·“梦想”号豪华露台家庭海景房

第57天：抵达奥兰多卡纳维拉尔角（07：30到达）/洛杉矶

餐饮：早餐—邮轮餐厅，午餐—中式午餐，晚餐—机上套餐。

行程：奥兰多/洛杉矶班机：UA564（17：30/19：51）公务舱

邮轮早上靠岸。吃完早餐后，市区观光后做顶级SPA，放松身心。中午午餐后，前往机场飞往洛杉矶。

酒店：洛杉矶Four Seasons Beverly Wilshire

第58天：洛杉矶/帕皮提

餐饮：早餐—酒店早餐，午餐—中式午餐，晚餐—风味海鲜餐。

行程：洛杉矶/帕皮提　班机：NZ4091（23：10/04：45+1）公务舱（飞行时间08：35）

比弗利山庄有"全世界最尊贵住宅区"称号，是洛杉矶市内最有名的城中城，这里有着全球最高档的商业街，也云集了好莱坞影星们的众多豪宅，同样还作为世界影坛的圣地。山庄每年都会吸引无数来自世界各地的观光客，好奇地在大街小巷探索。比弗利山庄的主要大街威尔榭大道两侧有银行、商业大厦、顶级大百货公司。街道两侧林立各顶级品牌的旗舰店，不仅气势比其他购物区更高，各个建筑在市内外设计上都极为用心，体现出艺术与商业的完美结合。同时很多影片还曾在这里取景。

自由地在比佛利山庄游览。晚餐后，前往机场飞往大溪地帕皮提。

酒店：航空机上

第59天：大溪地帕皮提（15：00登船，22：00启航）

餐饮：早餐—酒店餐厅，午餐—中式午餐，晚餐—邮轮餐厅。

邮轮："保罗高更"号海景阳台舱

"保罗高更"号——小型私密超豪华邮轮

"保罗高更"号邮轮是以法国著名的后印象派画家"保罗·高更"名字命名的邮轮，是一艘小型私密超豪华邮轮，是世界上唯一全年巡游在波利尼西亚海域及南太平洋的六星级邮轮。平均2名船上服务人员为3名乘客服务，是邮轮界中船队人员和乘客的最高比例之一，体现了贴身的个人化服务的高端质量——六星级邮轮体验。华贵宽敞的舱房全部为海景舱，没有任何内舱，其中70%的舱房拥有私人阳台。舱房装饰高贵雅致，上乘织品，100%埃及棉浴衣和拖鞋。首选卧具，双人床160厘米宽。饮料每天免费补充的迷你酒吧；保险箱；备有CD/DVD放映机的超薄型平面电视机；迎宾水果和花束；带有大浴缸的卫生间，高档奢华卫生洗浴用品，电吹风。

帕皮提——大溪地首都开启您的蔚蓝海岛之旅，这里是法属波利尼西亚人口最多的岛屿。登上"保罗高更"号这奢华休闲的豪华邮轮，这里有丰富多彩的船上活动供您挑选，无论是在游泳池边小憩，还是在酒吧度过休闲时光，都将给您的旅程带来无限的乐趣。

第60天：（社会群岛）胡阿希内岛

胡阿希内岛被称为"花园之岛"，岛上分布着很多质朴的村落，以拥有大片美丽天然的白色沙滩而著名，同时又是全世界冲浪运动爱好者的聚集地，岛屿被布满珊瑚的潟湖环绕，是浮潜的理想场所。同时拥有香草、香蕉种植园和一些波利尼西亚最宏伟的文化遗址。"胡阿希内"在大溪地文中是"女人"的意思，原因是从前这岛曾被女人统治，而玻利尼西亚的传说中，世界上第一个女人就是在这岛上出生，并孕育了波利尼西亚所有的人。离开码头后，在航行的途中发现胡阿希内岛的美丽。一路上，你会停下来参观黑珍珠养殖场，了解大溪地宝石的创造与美感。接下来，会巡游到美丽的珊瑚花园。

第61天：塔哈岛（09：00抵达，17：00启航）

塔哈岛被称为"香草之岛"——是邮轮公司的专属岛屿。白色沙滩和高大的棕榈树，清澈透明的水域和柔和的海风令人神清气爽。作为特别为"保罗高更"贵宾准备的活动，您将有一天的时间来探索这座田园式的小岛，欣赏波西尼亚特色歌舞表演。

探索大溪地的特殊地貌、传统文化和当地经济。乘坐越野车穿越塔哈岛的最高山脉。您将在风景区停留并了解当地植物和树木的传统用途。将有机会品尝当地水果，并学习一种大溪地特色舞蹈。在访问当地家庭的同时了解当地特殊的香料。随后，探访黑珍珠农场，了解这些珍宝是如何被栽培和收获的。

第62天：波拉波拉岛（08：00抵达，晚上在当地停泊）

波拉波拉岛是社会群岛最美的岛屿之一，南太平洋上的明珠。全岛由一个主岛与周围环礁所组成，主岛与环礁间拥有大片的清澈浅水，充满了色彩斑斓的活珊瑚与无数环游其间的热带鱼，岸上沙滩细致、洁白如雪，偶有赤道微风轻拂，明亮的阳光洒在南太平洋上，不同层次的海蓝与顶级度假饭店的白色洋伞，让波拉波拉岛成为欧美观光客心中最无忧无虑的热带天堂。随后登上由鲜花装点的传统波西尼亚独木舟，开启三站式美妙之旅。第一站您将来到珊瑚公园，在专家指导下潜入宝蓝色的水域之中，和多彩的鱼类、珊瑚还有多种海洋居民零距离接触，体验原始生态之美。第二站您可以在浅水区观察鳐鱼。

第63天：波拉波拉岛（18：00启航）

早晨醒来，对着湛蓝的大海和翠绿的山峦伸一个懒腰，船上提供的一价全包式的美味早餐打开您的味蕾，为您新的一天探奇做好准备。

在波拉波拉岛，早上参加邮轮公司组织的独家陆地活动，在邮轮度假私包的白细沙滩歇息娱乐如沙滩排球比赛，酒水服务等。下午参加船上组织的陆地项目，比如和朋友驾驶四轮越野车穿梭在茂密的森林中，探索大自然的神奇，也可以参加蔬果采摘活动，第一时间品尝大溪地的各种在其他任何地方都买不到的水果。晚上回到船上，一场热力四射的波利尼西亚当地舞蹈为您夜晚的邮轮生活增添了无限活力。

第64天：茉莉雅岛（08：00启航，晚上在当地停泊）

茉莉雅岛是大溪地的姐妹岛，又名莫雷阿岛。游客可以攀爬到山顶，徒步行走寻觅瀑布，观看壮观的奥普努胡湾和库克湾。搭乘四轮驱动车穿越菠萝园以及其他当地养殖的树及引进的植物，并品尝当地家常菜。在茉莉雅的海豚中心，由专家带领您进行的生态旅游，近距离观看这些奇妙的海洋哺乳动物。

第65天：茉莉雅岛/帕皮提（17：00启航）

茉莉雅岛——追寻魔力之岛的内涵。参观公共市集、土著部落TIKI村，观望角，观赏海豚之旅、库克湾，享用当地大溪地特色餐，欣赏当地著名的歌舞表演，其中夜间的火舞表演甚是精彩。晚上的时候，邮轮将返回帕皮提，“保罗高更”号为您准备了丰富的欢送节目，让您在帕皮提享受最后一夜浪漫激情的难忘夜晚。

酒店：“保罗高更”号海景阳台舱

第66天：结束“保罗高更”号行程

餐饮：早餐—酒店餐厅，午餐—中式午餐，晚餐—邮轮餐厅。

早晨结束“保罗高更”号船上行程，我们特别为您安排了专车送您进入酒店，您可以全方位体验帕皮提城市文化以及风土人情专车接机送酒店。

体验（位于南太平洋法属波利尼西亚向风群岛中的最大岛屿）大溪地岛的魅力所在，参观金星角——美丽的瀑布形成了壮丽的背景。接着前往参观保罗·高更博物馆，在这里可以了解著名印象派绘画大师高更的历史和故事，像大师高更一样思索生命的热情所在。之后，参观美丽的Vaipahi热带花园。

第67天：皮提—奥克兰

餐饮：早餐—酒店早餐，午餐—当地料理，晚餐—机上套餐。

早上睡到自然醒，享受在大溪地的最后一天。午餐后，前往机场飞往奥克兰。班机（帕皮提—奥克兰）NZ041（16：30/21：35+1）公务舱（飞行时间05：55）。

酒店：航空机上

第68天：奥克兰

餐饮：早餐—X（飞行时差），午餐—X（飞行时差），晚餐—机上套餐。

奥克兰市是新西兰第一大城市、最大海港，地处新西兰北岛怀特马塔港湾和马纳考港之间狭窄的奥克兰地峡上，宽仅26千米。

晚上抵达奥克兰，直接前往酒店休息。

酒店：奥克兰朗廷酒店 The Langham Auckland

第69天：（新西兰）怀希基岛

餐饮：早餐—酒店早餐，午餐—庄园享用，晚餐—庄园享用。

怀希基岛是新西兰北岛豪拉启湾南部的火山岛。总陆地面积96平方千米。现为度假地和住宅区。乘飞机或游艇经塔马基海峡可通奥克兰。有数处牛羊牧场。奥内坦吉等主要居民点集中在西岸。德蓝摩庄园——离岛海边的奇幻豪宅。

酒店：激流岛上的德蓝摩庄园/迪拉莫尔酒店/达拉谟酒店

第70天：奥克兰/香港

餐饮：早餐—庄园享用，午餐—当地特色午餐，晚餐—机上套餐。

奥克兰/香港　班机：NZ4995（14：25/21：05）公务舱

早餐后，乘船返回奥克兰，准备搭机返回温暖的家。返回上海/北京/广州/成都的旅客，由于班机抵达较晚，我们将安排在香港半岛酒店住一晚后，隔天搭机返回。（此为为转机所提供的服务）

第71天：香港/温暖的家

餐饮：早餐—酒店早餐，午餐—敬请自理，晚餐—敬请自理。

早餐后，准备搭机返回温暖的家。

第六章　邮轮港口城市

通常，港口城市是指位于江河、湖泊、海洋等水域沿岸，拥有港口并具有水陆交通枢纽职能的城市。港口城市按地理位置可分为：海港城市亦称“滨海城市”“海岸港城市”，如三亚、湛江、大连、青岛、神户、马赛、新加坡、悉尼、迈阿密、孟买、威尼斯、巴塞罗那、釜山等；河口港城市，如上海、纽约、鹿特丹等；内河港城市，如南京、武汉、蒙特利尔等；湖港城市，如德卢斯、多伦多等；运河港城市，如苏伊士。

邮轮港口城市则泛指邮轮可以停泊并能上落乘客及行李、货物等的各种类型的港口城市。

邮轮码头是港口码头的一种，可供邮轮停泊及上落访客和行李、货物等。邮轮码头通常是跨境水上运输，所以设立出入境海关。邮轮码头具有实际水深、港池大（水深）、航道宽（水深），港口城市附近有旅游景区或景观，交通便利（例如有停车场、的士站、穿梭巴士、火车站、地铁）等特点。

邮轮港池包括码头前沿水域、船舶转头水域、港内锚地等。码头前沿水域——是供船舶靠泊码头，进行货物装卸和旅客上下用的水域。船舶转头水域——又称回旋水域，是供船舶靠离码头、进出港口以前或以后需要（回转）转头或改换航向时而专设的水域（大小与船舶尺度、转头方式、水流和风速风向有关）。港内锚地——又称港口锚泊，是供船舶进行水上船转船的货物装卸作业（称过驳作业）、避风停泊和等候靠泊码头的水域。

通常，邮轮码头可分为母港、停靠港以及航线节点港。目前，在世界范围内，可以停靠邮轮的码头大致有900多个。

●邮轮母港

邮轮母港是指邮轮公司作为基地和旅客航行起始和终止的港口。邮轮母港码头具备多艘大型邮轮停靠及其进出所需的综合服务设施设备条件，能够为邮轮经济发展提供全程、综合的服务及其配套。邮轮母港码头是邮轮的基地，邮轮在此进行补给、维护与修理、废物处理、工作人员轮换等，邮轮公司在邮轮母港所在地设立地区总部或公司总部。

邮轮母港一般由水域设施和陆域设施两部分组成，水域设施包括泊位、码头等内容。陆域设施包括候船中心（一关三检、行李、停车等）以及相关配套设施（商业、餐饮、酒店、交通等）。

世界公认的邮轮母港具有一些共同的特点：要拥有港湾条件良好的深水码头和水深宽阔的航道以及能提供对于停靠过夜邮轮船舶的维护修理服务等；能够吸引大量的邮轮在港停泊，并带来大量旅客；母港所在港口城市的旅游资源丰富和旅游腹地充足；有健全发达的交通网络，提供多种交通工具的选择，通过多种交通工具输送并能够及时集散大量的邮轮旅客；停泊港口附近拥有大型购物、餐饮与宾馆设施以接待数以万计的游客；邮轮出入境旅客的通关政策、设施、服务配套完善，程序符合国际惯例等。

邮轮母港是邮轮运输中的基础和中心，且越来越成为社会经济活动的集聚地，其发展水平已经成为衡量一个国家或地区社会经济发展水平的重要标志。邮轮母港由于停靠时间长，因此对其所在区域消费资金流、物流和信息流拉动作用巨大。目前，邮轮母港比较少，总数不到20个。世界主要邮轮母港也主要分布在邮轮经济最为发达的北美、欧洲和东南亚地区。

世界著名的邮轮母港主要有（美国）迈阿密邮轮母港、（西班牙）巴塞罗那邮轮母港、（中国）香港邮轮母港、（新加坡）新加坡邮轮母港。

迈阿密邮轮母港——美国迈阿密港是世界邮轮基地港口码头，邮轮公司总部多为世界上最大的邮轮公司。迈阿密港拥有12个超级邮轮码头，2 000米岸线，泊位水深达12米，可同时停泊20艘邮轮，享有“世界邮轮之都”美称。

巴塞罗那邮轮港口码头打造“邮轮母港城”。欧洲邮轮经济也有很长历史，形成了许多著名邮轮都市，其中首推西班牙的巴塞罗那。巴塞罗那扼地中海出入大西洋的咽喉，附近旅游资源十分丰富，设有6个客运码头，可同时停泊9艘邮轮。

亚洲邮轮业虽然起步较晚，但近年来发展势头良好，其典型代表是新加坡邮轮母港和香港邮轮母港（启德邮轮码头）。

新加坡邮轮港——新加坡港于1991年底，耗资5 000万新币兴建了邮轮码头。1998年政府又投资2 300万新币，建成可同时停泊8艘邮轮的深水码头，新加坡邮轮港被世界邮轮组织誉为“全球最有效率的邮轮码头经营者/运营商”。

香港邮轮港——启德邮轮码头于2013年6月启用。位处旧启德机场跑道，加上令人屏息的维多利亚港美景，簇新的启德邮轮码头成了其中一个亮点。这幢由福斯特建筑事务所设计的三层高大楼，拥有完善的配套、高效率而舒适的乘客设施及服务，让您在候船区、入境及出境大堂都能流畅地完成所有程序。邮轮码头全面投入营运后，能同时容纳两艘排水量达22万吨的超级邮轮，也可以停泊世上最大型的邮轮。

香港是亚洲地区继新加坡之后快速发展的邮轮产业城市，其良好的经济为邮轮在港发展奠定了非常好的基础。香港气候温暖，港口条件优异，国际航线遍布全球，是著名的旅游胜地，其良好的公共运输、购物美食、干净的街道和观光景点吸引了全球各地的观光客涌入。2015年香港约有202航次邮轮抵港，88万人次旅客经邮轮码头入境。目前，香港正在使用的维多利亚邮轮码头已经出现设施服务紧张的局面。到2020年，经邮轮码头入境旅客会超过100万人次。

海运大厦的邮轮码头——位于香港九龙尖沙咀。1966年3月22日，海运大厦落成，除码头外还包括10 000平方英尺（1平方英尺=0.092 9平方米）的写字楼，以及648 000平方英尺的商场。海港城的商场部分则是全香港面积最大购物中心。不少著名邮轮曾在海运大厦停泊，包括曾经是世界最大邮轮的“伊丽莎白二世”号，访港的外国军舰亦多停靠海运大厦。2008年6月，海运大厦进行第三次翻新工程，包括更换商场地下之地板、假天花、更换及新增四条扶手电梯。

●四大试点母港

2014年9月，交通运输部发函，将在天津、上海、厦门、三亚四港开展邮轮运输试点示范工作，先行先试开展邮轮产业发展各项工作，为促进我国邮轮运输业健康可持续发展积累经验、做好示范。

2015年04月22日，交通运输部公布《全国沿海邮轮港口布局规划方案》，发布国内沿海邮轮港口布局方案：辽宁沿海重点发展大连港，津冀沿海以天津港为始发港，山东沿海以青岛港和烟台港为始发港，长江三角洲以上海港为始发港、相应发展宁波舟山港，东南沿海以厦门港为始发港，珠江三角洲近期重点发展深圳港、相应发展广州港，西南沿海以三亚港为始发港、相应发展海口港和北海港。

目前，大陆沿海已建成并投入运营的国际邮轮母港——“四大试点母港”有上海、天津、厦门、三亚4个。随着越来越多的邮轮公司关注中国市场，我国各个港口城市也掀起了一股建设国际邮轮母港的热潮，青岛、大连、舟山、深圳、广州、海口、珠海、宁波等城市正在加紧建设邮轮码头。

上海邮轮母港——“全球第八大邮轮母港”。上海港是中国大陆最早接触国际邮轮的地方，目前上海共有两个国际客运码头，一个是“北外滩上海国际客运中心”，另一个是“吴淞口国际邮轮码头”。北外滩客运中心码头——位于虹口区，岸线总长870米，泊位水深8米，拥有3个可同时停靠7万～8万吨级国际大型邮轮泊位。吴淞口国际邮轮码头——港口一期岸线长度774米，建有2个大型邮轮泊位，同时可靠泊1艘10万吨级邮轮和1艘25万吨级邮轮。定位在为7万总吨以上的大型邮轮提供靠泊，与北外滩客运中心互补。超大型邮轮一般都以吴淞口国际邮轮码头作为母港。2008年12月20日开工建设，2010年4月27日成功试靠11.600 0万吨的“钻石公主”号，2011年10月正式开港运营。

2006年第一艘邮轮歌诗达邮轮的“爱兰歌娜”号以上海作为母港，至今正好已10年。2009年，国际邮轮母港的打造已被明确提出并成为上海国际航运中心建设中重要的一环。2010年，上海以举办世博会为契机，实现邮轮经济直接收入3亿美元。2010年上海到港邮轮数177艘次、旅客接待量24万人次。2012年接靠大型邮轮62艘次。2013年接靠128艘次邮轮，接待游客63万人次，相较前一年增幅超过一倍。其中夏季共有3家公司的5

艘邮轮——皇家加勒比海的“海洋航行者”号和“海洋水手”号、歌诗达的“大西洋”号和“维多利亚”号“丽星双子星”号，以上海为母港始发，运行“日韩航线”和“台港航线”。2014年皇家加勒比海、歌诗达邮轮、公主邮轮、海航邮轮等4家邮轮公司的6艘邮轮在上海运营母港航线，接靠217艘次；其中公主邮轮旗下的“蓝宝石公主”号邮轮于2014年5月21日在上海吴淞口国际邮轮港启动首航仪式，开始为期4个月的首个中国航季并大获成功。这也是继皇家加勒比海之后，全球著名邮轮公司再次将吴淞港选为自己的母港。2014年，以上海为母港的邮轮240艘次，同比增长42.9%。上海已超过纽约，成为全球排名第8位的世界级邮轮母港。2015年，“蓝宝石公主”号返回上海开启第二个母港航季，从6月4日开始，一直持续至10月。2015年计划靠泊国际邮轮284艘次。从过去五年看，上海邮轮母港年接待邮轮量从208艘次涨至410艘次，出入境游客数从约36万人次到174万人次，上海邮轮母港已成为亚太地区最为繁忙的国际邮轮母港，已跃居“全球第八大邮轮母港”。

上海港国际客运中心项目包括改建850米岸线的国际客运码头，形成开放的公共滨江绿化和观景岸线。新建国际客运综合大楼、上海国际港务集团办公楼以及与国际客运配套的宾馆、商务、办公建筑等设施，规划核定总建筑面积约35万平方米（包括铺占整个建设基地面积的地下二层停车场和车辆通道）。

天津邮轮母港——新建的天津国际邮轮母港位于天津港东疆港区南端，与我国目前最大保税港区之一的东疆保税港区毗邻。2010年6月26日，天津国际邮轮母港正式开港，随着（意大利）“歌诗达新浪漫”号、（美国）皇家加勒比“海洋神话”号邮轮以天津作为母港首航，天津滨海新区邮轮经济也随之启航。近几年，诸多国际豪华邮轮抵靠天津国际邮轮母港，逐年刷新天津国际邮轮母港停靠邮轮数量的纪录。2015年全年停靠邮轮数量达96艘（次），2016年全年预计停靠邮轮将超140艘（次），2017年预计将有停靠邮轮243艘（次）；由此可见，天津国际邮轮母港的邮轮接待数量呈连年大幅攀升态势。

厦门邮轮母港——随着厦门东渡邮轮码头的改造完成，厦门正成长成为中国的第四个邮轮母港。在已有总建筑面积8.10万平方米的邮轮中心基础上，新建项目所使用码头岸线1.400千米，几乎涵盖整个东渡港区岸线，可满足大型豪华邮轮的靠泊需求，可同时靠泊3～4艘中型邮轮；规划使用土地面积约47公顷，总建筑面积初定为100万平方米，其中航站楼建筑面积为10万平方米。厦门东渡邮轮母港已成为厦门邮轮产业实验区的承载体，自2014年开始，已经陆续有一些邮轮公司开始将旗下的一部分邮轮安排在厦门母港做航行的安排。2015年又比上一年有所增长，暑假旺季期间，从7月10至8月15日，皇家加勒比邮轮公司的“海洋神话”号都被安排在厦门往返。

三亚邮轮母港——“三亚凤凰岛国际邮轮母港”。三亚凤凰岛已成功通航运营的10万吨级国际邮轮港，是中国在运营的最大的国际邮轮港。筹建中的一座5万吨级以及一座20万吨级邮轮码头竣工后，三亚凤凰岛国际邮轮港将成为跻身全球前10位的中国最大的国际邮轮母港。

本章重点介绍世界著名的（意大利）威尼斯、（印度）孟买、（西班牙）巴塞罗那、（西班牙）马拉加、（英国）南安普敦、（俄罗斯）圣彼得堡、（韩国）釜山、（美国）迈阿密等邮轮港口城市，包括邮轮码头和城市旅游景观等相关内容。描述邮轮码头和港口城市旅游景观，旨在展示邮轮港口城市的风貌、探讨城市旅游资源如何构成邮轮游客的吸引物，逐步揭示邮轮岸上观光的奥秘。

第一节 三亚——“浪漫鹿城”

三亚市是一座举世闻名的现代化国际海港城市，国际最佳养生城市之一，中国第一批优秀旅游城市，第一批国家级生态示范城市，中国先进园林城市，中国空气质量最好的城市，中国人居环境最佳城市，中国最长寿地区之一，中国最具魅力城市之一，琼南旅游经济圈的代表，崖州文化的兴盛之地，中国最理想的潜水基地之一，中国“滨海休闲之都”，中国著名的热带滨海旅游城市——永远的热带度假天堂。

三亚古称崖州，历史悠久，人杰地灵。一万年前，三亚落笔洞就有人类活动；三亚沿海一带还有古波斯人的墓群。

2014年1月25日，《国务院关于同意海南省调整三亚市部分行政区划的批复》（国函〔2014〕14号）同意三亚市“撤镇设区”的请示，同意撤销六个镇：海棠湾镇、吉阳镇、凤凰镇、天涯镇、育才镇、崖城镇，设立四个行政区：海棠区、吉阳区、天涯区、崖州区。

三亚市是汉、黎、苗、回等20多个民族聚居的地方。2014年，全市年末户籍人口58.56万人，比上年末增加0.86万人。其中，男性29.86万人，女性28.70万人。按年龄分，18岁以下13.95万人，18～35岁18.71万人，35～60岁19.85万人，60岁以上6.04万人。按民族分，汉族33.44万人，黎族23.32万人，回族0.94万人，苗族0.40万人，其他民族0.45万人。人口变动情况抽样调查数据显示，年末常住人口74.19万人，比上年增加0.99万人。全市城镇人口比重提高到70.97%。人口出生率14.65‰，死亡率5.62‰，自然增长率9.03‰。当地使用的主要语言有普通话、海南话、军话、迈话、黎话、苗话、回辉话、儋州话、疍家话等。

一、城市风貌

多年以来，三亚市逐步形成了“美丽三亚・浪漫天涯”的城市旅游总体形象。如果按城市旅游形象划分，可以细分为“美丽之都”“浪漫鹿城”“山河海城”“凤凰之城”“崖州名城”“会展之都”“休闲之都”“智力城市”等城市空间主要节点的文化定位和形象塑造。

三亚是一座“水上之城”。“水上之城”的形象细分定位是三亚热带滨海旅游城市的自然环境和人文地理典型特征的集中体现。三亚市位于海南本岛最南端，由于三亚河（古名临川水）的东西两条河道在这里合流入海，构成“丫”字形状，因此取名“三亚”。

东海扬尘，桑田变海。如今河流改道，内弯曲流，人们能看到的两条河流，分别叫“三亚河”和“临春河”。河流与海湾在此分了三汊，河水和海水在鹿回头半岛的山边汇合交融。由此可见，三亚处于海洋文化和陆地文化的汇合处。在这里农耕文化和渔猎文化如水乳交融，保持互相帮助、互相依存的传统习惯。“鹿的传人”在这“三面环山，一面临海”的风水宝地上营造了一座秀丽的“水上之城”。

目前，三亚市已形成由航空、铁路、公路、水路等多种运输方式组成的，具有大规模的综合交通运输网络。

（一）地理位置

三亚市别称“鹿城”，位于海南本岛最南端，地处北纬18°的黄金旅游线上，拥有最美丽的热带海滨风光和厚重的历史风貌。三亚市界的地理坐标为北纬18° 09′ 34″ 至18° 37′ 27″，东经108° 56′ 30″ 至109° 48′ 28″ 之间。位于西太平洋环形带上，东南亚的中心位置。

海南省三亚市东邻陵水县，西北接乐东县，最北角与五指山市的西南角形成对角相望（不接壤），北毗保亭县，南临南海与三沙市遥遥相望。陆地东西方向最长处为91.6千米，南北方向最宽处为51千米，陆地面积1 918.37平方千米；三亚市管辖的海域面积3 500平方千米，三亚境内海岸线长度是258.65千米，大小港湾20个，大小岛屿40个。

（二）气候与季节

三亚地处低纬度，是中国的热带滨海旅游城市之一，也是世界上热带海洋旅游资源最为密集的地区之一。三亚利用气候资源最广泛的是农业、建筑业、交通运输、商业、旅游、医疗等方面；其中，三亚旅游业离不开大多数人都适合的气候环境，三亚气候是旅游活动中不可缺少的一种资源。

四季温暖——三亚地处热带，属于热带海洋性季风气候，受南海海洋气候影响较大。三亚具有明显的热带气候特点，阳光充足，长夏无冬，终年气温高，雨量充沛，寒暑变化不大，干湿季节明显，常风较大，春秋相连，四季温暖。三亚年平均气温23.8℃。全年日照时间2 534小时，年平均日照时数2 563小时，全年晴日在300天以上。年平均降水量1 347.5毫米。全年平均相对湿度72%（相对湿度指空气中实际水气压与当时气温下的饱合水气压之比）。

冬暖如春——三亚冬暖如春，四季花香。冬季气温最低（最冷的）月份是1月，（气温最低月的）平均气温21.6℃，平均最高气温26.1℃，极端最高气温30.4℃，平均最低气温18.5℃，极端最低气温5.1℃。冬季由于太平洋暖流的影响，即便是最冷的1月，平均气温和海水水温都在20度以上，仍然令人感到如春天般的温暖。

夏无酷暑——三亚夏无酷暑，终年无霜。夏季气温最高（最热的）月份是6月，

（气温最高月的）平均气温28.8℃，平均最高气温31.9℃，极端最高气温35.9℃，平均最低气温26.1℃，极端最低气温21.3℃。三亚素有“天然温室”之称。（据1971—2000年资料统计）

（三）地形地貌

地形偏向于局部，地貌则一定是整体特征。通常，地形——是指地势高低起伏的变化，即地表的形态。地形可分为：高原、山地、平原、丘陵、裂谷系（扩张作用使岩石圈破裂而形成的一系列狭长的断陷带）、盆地六大基本地貌形态等。地貌——是指地表面倾斜缓急、高低起伏的形状，如山头、洼地、山谷等。

（四）风景名胜

三亚市管辖的海域面积为3 500平方千米，三亚境内海岸线长度是258.65千米，大小港湾20个；大小岛屿40个，其中主要岛屿10个，面积较大的有西瑁岛、蜈支洲岛、东瑁岛。其中主要海湾（自东往西排列）有海棠湾、月亮湾、亚龙湾、大东海（湾）、小东海（湾）、三亚湾、崖州湾等；三亚海域的海洋生物种类繁多。

三亚是举世瞩目的热带滨海旅游度假城市，旅游资源丰富多样。漫长的海岸线上，分布着许多港湾、岛屿，汇集了阳光、海水、沙滩、森林、温泉、岩洞、田园，被誉为“中国乃至世界热带海洋旅游资源最丰富、最密集的地区之一”。大自然把最宜人的气候、最清新的空气、最和煦的阳光、最湛蓝的海水、最柔和的沙滩、最风情万种的少数民族、最美味的海鲜等都赐予了这座海南岛最南端的海滨旅游城市，可与国际上任何著名的热带滨海旅游度假胜地相媲美。

三亚坚持不懈的开发，丰富了度假旅游产品，亚龙湾、海棠湾、大东海、三亚湾等旅游度假区的建设，喜达屋、万豪、希尔顿、悦榕庄等一大批国际知名酒店管理集团的引进，亚龙湾、红峡谷、鹿回头等6个热带滨海高尔夫球场的建设，西岛、蜈支洲岛等热带岛屿的开发，亚龙湾、大东海、小东海等潜水及海上游乐基地的建设，形成了三亚市丰富多彩的热带滨海度假旅游产品体系，营造了良好的休闲度假旅游环境。三亚逐渐成为国内游客首选的“冬能避寒，夏能避暑”的休闲度假胜地。产业的转变集中体现在，近几年，游客人均停留时间逐年延长，度假游客比例逐年上升，游客人均消费水平逐年提高，境外度假游客大量涌入。

（五）特产美食

在2009年第十届海南岛欢乐节三亚分会场以“美味三亚·美食盛典”为主题的评选活动中，入围的“三亚十大名菜”依次是：荔枝沟鹅肉、羊栏酸鱼汤（清真鲜鱼汤·回民鲜鱼汤）、南海鲜鲍、槟榔花鸡、安游夜光螺、南山素斋、藤桥排骨、疍家咸鱼煲、雅亮老鼠猪、三亚海鲜火锅。在三亚可以品尝到的美食还有：椰子炖盅、海南四大名菜（文昌鸡、加积鸭、和乐蟹、东山羊）、温泉鹅、黄流老鸭、临高乳猪、海南鸡饭、椰子饭、南瓜饭、黑豆饭、八宝饭等。三亚的风味小吃类主要有：港门粉、海南粉、陵水酸粉、抱罗粉、海南粽子、清补凉、竹筒饭、槟榔茶等。

（六）交通客站

三亚市境内的主要客运港口有三亚港、三亚凤凰岛国际邮轮港等；主要客运空港有三亚凤凰国际机场；主要客运汽车站有三亚汽车站、旅游专线三亚公交车（站点）；主要客运有轨交通站有三亚火车站。

目前，三亚市内的城市公共交通一般以公共汽车、河道船只等为主要客运工具。2012年三亚交通运输稳步增长，全市旅客运输量5 119万人，比上年增长19.6%；货物运输量3 619万吨，比上年增长50.4%。2014年三亚城乡基础设施建设力度加大，绕城高速公路槟榔连接线实现通车，技工学校至华盛水泥厂道路改造、迎宾路、机场路拓宽改造、春光路改造、解放路改造地上部分等工程已完工，西环高铁三亚段、南山港滚装码头、凤凰岛国际邮轮港二期工程、红沙隧道公路、三环路凤凰机场段等项目有序推进。加快城乡公交一体化发展，行政村通公交车率达到79%。围绕让路于民的目标，大力开展交通综合整治，查处各类违规行为。开工新建各类停车场25个，新增停车位5 000多个。智能交通系统指挥平台建设有序推进。加大了公交车更新力度，实施公交候车亭和站牌维护改造。

1. 三亚凤凰国际机场

三亚凤凰国际机场于1994年7月1日正式通航，机场有对境外旅客实行落地签证。机场位于海南省海南岛三亚市中西北部的羊栏镇凤凰村，东距三亚市中心约14千米，西距天涯海角旅游风景区5千米。

目前，机场已开通民用航空线路287条，通航城市131个；其中国内航线228条，通航国内城市76个；国际航线和区域航线3条。运营的航空公司共32家，其中国内航空公司22家，国际及地区航空公司10家；国际航线网络覆盖韩国、俄罗斯、哈萨克斯坦等国家。

2014年，三亚凤凰国际机场年旅客吞吐量首次突破1 400万，达1 404万人次，超过2013年旅客吞吐量（1 286万人次）118万人次，标志着凤凰机场发展再上一个新台阶。

2. 三亚汽车总站

目前，三亚汽车总站位于三亚市解放二路的区中心地带，与解放路步行街等商业区相邻。现通过海南东西线高速公路和海榆东、中、西线省级公路，开通到达省内所有市县的班线车，并开通了直达广东、广西、河南、江西、安徽、湖南等省主要城市的长途客车。

（新）三亚汽车站位于三亚火车站西侧，占地面积约为110亩（7.33公顷），由长途客运站和公交总站两部分组成。三亚（新）汽车站运营后，乘客便可实现东环高铁、长途客运、市内公交三者之间的近距离换乘。

海南本岛的环岛公路有国道和高速公路。国道海榆公路有东、中、西三线，国道名称分别叫223国道、224国道、225国道。目前，海南本岛的高速公路有东线高速公路和西线高速公路两条环岛高速公路。海南本岛的国道和高速公路将全岛的主要县市紧密地联系起来。如今海南本岛的国道、高速公路和铁路已经构成岛上陆路的交通大动脉。

3. 三亚旅游专线公交车（站点）

目前，三亚市已经开通了多条三亚公交车旅游专线。例如：往返于亚龙湾与天涯海角之间的三亚公交车旅游专线、蜈支洲岛方向的三亚28路公交车旅游路线、往返于大小洞天与亚龙湾之间的三亚25路公交车旅游路线、往返于亚龙湾与凤凰机场之间的三亚27路公交车旅游路线等。

4. 三亚火车站

2007年4月，三亚（新）火车站建成，三亚火车站位于海南省三亚市羊栏和荔枝沟交界的鸭仔塘，是目前中国最南端的火车站。目前，海南本岛的环岛铁路由西环铁路和东环铁路构成。

西环铁路——海南西环铁路（西环）始建于四十年代，后毁于风灾。2002年1月28日，粤海铁路湛江海安线路建成投产，前期开办铁路货运业务。2004年12月5日，粤海铁路客运开通，中国铁路史上首对跨海旅客列车（海口—广州）K408/407次正式开行。目前，粤海铁路即为海南西环铁路已开通三亚—北京西站，海口—上海南站，海口—长沙站，海口—西安站，海口—成都东站的这5趟出海旅客列车。

东环铁路——2010年12月30日，海南东环铁路正式通车。东环铁路全长308千米，旅客列车由海口（东）站经过海口美兰机场、文昌、琼海、博鳌、万宁、陵水等沿途站直达三亚站，全程运营时间约2小时。旅客列车“三亚—海口东”对开，始发首班07：00，末班22：00；平日开行22对往返动车组列车，节假日按客流量情况会调整旅客列车频次。

5. 三亚港口

三亚市所辖海域的海岸线东北起于与陵水县交界的土福湾，西北止于与乐东县交界的角头湾；境内曲折多变的海岸线，沿岸有大小海湾；其中，有六个主要的较大海湾，自东向西分别是：海棠湾、亚龙湾、榆林湾、三亚湾、红塘湾、崖州湾。

三亚市境内的主要港口有三亚港、榆林（深水）港、南山（深水）港、崖州中心渔港、铁炉港、六道港、三亚凤凰岛国际邮轮港等。

二、港口码头

三亚市境内的主要客运港口有三亚港、三亚凤凰岛国际邮轮港等。“三亚港”是海南岛南部重要的商业港口，与香港、广州等地有海运客货轮通航；“三亚凤凰岛国际邮轮港”将海南打造成为具有独特魅力的国际海洋旅游目的地，世界一流的邮轮母港基地，以及中外游客向往的热带海岛休闲度假基地。

●交通状况

三亚港位于海南省南部著名的旅游胜地——“天涯海角”东侧26千米的海岸线上，三亚河在港口处入海，左隔鹿回头半岛与榆林港相毗邻，东南与西沙群岛隔海遥望。面临南海，属海南省三亚市辖境。三亚市是海南省南部重要的对外门户，三亚港有三条公路干线与省府海口市连接，铁路线经过莺歌海盐场，八所港，直达石碌铁矿；三亚凤凰国际机场已于1994年开通，形成了海陆空立体交通网。

●经济腹地

三亚港的经济腹地是海南省南部的三市三县，面积1万多平方千米，占全省面积的29.7%。码头开发区是海南省最大的水产品交易市场。

（一）三亚港

早在唐宋时代，海南成为商船往返的必经之地，也是海上丝绸之路的通道，而作为海南南部门户的三亚湾，更是运输的黄金水道，我国的珍珠、茶叶、南药、水果从这里输到国外，而国外的商品也从这里进入国内市场，对促进国际贸易往来起到很好的作用。

三亚港位于海南岛的南端，国际滨海旅游城市——三亚市内，是三亚市最大的国有港口企业，也是海南南部地区海上交通枢纽，它离我国通往东南亚、南太平洋和欧洲国家航线最近。1984年被国家批准为对外开放口岸，成为海南南部地区重要的对外开放门户。

三亚港是海南岛南部重要的商业港口，与香港、广州等地有海运客货轮通航。早在唐宋时代，海南成为中国商船往返的必经之地，也是海上丝绸之路的通道，而作为海南南部门户的三亚湾，更是运输的黄金水道，我国的珍珠、茶叶、南药、水果从这里输到国外，而国外的商品也从这里进入国内市场，对促进国际贸易往来起到很好的作用。

迄今为止，已先后同世界上三十多年国家和地区的港口通航，并接纳了来自欧美、新加坡、等国家的多艘豪华旅游巨轮。同时，三亚港又是我国南海诸岛的后方基地，有着重要的战略地位。改革开放以来，三亚港紧跟形势，大胆改革，加强管理，按照国家经济的布局调整产业结构。充分利用闲置资产，使港口形成集装卸、客运、渔货加工和贸易、房地产租赁为一体的综合性港口，为三亚市的经济建设和社会发展做出应有的贡献。

1. 地理位置

三亚港经纬度：北纬18° 14′ 0″ N，东经109° 30′ 0″ E。

2. 气象水文

（1）气象。

风况：三亚港常风为东北风，季节风向为西南风。5～11月为台风季节，风速达40米/秒，风力10～12级，每年有3～4次台风侵袭港口，台风入侵时，三亚河水上涨，海浪大，对港口生产有较大影响。

降水：三亚港年平均降水量1 263毫米；6～10月雨季，台风季节往往雨水增多，降水量占全年的90.2%。

雾况：三亚港终年无雾。

气温：三亚港地处热带，属于热带海洋性季风气候。年平均气温25.5℃（摄氏度）。7月份气温最高，月平均28.3℃；1月份气温最低，月平均20.7℃。

（2）水文。

潮汐：三亚港为不规则日潮型，以日潮为主，每月14天为日潮，日潮时最高潮位2.20米，持续16小时，最低潮位0.60米，平均潮位1.03米，最大潮差2.26米，最小潮差0.06米，平均潮差0.79米。

潮流：涨潮时水分为两支流，一支向东南流经码头处进入三亚河，流速0.35米/秒；另一支自白排礁缺口向西北流，流速0.35米/秒。落潮流向相反，流速分别为1.08米/秒和0.07米/秒。落潮时间持续8小时，泥沙被落潮带入大海，港池回淤量较少。

3. 港区泊位

三亚港拥有生产用码头泊位5个，其中1 000吨级泊位3个，5 000吨级泊2个。

仓储堆场及能力：三亚港拥有生产库场总面积4.5万平方米。

装卸机械及能力：岸吊（一种限重30吨的码头上的吊机）以门吊为主，起重量为10吨；后方以轮胎吊为主，最大起重能力36吨。

4. 助航信息

航道：航道水域面积7万平方米，总长1 650米，其中旧航道长400米，宽35米，水深3.50米，方位角283度30分。

航道：新主航道长1 250米，宽45米，水深7米，方位角248度。

锚地：拥有检疫引航锚地、装卸过驳锚地、防台锚地各1个。检疫引航锚地——位于北纬18° 11′ 0″，东经109° 26′ 0″；水深2.80米，泥底，可泊数艘几万吨级轮船；装卸过驳锚地——位于北纬18° 13′ 07″，东经189° 27′ 0″；水深9.20米，泥底，可泊10余艘万吨级轮，能避12级台风。

◆外港海岛

三亚市区地形西北高、东南低，东、南、北三面环山，西面临南海。三亚港坐落在三亚湾东南端，其港北侧为白排礁盘，南侧为南边海岭、鹿回头岭，为一开口西南的小海湾。海湾面积约1.4平方千米，湾顶南边为三亚河河口，河口最窄处仅有90米。外港西南5至8海里处分布有东瑁洲、西瑁洲两个掩护岛。

三亚港外港有两个海岛，一个叫“东瑁洲”（东岛），一个叫“西瑁洲”（西岛）。东瑁洲（东岛）——距三亚港约5海里，周边围7千米，与西瑁洲对峙。西瑁洲（西岛）——距三亚港8海里，周边围15千米。四周多礁，洲后背多巨石，且高。西南有石岛，潮落而出，与西瑁洲相连。

两洲之间有二石即“双帆石”——高有20米，船可从中出入；三亚港西面，西南海面还分布有半路石、叠石、双石礁、红石礁、鸡母石三亚礁等。

◆口门标志

白排礁盘系呈NE85ºSW（NE—SW即东北—西南）延伸的岩石与珊瑚礁复合体，距离南边海岭西北岸隔700～1 000米宽的海面而平行相对分布。白排礁外端为石英岩岩礁，礁长300米左右，顶高4.20米。其上筑有灯塔——高约15米，为三亚港右口门的主要标志。

鹿回头半岛构成三亚湾的东南岬，同时也是三亚港的东南翼。鹿回头半岛由鹿回头岭，椰林农场、南边海岭三部组成。整个半岛自北东向南伸入海中，长达4千米。

小洲岛实为南边海岭西侧向海伸出的岬角，经海蚀后的残留部分，表现为北西方向延伸的小岛。小洲岛——顶高24米，岛顶突出，周边围以10米高的石英岩基座阶地，是在三亚港左口门的标志。

5. 港湾旅游

（1）湾口河道旅游

三亚是一座拥有河海风光的美丽城市。发源于中部山区的三亚河在三亚城区处分成东河与西河两条支流（三亚河和临春河）汇入大海，故称为“两河三岸”。三亚河是三亚市重要的景观之一，拥有大面积珍奇的红树林，栖息有白鹭等珍贵水鸟，生态环境优越，风景宜人。

2013年，三亚港务局顺应海南国际旅游岛建设的新形势，积极探索港口功能转型出路，大力发展三亚通航河道和海上旅游项目，购置了数十艘海上豪华游艇投入运营，取得了巨大的经济效益。同时成为三亚首家取得运营海上游艇的国营单位。

◆山海梦幻夜游

三亚是一座阳光明媚的城市，也是一座不夜城。夜色下的三亚湾和城市灯火别有一番风情。游人可乘坐豪华游艇在徐徐海风中领略三亚美丽夜景。每晚固定发船，沿着渔港码头出发，途经凤凰岛国际码头、三亚湾滨海路，然后在三亚湾425医院附近的海域稍事停留之后，回程返回，整个游程大约两个小时左右。船上提供各项服务：啤酒、鲜果汁、卡拉OK、迪士高等；另有各项自费项目可供选择：如浪漫的海上烟花、美味的海鲜烧烤、各类小吃等。

◆海岸河道旅游

近年来，新建了一批近水、亲水平台等旅游休闲设施，使三亚市的人居环境更加舒适，城市旅游观光功能极大提高。河岸两侧已发展成为三亚的主要商圈，大型综合型商场、购物中心、休闲娱乐设施、餐厅等集中于此，通航河道及河岸两侧是中外游客体验三亚风光和风土人情的区域游览区。环绕分布在三亚城区的海岸港湾（如大东海和三亚湾），也是一道亮丽非常的风景线。游客可乘坐设施齐全、风格迥异的豪华游船游艇举行出海观光垂钓、海上派对、海上演出、海上婚礼等活动，体验海上畅游乐趣。

（2）游艇帆船运动

三亚拥有258.65千米的海岸线和20个优良的港湾，具有良好的地理区位优势以及优越的气候条件，全年都适合开展帆船、游艇等海上运动。得天独厚的自然环境使得三亚具有广阔的开发帆船运动的前景。

同时，三亚处于链接东亚、东南亚的枢纽位置，是国际大帆船、游艇进入中国海域的首选落脚点，也是国际大帆船“候鸟群”冬季理想的栖息地。近年来，随着沃尔沃帆船赛、环海南岛大帆船赛、香港至三亚国际帆船拉力赛、三亚帆船挑战赛等一系列知名赛事的举办，三亚“帆船之都”的形象日渐凸显。

如今，三亚已经拥有了半山半岛、亚龙湾和鸿洲游艇会等符合国际标准的大帆船码头。仅半山半岛帆船港就拥有325个全天候的泊位，提供游艇租售和码头服务，并可承接各类赛事和活动。陆域部分约占地3万平方米，配有游艇俱乐部会所、帆船维修保养中心、帆船学校以及先进的码头管理系统。

（二）三亚凤凰岛国际邮轮港

近年来，海南邮轮码头发展迅速。三亚凤凰岛国际邮轮港是三亚市唯一的国际邮轮港，是国际邮轮游客进入三亚的门户通道。三亚凤凰岛国际邮轮港一期已建成8万吨的邮轮码头，码头运行至今已进出邮轮380多个航次，出入境旅客近40万人次；其中，2012年进出港航次达到160多个，名列全国第一。

不久前，岛上又建成了一座中国最大的10万吨级国际邮轮码头，并配套了近万平方米、设有8个边检通道的现代化客运联检楼，可一次性受理3 000名国际游客通关过境，年接待游客能力可达到60万人次以上。

◆梦幻凤凰岛

三亚凤凰岛号称“中国的迪拜”“东方的迪拜”。凤凰岛位于三亚湾度假区“阳光海岸”的核心，是在大海礁盘之中填出的人工岛。通过填海造地，人为的创作这个作品，成为三亚市的地标性建筑，成为三亚市的一张靓丽的名片。

三亚凤凰岛长1 250米，宽约350米，占地面积36.5公顷（547.5亩，36.5万平方米），规划总建筑面积48公顷（48万平方米）。凤凰岛三面依托山景，四面临海，拥有得天独厚的山海天旅游风光，具备海上娱乐、水上运动和全季候度假旅游的条件。

如果夜幕降临、在摇曳的霓虹灯照射下，变换出不同的图案，从远处观看，凤凰岛就像是一个“海上大邮轮”的造型。你们往岸上看，鳞次栉比的高楼大厦灯火辉煌，蔚为壮观。远处的外形很特别的那栋高楼就是目前三亚市最高的建筑——擎天半岛。

凤凰岛主要包括七大项目，即一栋超星级酒店（包含酒店及国际会议中心）、国际养生度假中心（五栋产权式酒店）、商务会所（别墅型产权式酒店）、海上风情商业街、国际游艇会、奥运主题公园和凤凰岛国际邮轮港。凤凰岛的综合发展目标是成为三亚市、海南省乃至全中国首屈一指的豪华度假胜地，主题定位是“东方迪拜——海上度假天堂”。

奥运圣火

2008年5月4日，第29届奥运会我国内地首把火炬就在这里点燃，当时很多国内外的体育界、文化界名人云聚凤凰岛，共同点燃奥运圣火，其中有成龙、章子怡、周华健、易建联、杨澜等。

1. 凤凰岛国际邮轮港

目前，凤凰岛国际邮轮港是三亚市唯一的国际邮轮港，是国际邮轮游客进入三亚的门户通道。自2006年11月正式通航以来，凤凰岛一期建成8万吨的邮轮码头已经陆续接待了首航三亚的世界级豪华邮轮达到20多艘次，多次到访的国际邮轮共接待700个进出航次，接待出入境旅客58万多人次，接待进出港邮轮和游客都位居全国第一，每年拉动三亚综合收入近10亿元。其中，2012年进出港航次达到160多个，超过上海名列全国第一。

截至目前，2013年度已确定出入境共312航次。

2. 三亚邮轮“母港时代”

凤凰岛国际邮轮港以母港为中心打造邮轮产业，超前进入我国邮轮业务，用足、用好、用活国家对滨海新区特别是国际旅游岛的政策优势，打造中国南方最强国际邮轮母港，推动三亚邮轮产业快速健康发展。

凤凰岛国际邮轮港将借鉴国际一流邮轮码头经验，结合自身，制定完善的邮轮服务标准体系，对落户或者长期挂靠凤凰岛国际邮轮港为母港的国际邮轮给予一定的支持优惠，大力提高航线密度；并科学规划、合理布局邮轮码头及周边配套设施，涉足旅游、休闲、购物、商务等行业，探索邮轮港城项目。

（三）三亚渔港

大约在600年前，第一批疍家人漂洋过海来到了三亚现在的水居巷一带，发现这里是一个天然的良港，于是他们就在这里定居下来。

后来，疍家人不断地繁衍生息，水居巷一带慢慢地就发展成为三亚渔村。大约300年前，第二批疍家人大量地来到了这里，三亚河出海口处逐步地发展成为三亚渔港。

三亚现有疍家人约1.5万人，主要居住在南海边、水居巷、红沙、铁炉港等地。如今，疍家人大多数已经上岸定居，但依旧从事与海洋有关的产业。

◆水上人家

疍家人（疍民）是古代我国东海沿岸的汉族中一个比较特殊的群体，是指广东、广西、福建、海南沿海一带的水上居民。疍家人以艇为室，每艘渔艇住一家或一个小家族。因其所居住的传统渔艇外形极像蛋壳，因而被称为“疍家人”，又称“疍民”。

从前，疍家人没有大船，无法远航，只能在近海捕鱼。生活随着潮汐变化而变化，退潮时，疍家人放笼下网，捕些鱼虾。疍家人现在主要分布在广东的阳江、番禺、顺德、中山、南海、江门，广西的北海、防城港（保平港即港西湾），海南三亚等沿海地区。三亚疍家人世居三亚河港湾、崖城宁远河大蛋港出海口（振州江口）、（崖城）保平港、（乐东）望楼港的河口海湾处。

◆五龙公庙（龙王神州庙）

疍家人世代相传的是口头文学，并较多地保持了古代百越人的风俗。其图腾崇拜为蛇，祀蛇而成为龙种，这些都构成了“疍家”特有的社会与民俗文化。

三亚的疍家人有着独特的疍民文化。与福建等地的渔民祭拜妈祖不一样，疍家人祭拜的是“五龙公”。如今，在三亚的“南海边”还建有“五龙公”的“龙王神州庙”；疍家人出海之前必到那里祭拜“五龙公”，以求出海平安。每年春节，疍家人有“讨斋”的习俗，正月十五要举行游神的祭祀活动。疍家人有自己独特的民歌，如咸水歌等，还有独特的饮食文化和服饰文化。疍家人会在海上结艇为地，摆酒庆贺喜事。疍家人过去的房屋时高脚屋，俗称蛋家棚，今年在水居巷仍有少量存在。在每年的端午节赛龙舟，疍家人的龙舟一定要分为红、黄、蓝、白、绿五色，称之为“五龙舟”，与“五龙公”相对应。

在三亚的经济建设和社会发展中，疍家人做出了不可磨灭的贡献。长期以来，疍家人的渔业生产总量是三亚全市渔业生产总量的90%左右。疍家人还兴办了造船厂、渔机厂、渔具厂、冷冻厂、海水工厂化养殖场等。在新的城市规划中，三亚的游轮、货运、渔业将实现三港分离。

◆出海渔猎

俗话说得好“渔场如战场”，鱼汛捕捞对象因索食、产卵、越冬等原因而群集，这是适于大规模捕捞的时期。

鱼汛：海洋渔业中指某种鱼类或其他水生动物在某一水域高度密集，有利于大量捕捞。鱼类和其他水生动物由于生理、遗传以及外界环境因素，形成有规律的产卵、洄游、密集滞留而形成。以其出现的季节不同，有春汛、冬汛之分。

每逢初一、十五，在三亚港的五龙公庙，三亚疍家人都要去五龙公庙进香祭拜，预备猪、羊等祭祀海上渔猎的保护神——“五龙公”。

每逢冬汛期，三亚疍民渔艇船队在港湾上朝拜“五龙公”所采用的正是“一字长蛇阵”。只见港湾海面上，渔艇船队排列成一长条的阵势，渔艇船头朝着岸上的“五龙公庙”（龙王神州庙），渔艇上摇旗呐喊，鞭炮齐鸣，锣鼓喧天。“一字长蛇阵”也是一种渔猎用船之阵。长蛇阵运转，犹如巨蟒出击，排列成一长条的阵势。长蛇阵是根据蛇的习性推演而来，全阵分为：阵头、阵尾、阵胆（中央无极土）三部分。阵形变幻之时，真假虚实并用。

“阵”是在军队产生的过程中，因为组织军队和指挥战斗的需要而出现的，融合了古代军制学和战术学的成果。船队出海渔猎作业也是如此，开始编制有组织的船队，并且采用一定的队形，这就是原始的“阵”。

通过渔艇船队阵法操练，教给各船上的渔民——进退的规矩、聚散的法度，使他们熟悉各种（旗语）信号和口令，在渔艇船队渔猎作业时做到令行禁止，协调一致，只有这样，才能发挥整体合力，达到围捕鱼群的目的。

◆疍家渔歌

疍家渔歌又简称“疍歌”，疍家人习惯称为“咸水歌”。疍家渔歌是疍家人演唱的民歌，演唱语言为粤语疍家话，经过历代民间艺人加工改造并传唱至今。

大家知道，古代三亚西南沿海港口的海河交界地带是三亚疍民——“水上人家”的聚居地。疍家渔歌流行传唱在三亚市河西区的南边海村、榆港村和河东区的港门村等好几个港口渔村，分布区域人口约15 000人。

疍家渔歌（咸水歌）承载着一代代疍家人的文化记忆，是“以舟为家，以渔为生”的疍家人的智慧结晶。疍家渔歌题材广泛，内容丰富，有劳动歌、仪式歌、情歌、生活歌、时政歌等。疍家渔歌上午主要调式有“姑娌妹”“叹家姐”“送人歌”“伴郎”“伴嫁”“叹古人”等。流传下来的疍家渔歌数量众多，就好比南海的鱼——数不胜数；堪称疍家渔歌经典的主要有：《咸水歌》《水仙花》《咕哩美》《渔家哥妹织网又唱歌》《水路歌》《练红》《八拜红》《八全合》《南海渔村是我家》等。疍家渔歌的演唱形式有独唱、对唱、领唱和齐唱。疍家渔歌的开头高亢嘹亮，渐渐进入舒缓、悠扬的情绪。

2009年，疍家渔歌被列为海南省第三批省级非物质文化遗产名录，梁云志成为唯一省级疍家渔歌传承人，张发结和陈水蓬是疍家渔歌的市级传承人。

无可置疑，疍家渔歌具有娱乐、抒情功能、协调动作功能和教育功能。许多疍家小孩从小就学着唱童谣的疍家渔歌《鸡公仔》："鸡公仔你尾弯弯，三岁人仔学唱歌，不是爹娘教过我，生得聪明来唱歌。咸水歌你真好听，好听歌仔人欢声……"可谓："悠悠咸水歌，代代相传承"。

第二节　孟买——"印度西部门户"

孟买是印度马哈拉施特拉邦的首府，是印度的第一大城市，也是印度最大的海港和重要交通枢纽。孟买位于印度西部，濒临阿拉伯海。孟买港是一个天然深水良港。孟买素有印度"西部门户""印度城市中的皇后""小印度"之称。

孟买的面积为603平方千米，（2011年）人口约为1 841万，是印度人口最多的城市之一；包括邻近郊区的孟买都市会区的人口总量约为2 500万人，孟买是排名世界第六位的大都会区。由于年平均人口增长率达到2.2%，孟买大都会区的人口排名逐年上升。

◆地名来源

有一种说法，孟买地名起源于印度教女神孟巴的马拉地语名称。孟巴女神是雪山神女化身之一，渔民的保护神；因当地人敬重孟巴女神，所以才取名为"孟巴"。孟巴女神庙坐落在孟巴女神湖畔。孟买地名来源的另一种说法是，1534年孟买为葡萄牙所占，葡萄牙人把这个地方称作"Bom Bahia"（孟姆巴伊亚），意为"良港"，最终（葡萄牙文）称之为"Bombaim"（孟姆巴伊姆）。

1661年当英国国王查理二世迎娶葡萄牙凯瑟琳公主时，葡萄牙便在婚礼上把孟买作为嫁妆的一部分送给了英国人。因此，当地的地名自然都被英语化，孟买这个地方被称之为"Bombay"，汉文音译"庞贝"（意译为"孟买"），英文的"Bombay"一直沿用至今。

孟买是印度的商业和娱乐业之都，拥有重要的金融机构，诸如印度储备银行、孟买证券交易所、印度国家证券交易所和许多印度公司的总部。孟买市是印度印地语影视业（称为宝莱坞）的大本营。由于其广阔的商业机会，和相对较高的生活水准，孟买吸引了来自印度各地的移民，使得该市成为各种社会群体和文化的大杂烩。孟买拥有贾特拉帕蒂·希瓦吉终点站和象岛石窟等数项世界文化遗产，还是非常罕见的在市界以内拥有国家公园（桑贾伊·甘地国家公园）的城市。

1534年12月23日，葡萄牙人从古吉拉特苏丹巴哈杜尔·沙手中得到这几个岛屿。1661年6月23日，葡萄牙凯瑟琳公主嫁给英国国王查理二世，这几个岛屿作为嫁妆送给英国。1668年9月，这几个岛屿又被转租给英国东印度公司，每年的租金为10英镑。公司在岛屿的东岸建造了深水港，作为他们前来南亚次大陆的第一个停靠港口。城市人口迅速增长，从1661年的1万人，增长到1675年的6万人；1687年，英国东印度公司将其总部从苏拉特迁到孟买。该市最终成为孟买管辖区的总部。

从1817年起，孟买进行了大规模改造，大型土木工程将这组群岛合并成一大块。这个工程称为霍恩比填海工程，完成于1845年，导致城市面积猛增数倍，达到438平方千米。1853年，连接孟买和塔那的铁路通车，这是印度第一条客运铁路线。在美国内战期间（1861—1865年），孟买成为世界首要的棉花交易市场，带来了该市经济的繁荣。不久，随着1869年苏伊士运河的开通，孟买的城市地位变得更加重要，成为阿拉伯海上最大的海港之一。

在其后30多年中，孟买成为一个主要中心城市，刺激了该市基础设施的改进和许多机构兴修建筑物。1906年，孟买市的人口膨胀到100万，名列印度第二位，仅次于加尔各答。作为孟买管辖区的首府，它也是印度独立运动的主要基地。

一、城市风貌

孟买还是印度的经济中心、工业基地和世界上最大的纺织品出口港之一。市区背依青山，面临大海，海滨沙滩和街头花园，使市容典雅秀丽。孟买市中心的维多利亚花园建于1861年，园内有动物园、维多利亚和阿尔培博物院以及一具发掘出来的大石象。

（一）地理位置

孟买位于印度西部，濒临阿拉伯海，马哈拉施特拉邦西海岸外的撒尔塞特岛，孟买港是一个天然深水良港，承担印度超过一半的客运量，货物吞吐量相当大。

（二）行政区域

孟买在印度被归类为大都会，在大孟买自治市的管理之下，下设两个独立的区——孟买市区（岛城）和孟买郊区。通常，孟买的市区又称为“岛城”。目前，陆路交通主要依靠“马希姆河大桥”“班德拉—沃利跨海斜拉桥”（全长约5.600千米）等多座跨海公路铁路两用大桥连接。

大都会区包括马哈拉施特拉邦的2个单独的（区）县，每个县设一名县税收长，管理联邦政府的财产与税收，并负责监督在该市举行的选举。

孟买警察局由一名安全长官指挥，分为7个警区和17个交警区，每个警区由一名副安全长官领导。交通警察归属于孟买警察局，实行半自治的管理。

孟买是孟买高级法院的所在地，这个法院的管理权限达到马哈拉施特拉邦、果阿邦和达曼和第乌、达德拉—纳加尔哈维利联邦属地。

孟买市在印度国会有6个席位，在马哈拉施特拉邦议会有34个席位。

孟买市由大孟买市政机关（BMC）进行管理，执行权属于市政官，由马哈拉施特拉邦政府任命。市政机关包括24个行政区的227名由直接选举产生的议员，5名由推荐产生的议员和一名荣誉性的市长。市政机关管理大都会区与市民需求相关的多项事务。一名副市政官监督各个行政区。

（三）气候与季节

孟买属于热带季风气候。由于地处热带，濒临阿拉伯海，受到季风的影响，孟买市的气候大体上可分为两个主要季节即雨季（湿季）和干季（旱季）。

雨季（湿季）：介于3月至10月之间，特点是湿度很高，气温超过30℃。其中，在6月至9月之间，季风给这座城市带来丰沛的降雨，占该市年降雨量2 200毫米的一多半。孟买市（1954年）最大年降雨量为3 452毫米。单日（2005年7月26日）最高降雨量为944毫米。在雨季，刮风下雨的时候，气温适中，比较凉爽。

干季（旱季）：介于11月至次年2月之间，特点是湿度中等，气温温暖或凉爽。其中，在1月至2月期间，凉爽的北风使得该市略带寒意。通常每年的温度介于11℃～38℃之间。有记录的最高气温是43.3℃，最低气温是7.4℃（1962年1月22日）。

旅游最佳季节：11月至次年2月最佳，此时温度较为凉爽适宜，雨水较少，湿度低，不会太暴晒，街道也显得比较干净清爽。孟买在北面有高大喜马拉雅山脉作屏障，阻挡了来自北方的冷空气，使得这里的气温比同纬度地区要高一些。孟买冬季气温一般也高达25～30℃左右；夏季多雨，潮湿闷热，气温最高达44℃。

（四）地形地貌

孟买市区背依青山，面临大海，广阔的海滨沙滩和幽静的街头花园，使市容典雅秀丽。在月牙形的“巴克湾”的海岸上，一座座新式的高楼大厦和旧式楼宇交相辉映。入夜，华灯耀彩，金光万点，使孟买又有“皇后项链”的美称。

孟买市的海岸线非常曲折，呈锯齿状，因此拥有众多的港湾。在撒尔塞特岛的东海岸，被大片的红树林沼泽所覆盖，拥有极其丰富的生物多样性。在西海岸有两个海滩，称为珠湖海滩和焦伯蒂海滩。

由于靠近海洋，覆盖市区的土壤以沙土为主。在郊区，覆盖的土壤则主要是冲击土，相当肥沃。该地区的地下岩石由黑色德干玄武岩组成，其酸碱度可以追溯到白垩纪晚期和第三纪早期的地质时代。孟买位于地震活跃带。该地区被归类为三类地区，意味着未来也许会爆发一场震级为里氏6.5级的地震。

1. 山岭海岛

孟买原本是由七座岛屿组成的一个近海的群岛。英国人接管后，意识到孟买这个港口的重要性。首先填海造地，将七个岛屿连成了一个大岛，并不断疏浚和填充使之成为一个半岛；最初只是作为嫁妆的孟买，发展成为一座最大的海港城市。如果没人提醒，也许不易察觉到曾经大规模填海的印迹。

孟买大部分地方的平均海拔为10～15米，其中以孟买岛城中部的马拉巴山丘陵区（制高点50米）和北部的贡巴拉山丘陵区（制高点450米）的地形起伏较大。

孟买南部是由七个小海岛通过填海而形成“南北狭长”的半岛，北部是山岭郊区。孟买的地势整体呈现“北高南低”——北部高，南部低。

（1）贡巴拉山。

贡巴拉山丘陵区位于孟买市的北郊，在岛上的博瓦伊岭、卡内利岭等丘陵地形起伏，丘岗山岭海拔最高为450米，这是孟买市的制高点。这里地势很高，往南可以看到孟买市的全景。

这个区域拥有一个市界以内的大型国家公园。这个公园原称“包里瓦利国家公园”，后改称为“桑贾伊·甘地国家公园”。公园占地面积约104平方千米。公园内有2个地势较高的维哈尔湖和杜尔西湖/图尔西湖，为孟买市提供部分饮用水。桑贾伊·甘地国家公园被称为“孟买的肺脏”。公园远近闻名，每年约有200万参观者。

（2）马拉巴岭

马拉巴岭位于孟买市的南部，所谓的“马拉巴岭”其实是小山丘，海拔50米，但却是孟买市中心的制高点。在这个地区的制高点能够看到孟买（南部）市区——“岛城”的全景。

马拉巴山上建有空中花园（悬空花园）、无声塔（寂静塔）、尼赫鲁夫人公园、耆那教（Jania，意为圣人）寺庙等。

空中花园亦称“悬空花园”或音译为“海因花园”，坐落在马拉巴丘陵区的山丘之上。1881年，空中花园建在孟买最大的饮用水水库之上，原先目的是保护水库免受附近拜火教实行天葬仪式的陈尸所“寂静塔”的污染。其设计是让人有如置身于空中的感觉。从空中花园可眺望阿拉伯海美丽的风景，尤以日落景致最令人神往。空中花园南面的“尼赫鲁夫人花园”，摆放着不同种类的花卉，供游人欣赏，是孟买有名的旅游景点之一。

“无声塔”即“寂静塔”处于空中花园的背面（北面），是拜火教徒的鸟葬场地（天葬场），无声塔总共有5座石塔因死者身份的不同而有所区别。这里的仪式是鸟葬仪式。是将死者尸体放置在石塔上，再任由秃鹰等各种鸟类啄食，被啄剩的残骸经过风吹日晒后，便自动掉进石塔里的天井中，然后经下水道流入阿拉伯海。

马拉巴（山）岭上，还有耆那教寺庙。

2. 河流与湖泊

孟买岛城的马希姆河和密斯河河两河分别流入阿拉伯海。这个地区的排水系统非常破旧，经常会发大水。

（1）河流。

葛莱河是孟买岛城一条较短的小溪流。位于孟买岛城北部的贡巴拉山丘陵区，发源于丘陵区，自东向西流入阿拉伯海。

马希姆河是孟买岛城一条较长的小溪流。位于孟买岛城北部的贡巴拉山丘陵区，发源于维哈尔湖，自东向西流入阿拉伯海。

密斯河河是孟买岛城的一条小溪流。密斯河位于孟买岛城北部的贡巴拉山丘陵区，发源于博瓦伊湖，自东向西流入阿拉伯海。

（2）湖泊

孟买的饮用水源由5个湖泊供应，其中有3个湖泊即“维哈尔湖”、“杜尔西湖”亦称“图尔西湖”、“博瓦伊湖”位于都会区界限以内，这3个湖泊中又有2个位于桑贾伊·甘地国家公园内。孟买市内还有3条小型河流，都发源于桑贾伊·甘地国家公园。

维哈尔湖是“孟买第一大湖”。孟买南部的饮用水大部分取自这里。维哈尔湖四周山岭环抱，湖岸山坡都是郁郁葱葱的绿色植被。维哈尔湖位于孟买市北部的桑贾伊·甘地国家公园的范围之内。

“杜尔西湖”亦称“图尔西湖”，被认为是孟买的第二大湖泊。杜尔西湖位于孟买北部，坐落在“桑贾伊·甘地国家公园”范围之内。“杜尔西湖”距离孟买市中心约32千米，距离最近的孟买国际机场约20千米。最近的（郊区）火车站是“Borivali火车站”（俗称“东电站”），从郊区火车站到杜尔西湖相距6千米。博瓦伊岭—卡内利岭是杜尔西湖的主要集水区。杜尔西湖被郁郁葱葱的绿色植被包围，湖水洁净清澈，迎合城市对淡水需求，杜尔西湖供给了城市淡水中的一部分，因此又是当地最受欢迎的湖。如果储水达到平均水深为12米的总存储量，水库全面供应淡水可达1 043.000 0万立方米。杜尔西湖附近，还有一个“鳄鱼公园”。

博瓦伊湖是一座人工湖。博瓦伊湖分布在孟买的“博瓦伊溪谷”区域。附近有一个“博瓦伊村庄”，城市郊区的公寓也以“博瓦伊”（湖名）来命名。

3. 海岸沙滩

孟买知名的海滩有马希姆海滩、焦伯蒂海滩等。

2006年8月19日，在印度孟买的马希姆海滩，人们聚集在变“甜”的海水里。马希姆海滩近日出现“海水变淡水”的“奇迹”，吸引了成千上万名闻讯而来的居民争相饮用据说可以治病的“圣水”。但当地官员指出，这并非圣人制造的奇迹，而是大量降雨冲淡了海水。

“焦伯蒂海滩”亦译“秋帕蒂海滩”，位于素有“皇后的项链”之称的海滨大道的北端，是孟买市民夜间海滨散步的好地方。每晚，各式摊贩云集于此，出售各种食品和纪念品。

（五）特产美食

孟买是印度的美食中心，各种菜式和特色的餐厅都能在此找到。从五星级酒店附设的高级餐厅，到著名的夜市大厨“巴达—米亚”，随处都能享受美味。如果你是个爱吃夜宵的人，建议你不妨尝试一下当地的路边小摊，有一道菜叫清真烤肉，堪称一大特色。此外，可拉巴最好的餐厅，是一家名为“南京”的中国餐馆，供应汁多肉厚的蒸蟹与炸龙虾。而孟买的咖哩饭、炸面包poori及龙虾掺香辣料煮成的pattias也不可错过。

（六）风景名胜

孟买的名胜古迹有很多，比如说，孟买印度门、焦伯蒂海滩、滨海大道、马拉巴

（山）岭、空中花园、无声塔、火神庙、桑贾伊·甘地国家公园、马尼巴芬纪念馆、马哈拉克西米寺、维多利亚花园、圣约翰大教堂、（神）象岛、维多利亚火车站、高等法院、市政厅、孟买大学、威尔斯王子博物馆等主要旅游景点。

走到孟买维多利亚火车站的站前街，一直往南走到头就是印度门。到印度门的这条街是一条最适合徒步参观的街道，因为在这条街上，英国人几百年的统治，留下了很多百年以上的英式建筑。如维多利亚火车站、高等法院、市政厅、孟买大学、威尔斯王子博物馆等充满了维多利亚时代气息的建筑都在这条街上。

1. 维多利亚火车站

孟买维多利亚火车站位于印度孟买，1878年建成，是为纪念维多利亚女皇即位50周年而命名的，由英国建筑师威廉姆·史蒂芬主设计，部分印度学校的学生参与设计，总体表现哥特式建筑风格，并且融合了印度的传统风格。整个建筑布满了精美的石雕，从建成至今一直是印度最繁忙的火车站，2004年7月被列入世界文化遗产名录。

维多利亚火车站至今然承担适用的火车站功效，没有由于是历史遗迹而被单独圈护起来，在2008年11月的可怕袭击中，恐惧分子就在该火车站袭击乘客，致逝世50余人。

2. 孟买高等法院

孟买高等法院始建于1848年，是一座哥特式建筑。

3. 孟买大学

孟买大学创建于1857年，这座威尼斯哥特式风格的建筑是印度三所历史最悠久、规模最大的综合性大学之一。从古到今，孟买大学培育出了无数人才与精英，如带领印度走向独立的圣雄甘地、援助抗日的柯棣华大夫、印度前总理拉奥、印度宪法作者阿曼拜德卡以及在中国较为流行的宝莱坞男星、《三傻大闹宝莱坞》的男主角扮演者阿米尔·汗……现在，孟买大学日常上课的地点已经搬到了在孟买中部新建的校园，而位于市中心的这所孟买大学则主要用来存放资料和藏书。由于孟买大学目前不允许游客进入内部参观，所以你只能在门外看看这座充满书卷气息的优雅建筑。

4. 泰姬马哈酒店

泰姬马哈酒店是孟买著名的五星级酒店，被誉为“象征印度的自尊和财富的印度最佳酒店”，泰姬玛哈的经营理念就是为“高雅阶层”服务。

1903年，酒店是由塔塔集团的创始人——当时印度最大的富豪贾姆谢特吉·塔塔所建。据说19世纪末（英国殖民时期），塔塔和英国朋友到一家名叫Watson’s酒店饮食消费，因为酒店是为欧洲人专用，塔塔被拒之门外。经历那次事件后，伤了自尊心的塔塔购买了最新的机械设备和埃菲尔铁塔同样巨大的铁架。历时5年，于1903年建成了泰姬马哈酒店，与新加坡的莱佛士酒店并列称为亚洲之星。

5. 孟买印度门

孟买印度门是一座宏伟壮丽的拱门，正对阿拉伯海之滨的孟买湾，是印度的门面和标志性建筑。孟买印度门是为纪念英国乔治五世国王和玛丽皇后1911年访印之行而兴建，让陛下从门下通过，以示孟买是印度的门户。

孟买印度门高26米，顶部4座塔楼，外形酷似法国的凯旋门，位于印度城市孟买的阿波罗码头，面对孟买湾，是一座融合印度和波斯文化建筑特色的拱门，是一座古吉拉特式的宏伟建筑，现已成为孟买市的标志。

孟买印度门其实是当年殖民主义者征服印度的象征。印度门是英国人为了炫耀其统治而建立的，但是讽刺的是，就在印度门建成23年后，印度就摆脱英国的殖民统治独立了。此拱门为古吉拉特式建筑，已成为孟买的象征，现为孟买的门面，是市政府迎接各国宾客的重要场地。

时至今日，孟买印度门为印度重要旅游景点之一。这里已经成为当地人聚集和外国游客参观的首选地。印度门前永远拥挤。门票免费，开放时间09：00～17：00。

印度门附近还有17世纪杰出的马拉塔大君西瓦吉（Sivaji1630～1680）的塑像。

6. 象岛——“海岛城堡”

象岛是孟买最主要的参观旅游点。到印度旅游不能不去泰姬陵，也不能不去象岛石窟。

象岛是马哈拉施特拉邦首府孟买港湾内东北部的一座神奇的海岛，位于印度门东北11千米处。岛上有4座在岩石上凿出的印度教庙宇，建于450～750年间，当时象岛以“海岛城堡”“城堡城市”著称。

象岛有四座雕刻在岩石上的印度教庙宇和七座石窟，诸多石窟中，几经风雨，保存较好的是一座湿婆神庙，湿婆神庙中有各种湿婆雕刻像，比较出名的有《湿婆三面像》《舞蹈的湿婆》和《半女之主》等。1987年，联合国教科文组织将象岛石窟作为文化遗产列入《世界遗产名录》。

7. 孟买海滨大道——“皇后的项链”

海滨大道是沿着“巴克湾”或称“贝克湾”长约3千米的一条环海道路。海滨大道建于1920年，面对着阿拉伯海，形似一弯新月，镶嵌在美丽的海滩之上。

印度称孟买是“印度城市中的皇后”，而闻名遐迩的海滨大道就是“皇后的项链”。海滨大道是一个消闲的绝好去处，每当夕阳西下，落日余晖射向阿拉伯海面，渐渐消失在水平线下时，那数千米长的海湾大堤吸引着无数的人流，他们欣赏“落日熔金”，沐浴醇厚海风，尽享着大自然丰厚的馈赠。海滨大道素有“皇后的项链”之称，“落日”就是“项链上的钻石”。

海滨大道两旁是截然不同的风景：一边是错落有致的高楼大厦，反映出孟买市经济发展的现况；另一边则是茫茫的阿拉伯海，波光粼粼。这一带是繁华的商业区，商店餐厅鳞次栉比，小摊小贩随处可见。

8. 千人洗衣场

千人洗衣场是100多年前孟买的一项市政设施，为洗衣店提供公共洗衣场所。洗衣场有800多个水池，可同时容纳数千人同时洗衣，场面十分壮观，可谓当今世界的一大独特景观。

9. 孟买贫民窟

从孟买的北部到南部要经过连绵数千米的贫民窟。贫民窟总数达到80多个，最大的贫民窟里面住有近70万人，大部分贫民窟居民是早年外地到孟买来的农民工。这些贫民窟都是用旧木料、帆布、塑料布和油毡搭建成的简陋棚屋，贫民窟很多都没有污水和垃圾处理系统，致使垃圾遍地，污水横流。贫民窟与南部的海滨大道旁边的高楼大厦形成了极大的反差。

（七）交通客站

孟买的机场距离国内线机场数千里，有飞往曼谷等多地区的航班。孟买的交通是异常拥挤的，所以远程航班几乎都是在半夜起飞的。因为机场离市中心比较远，可能来去飞机场不是特别方便，对游客来说，如果跟着旅游团的话就方便多了。

在孟买，公共交通系统主要包括：郊区铁路、孟买供电交通公司的巴士（包括有轨/无轨公交电车）、黑色和黄色的计程车、摩托三轮车、航空系统、渡轮等等。其中，市郊铁路和BEST的巴士服务占孟买市内80%以上的客运量。

1. 铁路系统

通过印度铁路系统，孟买跟印度国内大部分城市都能够方便地通达。长途列车的发车站点有：希瓦吉火车总站（CST），达达尔，洛克曼亚·提拉克总站，孟买中央站，班德拉站，安德利站以及波瑞瓦里站。

孟买是印度两个铁路系统的总站：中央铁路局（总站）——贾特拉帕蒂·希瓦吉火车站，旧称“维多利亚火车总站”和西部铁路局（总站）——教堂门火车站。

2. 公路交通

在印度国家公路系统中，编号3、4、8、17和222的国道均可以通达孟买境内。孟买全市公路里程数已经超过了1 900千米。

◆高速公路

在2009年之前，（93千米的）“孟买—普纳高速公路”是印度唯一的一条高速公路。目前，印度有“孟买—（印度中西部城市）巴罗达高速”“孟买西部高速”和“孟买东部高速”等。

孟买城市三大主要交通干线（三大高速）包括：从“（孟买市）西昂区—塔娜市”的“孟买东部高速”，从“西昂区—（新孟买）潘维尔区”的“西潘高速”以及从“班德拉—波瑞瓦里”的“孟买西部高速”。

班德拉—沃尔立跨海（斜拉）大桥是孟买西部马希姆湾的重要交通要道，比传统陆上路线更加快捷便利。班德拉—沃利跨海斜拉桥不仅仅是一座桥梁，其独特的造型将使其成为孟买的新地标。

◆公共汽车（巴士）

孟买公交系统共有4 680辆匹配闭路电视（摄像头）的公交车，390多条公交线路，载客量在2008年已经超过550万人次/天，公交线路几乎遍布整个孟买大都市，还包括新孟买，及孟买东北的塔娜市的一部分。

3. 航空系统

孟买的贾特拉帕蒂·希瓦吉国际机场（Chhatrapati Shivaji International Airport，旧称：Sahar International Airport，本机场在国际航空运输协会IATA系统中代号为：BOM）是印度乃至整个南亚地区最大、最繁忙的机场之一，以马拉地帝国开国君主贾特拉帕蒂·希瓦吉命名。

机场占地超过607万平方米，共有4个航站楼。其中第一和第二航站楼为旅客专用，第一航厦圣克鲁斯营运国内线（国内航厦），第二航厦达萨哈营运国际线（国际航厦）。两个航站楼公用空中设施，但是地面之间中转需要借助机场专用穿梭巴士连接，往来于国内国际机场之间的巴士正常行程为15～20分钟。另外两个航站楼分别为通用航空和货物空运服务。

孟买是重要的印度空中门户，国际航线班已经开通直接和中国香港、上海—成都、纽约、伦敦、巴黎、法兰克福、苏黎世、阿姆斯特丹、慕尼黑、迪拜、科威特、阿布扎比、巴林、多哈、约翰内斯堡、曼谷、新加坡、吉隆坡、德黑兰、科伦坡、东京、大阪、首尔、达卡、卡拉奇、加德满、马尔代夫都等主要国际城市和地区的往返飞机。国内航班则有往返于新德里、加尔各答、班加罗尔、钦奈、马德拉斯、海得拉巴、斋普尔、瓦拉纳西、勒克瑙、阿姆利则、果阿和奥兰加巴德等城市的直飞航线。

新孟买国际机场是拟议的绿地国际机场，将建在孟买都市区的Kopra-Panvel。计划于2019年新机场的功能基本完备。旨在减轻孟买贾特拉帕蒂·希瓦吉国际机场的交通拥挤。

4. 港口海运

孟买拥有世界最好的天然港口之一，承担该国55%～60%的客运，以及货运中的很大份额。孟买港分孟买老港和孟买新港。那瓦舍瓦是位于新孟买，距离孟买老港东部约10千米并与老港隔海（新老孟买之间的阿拉伯海湾）相对。

孟买是印度海军的重要基地，印度西部海军司令部的总部驻于孟买。

◆轮渡码头——阿波罗码头

连接孟买西北部马诺里海峡两岸马诺里和马拉德地区之间的驳船；以及连接孟买西北部沃索瓦地区与玛德半岛之间的轮渡码头。

◆轮渡或海上观光航线（路线）

在孟买，使用轮渡码头可以搭载轮船前往该地区或附近的岛屿和海滩，主要包括：印度门户—瓦什，孟买—象岛石窟、瑞瓦斯地区、阿里巴格海滩等地的轮渡或海上观光路线，例如“孟买—象岛石窟半日游”观光航线。

二、港口码头

孟买港是个古老港口城市。14世纪以前，这里是土著科利人居住的小渔村。1534年被葡萄牙人侵占，他们因这里景色优美，即称之为“美丽的海湾”，“孟买港”因此而得名。

1664年孟买港又成为葡萄牙公主卡瑟琳嫁给英国国王查理二世的一份嫁妆转让给英国，从此孟买港成为英国殖民者统治印度的一个重要据点。

1838年，孟买港与信德间开辟了航线，后又修筑了沟通印度内陆与沿海各城市的铁路干线，促进了孟买港的发展与建设。

1849年英国占领全印度，将孟买港作为马哈拉施特邦的首府。随着鸦片和棉花的种植和1869年苏伊士运河的通航，孟买港的地位日益重要，成为向中国倾销鸦片的装运港。经过不断的疏浚和填海，孟买港成为半岛，并筑有桥梁和长堤与印度次大陆相连。现今孟买港已成为驰名世界的纺织工业城市和南亚最大的港口。孟买是世界上最大的纺织品出口港，因此孟买港也有“棉花港”之称。

孟买市拥有一个天然深水良港，这个港口承担印度超过一半的客运量，货物吞吐量也相当大。港区在岛的东边，长20千米，水深10～17米，天然避风良港。孟买工商业发达，是全印度最大的棉纺织中心，纱锭和纺织机数约占全国的1/3。还有皮革、化工、毛纺织、炼油、制药、机械和食品等工业。孟买还是印度电影的摄制中心。近年来附近浅海油田的开发，这里又成为石油开采的后方基地。

孟买港分孟买老港和孟买新港（那瓦舍瓦Nhava Sheva）两港区。

（一）孟买老港

孟买港口性质：海港、基本港（C、M）。孟买港口位于孟买港岛东岸，港口海岸线长20千米，42个泊位，能停2万～3万吨轮船，年吞吐量2 000万吨。印度有80多个国际港口，但总吞吐量仅7 000万吨左右，海运量较小。

◆主要货物

孟买的工业发达，有纺织、机械、汽车、石化、造船、化肥等工业部门。孟买是全国经济中心之一，全市工厂数约占全国总工厂数的15%。其中纺织最为著名，其纺织厂数占全国纺织厂总数的40%，纱锭和纺织机占全国总数的30%。孟买每年生产的棉布、棉纱行销于国内外，在东南亚市场享有盛誉。

孟买港是印度最大的港口，担负全国进出口贸易总额的半数。

出口货物——主要有棉花、棉织品、小麦、面粉、花生、黄麻、（皮毛）皮革、锰矿石、石油制品、蔗糖和香料等。

孟买港是世界上最大的纺织品出口港，有“棉花港”之称。除棉纺外，还有麻纺、毛纺、化纤、混纺和纺织机械等行业，已形成完整的纺织工业体系。

进口货物——主要有工业设备、建筑材料、钢材和粮食等。

孟买港的交通，陆路、水路都比较方便。国内航线：有多条国内航线通往国内的各大港口（城市），例如“豪拉—孟买港线”“孟买港——马德拉斯线”“德里——孟买港线”“加尔各答——孟买港线”等多条铁路干线和多条公路干线通往内陆各地。港口距全国最大的国际机场约28千米。

1. 港界标志

孟买老港位于印度西海岸外的孟买岛上（目前该岛已与大陆连接），西濒阿拉伯海，是印度最大的港口。孟买老港是南亚大陆桥的桥头堡，东起加尔各答，西至孟买，全长2 000千米，是印度海陆空的交通枢纽。

2. 气象与水文

孟买港属热带季风气候，盛行西南风。全年平均气温20～31℃，全年平均降雨量约2 000毫米，6～9月是雨季，约占全年的83%。

◆半日潮港

孟买港属半日潮港，平均潮高：高潮为4.40米，低潮为0.80。

半日潮是指在一天中（指太阴日历时24小时50分）有二次高潮，二次低潮，且高潮位与高潮位、低潮位与低潮位潮高大致相等，涨、落潮历时大致相等潮汐称半日潮。半日潮港是指在24小时（24h）之内有两次高潮和两次低潮的海港。

3. 码头泊位

港口锚地：本港长约14，宽约5，有宽6 000米的港内水域可供锚泊或过驳装卸。

散货杂货码头：泊位25个，码头岸线长4242米，最大水深14米。

集装箱码头：泊位4个，码头岸线长764米，最大水深11米。

油码头：泊位3个，518米，最大水深10.60米。

装卸设备有各种岸吊、可移式吊、集装箱吊、浮吊及滚装设施等，其中浮吊的最大起重能力达125吨，还有直径为203.2～609.6毫米的输油管供装卸使用。拖船的功率最大为2 205千瓦。干散货码头最大可靠7万载重吨的船舶，集装箱码头能靠第三代集装箱船。港区有堆场面积达12万平方米，仓库面积为4.5万平方米，还有货棚面积达15万平方米。

（二）孟买新港（那瓦舍瓦Nhava Sheva）——集装箱码头

1989年5月，孟买新港即“那瓦舍瓦港”建成后开始使用，成为印度最大的现代化集装箱码头。那瓦舍瓦港是孟买新港新建的集装箱码头。繁忙的那瓦舍瓦港仅供集装箱船停靠，其他船舶（如散杂货船）只有孟买老港可停靠。

那瓦舍瓦港（尼赫鲁港）和孟买港事实上是同一个港区的不同港口的关系。孟买港是印度第一大集装箱港口，由于孟买港口水深不足10米，不利于港口长久的发展，1989年，印度政府在孟买以南70千米处兴建了水深12～14米的那瓦舍瓦港，也就是现在大家习惯上称呼的“Nhava Sheva”港。

第三节　威尼斯“水上之城”

亚得里亚海是地中海的一个大海湾。在意大利与巴尔干半岛之间，通过南端的奥特朗托海与爱奥尼亚海相通。

●亚得里亚海

亚得里亚海大体上呈现一个“西北—东南走向”的形状狭长海域，东西方向长约800千米，而南北方向宽95～225千米，平均宽160千米，总面积13.105 0万平方千米。亚得里亚海“北浅南深”，平均水深240米，南部最大水深1 324米。亚得里亚海区大部为大陆架，约有2/3的区域水深不超过200米。

亚得里亚海表层海水夏温25℃，冬温10℃。2000年亚得里亚海的平均水温比往年高5℃。北部由于河流注入，海水盐度较低，盐度北部3‰，南部盐度为38.5‰。

亚得里亚海的名字来自意大利北部的一个城市，并且“亚得里亚”的意思为“水”与“海”。

●海区气候

亚得里亚海的海区属典型的地中海式气候，夏季高温干燥，冬季温湿多雨。夏季受副热带高压控制，天空晴朗，日照充足，高温干燥。冬季受西风带控制，气旋活跃，阴雨日多，海域东岸降水量较多，个别迎风坡处降水量达4 000毫米以上，背风坡和西岸降水较少。

风向：在冬季的6个月里，海区交替地刮着强劲的东北风即“布拉风”和较温和的东南风即“西洛可风”。

潮水：亚得里亚海的潮水以复杂形式从南面涌入并与爱奥尼亚海的潮水相汇合。

潮差：海区潮差约为0.92米，与普通的地中海潮差约0.27米显然不同。

海流：海区表层流受风向支配，海流在北风推动下，流速每小时可达6.4千米。

水温：海区表层水温在8月为24℃～25℃（75～77℉）；1～2月为10℃（50℉）；在250～300米深处，全年水温在11℃～14℃（52～54℉）之间。海区北部的冬季水温低、盐分少，水中生物最少；海区中部的生物比较多一点；海区南部和中部的两岸区域，有独特的生物群。

一、城市风貌

威尼斯是意大利东北部城市，亚得里亚海威尼斯湾西北岸重要港口。威尼斯位于意大利东北部亚得里亚海滨的威纳托省/威内托大区，四周环海，是世界著名的水城。从地图上看，威尼斯仿佛一颗镶嵌在亚平宁半岛（靴形半岛）美妙长靴靴腰上的珍珠，在亚得里亚海的波涛中熠熠生辉，素有“亚得里亚海明珠”之称。

威尼斯人口34.3万。主建于离岸4千米的海边浅水滩上，平均水深1.50米。由铁路、公路、桥与陆地相连。由118个小岛组成，并以177条水道、401座桥梁连成一体，以舟相通，有"水上都市"之称。

威尼斯是意大利北部威尼托大区首府，威尼斯省省会，世界著名的历史文化名城，威尼斯画派的发源地，其建筑、绘画、雕塑、歌剧等在世界有着极其重要的地位和影响。威尼斯水上城市是文艺复兴的精华，世界上唯一没有汽车的城市，上帝将眼泪流在了这里，却让它更加晶莹和柔情，就好像一个漂浮在碧波上浪漫的梦。

威尼斯四周为海洋所环绕，只有西北角一条4千米人工长堤与陆地相连。全城有纵横河道达176条多条大小不同的弯弯曲曲的河道，把全市分成122个大、小岛屿，其间有桥梁达401座各式大小桥梁和177条纵横交错的水道将各岛联成一体。河、桥、船构成了威尼斯的三大特色。河道两岸是各式各样的建筑，河道宽窄不一。城内迂回曲折的河道形成四通八达的水路网，长3 800米、宽30～70米，大运河最宽，约100米；而最窄的河道，两岸居民可以开窗握手；深约5米的大运河就是威尼斯的大马路，它呈反"S"状穿行在群岛之间。

威尼斯建城迄今已有1500多年的历史。早在公元5世纪，附近的渔民和农民为躲避战乱，陆续移居到亚得里亚海的礁湖岛屿上，在不可能建造城市的地方建成了威尼斯城。他们采用独特的建筑方法，先将木桩密密地打入泥土之中，然后铺上厚厚的防水防腐蚀性能良好的伊斯特拉石板，再在石板上砌砖建成一座座精美建筑，社区城池逐渐形成。

威尼斯是"水中有城、城中有水、开门见水、以河为街"的城市，这里条条街巷绕碧水，家家都在图画中，目睹水上千只舟，耳闻对岸踏歌声，呈现一派令人仰慕的水城风光。

威尼斯分为六个区域：卡纳雷焦区、圣波洛区、多尔索杜罗区、圣克罗切区、圣马可区与卡斯特洛区。威尼斯和附近的潟湖在1987年被列为世界文化遗产。

威尼斯工商业发达，主要轻工业有玻璃制造、旅游用品、家具制造、纺织品、瓷器、金属器皿等，并且是意大利的炼油中心之一，也是造船中心之一。还生产珠宝、玉石、花边、刺绣等工艺品而著称于世。有钟楼、大教堂、海滨浴场等，又是旅游胜地。港口距国际机场约10km，有定期航班飞往各地。

（一）地理位置

斗转星移，经纬纵横。威尼斯位于意大利东北部亚得里亚海滨的威纳托省，北纬45° 26′，东经12° 20′。

威尼斯四周环海，海纳百川，有"因水而生，因水而美，因水而兴"的美誉，素有"水城""水上都市""百岛城""桥城"和"亚得里亚海的女王"之称。

但近几年，亚得里亚海北部地区海平面普遍上升，克罗地亚有数个城市发生严重洪涝灾害。全球气候变暖是海平面上升的根本原因，而来自亚得里亚海南部的暴风则是造成洪涝灾害的直接原因。"即将沉没的威尼斯"面临的地陷水升、海水赤潮等环境问题，同样引起世人的特别关注。

（二）气候与季节

威尼斯主要的气候类型是以地中海气候为主，气候温和，雨量充沛，显著的气候特征是夏季炎热干燥，冬季温和多雨。

春季（4~6月），是威尼斯最适合游览的季节，气温一般在十几度，带凉爽却又不失温润，给人的感觉很舒适，而且天气往往是晴朗无云，微风吹拂的，让游客们感到特别的舒服。最适合划船观光，欣赏一派新绿了。而且一年一度的盛大狂欢节就在这个时候举行，来自世界各地的人们即使彼此各不相识，但也可以共同狂欢，尽情释放。

夏季（7~9月），由于典型的地中海气候影响，高温的天气让人难以忍受，最高气温可达五十度，而且降水稀少，使得空气湿度很低，干燥得很。但到了冬天的时候，又是让人生厌的低温寒冷天气。大运河的“独特”气味更是让人难以接近。

秋季（10~12月），则又到了一个旅游的高峰，同春季一样，这个时候的威尼斯没有炎热，秋高气爽，万里无云，温度也是维持在十几度，人们在经过了一个炎热夏季的炙烤之后，在秋季到来的时候，往往会选择走出去，舒散一下沉闷已久的心，到大运河之上划划船，或者到布拉格广场喂鸽子。激烈的划船比赛是冈多拉节的主要内容，其阵势绝对不亚于春季的狂欢节。

冬季（1~3月），由于典型的地中海气候影响，威尼斯的冬天是比较暖和且降水较多的，这给一直以来干燥的威尼斯带来了湿润，也给略有不适干燥环境的游客们提供了契机。严冬，寒冷的天气开始出现，低温伴随着降雨，让人们不敢出门，不过虽然是冬天，在景色上却是表现出另一番景象的，滑雪、滑冰，还有很多的活动，让寒冷的冬季表现出独有的活力，所以即便冒着严寒到威尼斯的话，也同样能有不一样的收获。但由于其特殊的地理地貌，在这个降雨较多的季节，涨潮现象频频出现，严重影响了当地居民的生活作息，也为当地带去了严重潮湿的环境。

（三）著名景点

威尼斯位于意大利东北部，是世界闻名的水乡，也是意大利的历史文化名城。城内古迹众多，有各式教堂、钟楼、男女修道院和宫殿百余座。大水道是贯通威尼斯全城的最长的街道，它将城市分割成两部分，顺水道观光是游览威尼斯风景的最佳方案之一，两岸有许多著名的建筑，到处是作家、画家、音乐家留下的足迹。圣马可广场是威尼斯的中心广场，广场东面的圣马可教堂建筑雄伟、富丽堂皇。总督宫是以前威尼斯总督的官邸，各厅都以油画、壁画和大理石雕刻来装饰，十分奢华。总督宫后面的叹息桥是已判决的犯人去往监狱的必经之桥，犯人过桥时常忏悔叹息，因而得名“叹息桥”。如威尼斯整座城市建在水中，水道即为大街小巷，船是威尼斯唯一的交通工具，当地的小船贡多拉独具特色，到了威尼斯不妨一试。这里在2月份会举行狂欢节，期间人们戴着假发和面具，穿着长袍庆祝节日。

威尼斯不仅风光奇特，而且还是文化名城，早在文艺复兴时期，威尼斯画派就独树一帜。乔尔乔涅、提香、丁托列托、委罗内塞等都是画坛著名大师。在意大利歌剧艺术发展史中，威尼斯也占有重要地位。城内古迹繁多，有120座哥特式、文艺复兴式、巴洛克式教堂，120座钟楼，64座男女修道院，40多座宫殿和众多的海滨浴场。歌德和拜伦都曾对威尼斯城赞扬备至，拿破仑则称其为“举世罕见的奇城”。

◆威尼斯总督府（总督宫）

总督官是以前威尼斯最高行政官总督的官邸。官殿最早建于9世纪，官殿是14～15世纪的哥特式杰出作品。穿过与教堂相连的卡尔门译名“纸门”，进入总督官内院，就可见15世纪建造的巨人阶梯，上立海神和战神的巨大雕像，从1485年起，总督就在这里加冕。宫内还有一处“金梯”通往总督的居室，因其两侧涂金的墙壁而得名。宫内包括委员会厅、候客厅、四门厅、议会厅、十人厅和大会议厅等，各个厅都以油画、壁画和大理石雕刻来装饰，使整个总督宫复杂奢华、辉煌璀璨。在其有一幅被誉为世界最大的油画作品，取材但丁的《神曲》名叫《天堂》，长22米，宽7米，有700多个人物，气势极为宏大，占据了大议会厅东面的整个墙壁。

◆圣马可广场和圣马可教堂

圣马可广场又称威尼斯中心广场，一直是威尼斯的政治、宗教和传统节日的公共活动中心。圣马可广场是由公爵府、圣马可大教堂、圣马可钟楼、新、旧行政官邸大楼、圣马可图书馆等建筑和威尼斯大运河所围成的长方形广场，长约170米，东边宽约80米，西侧宽约55米。广场四周的建筑都是文艺复兴时期的精美建筑。

圣马可教堂，圣马可是耶稣的使徒，是《马可福音》的作者。828年威尼斯商人，将圣马可的尸体运回威尼斯。公元829年为此修建了这个教堂。教堂采用拜占庭建筑风格，融合了东西方建筑的精华。教堂的祭坛下面就是圣马可的墓。教堂内部装饰了很多拜占庭风格的马赛克装饰画。

◆叹息桥

“叹息桥”建于1603年，是连接威尼斯总督府和重犯监狱的一座封闭式的早期巴洛克风格的石桥。叹息桥的左端是当时威尼斯共和国法院和威尼斯总督府的所在地，威尼斯总督府曾经是强盛而富庶的威尼斯共和国的政府办公楼，如今成了世界上一个耐人寻味的艺术博物馆；叹息桥的右端是当地的重犯监狱。重犯监狱——那是一座暗无天日的石牢，据说进了这个石牢，几乎没有囚犯能够活着出来。

◆木柱水城

威尼斯建筑的方法是先将木柱插入威尼斯下的泥土之中，在水底下的泥土上打下大木桩，木桩一个挨一个，这就是地基。打牢了再铺上木板，然后就盖房子，那儿的房子无一不是这么建造的。然后再铺上一层又大又厚的伊斯特拉石。威尼斯城上面是石头，下面是木桩森林。这种伊斯特拉石防水性能极好，是从亚德拉亚海的伊斯特拉运来的。然后在伊斯特拉石上砌上砖，建成一座座建筑。由于砖比伊斯特拉石轻的很多，所以不会出现房子严重下沉的问题。当年为建造威尼斯，意大利北部的森林全被砍完了。这样的房子，也不用担心水下的木头烂了，水下的木桩不会烂的，而且会越变越硬，愈久弥坚。此前考古者挖掘马可·波罗的故居，挖出的木头坚硬如铁，出水氧化后才会腐朽。因而威尼斯的地基是相当牢固。但是因为地势太低，因而面临海平面上升将被淹没的危险。

二、港口码头

威尼斯港是意大利最大的港口之一，港口长12千米，总面积达250公顷，伸展出去，宽阔广大，每年进出港门的船只在万艘以上。威尼斯港年吞吐量达3 000万吨左右，费用也较便宜，设有自由贸易区，规模较小，是世界著名的旅游中心。

威尼斯港主建于离岸4千米的海边浅水滩上，平均水深1.50米。由铁路、公路桥与陆地相连。

公元452年，兴建威尼斯港。8世纪，威尼斯港为亚得里亚海贸易中心。10世纪曾建立城市共和国，中世纪为地中海最繁荣的贸易中心之一。新航路开通后，因欧洲商业中心渐移至大西洋沿岸而衰落。1866年，并入意大利王国。工商业发达，有炼铝、化学、炼焦、化肥、炼油、钢铁等工业。以生产珠宝玉石工艺品、玻璃器皿、花皮革制品、花边、刺绣等工艺品著称于世。陆上的马尔盖拉港是重要油港和客运港。

（一）港区位置

意大利商港位于意大利东北亚得里亚海岸，港市之西南和西北。港外海路东距的里雅斯特55海里，南距腊万纳港63海里，距巴里320海里，距塞得港1300海里。

威尼斯港的经纬度：45° 26′ N（北纬），012° 19′ E（西经）。

港口性质：海峡湖港、设有自由贸易区。

（二）海区气候

威尼斯港属亚热带地中海式气候，气候温和，雨量充沛。威尼斯终年都有强烈的海风吹拂，盛行东北—东风，夏季炎热潮湿，冬季雾多雨多寒冷。年平均气温最高32℃，最低-5℃。1月份日均温2.5℃，7月为22.7℃。全年降雨量一般为801 ~ 1 000毫米。

平均潮差：大汛高潮时2.80米，低潮时0.40米；小汛高潮时2.10米，低潮时1.30米。当春季有强劲的东南风时，潮高增加，有时会淹没个别码头。

农历每个月的初一和十五，因受月圆月缺影响而涨潮，海水都会漫进城内。

（三）港区码头

威尼斯港口分为马里提马、马尔盖拉、运河港区莱奥纳多港区四大港区。有76个泊位，码头线总长8 619米，水深10 ~ 13米。

1. 马里提马港区

马里提马港区紧靠城市西南，临威尼托湖/威纳托湖，由填挖而成的人工岛和突堤及顺岸构成。目前，有23个泊位，码头线总长2 694米，最大水深10米。

2. 马尔盖拉港区

马尔盖拉港区是重要油港和客运港。位于威尼托湖西北陆岸，由三座突堤和东、西、南、北运河港池码头组成，有30个泊位，码头线总长4 860米，水深10 ~ 13米，主要用于装卸散货，如煤、矿石、粮食、磷灰石等，以及石油、木材、杂货、集装箱等装卸。

3. 运河港区

运河港区有8个泊位，码头线总长795米，水深10米。

4. 莱奥纳多港区

莱奥纳多港区有1个泊位，码头线总长270米，水深15米。

（四）邮轮码头

特隆盖托岛——邮轮码头。邮轮多停靠在特隆盖托岛。几乎每天傍晚都有邮轮从港口起航，通过外运河“朱代卡水道”和“圣马可水道”离开威尼斯。

自驾车也停在特隆盖托岛。特隆盖托岛有OBB层次短途客运系统载客指示牌。

1. 通航水域

通航水域是指船舶及排筏可以通达的水面范围都是通航水域，沿海、江河、湖泊、水库、渠道和运河内可供船舶、排筏在不同水位期的通航水域即为航道。

威尼斯大运河是威尼斯最重要的运河，也是威尼斯主要的水上交通网络的一部分。威尼斯大运河呈“反S型”，穿过威尼斯的市中心，长3 800米，宽30至90米，平均深度5米。

大型船只沿外运河“朱代卡水道”和“圣马可水道”出入威尼斯的各大港口。

狭长形的岛屿——朱代卡岛在圣马可广场对面，与圣乔治马焦雷岛一水之隔。在这里有两条水道，靠内侧这一条水道是横贯威尼斯岛的大运河，这里正是大运河的入海口；外侧那一条水道叫“朱代卡水道”，这条水道包围着威尼斯岛的西部，乘渡船沿朱代卡水道可以到达威尼斯圣塔露西亚（火）车站。

2. 通航环境

威尼斯潟湖亦称威尼托湖/威纳托湖，面积550平方千米，平均水深1.10米，入湖的陆地流域1 877平方千米，每年流入潟湖淡水约9亿立方米，潟湖通过3个潮流通道与亚得里亚海交换水体和能量；传统上威尼斯潟湖被分成3个水下盆地，对应3个潮流通道周期内有大量海水流进流出，总量相当于潟湖总容量的三分之一淡水通过许多支流注入潟湖，携带大量的营养物质，主要沉积在北部潟湖地区。潟湖的北面曾接受由河流带来超过总量50%的沉积物。

私人营运的水上出租车及水上巴士构成了威尼斯大运河的公共运输网络，不过许多观光客则会搭乘贡多拉。贡多拉是威尼斯特有的和最具代表性的传统划船，船身全漆黑色，由一船夫站在船尾划动。

大运河的一端通往威尼斯潟湖，位于威尼斯圣塔露西亚（火）车站附近；大运河的另一端则是在圣马可广场附近。

第四节　伊斯坦布尔"地跨欧亚之城"

伊斯坦布尔是土耳其第一大海港城市，是土耳其伊斯坦布尔省的首府所在地，也是土耳其最大的城市和全国的经济、贸易、金融、新闻、文化、交通中心。世界著名的旅游胜地，繁华的国际大都市之一。

伊斯坦布尔除了是土耳其最大城市和前首都之外，还一直是土耳其经济生活的中心，因为它地处国际陆上和海上贸易路线的交界位置。伊斯坦布尔也是土耳其最大的工业中心。伊斯坦布尔还被认为是一个全球城市，亦是全球发展速度最快的都市经济区之一。诸多土耳其公司及媒体将总部设于此。

一、城市风貌

伊斯坦布尔全市面积5 343平方千米，人口大约1 385万（2013年）。公元前658年始建于巴尔干半岛东端、博斯普鲁斯海峡南口西岸，位于金角湾与马尔马拉海之间地岬上，称拜占庭。公元324年，罗马帝国的君士坦丁大帝从罗马迁都于此，改名君士坦丁堡。1453年土耳其人作为奥斯曼帝国首都后，始称伊斯坦布尔，但西方国家仍习称君士坦丁堡。1923年土耳其迁都安卡拉，伊斯坦布尔成为正式名称。1973年筑成跨越海峡的博斯普鲁斯公路桥。有纺织、食品、陶瓷、玻璃、机械、汽车制造、船舶修造等工业。也是重要渔港。有苏里曼尼耶清真寺等名胜古迹。伊斯坦布尔还是一座文化古城，拥有伊斯坦布尔大学、海峡大学等34所大学和高等学府。

（一）地理位置

伊斯坦布尔位于欧洲东南部，博斯普鲁斯海峡两岸，扼黑海出入门户，为欧亚交通要冲，战略地位十分重要。伊斯坦布尔是一个同时跨越欧、亚两大洲的名城，位于土耳其西北部马尔马拉地区，黑海和马尔马拉海之间的博斯普鲁斯海峡及金角湾横贯其中。

伊斯坦布尔是古拜占庭帝国（东罗马帝国）的首都君士坦丁堡。全市包括伊斯坦布尔省的39个区。伊斯坦布尔位于土耳其西北部，地跨博斯普鲁斯海峡的两岸，分别为欧洲部分的色雷斯和亚洲部分的安纳托利亚，是"世界上唯一的跨两个大洲的大都市"。欧洲部分又由天然港口金角湾分为南部的旧城和北部的新城。

伊斯坦布尔市分成三个区：位于欧洲的旧城区和贝伊奥卢商业区，以及位于亚洲的于斯屈达尔区。风光秀丽、古迹繁多、交通便利、商业发达，使伊斯坦布尔成为一座世界著名的旅游城市，也是欧亚两大洲共有的一颗明珠。

在漫长的历史中，伊斯坦布尔曾经是罗马帝国、拜占庭帝国、拉丁帝国、奥斯曼帝国与土耳其共和国建国初期的首都，至土耳其独立战争期间迁都至安卡拉。伊斯坦布尔当选为2010年欧洲文化之都和2012年欧洲体育之都。该市的历史城区在1985年被联合国教科文组织列为世界遗产。

伊斯坦布尔之所以闻名于世，主要原因之一是其得天独厚的地理位置。在亚洲大陆最西端的黑海与地中海之间，有一条至关重要的“黄金水道”，把亚洲和欧洲大陆分割开来，其中间部分是马尔马拉海，兵家必争之地。

（二）气候与季节

土耳其的北部、西部和南部沿海地区属于典型的地中海式气候。“夏热冬温”，即夏季炎热干燥，冬季温和多雨；土耳其的内陆及东部地区，则温带大陆型气候明显，“夏热冬寒”，即夏季炎热干燥，冬季酷寒。

伊斯坦布尔位于欧洲大陆的东南角，土耳其西北部的马尔马拉地区，属于典型的亚热带地中海式气候。呈现“夏热冬温，春寒秋凉”的气候特点。

夏热冬温——夏季（3～6月），由于受西风带和副热带高气压带的交替控制而盛行地中海气候，日均气温16℃～25℃，平均降水天数为6天，平均降水总量为27毫米，白天气温较高，早晚气温比较舒适，但夏天会显得比别的季节干燥。可谓“稀云少雨，炎热干旱”；冬季（11～2月），由于盛行东北风，雨雪寒冷，日均气温6℃～12℃，平均降水天数为16天，平均降水总量为93毫米，可谓“温和多雨，温暖湿润”。年平均气温8℃～20℃，全年平均降雨量500～800毫米。

春寒秋凉——伊斯坦布尔春季日均气温5℃～12℃，平均降水天数为13天，平均降水总量为60毫米；秋季日均气温15℃～25℃，平均降水天数为7天，平均降水总量为46毫米，秋高气爽白银天，落叶满地黄金城。伊斯坦布尔的春秋两季，可谓“春寒秋凉”。因此，春季和秋季是土耳其旅游的最佳季节。

在爱琴海进行“海水浴”的最好时间是从5～10月，这时爱琴海岸、地中海岸和伊斯坦布尔的气候宜人。但6月伊斯坦布尔为旱季，降水非常少，气温日间稍炎热，适合穿棉麻面料的衬衫、薄长裙、薄T恤等清凉透气的衣服，晚间穿单层棉麻面料的短套装、T恤衫、薄牛仔衫裤、休闲服、职业套装等舒适的衣服，建议多补充水分。土耳其东部最佳旅行季节是7月下旬到9月，出发前最好带轻便的衣服；但冬、春两季，通常日温差较大，俗称“早晚两头冷，晌午中间热”，前往则不要忘了带毛衣、手套和雨衣等。

二、港口码头

土耳其的伊斯坦布尔是一个跨越欧、亚两洲的历史名城，控制了从地中海经马尔马拉海去黑海的通道。

伊斯坦布尔港位于土耳其西北部博斯普鲁斯海峡南口即西北部沿海伊斯坦布尔海峡西南岸，濒临马尔马拉海的东北侧，是土耳其的最大海港。伊斯坦布尔港的性质：海峡港、设有自由贸易区、基本港。

1973年，横越伊斯坦布尔的海峡大桥建成，桥深高出水面64米，水中无一桥墩。主要工业有烟草、纺织、船舶修理、制糖、面粉、皮革、玻璃、汽车及水泥等。举世闻名的清真寺、云塔及阿亚索菲亚等地是旅游胜地。港口距机场约20千米，每天有定期航班飞往世界各地。

（一）港区位置

伊斯坦布尔港北距（罗马尼亚）康斯坦萨199海里，距（乌克兰）敖萨德348海里，东北距（俄罗斯）诺沃罗西斯克港451海里，东距（格鲁吉亚）巴统586海里，南距（埃及）塞得港296海里。

（二）气象水文

伊斯坦布尔港属亚热带地中海式气候，盛行西风和东北风。冬季，黑海西北部受西风带的影响，且西风势力较强；黑海轮廓形状南宽北窄，风力使黑海西部形成波涛。

年平均气温8～20℃（摄氏度），1月0～5℃，7月20℃～25℃。冬季温和多雨，夏季炎热干燥。全年平均降雨500～800毫米。6～11月多雾，每年有雾日36天。本港潮汐变化甚小。

平均海水盐度：黑海平均盐度明显比大洋低原因：黑海地处封闭海区，受大洋影响较少；海区纬度较高，蒸发量较小；黑海周边地区气候降水量较多，黑海周围有较多大河汇入淡水。

海水密度流：博斯普鲁斯海峡的表层海水盐度较深层低原因：黑海周围径流注入，起到稀释作用；表层海水受降水和径流的影响大；海水中盐类物质下沉，使深层海水盐度大；黑海和地中海之间存在密度流，盐度较大的地中海海水从海峡下层流入黑海，使深层海水盐度大。海峡内的海水交流现象明显，海峡中的海流呈不同方向的两层水流。表流——上层水（厚度10～20米）从黑海流向马尔马拉海—地中海，流速达4.3节，盐度18；底流——下层水则由地中海—马尔马拉海流向黑海。流速约2节，盐度38‰。时有旋流、逆流，影响航行。

博斯普鲁斯海峡长约30.400千米，峡道狭窄弯曲。东北部最宽处3.700千米，中部最小宽度仅27.50米，水深27.50～124米。海峡两岸为坚硬的花岗岩和片麻岩，不易侵蚀，岸壁陡峭、水流湍急。海峡中央有一股由黑海流向马尔马拉海的急流，水面底下又有一股逆流把含盐的海水从马尔马拉海带到黑海。鱼群季节性地随水流往来于黑海和马尔马拉海之间，使得这一带的渔业资源十分丰富。

（三）港区码头

伊斯坦布尔市横跨欧亚大陆，因为部分港口在亚洲，部分在欧洲，所以海关码头的管辖也隶属于不同的政府区域。通常按照区域划分为亚洲部分的港口统称：海达尔帕夏港区和欧洲部分的港口统称：伊斯坦布尔港隶属于阿姆巴利港区行政区，相对应海达尔帕夏港区和阿姆巴利港区是伊斯坦布尔港的两个关区。

因地理位置的缘故，船运公司在配载货物安排路径的时候，也会按这两个大区域划分：亚洲部分的海达尔帕夏港区和欧洲部分的阿姆巴利港区。

装卸货物：伊斯坦布尔有一个多元化的工业经济，生产商品不同的橄榄油，烟草，运输车辆和电子产品。尽管具有高附加值的工作重点，其低附加值制造业是实质性的，只占伊斯坦布尔GDP的26%，但五分之四全市出口总额。伊斯坦布尔除了是土耳其最大城市和前首都之外，还一直是土耳其经济生活的中心，因为它地处国际陆上和海上贸易路线的交界位置。伊斯坦布尔和周边省份生产棉花，水果，橄榄油，丝绸，和烟草。食品加工，纺织品生产，石油产品，橡胶，金属制品，皮革，化工，医药，电子，玻璃，机械，汽车，运输车辆，纸及纸制品以及酒类饮品是本城里的主要工业产品。

出口货物：伊斯坦布尔是土耳其最大的海港和工业中心，雇用土耳其大约20%的工业劳动者，贡献土耳其38%的工业区。主要制造品为编织物、面粉加工、纸烟、水泥和玻璃。出口货物主要有羊毛、棉花、干木、烟叶、丝、水果、皮张及地毡等。

进口货物：主要进口货物为煤、铅、铜、锡、木材、牛油及工业品等。

1. 海达尔帕夏港区

亚洲部分的海达尔帕夏港区——是属于政府的港口，清关比较麻烦，所以有些客户指定要到欧洲部分的伊斯坦布尔港的康普特码头。

海达尔帕夏港和伊斯坦布尔港——此处指的是伊斯坦布尔港，不是伊斯坦布尔这个城市，隶属于不通的海关管辖。例如：如果我们的货物是安排到海达尔帕夏港区，那在提单和其他清关单据上就要显示“HAYDARPASA”（海达尔帕夏港区）；如果错误的显示为“ISTANBUL”（伊斯坦布尔）那就不能顺利的清关。还有可能需要从“ISTANBUL”（伊斯坦布尔）地区陆运转关到“HAYDARPASA”（海达尔帕夏港），产生额外的费用。

康普特码头和马（尔）达斯码头或称阿尔玛码头都是阿姆巴利港区关区里的两个码头。

所以阿尔玛码头和阿姆巴利港区内的康普特码头可以做看是伊斯坦布尔港的不同组成部分，即同一个港口不同的码头。两者相距10千米左右。

2. 阿姆巴利港区

欧洲部分的伊斯坦布尔港隶属于阿姆巴利港区——又分了如下几个码头：马波特码头（MARPOT，港口代码：TRMAR）、康普特码头、马（尔）达斯码头等。很多船公司会挂康普特码头，也有的会直接在提单上显示“AMBARI”（阿姆巴利港区）、“ISTANBUL”（伊斯坦布尔港），“TURKEY”（土耳其）——其实挂靠的都是欧洲部分的伊斯坦布尔港地区。

港口英文名：AMBARLI　港口中文名：阿姆巴利或安巴里

港口类型：Seaport（海港）　港口代码：TRAMB

伊斯坦布尔横跨欧亚大陆，在欧洲部分的港口统称：阿姆巴利港区，岸线长34千米。而阿姆巴利港区又包括了康普特码头、阿坎萨码头、水泥墩码头、马（尔）达斯码头、阿尔马码头、阿纳多卢和塞特水泥墩码头、索亚卡码头六个码头。

阿姆巴利港区及其区内各大码头占据欧亚大陆连接处的重要战略地理位置，距离黑海航线必经的博斯普鲁斯海峡仅35千米，是黑海地区的门户。

（四）港区分布

伊斯坦布尔港区分布按方位可分为内海（内港区）、北港（区）、南港（区）和东港（区）四大区域。

1. 内港（区）

内港（区）系指金角湾内，船舶入港要穿越两座跨湾大桥，水深、净空都受限制，为沿海小船港区。

2. 北港（区）

北港（区）指加拉塔大桥以北、港市北部海峡西岸，有卡拉卡拉克伊港（Karakoy Port）。

卡拉卡拉克伊港有：客运码头、谷物码头、杂货物集装箱码头和SALIPASARI干货码头。

客运码头：码头线总长520米，沿边水深7～10米。谷物码头：码头线总长190米，水深10米。杂货物集装箱码头：码头线总长800米，水深10米。SALIPASARI干货码头：码头线总长600米，沿边水深10米。煤炭码头：位于大桥以北，码头线总长370米，沿边水深10米。

●卡拉卡拉克伊港·客运码头——伊斯坦布尔邮轮（挂靠）码头

卡拉卡拉克伊港客运码头，码头线总长520米，沿边水深7～10米。

目前，很多海外豪华邮轮都会经停伊斯坦布尔的卡拉卡拉克伊港，码头位于（欧洲部分的）老城区和塔克西姆附近。

◆塔克西姆一词来自阿拉伯语“taqṣīm”，意思是“分配”。来自伊斯坦布尔北部的主要供水管道原来在此分支到全市各处而因此得名，是由苏丹马哈茂德一世创立。这个广场得名于位于该地区的石头水库。此外，塔克西姆也可以指土耳其古典音乐的一种即兴音乐形式。此处原本还有一个19世纪建造的军事用地，在1940年代初拆除。

◆塔克西姆广场是伊斯坦布尔最大的广场。塔克西姆广场是伊斯坦布尔最重要的市中心，制高点之一。这里有伊斯坦布尔最热闹的商业街，也有世界上最短的地铁。塔克西姆广场是土耳其人与体育，与奥运互通的载体，每当土耳其国家队参赛，这里便有上万名球迷在塔克西姆广场庆祝国足队员英勇拼搏的精神。

3. 南港（区）

南港（区）指金角湾大桥外南岸SARAYBURNU客运码头，长240米，水深6米，供中型船使用。

4. 东港（区）

东港（区）在海峡东岸斯屈达尔之南的海达尔帕萨，突堤和顺岸有19个泊位，码头线近3 000米，水深6～12米，其中水深10米以上者占半数，外有2条防波堤保护，是本港最大规模的水陆联运港区，可供16艘中型船同时作业，还备有4座粮仓，除散货泊位外还有杂货、集装箱、滚装船泊位。

油轮码头——在港西南60千米的马尔马拉海（Sea of Marmara）西北岸一个敞开的小湾内，有石油平台和系浮筒泊位各一个，最大水深15米。全港40多个泊位，年吞吐在1 000万吨以上，集装箱5万余标箱。

第五节　巴塞罗那“金色海岸”

西班牙全国行政区划分为17个自治区、50个省、8 000多个市镇，在摩洛哥境内另有休达和梅利利亚两块飞地。加泰罗尼亚自治区是西班牙17个自治区之一，加泰罗尼亚自治区由西班牙东北部的赫罗那省、巴塞罗那、列利达省、达拉哥那省所组成。加泰罗尼亚自治区位于伊比利亚半岛东北部。

巴塞罗那是西班牙加泰罗尼亚自治区首府以及巴塞罗那省（隶属于加泰罗尼亚自治区）的省会，加泰罗尼亚自治区议会、行政机构、高等法院均设立于巴塞罗那。

巴塞罗那位于西班牙伊比利亚半岛东北部地中海沿岸，濒临地中海，是西班牙第二大城市。市区行政管辖区域面积101.9平方千米，（2012年）市区常住人口约161万人。若连同所辖外围地区为400万人，仅次于首都马德里，是西班牙第二大城市，也是世界上人口最稠密的城市之一。巴塞罗那有3种官方语言。加泰罗尼亚语、西班牙语和雅利安语，英语也广泛使用。巴塞罗那主要民族为加泰罗尼亚民族，“加泰罗尼亚人”亦音译“卡达路尼亚人”，特征是勤劳、朴实、坚守传统观念。

一、城市风貌

1137年，巴塞罗那成为加泰罗尼亚和阿拉贡联合王国的首府；15世纪初期，巴塞罗那及其所辖地区并入西班牙国。

巴塞罗那城是加泰罗尼亚文化的发祥地，从古至今，一直备受瞩目。

巴塞罗那是加泰罗尼亚自治区的首府，是地中海西部最重要的城市之一。建立于罗马时期，在中世纪和19世纪工业革命后出现了经济和文化的繁荣期。保留着特别的文化遗产，尤其是哥特艺术、现代主义和先锋派艺术。巴塞罗那有一条充满活力的林荫大道——拉莱姆布拉街，一条从布莱则·加泰罗尼亚通往哥伦布纪念碑的林荫大道。沿着这条街散步可以看到欧洲最著名的歌剧院之一的丽苏和伯克利亚市场。还有很多卖报纸、鲜花和宠物的亭子。在苏塔特威拉地区和拉里布拉地区可以看到巴塞罗那最重要的宗教建筑：哥特时期的大教堂和圣玛利亚教堂。其中圣玛利亚教堂是加泰罗尼亚哥特式建筑风格的典型代表。

巴塞罗那是加泰罗尼亚的港口城市，是享誉世界的地中海风光旅游目的地和世界著名的历史文化名城，也是西班牙最重要的贸易、工业和金融基地。巴塞罗那港是地中海沿岸最大的港口和最大的集装箱集散码头，也是西班牙最大的综合性港口。

巴塞罗那气候宜人、风光旖旎、古迹遍布，始终是西班牙最著名的旅游胜地，一直被视为伊比利亚半岛的门户，素有“伊比利亚半岛的明珠”“欧洲的南大门”“欧洲之花”“西班牙的巴黎”“礼仪之城”“居民乐土”之称。

（一）地理位置

巴塞罗那位于伊比利亚半岛东北部，面临地中海。城市东北部是科尔赛罗拉山脉，城市与法国西南边境的比利牛斯山脉相距约160千米。

“金色海岸”的巴塞罗那与号称“地中海浴盆”的巴利阿里群岛首府帕尔马之间的海上距离为132海里，每天都有定期渡船和飞机航班往返于两地之间。

（二）地形地貌

巴塞罗那市位于西班牙东北部地中海沿岸，依山傍海，河流环抱。城市东北部依山地势险要，南部临海地势低平。城市东北部和西南部两侧分别有河流注入地中海，对市区形成山环水抱之势。

巴塞罗那河谷沿海平原是西班牙地势低平的沿海河谷三角洲地带，巴塞罗那丘陵大多由东北—西南走向的低山和河谷盆地相间分布。

巴塞罗那城市从古代的选址及布局到如今扩建及布局，都基于自然地形和山水格局。城市建筑在“与海岸线平行的东北—西南横向的—城市长轴线”和“与海岸线垂直的西北—东南纵向—城市短轴线”所构成的一块大体呈“中”字的长方形的沿海低洼平原地带，恰好与城市扩建区的城市街道（八角形）方格网络格局和房屋组合套型空间的城市形态完美结合，正所谓“天赐地缘，广阔天地，纵横驰骋”。

1. 山脉丘陵

科尔塞罗拉山脉是沿海山脉的一部分，紧邻城市东北部。城市主体建于科尔塞罗拉山脉的一块高地上，高地面积约160平方千米，城市占据了其中的101平方千米。

巴塞罗那整体处于丘陵地带，城市的许多街区以附近的小丘命名，如卡梅尔山（海拔267米）、普特赛特山（海拔181米）、罗维拉山（海拔281米）等。巴塞罗那最大的公园，应属占地超过8 000公顷的科塞罗拉自然公园。

2. 河流海岸

在这片土地上，密集分布着众多的河流小溪；河流小溪源源不断地流向地中海。“洛布里加特河”流经城市西南侧，“贝索斯河”流经城市东北边，这两条河流都各自形成河流入海三角洲。

（三）气候季节

巴塞罗那属于（典型的）地中海式气候，夏季炎热干燥干旱，冬季温和湿润多雨。巴塞罗那全年阳光明媚，鲜花盛开，一年四季都适合旅游。

冬季，城市北面耸立着连绵不断的科尔塞罗拉山，挡住了北方袭来的寒流。冬天的平均温度为11℃，每年的12月和1月是最寒冷的季节，平均为10℃（摄氏度），冬季和初春的气温很少降至零度以下；降雪是非常罕见的情况，所以每次降雪都被特别记录下来；夏天的平均气温为24℃，7月和8月最热，平均温度为25℃。历史上有记载的最高温度是38.6℃和39.6℃的记录。去巴塞罗那的最佳季节是夏天，可以充分享受地中海的阳光，沙滩上日光浴的人群让人大开眼界。

春、秋两季降雨较多，年降水量1 000毫米，年日照量2 500小时以上。

（四）城市起源

城市的起源可以追溯到2300多年前，迦太基人在这片土地上建立了殖民地。

公元前236年，由腓尼基人建立的迦太基的名门望族、将军巴卡，在这一片区域建立殖民地，命名为“巴西诺”——现在巴塞罗那的雏形。公元前201年，罗马人在第二次古迦太基战争中征服了巴西诺。公元前1世纪，在这里设驻军并建立了椭圆形的殖民区，在四周修筑了城墙，成为了现巴塞罗那老城区的雏形。

8世纪时，来自非洲的摩尔人占领了巴西诺，成为这里的统治者，又将这一区域称之为“巴尔西诺那”，即今名“巴塞罗那”的来历。公元415年起，巴塞罗那为迦太基公国都城。

（五）城区名胜

巴塞罗那实际上是两城合一城，老城有一个景色美丽的哥特区和许多建筑遗址，因为这里有不少令人难忘的灰色石头造的哥特区建筑物，包括壮观的大教堂。新城是城市规划的典范，有宽广的景观大道，两边树木成行，还有大广场，令人感兴趣的中世纪建筑物中有许多教堂和宫殿。巴塞罗那市是国际建筑界公认的将古代文明和现代文明结合最完美的城市，也是一所艺术家的殿堂，市内随处可见世界著名的艺术大师毕加索、高迪、米罗等人的遗作。巴塞罗那因为安东尼高迪设计的建筑而有名。

西班牙广场上的光明泉巧夺天工、色彩斑斓，西乌达德拉公园的喷泉、动物园、植物园及蒙特惠奇公园的层层瀑布闻名遐迩。巴塞罗那市内有现代艺术博物馆、弗雷德里克·马塞斯陈列馆、毕加索博物馆、海洋博物馆等20多所博物馆，巴塞罗那大学有500多年的历史，自治大学和工艺学院亦十分著名，每年10月举行的国际音乐节是世界乐坛盛会；每年4月的玫瑰花展和斗牛、国际博览会十分吸引人。这里的加泰罗尼亚甜食誉满全球。

巴塞罗那森林覆盖面积占58.3%，因其数量众多、特色鲜明的公园而著名。其主要植物资源分布在了全市5座植物主题公园，45座市区公园和6座森林公园里。

1. 老城区

巴塞罗那位于伊比利亚半岛的东北面，濒临地中海。大约在公元前3世纪末，罗马人以“台伯山”（现市政厅附近的一座小丘）为中心将城市重新规划为一座罗马兵营，这一地区成为巴塞罗那城市的发祥地。巴塞罗那的市中心一直都位于沿海平原即现在的哥特区，城市整体西高东低，并且不断向内陆发展。

巴塞罗那老城区——是城市的核心区，巴塞罗那历史最悠久，最受游客欢迎的区域。老城区又可细分为哥特区、海岸区和拉巴尔区。

◆皇家船坞

如今的巴塞罗那是一个面朝大海敞开怀抱的城市。中世纪造船厂——皇家船坞印证了当时海上贸易的繁荣和加泰罗尼亚航海业的辉煌。现在这座建筑变成了巴塞罗那航海博物馆。

登上哥伦布瞭望塔穹顶状的观景廊，便可俯瞰整座城市及其主要景观。海上兰布拉吊桥连接着木材码头和西班牙码头，这里有集休闲和文化功能于一身的宏海中心、水族馆和Imax影院。这里的海洋宫是加泰罗尼亚历史博物馆所在地。

2. 扩建区

巴塞罗那扩建区译为“扩展”，旨在说明这是巴塞罗那新建的区域；这一大片区域坐落于加泰罗尼亚广场以北，沿着格拉西亚大道左右两侧扩展延伸。

老城区内著名的兰布拉大街的最北端通向扩建区，兰布拉大街的南端是海港地区的“和平门广场”，广场中央矗立着哥伦布纪念碑，（搭乘电梯）登上塔顶端的瞭望台，可以观赏到港口的美景和西部城市的“绿肺”所在地蒙杰伊克区。

3. 蒙杰伊克区

城市西部的蒙杰伊克区亦音译“蒙居克区”，主要得益于巴塞罗那史上的两大盛事：1929年的世界博览会和1992年的巴塞罗那奥林匹克运动会。

蒙杰伊克山坐落于提比达波山对面，其本身已变成一个极受欢迎的旅游胜地。置身于山顶的城堡中，可尽情俯瞰巴塞罗那市的完美风光。山上有重要的文化场馆和体育场馆，包括富丽堂皇的国家宫即加泰罗尼亚国家艺术博物馆、胡安・米罗基金会、希腊剧院、鲜花市场和密斯・凡德罗展览馆、奥林匹克体育场、圣约迪体育馆和游泳馆，还有展现西班牙民间建筑风格的西班牙村等休闲场所。

4. 格拉西亚区

巴塞罗那格拉西亚区——位于城市北部的郊区，社区活动丰富多彩。近几年来，每逢夏季旅游旺季，格拉西亚区的社区都举办“最美街道评选活动”，以“水果”“音乐”“海洋世界”等为主题装饰的街道，并成为巴塞罗那一道靓丽的风景。每年大量的游客慕名前来参观游览，白天走街串巷，晚间参加音乐会和其他文化娱乐活动。

5. 里贝拉区

里贝拉区是中世纪街巷组成的巨大迷宫，例如著名的蒙特卡达街，街上的贵族宫殿，见证了13至15世纪巴塞罗那商业的繁荣。如今这些建筑变成了博物馆，如毕加索博物馆和巴尔比耶-穆埃勒前哥伦布艺术博物馆。蒙特卡达街的尽头，耸立着哥特式教堂——海洋圣母教堂。最后隆重登场的是加泰罗尼亚音乐宫，它由建筑师多米尼克・伊・蒙达内尔设计，是一座宏伟壮美的现代主义建筑。

6. 波恩区

波恩区是巴塞罗那游人最多的地区之一，这里有大大小小的商铺、餐厅、酒吧和其他时尚场所，在保持传统风情的同时，也注入了一股新潮气息。这个城区值得一提的是老波恩市场和弗兰萨火车站。

二、港口码头

巴塞罗那港位于西班牙洛布里加特河河口东岸，濒临地中海的西北侧，是西班牙最大的河口海港，也是地中海沿岸最大的港口（十大集装箱吞吐港之一），客运码头可以容纳9艘邮轮同时停靠，是很多豪华邮轮欧洲线路的重要一站。

巴塞罗那港（BARCELONA，港口代码：YUBOR，港口缩写BLA）距巴利阿里群岛的首府帕尔马132海里，有好几家航运公司经营巴塞罗那与巴利阿里各主要城市之间的航航线，每天都有航班，定价基本统一。普通座席最好提前预订，临时购买很可能只能买到高等级仓位，票价是普通座席的2～4倍。

巴塞罗那港有防波堤维护，港内水域面积约为300公顷，码头最大可靠8万载重吨的船舶。设有自由贸易区、基本港，为西班牙最大的件杂货港。另外，巴塞罗那和意大利之间还有国际航线。

（一）港口位置

巴塞罗那港紧依靠市区，濒临地中海的西北侧，东北至马塞港185海里，东南至塞得港1590海里，西南至巴伦西亚港161海里，西北至直布罗陀513海里。

（二）气候与水文

巴塞罗那港属亚热带地中海式气候，上午多西及西北风，下午多南及西南风，年平均气温最高为33℃，最低为1℃。全年一般降雨量750～900毫米。潮差为4.20～4.50米，平均潮差约0.30米。

（三）港区码头

巴塞罗那港码头最大可靠8万载重吨的船舶，每年约有7 000余艘进出口船舶，有250多条国际航线，有完善的市内公共汽车和地下铁道设施。巴塞罗那港与欧洲共同体国家之间的货物运输以卡车为主，加泰罗尼亚有全西班牙最密集而且最现代化的公路网，从巴塞罗那港到法国边界只需一个半小时。

巴塞罗那港的港区大致分为商业码头（巴塞罗那港贝尔港）、游艇码头（西班牙巴塞罗那奥林匹克港）、客运码头（包括巴塞罗那邮轮码头）三个部分。

巴塞罗那港的自由贸易区的面积达5 000平方米。

1. 商业码头港区

港内商业码头线总长12.100千米，前沿水深8～14米，水域面积300公顷。全港80～90个泊位，年吞吐量1 800万吨左右。港口代码：YUBOR.港口缩写：BLA。

巴塞罗那港贝尔港/威尔港属河口海港，设有自由贸易区、基本港，为西班牙全国最大的件杂货港，同时也是地中海沿岸十大集装箱吞吐港之一。

巴塞罗那码头位于城市东南，是吊篮缆车亚马达广场——巴塞罗那港的终点。也可乘坐地铁L2线到Paral-Lel或Drassanes站，步行前往。观光巴士南线也到巴塞罗那港。从购物和地理位置完美结合的角度来讲，没有什么地方可以和古老的贝尔港以及巴塞罗那热闹的海滩相媲美了，从许多方面来看，它们都是这个城市的心脏和灵魂。

巴塞罗那有现代化的普拉特国际机场，可直飞中东、美洲以及欧洲各国。巴塞罗那与马德里之间的“空中桥”每小时就有一航班往返。

2. 游艇码头港区

巴塞罗那市曾经承办过1888年和1929年两届世博会，为城市的腾飞奠定了基础。

巴塞罗那旧港贝尔港/威尔港曾经是一个荒废的港口，旧港之所以能够重新焕发青春，正是那次“史上最杰出的一届奥运”即1992年（第25届）巴塞罗那奥运会让这个地中海上的历史名城重新焕发勃勃生机，巴塞罗那市名扬四海，一跃成为仅次于法国巴黎的欧洲第二大旅游目的地城市。

筹办1992年奥运会时，西班牙正处于开始从20世纪80年代全国范围的经济危机中复苏的时期。1986年获得奥运会主办权极大地促进了巴塞罗那的城市改造和建设。巴塞罗那耗资约362亿比塞塔建成了5千米长的海滨沙滩，改造了港口，修建了两条环形公路、两条隧道，改建了国际机场，完善了城市的排水系统，建成了提供水、电、气和电话服务的网络。这期间，巴塞罗那经济从衰退走向了繁荣，成为当时欧洲变化最快的城市；1992年失业人数达到历史最低点，就业势头得到明显好转。同时，还明显加快了西班牙经济的复苏，推动了巴塞罗那和西班牙的发展。

游艇码头港区大体包括水上娱乐中心、游艇俱乐部的基地、马裂蚂格努姆、巴塞罗那水族馆、奥运村（庄）、美食街区、海滨浴场等。

◆水上娱乐中心

如今，旧貌变新颜，巴塞罗那港贝尔港已经成为了一个现代的水上娱乐中心，是两个游艇俱乐部（皇家海上俱乐部和航海俱乐部）的基地，可以看到上百艘游艇停泊在港中的壮观景象，每年都能够吸引1 600万游客。

这里离兰布拉大街、哥伦布纪念塔不远，连接码头的一座桥被称为“海上兰布拉”。在旧港这片区域的小岛上，建有马裂蚂格努姆、欧洲最大的巴塞罗那水族馆等。马裂蚂格努姆是一个巨大的包含有众多商店、超宽屏幕的电影院、酒吧和餐馆的休闲中心（商业卖场）。

巴塞罗那“西班牙码头”宽阔整洁，大道两旁到处是棕榈树、草坪绿地、现代风格的路灯和雕塑装饰。

◆奥林匹克港

西班牙巴塞罗那奥林匹克港位于巴塞罗那东南隅，在巴塞罗那港的东部，巴塞市内长约4.5千米海岸带的中心位置，是1992年巴塞罗那奥运会时奥运村的中心地带。在奥运会后成为许多人争相置业的风水宝地，也是巴塞罗那新兴的住宅区和水上运动区，巴塞罗那市立帆船运动学校就设在这里。奥运会帆船比赛中心也设在这里，现在成为休闲娱乐区，还可举办各种海上活动。

这里和老城区悠闲的氛围截然不同，处处充满着现代的气息，巴塞罗那最高的两座摩天大楼（“孪生塔楼”）矗立海边，现代化的住宅楼比比皆是。但楼宇间林立的烟囱还保留着从前曾是工业区的印记。

港口区的标志性雕塑是一尊巨大的金鱼雕塑，由黑色镂空的网状金属制成，在阳光下闪着五彩的亮光，下方是巴塞罗那最大的赌场。

码头区如今成了海滨餐馆、海鲜档集中的地方，是品尝西班牙海鲜饭的最佳地点，特别是晚上非常热闹。附近还有很多酒吧，服务不错。著名玛丽娜蒙丘海鲜餐厅就坐落在这里。

3. 客运码头港区

巴塞罗那港扼地中海出入大西洋的咽喉，附近旅游资源十分丰富，巴塞罗那港的客运码头港区设有7个客运码头，可同时停泊9艘邮轮，每年接待旅客近300万人次。

◆巴塞罗那客运码头

巴塞罗那港口位于欧洲南部和地中海的西岸，地理位置优越；巴塞罗那港同时也是世界著名的旅游城市，码头地处市中心，设备完善，酒店众多，服务精良，机场有国际航班接驳，港口有专门为邮轮而设的设施。游客乘坐公交车或出租车进出都十分方便。

巴塞罗那码头是停靠游船和主要去往意大利的渡轮的停泊码头。

◆巴塞罗那邮轮码头

巴塞罗那港是地中海的主要邮轮港，巴塞罗那邮轮码头设有7个客运码头，同时可供9艘邮轮停泊，在世界各大港口城市中名列前茅。巴塞罗那市已经成为邮轮公司的理想基地。巴塞罗那邮轮码头是世界邮轮游客和邮轮公司最青睐的目的港口之一。目前，巴塞罗那是欧洲第一大邮轮目的地港口，世界排名第四。

这里同欧洲各地交通便利，是理想的短期旅游胜地。极具魅力的巴塞罗那海港，以它绝佳的地理位置和齐全的装备设施，成为各游轮公司钟爱的停靠之地。2001年有544艘邮轮到达，带入350万人次国际客流量，其宾馆、餐饮、交通的便利均在地中海各城市中领先，客流量长年不断。游轮的终点站直接和市中心与购物带相连，游客可以很快在市中心的各名胜古迹游览或是在欧洲最大的5千米长的购物带购物。

巴塞罗那一方面保持有古香古色的老城区的风貌，另一方面又拥有现代建筑林立的新建区。罗马时期遗留下的加泰罗尼亚绘画，不知吸引了多少世人的目光。圣家赎罪堂和高迪的各座极具特色的现代派建筑，已经成为了城市的标志，每年上百万的游客专程前来一度它的风采。美丽的海港区碧波荡漾，海鸟翱翔，夏季来度假的人们挤满了海滩。在城市的制高点蒙杰伊克山坡或附近的提比达波山地，可以眺望到巴塞罗那令人心旷神怡的全景。

在码头的最尖端处有一座十分醒目的白色船形建筑，它就是由设计巴黎卢浮宫前玻璃金字塔的著名美籍华裔设计师贝聿铭设计的巴塞罗那世界贸易中心。它由4个8层的弧形建筑拼合而成，中间的空地有一座小喷泉，从侧面看就像是一艘巨轮停泊在水面上。近两年来，这里已经成为在巴塞罗那进行国际商务活动的基地和各大国际贸易公司的办公室汇聚地。

◆加乌马一世缆车塔

在码头的中央耸立着“加乌马一世缆车塔”，这座高塔是连接巴塞罗那塔和位于蒙锥克高地的缆车站的中转站。在塔上一边可以看到浩瀚的地中海、码头上停泊的邮轮和集装箱，一边也可以看到巴塞罗那城市的主要街道。特别是夕阳西下的时候，从这里眺望周围风景真是美不胜收。

乘坐缆车上蒙锥克山非常方便，起点在地铁2、3号线的站，终点为蒙锥克山公园站，车程仅3分钟。在这里可以转乘吊篮缆车。

运营时间：09：00—20：00。吊篮缆车：有两条线路，一条连接蒙锥克山公园和蒙锥克城堡或瞭望台，另一条从亚马达广场到巴塞罗那港的两座瞭望塔。每车可坐4人，是空中俯瞰巴塞罗那的最佳方式。

◆小巴塞罗那

小巴塞罗位于巴塞罗那的东南，是一块地中海海边泥沙冲积而成的三角洲。17世纪，巴塞罗那码头在这个区域开始兴建。18世纪中叶，经过重新规划和建设，小巴塞罗那充满了巴洛克风格的绚丽色彩。由仓库改建而成的海洋宫现在是加泰罗尼亚历史博物馆所在地。著名景点有哥伦布纪念碑、塞万提斯纪念碑、西班牙广场、皇家广场、巴塞罗那大教堂、摩哈宫、三龙城堡、利塞欧大戏院、巴塞罗那贝德拉贝斯王宫等。

◆巴塞罗那普拉特机场

巴塞罗那国际机场又名巴塞罗那安普拉特机场，位于巴塞罗那市的西南方，距离中心约10千米处。巴塞罗那机场是西班牙巴塞罗那加泰罗尼亚地区最大的机场，仅次于马德里巴拉哈斯国际机场，是西班牙第二大机场。

在巴塞罗那和超过30个国际城市之间有每日的直达航班。机场装饰着米罗的大型壁画，与艺术之都巴塞罗那的地位相符。航栈楼分为A、B、C三个区域，其中的A航栈楼是供国际航班的出发到达；B航栈楼是供国内航班和前往欧盟申根协定缔约国的国际航班出发到达；C航栈楼是供普思特——阿埃莱奥（连接马德里和巴塞罗那的穿梭航班）的出发到达使用的，入境的手续与首都马德里相同。巴塞罗那机场有3个出口。

第六节　南安普敦——“爱心的港湾”

南安普敦市是英国南部的一座海港城市，面向英吉利海峡，以港口贸易和轮船制造而闻名，是重要的客船和集装箱港口城市。

南安普敦市面积52平方千米，下辖15个区，人口从1983年的20.6万人发展到2010年的22万人。南安普敦市是英国重要的远洋海港、海军基地，英国十大港口之一，也是英国最大的客运站、国际帆联总部所在地。

南安普敦又音译为“南安普顿”“索斯安普敦”或“骚桑普敦”。南安普敦已有

1000多年历史，在石器时代已有人居住。罗马帝国在43年攻陷英格兰后，在西南岸建城“Clausentum”（今南安普敦的Bitterne Manor），是重要的贸易港。英格兰在410年脱离罗马帝国管治，Clausentum的罗马人也撤走了。自中世纪时期已是英国城市之一，13世纪造船业已出现于南安普敦。虽然时至今日英国制造业日渐式微，南安普敦依然是英国主要港口，有多条豪华邮轮航线，并拥有多个货柜码头。

南安普敦与旅游城市温彻斯特（历史上曾是英格兰的首都）、索尔兹伯里——（南安普敦伊钦河（内港）和伯恩茅斯相邻；自然风景异常优美的森林区——新森林国家公园和世界著名的史前巨石阵也离该市不远。

在长达几个世纪的岁月中，南安普敦一直是英格兰南部重要又繁忙的港口，是连接英国与世界的英格兰南部大门。客轮从这里出发可抵达法国和欧洲其他国家。

一、城市风貌

1964年，南安普敦获城市地位，成为南安普顿市。南安普敦市有着丰富的历史文化遗产，是一座十分现代化却又安静清闲的的城市。在这里，你见不到车水马龙的喧闹，也感受不到灯红酒绿的繁华，犹如城中古老的城墙和平静的大海。

南安普敦市是英国南部除伦敦以外最重要的经济中心城市，也是英国最大的造船业和船舶业中心。飞机制造、化工、食品，以及海洋工业、金融、旅游业也较发达。

（一）地理位置

作为英国最重要的港口之一，它是通向怀特岛和英吉利海峡的大门。

滨英吉利海峡中的索伦特峡，在泰斯特与伊钦两河口湾之间。地处英国南岸中心，港阔水深，有怀特岛为屏障。

（二）气候季节

南安普敦港地处温带海洋性气候。盛行南风，温和湿润，多阴雨云雾，冬季尤甚。年气温10℃~20℃。全年平均降雨量约900毫米。

南安普敦所在的英格兰南部海岸是英国气候最温暖的地区之一，不过就全国而言，天气多变，一年中的任何时候都有可能下雨。南安普敦很少下雪，气温也很少在零度以下。

（三）风景名胜

南安普敦是英格兰南部海岸的大型港口城市，是邮轮欧洲北部航线停靠的港口之一。南安普敦位于美丽的汉普郡，是去往英格兰南部诸多历史景点的必经之地。南安普敦是个大学城，这里有英格兰最长的中世纪城墙，还有“都铎老屋博物馆”（建于1496年）。浏览一流的旅游地，诸如以11世纪大教堂和具有传奇色彩的亚瑟王圆桌而闻名的古都温彻斯特。“新森林国家公园”是徒步和骑马的理想之所。“尤利皇宫庄园”是一处哥特式庄园，拥有多个大花园、古老的修道院、老爷车引擎博物馆和游乐园，在这里您能重温历史。南安普敦市靠近古都——温彻斯特，交通便利。

◆南安普敦海洋博物馆

海洋博物馆坐落在14世纪海滨地区的仓库上，讲述着泰坦尼克号悲惨的故事和南安普敦的历史。这座房子曾经是一个监狱，在屋顶上可以看到监狱里的人刻下的名字。

南安普敦美术馆

南安普敦美术馆收藏了18～19世纪英国伟大艺术家的作品，包括斯宾塞、透纳和庚斯博罗。

纳特利修道院的废墟遗址

纳特利修道院的废墟遗址位于南安普敦东南，始建于1239年。起初这里是一个戒律很严的天主教修道院，保持了大约300年的平静。1536年，推崇新教的亨利八世关闭了修道院，并将这里的神职人员解散。

都铎建筑博物馆

都铎建筑博物馆是南安普敦少数留存至今的古建筑，修建于1495年，历史上曾经作为家居、艺术家工作室和商业建筑。不远处有一座16世纪的花园。

圣玛丽教堂

圣玛丽教堂是南安普敦最大的教堂，其起源可以追溯到7世纪撒克逊人的定居点。教堂的钟声启发了1917年的歌曲《圣玛丽的钟声》，歌手、演员平·克劳斯贝在1945年的同名电影中演唱了这首歌。

埃克斯伯里公园

埃克斯伯里公园位于新森林国家公园内，属罗斯希尔德家族所有。新森林位于南安普敦西南，是一座风景宜人的国家公园，有时也直接音译为“新福里斯特”。森林里拥有英国最丰富的物种，周围有一些美丽的小村庄。

安德鲁斯公园（东花园）

东花园位于南安普敦市中心，也叫安德鲁斯公园。公园里有一座“泰坦尼克”号工程师纪念碑，他们当中的35人的名字被铭刻在碑上。

中世纪商人住宅博物馆

中世纪商人住宅博物馆里可以一览南安普敦中世纪的全盛时期，时间可以追溯到1290年。遗憾的是，南安普敦在二战时遭到激烈的轰炸，留存的历史建筑寥寥无几。

卡尔绍特城堡

卡尔绍特城堡是南安普敦的门户，屹立在海湾入口西侧的岬角上。为了抵御外敌和海盗，英国国王亨利八世敕令修建了这座海边要塞。

（四）交通运输

南安普敦与英格兰各地的交通网络四通八达，与首都伦敦相距约100千米，有铁路和公路直通伦敦，南安普敦港起到伦敦外港的作用。有轮渡与海峡群岛、怀特岛以及法国相通。乘火车约1个小时就可到达伦敦，M27高速公路贯穿汉普郡的东、西部城市，M3高速公路直达英国首都伦敦。南安普敦以西与新沃尔瑟姆·福里斯特区相邻，M271高速公路贯穿这两个自治市镇。

南安普敦机场有飞往英国各地和欧洲大陆的航班，如定期航班飞往荷兰的阿姆斯特丹、比利时的布鲁塞尔和法国的巴黎等。

二、港口码头

中世纪时，南安普敦港就是重要港口。涨潮时间长，船只一日有7小时可以进港。为英国重要的远洋贸易港；也是英国主要的客运港。有轮渡与海峡群岛、怀特岛以及法国相通。是全国最大的造船和修船中心之一，拥有巨大的干船坞。

（一）地理位置

英国南部大商港。位于英吉利海峡北岸中段、特斯特峡湾内，湾口外有怀特岛阻挡风浪，南临英吉利海峡。南安普敦港距法国的勒阿弗尔港109海里，距直布罗陀1 180海里，距提尔伯里港193海里。有轮渡与海峡群岛、怀特和勒阿弗尔港相通。

南安普敦港是与南美东岸、西北非、地中海沿岸国家等海上客货进出英国的主要港口，自由港。地处海峡河口内，属于海峡河口港、设有自由贸易区、基本港。

南安普敦港是英国主要大港之一，也是横渡大西洋的邮船码头。

（二）气候与水文

南安普敦港地处温带海洋性气候。盛行南风，温和湿润，多阴雨云雾，冬季尤甚。年平均气温10℃～20℃。全年平均降雨量约900毫米。

本港大船锚地水深达23米。港口平均潮差：大汛高潮4.50米，小潮低潮为2米。湾口外有怀特岛阻挡风浪。

（三）港区码头

港区码头主要分布在伊钦河口以北的特斯特峡湾东北岸，分东西港区和集装箱港区。

东港区在伊钦河与特斯特河交汇处，由突堤和港池组成，有伊丽莎白二世码头。城镇突堤码头，远洋港池，帝国港池、亚历山大港池等。沿边共有50多个泊位，码头线总长6 300多米，水深4.1～11.70米，其中大部分较浅，仅伊钦码头的31～36号泊位、伊丽莎白二世码头的38～40号泊位水深在9米以上。

西港区——在东港区之西北，有9个顺岸泊位，码头总长2263米，水深10.20～11.70米，为冷藏，谷物、滚装船码头。

集装箱区——在西港区西北，为一折角型码头，有5个泊位，泊位线总长1 480米，水深10.20～12.80米。

油轮港区——此外，还有伊钦河下游入港航道两侧的油轮港区，对岸是埃索炼油厂码头，有9个泊位，其中5个是水深9.60～14.90米的远洋泊位，其它沿海船泊位仅5.60米；在左岸有3个英国石油公司泊位，其中二个是主要泊位，一个沿海小泊位。

全港有泊位70多个，港口年货物吞吐2 600万吨以上，集装箱装卸30多万标准箱；旅客上下230多万，是英国最大客运港。

（四）装卸设备

港口码头装卸设备有各种岸吊、可移式吊、集装箱吊、浮吊、滚装设施等。集装箱吊最大起重能力为40吨，浮吊为100吨，干船坞吊为51吨。FAWLEY油码头最大可靠10万载重吨的油船。谷物仓库有17座，容量有3.6万吨，其中13个仓库有充气设备。谷物用卡车送到仓库，由4台每小时1 100吨的卸货机。最近，一座新的水果专用码头正式开业，拥有占地约1万平方米的温度调节仓库。

主要出口货物为机器、摩托车、精练油及杂货等，进口货物主要有谷物、木材、原油、水果、酒、羊毛、兽皮、肉等。

（五）港口经济

南安普敦港是全英最大的修船造船中心之一，拥有较大的干船坞。主要工业有飞机制造、电机、电缆、炼油、汽车、塑料、合成橡胶及食品等。

（六）邮轮港口

南安普敦港和皇家加勒比国际邮轮有限公司达成的为期7年的协议，南安普敦港的邮轮码头将成为该公司在英国的官方邮轮母港，有效期直到2023年。

2016年5月17日，全球最大邮轮“海洋和谐”号/“海洋和悦”号抵达英格兰南部的南安普敦港。

◆“海洋和谐”号/“海洋和悦”号

“海洋和谐”号/“海洋和悦”号的诞生让你惊讶于人类的想象力和创造力。邮轮的业主是美国皇家加勒比海游轮公司。

“海洋和谐”号邮轮227 000总吨，邮轮宽约66米，是迄今为止“世界上最宽的邮轮”“世界上最大的邮轮”；船舶总长361米，比著名的“泰坦尼克”号还要长100米。高约64米，邮轮共有16层甲板和2 700个客舱，最多可搭载6 360名游客和2 100名船员。

2016年5月12日，海洋和谐号在法国圣纳泽尔正式加入皇家加勒比邮轮公司。5月17日，邮轮抵达英格兰南部的南安普敦港。5月22日，邮轮从南安普敦前往巴塞罗那。6月5日，从西班牙巴塞罗那进行首航（正式处女航）。邮轮的处女航航程主要集中在非常受游客欢迎的西地中海，在7晚的航行中驶向巴塞罗那、马略卡、普罗旺斯、佛罗伦萨、比萨、罗马和那不勒斯。

◆港口文化遗产

南安普敦已有1000多年历史，还保留着中世纪城墙。纵观历史，可以说南安普敦是“通往世界的大门”，是重要的国际海运港。

南安普敦港在英国航运史上发挥过重要作用，“五月花”号远洋三桅杆帆船、“泰坦尼克”号和“玛丽王后”号豪华客轮的处女航以及一系列重要的历史事件与南安普敦港的名字联系在一起。

1936年3月5日，喷火战斗机的原型机在南安普敦进行试飞。因为在二次世界大战期间，英国皇家空军的主力战斗机——喷火战斗机在南安普顿设计、研发。

1944年6月6日，诺曼底战役发生后，南安普敦码头处理了大量同盟国的军备补给，成为德国空军的偷袭目标（直至同年年末）。

车水马龙的船坞海洋村，曾主办过国际船艇展览会，以及国际航海比赛，例如Volvo航海赛和BT（英国电信公司）的全球挑战帆船环球赛。

◆ “五月花”号

1620年9月6日，载有移居美洲的英国清教徒的“五月花”号三桅杆帆船从南安普敦港开始了从英国驶向美国新大陆的漫长航程。最终在北美建立了第一块殖民地——“普利茅斯殖民地”。

“玛丽王后”号——处女航

1936年7月1日，皇家邮轮“玛丽王后”号在拖船的环绕下缓缓离开南安普敦港，开始了前往纽约的为期4天12小时20分钟的处女航航程，尽管从纽约返航的“玛丽王后”号被南英格兰海岸的一场大雾耽误了时间，但“玛丽王后”号的船长胸有成竹。1936年8月，以30.14节的记录赢得西行蓝飘带。

“泰坦尼克”号——处女航

1912年4月10日，举世闻名的“泰坦尼克”号豪华客轮从南安普敦港起锚出海处女航，于5天后在北大西洋撞上了冰山而沉入大海。

泰坦尼克号在南安普顿港出发，前往美国纽约，途中在大西洋撞到冰山沉没，被拍成多部电影。

第七节 圣彼得堡——“北方之都”

圣彼得堡是俄罗斯仅次于莫斯科的第二大城市，是俄罗斯西北地区的政治、经济、文化的中心城市，又称“北方首都”。

圣彼得堡位于波罗的海芬兰湾东端的涅瓦河三角洲，是俄罗斯通往欧洲的“窗口”。

一、城市风貌

圣彼得堡市行政辖区面积1439平方千米，南北长44千米，东西长25千米，城市总人口为540万人左右。圣彼得堡市是一座“水上之城”，涅瓦河自东南分别流入，自南向北主要有大涅瓦、小涅瓦和大涅夫卡河，以及小河和运河60多条，河面面积占全市总面积的10.2%，整座城市由40多个岛屿组成，市内水道纵横，700多座桥梁把各个岛屿连接起来。河流、岛屿与桥梁的数量均居俄罗斯之冠，河流纵横，风光秀丽，素有“北方威尼斯”之美称。

圣彼得堡市距离莫斯科664千米，距离（芬兰首都）赫尔辛基383千米，距离（立陶宛的首都）维尔纽斯736千米，距离（拉脱维亚首都）里加545千米，距离（爱沙尼亚共和国首都）塔林330千米。

这座历史名城由彼得大帝于1703年所建，以东正教圣徒彼得的名字对其命名，故称“圣彼得堡”。1712～1918年，一直是俄国首都，因此得名“北方之都”。

1914年第一次世界大战爆发后，俄国与德国互为敌国，俄国遂用斯拉夫语表示城市的"格勒"取代来自德语的"堡"，圣彼得堡被改名为"彼得格勒"。1924年1月列宁逝世后，该城又改称"列宁格勒"。1991年12月苏联解体后，这座城市恢复了它的原名"圣彼得堡"。

圣彼得堡拥有4 000多个工业企业，其产值占俄罗斯工业总产值的6%，工业品畅销全国。工业以舰船、动力机械等制造业为主，其次为化学工业，纺织、食品和日用消费品工业也很发达，有棉、麻纺织品、服装及靴鞋业等。

◆冬宫广场

圣彼得堡的中心广场——冬宫广场，又称"宫殿广场"。不仅以其雄伟的建筑而闻名，也是俄罗斯历史上众多历史事件的见证，亚历山大纪念柱——落成于1832年，纪念沙俄击败了拿破仑军队的入侵。

彼得堡罗要塞

彼得堡罗要塞——是圣彼得堡的发源地。1703年，彼得一世在涅瓦河上的扎西亚岛（兔子岛）上挥剑斩草，铲下了第一块草皮，下令修建圣彼得堡。之所以称之为"要塞"，就是彼得一世率军与瑞典作战时的防御工程。

彼得保罗要塞中有圣彼得保罗大教堂、钟楼、圣彼得门、彼得大帝的船屋、造币厂、兵工厂、克龙维尔克炮楼、十二月革命党人纪念碑等建筑物。

青铜骑士像

青铜骑士像是叶卡捷琳娜二世1782年为彼得一世建造的：彼得稳健地骑在一匹奋起前蹄的骏马上，马后蹄踏着一条痉挛的蟒蛇，而此时彼得右手深沉而有力地一挥……这分明在向世人昭示：彼得志在必得，所向披靡。

彼得宫

彼得宫坐落于市郊西面的芬兰湾南岸，占地八百公顷，是沙皇的夏宫，在富丽豪华的花园中，有各种布局巧妙的喷泉和金像，有的喷泉还会戏弄人，若不慎踏中机关，水柱便由四面八方喷来，其乐无穷。彼得宫更被誉为"俄罗斯的凡尔赛宫"。

滴血大教堂

滴血大教堂也被称为"喋血大教堂""复活教堂"，建造于1883～1907年，是圣彼得堡地区少有的纯俄罗斯风格建筑。

1881年3月1日，沙皇亚历山大二世皇帝在此被激进分子（格涅维斯基）暗杀身亡，滴血大教堂由此得名。在26年的统治期间，沙皇亚历山大二世给俄罗斯带来了许多的贡献，在俄国历史上被称为"农奴解救者"，所以刺杀的行动引起全国上下的不满与指责。为了怀念这位仁君，故在案发地点兴建了这座具有特别历史意义的纪念堂。1883年9月14日举行了奠基典礼，直到1907年8月19日才正式完工。尼古拉二世为历经24年兴建的滴血大教堂举行了隆重的开幕仪式。

滴血大教堂轮廓美丽，镶嵌有复杂、颜色艳丽的图案，用丰富的彩色图案瓷砖、搪瓷青铜板装饰，教堂顶部还立着五光十色的洋葱头顶，体现了俄国十六和十七世纪的典型的东正教教堂建筑风格。

二、港口码头

圣彼得堡港位于波罗的海芬兰湾东岸，涅瓦河口西南，紧靠城市之西南。海洋、河流和陆路交通路线的交汇处，是俄罗斯通往欧洲的“通海门户”。

圣彼得堡港经纬度：北纬59° 56′ 0″，东经30° 18′ 0″，西距芬兰首都赫尔辛基158海里，距（爱沙尼亚共和国首都）塔林169海里，距（波兰北部）格但斯克港547海里，距（丹麦王国首都）哥本哈根671米海里，距（德国北部）基尔港755海里。

1. 气候与季节

圣彼得堡港属北温带大陆海洋性气候，春季多雾；夏季天气变化无常，如果清晨乌云密布，或许下午会天空晴朗。年平均气温最高约29℃，最低约-26℃。全年平均降雨量约700毫米。涅瓦河口在秋、冬季水位差较大，有西南大风时可达3.50米，一般在0.20 ~ 0.30米。港口全年可以通航使用，但受气候影响冬季（11月下旬至翌年4月中旬）结冰，需借助破冰船通航。港口无潮汐。因其地处北纬60度，每年初夏都有“白夜”现象。

2. 港区码头

港区分布：主要港区分布在圣彼得堡港的北、西、南三面和西南的利斯诺夫岛，及其相邻的堤岸，船舶由西入港。

码头泊位：目前全港拥有110余个泊位，中央直属码头线8千米，其中货运码头线5 900米，25个泊位；港区主要码头泊位有49个，码头前沿水深为6.50 ~ 11.50米。

装卸分区：装卸杂货、煤、矿石、谷物、建筑材料、糖、金属、木材产品等。共分5个装卸区：第一装卸区为件货作业区，第二装卸区为木材作业区，第三装卸区为集装箱作业区，第四装卸区为煤炭、粮食、糖作业区，第五装卸区为原油作业区。码头上有现代化的装卸设备，包括各种岸吊、集装箱吊、浮吊、吸扬机、传送带及铲车等，其中浮吊最大起重能力达300吨。大船锚地水深约20 ~ 25米。

圣彼得堡港可停靠吃水10.50 ~ 11.50米的海轮，年吞吐量1 000多万吨，从芬兰湾经波罗的海可直通大西洋，通往70多个国家和地区，以及通往国内广大地区。与北欧、西欧有定期航班相连。圣彼得堡兼有海港和河港，又是俄罗斯最大河港之一，是“波罗的海－白海运河”和“波罗的海—伏尔加运河”的起点，轮船可通白海、伏尔加河、里海、黑海和亚速海。

波罗的海历史上就是俄罗斯与欧洲贸易的重要通道。从彼得大帝时期起，圣彼得堡成为俄通往欧洲的“海上门户”。2005年以前，这一地区的进出口货物运量总量占全俄进出口货物总量的40%。圣彼得堡港是俄西北地区最大的海港，货物吞吐量占全俄第二，仅次于黑海的新罗西斯克港。从亚洲太平洋和东南亚到西北欧最近的路线是通过欧亚大陆桥和芬兰湾。俄罗斯与伊朗、印度等国合作酝酿连接印度洋和西欧的“南北走廊”规划也是以波罗的海为北部终点。

◆涅瓦河——“彼得堡的母亲河”

涅瓦河是圣彼得堡的母亲河。涅瓦河从欧洲最大淡水湖的拉多加湖（旧称“涅瓦湖”）流来，一直向“波罗的海”的芬兰湾流去。涅瓦河干流虽然只有74千米的长度，却有近28千米在圣彼得堡穿过，其余在彼得格勒州境内，她像为圣彼得堡而生，为圣彼得堡而来。

涅瓦河干流的流向大体“东向西流”，由拉多加湖向西南流至其最南端——与托斯诺河之交汇处，然后再转向西北经过了圣彼得堡，注入“波罗的海”的芬兰湾。一般宽度400～600米，最大宽度1 200米，最大深度24米；河口年平均流量2 480立方米/秒，年径流量790亿立方米。以河水流量来计算，涅瓦河是次于伏尔加河和多瑙河之后的欧洲第三大河流。涅瓦河分布于俄罗斯西北部和芬兰南部等广大的面积上，流域面积28.1万平方千米，包括拉多加湖、奥涅加湖和伊尔门湖的集水面积。

涅瓦河是“白海—波罗的海”和“伏尔加河—波罗的海”两水系的重要航道。

第八节　迈阿密——“世界邮轮之都”

佛罗里达州是美国东南部的一个州。位于东南海岸突出的半岛上，东濒大西洋，西临墨西哥湾，北与亚拉巴马州和佐治亚州接壤。

佛罗里达——源于西班牙语的“La Florida”。相传，1513年4月2日，这个地方被西班牙航海家胡安·庞塞·德莱昂率船队到此发现时，正值“花的复活节”，佛罗里达州素有“鲜花盛开的地方”“青春泉之地”“阳光之州”的美誉。

迈阿密市是佛罗里达州仅次于杰克逊维尔的第二大城市，也是迈阿密—戴德县最大的城市和县治所在。

一、城市风貌

佛罗里达的迈阿密是誉满全球的海滨旅游度假胜地之一。迈阿密拥有灿烂明媚的阳光、清新的空气、宽阔平坦的海湾、松软的沙滩、洁净的海水，举世闻名的旅游景区以及文明祥和、服务完善的社区，给旅游者的旅程和假日带来快乐。

迈阿密素有“世界热带天堂”“月亮初升之地”“世界邮轮之都”“美洲的首都”“中南美贸易金融之都”“暖流之家”“飓风之都”“美国的威尼斯”“艺术之都”“浪漫之都”“美食之都”“美国最干净的城市”“上帝的等待室”等美誉，以“阳光、海滩、月亮、水城、港湾、邮轮、暖流、飓风”而闻名于世。

◆“美洲的首都”

大迈阿密地区包括迈阿密、迈阿密海滩及邻近的小哈瓦那和小海地，是一个“民族的大熔炉”“文化的大熔炉”，受庞大的拉丁美洲族群和加勒比海岛国居民的影响很大，与北美洲、南美洲、中美洲以及加勒比海地区在文化和语言上关系密切。迈阿密市官方语言是英语，最常用的语言是英语、西班牙语和海地克里奥尔语。

一半的迈阿密人口是西班牙裔。因此，迈阿密有时还被称为“美洲的首都”。

“中南美贸易金融之都”

迈阿密是国际性的大都市，在金融、商业、媒体、娱乐、艺术和国际贸易等方面拥有重要的地位。迈阿密拥有100多家外国银行，是除了纽约之外的全美国际金融业务中心，素有“中南美贸易金融之都”之称。

“世界邮轮之都”

美国迈阿密——享有“世界邮轮之都”的美誉，拥有12个超级邮轮码头，可同时停泊20艘邮轮。2007年12月更创下了9条邮轮共载30 000名乘客的单日纪录。目前，拥有9家大型邮轮公司在此安营扎寨，每年接待370多万邮轮乘客，迈阿密邮轮专用码头已经成为世界著名的“邮轮母港城”。

（一）地理位置

迈阿密市位于美国佛罗里达州东南角比斯坎湾、佛罗里达大沼泽地和大西洋之间。换而言之，位于佛罗里达半岛东海岸南端，迈阿密运河的入海口，东濒比斯坎湾，西界佛罗里达大沼泽地。

广义上的迈阿密实际上是由众多的卫星城组成：北迈阿密海滩、劳德岱堡、迈阿密泉、珊瑚顶、珊瑚泉、好莱坞等十几个城市。通常所讲的迈阿密都是广义上的，就是（大）迈阿密地区。

（二）气候与季节

迈阿密市属于热带海洋性（湿润）气候区，一年两季，旱季温暖，雨季湿润。只有在冬天才偶尔会遇上寒冷的天气。受到来自墨西哥湾在自家门前形成的“佛罗里达暖流”的影响，1月平均气温19.5℃；受到来自“北大西洋热带气旋”的影响，7月平均气温28.3℃；年平均降水量1 290毫米。

迈阿密的四季更迭并不分明，习惯将一年分成干季（或称旱季）和湿季（或称雨季）：干季（1 ~ 6月）——主要在冬天，旱季温暖；湿季（7 ~ 12月）——气温暖热，降水量多，雨季湿润，常有飓风侵袭，全境普降暴雨。

1. 迈阿密——“暖流之家”

冬天，迈阿密是美国本土一座最温暖的城市。每年受到来自北方的“北极寒流”长驱直下的影响，美国大部分地区非常寒冷；但美国的中部大平原和东南部地区都受到全世界最大的暖流——“墨西哥湾暖流”的影响，美国中部大平原——因冷空气南下与北上的暖气流相遇，成云致雨；而美国东南部——属亚热带气候区（其中迈阿密被视为热带海洋性气候区），冬天气候温暖；因此，美国人顺着寒流南下，前往较为温暖的东南部去度过漫长的冬天，其中“阳光之州”的佛罗里达（州）及其迈阿密（市）是躲避严寒的最佳选择。

墨西哥湾接受了北赤道暖流、南赤道暖流北上的圭亚那赤道暖流和南下的信风不断吹送赶入的暖水，使墨西哥湾成了巨大的自然循环的“蒸汽锅炉”。迈阿密得天独厚，直接享受经佛罗里达海峡流动的佛罗里达暖流，可谓“暖流之家”。

总而言之，迈阿密（市）是美国气温最佳地区，通常都能开展海水浴、日光浴等活动，已经成为美国一个理想的避寒消暑的旅游度假胜地。

2. 迈阿密——“飓风之都”

加勒比海飓风是世界上破坏性最大的“热带气旋”，主要袭击加勒比海诸岛和美国东南沿海。迈阿密地处佛罗里达半岛伸入加勒比海的前沿，风吹浪打，难免遭受损失。

气旋通称空气在流动中造成的空气涡旋的一种自然现象。在气象学上指的是大气中的涡旋，即空气涡旋，简称“气旋”。强度大的气旋（空气涡旋）分类的方法很多，按气旋形成和活动的主要地区不同，可分为温带气旋、热带气旋和极地气旋等。

◆北半球热带气旋

在北半球，热带气旋是指发生在热带洋面上强烈的气旋性涡旋，依据强度称为热带低气压、热带风暴（台风）或飓风。当其中心风力达到一定程度时，就称为“台风”或“飓风”；因此，台风和飓风都是指大气中的气旋（空气涡旋）产生在热带海洋上，气旋中心持续风速达到32.70米/秒以上的（强）热带气旋。

台风——通常指每年的夏秋季节，生成于北太平洋西部（赤道以北，国际日期线以西，东经100度以东）热带海洋上的（强）热带气旋。

飓风——习惯指每年的夏秋季节，生成于北大西洋、加勒比海以及北太平洋东部热带海洋上的（强）热带气旋；有时，还伴随着龙卷风。

迈阿密飓风的最高持续风速达77～88米/秒，这在世界风暴记录上是罕见的。对照风级表，12级飓风的最高持续风速是32.70～36.90米/秒，最大的17级飓风为61.20米/秒。迈阿密作为“飓风之都”，当之无愧。

◆南半球热带气旋

在南半球，“热带气旋”是指发生在热带洋面上强烈的气旋性涡旋，当其中心风力达到一定程度时，就称为“旋风”（气旋风暴）和“大台风”或“大旋风”。

旋风——北印度洋地区惯用“气旋风暴”及相关分级称呼热带气旋。旋风（气旋风暴）是指生成于南半球及北印度洋、阿拉伯海、孟加拉湾地区的（强）热带气旋。

大台风或大旋风——是指发生在大洋洲热带洋面上强烈的气旋性涡旋，当其中心风力达到一定程度时，就称为“大台风”或“大旋风”。

（三）地形地貌

迈阿密市以及郊区坐落在佛罗里达大沼泽和比斯坎湾之间广阔的平原上。整个地区的平均海拔为3英尺（约0.914 4米），最高不超过4.515英尺（约1.376 2米）。城市的主要部分位于比斯坎湾的海滨，包括数百个自然的或人工的屏障式的群岛，其中最大的一个岛上有“迈阿密海滩”和著名的“南部海滩地区”。

迈阿密河长约5.5英里（约8.851 4千米），是美国最短城市河流之一，同时也是佛罗里达州南部最古老的天然地标。关于“迈阿密”这个名字的起源，一种可能是来源于印地安人语，“迈阿密”的意思是“甜水”，这个地区是水的集中地，因为迈阿密河实质上从佛罗里达大沼泽地向大西洋漏斗状。“迈阿密”另一种说法是来源于Mayaimi湖（现在称为Okeehobee湖）。

2500年以来，迈阿密河一直是从沼泽地到比斯坎湾的淡水出水口。

城市西部的大部分延伸到“佛罗里达大沼泽”，这是一个位于美国佛罗里达州南部的亚热带沿海沼泽地（区）。

（四）风景名胜

佛罗里达州设立了许多国家级保护区及其公园，其中著名的有：大沼泽地国家公园、比斯坎湾国家公园、海龟国家公园和大柏树国家保护区。

（1）佛罗里达大沼泽地国家公园

佛罗里达大沼泽国家公园是位于迈阿密的美国第三大国家野生公园，印第安人称这片沼泽地为“绿草如茵的水域”。主要游览方式是驾车游、坐船游览（内河和海湾）游和徒步游。

进入景区后，可徒步进入沼泽地，去野生鳄鱼潭探险，参观鳄鱼池及欣赏鳄鱼惊险表演，登上视野开阔的瞭望台，欣赏湿地松树林风光，后乘气垫船“风力船”进入沼泽地近身观看野生动物，如鳄鱼、蟒蛇，老鹰、白鹭，山猫、鹿群等。

大沼泽国家公园栖息着超过350种的鸟类，这里是北方候鸟的重要栖息地。此外，大沼泽还有300多种的鱼类，以及其他珍稀哺乳类动物。时动时静的美洲短吻鳄（或称“短鼻鳄鱼”），有着“美人鱼”美名的海牛，喜欢展开翅膀一动不动的美洲蛇鸟，非常罕有的神龙见首不见尾的佛罗里达豹也在这里隐居。还有美洲豹、黑熊、水獭及白尾鹿，都是大沼泽的明星级主人。美洲短吻鳄或称“短鼻鳄鱼”的体型稍小，尾巴和外皮大约占了体重的80%。大沼泽公园内有记录的最大短吻鳄身长达近5米。

（2）比斯坎湾国家公园

比斯坎湾国家公园位于美国佛罗里达州东南部的比斯坎湾。1968年10月18日，命名为国家纪念地；1980年6月28日，成为国家公园。国家公园内的珊瑚礁是北美洲最北部的珊瑚礁，同时也是美国大陆唯一的珊瑚礁。公园典型景观还包括沿海岸线生长的漫长的红树林带和一万年的人类历史景观。

（五）交通客站

1. 迈阿密国际机场

迈阿密主要的国际集散地是迈阿密国际机场，这是世界上最繁忙的机场之一，每年旅客超过3 500万人次。迈阿密机场是美洲航空公司的主要集散地和最大单一国际门户。

迈阿密国际机场是美国第三大外国航空旅客进境港（仅次于纽约的“约翰·F·肯尼迪国际机场”和洛杉矶的“洛杉矶国际机场”），是世界第七大外国航空旅客进境港，前面五个依次是：伦敦的伦敦希斯罗国际机场、巴黎的夏尔·戴高乐国际机场、阿姆斯特丹的斯希普霍尔机场和香港的香港国际机场。

迈阿密国际机场位于迈阿密市区西边大约19.300千米的距离。连接机场的两条公路分别为机场高速公路和海豚高速公路。

2. 劳德代尔堡—好莱坞国际机场

劳德代尔堡（罗德岱堡）—好莱坞国际机场也为迈阿密都市区的城市服务，而且使用它的南佛罗里达旅客比使用迈阿密国际机场的更多。机场位于迈阿密北方约48.200千米（30英里）处。如果您搭乘“灰狗巴士”到迈阿密，巴士站就位于市中心的北方。

3. 迈阿密港

迈阿密港是世界上最大的邮轮港，每年旅客超过1 800万人。此外，它还是美国最繁忙的货运港之一，每年进口货物近1 000万吨。

迈阿密与美铁的大西洋沿岸铁路系统相连。当地公共交通包括Metrobus和Metrorail，这是一种城市快速运输系统。此外，还有Tri-Rail，这是一种通勤铁路系统，连接的是南佛罗里达都市区内的主要城市和机场。这个地区有五条主要洲际公路和几条主要公路。

二、港口码头

迈阿密港是世界上最大的邮轮港，每年旅客超过1 800万人。此外，它还是美国最繁忙的货运港之一，每年进口货物近1 000万吨。

迈阿密港凭借着世界第一的邮轮载客量，以及世界最频密的海上贸易往来，成为了近20年来，美国公认的“世界邮轮中心”以及“美洲的货运贸易窗口”。每天，这里都有多班出发至加勒比海以及中南美洲和欧洲的游轮，是游客游览海上热带风光的必经港口。

1960年4月，迈阿密港开始建设，主要由填海而成，所在地是一个真正的人工岛屿。

港口类型：海港、天然港口与人工造港。

泊位吃水：9.50米。

外海锚地：外海上浮附近。

（一）港口位置

佛罗里达海峡是北美洲东南部佛罗里达半岛与古巴岛、巴哈马群岛间的海峡，沟通墨西哥湾和大西洋。为海上咽喉要道之一。

佛罗里达海峡北岸的迈阿密港——是美国东部佛罗里达州商港。迈阿密港位于佛罗里达半岛东海岸的东南端、大西洋的比斯开恩潟湖湾内，迈阿密运河的入海口，港市至东南。

迈阿密港的地理坐标：北纬25° 46′ 27″ N，西经80° 10′ 16″ W。

迈阿密港北至纽约813海里，至（美国东部）查尔斯顿282海里，南至古巴哈瓦那210海里，经佛罗里达海峡至巴拿马科隆城1 220海里。

（二）气候水文

迈阿密港南临佛罗里达海峡，佛罗里达暖流自西向东通过海峡流入大西洋。

海水流速：佛罗里达海峡的海水流速约2.7节，靠近迈阿密（距西岸30千米的海域）的流速：夏季可达3.8节，冬季可达2.4节；

表层水温：佛罗里达海峡的表层平均水温：夏季为28℃～29℃；冬季为24℃～25℃。

表层盐度：佛罗里达海峡的表层盐度为36～36.5。

航道水深：迈阿密港口码头在海滨潟湖填筑而成的两个人工小岛沿岸，人工岛西北东南一字排开，并有桥梁与陆地连接，船舶入港需经过深挖的海滩运河，（潟湖）运河航道水深11米。

（三）港区码头

迈阿密是美国第八大港，佛罗利达州的第一大港，是美国的南大门。迈阿密港的港区按功能大致分为商业码头、游艇码头、客运码头、邮轮码头、海军基地（军港）五个部分。

迈阿密港的港区按岛屿位置可分为：迈阿密海滩游艇港、费希尔岛南部港口、道奇岛港口、布朗特岛东部的杰克逊维尔港、布朗特岛西部的美国布朗特岛海军陆战队基地、花生岛棕榈滩港口（花生油运输储存港）、布朗特岛东部的布朗特岛杰克逊维尔港口、布朗特岛西部的美国布朗特岛海军陆战队基地。

道奇岛是一座人工岛，是美国佛罗里达州迈阿密市区最大的港口。地理坐标：25° 46′ 20.56″ N（北纬），80° 9′ 58.34″ W（西经）。

布朗特岛的东部是杰克逊维尔港，西部有美国布朗特岛海军陆战队基地。

花生岛是在美国佛罗里达州，棕榈滩县莱克沃思湾，地理坐标：26° 46′ 25″ N（北纬），80° 02′ 46″ W（西经），面积320，000平方米（79英亩）。1918年，花生岛由疏浚棕榈滩港口建成后，原名“进口岛”，为花生油运输储存港。2005年在花生岛建立公园，包括营地，码头，海岛，以及人造礁。

1. 商业码头港区

主要装卸集装箱、杂货，也有车辆上下和旅客进出。各种工业品、原料、木材、新闻纸；出口蔬菜、热带水果、电器、仪表等。

◆码头泊位

港内有水深7.60米以上的码头线总长3837米，其中水深9.50米以上深水码头线总长2 610米，主要装卸集装箱、杂货，也有车辆上下和旅客进出。

海湾流航道的码头泊位（港口航道泊位）：码头线总长2778米（1.5海里）、152.40米宽、低潮水深12.80米的海湾流航道。

2003年上半年，迈阿密港口投资1.25亿美元的航道泊位疏浚工程全部竣工，所有巴拿马型集装箱船舶全部可以进入迈阿密港口挂靠。

◆集装箱码头

来自全球100多个国家和地区的国际集装箱船舶可以通过海湾流航道直接挂靠该港。其中有拉丁美洲和加勒比海30多个国家的20多家大中型远洋承运人的集装箱船舶。集装箱码头就位于迈阿密鲁姆斯岛屿的东南端。

2004年，通过迈阿密港口运转的货物超过100万吨以及超过100万的集装箱货柜。现在，出入迈阿密港口的货船，载的中国货比南美各国的货物还多。

2005年，迈阿密港的集装箱吞吐量达到105万标准箱。迈阿密港口的最大集装箱运输伙伴依次排列是：洪都拉斯、中国香港、危地马拉、意大利和委内瑞拉。迈阿密港现正积极与欧洲和亚洲的客户拉紧贸易关系。

迈阿密集装箱码头全部贯通铁路和高速公路，并与美国和加拿大铁路线和高速公路线联网。作为美国南部沿海地区规模最大、装卸设备最先进、管理经营水平最高的迈阿密集装箱枢纽港，同时可以装卸16艘大中型集装箱船舶。迈阿密港是每周7天昼夜工作，工作效率非常高，每年有175 000艘次集装箱船舶进出迈阿密港。由于地处加勒比海，是南北航线和巴拿马运河航线众多集装箱船舶的必经之处，因此，迈阿密港非常重视集装箱的集散和转运。

2. 迈阿密邮轮客运枢纽站

迈阿密的两座邮轮客运枢纽站拥有世界上最先进的管理设施系统，能够同时为8400名游客出行提供服务。还拥有许多相关设施，如舒适的休息大厅、多个商务会议大厅、全封闭并加装中央空调的游客上船通道，以及完善的订票系统、安全系统、登轮查验系统和行李管理操作系统等；拥有能够容纳733辆汽车的车库，先进的信息化服务能够高效率指挥码头内部的交通，为游客出行提供近乎完美的服务。

迈阿密邮轮客运枢纽站的业务流程设置相当规范，商店、游客、行李和船舶均为独立管理，并将第三层楼设计与船体位于同一高度，便于游客上下船。迈阿密邮轮码头位于市中心海滩的黄金地段，距离“基韦斯特国际机场”仅有15分钟车程，离市中心最近的大型购物、宾馆、餐饮区仅有几分钟车程。

此外，迈阿密邮轮母港处处体现顾客至上的服务理念“无微不至·力求便捷·形式多样”。“无微不至”——指是服务范围无微不至，如私人汽车看管、汽车出租、搬运车预约、公共汽车查询、自动银行和问询处等均有提供。“无微不至”——是指服务力求便捷。邮轮游客只需买票、验票、候船、登船，行李则由码头的行李处理设备送到各自的座位。同样，行李处理系统也会在邮轮游客回到目的港以后将其行李送到指定的位置，甚至可以直接传到飞机上或酒店。“形式多样”——是指服务形式多种多样。迈阿密邮轮母港拥有天然的海边浴场，舒适宜人，距邮轮出入口仅10分钟路程。

◆码头泊位

迈阿密港实际为一个岛屿，占地面积260公顷，通过桥梁与迈阿密市中心相连。

当前，迈阿密港有超过8.7千米（码头线）的泊位，其中2.6千米的泊位供邮轮使用（其余的主要供集装箱海轮使用），迈阿密港还有相当多的未开发泊位空间可满足未来的发展需求。

迈阿密拥有12个超级邮轮码头大厦，可同时停泊20艘邮轮。世界四大邮轮公司嘉年华公司、皇家加勒比海公司、丽星邮轮等均在迈阿密设立总部或者分支机构。

20世纪60年代末，迈阿密邮轮产业开始起步，经过多年发展，现从迈阿密港口始航的邮轮多达几十艘，且世界级的邮轮公司大多已经在这里设立了总部，并且部署了相应航线。每年迈阿密的邮轮业可以带来高达120亿美元的产值，是世界公认的设施最全、服务最周到的邮轮母港。

1999年11月，迈阿密国际邮轮码头正式投入使用。码头拥有12个超级邮轮码头大厦，海岸线长2000米，泊位水深达12米，能够同时停泊20艘邮轮并全天候随时进出港口。自20世纪90年代起，迈阿密开放与邮轮公司合作建设新码头，设施十分贴近邮轮人流与物流的个性化需求。2000年，迈阿密从邮轮本身及游客各项消费上，获得了达80亿美元的经济收益，同时创造了34.5万人的就业机会。

2012年，迈阿密港口接待了超过400万的邮轮旅客。这些游客在迈阿密消费超过222亿美元，比2011年增加了7%。巴西成为迈阿密接待国际游客最多的国家，在2012年超过65万巴西人在迈阿密港登上邮轮旅行。截至2013年初，共有12家邮轮公司的33艘邮轮以迈阿密港作为母港，其中迪士尼邮轮公司和丽晶七海公司于2012年加入。2013年，邮轮公司还将在迈阿密增加6艘世界最豪华和先进的新邮轮。

◆邮轮母港

邮轮母港是指邮轮公司作为基地和旅客航行起始和终止的港口。佛罗里达州的海岸线总长13 500千米，仅次于阿拉斯加州，居全美第二位。佛罗里达州的海运资源包括15个深海港，其中4个是主要的门户港口，6个是区域性港口，5个是邮轮母港。佛罗里达的5个邮轮母港包括在东面的面临大西洋的嘉年华港、埃弗格莱兹港（位于劳德代尔堡市）、迈阿密港、基韦斯特港和在西面的毗邻墨西哥湾的坦帕港（由于佛罗里达州自身丰富的旅游资源，这些港口也是其他航线的停靠港）。

制定合理的航线影响邮轮公司的预期经济效益，其中选择合适的母港是邮轮公司面对的重要决定。在邮轮行业，母港是邮轮航线起始和/或终止的港口，邮轮公司在母港对邮轮进行检修，装载航行中所需的供给。邮轮公司希望选择受欢迎的母港，以吸引更多的旅客，并提高航线的价值。而很多港口也希望成为邮轮公司的母港，因为邮轮服务可为港口及港口所在城市带来极高的经济收入，包括邮轮检修和供给带来的需求、邮轮旅客的消费和邮轮工作人员的消费等。

迈阿密都市圈是美国东岸仅次于华盛顿首府——纽约都市圈的第二大城市聚集地，是金融、商业、文化、传媒、娱乐、艺术及国际商贸中心。迈阿密港被称为世界邮轮之都。

迈阿密港有7个世界上最现代化的邮轮码头，可以使游客快速地从陆地转移到海上。美国的大部分邮轮旅客都选择自驾到港口，这些自驾游客可以选择去便利的码头停车楼停车。停车楼里也为残障人士特别设置了便于他们停车及行动的设施。港口还为坐计程车、公交车和豪华轿车来登船的人士在每个码头提供便利的停靠地点。这些游客在下车后步行不长的距离就可以进入码头。

迈阿密港完成了两个全新超现代的邮轮码头的建设。迈阿密港每年接待370多万游轮乘客，2007年12月更创下了9条游船共载30 000名乘客的单日纪录。经验丰富的游客往往能充分利用登船前及下船后的活动安排，特意增加几天行程来游遍整个大迈阿密地区，其中包括佛罗里达大沼泽地、丛林岛，迈阿密儿童博物馆和迈阿密水族馆，而时尚的南海滩以及世界闻名的装饰艺术区更是不可错过的景点。

第七章　邮轮旅游登岸观光

目前，邮轮旅游登岸观光的形式主要有两种，一是自由行，二是随团行。

通常，邮轮公司安排岸上观光行程，具体信息与收费情况请您到邮轮上咨询；推荐行程内容及邮轮抵离港时间仅供参考，以给客人的确认船票为准，应按照确认船票上的时间准时登船。若乘客误船，需自行承担相应责任；邮轮会在启航前一小时关闸，关闸后就已经禁止登船，因此客人务必根据确认单的时间提前抵达邮轮码头办理登船手续，在规定办理登船时间内上船。

航空与邮轮相互结合的邮轮旅游线路（通常是长线），部分邮轮航次涉及航班行程，均未得到航空公司确认，航班信息仅供参考，邮轮公司将在出发前3天提供确认的航班信息。

邮轮旅游登岸观光的经典线路众多，本章结合“自由行”和“随团行”的邮轮旅客登岸观光行程，通过列举（美国）基韦斯特“列岛自由行”、（韩国）仁川“东北亚门户之旅”、（日本）那霸“冲绳之旅”、（越南）岘港会安“风情之旅”、（中国）三亚“天涯海角之旅”，带动邮轮旅游登岸观光的专业知识介绍。

第一节　基韦斯特“列岛自由行”

佛罗里达群岛是指美国东南部佛罗里达半岛南端的岛群。佛罗里达群岛由总数约1 700座大小岛屿组成，各岛均由珊瑚礁构成。自“（基）拉戈岛”向西南延伸成锁链状岛群（列岛）的总称。佛罗里达群岛东北角距离迈阿密南部约24千米（15英里）。

佛罗里达群岛总面积356平方千米，（2000年）人口7.953 5人万，大部分人口集中在少数几个地区，如城市基韦斯特市占整个佛罗里达群岛人口的32%。

一、邮轮行程

（一）皇家加勒比“海洋幻丽”号邮轮行程

1. 线路名称

皇家加勒比“海洋幻丽”号美国+巴哈马4晚5天

邮轮航期：2017年1月16日～1月20日

2. 邮轮简介

◆皇家加勒比“海洋幻丽”号

1997年07月，皇家加勒比“海洋幻丽”号邮轮投入使用，2002年5月，重新装修。邮轮总注册吨位（GRT）为7.400 0万吨，船舶总长（LOA）305米，船宽35米，甲板楼层11层，载员2 446人；电源电压110V/220V。邮轮平均航速22节。主要餐厅有“窈窕淑女”主餐厅、帆船咖啡屋（自助式餐厅）；还有夜总会及各式酒廊：Rain海景酒廊、帆船酒吧、夜总会、香槟酒吧、维京皇冠娱乐厅；休闲娱乐场所主要有双层3D电影院，图书馆，卡拉OK，篮球场，游泳池2个，按摩池6个，高尔夫课程，模拟高尔夫球场，慢跑道，攀岩墙，健康按摩水池，SPA护肤美容中心，流行服饰专卖店，海景健身中心，麻将扑克室，海景网络咖啡馆。“海洋幻丽”号邮轮专为单身旅行者设立了单身俱乐部。

3. 行程简介

第1天（1月16日）：（美国）迈阿密（16：00开船）

第2天（1月17日）：（加勒比海地区）拿骚（08：00抵港，23：59离港）

第3天（1月18日）：（加勒比海地区）可可岛（08：00抵港，17：00离港）

第4天（1月19日）：（美国）基韦斯特（10：00抵港，18：00离港）

第5天（1月20日）：（美国）迈阿密（07：00抵港）

4. 费用说明

（1）费用包含：皇家加勒比邮轮船票（含全程住宿、指定餐厅免费膳食、指定的邮轮上设施、邮轮上娱乐节目及活动）。邮轮港务费及税费。

（2）费用不含：全程邮轮服务费。邮轮上支付，参考费用：内舱、海景舱、景观房和阳台舱位以每人每晚13.5美金计算；套房以上舱位（不含JS）以每人每晚16.5美金计算。

邮轮岸上观光费用。乘坐邮轮期间您可选择参加邮轮公司组织的岸上观光游览服务，具体内容与收费情况请到邮轮上咨询。参考费用：每人每站50～100美金，依据游览时长和所含内容而定。

机票和酒店等需自理。请妥善安排您的行程，强烈建议提前1天抵达出发港口城市。若您需要预订机票、酒店或其他服务，可登陆本网站相关页面进行预订。

5. 签证说明（签证须知）

本产品所需签证：美国多次往返B1/B2签证（航程内加勒比海各国邮轮过境24小时内免签）。如果您持有的是美国F1（留学）签证，出行时还需携带有效的I-20表格原件，方可办理登船。

本产品所需证件：护照（有效期6个月以上），本产品所披露签证只供中国籍护照客人参考，最终所需签证以邮轮公司与领事馆为准。（可来电订单员咨询所需签证。）

如您持港澳台护照或外籍护照出行，需携带多次进入中国大陆有效的回乡证/台胞证（原件）或入境签证。

6. 预订须知（预订限制、退改说明、出行说明）

（1）本产品为携程与皇家加勒比邮轮公司系统直连产品，请务必在持有真实、准确、有效的出行人护照信息后再提交订单。

（2）邮轮为境外港口城市出发，船上通用语言为英语，暂不提供中文服务。建议出行人需具备一定英语基础和境外游经验，否则可能给您的旅行带来不便，或建议您预订相关航线的跟团游产品。

（3）皇家加勒比邮轮公司对特殊人群有如下限制规定：

① 凡21周岁以下的乘客即视为未成年人，同一间舱房内必须有一人年满21周岁（年龄按航次出发日期计算），且航程期间不能饮用含有酒精的饮料。若未成年人不随其父母一起登船，必须要提供以下资料：A. 其父母必须填写具有律师授权的“授权声明信”和“随行监护人承诺”。请打印该附件并签字携带；中文版仅供填写时参考（建议备3份）。B. 父母护照复印件（有照片姓名的那页）。C. 未成年人的出生证复印件。以上所有文件请未成年游客随身携带，办理登船手续时必须出示，否则船方可能拒绝该人登船。

② 不接受6个月以下婴儿的预订申请。如果您携带婴儿（6个月至2岁）出行，在订单信息中填写正确的出生日期。

③ 不接受在邮轮航程开始时或航程进行中，会进入或已进入怀孕第24周的孕妇游客的预订申请。

④ 每位出行的乘客必须占床，儿童与成人同价。没有船票的客人将被拒绝登船，邮轮码头将不接受现付购买船票。

⑤ 本产品对客人没有年龄上限，80周岁以上客人预订出行，请购买相应保险。

7. 皇家加勒比邮轮住宿说明：（1）邮轮中的舱房内，每位乘客必须占床，儿童价格与成人相同。（2）鉴于普通套房及以下的舱房面积有限，如均为成人入住家庭房，空间会相当拥挤。（3）邮轮公司默认床型为大床，所有房间均可拆分成两张单人床。如您需两张单人床，上船后请联系您的客房服务员操作分床。

（二）诺唯真邮轮“明珠”号邮轮行程

1. 线路名称

诺唯真邮轮“明珠”号奥乔里奥斯+基韦斯特（6天5晚）

邮轮航期：2017年1月15日～1月20日

2. 邮轮简介

◆诺唯真邮轮“明珠”号

2006年，诺唯真邮轮“明珠”号开始服役，2014年再次翻新。同样是诺唯真游轮公司旗下一艘年轻的船只，以其色彩鲜艳的船身、令人愉悦的氛围让人印象深刻。从热情的加勒比海航线、悠闲的巴哈马航线和太平洋沿岸，到阿拉斯加航线的探索之旅，我们盛情邀请您前来登临诺唯真“明珠”号，开始属于您自己的奇妙旅程。

诺唯真“明珠”号邮轮总吨位数9.350 0万吨，船体长度294米，甲板楼层15层，载客量2 394人。邮轮本身也是一艘“船中的明珠”，船上有一系列令人心仪的住宿供您选择，有超豪华花园庭院式的别墅房，也有适合家庭的特等房和套房。诺唯真“明珠”号邮轮拥有保龄球馆、攀岩墙，17间不同餐厅提供各色佳肴，此外还有15家酒吧、休闲廊。在诺唯真“明珠”号邮轮上，您也可以享受舒适的水疗及健身中心、泳池等邮轮设施，体验精彩的游轮假期。

3. 行程简介

第1天（1月15日）：（美国）迈阿密（16：00开船）

第2天（1月16日）：海上巡游

第3天（1月17日）：（加勒比海地区）奥乔里奥斯（08：00抵港，16：00离港）

第4天（1月18日）：海上巡游

第5天（1月19日）：（美国）基韦斯特（07：00抵港，16：00离港）

第6天（1月20日）：（美国）迈阿密（07：00抵港）

4. 费用说明

（1）费用包含：

① 诺唯真邮轮（NCL）的邮轮船票（含全程住宿、指定邮轮餐厅免费膳食、指定的邮轮上设施、邮轮上娱乐节目及活动）。

② 邮轮港务税费、燃油附加费。

（2）费用不含：

① 全程邮轮服务费。邮轮上支付，参考费用：内舱房至迷你套房，每人每晚13.5美金；套房，每人每晚15.5美金。

② 邮轮岸上观光费用。乘坐邮轮期间您可选择参加邮轮公司组织的岸上观光游览项目，具体行程与收费情况请您到邮轮上咨询。

③ 机票和酒店等需自理。请妥善安排您的行程，强烈建议提前1天抵达出发港口城市。若您需要预订机票、酒店或其他服务，可登陆本网站相关页面进行预订。

5. 签证须知

（1）本产品所需证件：护照（有效期6个月以上），本产品所披露签证只供中国籍护照客人参考，最终所需签证以邮轮公司与领事馆为准。（可来电订单员咨询所需签证。）

（2）如您持港澳台护照或外籍护照出行，需携带再次进入中国大陆有效的回乡证/台胞证（原件）或入境签证。

二、登岸观光

基韦斯特港是多条豪华游轮航线的出发港或停靠港。基韦斯特是著名的旅游胜地，岛上有美国总统哈里·杜鲁门的度假行宫、海明威故居（博物馆）。著名画家温斯洛·霍默曾在此作画。基韦斯特拥有世界上最深的珊瑚礁群落，是潜水爱好者的水下天堂。基韦斯特市东南还有“基韦斯特国际机场”。

●地理位置

基韦斯特市是美国佛罗里达群岛最南端的一个岛屿型城市。基韦斯特市位于墨西哥湾东口佛罗里达群岛西南端的基韦斯特岛上，地处佛罗里达海峡西口北侧。地理坐标：北纬24° 33′ 33″，西经81° 47′ 03″。

基韦斯特岛东北距迈阿密约207千米，南部隔佛罗里达海峡与古巴相望，南距古巴最近处约144.80千米，西南距古巴首都哈瓦那约170千米，战略地位重要。

气候季节

基韦斯特市属于热带海洋性气候，夏秋季多飓风。1月，平均气温21.6℃；8月，平均气温29.3℃；年平均气温25.7℃，年降水量约1 000毫米。

佛罗里达群岛散落在墨西哥湾和大西洋之间，温暖的墨西哥湾海水与冰冷的大西洋海水在这里交汇，基韦斯特正好位于两大水域交汇处的腹地。

地形地貌

基韦斯特市位于佛罗里达州的边缘，是美国本土最南端城市，分布在佛罗里达群岛西南端的小珊瑚岛上，基韦斯特拥有温暖的沙滩、美丽的珊瑚岩。基韦斯特岛为珊瑚岛，长约7.200千米、宽约3.200千米、海拔仅2.10米。

美国天涯海角之旅

基韦斯特岛/西礁岛的观光游览的主题包括“美国天涯海角之旅”“门罗列岛之旅”“西礁岛日落之旅”等，观光游览形式主要有“随团行”和“自由行”。例如，从陆地沿从半岛上的霍姆斯特德到佛罗里达群岛西端的（美国本土最南端的）“西礁岛”的乘搭巴士前往基韦斯特（岛）“巴士列岛随团行”和“自驾车列岛自由行”，乘坐邮轮登岸基韦斯特岛的“登岸一日自由行”。

1. 巴士列岛随团行（迈阿密—西礁岛一日游）

由当地旅行社组织的乘搭巴士从迈阿密前往基韦斯特（西礁岛）的“巴士列岛随团行”——迈阿密—西礁岛一日游（07：15 ~ 17：00）。我们会在大清早启程，您的专业双语司机（中英文导游）将会前往您在迈阿密海滩或迈阿密市中心的酒店接待客人。

从迈阿密出发，我们驱车沿着“美国1号公路”向西南方向行驶，前往岛链最末端的西礁岛——“美国的天涯海角”。途径著名的七哩桥。抵达后参观停泊无数私家游艇和远洋巨轮的海螺港口及著名的杜瓦尔街道/杜佛街、美国大陆最南端标志子弹头（大陀螺）。同时，导游还会带您寻找“美国1号公路”的南起点。最后在马劳瑞广场参加“落日狂欢”。

通常，在下午5点多钟人们就会步行前往马劳瑞广场观看日落。如果自驾车——顺着1号公路开到与杜瓦尔大街十字路口，然后右拐沿杜瓦尔大街北行至终点（地址：300 Duval St，Key West，FL 33040）。

另一处观落日的地方是在赞崔利·泰勒堡历史国家公园海滩岸边（地址：601 Howard England Way KeyWest，FL 33040）。

基韦斯特岛全年气候宜人，充满热带海岛风情，吸引了全世界的游客到此观光旅游。水上活动种类繁多，帆伞滑翔、水上摩托车冲浪、划皮艇、海上泛舟、黄昏游艇等活动可供游客选择。

西礁岛或音译“基韦斯特”是美国大陆的最南端点——寓意“天涯海角”，专程来这里拍照的人很多，大家都自觉地排着队，时常也有新人在那里拍新婚照留念。

黄昏时分，在基韦斯特岛可以选择到马劳瑞广场/马洛里广场参加“落日狂欢”的日常庆祝活动。马劳瑞广场是一个为了观赏日落、人们不约而同提前聚集、耐心等待和欣赏日落——留住美好时光的地方，同时也是在日落之后余兴未尽又自发狂欢集会的地方。

如果把佛罗里达称之为“阳光之州”，那么迈阿密素有“月亮初升之地”之称，而基韦斯特具有一个诗情画意的名字——“落日的故乡”。

2. 自驾车列岛自由行

从半岛上的霍姆斯特德到佛罗里达群岛西端的（美国本土最南端的）“西礁岛”即“基韦斯特岛”，高速公路深入大海——绵延长达309千米，岛与岛间有桥相连，有42座桥梁，最长的桥梁长达11千米，并建成海上公路——这里真是人类建造海洋桥梁的奇迹，长短不一的跨海大桥在海面上此起彼伏地前行，驱车近4个小时，行车者仿佛坐在阿拉伯神话里的飞毯，自由地飞翔在墨西哥湾的海水之上。

基韦斯特经济以旅游业和渔业为主，冬季休养地。有雪茄烟制造、鱼品和食品加工工业。市区的淡水全部由本地的海水淡化厂供应。

●美国1号公路

美国1号公路被称为世界上最美丽的一条公路。北起旧金山红树林国家森林公园南段的莱格特，西礁岛（基韦斯特岛）是贯通南北的美国1号公路的美国大陆最南端的起点和终点。美国一号公路起点和终点在公路的相互对面。

美国1号公路从北至南连接着旧金山与洛杉矶，北起旧金山红树林国家森林公园南段的莱格特，南至洛杉矶的达纳岬，沿着美国西海岸蜿蜒前进，全长超过1000千米。由于得天独厚的地理环境，美国1号公路一边是海阔天空惊涛拍岸，风帆点点碧波万顷；一边是陡峭悬崖群峦迭翠，牧草如茵牛马成群，风景美不胜收，被称为世界上最美丽的一条公路。

●迈阿密—基韦斯特跨海公路——“世界最美的跨海公路”

佛罗里达州最南端其实是很多突出海面的珊瑚岛由桥梁连接组成的列岛。从迈阿密到基韦斯特的这段公路被称为“世界最美的跨海公路”，沿途的风景美不胜收。

这一路顺着1号公路行驶，沿东北—西南方向斜下去，沿途200多千米，很多地方的陆地只有公路那么宽，双向车道，中间没有隔离带，两边也仅是低矮的水泥墩阻挡冲出海面，公路两边就是汪洋大海。沿途有许多桥梁把相隔太远的小岛连接起来，会经过约翰彭尼坎普、长礁岛州立公园、咖喱吊床州立公园、巴伊亚翁达州立公园等几个公园，还有著名的“七哩桥”。

沿途有许多桥梁把相隔太远的小岛连接起来，其中最长的一座桥有11.200千米，人们在很远的地方就能看到长桥跨海的壮观景象。

●钥匙缓慢曲

佛罗里达群岛实际上是一串岛链，美国1号公路把一个个岛屿（列岛）都连接了起来。驾车从迈阿密去基韦斯特是一种“海上行车”的独特体验，也是一种享受。这里一连串带“钥匙”的地名，与佛罗里达群岛这一串岛链的意境相当吻合。

似乎引导我们演奏（或欣赏）一部三部曲的乐章：第一乐章是序曲即“基拉戈（岛）”——“钥匙缓慢曲”，即从佛罗里达群岛的东北位置拉开序幕；第二乐章是“马拉松”即所谓的“马拉松（长跑）浪漫曲”，寓意——需要长时间的努力和耐力；第三乐章是徐徐的落幕——“日落”。

当然，英文的“Key”还有“琴键”的含义。旅游自驾车南下，在美国1号公路这一段（长达200多千米）数十个岛屿排列的“琴键”上行驶，如同在钢琴的琴键上弹奏乐曲。触景生情，行车的速度和音乐节拍的速率似乎吻合，能够体会到城市规划及其景观道路的设计者和建设者的独具匠心之处。

从迈阿密到基韦斯特的这段公路通常可分为上段“基拉戈（岛）”，中段“马拉松（岛）”，下段“基韦斯特（岛）”三个部分。例如（基）拉戈岛、塔弗尼尔岛、小达克基岛、密苏里岛、俄亥俄岛、巴伊亚翁达岛、马拉松、基韦斯特等。

●七哩桥

七哩桥是这个区域串连众多岛屿的跨海高速公路中的42座桥梁中最长的一座，沿着世界上最长的弧形桥，可以一直到达下群岛。

在同一地点，现在有两座桥“七哩桥”，一座“旧七哩桥”，另一座“新七哩桥”。

旧七哩桥——于1909年开始建设，1912年建成。长度约为7英里，“英里”简称

“哩”，故名“七哩桥”。

1935年劳动日，“劳动日”飓风掀起18～20英尺（5.50～60米）的海浪袭击了佛罗里达礁岛群。七英里大桥被飓风袭击而损坏，经修复后继续使用；1960年大桥再次遭到“多娜”飓风的袭击，被严重损坏。

新七哩桥——是在1979年开始建造的，至1982年建成，是一座连续预制箱梁桥。全长10.930千米，实际长度约合6.79英里，即不足“七英里”，其长度在美国仅次于庞恰特雷恩湖桥和切萨皮克海湾大桥居第三位，是前往旅游胜地基维斯特的必经之路。

●跨海铁路

七哩桥旁边是老旧废弃的铁路桥，现在可以步行参观。早在1905年，基韦斯特就是佛罗里达人口最多的城市，构建一条畅通的交通路线成了一项十分重要的工程。当时美国的实业巨子亨利·弗拉格勒制定了一个宏伟的蓝图，他决定把铁路一直修到基韦斯特。这一段跨海铁路长达204千米，完全靠一长串小岛连接起来。整个工程艰苦而浩大，海上飓风一次次摧毁了已经修建好的铁路，经过7年的努力，弗拉格勒的梦想实现了，他还乘坐自己的专列抵达了这座位于大洋中的小城，在那里为自己风风光光地办了80大寿的庆典。从那时起，狭长的海上通道把无数游客引向墨西哥湾，到基韦斯特去看日落，成了许多迈阿密人的保留节目。

由于这座跨海大桥极其壮观，吸引了众多制片人和导演把这里作为外景地，比较著名的有阿诺德·施瓦辛格主演的《真实的谎言》、007系列的《杀人执照》《玩命关头2——飙风再起》以及《舍不得你》等。

●旅馆饭店

基韦斯特岛虽然不大，但供游客入住的小旅馆却很多，并且每家都有自己的特色。进入基韦斯特后，热闹闲适的气氛扑面而来。城内小街上开着各类纪念品商店、旅馆和咖啡屋，其中最红火的是一家饭店，这个被称为美国最南端的小楼，有多达17位美国总统曾光顾过。尽管饭店仅有13间客房，但要价高达129～200多美元一晚，到了冬天旺季，房价还会更贵。

3. 登岸一日自由行

基韦斯特港位于岛的西北，港外有坦克岛和维斯特里亚岛作为屏障。船只常从南侧主航道和西北水道进出，主航道水深9.10～10.40米，潮差不足0.30米。有海军航空站、海军反潜部队、海岸警备队、海军医院及潜泳学校等驻此。基韦斯特岛享有“美国的天涯海角”“加勒比海上的明珠”“月亮初升之地”和“落日的故乡”等美誉。

乘坐邮轮登岸基韦斯特岛的“登岸一日自由行”。例如，皇家加勒比邮轮·“海洋幻丽”号邮轮在基韦斯特邮轮码头于上午（当地时间）10：00抵港，18：00（下午6点钟）离港的“登岸一日自由行”。这个一日行程特别适合喜欢自行旅游的旅客。大约会有6～7个小时的时间，下船的旅客大约从11：00至17：00留在基韦斯特，可以参观（美国著名作家）海明威故居博物馆、基韦斯特灯塔的（搭乘电车或）海螺观光小火车之旅、参加泛舟生态探险之旅（观赏海豚）。

海螺观光小火车——当您准备好后，您可使用您的车票参加有着充分解说的基韦斯特海螺观光小火车之旅。登上这个露天火车，找个位子坐下，并经历一个非常棒的90分钟的旅程——海螺小火车观光游，游览西礁岛这个热带天堂。在旅游期间，这辆火车将穿越基韦斯特旧城区完成一个循环，沿途停靠3个站点。

●海螺观光小火车

火车从前街火车站出发，环线穿过旧城区再回到马里洛广场的火车站。您可以在火车站购买冰激凌与自制软糖，以便在旅游中与火车上享用。您也能够在Truval村下车拜访海明威故居和博物馆、西礁岛灯塔、南端与西礁岛蝴蝶和自然保育区。登上西礁岛沉船珍宝博物馆的瞭望塔，并且在马里洛广场体验早期手捲雪茄的年代。然后在Cayo Huesoy Habana Historeum闲逛。回到海螺小火车后，了解更多西礁岛人物的历史，例如终其一生寻找两艘失落的西班牙帆船的梅尔费雪，终于苦尽甘来，找到了价值450亿美金的宝藏。下车前往Duval街逛街购物，并在如Hog’s Breath Saloon、Jimmy Buffet’s Margaritaville或硬石咖啡厅的这些餐馆中享受美食。

第1站：“前街火车站”，在这里您将有10分钟的休息时间，以便恢复精力和购物。带上您的冰激凌和自制软糖回到火车上以便继续您的旅行。

第2站：“杜瓦尔村站”——位于杜瓦尔大街和杜鲁门大道转角的杜瓦尔村。从杜瓦尔村到杜瓦尔街的艺术画廊、商店和餐馆只需几分钟的路程，并且离这些著名地点不远，如：欧内斯特·海明威故居博物馆、基韦斯特灯塔、美国大陆最南端、基韦斯特蝴蝶自然温室等。

海明威故居博物馆位于美国佛罗里达的西礁岛上，海明威在这里只住了10年，这10年也是他写作的鼎盛期，很多重要的作品都是在这里撰写的。

目前，故居还保留着海明威居住时的样子，包括随时准备接待朋友的起居室。不长的甬道尽头，掩映在树盖和花影中的是一座西班牙风格的二层小楼，柠檬黄的墙壁，草绿色的窗棂和墨蓝色的屋顶，给人一种深邃与悠远的感觉。庄园的庭院绿树成荫，长满了各种热带植物，有一棵巨伞般茂盛的榕树，据说是海明威第二任妻子帕琳当年亲手种植的。如今的庭院完全是猫的天堂，这里到处都是猫咪，大部分都是海明威一个船长朋友送给他的那只大名鼎鼎的六趾猫后代。小楼底层的书店对外出售书籍，喜欢海明威的读者可以买一本带回家。参观结束，可以坐小镇的观光车在小镇上游览。

基韦斯特灯塔始建于1825年，曾经被用来指引进出基韦斯特港口的船只。灯塔毁于1846年的一次飓风。现在大家看到的基韦斯特灯塔是从1847年开始建造至1849年完工的灯塔。

1969年，由于灯塔老化等原因，这座具有120多年历史的灯塔结束了它的领航生涯。随后不久，灯塔以及灯塔管理员小屋经修复后作为历史地标向游客公众开放。成人票是价10美元，6岁以下儿童免费。

第3站：把您带到“弗拉格勒站”，在那里您可以参观历史悠久的港口——基韦斯特轮渡码头、商店和餐厅等，或选择赶上晚一班火车。

当您抵达基韦斯特时，请遵循您司机/导游的浮潜冒险指示说明。所有参加者必须都会游泳。未成年人及儿童只可能在他们父母或监护人的监督下参加这个旅游。

浮潜——在您自己探索了基韦斯特后，您将登上一艘双体船享受浮潜巡航。当您沿着世上第三大珊瑚礁浮潜时，您将发现一个全新的海底世界。在这里，温暖的热带水域使浮潜成为一个全年的活动。

玻璃底船游——包含一个2小时，前往基韦斯特岸边珊瑚礁参加玻璃底船巡游活动。这是世上第三大珊瑚礁，是各种各样的植物和动物的聚集地。您将在这个迷人的玻璃底船的巡游中，观赏绚丽色彩的海中热带鱼和海底珊瑚群。

帆伞活动——这个令人振奋的冒险让您可享有像鸟一样翱翔的机会。首先，在国家最先进的对航发射船上随着热带微风漂浮，并滑翔在碧绿的水域上。留意您下方的海豚。看着鲜艳的鸟儿飞过，并惊叹于佛罗里达群岛景观的雄伟。

4. 回港登船

例如，依照皇家加勒比邮轮·“海洋幻丽”号邮轮在基韦斯特邮轮码头于上午10:00抵港，18:00（下午6点钟）离港“登岸一日自由行”的这一行程，旅客应在下午5点钟（当地时间）抵达基韦斯特邮轮码头，办理登船手续。

下午6点钟，伴随着黄昏落日，“海洋幻丽”号邮轮离港，向东北开往迈阿密方向。金光闪耀的邮轮在基韦斯特岛屿港湾的海面上徐徐开动——这恰好是让乘客等待和观赏“日落”的黄昏时间，日落、大海、帆船、椰岛、海鸟构成了一幅幅完美的画面，人们为日落而欢呼雀跃、拥抱相吻，感恩伴侣，陶醉日落狂欢……

第二节 仁川“东北亚门户之旅”

仁川位于韩半岛中西部，与西海相邻，距韩国首都首尔28千米左右，城市面积达960平方千米，拥有人口270万。

仁川历史上就是韩国第一个对外开放的城市，在韩国的政治、外交、军事和经济各方面都起着举足轻重的作用。仁川临海分布着永宗岛、永兴岛、德积岛等众多岛屿，因而具有丰富的海上旅游资源、具备了天赐的港湾条件。得益于这种得天独厚的条件，仁川很早就开始成为轻工业城市，并发展成为临海工业城市。如今，它的汽车、钢铁、家具、玻璃等工业非常发达。

仁川原属于京畿道，1981年7月1日成立仁川市。仁川市是同时拥有仁川国际港口和仁川国际机场的现代化空港城市，是韩国的第三大城市和第二大（仅次于釜山）贸易港口。仁川享有“东北亚门户都市”美誉。

一、邮轮行程

（一）歌诗达维多利亚号天津//仁川—首尔（5日4晚）

1. 邮轮概况

◆歌诗达“维多利亚”号

歌诗达“维多利亚”号是歌诗达邮轮其中一艘具有豪华气质的邮轮。1996年7月1日，歌诗达“维多利亚”首航，2004年、2007年和2009年分别重新装修，2013年又最近装修。邮轮经过彻底翻修，将传统海运外观和简约设计、精美饰面、艺术杰作完美融为一体，拥有独特醒目的风格。外部客舱新增设了阳台，另有两条景色优美的全景步行街和一个新建的自助餐露台。以天文为主题的挑空式大堂横跨7个甲板，将欧式风格的典雅高贵与美式风格的舒适精巧合为一体。邮轮五家餐厅中私密的俱乐部Magnifico提供自选菜单，让您在享用美食。

“维多利亚”号邮轮总注册吨位（GRT）7.516 6万吨，船舶长度252.90米，船宽32.20米，船高51.00米，甲板14层，客房总数964间，其中6间大型套房（44m^2）、4间全景露台小套房（41m^2）、10间小型套房（32m^2）、242间双人露台房（19m^2）、311间海景房（19m^2）、391间内舱房。载客量2394人（总床位）；船员数790人。航行速度23节。

邮轮集锦

跨越了两层甲板的剧场。思高儿童俱乐部。意大利名品免税店。3个泳池（其中1个室内泳池）。水疗室及桑拿/土耳其浴室。健身中心及4个极可意按摩浴池。幻想曲及交响乐主餐厅（免费）。波莱罗自助餐厅（免费）。贵宾俱乐部餐厅（$33.5/人）。10个酒吧及Disco舞厅。温布尔顿网球场。2个会议中心：可举办小规模特色会议。多个多功能厅可安排大型会议：多媒体设施：TV、VCR、投影仪、制表仪及演讲台。针对企业的特殊服务：休息时段的餐点、邮寄服务、传真与影印服务、保险箱与屋内安全设施、每日世界新闻。

2. 行程简介

第1天：（中国）天津（18：00起航）—（韩国）仁川

第2天：海上巡游

第3天：（韩国）仁川（09：00抵港，10：00下船）—（乘车）首尔（乘车）—仁川（15：00办理登船手续，16：00起航）—天津

第4天：海上巡游

第5天：（中国）天津（10：00抵港）

3. 行程详情

第1天：（中国）天津（18：00起航）—（韩国）仁川

请于指定时间（13：30）前往指定码头集合，并请按出团通知所示流程在领队或码头工作人员的引导下办理登船手续。如您有需要托运的大件行李，请系好标有您所住客舱号码及姓名的行李牌后交由码头的地面工作人员帮您办理，会将行李送至各位贵客所在的客舱。

登船后您可以在船上逛逛来熟悉邮轮上的环境；也可以直接前往位于11层的自助餐厅享受顿丰盛的下午茶，于悠闲浪漫的海上开启您浪漫的邮轮之旅……

餐食：晚，住宿：邮轮。

第2天：海上巡游

早晨，睡到自然醒。迎着徐徐海风在甲板上散散步，精彩的假期刚刚开始！躺在躺椅上享受日光、看看书放松一下紧张的神经；或者和三五知己一起打打牌，聊聊天；或是甲板上的按摩池里感受一下水疗带来的放松享受。还有其他为您准备的丰富多彩的各类活动。

餐食：早中晚，住宿：邮轮。

第3天：（韩国）仁川（09：00抵港　10：00下船）—（乘车）首尔（乘车）—仁川（15：00办理登船手续，16：00起航）—天津

船上早餐后，下船前往首尔，中餐品尝地道的韩国人参鸡汤，后前往游览参观位于首尔市中心的南山谷韩屋村。此韩屋村复原了5幢传统的韩式房屋，配以亭台、莲花池等，使这里成为散步的好地方。

后前往清溪川和光华门广场，它是一个首尔市民们可以休闲娱乐的场所，从繁华的钟路和中区分界处蜿蜒而过的小河，缓缓穿越首尔市中心。接下来可以依次在“正官庄人参店”“乐天免税店”和“新罗免税店”尽情享受自由购物时间。

后前往仁川码头，办理登船手续。该行程交通上将会占用大部分的时间，行程顺序可能会有所调整。（15：00返回到邮轮，以免误船）。邮轮将于16：00起航。

餐食：早中晚，住宿：邮轮。

第4天：海上巡游

沐浴日出的阳光或睡到自然醒来，享受难得的海上假期，享受甲板的阳光，邮轮上的互动性、参与性节目会使您愈发地爱上这座移动着的海上之城！

餐食：早中晚，住宿：邮轮。

第5天：天津（10：00抵港）

邮轮于清晨10：00抵达码头，结束难忘的邮轮之旅。

餐食：早

备注：船舱数量有限，我公司以确认时为准。若遇不可抗拒因素（如遇台风等），邮轮公司有权改变行程及缩短景点游览时间，所产生的损失我司及邮轮公司概不负责！我社保留根据具体情况更改行程的权利，以上行程仅供参考，请以出发行程为准。

4. 费用说明

（1）费用包含。

① 新维多利亚全程住宿；邮轮上提供的一日三餐，下午茶及夜宵；邮轮上指定设施，娱乐节目及活动。

② 包含船票费、港务费。

③ 赠送济州、首尔岸上观光游；包含韩国登陆证、名单及领队费用。

（2）费用不含。

① 邮轮小费：11美金/成人/晚；5.5美金/儿童14～4岁/晚；4岁以下免费（船上现付）。

② 船上酒吧酒水、美容、SPA以及岸上自由活动期间的个人消费。

③ 因交通延阻、罢工、大风、大雾、航班取消或更改时间等人力不可抗拒原因所引致的额外费用。

④ 邮轮旅游意外保险30元/人（如不购买请填写“自愿放弃购买旅游意外保险声明”）。

⑤ 客人由于自身原因产生的韩国个人旅游签证费用及其他未提及费用。

⑥ 北京—天津往返大巴150元/人（自愿购买）。

5. 团签资料

（1）提供半年以上有效期护照原件（团签所需）。

（2）身份证正反面复印件（团签所需）。

（3）韩国签证申请表我社提供（团签所需）。

（二）韩国“新金桥Ⅴ号”邮轮（青岛//仁川）

1. 邮轮简介

◆韩国“新金桥Ⅴ”号（NEW GOLDEN BRIDGE　5）

韩国“新金桥Ⅴ”号邮轮总吨位3.000 0万吨。定员660人，箱位325国际标箱（TEU）。船舶设施：卡拉OK、游戏厅、餐厅、桑拿浴、会议室、免税店（销售免税店产品：香烟，洋酒，红酒，化妆品，小饰品等）。

2. 行程特色

舒适旅途：选用“新金桥Ⅴ”号星级豪华邮轮提供交通服务。地道美食：特色风味餐韩国人参炖鸡、韩式海鲜火锅、石锅拌饭……感受韩流：玩尽韩国最受欢迎“潮流热点明洞或东大门”感受韩国的无限乐趣。精选行程：玩转韩国最精华的线路——仁川、首尔特别赠送海苔加工厂。购物热点：韩国乐天免税店购物血拼，让您充分体验购物的乐趣。贴心安排：美食、娱乐、时尚融为一体的经典行程，历史与现代，自然与人文完美的结合。贴心服务：全程专业领队陪同，韩国优秀中文导游讲解。

3. 行程简介

D1：青岛—仁川（16：00离港，次日上午10：00抵港）

D2：首尔—济州（乘机）

D3：济州（岛上观光）

D4：济州—首尔（乘机）

D5：仁川—青岛（17：00/次日上午10：00）

D6：青岛（10：00抵达）

4. 行程详情

D1：青岛—仁川（16：00离港，次日上午10：00抵港）

14：30于青岛港国际出发厅集合，16：00搭乘星级豪华邮轮赴韩国仁川。船上设有卫星导航系统，先进的稳定装置、中央空调、桑拿健身房、酒吧、咖啡厅、娱乐室、免税店等设施一应俱全。“新金桥”游轮以其星级服务标准和豪华舒适的设施服务游客，使您尽享海陆旅游的完美。

用餐：晚餐（船餐），住宿：船上（二等舱）。

D2：首尔—济州（乘机）

上午10：00抵达韩国第二大港——仁川，办理入关手续午餐后前往参观“月尾岛公园”（约45分钟），后前往“战争登陆纪念馆”约45分钟，《大长今》拍摄地“南山韩屋村”（约60分钟）体验韩国民族风情。前往“韩国生活体验馆”（约60分钟），体验泡菜DIY——这是韩国少女结婚前必须学习的课程，也可将自制的泡菜打包带走，品尝人参牛奶、免费试穿韩国传统服饰、拍照留念约30分钟，转乘国内航班赴济州，接机后入住酒店休息。

用餐：早餐（船餐）、午餐、晚餐，住宿：（济州）当地商务酒店

D3：济州（岛上观光）

早餐后开始在岛上的美丽行程，游览由汉拿山火山口喷出的熔岩在海上凝聚而成的“龙头岩”（约20分钟）；世界最大的突出于海岸的火山口“城山日出峰”（约30分钟）其山顶为一片开阔的牧场，攀登30分钟左右可到达，由此地观看日出，美不胜收。参观被指定为韩国民俗资料保护区、有431栋住宅的“城邑民俗村”（约60分钟）。

午餐享用“韩式特色烤肉”，稍做休息后游览“天地渊瀑布”（约20分钟），瀑布从黑色熔岩的悬崖峭壁上倾泻而下。沿岛上公路我们可以一路欣赏到：“水往高处流”的神奇之路“怪坡”（约20分钟）。后参观展示岛内植物的“汉拿树木园”（约60分钟），韩剧《大长今》中韩尚宫含冤死去一幕的拍摄地，以及象征并纪念抗倭名将的“将军石”（约20分钟）。

用餐：早餐、午餐、晚餐，住宿：（济州）当地商务酒店

D4：济州—首尔（乘机）

早餐后乘机返回首尔，前往韩国最大的皇宫“景福宫”（约60分钟），领略韩国古典建筑的风格，1395年由创建朝鲜王朝的李成桂所建筑的第一处正宫，曾经极尽富贵荣

华气派，1952年毁于倭乱，得以幸存至今的建筑是举行即位大典朝礼仪式的勤政殿以及迎宾馆庆会楼等。参观“民俗博物馆”（约60分钟）——展示了整个朝鲜半岛的人民生活和社会发展历史痕迹。

乘车赴总统府“青瓦台”（约30分钟），一睹韩国“中南海”的真面目（外观）。韩国政治中心青瓦台最显著的特征就是它的青瓦。青瓦台主楼背靠北岳山，青瓦与曲线型的房顶相映成趣，非常漂亮。午餐后前往韩国的市民购物天堂“明洞”（约60分钟）：它是韩国流行时尚的风向标，在那里你可以找到明星穿过的任何一件衣服。后前往“国际免税店”，特别赠送“乐天世界游乐场”后返回酒店。

用餐：早餐、午餐、晚餐（园内自理），住宿：（首尔）当地商务酒店

D5：仁川—青岛（17：00/次日上午10：00）

早餐后参观“清溪川”，午餐后于码头集合，17：00乘船返回青岛。

用餐：早餐、午餐、晚餐（船餐），住宿：船上（二等舱）

D6：青岛（10：00抵达）

早餐（船餐）后，10：00抵达青岛，结束愉快而难忘的旅程！

5. 费用说明

（1）费用包含。

① 往返船票，星级豪华游轮；行程所列酒店住宿费用；酒店标准2人间。年龄2 ~ 12周岁（不含），不占床，服务标准同成人。

② 部分餐食（具体情况请见行程推荐/安排）。

③ 领队和当地中文导游服务；安排当地专属用车（除部分特殊路段因当地规定及安全考量，则依规定派遣小型车）。

④ 韩国团签、旅游签证费用。

⑤ 此产品已包含旅游人身意外险保险，一人一份。

（2）自理费用。

① 出入境个人物品海关征税，超重行李的托运费、保管费。

② 因交通延阻、罢工、天气、飞机、机器故障、航班取消或更改时间等不可抗力原因所导致的额外费用。

③ 酒店内洗衣、理发、电话、传真、收费电视、饮品、烟酒等个人消费。

④ 当地参加的自费以及以上“费用包含”中不包含的其它项目。

6. 签证须知

（1）如您持外籍护照前往中国境外，请确保持有再次进入中国大陆的有效签证。

（2）如果您为自备签证，请您选择签证自理的可选项，系统将会自动按选择人数在总卖价中扣除相应费用；由于产品中机票和酒店为团队预订，我公司不提供个人预订的相关证明材料。如因自备签证问题造成行程受阻，相应损失需自行承担。

（3）团队行程由领队负责所有机票和护照，故出发前机票护照将不配送与您。

（4）持外籍护照的客人，请自行确认所持护照是否在韩国免签国范围内；若需要办

理签证请在出行前自行办理签证，没有有效签证者，无法办理登机牌。

（5）在办理签证期间，我司会根据您的材料情况可能要求增补其他材料、担保金或予以劝退，若因劝退产生损失由旅游者自行承担，敬请配合与谅解！

（6）持“L字签注”的游客，敬请至少提前3天提交订单，请您务必在备注中填写出行客人的中文姓名以及签注类型，以便我处正常预订及行程安排。

（7）未成年儿童预订说明：领馆不建议18周岁以下的未成年人与非直系亲属同行，请您斟酌。18周岁以下的未成年人，如父母双方均不出行，需额外再提供未成年人出生证明复印件，父母的身份证复印件、父母双方的同意信，未成年人与同行人的亲属关系公证书原件（亲属提供）和其他相关材料。

（8）团队签证客人在回国后需要进行销签，请将全程登机牌夹在护照首页，交给领队，由旅行社统一办理销签手续，届时领馆可能会通知您面试销签，敬请配合，办理销签的交通费需自理。销签所需时间一般为7个工作日，具体时长视领馆而定。

二、登岸观光

无论是一段清晨的短途远足，还是全天的探险历程，我们推荐的行程都可以让你尽情感受每一个港口的魅力和特色。以下是可供您选择的精彩行程推荐。

1394年，韩国皇室的御用风水师将如今首尔选为朝鲜王朝的新首都。如今，首尔人口已超过1 000万，占韩国全国人口的四分之一。在这里，源远流长的历史、传统隽永的文化与这座极富现代感的都市共同呼吸，和谐交融。熙熙攘攘的人流从宁静古朴的宫殿式花园中穿流而过，雄伟的摩天大楼俯瞰着拥有百年历史的庙宇古刹。

坐拥得天独厚的地理位置，仁川港是探访首尔和韩国的绝佳入口。19世纪80年代，仁川港首次向西方世界敞开大门，迎来了首批踏上韩国领土的西方来客。

（一）仁川港客运码头

仁川港客运码头与中国东海岸的10个城市、仁川近海的大小海岛以及济州岛建立了航运关系，和仁川国际机场一道成为枢纽城市的核心设施。

仁川港客运码头是由仁川国际旅客客运码头和仁川沿岸旅客客运码头组成。仁川国际旅客客运码头又分为第1国际客运码头和第2国际客运码头。

沿岸客运码头于1995年正式投入使用，毗邻仁川港第1国际客运码头。沿岸客运码头与白翎岛、延坪岛、德积岛等近海小岛以及济州岛有定期航线。近海小岛的航线每日、济州岛一周3次航行，此航线成为岛民与外界沟通的重要桥梁。对游客来说，也是通往海上小岛观赏美丽风景的唯一通道。

乘坐游船在仁川前海行驶一个半小时，可以观赏到近海的八尾岛、永宗岛、永宗大桥、月尾岛等。

（二）旅游景点（POINTS OF INTEREST）

1. 仁川大桥——韩国第一长大桥

仁川大桥是一座位于韩国仁川市，用于连接松岛国际城与永宗岛仁川国际机场的斜拉式跨海大桥。仁川大桥于2005年7月动工兴建，总投入12 700亿韩元，历时4年4个月竣工通车。2009年10月16日正式开通。

仁川大桥往返6个车道，大桥总长度为21.380千米，其中长达18.380千米的部分是斜张桥型桥梁结构。仁川大桥是韩国最长的一座大桥，继中国的苏通大桥、香港的昂船洲、日本的多多罗大桥、法国的诺曼底大桥之后，成为世界第5大跨海长桥。

仁川大桥开通后，从首尔南部和首都圈到仁川国际机场所需的时间整整缩短了40分钟，从仁川国际机场到松岛原来需1个小时，而现在只需要短短的20分钟。

同时为与永宗岛的“仁川大桥纪念馆”也于2010年3月对外开放。这座地上有4层的纪念馆里，展示着关于仁川大桥设计过程、施工办法的一系列全面翔实的资料。可以眺望整座桥梁，欣赏壮观美景的展望台和休闲咖啡厅，成为人们的旅游新宠。这里没有任何费用负担，可在游览永宗岛的同时，顺便到桥山逛一逛。

2. 永宗大桥——亚洲造价最昂贵的大桥

永宗大桥是一座位于韩国仁川市连接永宗岛与朝鲜半岛内陆的自锚式悬索桥。永宗大桥总长4 420米，主跨300米，主桥为世界上第一座公铁两用的空间最大的自锚式悬索桥。永宗大桥分上下两层：上层有6个车道，下层有4个车道和2个火车道。永宗大桥是仁川国际机场高速公路（国道130号）的一部分。永宗大桥于2000年12月建成，在韩国是亚洲最贵的桥梁（1.9亿美元）。

永宗码头自古便是国际贸易往来的码头，至今还有高丽时期中国宋朝使臣们停留过的庆源亭。在建设永宗大桥之前，永宗码头是唯一与陆地相连的通路。当然现在也有很多人利用这里去仁川月尾岛。

3. 爱情悬崖——《来自星星的你》

仁川市和韩国的诸多其他城市一样，注重“打造景区，文化先行”，将韩流影视“注意力经济”作为吸引海外游客眼球的一种旅游推广方式，使之转化为旅游经济。

《来自星星的你》是韩国SBS电视台2013年12月18日首次播出的水木特别企划剧。《来自星星的你》由张太侑导演，朴智恩编剧，金秀贤、全智贤领衔主演。

众所周知，占据空港优势的韩国仁川是《来自星星的你》主要拍摄地之一。仁川市结合韩流影视热门拍摄地，为海外游客量身打造了一些旅游线路及其产品；使海外游客通过仁川机场和仁川海港来韩后游览的第一个景点就是《来自星星的你》中见证穿越400年时空隧道的爱情悬崖。电视剧开播后，相关的旅游商品也自然会超级好卖，在剧中的服饰饰品几近脱销，爱情信物——星星簪子成为畅销的旅游手信。

“爱情悬崖·个性婚纱照”充满了大胆、刺激、浪漫、飘逸的诸多元素，已经成为许多新人追求的独特记忆，让蓝天白云、悬崖绝壁、大海浪花一起见证爱的瞬间吧。

4. 龙宫寺

龙宫寺位于白云山东北方向，是离仁川国际机场最近的寺庙。1300多年前，新罗文武王10年（公园670年）由元晓大师创建龙宫寺。在龙宫寺里，有兴宣大院君重建的观音殿、挂有亲笔牌匾的疗舍、七星阁等殿阁，还有最近建成的高11米的弥勒佛。寺庙前面有2棵1300多年树龄的榉树。1990年11月9日，龙宫寺被指定为第9号仁川市纪念物。

5. 中华街

仁川开港的第二年，清政府在此设立领事馆，之后华人逐渐聚集于离领事馆不远的山坡上，历经多年建设，形成了现在中国建筑特色楼宇并立、各种中国风味餐馆齐集的街市。

走在这条上山路上，身后是威海市政府捐赠的牌坊，左面有临沂市捐赠的王羲之雕像，路边有盏盏宫灯，家家字号，要不是间或的韩文广告牌提醒，还真让人以为这就是中国的街道。沿山路而上，青岛捐建的孔子雕像矗立路旁。

6. 航空港

（1）仁川国际机场

仁川国际机场，2001年3月开始投入运营。仁川国际机场是韩国最大的民用机场，亦是亚洲第6位最繁忙的国际机场。仁川国际机场代替旧有金浦国际机场的国际航线枢纽地位，将世界的航空交通网络集中于此，并且与韩国的第2大机场金浦机场距离不过20千米，因此能够方便地利用飞往国内各城市和世界主要城市的航班。

仁川国际机场坐落在韩国国国著名的海滨度假城市仁川市西部的永宗岛上。距离首尔市52千米，离仁川海岸15千米。周围又无噪音源影响，自然条件优越，绿化率30%以上，环境优美舒适，加上其整体设计、规划和工程都本着环保的宗旨，亦被誉为“绿色机场”。

仁川国际机场是韩国国际客运及货运的航空枢纽，同时也是韩国最大的两家航空公司大韩航空及韩亚航空的主要枢纽。瑞士日内瓦国际机场协会（ACI）2005年到2010的调查，仁川国际机场连续7年获得“全球服务最佳机场”第一名。

仁川与首尔之间有首尔地铁联系。每日有大量乘客往来仁川与首尔两地，由于此两地距离太过接近，已经共同形成一个大的经济圈。

（2）韩国金浦国际机场（首尔·金浦）

金浦国际机场位于首尔市的江西区，2001年仁川国际机场建成并投入使用后，逐渐转向国内航线，运营着韩国国内的大部分航班。2007年和2011年，开通了至上海虹桥机场、北京首都机场的航线，现在国际航线有东京、大阪、名古屋、北京、上海虹桥等线路，随着国际航班逐渐增多，金浦机场再度转型为国际机场。金浦机场分为国内和国外两个候机大厅。

金浦机场分为国际航线航站楼和国内航线航站楼，都与地铁5号、9号线以及“首尔站—仁川机场之间”运行的机场铁路直接相连，交通非常方便。

第三节　岘港“海陆之旅”

越南是亚洲的一个社会主义国家，位于东南亚的中南半岛东部。越南国土南北狭长，地形有如海马S形，面积约33万平方千米，紧邻南海，海岸线总长约3260千米，共有大小港口约60个。

●岘港——越南中部著名港口

岘港（Đà Nẵng）位于越南中部，濒临南中国海、下辖五区两岛，距离北方的首都河内市764千米、南方的胡志明市964千米。位于北纬15° 55′ ~ 16° 14′，东经107° 18′ ~ 108° 20′。年平均温度25.6℃，平均湿度80%，年平均日照量2156个小时，年平均雨量2044.5毫米。

岘港为越南著名的天然良港之一，岘港海湾外有北面的海云岭和山茶半岛为屏障，内有东南面的五行山和西南面的福祥山为依托，三面环山，地形隐蔽，便于组织对海对空防御，有着重要的战略地位。岘港海湾呈马蹄形，港阔水深，岘港水域面积约106平方千米，水深10米以上。岘港共有4座万吨级深水泊位码头，其中3个为军港，一个商用港，各港口可停泊万吨以上海轮。

岘港海军基地是越南海军三区司令部驻地，位于越南中部岘港湾东南观象岛东南部港湾内，扼守北部湾口。港区东部有越南海军X50修船厂，可修理350吨以下的小型船艇。

岘港市现有3个飞机场，其中岘港机场可容纳数百架喷气式飞机。岘港水陆交通便利，南北铁路和公路均经过此地，战略地位十分重要。

●岘港历史

岘港位于越南海岸线中部，古都顺化的附近，区属中南沿海地区。位列越南第四大城市，次于胡志明市、河内市和海防市。

1347年4月15日，法国军舰炮击岘港，两小时以后撤走。1856年、1858年8月，法国侵略者接连进攻岘港。在法国殖民统治期间，将岘港并改名为“沱瀼”，岘港是越南的第三大城市（仅次于西贡市和河内市）。1889年法属印度支那总督府以此为总督直辖地。

1996年12月，广南—岘港省分拆成广南省和岘港直辖市。1997年1月1日，广南岘港省被撤销，改为广南省和岘港直辖市（越南中央直辖市）。为越南第二大港口城市（越南第一大港口城市为胡志明市），岘港市是一座年轻热闹与繁华的城市。岘港市大陆面积约有1 256平方千米。市区分为海州郡、清溪郡、莲沼郡、山茶郡、五行山郡，五个郡

（区）和王近郊县，人口共84万。

一、丽星邮轮岘港登岸观光行程

（一）邮轮行程

1. 线路名称

丽星邮轮“处女星”号三亚//岘港之旅

邮轮航期：2010年～2017年

2. 邮轮简介

◆丽星邮轮“处女星”号

丽星邮轮“处女星”号邮轮是丽星旗下最大最豪华邮轮。“处女星”号邮轮总注册吨位（GRT）7.533 8万吨，船舶总长（LOA）为268.29米，船宽（BM）为32.20米，甲板楼层13层，拥有935间客房，最多可容纳2 500名旅客。

“处女星”号邮轮拥有的13间餐厅酒廊为乘客提供各具特色的美食及饮品，各项娱乐消闲设施一应俱全，包括歌剧院、卡拉OK、雪茄吧、泳池、水上乐园及按摩池、美容屋、儿童攀石墙、健身室、会议厅等，适合一家大小、青年男女、新婚夫妇，或是集团企业举行会议及奖励旅游团等活动。“处女星”号船上的购物空间扩大两倍至562平方米。拥有免税店、珠宝名表专门店佳宝钟表珠宝、名牌手袋专门店米兰站及专营纪念品的精品廊等。

“处女星”号邮轮沿途停靠各港口时，您将可自由选择您喜爱的岸上观光。这座5星级的度假皇宫将会带领您浏览不同风味的亚洲风情，见识融合多元民族、文化、景色的人文亚洲。

3. 行程特色

（1）接送服务：三亚滨海体验、五星级酒店住宿、专人接送机，为您的旅程做好后勤保障；

（2）越南风情：体验重金打造的豪华邮轮，给您5星级奢华享受；三亚出发，畅游岘港，带您感受不一样的越南风情；

（3）品尝美食：豪华邮轮上顶级国际大厨坐镇，免费品尝国际美食自助餐；

（4）康体娱乐：全天24小时不间断免费娱乐活动，免费欣赏指定国际歌舞表演、主题活动及享用多种康体娱乐；

（5）海上购物：450平方米超大购物空间，CDF中国免税店、米兰站等船上商店给您全新海上购物体验。

4. 行程简介

D1：（飞抵）三亚——滨海鹿城初体验

D2：三亚（18：00启航）—岘港

D3：岘港（11：00抵港，21：00离港）—三亚

D4：三亚（12：00抵港）入住酒店

D5：三亚送团（酒店早餐后，安排送往机场或火车站）

5. 日程安排

D1：（飞抵）三亚——滨海鹿城初体验

乘机飞抵达三亚凤凰国际机场（或乘火车抵达火车站），专人机场接机（接车），沿途欣赏鹿城美丽的椰风海韵，赴酒店休息，自由活动。

食宿：无

D2：三亚（18：00启航）—岘港（豪华邮轮——尽享奢华）

早上自然醒，12点准时退房后，指定时间酒店接后，送往“三亚凤凰岛邮轮码头”，下午15：00头办理登船手续，喜登“丽星邮轮”于18：00点启航，开始浪漫的海上之旅。

在邮轮上，您可尽情享受船上提供的各项设施，参加24小时停不了的精彩娱乐活动——在甲板上学习健身操、交际舞、观摩一下鸡尾酒调配示范、品尝各国佳肴美食，图书馆阅读、切磋牌艺、去卡拉OK大展歌艺，或到游泳池游泳，享受日光浴，到按摩池里舒解压力。

食宿：晚　邮轮上　舷窗　海景房

D3：岘港（11：00抵港，21：00离港）—三亚（海上之旅——感受岘港）

邮轮于越南当地时间11：00点抵达岘港。岘港位于越南中部，是名气可媲美印尼里岛的度假胜地！您可以根据自己的爱好，在邮轮上指定的服务台咨询和报名由丽星邮轮提供的当地观光游览线路，邮轮于当地时间21：00启航。

意犹未尽的您可以前往表演大厅欣赏精彩绝伦的歌舞表演，也可以到船上各个轻歌曼舞的夜总会或酒吧尽情释放您的激情吧！

食宿：早中晚　邮轮上　舷窗　海景房

D4：三亚（12：00抵港）（海上之旅——回味无穷）

当天可以睡到自然醒，然后充分享受邮轮上的各项休闲设施，尝试一下大海上挥挥高尔夫球杆，或是去露天按摩池放松身心，参加船上组织的各种游戏及派对；12：00邮轮返抵三亚，结束难忘的邮轮之旅后；送往“三亚步行街”自由活动，步行街位置得天独厚，雄踞三亚市中心最繁华的解放二路；周边有天鸿商厦、创新大厦、天成货仓等构成一个集旅游、购物、休闲于一体的中心商业区。这里不仅代表着时尚和流行，同时也是三亚文化的象征之一。这里街面整洁、鲜花怒放、海风送爽、温馨宜人。

16：00准时集合后，送往“三亚宋城千古情景区”总投资10亿元巨资打造，是来三亚旅游首选之地，景区掩映在茂密的原始森林和鲜花丛中，有崖州古城、大象谷、海盗大战、科技游乐馆、黎村、苗寨、山上花黎、椰林湾、南海女神广场、三角梅海鲜大排档、榕树下酒吧、图腾大道、情人谷、火把广场、王者之城、三亚名人山、儿童游乐区等数十个主题景观区。后送回酒店休息。

食宿：早　邮轮上　舷窗　海景房

D5：三亚送团（海陆之旅——完美假期）

酒店早餐后，安排送往机场（或火车站），结算愉快的行程！

食宿：早　温柔的家

费用包括

（1）邮轮：含邮轮港务燃油费、越南签证费、邮轮船票、邮轮房费（2人/间）。

（2）交通：含三亚接送机，保证一人一座。

（3）住宿：含2晚住宿（2人/间）五星：三亚湾仙居府酒店、三亚龙湾大酒店、三亚红树林酒店、三亚明申高尔夫酒店、三亚维景酒店；四星：三亚佳亮酒店、三亚惠普登酒店。

（4）用餐：含酒店早餐、邮轮上指定餐厅用餐。

（5）景点门票：含行程中所含景区第一道门票。

（6）旅游保险：含旅行社责任险（最高保额30万元/人）。

费用不含

（1）护照办理费用、租用会议室及卡拉OK、旅游意外保险、景区内二道门票（园中园门票）、园内交通等。

（2）点选饮品及个人所产生的费用等。

（3）行程内越南陆地游费用。

上岸游览

（1）如遇人力不可抗拒因素或政策性调整导致无法游览的景点，我社有权取消或更换该景点；我社有权在不减少景点数量的情况下，根据航班起飞时间、天气状况等情况，调整景点及住宿顺序。

（2）该产品报价为综合优惠价格，持军官证、老年证、导游证、记者证、教师证等证件不能减免门票费用。

（3）海南实行旅游车统一调度，团队用车保证每人一座；海南天气炎热、请自备防暑降温药品、携带好夏季防晒霜、太阳伞、太阳帽、泳衣、拖鞋等夏季必需品。

特殊说明

（1）如需代办签证最迟须在出发之日前3个工作日（周末、假期日除外），将护照（6个月以上有效期）将有照片面扫描件传送我司。逾期未办者，一切后果自负。

（2）乘客如属国家工作人员中在职的副处级以上领导干部，公务员，国有企业法人代表及总经理，金融机构负责人，县级党政机关主要经济部门负责人等及公安系统列入黑名单者不予申请。

（3）一切资料以船上当日发放的“丽星导航”为准，如有任何问题，请联系7楼接待处；

（4）怀孕不足24星期的孕妇乘客可在持有医生纸证明下登船航游；怀孕24星期以上孕妇及不足6个月的婴儿乘客，不能登船航游。

（5）邮轮每位乘客（包括成人，小童及婴儿）都必须占一床位。两周岁以下婴儿与两位付正价全费之乘客入住同一客房，支付同类房费的25%，港务费，燃油附加费不变。

（6）所有观光团均设有最低人数标准，如人数未及标准可能不能成团。

（7）行程可能因实际情况而有所改动，如有任何更改，恕不另行通知。

（8）在越南或香港期间如选择下岸观光，船上的用餐视为自动放弃，费用不退。

◆登船贴士

1. 行前准备

（1）游客需持护照参团（出境游），报名时提供有效（6个月有效期）护照扫描件。并请于登船时携带有效护照原件。

（2）登船开始办理时间：开船前三个小时；登船停止办理时间：开船前一个小时。

（3）办理登船手续后，行李将会由邮轮公司代理服务人员搬运到邮轮的电梯门口。

2. 登上邮轮

丽星通行卡：请用您的护照于凤凰码头的服务柜台换取一张通行卡（在邮轮期间，此卡为您的房卡、身份证明以及消费记账卡）。接获您的通行卡后，请如适用一般的信用卡般签上大名。带小朋友同游的乘客请代为保管他们的通行卡。若您不慎遗失通行卡，请立即向7楼接待处报失以补发新卡及取消遗失的通行卡。

3. 邮轮结束前的准备

（1）选用“丽星快速结账”，在航程中任何时间前往接待处填妥所需表格，您便可以结账前在客房内接获详细账单。

（2）用您的通行卡换取护照等证件。

◆邮轮贴士

1. 免费餐厅（王朝中餐厅、香味轩亚洲特色菜餐厅、航海家欧陆式自助餐厅）。

2. 免费设施：健身房、露天泳池及按摩池、运动场、高尔夫挥杆场、星辰酒廊大型歌舞表演。

3. 会议设施：星辰酒廊（容纳693人），凌霄卡拉OK大厅（容纳90人）。

4. 邮轮客舱内的矿泉水是赠送的（每人每天一瓶），而客舱内的自来水都可直接饮用；

5. 电源：船上电压为220V，英式3孔国际插头，浴室内电压为110V和220V。

6. 房卡：注意保管。它既是您的登船卡房间钥匙，也是您的消费卡，如若丢失，请即去7楼接待处办理相应手续。

7. 服装：船上室内恒温25度左右，请带一件外套。晚宴时请正装出席，男士不得穿短裤、拖鞋、无领无袖T恤。

8. 货币：船上以港币计算，而船上的接待处有外币兑换服务提供，可换币种：美金、港币等。

9. 语言：船上以英语、国语为主。小费：船上免收小费。

（二）登岸观光

岘港风光明媚，景色迷人，有海水清凉、沙滩洁白的海滨浴场。建筑多呈白色，从远处望去，阳光照耀下的岘港就像千万只海鸥在展翅飞翔。名胜古迹有五行山、山水寺、玄空洞、望海台、海云岭、山茶半岛、美溪海滨、岘港占族文化博物馆等。在岘港附近的美索思圣地，遗存有4世纪到13世纪起源于印度教的独特文化遗迹，这里有很多雕刻精美的古代占族舞女石像，及一些珍贵的古占族文化遗物，是古占族王朝的宗教和政治都城，被列为世界文化遗产。岘港的海滩非常漂亮，国际知名度很高，像这样的平缓沙滩绵延90千米，位居世界前六位。

山茶半岛的山岭平均海拔693米，岗峦起伏，林木繁茂。山茶半岛位于市区东北5千米处，坐落于岘港港口的正中央，造成了一个自然的屏封，为岘港阻挡台风。半岛上面有一天然岩石，岩面平坦如镜，传说是仙人的棋台。

越南·岘港会安陆地游线路参考（以下“推荐自费”项目，供给客人选择参加，不参加的游客可自由活动）

A线：岘港市以及大理石山（含晚餐）

成人：360元/人；小童：280元/人（最少参加人数为35人，最多参加人数为400人）

从码头出发前往世界上展出极多占婆艺术珍藏品之占婆博物馆，并乘坐三轮车漫游岘港市。随后，出游至大理石山脚下之山水艺术雕塑村，再到达岘港大教堂拍照留念。于灵应寺做短暂停留，晚餐后，前往BIG C超市自由购物。（行程时间：约7小时）

B线：会安古城（含晚餐）

成人：390元/人；小童：300元/人（最少参加人数为35人，最多参加人数为700人）

离开码头前往会安市参观会安古镇（车程大约1小时），途经景点包括：日本廊桥、福建庙、古屋、会安博物馆等。在会安镇购物后，再在当地餐厅享用晚餐。随后前往会安中央剧场，欣赏精彩的占婆文化音乐表演，完成愉快旅程。

◆会安古镇——“世界文化遗产”

岘港以南30千米的会安古镇是古代的著名港口和商业中心，中国式的建筑随处可见，而且保存完整，有华人聚居的街道，有观音庙、关帝庙等中国式的庙宇，最突出的是华人会馆：福建会馆、广肇会馆、潮州会馆、琼府会馆/海南会馆和五帮会馆（中华会馆），各会馆里分别供奉着妈祖、关公、伏波将军等，被列为“世界文化遗产”。

站在灵隐寺山顶上的六十多米高观音，号称东南亚最高。

会安古城位于越南中部岘港市郊秋盆河北岸，会安江入海口的附近，距岘港市区约30千米，曾是历史上著名的东方大港，属广南省。1999年联合国教科文组织将会安古城作为文化遗产，列入《世界遗产名录》。

在占婆王国时期，会安曾是一座港口，发展到16世纪，这里演变成一个东南亚最重要的贸易交流中心。18世纪，由于越南国王们长期而激烈的权力之争，约束了发展，会安几乎废弃了，到了最后，这座天然的港口终于淤塞。

19世纪80年代，联合国教科文组织对会安港进行了大规模的整修，使之焕发昔日的光彩。由于古代贸易交流的缘故，中国、日本、南洋，甚至欧洲的商船经常出入会安港，在会安经商的中国人及日本人很多，因此，当局允许在这里分别建立华人和日本居住的单独街道。

整座会安城分为五个区，按照中国不同地区种族划分，有福建帮、广东帮、潮州帮、海南帮和客家帮。建起了福建会馆、广肇会馆、潮州会馆、琼府会馆和作为五帮会馆的中华会馆。会馆建筑雄伟壮丽，金碧辉煌。会馆里分别供奉着妈祖、关公、伏彼将军等，终年香烟缭绕。

◆商品贸易

中国商船带来的商品有锦缎、纸张、毛笔、铜器、瓷器、陶器、银器、金币、银锭、铝、铅、硫黄，而从会安则购回胡椒、糖、木材、香料、鱼翅、燕窝、犀牛角、象牙、黄金、蚕丝等当地土特产。后来，随着商品贸易规模的不断扩大，许多中国商人就在会安购买地皮，建筑房屋，作为销售商品和收购货物的场所。会安是最早出现旅越华侨的城市。

◆中式建筑

会安城里的街道和各民族风格的建筑物颇具特色，这些建筑一般都是由参差不齐的山墙、彩色鸳鸯的瓦盖顶、用硬木做成的柱椽、门扇建成的房屋组成的深宅大院，而且大多前门通街道，后门边河岸停泊码头。这些建筑都是红墙绿瓦，在竹丛和热带阔叶树的掩映下，这座千年古城装扮得绚丽多姿。

在会安城中，中国式的建筑物到处可见，而且保存得很完整。既没有遭到战争的破坏，也没有因为修建高楼大厦而拆迁。城里有完整的华人聚居的街道，亦称唐人街。唐人街里建有观音庙、关帝庙等中国式的庙宇。其中最突出的是福建会馆、广肇会馆、潮州会馆、琼府会馆、客家会馆和五帮会馆。这些会馆建筑雄伟壮观、雕梁画栋、金碧辉煌，古色古香。

◆日本廊桥（来远桥）

日本廊桥亦称“来远桥”，保留了明朝风格的来远桥，日本廊桥位于谭富街西边，一直以来连接了分隔小河两岸居住的中日两国侨民，直到日本闭关锁国时日本侨民将地方卖出迁徙，这中日桥便也变成了历史的痕迹。这些建筑中最著名的是一座日本风格的带顶石桥，供行人遮风挡雨。桥的两端有石猴、石犬，所以又名石猴桥，华侨们又叫它“马骝桥”。石桥始建于猴年（1593年）完工于狗年（1595年），所以桥西边尽头有两尊精美的狗的雕像，东边尽头则有两尊猴子雕像。桥宽不到2米，两边是圆形铁条护栏，没有特别的装饰雕刻。桥中央建有寺庙，供奉着石雕佛像，为明朝时明社所建，明朝时由中国人重建并立碑为证。桥上香烟缭绕，风格古朴，偶尔还会有低沉的钟声。会安的建筑群突出体现了民族文化相互结合，同时也作为亚洲传统国际商港遗址被保护起来。

注：此行程需要步行较多路程（行程时间：约6.5小时）

C线：会安美食行（含越南风味晚餐）

成人：390元/人；小童：300元/人（最少参加人数为35人，最多参加人数为400人）

离开码头先往大理石山脚，参观山水艺术雕塑村，再到会安市自由参观会安古城自由活动。于会安古城最受欢迎之餐厅内享用别富越南风味晚餐，最后乘车前往BIG C超市自由购物。（行程时间：约7小时）

D线：巴拿山一天游（含午餐）

成人：460元/人；小童：350元/人（最少参加人数为35人，最多参加人数为200人）

离开岘港码头先前往享用午餐，随后前往近年最热闹的巴拿山（BaNa Hills），巴拿山离岘港市以西约40千米，车程约1小时）。巴拿山海拔1 487米，平均温度15～20℃，气候四季温和。乘坐拥有世界纪录最高、最长的高空缆车，全长5千米的架空缆车，让你饱览巴拿山美丽景色。缆车会到达巴拿山梦想公园，精彩刺激的设施更带给您无限欢乐。

最后乘车前往BIG超市自由巴购物。

注：只限于星期五出发航次；“巴拿山一天游”行程时间：约5.5小时。

E线：岘港高尔夫球之旅（不含餐）

星期一至五每位收费1 170元/人。

从码头出发前往岘港最具规模的岘港高尔夫球场，挑战18洞高难度球场，享受挥杆乐趣。行程时间：约6小时

注：此行程须最少4成人团，团费已包括果岭费，其它费用则不包括在内。行程只限预订，订位情况须根据订位当日场地使用情况而定。（最少参加人数为4人）

F线：岘港文化体验之旅（不含餐）

成人260元/人 小童200元/人（最少参加人数为35人，最多参加人数为210人）

从码头出发前往会安市（车程大约1小时），参观抵达会安古镇，漫步于“日本桥”“福建庙”“古屋”“会安博物馆”之中，感受昔日商旅往来营商的热闹景致，旅客更可于会安古镇内自费用膳，于灵应寺外及“岘港大教堂”稍做停留，欣赏瑰丽宏伟的特色建筑并拍照留念后，转至岘港阮显颖“歌剧院”，欣赏技艺超凡的占婆文化舞蹈表演。最后到达外商超市BIG C自由消费及吃喝玩乐，度过写意悠闲的一天。（行程时间：约7小时）

◆岘港大教堂

建于1923年法国统治时期的天主教堂，以其高大钟塔上的风向标为标志，又被称作雄鸡教堂，中世纪风格的彩绘大玻璃窗与粉红色的外观相映成趣，鲜明可爱。周日有弥撒，可以进去参观。

◆高台庙

越南最大的高台教庙宇，建于1956年，每天正午、子夜、早晚6时都有高台教众在此祈祷。进入圣堂的教众须按女左男右的路线，正中的通道则留给高级教徒。圣堂正中的香案上供奉着一只巨大的神眼，是高台教最高神灵的象征。

◆特产小店

现在的会安，街道上布满了出售土特产的小店，越南的丝绸、木雕、面具和其他工艺品被游人带到了世界各地，而河边摩肩接踵的酒吧里更是坐满了肤色各异的外国人，老城里80%的居民从旅游业中获得了丰厚的收入。

当然，传统的捕渔业仍然保留了下来，与过去不同的是，渔民们不仅捕鱼，也招揽游客观看他们捕鱼，或者乘坐他们的小船到河里游览一番。经济开放的越南，传统的生存方式也在悄悄改变，与世界的大潮接上了轨。

在会安，到处是中式、日本式的建筑，而且保存完整，既没有遭到战火的破坏，也没有因修建高

楼大厦而拆过。现今完好保存下来的会安许多古建筑、古街道，体现了中国、日本、越南文化与建筑风格的有机结合。街道的布局、建筑的式样，既展现了中华建筑的古朴和优雅，又融入了当地人的自然审美观和生活情趣。游客在这里既能欣赏到古老的文化传统，又能感受到浓郁的地域气息。

会安是15世纪到19世纪东南亚保存完好的传统贸易港，其建筑和街道样式，受到土洋结合风格的影响，这种风格也体现在整个遗址的建筑中。成为“世界文化遗产”之后，会安的宁静慢慢消失了，来自世界各地的游人让老居民们觉得眼花缭乱，但这恰恰体现了会安的魅力。

会安城内除大部分为中国式建筑外，还有为数不少的法式古典建筑和庭院式建筑群，这些法式建筑大多数外形漂亮、美观、线条优美，外墙则装饰着欧洲文艺复兴时期的人物塑像，颇具艺术价值。城内还有不少有越南民族特色的优美建筑。会安是一处著名的文化色彩浓郁的国际商业港，是一处保存极其完好的亚洲传统贸易港的典范。

G线：往返巴士服务（不含餐）

大小同价：110元/人（最少参加人数为35人）（行程时间：约6小时）

乘从巴士前往岘港市区按摩中心及BIGC超市自由活动。

注：此行程只限船上售票，且不含任何导游服务及膳食。

二、歌诗达邮轮岘港登岸观光行程

（一）邮轮行程

1. 线路名称

歌诗达邮轮“维多利亚”号，香港—三亚—越南岘港—香港 4晚5天（2016年）

2. 行程简介

第1天：香港海港城码头（15：00开船）

第2天：香港—（海南）三亚（14：00抵港，19：00离港）

第3天：（越南）岘港（09：00抵港，18：00离港）

第4天：岘港—香港，海上巡游

第5天：香港（08：00抵港）

3. 行程详情

第1天：香港海港城码头（15：00开船）

用餐早餐：敬请自理 午餐：敬请自理 晚餐：含住宿

是日自行前往香港海港城码头（地址：香港九龙尖沙咀广东道3-27号，电话：+852-2118 8951），10：00～13：30时办理登船手续。请拿好有效证件（有越南签证的护照、船票；港澳客需要带好回乡卡，台湾同胞需要带好往返大陆的台胞证，外国游客注意本人护照需要有多次进入中国的签证）。如您如有大件行李（手提行李除外）可交给邮轮的工作人员帮您办理托运，他们会将行李送至各位贵客所在的客舱。邮轮将于当天15：00开船，我们将开始这次轻松而又浪漫的邮轮假期之旅。

第2天：香港—（海南） 三亚（14：00抵港，19：00离港）

三亚抵港时间14：00，离港时间19：00 用餐早餐：含 午餐：含 晚餐：含住宿邮轮自由享用邮轮早午餐。邮轮将于下午14：00抵达海南三亚。大自然将最宜人的气候、最清新的空气、最和煦的阳光、最湛蓝的海水、最美味的海鲜和最柔和的海滩，都赐予了这座黄金海岸线上最南端的海滨旅游城市。除此之外，还有正诉说着美丽爱情的鹿回头山顶公园，传承佛教化的南山文化旅游区；还有神秘浪漫的蜈支洲岛和被称为“东方夏威夷”的亚龙湾。贵客可提前与邮轮人员报名参加邮轮的岸上观光活动，您也可自费前往三亚参观游览，享受海边的休闲与惬意。也可以在邮轮上尽情享受游轮上设施。邮轮将于晚上19：00离开海南三亚，继续海上航行。（以上描述仅为城市介绍，请报名参加岸上观光游览）

第3天：（越南）岘港（09：00抵港，18：00离港）

行程岘港（越南）抵港时间09：00　离港时间18：00

用餐早餐：含　午餐：含　晚餐：含住宿邮轮

自由享用邮轮早餐，邮轮将于早上08：00抵达越南中部的码头城市——岘港，抵达后您可以下船自行游览岘港。或是自费报名邮轮特别为您安排的岸上观光游。越南岘港是越南第三大城市，在欧日人眼中，是名气可媲美印尼巴厘岛的度假胜地，其水天一色的长滩亦不逊于马尔代夫，有无敌蓝天碧海之外，还有让你发思古之幽情的古城，以及那片都市人久违了的宁静！（以上描述仅为城市介绍，请报名参加岸上观光游览）

第4天：岘港—香港　海上巡游

行程海上巡游　用餐早餐：含　午餐：含　晚餐：含住宿邮轮

今日您将在邮轮上尽情轻松享受。在餐厅吃过丰盛的早餐后，您可以沐浴着阳光在甲板上漫步，或是在有专门教练的健身房里，一边欣赏海景，一边享受身体的畅快淋漓；或者您更愿意待在游泳池里或SPA美容馆里，为即将而来的盛宴做好准备。您也可参考“每日活动表”选择您喜爱的节目，今日赌场、宾果游戏、免税商店街、日光浴、美容院、SPA等地是热点。晚上您可以上豪华的餐厅里和亲人或朋友品尝香槟美酒，然后在剧院欣赏优雅的艺术表演，这样您就度过了精彩的一天。

第5天：香港（08：00抵港）

抵港时间08：00　用餐早餐：含　午餐：敬请自理　晚餐：敬请自理

自由享用邮轮早餐，邮轮于上午08：00抵达香港海港城码头后办理离船手续（1~2小时，请耐心等候），自行返回温暖的家或继续在香港游玩，结束此次充满意大利风情的海上梦幻假期。

费用包含

（1）歌诗达维多利亚号邮轮船舱费，两人一室，一人入住需补单房差价（舱内第1、2人船票的50%）。

（2）邮轮上提供的所有免费餐食、免费娱乐设施以及指定的娱乐节目和活动。

（3）港务费。

（4）赠送太平洋保险“邮轮旅行保障计划”。

费用不包

（1）越南签证费（见证件要求）。

（2）居住地至码头往返交通；（我司提供以下交通选择，含送团服务）

地点往返去程：广州市区至海港城码头；深圳关口至海港城码头。备注：广州集中地点初定于天河区正佳广场，深圳集中地点初定于深圳湾关口；最终请以出团通知书为准。

（3）岸上观光费（见附表）。

（4）邮轮服务费（船上支付，13周岁及以上乘客收46美元/人，4～12周岁小孩收23美元/人，4周岁以下小孩免收服务费；船上支付，具体收费以船上公布为准）。

温馨提示

（1）舱位一经确认不得随意更改，如取消行程，根据船公司规定需收取违约金：舱位确认后至开航前45天，舱位费的30%，开航前29～44天内，舱位费用的60%；开航前15～28天内，舱位费用的80%；开航前14天至开航日，舱位费用的100%。游客因被相关领馆拒签而取消定位，仍受到上述规定约束。某游客因拒签而造成相关客人住单间，相关客人需支付单间差，请留意。

（2）在出发前或航程期间，邮轮公司有权根据天气、战争、罢工等不可抗力因素调整或改变行程，对此我司将不承担任何赔偿责任。若因台风或天气原因等不可抗力导致航线变更或部分航线取消，我司将配合邮轮公司妥善安置乘客，但不承担赔偿责任。

（3）邮轮公司在启航前由于包船或更改航线等原因取消行程，我司将全额退还团款，但不承担任何赔偿责任。

（二）登岸观光

歌诗达维多利亚号邮轮（越南）岘港登岸观光的主要线路："6128会安古镇与购物游""6130美山胜地与会安购物游""6137会安古镇游""6138岘港精选游"。

会安古城位于越南中部岘港市郊秋盆河北岸，会安江入海口的附近，距岘港市区约30千米。会安港曾是历史上著名的"东方大港"，属广南省。整座会安城分为五个区，按照中国不同地区种族划分，有福建帮、广东帮、潮州帮、海南帮和客家帮。游客在这里既能欣赏到古老的文化传统，又能感受到浓郁的地域气息。

1. 会安古镇与购物游（6128线）

成团收费：成人US$69.00，儿童US$51.75　游览时间：约6小时（含餐）

离开岘港港口后，您将乘坐旅游大巴沿着603省道耗时一小时到达会安。沿途您将欣赏到越南中部典型的乡村风光。到达会安后，您将参观"会安历史文化博物馆"。该博物馆建在关公庙遗址上，馆中的展品记录了会安古镇的建立、发展与衰落。您还能在博物馆中敬拜关公神殿。下一站，您将参观"福建会馆"。福建会馆由会安的福建商人于1697年建立，作为社群集会的场所。该庙宇建筑风格独特，其艺术装饰与精美雕刻尤其引人注目。之后，您将前往参观"日本廊桥"。日本廊桥由会安的日本社群于1593年建造，其目的是为了连接他们的社区与河对面的唐人街。桥上方盖有顶棚，能够为过路行人遮阳避雨。历经数个世纪，桥上的装饰物品仍保留着原有的日式设计风格。然后，您将参观会安的一所老宅，Nguyen Tran老宅或Ky老宅。这所独特的建筑建于约两个世纪以前，当时是一位越南商人的住宅，从其设计风格，我们能够看出本地建筑如何受到中国与日本建筑风格的影响。

然后，您将前往“会安艺术品工作坊与传统表演”，在那里，您将有机会看到当地各种传统的手工艺品，包括木器、陶瓷、编织垫、刺绣、纸灯笼、锥形芭蕉帽等。最后一站是“会安市场”。安的市场坐落在首崩河河畔，被认为是会安最复杂的场所之一。不像世界各地的其他市场，会安的市场售卖各种各样的物品，例如，鱼类、蔬菜、肉类、水果、手工艺品、衣服、珠宝等。您将在这个市场中体验到越南社会的典型生活与越南人民的热情好客。然后，您将到一家典型的越南餐馆享用午餐。返回港口前，您还将在古镇享有一段自由购物时光。

温馨提示：行程顺序可能会有所变化。位置有限，请尽快预定。请穿着舒适的步行鞋与休闲服装。参观庙宇时请脱鞋，并穿好袜子。

2. 美山胜地与会安购物游（6130线）

成团收费：成人US$74.00，儿童US$55.5　游览时间：约7.5小时（含餐）

世界文化遗产“美山胜地”位于岘港西南方70千米处的一个隐秘峡谷中。最初，这里是印度教占城古国的圣地。在这里，您将看到一些占城宗教的符号，例如庙宇、日常工作设备以及令人不可思议的雕塑。离开港口后，您将乘坐空调旅游大巴沿着603省道历时两小时到达目的地。沿途您将有机会欣赏越南中部典型的乡村风光。到达美山胜地后，您将欣赏一场占地本地歌舞表演。沿着石子路，您将一步步参观三座占地庙宇，在那里您将看到许多占地的祈祷用品。

离开美山胜地后，您将乘车约一小时到达会安，这是广南省的一座古镇，距岘港东南部30千米，位于首崩河河畔。最初这里是占地王国的一处海港，在15 ~ 16世纪，会安在许多外国商人中非常有名，欧洲人把它的名字误念为Faifo。到了17 ~ 18世纪，会安发展成为越南中部一个繁忙的贸易中心和最重要的港口城市。会安的许多东西方商人对其建筑、文化与风俗产生了巨大影响。沿着狭窄的街道漫步在这座古镇中，您将看到各种欧式、中式、越南与日本庙宇、社区建筑、神殿、宗教建筑、商铺以及住宅。这些建筑中有许多仍保留着原本的木制框架、拱形门窗、雕刻灰墁和古老家具。到达会安后，您将首先前往一家本地餐馆享用典型的越南午餐。下一站，您将参观“日本廊桥”，日本廊桥由会安的日本社群于1593年建造，其目的是为了连接他们的社区与河对面的唐人街。桥上方盖有顶棚，能够为过路行人遮阳避雨。历经数个世纪，桥上的装饰物仍保留着原有的日式设计风格。

最后一站是“会安市场”。会安市场坐落在首崩河河畔，被认为是会安最复杂的场所之一。不像世界各地的其他市场，市场售卖各种各样的物品，例如，鱼类、蔬菜、肉类、水果、手工艺品、衣服、珠宝等。您将在这个市场中体验到越南社会的典型生活与越南人民的热情好客。行程结束后，返回码头。

温馨提示：行程顺序可能会有所变化。请穿着舒适的步行鞋与休闲服装。位置有限，请尽快预定。建议带上太阳帽、太阳镜和瓶装水。

3. 会安古镇游（6137线）

成团收费：成人US$64.00，儿童US$48.00　游览时间：约5.5小时（含餐）

离开岘港港口后，您将乘坐旅游大巴沿着603省道耗时一小时到达会安。沿途您将欣赏到越南中部典型的乡村风光。到达会安后，您将参观"会安历史文化博物馆"。会安历史文化博物馆位于阮惠街7号，有一座"建于1653年的"全音塔"，馆中的展品的主题为会安建埠以来的历史，记录了会安古镇的建立、发展与衰落，其中还有华人在会安的发展史。在会安谭富街24号，有建于1653年的关公庙，庙内神殿供奉三国名将关羽。下一站，您将参观"福建会馆"。福建会馆由会安的福建商人于1697年建立，作为社群集会的场所。该庙宇建筑风格独特，其艺术装饰与精美雕刻尤其引人注目。之后，您将前往参观"日本廊桥"。日本廊桥亦称"来远桥"，由会安的日本社群于1593年建造，其目的是为了连接他们的社区与河对面的唐人街。桥上方盖有顶棚，能够为过路行人遮阳避雨。历经数个世纪，桥上的装饰物品仍保留着原有的日式设计风格。

◆古城老宅

会安古城街头巷尾随处可见漂亮的会安老宅，很多都是明朝时迁居避乱的中国人修建的，还有不少是欧洲人的古宅。您将参观会安的一所"老宅"，阮谭老宅或进记/黎氏宗祠。这所独特的建筑建于约两个世纪以前，当时是一位越南商人的住宅，从其设计风格，我们能够看出本地建筑如何受到中国与日本建筑风格的影响。然后，您将前往会安艺术品工作坊，在那里，您将有机会看到各种传统的本地手工艺品，包括木器、陶瓷、编织垫、刺绣、纸灯笼、锥形芭蕉帽等。会安阮氏谭老宅

会安潘佩珠街（Phan Boi Chau street Hoi An / 22号至73号）有一整条带廊柱的街区是法国殖民时期的建筑，这座19世纪的房子就属于其中的一座。主要向游客展示法国和中国的古董家具，包括一个餐具柜和一个镶嵌有精美珍珠的客厅。进宅前需征得主人同意并请主人剪票，这关系到主人的收入。谭铎住宅位于潘佩珠街25号，建于19世纪，是典型的法国殖民时期建筑风格。

奉洪老宅位于会安阮氏明开街东头，位居街巷，建筑很美，现已改为书店。

会安谭富街103号院内出售手工艺品。谭富街77号建于18世纪的均腾号老宅独门别院，门廊和窗棂有精美的中国木雕结构，为典型的中式院落。谭富街129号的德安号老宅也非常有名。

◆灯笼

旧房子构成会安古城最有韵致的时光，会安除了老房子多、"奥黛"多，灯笼多也是会安的一大特色。小街中的灯笼店（作坊）比卖"奥黛"的服装店好像还多。小店门口的灯笼挂得满满的，五颜六色、造型各异，不用点起来就已经非常靓丽。会安的灯笼都是手工制作，古朴自然，有木做的，有竹编的。

不像中国的纸糊的"大红灯笼高高挂"，会安的灯笼外面是彩绸的，更加多样性和工艺化，买回去挂在家里就是很好的装饰品。灯笼的价钱不贵，中等大小的十几块钱人民币就能买到，就是不方便携带，否则真要买它十个八个带回去送人了。

会安的灯笼除了工艺品的观赏价值外，还有实用价值。每到晚上，很多人家和店铺外悬挂的灯笼都会亮起来，特别是靠近河岸的一片，亭台楼阁，青苔老瓦，灯影绰绰，让人仿佛置身从前江南的水乡，又恍惚重返丽江的四方街。

◆月圆之夜（“怀旧日”）

农历每月的14、15号月圆之夜是会安的“怀旧日”，这一天全城将会统一停电，家家户户穿古装、挂灯笼，居民和游客一起回到了从前那个没有电灯、没有汽车，日落而息的农耕年代。

行程的最后一站是会安市场。该市场坐落在首崩河河畔，被认为是会安最复杂的场所之一。不像世界各地的其他市场，会安的市场售卖各种各样的物品，例如，鱼类、蔬菜、肉类、水果、手工艺品、衣服、珠宝等。您将在这个市场中体验到越南社会的典型生活与越南人民的热情好客。随后，您将到一家典型的越南餐馆享用午餐。最后，您将乘坐旅行车沿原路返回岘港市，并在那里享受我们为您安排的市内观光游览。行程结束后，返回码头。

温馨提示：行程顺序可能会有所变化。位置有限，请尽快预定。请穿着舒适的步行鞋与休闲服装。参观庙宇时请脱鞋，并穿好袜子。

4. 岘港精选游（6138线）

成团收费：成人US$59.00，儿童US$44.25　游览时间：约6小时（含餐）

离开岘港港口后，您将首先前往参观“胡志明博物馆”。这里陈列着岘港一带少数民族的武器和日常用具。随后驱车前往五行山之一的“大理石山”。五行山位于岘港南部约7千米处，并延伸至大陆的西海岸。在海边平坦的沙滩上，金、木、水、火、土五座（高数十米的石灰岩石峰）山峰拔地而起，气势雄伟壮观。又因当地曾出产玉石，故英文名字被称为Marble Mountain（大理石山）。五行山曾出产玉石，山下仍有不少玉石纪念品店。除了观景台——望海台，可以眺望面向南中国海的岘港海滩。岘港海滩以前叫中国滩，这段长达30千米的白色沙滩曾是越南战争期间美国最大的军事基地所在地和前线疗养地。向西则建有望江台。水山上亦筑有多间庙宇和佛塔，包括三台寺、慈心寺和灵应寺，寺内供奉多尊菩萨、罗汉塑像。然后，您将返回岘港市中心，在越南特色餐厅享用午餐。午餐后，乘坐三轮车沿“寒河”游览，抵达“寒河市场”后，您将有时间自由活动。

温馨提示：此旅程的次序可能会有变动。请穿好舒适的跑鞋和便装。参观寺庙时需脱去便鞋并穿上舒适的棉袜。请务必携带好防蚊剂。参观胡志明博物馆需走125级台阶。在进行三轮车游览时请注意保管好您随身携带的手包金和其它贵重物品。

注意事项

（1）行程及价格仅供参考，我们将根据各航次港口停留时间的不同安排不同的行程，具体行程、价格及线路如有变更我们不再做另行通知。最终确认信息请以船上旅游部门的通知为准。

（2）如需预定岸上游行程，请提前与我司客服中心核实确认。

第四节　三亚“天涯海角之旅”

三亚得天独厚的旅游资源，与号称“邮轮之都”的美国迈阿密具有相似的地理纬度和气候条件，全年适合邮轮航行。三亚凤凰岛国际邮轮港离国际航道非常近，不足1小时的航程。

2007年，三亚凤凰岛国际邮轮港正式建成通航，丽星邮轮、嘉年华邮轮和皇家加勒邮轮等世界知名的大邮轮公司纷纷选择三亚凤凰岛国际邮轮港，开通了数条经停三亚的航线。

三亚凤凰岛国际邮轮港是天然良港，受台风等极端天气影响较小。目前，三亚凤凰岛国际邮轮港已建成10万吨级国际邮轮码头，并配套近万平方米、设有12个边检通道的现代化客运联检楼，可一次性接待3 000名国际游客入境，年接待游客能力可达到60万人次以上。

一、丽星邮轮三亚登岸观光行程

1. 线路名称

丽星邮轮“处女星”号香港＋三亚＋下龙湾＋香港4天海上假期

邮轮航期：2015-6-14启航　2015-6-28启航

邮轮码头

香港启德邮轮码头：香港九龙承丰道33号。

港口设施：行李处理区、清关大堂、客运连接廊、出入境大堂、登船大堂、天台公园、附属商业区、零售和餐饮设施及停车场。岸检设施：每小时处理3 000名旅客。

码头水深：12～13米（疏浚工程深度）。泊位数目：2个。泊位长度：850米长×35米宽。第一个泊位为455米长×35米宽；第二个泊位为395米长×35米宽。

停泊邮轮：排水量11万吨/总吨位22万吨。净空高度限制：没有。

启德邮轮码头顶层设有全港最大空中花园——启德邮轮码头公园。公园占地23000平方米，设施包括中央草坪、水景花园、喷泉广场，以及能够让您饱览香港岛及九龙半岛美景的观景平台。码头邻近的景点包括宁谧雅致的志莲净苑、南莲园池、九龙城美食区及驰名中外的鲤鱼门海鲜美食村。

2. 行程简介

第1天：香港（15：00出发）

第2天：三亚（11：00抵达，18：00离港）

第3天：下龙湾（07：00〈06：00〉抵达，13：30〈12：30〉离港）

第4天：香港（15：30抵达）

3. 行程详情

第1天：香港（15：00出发）

自行前往香港码头，具体登船请以船票为准，请提前抵达码头办理登船手续。登船后建议您参加船上的安全讲解演示活动，您的精彩邮轮之旅即刻开始。

来到12楼可去免费室外泳池及按摩池畅游一场，还可去中式或西式餐厅免费享受美食。晚上，邮轮上也有丰富的免费娱乐设施：丽都歌剧院、电影院、非洲之旅卡拉OK酒廊、银河星夜总会、名仕的士高等，随心所欲。

特别提醒：一般在开船前约四个半小时，乘客可以开始办理登船手续，最迟的登船时间为启航前一个半小时。乘客应尽早办理登船手续。

邮轮用餐：晚餐　邮轮住宿："处女星"号

第2天：三亚（11：00抵达，18：00离港）

丽星邮轮"处女星"号于11：00抵达三亚凤凰岛国际邮轮码头。三亚位于海南岛最南端，是中国最南部的热带滨海旅游城市。三亚市别称"鹿城"，又被称之为"东方夏威夷"，拥有美丽的海滨风光。东邻陵水县，西接乐东县，北毗保亭县，南临南海。陆地总面积1 919.58平方千米，海域总面积6 000平方千米，常住人口为53.6万人，聚居了汉、黎、苗、回等20多个民族。

邮轮用餐：早/午/晚餐　邮轮住宿："处女星"号

第3天：下龙湾（07：00〈06：00〉抵达，13：30〈12：30〉离港）

丽星邮轮"处女星号"于越南当地时间06：00抵达下龙湾。若您已提前选择了参加河内（下龙湾），您可轮候等待上岸后，由当地导游带领，乘坐旅游专车，开启陆上游览。

河内——越南社会主义共和国的首都。这个有着千年历史的古城就像一个花木葱茏的大花园。在建筑物周围、街道两旁，生长着高大的铁树、椰子树、棕榈树，街心花园千姿百态的鲜花四季不断。

下龙湾——位于广宁省的下龙湾是越南最著名的风景区，越南人自称其为"世界第八大奇观"，联合国教科文组织于1994年将下龙湾列入世界遗产目录。由于下龙湾中的小岛都是石灰岩的小山峰，且造型各异，景色优美，与桂林山水有异曲同工之妙，因此曾到过这里旅游的中国客人都亲切地称下龙湾为"海上大桂林"。

邮轮用餐：早/午/晚餐　邮轮住宿：处女星号

第4天：香港（15：30抵达）

丽星邮轮"处女星"号于15：00达香港邮轮母港码头，结束4天愉快的海上假期，返回温馨的家园！

邮轮用餐：早/午餐

备注：以上行程如有修改我们届时会以邮件或者电话的形式通知到您。

4. 参团相关说明

费用包含

（1）丽星邮轮"处女星号"住宿3晚。船上指定餐厅免费膳食。船上免费使用指定的船上设施。船上参加指定的免费船上娱乐节目及活动。

（2）每逢7月12日、8月9日、8月23日同舱第3人免船票，第4人正常收费。

费用不含

（1）往返香港码头交通。旅行意外保险。

（2）每逢7月12日、8月9日、8月23日加收节日附加费510元/人（预订时一同支付，大小同价）。

（3）邮轮港务费及燃油附加费￥820/人（预订时一同支付，大小同价）。越南签证费￥400元/人，或者越南落地签证20元/人，办理落地签需提前在本公司报名。越南岸上观光费。

（4）其他未注明个人消费等。

5. 签注签证

中国大陆国籍客人所需证件，现在有两种方式：

（1）半年以上有效护照原件+越南单次签证+船票。

（2）港澳通行证+港澳通行证1次香港个/团签注+护照+越南落地签证（越南落地签申请表+1张2寸白底照片）+船票（提前在本公司报名，用护照在船上办理）。

注意事项

（1）如您持港澳台护照和外籍护照前往中国境外，请确保持有再次进入中国大陆的有效签证，相关签证事宜还需您自行确认，本公司无审核您证件的义务。

（2）根据相关签证及旅游政策规定，已购买丽星邮轮所安排的越南岸上游览团的旅客方可申请越南落地签证（过境）。

（3）申请落地签证（过境）的旅客请于办理登船手续时提供已填妥的签证申请书一份并贴有彩色近照一张。

（4）此落地签证（过境）申请并不适用于旅客在越南自行组织或安排任何岸上观光或游览团，并必须于办理登船手续时出示有效的越南签证。

6. 出行警示

（1）邮轮会在启航前一小时关闸，关闸后就已经禁止登船，请务必根据确认单的时间提前抵达码头办理登船手续，在规定办理登船时间内上船；

（2）根据中国海关总署颁布的2010年54号令，进境公民旅客携带在境外获取的个人自用进境物品总值在5 000元以内（含5 000元）的，海关予以免税放行。烟草制品、酒精制品、照相机、摄像机等20种商品不在免税范围内，敬请知晓。

二、歌诗达邮轮三亚登岸观光行程

1. 线路名称

歌诗达邮轮“维多利亚”号香港—三亚—下龙湾—香港（4晚5天）

2. 行程简介

第1天：香港（11：00 ~ 13：00登船，15：00启航）

第2天：三亚（14：00到港，19：00离港）

第3天：（越南）下龙湾

第4天：海上巡游

第5天：香港（08：00到港）

3. 行程详情

第1天：香港（11：00 ~ 13：00登船，15：00启航）

此日请您自行前往香港海港城邮轮码头，11：00 ~ 13：00办理登船手续，15：00时启航。请提前2小时抵达码头办理登船手续，从此刻开始，您将登上一座移动的海上之城—“维多利亚”号，船上享用丰盛晚餐，踏上魅力邮轮之旅。当天出发前请务必带好自己的有效证件并于指定时间地点到达，办理登船手续。锁好需要托运的行李（贵重和易碎物品不要放在托运箱内）。请自带好自己的洗漱用口（牙刷/牙膏/拖鞋/护肤品等）

用餐早餐：敬请自理　午餐：敬请自理　晚餐：含　住宿邮轮上

第2天：三亚（14：00到港，19：00离港）

登岸观光

（1）鹿回头公园和亚龙湾（6371线）。

时长：4小时30分（不含餐）　价格：成人45.00美元/人　儿童33.75美元/人

行程：您的旅行将从鹿回头公园开始。鹿回头公园坐落在距三亚市南部5千米的半岛上，半岛三面临海，状似梅花鹿站在海边回头观望。现公园内建有一座12米高的鹿回头石雕，公园附近种植了不同种类的树木和新建了许多宾馆设施，成为众多旅游者的度假休闲场所。鹿回头半岛海拔285米，在岛上，旅客们可以纵览南海风光和三亚全景。

此后，您将继续前往位于中国最南端的热带滨海旅游度假胜地—亚龙湾，其位于三亚市东南面25千米处。在这里，您还可以参观贝壳博物馆和亚龙湾海滩。

最后在返回码头之前您还将参观海南珍珠展示中心，享受购物的乐趣。

温馨提示：因去鹿回头公园需要长时间的行走，建议穿戴舒适的跑鞋。此旅程不建议行走有困难的客人参加。此次旅程安排次序可能会有变化。建议戴好太阳帽，太阳镜和瓶装矿泉水。座位有限，请尽早预订。

（2）天涯海角和购物（6374线）。

时长：4个小时（不含餐）　价格：成人45.00美元/人　儿童33.75美元/人

在离开码头后你将首先参观珍珠展示中心，然后前往位于三亚凤凰国际机场附近的“天涯海角”。在沙滩的一块巨石上，刻有程哲题写的两个中国字“天涯”（天空的尽头）。在“天涯”巨石背面刻着另外两个中国字“海角”（海的尽头）。在中国，天涯海角的意思是“地球的终点”。对于中国人来说这几个字有着意味深长的含义，“让我们互相陪伴到海枯石烂，天涯海角”。就这样，“天涯海角”超出了其原来的地理含义而变成了友谊、爱情与生活的象征。随后返回码头。

（3）南田温泉（6376线）。

时长：4个小时（不含餐）　价格：成人69.00美元/人　儿童51.75美元/人

离开码头后我们将前往“南田温泉”——尽情享受一段时间的“温泉之旅”。南田温泉是独有的硅酸、氟、氡“三料”温泉，非常有益健康。温泉平均水温约57℃，属低温温泉，其将沐浴、香熏、中药理疗及按摩融为一体，为您提供一系列的香熏SPA项目，有舒缓减压套餐、美容美体套餐、强身保健套餐等，使您的身心得到彻底放松。南田温泉是个五星级的度假胜地，是目前中国最大的室外温泉，其面积超过9 324平方米。在返回邮轮之前我们将前往“珍珠展示中心”。

温馨提醒：此旅程包括温泉中心所有的按摩池费用。更衣室内免费提供淋浴服务，入使用浴巾、鞋子等。请您自带泳衣。此次旅程安排次序可能会有变化。座位有限，请尽早预订。

用餐早餐：含，午餐：含，晚餐：含，住宿邮轮上。

第3天：（越南）下龙湾

登岸观光

（1）船游下龙湾（6316线）。

时长：4小时30分（不含餐）　价格：成人36.00美元/人　儿童27.00美元/人。

离开歌诗达邮轮，我们将带您前往白雀游览船码头，乘坐观光船游览下龙湾。“桂林山水甲天下”世人皆知。而在越南，同样有一处以山水风景优美著称的旅游胜地——下龙湾。这里山奇水秀，风景如画，是喀斯特地形最瑰丽的地区，素有“海上大桂林”之称，1994年被联合国教科文组织列入世界遗产目录。其地形特点是有超过一千个石灰石岩洞和在白雀海滩离海岸线120千米处有不同形状和大小的岛屿。这里的景色山水相连，烟波浩渺，令人叹为观止。海面上突出来奇形怪状的“岩石雕刻”。游览途中，我们将经过天国门，窟天宫洞，你会有机会到天国殿窟里去参观。之后还将经过众多美丽的岛屿，如青蛙山、斗鸡山、蛤蟆山等，随后返回白雀游览船码头。

随后登上旅游大巴，进行白雀镇观光，我们还将带您前往山顶俯瞰区域全景。

2. 下龙湾探索之旅（6317线）

时长：7小时30分（含餐），价格：成人59.00美元/人，儿童44.25美元/人。

从歌诗达邮轮离开，我们将带您前往白雀游览船码头，乘坐观光船游览下龙湾。

在下龙湾的水域里，有着变化多端的生态系统，包括在海面上的珊瑚礁、活水沼泽林、红树林、小活水湖和沙滩。民间传说龙从天而降吐到海里许多珠宝玉器来帮助当地的人，形成一个自然的堡垒来反对入侵，从海面露出嫩绿矿石代表这些珍奇的石头。一些小岛被凿出相连的美丽洞穴、隐蔽的池塘和奇石构造。您会经过石岛、天国门、天宫洞—天国殿洞（入内参观）。您将会继续乘船经过另外一些小岛，如香炉石岛、斗鸡岛等。

随后返回游船码头，登上旅游大巴，开始您的白雀镇探索之旅，我们还将带您前往山顶俯瞰区域全景。您将驱车前往当地餐厅去品尝越南风味的午餐。午餐后您将前往皇家游乐公园——位于下龙湾白雀镇海滩。

用餐早餐：含，午餐：含，晚餐：含，住宿邮轮上。

第4天：海上巡游

这是自由的一天。相信乘客们都熟悉了邮轮的环境，已经沉醉于邮轮上无拘无束的生活体验。这个是一个视觉与味觉的享受。邮轮上的各种休闲设施会在这一天满足您各种娱乐需求。麻将3美金/小时，WIFI&网吧0.5美金/分钟，1小时10美金，3小时24美金，价格供参考。使您绝对不会感到乏味。SPA，歌剧，电影，应有尽有。邮轮的主餐厅每晚都会有特别的主题美食，让乘客们可以尽享不同风味的佳肴。

用餐早餐：含，午餐：含，晚餐：含，住宿邮轮上。

第5天：香港（08：00到港）

清晨，迎着微微海风吹拂，在邮轮甲板上享受丰盛的早餐。我们的邮轮将于08：00点返航到达香港，希望您带着美好的记忆结束这次难忘的天涯海角之旅。

用餐早餐：含，午餐：敬请自理，晚餐：敬请自理，住宿温暖的家。

4. 费用说明

费用包含

（1）歌诗达"维多利亚"号邮轮船票（含4晚邮轮住宿、指定邮轮餐厅免费膳食、邮轮上娱乐节目及活动）。

（2）港务费及燃油附加费769元/人。

（3）歌诗达"维多利亚"号邮轮上娱乐设施：健身中心、赌场、游泳池、运动场地、图书馆、棋牌室、剧场表演等。有船长参与的欢迎晚宴、各类主题活动、派对、主题晚宴等。

（4）儿童俱乐部及看护中心。

费用不含

（1）预定城市至香港往返交通费用。

（2）越南单次签证费400元/人，护照原件+两张白底2寸照片，报名时与团费一起支付。

（3）邮轮服务费11美元/人·晚，4～12周岁的乘客5.5美元/人·晚，低于4岁的乘客免服务费，于邮轮上支付。

（4）客人邮轮单房差费用（船票部分的200%）。

（5）歌诗达维多利亚号邮轮靠港后的（三亚和下龙湾）岸上观光费用。

5. 预订提示

（1）为了确保旅游顺利出行，防止旅途中发生人身意外伤害事故，请旅游者在出行前做一次必要的身体检查，如存在下列情况，因服务能力所限无法接待：① 传染性疾病患者，如传染性肝炎、活动期肺结核、伤寒等传染病人；② 心血管疾病患者，如严重高血压、心功能不全、心肌缺氧、心肌梗塞等病人；③ 脑血管疾病患者，如脑栓塞、脑出血、脑肿瘤等病人；④ 呼吸系统疾病患者，如肺气肿、肺心病等病人；⑤ 精神病患者，如癫痫及各种精神病人；⑥ 严重贫血病患者，如血红蛋白量水平在50克/升以下的病人；⑦ 大中型手术的恢复期病患者；⑧ 孕妇及行动不便者。

（2）凡60周岁以上老年人预订出游，须与我司签订《健康证明》并有家属或朋友陪同方可出游。因服务能力所限，无法接待80周岁以上的旅游者报名出游，敬请谅解。未满18周岁的旅游者请由家属陪同参团。

（3）因服务能力所限，无法接待18周岁以下旅游者单独报名出游，敬请谅解。

参考文献

[1] 庞莲荣，刘坤章. “海上丝绸之路”视角下的湛江—东盟邮轮旅游通道构建[J]. 经济论坛. 2017（08）.

[2] 肖文捷. 消费市场特征在国内邮轮旅游的分析和发展对策[J]. 旅游纵览（下半月）. 2017（07）.

[3] 代涛. 邮轮“热”下的冷思考[J]. 中国远洋海运. 2017（08）.

[4] 谢丹. 中国邮轮旅游的麦当劳化现象浅议[J]. 经济研究导刊. 2017（21）.

[5] 卢凤萍，张骏. 江苏邮轮旅游吸引力体系研究[J]. 经贸实践. 2017（01）.

[6] 陈艳利. 邮轮旅游风险与市场容量变化[J]. 市场周刊（理论研究）. 2016（08）.

[7] 申琳琳，罗永全. 邮轮旅游存在的问题与解决对策探讨[J]. 旅游纵览（下半月）. 2015（03）.

[8] 陈立群. 海南邮轮旅游发展策略探讨[J]. 旅游纵览（下半月）. 2015（09）.

[9] 张梦瑶，刘云. 邮轮旅游发展研究述评[J]. 保山学院学报. 2014（01）.

[10] 苏枫. 邮轮旅游经济经营现状与发展前景分析[J]. 广州航海学院学报. 2014（03）.

[11] 张颖超，贺文龙. 邮轮母港建设与三亚当地居民的关系研究[J]. 当代经济. 2015（14）.

[12] 陈立群. 海南邮轮旅游发展策略探讨[J]. 旅游纵览（下半月）. 2015（09）.

[13] 张颖超. 一带一路视野下三亚凤凰岛邮轮港竞争力提升研究[J] 旅游纵览（下半月）. 2017（05）.

[14] 裴盈盈. 基于PEST的三亚邮轮旅游产业环境分析[J]. 经贸实践. 2017（02）.

[15] 孙妍. 浅析南海邮轮产业发展的区域合作机制[J]. 中国市场. 2017（05）.

[16] 庞莲荣，刘坤. 邮轮旅游发展下北部湾城市旅游圈资源整合[J]. 章岭南师范学院学报. 2017（04）.

[17] 崔怀荣. 浅谈高职国际邮轮乘务专业英语教学改革[J]. 科技资讯. 2016（12）.

[18] 吴青，鲍晓. 迪士尼乐园与邮轮产业的关联性分析 [J] 航海. 2016 (11).

[19] 赵莹莹. 浅析邮轮航线设计与开发 [J]. 新经济. 2016 (12).

[20] 钟号，王仲，苟东平，罗希. 邮轮经济发展关键影响因子研究 [J]. 旅游纵览 (下半月). 2016 (12).

[21] 刘江海. 分析国际邮轮乘务管理专业人才培养的国际化路径 [J] 旅游纵览 (下半月). 2017 (01).